언어심리학

Psychology of Language

5th Edition

David W. Carroll 지음

이광오 · 박현수 옮김

CENGAGE 박학사

Andover • Melbourne • Mexico City • Stamford, CT • Toronto • Hong Kong • New Delhi • Seoul • Singapore • Tokyo

CENGAGE

***Psychology of Language,* 5th Edition**

David W. Carroll

ISBN-13: 978-89-91633-67-4

Cengage Learning Korea Ltd.
14F YTN Newsquare 76 Sangamsan-ro
Mapo-gu Seoul 03926 Korea
Tel: (82) 2 330 7000
Fax: (82) 2 330 7001

Cengage Learning is a leading provider of customized learning solutions with office locations around the globe, including Singapore, the United Kingdom, Australia, Mexico, Brazil, and Japan.
Locate your local office at: **www.cengage.com**

Cengage Learning products are represented in Canada by Nelson Education, Ltd.

To learn more about Cengage Learning Solutions, visit **www.cengageasia.com**

Printed in Korea
Print Number: 03 Print Year: 2018

역자 서문

이 책은 David W. Carroll이 저술한 Psychology of Language의 5판을 번역한 것이다. 저자는 실험심리학, 발달심리학, 언어심리학, 사고심리학 등의 분야에서 활동해 온 심리학자로서 Wisconsin 대학교 Superior 분교에서 가르치고 있다. 미국에서 가장 많이 쓰이는 언어심리학 교과서 중의 하나이며 5판이라는 판수가 말해 주듯이 오랜 기간에 걸쳐 많은 사람들의 교육 경험과 학습 경험을 반영하여 만들어진 정평 있는 교과서 중 하나다.

어떤 분야의 좋은 교과서를 만난다는 것은 행운이다. 더군다나 21세기의 대한민국처럼 극심한 언어 혼란 속에서 살아가고 있는 사람들에게는 더욱 그렇다. 외국에서 들어온 개념들이 많은 분야에서 아직 제대로 된 한국어 이름을 부여받지 못하고 있다. 제대로 된 이름이 없으면 제대로 사고하기 어렵다. 언어심리학의 분야도 좋은 교과서를 가지기가 어려운 분야인데, 큰 이유 중의 하나는 아이러니하게도 언어와 관계가 있다. 언어심리학이란 언어와 언어지식에 대한 것인데, 이 책에 소개되어 있는 연구는 거의 다 영어를 대상으로 하고 있고 영어 모어 화자의 수행에 대해서 이야기 하고 있다. 물론 언어와 언어지식에는 보편성이 있고, 그래서 우리가 이 책을 번역한 것이지만, 그래도 한국어 모어 화자로서는 이 책에 대해서 불만이 없을 수 없을 것이다. 한국어의 예문과 한국어 화자의 수행에 대한 언급이 거의 없기 때문이다. (그러나 너무 이른 실망은 금물이다. 한국의 언어심리학자들이 불굴의 의지로 한국어와 한국인을 연구하고 있으므로, 아마도 먼 미래에는 한국어 독자들도 한국어의 네이티브 스피커가 집필한 한국어로 된 좋은 교과서를 가지게 될 것이다. 참고로, 이러한 문제 의식을 바탕으로 한 최초의 언어심리학 책이 있으니 조명한 등이 2003년에 저술한 「언어심리학」이 그것이다).

외국의 언어심리학 교과서가 한국어로 번역되어 나온 것은 이미 여러 차례다. 모두 다 훌륭한 역자들의 성실한 노력으로 나온 것들이라 새로운 언어심리학 교과서의 번역이 왜 필요하였는가고 묻는다면 대답을 하기가 막막하다. 굳이 더 묻는다면, 궁색하기는 하지만 이 책의 원서가 2008년에 나온 가장 최근의 교과서라는 대답 정도를 할 수는 있겠다. 그러나 한 가지 억지를 더 붙인다면, 교과서의 세계에는 아직은 질보다는 양이 중요하리라는 것이다. 다양한 번역자들이 다양한 원서를 다양한 방식으로 번역하여 혼란을 가중시키다 보면 언젠가는 자기 조직화에 의해서 최선의 방식으로 안정적인 상태가 도래하리라는 희망을 가지고 있다.

본서의 역자들은 전문 번역가들이 아니다. 과거에 번역을 해본 경험도 별로 없다. 저술을 내거나 하기에는 공부가 모자라며 아직은 공부에 더 매진해야 하는 사람들이다. 이 책의 번역을 통하여 많은 공부가 되었다. 초벌 번역은 전부 박현수가 하였으며, 교정은 박현수와 이광오가 함께 하였으나, 박현수의 기여가 훨씬 컸다. 그렇기는 하나 이 번역에 대한 궁극적 책임은 이광오에게 있다. 이 책이 나오기까지 도서출판 박학사의 여러분께 다대한 신세를 졌다. 이 지면을 빌어 심심한 감사의 말씀을 전한다.

2009년 8월 20일

저자 서문

인간 행동에 관한 가장 매력적인 질문들 중 일부는 언어에 관한 것이다. 언어를 습득하는 능력을 우리는 가지고 태어나는가? 무엇이 말실수를 일으키는가? 뇌 손상은 언어 기능에 어떻게 영향을 미치는가? 다른 언어를 사용하는 사람들은 다르게 생각하는가? 이런 저런 많은 질문들에 답하기 위해서 우리는 전통적인 심리학의 경계를 가로질러야 한다. 성인들뿐만 아니라 아동들을 연구해야 하고, 실험실에서뿐만 아니라 자연 상태에서도 언어를 조사해야 한다. 결국 그러한 여러 개의 가닥들을 한데 모아 우리는 전체로서의 언어, 그리고 인간사에서 중심적인 역할을 하는 언어를 이해할 수 있다.

이 책이 처음 출판된 지 20여년이 지났다. 하지만 여전히 나의 목표는 똑같다. 학부생들에게도 이해가능한 방식으로 언어심리학의 원리들을 제시하고자 한다. 때로는 이 분야가 고도로 전문적인 것이 틀림없지만, 명료하게 제시된다면 학생들의 마음을 사로잡을 수 있다. 덧붙여 나는 균형잡힌 시각에서 근본적인 쟁점들을 논의하고자 한다. 나는 논란이 되는 쟁점들을 다양한 관점에서 제시하였고, 그러한 경쟁적인 주장들을 통해 독자들이 생각하도록 초대하였다.

이 책의 체제는 이전의 판들과 비슷하다. 1부(쟁점들)는 3개의 장을 포함한다. 1장에서는 언어심리학의 간략한 역사와 함께 언어심리학의 범위를 기술한다. 2장에서는 음소, 변별 특징, 형태론과 같은 기본적인 문법적 개념들을 논의한다. 또한 이 책 전반에 걸쳐 논의되는 주제인 미국 수화의 문법적 특징들을 포함한다. 그리고 문법의 심리적 실재성과 언어의 생득성 등 언어학 이론에서 논란이 되는 몇 가지 쟁점들에 대한 예비적 논의를 실시한다. 3장은 정보 처리의 기본 개념들과 그것들이 언어에 어떻게 적용되는지에 초점을 맞춘다. 1부의 우선적인 목표는 언어 과정에 대한 인지적 접근을 소개하는 것으로, 이 접근은 언어, 기억, 인지 사이의 상호관련성을 강조한다.

그런 다음, 이러한 접근은 다양한 언어 처리의 측면들에 적용된다. 2부(언어 이해)는 지각, 심성어휘집, 문장 처리, 담화 처리에 관한 장들을 포함한다. 4장은 말소리 지각과 독서 과정을 다루는데, 알파벳 방식이 아닌 표기법들에 관한 연구들도 포함한다. 5장은 심성 어휘집의 조직화에 관한 현재의 지식을 제시하고 이해 과정에서 단어가 어떻게 파악되는지 살펴본다. 6장은 구문 분석, 비유적 언어, 문장 기억을 포함하는 문장 이해를 논의한다. 7장은 담화 표상의 단계와 그것들이 서로 협력하거나 개별적으로 어떻게 기능하는지를 강조한다.

3부(언어 산출과 대화의 상호작용)는 언어 산출과 대화에 관한 장들을 포함한다. 8장은 말실수와 그것들에 대한 다양한 설명, 그리고 발화 계획을 실천하는 과정을 논의한다. 9장은 대화적 상호작용에 관여하는 과제들을 논의하고, 상호작용이 상이한 대화 장면과 참여자들에 따라 어떻게 변하는지를 논의한다.

4부(언어 습득)는 세 개의 장을 포함한다. 10장은 언어에 앞서 사용되는 유아들의 몸짓과 첫 단어와 다중단어 발화를 형성하는 능력의 출현을 포함하여, 아이들이 언어를 습득하는 시작 단계를 논의한다. 11장은 메타언어학적 자각과 독서 과정을 강조하면서 후기 학령전 및 학령 아동들의 언어 습득을 논의한다. 11장은 아동의 이중언어사용과 이차언어 습득도 살펴본다. 12장은 언어 습득에 관한 상이한 이론들을 살펴보고 평가한다.

마지막으로 5부(언어를 보는 다양한 조망)는 13장에서 언어의 생물학적 기초를 다루고, 14장에서는 Whorf 가설을 강조하면서 언어, 문화 그리고 인지를 다룬다. 이 두 장은 앞 장들보다 좀 더 넓은 시각을 가지며, 기본적인 언어심리적 과정(언어의 이해, 산출, 습득)을 생물학적, 문화적 관점에서 보도록 도와준다.

이전 판에 익숙한 독자들이 봤을 때 본서에는 많은 변화가 있을 것이다. 3장은 완전히 다시 썼는데, 작업 기억과 일화 기억에 관한 최신 연구들과 그것들과 언어 처리의 관련성을 반영하였다. 4장은 독서 과정에 관한 이중경로 모형과 연결주의 모형의 비교를 포함하였다. 6장과 8장은 언어 이해와 산출에서 작업 기억의 역할에 관한 내용을 각각 새로 넣었다. 사실 8장은 내적 감시, 어휘 편향 효과, ASL에서의 '지단(tip of the finger)' 효과에 대한 새로운 연구들을 넣기 위해 대폭적으로 개정되었다. 11장 중 이중언어사용에 대한 내용도 업데이트되었다. 12장은 이제 쌍생아와 입양아 연구에 관한 논의를 포함한다. 13장과 14장은 언어 처리에 관한 fMRI 연구들과 인지에 대한 색채의 효과에 관한 논의들을 업데이트하였다.

5판도 이전 판들의 양식을 따르고 있다. 언어심리학 용어들은 굵은 글씨로 인쇄하였다. 예문이 문장으로 되어 있거나 그 이상으로 길 때는 관례에 따라 예문에 번호를 붙이고 본문에서 띄워 썼다. 짧은 예문들에는 이탤릭체를 사용하였다. 용어가 보통과는 다르고 반어적으로 사용될 때는 인용 표시를 사용하였다.

5판에는 학생들에게 도움이 될 만한 많은 교수법적 특징들이 포함되어 있다. 각 장들은 학생들이 배워야 할 4~6개의 요점들로 이루어진 목록으로 시작한다. 중간 요약이 각각의 주요 절 다음에 나오므로 독자들은 계속 진행하기 전에 배운 것을 평가할 수 있다. 각 장은 두 개의 질문 세트로 마무리된다. 복습 문제는 각 장의 내용과 직접 관련이 있고, 그 장을 주의 깊게 읽은 학생이라면 답할 수 있어야 한다. 더 생각해 볼 문제는 각 장에 있는 내용들에 관해 더 생각해 보도록 자극하기 위한 것이다. 질문들에 대한 답이 각 장의 본문 내에서 발견되지 않을 수도 있지만－대부분의 경우 단 하나의 '정확한' 답은 없다－제시된 내용들은 그 질문들에 답할 수 있는 기초를 제공한다. 마지막에 용어 해설이 포함되었다.

이 책을 교재로 채택한 강사들은 Northeastern University의 Lydia Volaitis가 준비한 강사 참고서를 얻을 수 있다. 참고서는 객관식 문제들을 포함하고, 각 장에 필요한 수업 활동, 읽을거리, 웹 사이트들을 소개한다.

장별 용어 해설, 플래시 카드, 웹 즐겨찾기 등을 포함하여 이 책을 위한 추가적인 자료는 http://www.thomsonedu.com/psychology/dcarroll에서 얻을 수 있다.

이번에도 이 책을 사용하는 학생들이나 교수들로부터 연락을 받게 된다면 매우 기쁠 것이다. University of Wisconsin-Superior, Superior, WI 54880 또는 e-mail(dcarroll@uwsuper.edu)로 연락하기 바란다.

이 책을 준비하는 과정에서 도와준 많은 사람들에게 심심한 감사를 표한다. 먼저, 최상의 리뷰 집단으로부터 조언을 받는 은혜를 입었다. 그들은 New Mexico State University의 Sara Gilliam, University of Iowa의 Richard Hurtig, New York University의 Michael Palij, Montana State University-Billings의 Sandra Rietz, Rockhurst University의 William Strugill이다.

이 책의 4판에 대해 유익한 코멘트를 해준 Oakland University의 Alice S. Horning과 그녀의 학생들에게도 감사하고 싶다.

Thomson Wadsworth의 직원들이 다시금 큰 도움을 주었다. Marti Paul, Christina Ganim, Gina Kessler, Karol Jurado, Erik Evans에게 감사한다. 책을 마무리하는 데 도움을 준 Ravi Lakhina, Santosh Vasudevan, Laura Larson, Richard Camp에게도 감사한다.

마지막으로, 5판까지 책을 내는 동안 주기적으로 집을 비운 나를 인내와 지지와 사랑으로 이해해 준 아내 Deb에게 감사한다.

차례

PART I 쟁점들

PART II 언어 이해

PART I

쟁점들

1. 서론: 언어심리학의 주제
2. 언어학적 원리들
3. 심리적 기제

Chapter 1

서론: 언어심리학의 주제

언어가 중요한 것은 그것이 지구상에 존재하는 다른 동물들과 인간을 구분시켜주기 때문이 아니라, 직접적이든 간접적이든, 정교한 문명 사회를 만들 수 있게 해주기 때문이다...
또한 언어가 흥미로운 것은 누구나 어떤 언어를 알고 사용하고 있지만, 자신이 알고 있는 것이 무엇인지를 이해하는 사람은 거의 없다는 것이다. 스스로 의식하지 못하던 것을 의식하게 되는 것은 특별한 흥분을 가져다준다.

–GEORGE A. MILLER(1991, p. 2)

요점

- 언어심리학은 사람들이 어떻게 언어를 이해하고, 산출하고, 습득하는지를 연구한다.
- 언어심리학은 인지과학의 한 분야이다. 인지과학은 심리학, 언어학, 인공지능, 신경과학, 철학과 같은 분야의 통찰을 수용한다.
- 언어심리학은 일상적인 언어 사용에 필요한 언어 지식과 인지과정들을 강조한다.
- 언어심리학은 언어 사용에 관여하는 사회적 규칙과 언어와 관련된 대뇌 기제에도 관심을 가진다.
- 언어심리학의 최근 관심사들은 1950년대에 시작되었지만, 20세기 이전에 이미 중요한 물음들이 제기되었다.

서론

이 책은 사람들이 어떻게 언어를 사용하는가라는 물음에 답하기 위한 것이다. 언어만큼 우리의 일상생활에서 중요한 역할을 담당하는 것도 없다. 그것은 우리의 생각과 느낌을 전달하는 중요한 도구이기 때문이다. 어린 아기들은 울기도 하고 웃기도 한다. 그리고 얼굴표정으로 자신이 경험하는 정서를 부모에게 전달한다. 그러나 아이들이 말을 할 수 있게 되면 우리는 아이들이 무슨 생각을 하는지 더 잘 이해할 수 있게 된다.

아이들이 자라면서 언어는 다른 기능들도 감당하게 된다. 대부분의 어린 아이들은 자기보다 나이가 많거나 적은 아이들보다는 또래의 아이들과 잘 통하는 자기들만의 말을 만들어낸다. 그러한 특별한 언어는 아이들로 하여금 또래들과의 결속력을 다지도록 도와주지만, 그 밖의 사람들은 제외시킨다. 언어는 일종의 마크가 되어 어떤 사람이 속해 있는 사회집단을 확인시켜 주는 수단이 된다. 성별이나 사회 계층에 따라 언어 사용에 차이가 나타나는 것도 이와 비슷한 과정 때문이다.

시간이 지나면서 언어는 우리 모두에게 어떤 목표에 도달하는 수단일 뿐만 아니라 목표 그 자체가 된다. 우리는 말을 사랑하고 말을 가지고 놀기도 한다. 그리하여 우리는 시나 수필을 쓰게 된다. 혹은 글자수수께끼(anagrams)나 십자말놀이(crossword puzzles)와 같은 말놀이를 한다. 나른한 여름 오후에는 소설을 읽기도 한다. 우리의 기본적 욕구와 필요들을 전달하기 위한 중요한 도구가 여가를 즐기는 데에도 사용되는 것이다.

우리가 언어를 다양한 방식으로 사용한다는 것이 언어를 연구하는 언어심리학자들에게는 그다지 반가운 일이 아니다. 언어처럼 그렇게 사용범위가 넓은 것을 어떻게 심리학적으로 연구할 것인가? 여기서 한 가지 고려해야 할 중요한 점은, 본질적으로 언어가 하나의 사회적 현상이긴 하지만, 심리학은 원칙적으로 개인을 연구한다는 점이다. 언어심리학은 언어 사용에 관여하는 심적 과정(mental processes)을 다룬다. 언어심리학자들의 주요 관심사 세 가지는 언어 이해(우리가 말과 글을 어떻게 지각하고 이해하는가), 언어 산출(우리 머릿속의 생각이 어떤 과정을 거쳐 완전한 문장으로 만들어지는가), 언어 습득(어린아이들이 어떻게 언어를 습득하는가)이다.

이처럼 언어에 관한 심리학적 연구를 **언어심리학(psycholinguistics)**이라고 한다. 이 책은 언어심리학의 주요 원리들을 고찰하고 응용할 것이다. 서론에 해당하는 본 장에서는 다음의 두 가지 질문을 다루게 되는데, 그것은 언어심리학이란 무엇인가 그리고 지난 100년 동안 이 분야가 어떻게 발전해왔는가 하는 것이다.

언어심리학의 범위

언어심리학은 최근에 등장한 **인지과학(cognitive science)**이라고 하는 학문의 한 분야이다. 인지과학은 마음과 심적 과정을 연구하기 위하여 심리학자, 언어학자, 전산학자, 신경과학자, 철학자들이 제공하는 통찰을 이용하는 학제적인 노력이다(Stillings 등, 1995). 인지과학자들이 연구해 온 주제들 중에는 문제해결, 기억, 심상 및 언어 등이 포함된다. 이러한 주제들 중 하나에 깊은 관심을 가진 사람은 학문 간의 경계를 넘을 준비가 되어 있어야만 한다. 왜냐하면 그러한 주제들이 어느 한 분야에만 속하는 것이 아니라 다른 분야에서도 취급되기 때문이다.

그 이름이 암시하듯이, 실제로 언어심리학은 심리학과 언어학이 통합된 학문이다. **언어학(linguistics)**은 언어의 기원, 구조 및 사용을 연구하는 과학이다. 하지만 대부분의 학제적인 분야들과 마찬가지로, 언어심리학은 다양한 지적 전통들로부터 물려받은 풍부한 유산들을 갖고 있다. 그러나 다양한 접근법들 간의 차이는 언어 과정을 이해하고 연구할 때 어떻게 하는 것이 최선인가 하는 점에서 가끔 논쟁을 야기하기도 했다. 우리는 앞으로 주요한 쟁점들을 살펴볼 것이다. 우선 언어심리학의 몇몇 핵심 주제들을 살펴보면서 우리의 논의를 시작하도록 하자.

언어 과정과 언어 지식

언어심리학 연구의 중심에는 두 가지 질문이 자리잡고 있다. 그 중 하나는 언어를 사용하기 위해서는 어떤 언어 지식이 필요한가 하는 것이다. 우리가 어떤 언어를 사용하기 위해서는 그 언어를 잘 알아야 하지만 사실 완벽하게 아는 것은 아니다. 그러므로 **암묵 지식**(tacit knowledge)과 **외현 지식**(explicit knowledge)을 구분하는 것이 필요하다. 암묵 지식은 다양한 행위를 어떻게 수행하는지에 관한 지식을 의미하고, 외현 지식은 그러한 행위에 사용되는 과정이나 기제에 관한 지식을 뜻한다. 종종 우리는 어떻게 하는지 잘 모르면서 무엇인가를 할 줄 안다. 예를 들어, 야구투수는 시속 150km의 볼을 어떻게 던지는지를 알지만, 그러한 행위에 관여하는 근육들에 관한 외현 지식은 거의 또는 전혀 가지고 있지 않을 수 있다. 마찬가지로, 우리는 어떻게 말하는지 아는 것과 말소리를 산출하는 데 어떤 과정이 관여하는지 아는 것을 구분할 수 있다. 일반적으로 말해, 우리가 가진 많은 언어 지식은 외현적이기보다는 암묵적이다. 이 책을 읽는 것은 언어에 관해 알고 있는 것들을 더 잘 인식하게 해줄 것이고, 그래서 암묵적인 지식의 일부를 외현적인 지식으로 바꿔줄 것이다.

언어 지식은 네 개의 영역으로 구분할 수 있다. **의미론**(semantics)은 문장과 단어의 의미를 다룬다. **통사론**(syntax)은 문장 내에서 단어들이 문법적으로 나열되는 순서와 관련이 있다. **음운론**(phonology)은 한 언어의 소리체계에 관심을 갖는다. **화용론**(pragmatics)은 언어사용과 관련된 사회적 규칙을 다룬다. 사람들에게 언어의 이러한 양상들을 얼마나 의식하고 있는지(외현적으로 잘 알고 있는지) 물어보면 대개는 대답을 잘 못한다.

또 다른 언어심리학의 주요 질문은 일상적인 언어사용에 어떤 인지적인 과정이 관여하는가 하는 것이다. *일상적인 언어의 사용*이라 함은 강의를 듣거나, 책을 읽거나, 편지를 쓰거나, 대화를 하는 것 등을 의미한다. *인지적 과정*이라 함은 지각, 기억, 사고와 같은 과정을 뜻한다. 말하기와 듣기만큼 그렇게 흔하고 쉬운 것이 없지만, 우리는 앞으로 그러한 활동을 위해서 상당한 인지적 과정이 일어나고 있음을 알게 될 것이다.

네 개의 사례

언어 지식과 언어 과정의 상호작용은 이 책의 일관된 주제이다. 이들 개념은 언어심리학 연구에서 중심적인 역할을 수행하기 때문에, 다음 두 장에서는 지식과 과정이라는 문제를 좀 더 심도 있게 고찰할 것이다. 2장에서는 우리의 암묵적 지식에 관한 언어학적 통찰을 논의할 것이고, 3장에서는 정보 처리의 심리적 기제와 그 과정이 언어 처리에 어떻게 사용되는지를 살펴볼 것이다. 우선 언어와 언어 과정의 다양한 예들을 살펴보는 것이 도움이 될 것이다. 다음의 예들은 앞에서 언급한 주제가 특정 상황에 어떻게 적용되는지를 보여줄 뿐만 아니라 언어심리학 연구의 일부 영역을 소개하기 위한 것이다.

오도 문장 우리가 문장을 이해할 때 어떤 일이 일어나는가? 그 과정이 중단될 때 무엇이 관여하는지를 알아볼 수 있는 힌트가 있다. 예를 들어, 문장 (1)을 살펴보자.

(1) The novice accepted the deal before he had a chance to check his finances, which put him in a state of conflict when he realized he had a straight flush. (Foss & Jenkins, 1973에서 인용)

이러한 문장을 **오도 문장(garden path sentences)**이라고 부르는데, 그 이유는 처음 해석에 실수를 하고 다시 뒤로 돌아가 문장을 재해석하는 것이 마치 예상 목적지에 가는 중에 다른 길로 이끌려가는 것과 비슷한 주관적인 인상을 주기 때문이다. 지식이라는 관점에서 보면, 우리는 *deal*이라는 단어에 대해 적어도 두 개의 다른 의미를 기억에 저장하고 있다. 하나는 사업상의 거래와 관련된 것이고, 다른 하나는 이 경우에서처럼 카드게임과 관계된 것이다. 이처럼 *deal*의 두 가지 의미에 관한 지식은 언어에 관해 우리가 가지고 있는 의미적 지식의 일부이다. 의미적 지식의 또 다른 부분은 *deal*과 *finances*와 같은 단어들 사이의 관계에 관한 것이다. 처리의 관점에서 볼 때, 우리는 가장 그럴듯한 것을 하나 선택하고, 다른 것은 의식적으로 인식에서 배제한다(그렇지 않다면 어떻게 우리가 다른 길로 잘못 들어섰음을 알 수 있겠는가?). 즉, 어떤 과정으로 인하여 우리는 *deal*과 관련된 의미라고 믿는 것에 주의를 기울일 것이다. 이러한 중의성(ambiguity)에 관한 연구들은 5장과 6장에서 다루게 될 것인데, 우리가 즉각적으로 인식하는 것 그 이상이 오도 문장 속에 들어 있다는 것을 알게 될 것이다. 현재로선 우리가 언어를 이해하는 과정에서 의사결정을 하고 있다는—심적 작업을 하고 있다는—점이 중요하다.

간접적 요청 다음의 (2)와 같은 문장을 살펴보라.

(2) Can you open the door?

글자 그대로라면 이 문장은 우리가 문을 열 수 있는지를 물어보는 것이다. 하지만 우리는 화자가 간접적으로 우리에게 문을 열어줄 것을 요청하는 것이라고 생각한다. 그러한 요청을 할 때 왜 간접적으로 말하는가? 그 이유 중 하나는 사회적 상황에서는 정중성(politeness)의 규칙과 같은 어떤 학습된 규칙을 따라야 한다는 것이다. 정의하자면, 요청이라는 것은 다른 사람의 행동을 변화시키려는 시도이다. 이것은 때로 무례하거나 위협적인 것으로 받아들여질 수 있으므로 우리는 간접적인 말로 완곡하게 표현하는 것이다. 간접적 요청(indirect requests)은 문장 (3)과 같은 직접적인 명령보다 훨씬 공손하다.

(3) Open the door!

이것은 우리가 가진 언어에 관한 화용론적 지식의 일부이므로 우리는 그러한 규칙들을 잘 알고 있다. 확실히 어떤 사람들은 그런 규칙의 사용에 대해 더 잘 안다(9장에서 논의되는 연구들은 여성들과 소녀들이 남성들이나 소년들보다 간접적인 말을 즐겨 사용함을 보여준다).

언어 처리의 관점에서 보면, 화자(speaker)는 사회적 상황에서 문장 (2)와 같은 말을 할 때, 그러한 화용론적 지식을 고려한다고 할 수 있다. 즉, 화자는 자신의 말이 요청으로 받아들여질 것이라는 점을 알면서 그런 문장을 말한다. 청자(listener)가 간접적이거나 비유적인 의미를 파악하는 과정이 아직까지 완전히 밝혀진 것은 아니지만, 청자는 화용론적 지식을 화자와 공유할 것이고, 발화를 글자 그대로 해석하지 않고 하나의 요청으로서 해석할 것이다(6장을 보라).

간접적 요청은 우리로 하여금 사회적 맥락에서 언어를 고려하게 한다. 언어와 사회적 행동 간의 관계를 연구하는 분야가 **사회언어학(sociolinguistics)**이다. 사회언어학자들은 언어활동이 항상 사회적 환경에서 일어난다는 점을 강조한다. 사회학자들과 인류학자들은 언어가 사회적 집단에 따라 어떻게 다르고, 사회적 상호작용에 어떤 영향을 미치며, 문화적 도구로서(문화적 전통을 전달함에 있어) 어떻게 사용되는지를 연구한다. 이러한 모든 측면들은 개인의 행동에 일차적인 관심이 있는 심리학자들의 연구 범위를 벗어나는 것이다. 하지만 개인을 연구할 때도 언어의 사회적 차원을 고려할 필요가 있다.

실어증 환자의 언어 우리의 주된 관심이 정상적인 개인의 언어 처리과정에 있기는 하지만, 우리는 언어기능에 문제가 있는 사람들을 연구함으로써 언어에 관하여 더 많은 것을 알 수 있다. **실어증(aphasia)**은 뇌 손상으로 인해 발생하는 언어 장애이다. 실어증의 한 유형인 **베르니케 실어증(Wernicke' s aphasia)**은 의미 처리에 장애를 가져온다. 예를 들어 문장 (4)를 살펴보자.

(4) Before I was in the one here, I was over in the other one. My sister had the department in the other one. (Geschwind, 1972, p. 78).

위의 문장에서 단어들 간의 의미 관계는 심각하게 훼손되어 있는데, 이는 환자의 의미 지식이 뇌손상에 의해 손상되었음을 시사한다. 반면에 음운지식은 그대로인데, 발화에 막힘이 없고 적절한 휴지(pausing)와 억양을 보여준다. 그리고 적절한 통사 구조를 보여주는데, 이는 베르니케 실어증의 전형적인 특징이다.

뇌와 언어의 관계를 연구하는 분야를 **신경언어학(neurolinguistics)**이라고 하는데, 이는 13장에서 좀 더 자세히 다룰 것이다. 뇌의 구조와 언어 사이의 구체적인 연결이 분명하지는 않지만, 현재까지 알려진 것만 해도 흥미진진하다. 손상된 위치와 크기 그리고 다른 많은 요인들에 따라 뇌손상을 겪고 있는 환자는 매우 다양한 반응을 보일 수 있다. 어떤 환자들은 이해는 정상적으로 하지만 언어 산출에서 결함을 보이고, 어떤 환자들은 문장 구조에는 아무런 문제가 없지만 적절한 단어를 찾는 데서 정상인에 비해 큰 어려움을 겪는다. 또 다른 환자들의 경우, 이해와 산출에서는 아무런 문제가 없지만, 들은 것을 정확하게 따라 말하고 이해하는 데 어려움을 보인다. 건강한 뇌를 가진 정상인들은 언어의 다양한 측면－문장 구조, 의미, 소리－이 원활하게 협응하는 의사소통체계를 가지고 있는 것으로 보인다. 그러나 뇌가 손상된 사람들의 경우, 그러한 체계는 개별 부분들의 조합처럼 보이는데, 왜냐하면 때로는 그러한 사람들이 보이는 결함이 전반적이 아니라 선택적이기 때문이다. 따라서 뇌손상은 우리로 하여금 통일적인 언어능력을 개별 구성요소로 분석하고, 그러한 요소들이 정상적인 성인들에서 어떻게 통합되는가 하는 질문을 던지도록 한다.

아동의 언어 언어심리학자들이 지대한 관심을 갖고 있는 영역 중의 하나가 언어 습득이다. 성인들의 언어 지식을 추론하는 것이 어려운 것만큼 어린아이들의 언어를 다루는 것도 쉬운 문제는 아니다. 하나의 예가 도움이 될지 모르겠다. 엄마와 말을 주고받는 한 살배기 어린 아이가 있다고 하자. 대개 그 나이의 어린 아이들은 한 번에 한 단어 정도를 사용한다. 엄마가 방을 떠나 아이가 좋아하는 인형을 가지고 돌아오면, 아이는 *엄마(mother)*라는 말보다는 *인형(doll)*이라는 말을 한다. 그런 다음,

엄마가 점심 먹는 것을 도와주면 아이는 우유를 가리키며 *더(more)*라고 말한다. 나중에 아이가 신발을 갖고 애를 쓰고 있는 것을 보고 엄마가 무얼 하고 있는지 물으면, 간단하게 *벗어(off)*라고 답한다. 이러한 관찰로부터 우리는 어떤 결론을 내릴 수 있는가?

말을 처음 시작하는 단계에서 그 아이는, 적어도 암묵적으로, 단어를 적절하게 사용하기 위한 약간의 언어규칙을 알고 있을지도 모른다. 우리는 그 아이가 엄마가 우유를 더 가까이 가져다주기를 요청하기 위해 *더(more)*라는 단어를 사용한다고 추론할 수 있다. *인형(doll)*은 덜 확실한데, 아이는 자기가 홍미를 느낀 물건에 이름을 붙임으로써 자신의 환경에 대한 코멘트를 하고 있는지도 모른다. 아이가 말하려고 하는 것이 무엇인지 어떻게 알 수 있는가? 한 가지 방법은 엄마가 아무것도 하지 않을 경우 어떤 일이 일어나는지를 보는 것이다. 만일 그 단어가 요청을 의미한다면, 아이는 반복적으로 인형을 가리키면서 *인형(doll)*이라고 말함으로써 더욱 조르게 될 것이다. 만일 그 단어가 코멘트를 의미한다면, 아이의 행동은 엄마가 그 대상을 인정하는 것과 함께 끝날 것이다. 따라서 아이는 자신의 단어 선택을 도와줄 어떤 화용론적 규칙을 배우게 될 것이다.

한 단어를 가지고 너무 많은 추측을 하고 있다고 여러분이 불평할지 모르겠다. 그렇지만 이 단계의 발달에 대한 추론은 굉장히 어렵다. 어린 아이들이 정확하게 얼마만큼의 지식을 갖고 있는지에 관해서 일치된 견해는 없지만, 아이들은 자신이 말하는 것보다 훨씬 많은 것을 아는 듯하다. 위에서 예로 들었던 아이보다 좀 더 나이 든 아이들은 *아기 갔어(baby gone)*라는 문장에서처럼, **개방 유목 단어**(open-class word)인 **내용어**(content word) (명사, 동사, 형용사)를 좋아하는 반면, **폐쇄 유목 단어**(closed-class word)인 **기능어**(function word)(전치사, 접속사 등)을 제거함으로써 보통 한 번에 두 단어로 자신의 생각을 표현한다. 이것은 아이들이 통사적 지식의 일부인 두 가지 문법적 유목을 직관적으로 이해하고 있음을 시사한다.

아이들의 이해와 산출 능력을 분석하는 것은 아이들이 언어를 습득하는 사회적 맥락과 분리될 수 없다. 부모들은 한 단어만으로도 대화할 수 있는 상황을 만들 것이다. 신발로 무얼 하고 있니?(*What are you doing with your shoe?*)라는 어른의 질문에 대하여, 아이들의 간단하고도 경제적인 대답 *off*는 즉시 이해될 수 있다. 부모는 아이가 알아듣기 쉽게 자신의 말을 단순화하거나 특별한 단어를 가르친다. 아동 언어의 발달 패턴은 일정한 생물학적 프로그램의 결과인가 아니면 사회적 환경의 결과인가? 이러한 쟁점은 12장에서 다루게 될 것이다.

요약

언어심리학은 인지과학으로 알려진 학제적인 분야의 일부이다. 두 가지 중요한 언어심리학적 물음은 언어 사용에 어떤 심적 과정이 관여하는가 하는 것과 언어사용에 어떤 언어 지식이 관여하는가 하는 것이다. 이러한 물음들은 성인의 언어이해와 산출, 언어의 사회적 사용, 실어증에서의 언어 사용 그리고 아동의 언어에 관한 연구에서 서로 다르게 나타날 것이다.

역사적 맥락

여기에서는 언어심리학 연구에서의 몇몇 역사적인 발전을 살펴보고자 한다. 하지만 범위를 너무 넓게 잡지는 않았다. 언어심리학의 역사는 다른 책들에서 자세하게 다루고 있다(예를 들어, Blumenthal, 1970, 1987; Cutler, Klein & Levinson, 2005; Kess, 1991; McCauley, 1987; Miller, 2003; Reber, 1987을 보라). 여기서의 논의는 조금 더 역사적 관점에서 앞으로 다루게 될 장들을 바라보기 위한 것이다.

Blumenthal(1987)은 언어심리학이라는 학제적인 분야가 두 차례 번성했다는 것을 관찰하였다. 한번은 20세기 초 유럽에서였고, 또 한번은 20세기 중반 미국에서였다. 두 경우 모두 다소 비대칭적으로 학문들이 연결되었다. 20세기 초에는 언어학자들이 인간이 어떻게 언어를 사용하는지에 관한 통찰을 얻기 위해 심리학자들을 찾았다. 20세기 중반에는 심리학자들이 언어의 본질에 관한 통찰을 얻기 위해 언어학자들을 찾았다. 두 시기의 중간에는 행동주의가 심리학과 언어학을 지배하였고, 양자는 서로를 무시하였다. 우리는 각 시기에 있었던 사건들을 살펴볼 것이고, 이 분야가 나아가고 있는 현재의 방향에 대한 몇 가지 관찰들도 제시할 것이다.

초기 언어심리학

1879년 라이프찌히(Leipzig) 대학에 최초의 심리학 실험실이 생겨난 후부터 1900년대 초기까지 심리학은 정신생활의 과학으로 정의되었다. 초기 과학적 심리학의 주요 인물은 Wilhelm Wundt(1832~1920)로, 그는 생리학 훈련을 받았고 자연과학에서 사용되는 것과 같은 엄격한 절차들을 사용함으로써 감각, 감정, 심상과 같은 심적 사건들을 조사하는 것이 가능하다고 믿었다. Wundt는 언어의 연구가 마음의 본질에 대한 중요한 통찰을 제공할 수 있다고 믿었다. Blumenthal(1970)은 Wundt를 언어심리학의 거장이라고 말했는데, Wundt가 언어의 다양한 양상들에 관해 다방면으로 글을 썼기 때문이다. 그의 관심사는 문법, 음운론, 언어 이해, 아동의 언어 습득, 수화, 읽기 등 당대의 관심 주제들이었다.

Wundt가 언어심리학의 발전에 기여한 것 중 하나는 언어 산출에 관한 이론을 발전시킨 것이다. 그는 단어가 아닌 문장을 언어의 가장 중요한 단위로 간주했고, 말소리 산출이란 완전한 사고 과정을 연속적으로 조직화된 말소리 분절들로 변환하는 것이라고 보았다(이해는 기본적으로 동일한 과정이 역전된 것으로 여겨졌다). Wundt는 말소리 산출을 다음과 같이 기술하였다:

> 내가 문장을 구성할 때, 어떤 독립적인 아이디어가 의식에 먼저 들어오고 내가 그것을 표상하는 소리를 발음하는 것은 아니다. 그런 것이 절대 아니라는 것을 음성 유도(phonetic induction) 현상에서 볼 수 있다. 음성 유도란, 아직 표출되지 않고 있는 소리가 지금 이 순간 발화되고 있는 소리의 형태에 영향을 주는 것을 말한다. 마찬가지로 방금 발화된 소리는 뒤따르는 소리에 영향을 미친다.…… 문장이란…… 의식을 정확한 속도로 스쳐 지나가는 심상과 같은 것이 아니다. 다시 말해 개개의 단어나 발음들이 순간적으로만 존재하고, 선행하거나 후행하는 요소들은 의식으로부터 사라져버리는 것이 아니다. 문장은 그것을 말하는 동안 인지적 수준에서 하나의 전체로 머무른다. 만일 그렇지 않다면, 우리는 발화를 연결해주는 끈을 놓치게 될 것이다. (Wundt, 1912, Blumenthal, 1970, p. 21에서 인용)

이러한 두 가지 견해는—말소리 산출이 단어-단어 과정이라는 견해와 그것이 완전한 문장으로 시작한다는 견해—언어 연구자들 사이에 항상 있었다. 이러한 구분은 현재 통용되고 있는 상향(bottom-up) 처리와 하향(top-down) 처리 간 구분의 선구이기도 한데, 두 견해는 3장에서 소개되고 논의될 것이다.

몇몇 중요한 발전들이 다양한 언어 과정들을 측정하는 데서도 이루어졌다. 한 예를 Edmund Huey(1968)의 1908년 연구에서 볼 수 있는데, 그는 인간의 지각능력이라는 관점에서 *읽기*를 조사하였다. Huey는 *읽기*의 성취를 '인류역사를 통해 문명이 이룬 가장 주목할 만한 구체적인 성취' 로 보았는데(p. 6), 자신의 연구에 **시선-음성 간격(eye-voice span:** 글을 소리 내어 읽을 때, 눈의 위치와 목소리 사이에 존재하는 6~7 단어 정도의 지체)과 **순간노출기**(tachistoscope: 매우 짧은 시간 동안 시각 자극을 제시하는 기계장치)를 도입하였다. 안구 운동과 순간노출기 데이터에 대한 관심은 오늘날에도 강하게 남아있다.

행동주의와 언어 행동

20세기에 접어들면서 미국에서는 심리학의 목표를 정신생활에 두는 것에 반대하는 목소리가 높아졌고, 1920년대에 들어와 마침내 **행동주의**(behaviorism)는 실험심리학의 주류가 되었다. 행동주의자들은 심적 과정에 대한 연구에 반대하면서 종종 실험실 동물을 사용하여 객관적인 행동을 연구하는 것을 선호했다. 행동주의자들은 행동을 형성하는 데 있어 경험의 역할에 강한 확신을 갖고 있었다. 환경적 수반성(contingency: 강화나 처벌 등)의 역할을 강조하고 주변 환경에 존재하는 모델들을 강조하였다.

1920년대부터 1950년대까지 심리학자들은 언어에 별 관심을 보이지 않았다. 행동주의자들은 언어를 '언어 행동(verbal behavior)' 이라고 부르길 좋아했다. 아이들의 정확한 언어 행동은, 정확한 언어 모델이 주어지고 실수가 교정되는 환경에서 자란 결과라고 가정하였다. 부모가 아이의 말을 조형(shaping)하는 방식을 B. F. Skinner(1957)는 그의 책 *Verbal Behavior* 에서 다음과 같이 기술하였다.

> 어린 아이들에게 말을 가르칠 때, 강화가 수반되는 형식의 명세가 처음에는 상당히 느슨하다. 언어 공동체의 표준적 행동을 약간이라도 닮은 반응은 어떤 것이든 강화된다. 그런 반응들은 점점 자주 나타나게 될 것이고 그러면 이번에는 좀더 가까운 것만 강화한다. 이러한 방식으로 매우 복잡한 언어 형식들에 도달할 것이다. (pp. 29~30)

이러한 분석이 직접적이고 분명한 것 같지만, 아동의 언어습득에서 성인 언어의 역할은 논란의 여지가 많고 복잡하다는 것을 12장에서 발견하게 될 것이다.

또 다른 주요 연구주제는 의미이다. 의미에 대한 수많은 행동주의적 설명들이 제시되었는데, 그 대부분은 단어들 간의 연상(association)을 강조하였다. Nobel과 McNeely(1957)는 정해진 시간 동안 산출할 수 있는 연상의 수를 측정함으로써 개별 단어들의 *의미충만성*(meaningfulness) 지표를 구성하였다. 후속 연구들은 *부엌(kitchen)*처럼 의미충만성이 높은 단어들이 *초상(icon)*과 같이 의미충만성이 낮은 단어들보다 여러 과제에서 훨씬 쉽게 학습된다는 것을 보여주었다(Underwood, 1966). 동일한 시기에 Osgood과 그의 동료들은 사람들에게 좋은/나쁜, 강한/약한 등의 차원에서 단어들을 평정하도록 요구하였다. 이것은 **의미 미분법(semantic differential)**이라고 불리우는 것으로, 단어들의 연상 의미를 측정하기 위한 것이다(Osgood, Suci & Tanenhaum, 1957).

비슷한 발전이 언어학 내에서도 일어났다. 이 기간 동안 언어학은 행동주의적 접근을 강조하는 경향이 있었다. 즉, 심적 상태나 심적 과정을 가능한 한 언급하려고 하지 않았다. 이렇게 두 분야가 비슷하였음에도 불구하고 둘 사이의 학제적인 관심사나 활동은 거의 없었다. 그러한 예 중의 하나가 언어학자 Leonard Bloomfield의 연구이다. Bloomfield는 한때 Wundt의 학생이었고, Wundt의 여러 주제들을 강조한 책을 1914년에 출판하였다. 하지만 그가 1933년에 출간한 더 잘 알려진 교과서에서는 매우 행동주의적인 견해를 취하였다. 이 책의 서문에서 Bloomfield는 자신을 Wundt뿐만 아니라 심리학 전체로부터 거리를 두고자 노력하고 있다.

> 1914년에 나는 Wilhelm Wundt의 심리학적 체계 위에서 이러한 설명을 시도하였고, 그것은 널리 받아들여졌다. 그 때 이후 심리학에는 많은 변동이 있었다. 우리는 적어도 우리의 선배 중 하나가 30년 전에는 의심했던 것, 즉 어떤 심리학 이론에도 의존하지 않고 언어 연구를 수행할 수 있다는 것과 그렇게 하는 것이 우리의 결과를 보호하고 관련 분야의 연구자들에게 더욱 의미있는 것으로 만들 수 있다는 것을 알게되었다. (Bloomfield, 1933, p. vii)

결과적으로, 두 분야 사이에 본래부터 존재하던 상호연결성에도 불구하고, 심리학과 언어학은 수십 년 동안 분리되었다.

후기 언어심리학

1950년대 초에 이르러 심리학자들과 언어학자들은 서로간의 대화를 시도하게 되었다. Tanenhaus(1988)는 그 일들은 다음과 같이 기술하고 있다.

> 1951년에 사회과학연구원은 몇몇 선도적인 심리학자들과 언어학자들이 참가하는 학술대회를 후원하였다.…… 학술대회 초록집에는 참가자들 사이의 합의를 반영하는 언어심리학적 연구 주제들이 개략적으로 실려 있었는데, 그것은 심리

학자들이 개발한 방법론적 도구와 이론적 도구가 언어학자들이 주장하는 언어 구조를 연구하고 설명하는 데 사용될 수 있음을 반영한 것이었다. (p. 4)

다음 학술대회는 2년 후에 열렸는데, 심리학자와 언어학자뿐만 아니라 인류학자와 통신공학자도 참가하였다. 그러한 상호교류의 결과로 *심리언어학(psycholinguistics)*이라는 용어가 처음 사용되게 되었다(Osgood & Sebeok, 1965). 모든 사람들이 다 그 말을 좋아한 것은 아니었다. 첫 번째 학술대회 참가자 중 한 명이었던 Roger Brown(1958)은 *심리언어학자(psycholinguist)*라는 말이 언어를 연구하는 심리학자가 아니라 정신병자인 다국어사용자를 가리키는 것 같다고 불평하기도 했지만, 그 이름으로 굳어져 버렸다.

학제적 언어심리학의 두 번째 시기는 1950년대 말이 되어서야 비로소 확립되었는데, 그것은 언어학자 Noam Chomsky의 등장과 함께 시작되었다. Chomsky는 20세기 언어학에서 가장 영향력 있는 인물로 간주되며, 그래서 Newmeyer(1986)는 언어학에서 Chomsky의 영향을 하나의 혁명으로 특징지었다. Chomsky는 심리학자들의 언어에 대한 인식변화에도 지대한 역할을 했다. 왜냐하면 그는 언어에 대한 행동주의적 설명이 부적절하다고 주장했기 때문이다(Chomsky, 1957, 1959).

그의 주장을 몇 가지 살펴보자. 행동주의자들이 내세웠던 한 가지 이론인 **연합 연쇄 이론(associative chain theory)**에 의하면, 하나의 문장은 그 속에 있는 개별 단어들 간의 연합이 꼬리에 꼬리를 무는 식으로 이어진 것이다. 다시 말해, 문장 내의 각 단어는 다음 단어를 위한 자극으로 기여하고, 따라서 전체 문장은 좌에서 우로(적어도 유럽의 언어들에서는) 산출된다는 것이다. Lashley(1951)도 일찍이 그와 같은 견해를 내놓았지만, 문장 구조에는 인접한 단어들 간의 연합 이상의 그 무언가가 내재한다고 주장하였다.

Chomsky(1957)는 Lashley의 생각을 더욱 발전시켰다. 다음의 문장들을 살펴보자.

(5) Colorless green ideas sleep furiously.
(6) Furiously sleep ideas green colorless.
(7) George picked up the baby.
(8) George picked the baby up.

Chomsky는 단어들 간의 연합이 (5)와 같은 문장들의 존재를 도저히 설명하지 못한다고 주장하였다. 그 단어들 사이에는 어떠한 연합도 없지만, 그 문장은 통사적으로 아무런 문제가 없다. 그러나 문장 (6)에서처럼 그 단어들을 거꾸로 뒤에서부터 나열하면, 그것은 제대로 된 문장이 아니다. 이제, 문장 (7)과 (8)을 살펴보자. 두 문장의 의미가 같다는 것은 언어에 대한 우리의 직관적인 지식의 일부이지만, 그러한 간단한 사실이 연합 연쇄 이론에서는 문제가 된다. 분명히 두 문장 모두에서 *pick*과 *up* 사이에는 어떤 관계가 있지만, 그 관계는 (7)보다 (8)에서 더 복잡한데, 왜냐하면 단어들이 떨어져 있기 때문이다. 그 문장을 이해하기 위해서 우리는 그 단어들이 하나의 언어학적 단위 내지 구성성분을 이룬다는 것을 알아야만 한다. 언어학자들은 문장 (8)에 들어 있는 것과 같은 개별 단위들을 **불연속적 구성성분(discontinuous constituents)**이라고 부르는데, 그것들의 존재는 문장 내의 단어들 사이에 광범위한 의존성이 있음을 시사한다. 다시 말해, 인접한 단어들 간의 단순한 연합을 강조하는 이론은 부적합하다는 것이다.

Chomsky는 또한 언어 습득을 어린아이들의 언어 경험만으로는 설명할 수 없다고 주장하였다. Chomsky는 아이들의 환경에 대해서 **자극의 빈곤(poverty of stimulus)**을 주장한다(Chomsky, 1980). Chomsky는 아이에게 주어진 문장에는 아이가 사용하는 언어의 풍부함과 복잡성을 완전히 설명할 만큼의 충분한 정보가 없다고 본다. 문장 (9)에서 (12)(Caplan & Chomsky, 1980에서 발췌)는 그 점을 잘 보여준다.

(9) John believes he is incompetent.

(10) John believes him to be incompetent.

(11) John wants him to win.

(12) John wants Bill to see him.

우리가 가진 언어지식에 따르면, 문장 (9)의 *he*와 문장 (12)의 *him*은, 꼭 그럴 필요는 없지만, John을 가리킨다. 반면에 문장 (10)과 (11)의 *him*은 John를 가리킬 수 없다. 아이들의 부모가 문장 (10)과 (11)의 *him*과 문장 (12)의 *him*을 체계적으로 구분해주었다고 믿기는 어렵다. 사실 우리는 그와 같은 차이를 어떻게 설명해야 하는지 모르지만, 그러한 차이를 알아차리는 데는 아무런 어려움이 없다. 마찬가지로, 명시적으로 설명할 수 없는 언어의 복잡한 측면들을 우리는 잘 구별할 수 있다. 이것이 바로 Chomsky가 주장하는 바이다. 다시 말해, 아이들이 습득하는 언어는 복잡하고 난해하지만, 언어 발달 과정 중에 그들에게 주어진 것은 적은 수의 예문들뿐이다. 그렇기 때문에, 부모들이 어떤 식으로든 아이들의 언어 발달을 도와주고 발달 속도에 어느 정도 영향을 줄 수는 있겠지만, 언어 발달의 패턴은 부모들의 말이 아니라 생득적인 언어 지식에 기초한다고 할 수 있다.

Chomsky의 혁명은 언어에 대한 심리학적 사고에 강력한 영향을 주었다. 1960년대 말에 Chomsky(1968)는 '언어에 관한 연구는 전통적으로 생각해 왔던 것처럼 인간의 심적 과정을 연구하는 데 필요한 매우 유리한 관점을 제공하고 있으며' (p. 98) 인지심리학의 한 분과로서 유익한 것이라고 하였다. 즉 언어학자들은 일상적인 언어 사용에 필요한 언어 지식의 종류들을 조사하고 있었고, 그러한 지식이 언어를 사용하는 사람들에 의해 어떤 방식으로 사용되고 있음을 알게 되었다. Slobin(1971)이 지적했듯이, 어떤 언어를 배운 사람은 문법에 상당하는 '심리적인 무엇' 을 가지고 있다. 따라서 심리학자들은 언어학 일반에 많은 관심을 갖게 되는데, 특히 Chomsky의 변형 문법에 매우 관심이 있었다(2장을 보라).

심리학자 George Miller는 심리학자들에게 Chomsky의 생각들과 그것들이 갖는 심리학적 함의를 소개함으로써 심리학과 언어학 사이에 중요한 다리를 놓았다. Miller는 1960년대 초에 Chomsky와 공동으로 여러 편의 논문을 썼고(예를 들어, Miller & Chomsky, 1963), 이 기간 동안 그는 언어 규칙의 심리적 실재성을 확인하기 위한 연구의 최전선에 있었다(예를 들어, Miller & Isard, 1963을 보라).

언어 발달은 이 기간 동안 연구자들에게 특별히 인기 있는 주제가 되었다. 아동 언어에 관한 몇몇 **종단적 연구(longitudinal investigations)**가 1960년대 초에 이루어졌는데(Braine, 1963; Miller & Ervin, 1964), 여러 해 동안 몇 번의 시점에서 아이들의 말 사례들을 수집하였고, 그리하여 성인의 문법을 따르지만 특정 규칙에서는 다른, 아동 언어의 다양한 '문법' 이 정리되었다(Bloom, 1970; Brown, 1973a). 언어 습득 연구자들에게 있어서 중요한 물음들은 다음과 같은 것들이었다. 어떤 규칙 집합이 아이들의 문법 발달을 지배하는가? 그리고 그 집합이 언제 발달하는가?

언어 발달에 관한 이론적인 분석은 생득적인 요인들을 강조하였다. 언어 발달 분야에서 Chomsky와 함께 가장 영향력이 있었던 사람은 Eric Lenneberg로, 1967년에 그가 쓴 *언어의 생물학적 기초(Biological Foundations of Language)*는 실어증에서 얻은 증거들, 언어 발달 지체에 관한 연구결과들(예를 들어, 정신 지체) 그리고 신경생리학적 정보들을 종합하여 언어 발달에서 생득적 요인의 역할에 관한 훌륭한 논증을 펼쳤다. 생득적 요인에 관한 또 다른 강력한 옹호자는 David McNeill(1966, 1970)이었는데, 그는 언어 보편성이라는 개념에 기초한 발달 이론을 주장하였다.

1960년대와 1970년대 초반의 혁명은 언어심리학적 연구에서 언어학 이론의 역할과 언어 습득에서 생득적 기제의 역할을 강조하였다. 이러한 주제들은 계속 영향력이 있었으나, 언어학 이론에 대한 심리학적 관심은 줄어드는 경향이 있다. Reber(1987)는 언어심리학적 연구들이 Chomsky를 인용한 횟수를 조사하여, 그 수치가 1960년대 말에 급격히 증가하여 1970년 중반에 정점에 이르렀다가 1980년대 초에 떨어졌음을 확인하였다. 다른 언어학자들의 인용횟수를 살펴보는 것도 흥미롭겠지만, 이러한 자료는 심리학적 연구에 언어학적 개념들을 바로 사용하는 것을 조심스러워하는 심리학자들의 성향을 반영하는 것으로 보인다. Reber는 그러한 변화에 대하여 몇 가지 이유를 열거하고 있다. 하나는 1960년대와 1970년에 걸쳐 언어학 이론들이 (적어도 심리학자들이 보기에는) 급격하고도 혼란스러운 변화를 겪었다는 것이다(Newmeyer, 1986을 보라). 그와 같은 변화 때문에 심리학자들은 자신의 연구를 특정 언어학적 견해와 결부시키는 것을 꺼리게 되었다. 일부 심리학자들은 언어학을 경계하게 되었으며, 특정한 언어학 이론과 관계가 없는 심리학적 견해를 발전시키고자 하였다. Blumenthal(1987)이 관찰했듯이 이러한 반응들에 대해서 역사상의 대응물을 찾을 수 있는데, 70여년 전에 Bloomfield와 같은 언어학자들이 비슷한 이유로 심리학으로부터 멀어졌던 것이 그것이다.

Reber(1987)는 두 분야가 방법론에서 뚜렷이 구분된다는 사실에 대한 이해가 증가하고 있다는 점도 지적하였다. 두 가지 지적인 전통, 즉 **합리주의(rationalism)**와 **경험주의(empiricism)**를 구분하는 것이 가능한데, 이러한 구분은 유전과 환경, 천성과 양육이라는, 우리에게 어느 정도 친숙한 구분을 떠올리게 한다. 합리주의자들은 인간 행동에서 생득적 요인의 역할을 강조하는 반면, 경험주의자들은 행동에서 경험의 역할을 강조한다. 그러나 탐구의 방식에 있어서도 두 전통 간에는 차이가 있다. 합리주의자들은 논증을 사용하지만, 경험주의자들은 가설을 검증하기 위한 수단으로서 자료 수집을 선호한다. 대부분의 경우 언어학자들은 합리주의적 방식으로 언어에 접근하고, 심리학자들은 생득적 요인이라는 개념에 공감을 하면서도 경험적인 방법을 선호한다. 이러한 차이로 인해 연구 아이디어가 두 분야에서 다른 방식으로 평가되는 경향이 있다(Pylyshyn, 1972, 1973; Watt, 1970). 돌이켜보건대, 서로 다른 역사와 방법론을 가진 두 학문이 쉽게 조화되리라고 기대했던 것이 비현실적이었던 것 같다.

현재의 방향

지금은 어디에 서 있는가? 과거에 있었던 일들보다 현재 진행중인 사건들을 기술하는 것이 늘 불확실하긴 하지만, 지난 15년에서 20년 동안 있었던 언어심리학적 연구의 주제들을 몇 가지로 나누어 볼 수 있다(Cutler, 2006). 하나는 초기 언어심리학이 주로 통사론에 초점을 두었지만, 점점 더 음운론, 의미론 그리고 화용론에 대한 관심이 고조되어 왔다는 점이다. 그러한 발전은 상이한 영역을 통섭하는 연구들과 함께 언어심리학이 훨씬 균형잡힌 분야가 되도록 만들었다(예를 들어, Eberhard, Cutting & Bock, 2005).

두 번째로, 초기의 언어심리학 연구들은 언어 이해에 초점을 두었지만, 최근에는 언어 산출에 대한 관심이 급증하였다. 이해와 산출을 서로에 대한 거울상으로 생각하기 쉽다. 하지만 8장에서 보게 되겠지만, 이러한 생각은 잘못된 것인데, 산출에는 단순히 이해의 역순과는 다른 과정들이 있다(Griffin & Ferreira, 인쇄중).

세 번째로, 연구자들이 뇌의 시각적 영상을 볼 수 있도록 해준 기술의 발달은 언어와 관련된 뇌 기제에 대한 많은 관심을 자극하였다. 백년도 넘게 신경언어학에서 사용되어 온 주된 연구방법은 실어증을 가진 개인의 언어를 연구하는 것이었다. 우리는 이제 다양한 언어 과제를 수행하는 동안 정상적인 뇌의 기능을 관찰할 수 있다. 그러한 연구의 결과들은 신경언어학에 대한 우리의 이해를 심화시켰다.

마지막으로, 언어심리학은 이제 주요 원리들을 유용하게 응용하는 시점까지 성숙했다. 독서(Just & Carpenter, 1987), 이중언어사용(Bialystok, 2001) 그리고 언어장애(Tartter, 1988) 등과 같은 주제들에 이르기까지 응용 언어심리학적 연구들은 구체적인 진보를 이루고 있다. 이러한 발전은 인지과학 내의 여러 상이한 학문들로부터의 통찰을 통합함으로써 가능하였다. 예를 들어, 독서 이해에 관한 Just 와 Carpenter의 단행본은 문장 구조에 관한 언어학 이론들, 독서의 컴퓨터 시뮬레이션 그리고 안구 운동을 이용한 심리학적 실험 등을 통합하고 있다. 이러한 결과들은 학제적 연구가 서로 다른 접근들 사이의 긴장을 야기할 수도 있지만, 궁극적으로는 좋은 결실을 맺을 것이라는 믿음을 우리에게 심어준다.

요약

언어심리학의 역사는 수십 년 간의 행동주의에 의해 구별되는 두 시기의 학제적인 움직임으로 나눠질 수 있다. 첫 번째 시기는 Wundt가 주도하였는데, 그는 언어에 대한 인지적 견해를 제시하였다. 이후 행동주의자들은 언어 행동이 강화와 처벌이라는 환경적 수반성(environmental contingency)으로 설명될 수 있다고 주장하였다. 그러한 견해는 언어심리학적 움직임의 두 번째 물결을 이끌었던 Chomsky에 의해 비판을 받았다. 이 시기의 특징은 심리학적인 연구에 언어학 이론을 수용하고자 노력하였다는 것과 아동의 언어 습득을 설명하기 위해서는 생득적인 언어 기제가 필수적이라고 보았다는 것이다. 언어심리학은 이제 심리학이나 언어학뿐만 아니라 인접한 학문분야들로부터 통찰과 방법론을 받아들이는 매우 다채로운 학문 분야가 되었다.

복습 문제

1. 암묵적 지식과 외현적 지식을 구분하라.
2. 오도 문장이란 무엇인가?
3. 언어심리학자들이 관심을 갖고 있는 두 개의 주요 질문은 무엇인가?
4. 언어에 대한 행동주의자들의 견해에 맞서 Chomsky는 어떤 주장을 하였나?
5. 왜 행동주의자들은 언어라는 말 대신에 언어 행동이라는 말을 선호하는가?
6. 심리언어학이란 용어는 언제 생겼는가?
7. 베르니케 실어증에서는 어떤 측면의 언어 지식이 손상된 것으로 보이는가? 그리고 손상되지 않은 측면은?
8. 지금의 언어심리학은 1960년대와 어떻게 다른가?
9. 의미론, 통사론, 음운론, 화용론을 정의하라.
10. Wundt의 언어산출 이론을 요약하라.

생각해 볼 문제

1. 문장 (1)에서 *deal*을 잘못 읽음으로써 앞으로 되돌아가야 하며, 문장 끝에서는 더 많은 양의 심적 작업을 해야 한다. 어떤 의미가 적절한지를 알기 이전에는 중의적인 단어의 의미들을 모두 고려해야 할 것 같은데, 왜 그렇게 하지

않는 것인가?

2. 아무도 알아들을 수 없는 말을 하는 사람을 발견한다면, 그 사람이 말하려고 하는 것을 이해하기 위해 무엇을 할 것인가?

Chapter 2

언어학적 원리들

"네 생각을 분명하게 말해야 해"라고 3월 토끼는 계속해서 말했다.
"난 그러고 있어요," 앨리스는 급히 대답했다; "적어도 내가 말하는 것과
내가 생각하는 것은 같아요" "조금도 같지 않아!" 모자 장수가 말했다.
"왜냐구? 넌 지금 '나는 내가 먹는 것을 본다'가
'나는 내가 보는 것을 먹는다'와 같다고 말하고 있어!"
–LEWIS CARROLL(1865, 1946, p. 98)

"문법에 맞게 말하고 싶지 않아요. 꽃가게 아가씨처럼 말하고 싶어요."
–ELIZA DOOLITTLE/BERNARD SHAW(1913, 2000, p. 32)

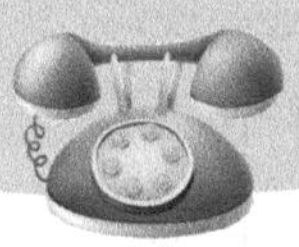

요점

- 언어학자들은 모든 언어에서 나타나는 문법적 특징들을 확인하고자 하였다. 네 가지 일반적인 속성은 이중 형식, 형태론, 구 구조 그리고 언어 생산성이다.
- 미국 수화는 입말과 언어적 속성들을 공유하고 있다. 수화는 그것이 가진 도상성(iconicity)과 동시적 구조에서 입말과는 다르다.
- 언어는 무한한 문장의 집합으로 이루어진다. 어떤 언어를 안다는 것은 그 언어의 문법을 안다는 것이다. 그리고 문법은 유한한 규칙의 집합이다.
- 변형 문법은 문장 구조를 두 수준에서 구분하는데, 그것은 심층 구조와 표층 구조이다. 구 구조 규칙은 심층 구조를 생성하고, 변형 규칙은 심층 구조에 작용하여 표층 구조를 만들어 낸다.
- 문법 이론에는 내부적으로 몇 가지 논쟁들이 존재한다. 문법 규칙들은 심리적으로 실재하는 것인지, 문법에서 통사의 역할은 무엇인지 그리고 언어에 대한 지식은 생득적인 것인지 등이 그것이다.

서론

이 책의 초점은 사람들이 언어를 어떻게 처리하는가, 즉 우리가 입말(spoken language)과 글말(written language)을 어떻게 이해하고 산출하는가 그리고 이러한 기술들을 어떻게 습득하는가에 있다. 이러한 언어 과정들을 이해하기 위해서 우리는 사람들의 언어 처리 특징들뿐만 아니라 언어의 주요 속성들을 이해할 필요가 있다. 3장에서는 일반적으로 인간이 정보를 어떻게 처리하는지에 관해 지금까지 우리가 알고 있는 것들을 살펴볼 것이다. 본 장에서는 언어의 구조를 다룬다.

1장에서 보았듯이, 어떤 언어를 유창하게 말한다는 것이 그 언어에 대한 외현 지식을 가지고 있음을 보장하지는 않는다. 우리 모두에게, 말을 한다는 것은 쉬운 일이다. 아무런 생각이나 노력이 없이 하는 숨쉬기와 비슷한 활동이다. 그래서 매우 쉬운 것은 아주 간단한 것이라고 잘못 생각할 수가 있다. 언어에 관한 연구는 그것이 그렇게 간단하지 않음을 입증하고 있다. 언어가 어떻게 조직화되어 있는지를 배우면서, 우리는 그것이 실로 얼마나 복잡한지를 알게 된다.

이 장은 네 개의 절로 이루어져 있다. 첫 번째 절에서는 많은 언어학적 이론들이 공통적으로 사용하고 있는 몇 개의 기본적인 문법 개념들을 제시할 것이다. 두 번째 절에서는 미국 수화를 살펴보고, 첫 번째 절에서 소개되었던 개념들이 시각 양상에서 어떻게 적용되는지를 알아볼 것이다. 세 번째 절에서는 변형 문법이라고 부르는, 역사적으로 중요한 문법 이론에 관해 논의할 것이다. 마지막 절에서는, 문법 연구에서 아직까지 해결되지 않고 있는 몇 가지 논쟁들을 살펴볼 것이다.

기본 문법 개념

언어마다 다른 점들이 많다. 영어 같은 언어는 어순이 다소 엄격한 편이다. 문장 (1)과 (2)에 사용된 단어들은 동일하다. 한 가지 차이는 단어들이 배열된 순서이다. 영어를 배울 때 우리는 어순에 관한 것을 포함하여, 통사 규칙들을 배워야만 한다. 영어에서의 기본 어순은 주어-동사-목적어, 또는 SVO이다.

(1) The boy chased the girl.

(2) The girl chased the boy.

다른 언어들은 다른 방식의 어순을 사용한다. 일본어에서 기본 어순은 주어-목적어-동사(SOV)이다. 일본어 단문 (3)을 단어 순서대로 번역하면, *Taro to Hanako that book gave*인데, 여기서 *hon*은 *책(book)*이고 *yatta*는 *주었다(gave)*를 뜻한다.

(3) Taroo ga Hanako ni sono hon o yatta. (Shibatani, 1987)

러시아어와 같은 다른 언어들의 경우에는 어순이 훨씬 더 자유롭다. 따라서 영어의 SVO 형식인 (4)처럼 *Viktor kisses Lena*라고 말할 수도 있지만, 여러 가지 다른 형식으로도(5)~(9) 말하는 것이 가능하다(Comrie, 1987). 러시아어에서 의미는 어순보다 단어에 붙어서 의미를 약간 수정하는 접사(접미사와 접두사)에 의해서 더 많이 전달된다. 영어에서는 서로 밀접하게 관련된 다양한 형식으로(*trip*, *tripped*, *tripping* 등과 같은) 단어를 표현할 수 있지만, 다른 언어들은 그러한 형식들을 훨씬 더 많이 가지고 있다. 접사 체계는 러시아어에서 상당히 복잡하며, 대부분의 언어들이 영어보다는 복잡하다.

(4) Viktor celuet Lenu.

(5) Viktor Lenu celuet.

(6) Lenu Viktor celuet.

(7) Lenu celuet Viktor.

(8) celuet Viktor Lenu.

(9) celuet Lenu Viktor.

터키어는 주로 어순보다는 접사들을 사용하여 의미를 나타낸다는 점에서 러시아어와 비슷하지만, 다른 점들도 있다. 터키어는 사용자가 상이한 기본 의미들을 묶어서 매우 긴 단어들을 만들 수 있는 언어이다. 예를 들어, 터키어로 *gel*은 *come(오다)*를, *gelemedim*은 *I couldn' t come(나는 올 수 없었어)*을, *gelemeyeceklermis*는 *[It was mentioned that] Those people won' t be able to come(저 사람들은 올 수 없을 거야라고 했어)*를 뜻한다. 어순이 매우 자유롭다.

어순과 접사를 강조하는 일반적인 경향에서만 언어들이 다른 것이 아니라 그것들이 강조하는 특정 접사들에서도 차이가 난다. 예를 들어, 영어로 *The elephant ate the peanuts(코끼리가 땅콩을 먹었다)*라는 문장을 말하려면 시제－그 사건이 과거에 일어났다는 사실－를 포함해야 한다. 중국어에서는 사건이 일어난 때를 나타내는 것이 선택적이다. 러시아어에서 동사는 시제뿐만 아니라 땅콩을 먹은 코끼리가 수컷인지 암컷인지도 포함해야 한다. 터키어에서 화자는 먹는 것을 직접 보았는지 그저 들은 것인지도 밝혀야 한다(Boroditsky, 2003).

이런 저런 언어 간의 차이들 때문에 우리는 언어들이 너무 달라서 아무런 공통 양식도 찾아볼 수 없다는 결론을 내릴 수도 있다. 그러나 이러한 차이에도 불구하고, 세계의 언어들을 조사해 온 언어학자들은 언어들이 많은 점에서 다르지만 그러한 차이가 제멋대로이지 않고 깊은 근원적 유사성이 있다고 결론지었다. 예를 들어, Greenberg(1966)는 모든 언어가 주어, 동사, 목적어를 표현하는 평서문을 포함하고 있음을 발견하였다. 어떤 언어들은 다른 언어들보다 더 많은 융통성을 허용하기는 하지만, 각각의 언어는 선호하는 어순을 가지고 있다. 중요한 것은 그러한 인상적인 다양성 속에서 형식들을 볼 수 있다는 점이다. 변이성(variation)이란 유사한 기본 요소들이 서로 다르게 조합된 것에 불과하다.

그렇다면 우리는 모든 인간 언어에서 어떤 형식으로든지 찾아 볼 수 있지만, 동물의 의사소통체계에서는 존재하지 않는 특징들을 확인할 필요가 있다. 다음의 내용들은 일반적으로 모든 언어들에 들어있다고 여겨지는 속성들 그리고 심리학적으로도 중요한 속성들을 간단히 열거해 놓은 것이다.

이중 형식

언어 연구의 기초가 되는 문법적 개념에는 **이중 형식(duality of patterning)**이라고 하는 것이 있다(Hockett, 1966). 한쪽에는 많은 수의 의미 있는 요소 즉, 단어들이 있다. 다른 쪽에는 대단히 적은 수의 무의미한 요소들이 있는데, 이것들은 조합되어 단어를 형성한다. 입말에서 이러한 무의미 요소들은 개개의 말소리들이다. Hockett이 말한 것처럼, 이러한 유형의 이중성이 동물의 의사소통에는 존재하지 않는다.

음과 음소 말소리에서 이중성을 설명하기 위해서는 약간의 구분이 필요하다. 우선, **음(音, phone)**은 말소리이다. 어떤 두 소리가 물리적인 차원에서 서로 다르다면, 그 둘은 다른 음이다. 예를 들어, *pill*과 *spill*이라는 단어에 들어있는 *p*를 보자. *pill*에는 *spill*에는 없는 **기식성(aspiration)**이라고 하는 특징이 있다. (기식이란 발음할 때 나오는 거친 기류를 말한다). 두 소리를 낼 때, 입에서 약 5cm 정도 떨어진 지점에 성냥불을 갖다 대보면 그 차이를 쉽게 알 수 있다. 음은 대괄호로 표시한다. 기식음은 $[p_h]$로, 비기식음은 [p]로 나타낸다.

음소(音素, phonemes)는 의미의 차이에 관여하는 말소리의 단위로, 사선 괄호로 표시한다. 예를 들어, /b/ 소리와 /d/ 소리는 영어에서 다른 음소로 간주되는데, 그러한 차이로 인해 *big*과 *dig*의 의미가 달라진다. 하나의 음소는 다수의 음으로 이루어진 범주라고 생각할 수 있다. 음은 어떤 음소 내에서 물리적으로 구분되는 소리들이지만, 음의 차이가 의미의 차이를 가져오지는 않는다. 이러한 음소 범주들이 언어마다 다르다는 점을 주목하라. 영어에서 기식음은 음소가 아니지만, 태국어에서는 음소이고, 그것을 $/p^h/$와 /p/로 나타낸다.

변별 세부특징 음소는 개개의 특징들의 조합으로 간주할 수 있다. **변별 세부특징(distinctive feature)**이란 말소리의 특징으로, 그것의 유무는 어떤 소리를 다른 소리와 구분시켜준다. 음소 /b/와 /p/는 매우 비슷하지만, /b/를 발음할 때에만 성대가 진동한다. 변별 세부특징 이론에서는 음소 대비(contrast)를 나타내기 위하여 +와 −로 변별 세부특징의 유무를 표시한다. 음소 /b/는 +**유성(voicing)**인 반면 /p/는 −유성이다. 마찬가지로, /b/는 +양순(bilabial)인데, 그것은 소리가 입술에서 만들어짐을 의미하고, 동시에 +폐쇄(stop)인데, 그것은 허파에서 나온 공기의 흐름이 소리가 생성되는 중 완전히 차단됨을 의미한다. 변별 세부특징 이론(Jakobson, Fant & Halle, 1969)에서는 이러한 것들이 독립적 요소이며, 그것들이 조합되어 음소를 구성한다고 주장한다.

이러한 작은 언어 단위들이 어떤 방식으로 조합되는지에 대해서 생각해보자. 한 언어에서 허용될 수 있는 음소열(sequence of phonemes)에는 제약이 있다. *port*, *plort*, *pbort*를 살펴보자. 우리는 첫 번째 음소열은 단어이고 두 번째는 단어일 가능성이 있으며, 세 번째는 적어도 영어에서는 단어일 가능성이 없다는 것을 쉽게 알 수 있다. 우리는 이러한 현상을 설명하기 위하여 다음과 같은 방식으로 음운 규칙으로 서술할 수 있다.

(R1) 단어 초두에서는 /p/ 다음에 /b/가 올 수 없다.

이러한 규칙이 갖는 문제점은 그것이 너무 좁은 범위의 진술이라는 것이다. 영어에서는 *pt*, *bg*, *td*, *kb* 등 다른 음소열 역시 허용되지 않는다. 좀 더 넓은 일반화를 시도해야 한다. 변별 세부특징의 개념이 여기에서 도움이 되는데, *p*, *t*, *b*, *g*, *d*, *k*는 모두 +폐쇄이다. 이제 규칙을 좀 더 일반적으로 기술할 수 있다.

(R2) 단어는 두 개의 폐쇄 자음으로 시작할 수 없다.

마찬가지로, 우리는 영어의 기식음을 어느 정도 예상할 수 있다. *pill*과 *spill*에서 볼 수 있는 현상이 *t(till/still)*와 *k(kill/skill)*와 같은 다른 무성 폐쇄음에도 나타난다. 기식음은 단어의 초두에만 발생하며, 그 외의 경우에는 비기식음이 된다. 적절한 규칙은

(R3) 무성 폐쇄음은 단어 초두에 올 때 기식음이 된다.

그러므로 변별 세부특징들은 언어가 가진 규칙들을 어떻게 기술할 것인지를 결정하는 데 유용하다.

Miller와 Nicely(1955)의 연구는 이러한 변별 세부특징들이 심리적 타당성을 갖는다는 것을 보여주었다. Miller와 Nicely는 16개의 자음을 모음 [a]에 한 번씩 결합하여 음절의 집합을 만들었다. 음절들은 듣기 어려운 조건, 즉 배경으로 '백색 소음' (치찰음)이 제공되는 상황에서 실험참가자들에게 제시되었다. 백색 소음은 크기가 일정하였지만, 말소리의 크기는 일곱 가지로 구분되었다. 실험참가자들은 말소리를 식별해야 했다. 실험참가자들은 말소리가 작을 때 더 많은 오류를 범했다. 실험참가자들이 자극음의 식별에서 오류를 범할 때, 다른 모든 세부특징은 표적음과 동일하지만 오직 한 가지 세부특징에서만 다른 말소리로 잘못 듣는 경향이 있었다.

예를 들어, [b]에 대해서 실험참가자들은 [d]로 인식하는 오류를 자주 범했는데, [d]는 +양순이 아닌 것만 빼면 [b]와 모든 세부특징들을 공유한다. 실험참가자들은 표적음을 [f]로 듣는 오류는 거의 범하지 않았다. [f]는 표적음과는 다른 세부특징들을 많이 가지고 있기 때문이다.

이중 형식은 언어의 보편적인 속성인 것으로 보인다. 각 언어들은 음소에서 차이가 있고, 음소들을 결합하여 단어를 만드는 규칙들도 다르다. 하지만, 모든 언어들은 이중성을 갖는다. 즉, 한쪽에는 비교적 적은 수의 기본적이고 무의미한 요소들이 있고, 다른 쪽에는 많은 수의 의미 있는 요소들이 있다. 그리고 전자를 조합하여 후자를 구성하는 일련의 체계적인 규칙들이 있다.

형태론

음소들이 조합되어 단어를 만든다. 단어를 사용하는 또 다른 중요한 방식은 동일한 단어의 다른 형을 사용함으로써 의미의 차이를 전달하는 것이다. 언어의 이러한 측면을 지배하는 규칙체계를 **형태론(morphology)**이라고 한다.

한 언어에서 가장 작은 의미의 단위를 **형태소(morpheme)**라고 한다. *truck*과 같은 단어는 하나의 형태소로만 이루어져 있다. 다른 단어들은 둘 이상의 형태소를 포함하는데, *bedroom*은 *bed*와 *room*이라는 형태소로 이루어져 있다. 형태소는 다시, 혼자서 단어로 성립할 수 있는 **자유 형태소(free morphemes)**와 단어의 의미에는 기여하지만 혼자서는 단어가 될 수 없는 **의존 형태소(bound morphemes)** 또는 **문법 형태소(grammatical morphemes)**로 구분할 수 있다. 영어에서 사용되는 주요 문법 형태소 중 일부가 표 2.1에 제시되어 있다. 이들 범주들이 교차한다는 것을 주목하

표 2.1 영어의 주요 문법 형태소

형태소	구분	예
수	단수, 복수	명사: *ball, balls* 대명사: *he/she, they* 동사: *is, are*
인칭	1인칭, 2인칭, 3인칭	대명사: *I, you, he/she* 동사: *I walk, you walk, helshe walks*
시제	현재, 과거, 미래	동사: *I jump, I jumped, I wil jump*
상	완료, 진행	동사: *I have read the book,* *I am reading the book*

라. 예를 들어, 시제와 상의 교차는 현재 완료 (10), 과거 완료 (11), 현재 진행형 (12) 그리고 과거 진행형 (13)을 생성한다.

(10) I have read the book.

(11) I had read the book.

(12) I am reading the book.

(13) I was reading the book.

모든 언어가 형태소 체계를 가지고 있지만, 언어마다 문법적 구분을 하는 방식이 다르고 문법적 구분을 만들어내는 방식에서도 차이가 난다. 영어를 정확하게 사용한다는 것은 영어의 그러한 속성들에 주의를 기울인다는 뜻이다. 예를 들어, 대명사와 동사의 수에 모두 주의를 기울여야 하는데, 영어에서 문법적인 문장이 되기 위해서는 둘의 수가 일치해야 하기 때문이다. 시제를 선택할 때는 언제 행동이 일어났는지를 알아야 한다. 14장에서 우리는 이러한 미묘한 언어의 차이가 그 언어를 말하는 개인들의 사고 양식에 영향을 미친다는, 즉 언어에 따라 언어사용자들이 독특한 세계관을 갖는다는 주장을 살펴볼 것이다.

구 구조

문법을 기술함에 있어 세 번째 중심개념은 **구 구조(phrase structure)**이다. 직관적으로, 우리는 문장들이 단어들의 집단, 즉 구성성분들(constituents)로 나누어질 수 있다는 것을 안다. 단순 평서문인 (14)를 보자.

(14) The young swimmer accepted the silver medal.

단어들을 어떻게 집단으로 나눌 것인지 생각해 보라. 우선은 명사구와 동사구, 즉 *swimmer*와 *accepted* 사이에서 나누어 볼 수 있다. 이것을 (15)에서처럼 소괄호로 표시할 수 있다.

(15) (The young swimmer) (accepted the silver medal).

두 번째 집단인 동사구는 다음과 같이 좀 더 나눌 수 있다.

(16) (The young swimmer) (accepted [the silver medal]).

괄호로 묶인 항목들은 단순 평서문의 구성성분들이다. 첫 번째 항목은 명사구(noun phrase, NP)로, 한정사(*the*), 형용사(*young*), 명사(*swimmer*)로 이루어져 있다. 두 번째 구성성분은 동사구(verb phrase, VP)로, 동사(*accepted*)와 두 번째 NP(*the silver medal*)를 포함한다.

구성성분이라는 개념을 분명하게 하는 또 다른 방법은 문장 간의 대체 관계를 살펴보는 것이다. 예를 들어, *The young swimmer accepted the silver medal. Then he smiled for the camera*라고 말했다고 가정하자. 두 번째 문장에서 *he*가 *the swimmer*를 대체하였음에 주목하라. *accepted the silver medal*에 대해서도 똑같이 그렇게 할 수 있다. 예를 들어, *The young swimmer accepted the silver medal, and the young ice skater did too*라고 말할 수 있는 것이다. 여기서 *accepted the silver medal*은 *did too*에 의해 대체되었다. 대체 검사는 단어열이 NP나 VP와 같은 구성성분을 만들고, NP는 NP에 의해서 대체되고 VP는 VP에 의해 대체됨을 보여준다.

구 구조 규칙(phrase-structure rules)은 어떤 언어에서 허용 가능한 구성성분들의 배열이 무엇인지를 알려주는 통사 규칙이다. 구 구조 규칙을 사용하면 하나의 구성성분을 하나 이상의 다른 구성성분들로 '다시 쓰기(rewrite)' 할 수 있다. 일련의 규칙들을 사용함으로써 우리는 위에서 아래로(즉, 가장 큰 구성성분에서 가장 작은 구성성분으로) 문장을 파생할 수 있다.

이러한 문장을 생성하는 데 충분한 구 구조 규칙의 목록이 표 2.2에 제시되어 있다. 구 구조 규칙 1(PS 1), 즉 S → NP + VP는 '하나의 문장은 하나의 NP와 하나의 VP로 다시 쓸 수 있다' 라고 읽는다. PS 1의 의미를 표현하는 또 다른 방법은 S가 하나의 NP와 하나의 VP로 이루어져 있다고 말하는 것이다. 규칙 PS 2는 NP를 한정사와 명사로 다시 쓰는 것인데, 형용사는 선택적이며 관사와 명사 사이에서 괄호로 표시된다. 이제는 각 항목들을 왼쪽으로 확장하여, 궁극적으로 전체 문장으로 만들 수

표 2.2 간단한 구 구조 규칙 집합

PS 1 S (sentence: 문장)	→	NP + VP
PS 2 NP (noun phrase: 명사구)	→	det + (adj) + N
PS 3 VP (verb phrase: 동사구)	→	V +NP
PS 4 N (noun: 명사)	→	*swimmer, medal, horse*
PS 5 V (verb: 동사)	→	*accepted, returned*
PS 6 adj (adjective: 형용사)	→	*young, silver, beautiful*
PS 7 det (determiner: 한정사)	→	*a, the*

표 2.3 The young swimmer accepted the silver medal의 파생 단계

1. 규칙 PS 1	NP + VP
2. 규칙 PS 2	det + adj + N + VP
3. 규칙 PS 3	det + adj + N + V + NP
4. 규칙 PS 4	det + adj + N + V + det + adj + N
5. 규칙 PS 5	*the* + adj + N + V + *the* + *adj* + N
6. 규칙 PS 6	*the* + *young* + N + V +*the* + *silver* + N
7. 규칙 PS 7	*the* + *young* + *swimmer* + V + *the* + *silver* + *medal*
8. 규칙 PS 8	*the* + *young* + *swimmer* + *accepted* + *the* + *silver* + *medal*

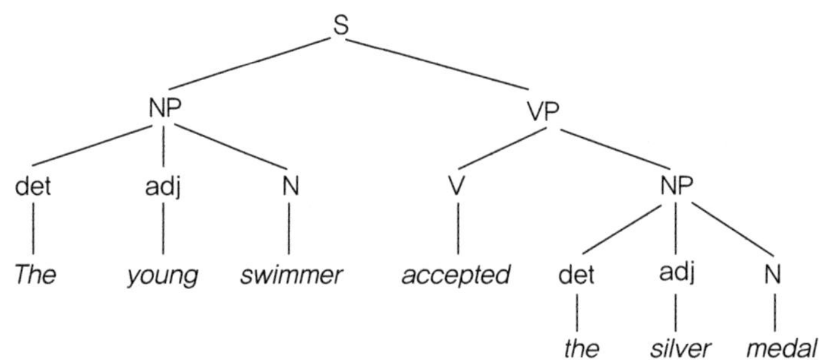

그림 2.1 *The young swimmer accepted the silver medal*의 수형도(구 표지)

있다. 그 다음 네 개의 규칙들을 **어휘 삽입 규칙(lexical insertion rules)**이라고 하는데, 이미 만들어진 구조에 단어를 끼워 넣는 것이다. 문장을 만들어 내는 전체 규칙들의 연속을 **파생(derivation)**이라고 한다. 문장의 단계적인 파생을 표 2.3에서 볼 수 있다. 최종적인 구 구조는 그림 2.1에 그려져 있다.

구 구조 규칙들은 **구 구조 중의성(phrase-structure ambiguity)**이라고 부르는 문장 중의성을 잘 설명한다. 문장 (17)이 그것이다.

(17) They are eating apples.

이 문장에서 단어들을 구성성분으로 할당하는 것이 중의적인데, 하나 이상의 수형도(tree diagram), 즉 구 표지(phrase marker)를 적용할 수 있다. 문장 (17)에서 *eating*은 동사의 일부분이 될 수도 있고 *apples*를 수식하는 형용사가 될 수도 있다. 이 문장에 대한 두 개의 구 표지는 그림 2.2에 그려져 있다.

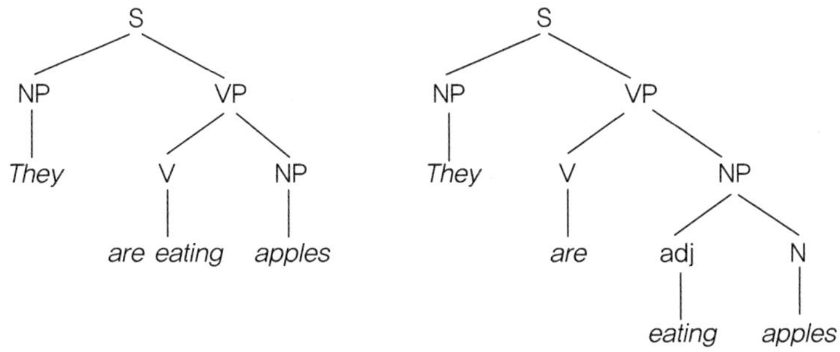

그림 2.2 *They are eating apples*의 수형도

언어 생산성

어떤 하나의 언어로 만들 수 있는 문장의 수에는 제한이 없다. 우리가 내뱉는 많은 문장들은 늘 새로운 것이지만, 문법적으로 아무런 문제가 없는 단어들의 배열이다(상투적인 문구나 속담 등은 예외이다). 새로운 말을 창조해내고 이해할 수 있는 능력을 **언어 생산성(linguistic productivity)** 또는 **언어 창조성(linguistic creativity)**이라고 한다. 이러한 견해는 Hockett(1966)에 의해서도 제시된 바 있지만, 이를 가장 강조한 사람은 Chomsky(1957, 1966, 1980)였다. 이러한 견해를 이해하는 한 가지 방법은 대화나 글에서 적당한 문장을 하나 취하여 다른 곳에서 동일한 문장을 찾는 것이다(당신은 한참 동안 찾아야 할 것이다).

인간의 뇌는 분명히 용량에 제한이 있으므로, 우리가 무한한 수의 문장을 가진 언어를 어떻게 습득하는지를 설명하는 것이 언어심리학자들에게는 여전히 골치 아픈 문제이다. 예를 들어, 나중에 사용하기 위해 뇌 속의 어떤 곳에다 무한한 수의 문장을 저장한다는 것은 불가능한 일이다. 대부분의 언어심리학적 설명들은 문장들을 저장하는 대신 문장들을 만들어 내는 규칙들을 저장한다고 가정한다. 필요한 규칙들의 수는 제한되어 있지만, 그 규칙들을 결합함으로써 무한한 수의 문장들을 만들 수 있다는 것이다.

한 가지 예가 그 점을 잘 설명한다(Lasnik, 1990). 길고 복잡한 문장을 만드는 한 가지 방법은 한 문장을 다른 문장 안에 끼워 넣는 것이다. 우리는 이미 VP를 V + NP로 다시 쓸 수 있다는 것을 보았는데, VP를 다음과 같이 다시 쓰는 것도 가능하다.

(PS 8) VP → V + S

즉, 동사 뒤에 오는 것이 (18)에서처럼 완전한 하나의 문장이 될 수 있다.

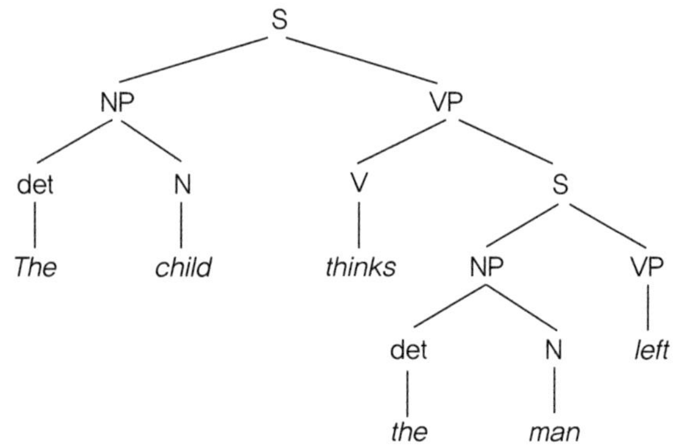

그림 2.3 *The child thinks the man left*의 수형도

(18) The child thinks the man left.

문장 (18)을 위한 구 표지는 그림 2.3에 그려져 있다. 그 과정을 계속하여 앞쪽에 더 많은 문장들을 끼워 넣을 수 있는데(예를 들어, *The woman knows the child thinks the man left*), 그렇게 하면 그 문장을 이해하기가 상당히 어려워진다.

이 과정을 구 구조 규칙을 이용하여 나타낼 수 있다. PS 1과 PS 8을 결합하여 PS 9를 얻을 수 있다.

(PS 9) S → NP + V + S

S가 화살표 양쪽에 다 있음을 주목하라. 이처럼 자기 자신에게 다시 적용될 수 있는 규칙을 **귀환 규칙(recursive rule)**이라고 한다. 귀환은 위에서 보았듯이 언어 생산성과 밀접한 관련이 있는데, 한 문장을 다른 문장 속에 끼워 넣을 수 있는 횟수에는 제한이 없기 때문이다. 귀환은 인간의 언어 사용을 탄력적으로 만드는 속성인 것 같다. Goldin-Meadow(1982)는 언어에 거의 노출되지 않은 어린아이들도 귀환적 속성을 가진 말들을 한다는 것을 보여주었다(12장을 보라).

언어 생산성은 인간의 언어를 적은 수의 분리된 신호들로 이루어진 동물의 의사소통체계와 구분시켜 준다. 반면에, 인간의 언어는 필요하면 새로운 단어들을 만들어 내는 개방된 의사소통체계이다. 더욱이 우리는 새로운 단어를 만들 수 있을 뿐만 아니라 귀환에서 보았듯이 기존에 있던 단어들을 혼합하여 새로운 조합을 만들어 낼 수도 있다. 이러한 생산적인 과정은 우리의 언어가 얼마나 복잡하며 개방적인지를 보여준다.

언어의 모든 측면이 생산적인 것은 아니다. 언어의 어떤 측면은 규칙의 지배를 받지 않으며, 기계적인 학습으로 숙달해야만 한다. 한 가지 예는 강동사(strong verb)[1]의 존재로, 그것들은 형태적으로 불규칙적인 동사들이다. 영어에서 가장 흔한 것은 *went*, *fell*, *ate*처럼 과거 시제가 불규칙적인 동사들이다. 이러한 형식들로 인해 어린아이들은 언어 발달 초기에 잦은 실수를 범하게 되는데, 과거시제 표지를 과도하게 사용하는 경향(예컨대, *goed*)이 있다. 흥미롭게도, 대부분의 강동사들은 매우 빈번하게 사용되는데, 우리가 궁금해 하는 것은 어린아이들이 그것들을 기계적인 방식으로 일일이 외워야 하는가 하는 점이다.

요약

이중 형식, 형태론, 구 구조 그리고 언어 생산성은 네 개의 기본적인 문법적 개념이다. 단어들은 음소들로 이루어지며, 그것은 다시 변별 세부특징들을 갖는다. 각각의 예에서 작은 단위들은 큰 단위를 생성하기 위하여 규칙을 따라 결합된다. 단어들은 하나 이상의 의미 단위, 즉 형태소로 이루어진다. 어떤 언어에서 문법적 형태소의 체계는 화자들에게 미묘한 의미의 차이를 표시하는 방법을 제공한다. 구 구조 규칙은 문장 내에서 단어들이 어떻게 집단화되는지에 관한 우리의 직관을 정리한 것이다. 어떤 문장들은 중의적이고 한 가지 이상의 방식으로 집단화된다. 언어 생산성은 한 언어에서 가능한 문장의 수에 제한이 없다는 사실을 나타낸다. 귀환이라는 구 구조 규칙은 이러한 생산성의 근거들 중 하나이다.

수화로부터의 통찰

여기서는 **미국 수화(American Sign Language, ASL)**가 지닌 언어적 속성을 좀 살펴보고자 한다. 입말과는 달리 수화는 시각적이고 공간적인 형태로 표현된다. 수화를 통해서 우리가 지금까지 살펴보았던 문법적인 개념들이 시각적 양식의 언어에 얼마나 일반화될 수 있는지를 검토해 볼 수 있다.

미국 수화는 영어의 소리를 수화로 표시하는 손짓 영어(manual forms of Eng-

---

1) 또는 '불규칙 동사'

lish)와는 뚜렷이 구별된다. 손짓 영어 중 가장 잘 알려진 것이 손가락 철자(finger-spelling)인데, 그 이름이 암시하듯이 영어 단어를 한 글자 한 글자 손짓 형식으로 번역한다. 그것은 영어에서 파생된 이차적 몸짓 체계(gestural system)이다. 반면에 ASL은 영어와는 독립적이고 프랑스 수화에서 파생되었다(Frishberg, 1975). 과거에는 ASL이 무언극(Pantomime)과 다를 바 없고 여러 가지 면에서 문법적으로 결여된 것으로 여겨졌지만, ASL에 대한 수십 년간의 학문적인 연구는 그러한 생각을 잠재웠다.

ASL이 자율적(autonomous)인 언어라는 생각을 받아들인다 하더라도, 우리는 그것과 입말과의 관계를 묻지 않을 수 없다. 수화(특히 ASL)와 입말 간의 차이점과 유사점을 살펴봄으로써 그러한 질문에 답하도록 하자.

수화와 입말의 차이점

도상성과 자의성 대부분의 입말들이 그렇듯이 영어에도 **자의성(arbitrariness)**의 원리가 적용된다. 즉, 말소리와 그 말소리가 가리키는 대상 간에는 아무런 내재적인 관련성이 없다. 예를 들어, 단어의 길이와 그것이 가리키는 대상의 길이 사이에는 아무런 관계가 없다. 따라서 작은 대상(예컨대, *caterpillar[애벌레]*)에 긴 단어가 사용되고, 큰 대상(예컨대, *train[기차]*)에 짧은 단어가 사용될 수 있다. Hockett(1966)에 따르면, 자의성은 인간 언어의 보편적인 특징이다.

반면에 미국 수화는 높은 수준의 **도상성(圖像性, iconicity)**[2)]을 지니고 있다. 즉 많은 단어들은 그것들이 가리키는 대상이나 활동들을 닮아 있다. 예를 들어, *주의(attention)*를 나타내는 손짓은 얼굴 앞에서 두 손을 서로 마주 보도록 유지한 상태에서 몸에서 멀어지도록 움직인다. 주변의 방해를 받지 않기 위해 곁눈가리개를 쓰는 것을 의미한다. 또 다른 도상적인 손짓은 *판단하다(judge)*를 나타내는 손짓으로, 두 손을 몸 앞에 위치시킨 다음, 두 손을 엇갈리게 아래위로 움직인다. 이것은 다양한 생각의 무게를 재는 평형 저울을 닮아 있다(Klima & Bellugi, 1979).

흥미로운 것은 상이한 수화들이 전 세계의 다른 곳에서 발달했다는 것이다. 미국 수화, 덴마크 수화, 중국 수화를 검토한 결과, 모두는 도상적인 손짓을 가지고 있지만, 구체적인 부분에서는 언어마다 다르다. 예를 들어, 미국 수화(ASL)에서 나무를

---

2) '사상성(寫像性)' 또는 '상형성' 이라고도 함.

가리키는 손짓은 손을 넓게 펼친 상태로 팔뚝(하박)을 세우는 것으로, 나무의 몸통과 가지를 가리킨다. 덴마크 수화에서는 두 손으로 나무 꼭대기의 둥근 모양과 몸통을 차례로 그리는 반면, 중국 수화에서는 나무의 몸통을 먼저 묘사한 다음 위로 움직인다(Klima & Bellugi, 1979). 따라서 ASL이 도상적이라고 하지만, 그러한 속성이 수화의 형식을 자동적으로 결정하지는 않는다. 각 수화는 상이한 방식으로 대상을 모방 표현하는 것이다.

그 결과, 관찰자가 수화의 의미를 추측하는 것이 항상 쉽지는 않다. 한 연구에서, 소리를 들을 수 있지만 수화에 친숙하지 않은 관찰자는 제시된 수화의 10% 정도 밖에 파악하지 못하였다(Klima & Bellugi, 1979). Pizzuto와 Volterra(2000)에 의하면, 제시된 특정 수화에 친숙하지 않은 농아 수화사용자들은 우수한 수행을 보이는 반면, 정상 관찰자들은 저조한 수행을 보인다. 따라서 도상적인 손짓이 의미에 있어서 반드시 투명한 것은 아니다.

Frishberg(1975)는 지난 200년 동안 ASL에서 도상성의 정도가 감소하였다고 주장하였다. 그 한 예가 *가정(home)*을 나타내는 손짓이다. 처음에는 두 개의 다른 손짓이 결합된 것이었는데, 하나는 *먹는다(eat)*였고 다른 하나는 *잔다(sleep)*였다. *먹는다*를 나타내는 손짓은 입 주변에 손을 컵 모양으로 하여 갖다 대는 것이다. *잔다*를 나타내는 손짓은 한 손을 펴서 턱에 붙인 후 머리를 기울이는 것이다. 각각의 손짓이 도상적이듯이, *가정*을 나타내는 원래의 손짓도 그러하였다. 즉, *먹는다*에 이어 *잔다*가 뒤따랐다. 시간이 지나면서, 손짓은 단순해지고 더욱 관례화되어 현재의 형태는 컵 모양의 한 손을 볼의 두 군데에 살짝 부딪치는 것인데, 그것은 처음의 손짓만큼 투명한 의미를 갖고 있지 않다. 따라서 많은 ASL 손짓들이 도상적이긴 하지만 자의성의 정도가 증가하고 있다. 이제 미국 수화는 이중적인 지시 체계—도상적인 부분과 자의적인 부분—를 갖고 있다.

동시적 구조와 순차적 구조 수화와 입말 사이의 두 번째 차이점은 동시적인 구조와 순차적인 구조 간의 구분과 관계가 있다. 입말은 본질적으로 순차적이다. 우리는 음절 속의 음소들, 단어 속의 음절들 그리고 문장 속 단어들의 정확한 순서를 명시하는 규칙들을 갖고 있다.

수화는 그것이 시간적이기보다는 공간적으로 조직화된다는 점에서 다르다. 발화의 의미가 손짓의 순서에 의해 먼저 정해지는 것이 아니라(순서가 중요한 문제이긴 하지만) 손짓에 동시에 포함되는 특징들의 조합으로 결정된다.

수화와 입말의 유사성

이중 형식 수화의 세 가지 주요 매개변인은 손의 모양(手形), 손의 위치(手位), 손의 움직임(手動)이다(Stokoe, Casterline & Croneberg, 1976). Stokoe와 동료들은 손의 모양 내지 손의 형태에서 19개의 다른 값을 확인하였다. 여기에는 펼친 손바닥, 움켜쥔 주먹, 검지만 펼치고 나머지는 움켜 쥔 주먹 등이 포함된다. 손의 위치는 12개의 값을 갖는데, 이마, 뺨, 상박 등이다. 손의 움직임은 위로, 아래로, 옆으로, 몸 쪽으로 또는 몸에서 멀어지는 쪽으로 등이며 회전하기도 포함되며, 24개의 값을 가진다. 이들 값은 그 자체로서는 의미가 없지만, 다양한 방식으로 결합됨으로써 ASL 손짓들을 만들어 낸다. 따라서 ASL은 이중 형식을 갖고 있다.

그림 2.4는 이러한 세 가지 매개변인을 포함하는 최소 대비(minimal contrast)를 보여준다. 맨 윗줄은 손의 모양만 다른 세 가지 손짓을 보여준다(즉, 손의 위치와 움직임은 동일하다). 두 번째와 세 번째 줄은 각각 위치와 움직임에 있어서의 최소 대비의 예들이다. 단일 매개변인에서 하나의 변화가 어떻게 전체 손짓의 의미를 변화시킬 수 있는지에 주목하라.

매개변인 값들을 개별 세부특징들로 분석할 수도 있다. 손 모양과 관련된 그런 특징 중 두 가지는 *index(지시)*, 즉 검지를 뻗었는가 하는 것과 *compact(응집)*, 즉 손으로 주먹을 쥐었는가 하는 것이다. 그림 2.4의 맨 윗줄에 있는 손짓 중 *candy(사탕)*는 +index와 −compact를, *apple(사과)*은 +index와 +compact를, *jealous(시기하는)*는 −index와 −compact를 가진다. 수화자들의 ASL에 대한 지각이 이러한 세부특징들과 관련이 있는지를 확인하기 위하여, Lane, Boyes-Barem, Bellugi(1976)는 시각적 방해(비디오 모니터 상에 많은 백색 소음(일명 snow)을 뿌려주기)가 심한 조건에서 농아자에게 일련의 손짓들을 보여주었다. 참가자들은 모니터에 나오는 손짓들을 재인하라는 요구를 받았다. 연구자들은 대부분의 재인 오류가 단 하나의 세부특징에서만 차이가 나는 다른 손짓들과 관련이 있음을 발견하였다. 즉, 변별 세부특징들의 형태가 유사한 손짓들은 심리적으로 서로 유사한 것으로 취급되었다.

형태론 미국 수화는 다양한 문법적인 구분을 표시하는 풍부한 형태론적 체계를 가지고 있다. 예를 들어, 1인칭과 2인칭의 구분은 ask(묻다)와 같은 손짓에서 표시된다. 발화가 1인칭에 해당할 때는(*ask me*) 손짓의 움직임이 자기 쪽으로 향하지만, 2인칭에 해당할 때는(*ask you*) 그 움직임이 상대편 쪽으로 향한다. 인칭 외에도 ASL

은 수(number), 상(aspect), 상호성(reciprocity)을 표시한다(Poizner, Klima & Bellugi, 1987).

상호성(reciprocity)은 *they pinched them*(그 사람들은 그들을 꼬집었다)와 *they*

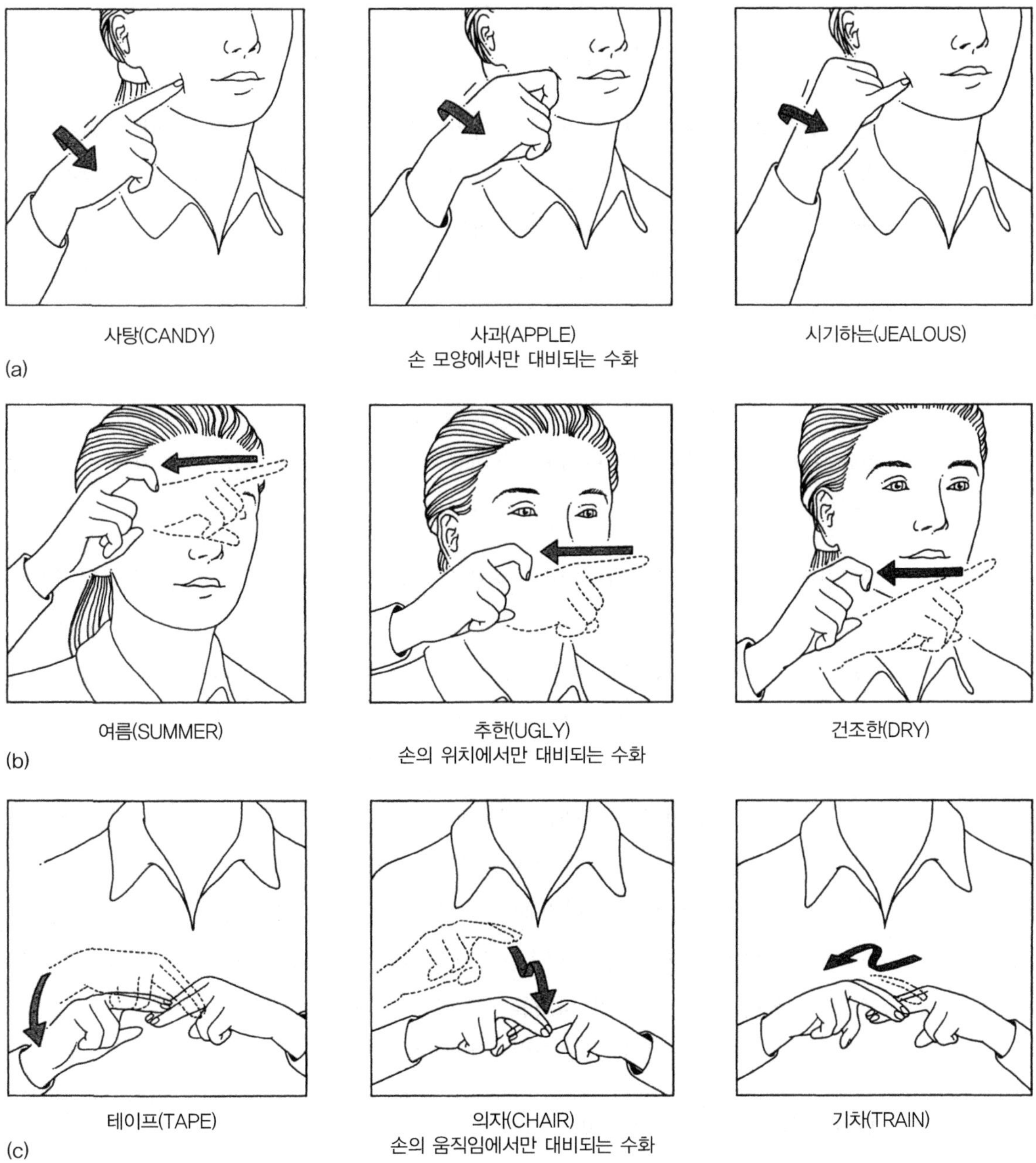

그림 2.4 주요 매개변인들을 보여주는 최소 대비들 (출처: *The Signs of Language,* by E. S. Klima and U. Bellugi, Harvard University, 1979.)

pinched each other(그 사람들은 서로를 꼬집었다) 간의 구분—즉, 행위의 주체인 주어와 그것의 수취자인 목적어가 있는지 아니면 주어와 목적어 간에 상호 교환이 있는지—과 관계된다. 영어 입말에서 이러한 구분은 대명사에 의존한다. ASL에서는 동사에 상호성 형태소가 있어서, *pinched each other*은 수화자의 몸을 가로질러 앞뒤로 움직임으로써 전달된다. 다만, 이러한 구분의 표시가 영어 입말에서는 순차적이지만 ASL에서는 동시적이다.

언어 생산성 한 손짓을 다른 손짓에 끼워 넣는 속성이 ASL에서도 나타난다(Poizner 등, 1987). 그림 2.5a는 *주다(give)*를 나타내는 기본적이고 굴절되지 않은 손짓을 보여준다. 그림 2.5b는 그러한 손짓의 지속형(durational form)을 보여주는데, 그것은 '계속해서 주는 것'을 의미하고, c는 망라형(exhaustive form)을 보여주는데, 그것은 '모든 사람에게 주는 것'을 의미한다. 그런 다음, d와 e에서 볼 수 있듯이, 하나를 다른 하나에 끼워 넣음으로써 그 두 가지 의미가 결합된 하나의 손짓을 만들 수 있다. 마지막 둘의 차이는 입말의 두 문장, *The woman knows the child thinks the man left*와 *The child thinks the woman knows the man left*의 차이와 구조적으로 유사하다.

구 구조 앞에서 보았듯이, 영어는 어순을 통해 주어나 동사 같은 문법적 범주들을 나타낸다. 미국 수화도 그것을 잘 나타내곤 한다. 예를 들어, 타동사의 경우(*give*, *kiss*, *tell*과 같이 직접 목적어를 필요로 하는 동사들), 구성성분들을 수화로 나타내는 순서는 주어-동사-목적어(SVO)이다(Poizner 등, 1987). 따라서 ASL은 시간적 순서를 이용한다.

미국 수화는 통사론적 구분을 전달하기 위해 공간적인 과정도 사용한다. 예를 들어, ASL은 공간 내에서의 어떤 위치로 명사를 나타내는데, 그 위치가 처음에는 자의적이만 이후에 그 명사를 가리킬 때에는 똑같은 위치가 유지된다. 다른 명사들은 다른 독특한 위치를 차지한다. 동일한 손짓들이 같은 순서로 되어있다 하더라도 공간적 표시가 다르다면 상이한 의미를 갖는다(Poizner 등, 1987). 이러한 체계는 실제로 언어의 중의성을 약간 감소시킨다. 예를 들어, 다음의 문장을 살펴보자.

(19) He said he hit him, and then he fell down.

영어에서 위의 문장은 중의적이지만, ASL에서는 각 대명사가 자신만의 공간적 표시를 갖기 때문에 해석이 분명하다.

(a) 주다(비굴절)

(b) 주다[지속]
(계속 준다)

(c) 주다[망라]
(각각에게 준다)

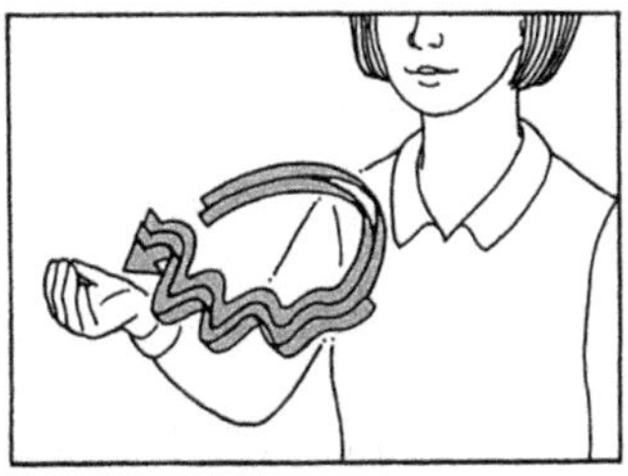

(d) 주다[[망라]지속]
(일일히 주는 행동이 시간이
지나면서 귀환된다)

(e) 주다[[지속]망라]
(차례로 각각에게 계속 준다)

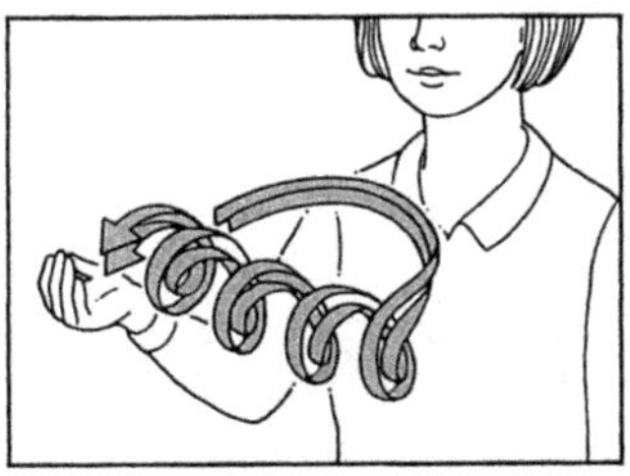

(f) 주다[[[지속]망라]지속]
(차례로 각각에게 계속 주는 행동이
시간이 지나면서 귀환된다)

그림 2.5 ASL의 형태소 과정의 귀환. (a) 비굴절형 수화 give. (b, c) 한 번 굴절된 give. (d) 굴절의 조합(망라의 지속). (e) 또 다른 굴절의 조합(지속된 망라). (f) 규칙들의 귀환적 적용(지속된 망라의 지속). (출처: *What the Hands Reveal about the Brain*, by H. Poivner, E. S. Klima and U. Bellugi, MIT Press, 1987.)

수화의 의의

ASL에 관한 소개는 ASL과 입말 사이의 기본적 유사성뿐만 아니라 분명한 차이들도 보여준다. 이러한 속성들의 조합은 언어심리학의 어떤 측면들에 대해서는 특별한 의의를 갖는다. 여기에서는 후속되는 장들에서 검토하게 될 몇 가지 쟁점들을 간단히 살펴보고자 한다.

하나는 언어 산출이라는 주제이다. 말소리가 호흡에 사용되는 것과 동일한 통로를 이용하여 산출되지만, ASL은 호흡과는 독립적이다. 손짓 산출은 전적으로 호흡 활동과 동시에 일어나고 호흡의 방해를 받지 않는다. 보통 사람들이 말하는 동안의 휴지(pause) 중 일부는 호흡을 하기 위한 것이고, 다른 일부는 인지적이고 언어적인 목적을 가지기 때문에, 우리는 수화와 입말의 산출 방식에서 어떤 흥미로운 차이를 기대할 수 있다(8장을 보라).

수화를 연구함으로써 이익을 볼 수 있는 또 다른 연구 영역은 언어 습득이다. 대부분의 농아 아동들은 ASL을 모르는 정상적인 부모를 갖고 있기 때문에, 불행하게도 많은 농아 아동들이 어린 시절에 일관된 언어 모델에 노출되지 못한다. 이것은 언어발달에서 환경의 역할을 이해하는 데 단서를 제공한다(10장과 12장을 보라).

마지막으로, 언어와 뇌 사이의 연결은 입말과 수화에서 다를 가능성이 크다. 뇌의 좌우반구의 기능이 다르다는 것은 이제 아주 잘 알려진 사실인데, 그것은 좌반구가 더 언어적이고 우반구는 공간 과제에 더 능숙하다는 것이다. 그렇다면 공간적 언어의 신경학적 배열은 어떠할까(13장을 보라)?

요약

미국 수화는 나름의 문법적 규칙 집합을 갖고 있고 영어와는 독립적인 언어이다. ASL에 대한 예비적인 조사는 그것의 문법적 조직화에서 뚜렷한 유사성을 보여 주었는데, 우리가 논의했던 몇몇 기본적인 개념들이 보편적일 것임을 시사한다. 동시에 ASL과 영어 사이에는 중요한 차이가 있으며, 우리는 그것들은 좀 더 고찰해 볼 것이다. ASL과 입말 사이의 유사점과 차이점들은 매우 흥미를 끄는 것이므로, 이 책을 읽는 중에 우리는 가끔씩 ASL에 관한 연구로 되돌아갈 것이다.

변형 문법

변형 문법은 1950년대 말에 Chomsky가 형식화한 매우 영향력 있는 이론이다(Chomsky, 1957, 1965). 그의 이론은 1960년대와 1970년대 초에 상당한 양의 언어심리학적 연구를 촉발시켰다. 하지만, 그러한 언어학적 연구 및 언어심리학적 연구들의 의의는 여전히 논쟁거리로 남아있다. 본 절에서는 변형 문법의 몇 가지 주요 특징들을 개략적으로 살펴보려고 한다. 이론에 대한 평가는 본 장의 마지막 절까지 미루어 두겠다.

언어와 문법

변형 문법을 논의하기 전에 문법과 언어의 관계를 좀 더 정확하게 이해할 필요가 있다. *문법(grammar)*이라는 용어는, 본 장을 시작하면서 인용했던 Eliza Doolittle(버나드 쇼의 *피그말리온*의 여자 주인공)의 말에서처럼 부정적인 반응을 야기하는 경향이 있다. 그러나 앞으로 보게 되겠지만, 언어학 이론에서 말하는 문법은, 정확하게 말하는 방법을 배우는 것과 별 관계가 없고, 다른 사람의 발화가 적합하고 적절한지 면밀하게 관찰하는 습관을 가진 사람들과도 별 관계가 없다. 언어학적인 관점에서 봤을 때, 문법은 한 사람이 가진 언어 지식을 기술하는 것이다.

언어에 대한 정의 좀 더 정확하게 정리해 보도록 하자. 언어학 이론에서, **언어(language)**란 규칙에 맞는(well-formed) 문장들의 무한한 집합으로 정의될 수 있다. 앞에서 보았듯이, 어떤 언어가 가진 문장의 수에는 제한이 없다. **문법(grammar)**은 어떤 언어 내에서 문장들을 생성하는 유한한 수의 규칙의 집합으로 구성된 형식적 장치이다. 생성이라는 개념은 수학이나 논리학에서 말하는 연역(deduction)이라는 개념과 비슷하다. 즉, 우리는 문법에 포함된 규칙들을 사용함으로써 어떤 언어의 문장들을 연역해 낼 수 있다. 따라서 문법은 언어에 관한 이론들이며, 언어의 어떤 부분의 구조나 조직화에 관한 구체적인 가설들로 이루어진다.

문법에 대한 평가 문법이 언어에 관한 이론이라면, 어떤 이론이 좋은 이론인지 어떻게 평가할 것인가? Chomsky(명쾌한 논의를 위해 Greene, 1972를 보라)는 세 가지 준거를 제안하였다. 첫 번째, 문법은 한 언어에서 허용되거나 허용되지 않는 연속(sequence)을 명확하게 규정해야만 한다. **관찰적 타당성(observational adequacy)**

이라고 하는 이러한 준거는 언어의 여러 수준에 적용된다. 음운 수준에서 우리는 *pbort*가 허용되지 않는 연속이라는 것을 안다. 마찬가지로, 통사적 수준에서 우리는 비문법적인 것으로 간주되는 연속을 생성하지 않으면서 문법적인 문장들을 생성하는 규칙들을 갖기 위해 문법을 필요로 한다. 어떤 언어에서 허용되는 모든 문장들을 생성하고 허용되지 않는 연속을 하나도 생성하지 않는다면, 그 문법은 관찰적으로 타당한 것이다.

두 번째 준거는 문법이 다양한 연속들 간의 관계를 규정해야 한다는 것으로, **기술적 타당성**(descriptive adequacy)이라고 한다. 문법은 어떤 연속이 허용 가능한지를 보여주는 것만으로는 충분하지 않으며, 그것이 의미가 비슷하거나 반대인 다른 문장들과 어떤 관계가 있는지를 설명하여야만 한다. 예를 들어, 두 문장이 의미적으로는 비슷하지만 통사적으로 다르다면, 문법은 그런 사실을 설명할 수 있어야 한다.

세 번째 준거는 **설명적 타당성**(explanatory adequacy)이라고 불린다. Chomsky는 상이한 원리들에 기초하는 수많은 문법들이 두 가지 유형의 타당성을 획득하는 것이 이론적으로 가능하다고 지적한다. 그렇다면 언어학자들은 기술적으로 타당한 문법들 중 어느 것이 최상의 것인지 어떻게 결정하는가? Chomsky의 대답은 어린아이들의 언어 습득과 관련이 있다. 그는 언어를 배우는 아이들이 그 언어의 사례들에 노출되며 그러한 사례들로부터 문법을 습득한다고 주장한다. 하지만, 그는 입력되는 자료가 여러 개의 문법과 일치하더라도 아이들은 하나의 문법을 선택한다는 점에 주목한다. 이것은 어떤 내재적인 언어 제약이 아이들로 하여금 정확한 문법을 연역할 수 있도록 해준다는 것을 의미한다. 이러한 내재적 언어 기제들은 아마도 모든 언어에 공통적인 언어 보편성과 관련이 있을 것이다. 따라서 마지막 수준의 타당성은 특정 언어에서 볼 수 있는 패턴들을 기술하는 것을 넘어선다. 대신 그것은 언어 습득에서 언어적 보편성(linguistic universals)의 역할을 설명하는 것과 관계있다.

이러한 준거들은 언어학 이론의 발전과 평가에서 중요한 역할을 담당하였다. 사실, Chomsky(1957)가 변형 문법을 처음 발전시킨 것도 구 구조 규칙에 기초한 문법이 기술적 타당성을 갖지 못했기 때문이었다.

심층 구조와 표층 구조

언어에 대한 한 가지 중요한 통찰은 문장들이 한 수준 이상의 구조를 가진다는 것이다. 변형 문법에서는 이러한 통찰이 심층 구조와 표층 구조 사이의 구분으로 나타났다. 그것들은 강조점이 다를 뿐, 둘 다 나무 구조로 되어 있다. **심층 구조(deep structure)**란 문장의 의미를 전달하는 문장의 기저 구조이다. **표층 구조(surface structure)**란 구성성분들의 표면적 배열(superficial arrangement)을 말하며, 단어들이 발음되는 순서를 반영한다. 이러한 구분의 유용성에 대해서는 세 가지의 논증이 가능하다. 먼저, 문장 (20)을 살펴보자.

(20) Flying planes can be dangerous.

이 문장은 중의적이지만, 구성성분들이 문장 (17)에서처럼 두 가지 이상으로 집단화될 수 있는가 하는 의미에서는 그렇지 않다. 여기에서 중의성은 문장의 어떤 요소들(또는, 좀 더 정확히 말해서, 문장의 심층 구조)의 (선택적인) 제거에서 비롯된다. 그 문장은 *The act of flying planes can be dangerous* 또는 *Planes that are flying can be dangerous*와 같이 대충 바꿔 쓸 수 있다. **심층 구조 중의성(deep-structure ambiguity)**이라고 부르는 이러한 유형의 중의성은 두 개의 서로 다른 심층 구조에서 파생되는 하나의 표층 구조를 특징으로 한다. 그것은 구 구조로는 설명될 수 없다.

심층 구조와 표층 구조를 구분해야 하는 두 번째 이유는 구 구조는 비슷하지만 기저의 구조는 다른 문장쌍 때문이다. 예를 들어, 문장 (21)과 (22)를 살펴보자.

(21) John is easy to please.
(22) John is eager to please.

이들 문장은 보기에는 비슷하지만, 풀어서 말해보면 그 차이점이 드러난다. 문장 (21)에서는 John이 심층 구조의 목적어이지만 문장 (22)에서는 심층 구조의 주어라는 것을 알 수 있다.

세 번째, 어떤 쌍들은 표층의 배열은 매우 다르지만 심층 구조는 유사한데, 아래의 문장쌍에서 **능동태(active)**인 (23)과 **수동태(passive)**인 (24)가 그렇다.

(23) Arlene played the tuba.
(24) The tuba was played by Arlene.

이 경우, 능동태 문장과 수동태 문장은 동일한 심층 구조의 두 가지 표현으로 간주된다.

이러한 점들을 설명하는 또 다른 방법은, 한 수준의 구조만을 포함하는 문법은 기술적으로 타당하지 않다고 말하는 것이다. 이러한 문법적인 관계를 완전히 파악하기 위해서는 두 번째 수준의 구조를 가정할 필요가 있는데, 그것은 변형 규칙이라고 불리는 새로운 규칙 집합을 사용한다.

변형 규칙

변형 문법에서 한 문장 전체의 파생은 두 단계의 과정을 거친다. 첫 번째 단계에서는, 심층 구조라고 불리는 기저의 나무 구조(tree structure)를 생성하기 위해 구 구조 규칙들을 사용한다. 두 번째 단계에서는, 일련의 **변형 규칙**(**transformational rules**, 간단히 **변형**(**transformations**)이라고 부르기도 함)이 심층 구조와 중간 구조(심층 구조와 표층 구조 사이에 있는)에 적용되어, 궁극적으로 문장의 표층 구조를 생성한다. 한번에 하나의 구성성분에만 적용되는 구 구조 규칙과는 달리, 변형은 구성성분의 전체 배열에 적용된다. 그것은 구성성분들을 추가, 삭제, 이동하여 문장을 변형시킨다.

몇 가지 변형들을 살펴보고 그것들이 어떻게 작동하는지 보도록 하자. **첨사 이동 변형**(**particle-movement transformation**)[3]이라고 부르는 것이 있다. 아래의 두 문장이 똑같은 의미를 가진다는 것을 우리는 안다.

(25) John phoned up the woman.

(26) John phoned the woman up.

중요한 것은 첨사 up의 위치이다. 즉, 이들 문장에서 첨사는 명사구 바로 앞에 올 수도 있고 바로 뒤에 올 수도 있다. 따라서 위의 두 예문을 두 가지 다른 구 구조 규칙으로 적을 수 있는데, 첫 번째 문장은

(PS 10) VP → V + (part) + NP

두 번째 문장은

(PS 11) VP → V + NP + (part)

이다. 이러한 접근의 문제점은 그것이 기술적 타당성을 갖지 못한다는—두 문장의

3) 또는 '불변화사 이동 변형'

유사성을 보여주지 못한다는—것이다. 이러한 접근에서 두 문장은 상이한 구 구조 규칙들로부터 파생된다. 하나의 대안적 접근은 두 문장이 동일한 심층 구조를 가진다고 가정하고 (25)에 첨사 이동 변형을 적용하는 것이다. 변형 규칙은 다음과 같다.

(T1) V + part + NP → V + NP + part

이 변형 규칙은 동사구의 마지막 구성성분을 간단히 이동시킨다는 점에 주목하라. 하나의 구성성분을 여러 개의 구성성분으로 다시 쓰는 구 구조 규칙과는 달리 변형 규칙은 일련의 구성성분들로 시작하고 그것들을 변형시킨다.

이제 다음의 문장들을 살펴보자.

(27) John phoned up the interesting woman.
(28) John phoned the interesting woman up.
(29) John phoned up the woman with the curly hair.
(30) John phoned the woman with the curly hair up.

첨사가 (26)에서는 두 단어, (28)에서는 세 단어, (30)에서는 여섯 단어를 건너 이동한 것에 주목하라. 중요한 것은 첨사 이동이 단어에 의해서가 아니라 구성성분에 의해서 정의된다는 점이다. 이러한 조건은 변형 문법에 강력한 힘을 부여하며, 무한한 수의 NP들에 적용될 수 있다. 문장마다 다른 단어의 수로 규칙을 기술하는 대신 우리는 NP와 같은 문법적 구조들로 그것을 기술한다. 이동이 문법적 구조에 의존하기 때문에, 이와 같은 규칙들을 **구조 의존적(structure dependent)**이라고 한다.

두 번째 예는 **수동 변형(passive transformation)**이다. 규칙을 간단히 나타내면 다음과 같다.

(T2) NP 1 + V + NP 2 → NP 2 + be + V + -en + by + NP 1

(24)와 같은 문장의 파생에 관여하는 이러한 복잡한 변형은 몇 개의 기본적인 조작을 포함한다. 능동태 문장인 (31)에서 시작하여 수동태 문장을 산출하는 데 필요한 변형들을 하나씩 추가해 보자. 먼저, 주어와 목적어를 바꾸는 변형을 통해 문장 (32)를 산출한다. (문법적으로 불가능한 배열은 관례에 따라 별표로 표시한다.) 그런 다음, (33)에 전치사 by를 삽입한다. 마지막으로, (34)에 **조동사(auxiliary verb)** be를 추가한다.

(31) Arlene played the tuba.

(32) *The tuba played Arlene.

(33) *The tuba played by Arlene.

(34) The tuba was played by Arlene.

변형 규칙의 마지막 속성을 하나 언급할 필요가 있겠다. 이들 규칙들이 어떤 상황에서는 차단될 수도 있다는 점이다. 예를 들어, 첨사 이동 변형은 대명사를 대상으로 하지 않는다.

(35) John called them up.

(36) *John called up them.

이러한 변형의 제약들은 규칙에 구체적으로 기술된다. 규칙은 정해진 조건이 있어야 작동하며 그러한 조건들이 없을 때는 차단된다.

요약

변형 문법은 문장들이 심층 구조와 표층 구조를 가진다고 가정한다. 심층 구조는 일련의 구 구조 규칙들에 의해 파생되고, 표층 구조는 일련의 변형 규칙들에 의해 심층 구조로부터 파생된다. 변형 문법은 구 구조 규칙들로는 완전히 설명될 수 없는 심층 구조의 중의성과 같은 측면들을 설명할 수 있다.

문법 이론의 쟁점들

지금까지 논의한 대부분의 내용들은 언어학적 개념들에 관한 것으로 현대의 연구자들이 대체로 의견의 일치를 보이는 것들이다. 하지만 언어학에서 여전히 활발하게 논쟁중인 문제들이 많이 있다. 본 절에서는 그 중 몇 가지를 살펴보고자 한다.

문법의 심리적 실재성

앞서 지적했듯이, 1960년대 초반과 중반에 수행된 많은 언어심리학 연구들은 변형 문법에 기초한 것들이었다. 그러한 연구들은 변형 문법의 구조와 규칙들이 심리적으로 실재할 것이라는, 즉 그것들이 사람들이 언어를 이해하고 산출하는 방법의 일부일 것이라는 신념에 근거하고 있었다.

중요한 하나의 가정은 표층 구조가 이해의 출발점이고 심층 구조는 종결점이라는 것이었다. 그리고 산출에서는 두 구조의 역할이 반대가 될 것이라고 가정하였다. 만일 그렇다면, 표층 구조와 심층 구조 사이의 거리(문장 파생에서 변형의 수로 측정되는)가 문장의 심리적 복잡성을 보여주는 정확한 지표라고 충분히 가정할 수 있다. 이러한 견해를 **복잡성의 파생 이론(derivational theory of complexity)** 또는 DTC라고 한다.

초기의 연구들은 고무적이었다. 다양한 연구들은 (37)과 같은 부정문이 (38)과 같은 긍정문보다 훨씬 이해하기 어렵다는 것을 보여주었다.

(37) The sun is not shining.

(38) The sun is shining.

그러나 이들 문장은 변형의 복잡성뿐만 아니라 의미 역시 다르다. 후속 연구들은 DTC를 직접 반박하였다. 예를 들어, 문장 (39)는 (40)보다 훨씬 복잡한 변형이다.

(39) The boy was bitten.

(40) The boy was bitten by the wolf.

변형 이론에서 (39)는 전치사구인 *by the wolf*를 삭제하는 변형을 필요로 하며, 따라서 DTC는 (39)가 (40)보다 훨씬 이해하기 어려울 것으로 예상한다. 하지만 직관이나 실험 어느 것도 그러한 어려움을 지지하지 않는다. 첨사 이동 변형을 적용한 문장들과 그렇지 않은 문장들 사이에도 아무런 심리적 차이가 없었다. 이러한 연구들은 다른 연구자들에 의해 광범위하게 재확인되었다(Cairns & Cairns, 1976; Fodor, Bever & Garrett, 1974; Slobin, 1971).

하지만 Berwick과 Weinberg(1983)가 지적했듯이, 이러한 결과들이 반드시 변형 문법이라는 언어학 이론에 결점이 있음을 의미하는 것은 아니다. 언어학적 이론은 옳지만 DTC의 이면에 있는 심리학적 가정이 틀릴 수 있다.

최근의 연구들은 언어학적 이론이 심리적 실재성을 가질 것이라는 가설에 훨씬 호의적이다. 다음의 문장을 보자.

(41) The dentist from the new medical center in town was invited by the actress to go to the party.

수동태의 사용은 동사의 목적어(*dentist*)를 목적어 위치에서 주어 위치로 옮기는 NP 이동을 요구한다. 하지만 최근의 문법 이론에 따르면, 이동되는 구성성분은 그것이 원래 있었던 위치에 흔적(trace)을 남긴다. 따라서 (41)로부터 (42)와 같은 언어적 표상을 추론할 수 있다.

(42) The dentist from the new medical center in town was invited [trace] by the actress to go to the party.

이러한 주장이 심리적 실재성을 갖는다면, 하나의 가설은 '말을 듣는 사람(이해자)은 이동된 명사(dentist)의 흔적을 만났을 때, 그것을 다시 활성화할 것이다'가 될 것이다. Osterhout와 Swinney(1993)는 말을 듣는 사람들이 그렇게 한다는 증거를 얻었다. 실험참가자들은 이동된 명사와 의미적으로 관련된 단어들이 흔적의 위치에 제시되었을 때 신속하게 반응하였다. 그들은 마치 *dentist*에 관해 생각하고 있었던 것 같은데, 그렇지 않았다면 *tooth*처럼 의미적으로 관련된 단어에 쉽게 반응할 수 없었을 것이다. 흔적의 앞과 뒤에서는 반응이 훨씬 느렸다.

일련의 수렴적 연구들은(Zurif & Swinney, 1994를 보라) 흔적의 심리적 실재성을 시사하고 있다. 자세한 내용은 차후 논의를 위해 남겨두기로 하자(6장과 13장을 보라). 지금 중요한 것은, DTC와 관련된 문제에 대해서 일부 심리학자들이 과도하게 반응하였을지도 모른다는 지적이다. 정확한 언어학적 이론과 엄밀한 심리학적 실험이 결합될 때 우리는 더 나은 이해에 도달할 수 있을 것이다.

통사의 중심성

언어 지식을 기술하는 적절한 방식에 관하여 언어학에서는 지금까지 오랜 논쟁들이 있었다. 앞서 보았듯이, 구 구조 규칙들은 우리의 언어 능력을 설명하기에 불충분하며, Chomsky로 하여금 변형 문법을 주장하도록 이끌었다.

변형 문법은 발표된 이후 수많은 변화를 겪었다. 가장 최근의 이론에서 Chomsky(1995)는 많은 변형 규칙들을 제거하였고, 한 위치에서 다른 위치로 구성성분을 이동하는 것과 같은 좀 더 확장된 규칙들로 대체하였다. 흔적에 관한 연구가 기초한 것도 바로 그런 종류의 규칙이었다. 새로운 이론은 원래의 이론과 여러 면에서 다르지만, 좀 더 깊은 수준에서는 통사 구조가 우리의 언어 지식의 중심에 있다는 생각을 공유한다. 하지만, 이러한 견해가 언어학 내부에서는 논란거리가 되어왔다. 여기서는 두 가지 대안적인 언어학 이론을 논의하고자 한다.

하나의 대안적인 접근은 어휘적인 문법 이론에서 나왔다. 이 이론은(예를 들어, Bresnan, 1978), 변형 문법과 같은 구조적 이론이 강조하는 것보다 훨씬 더 많이 개별 어휘 항목(단어)을 강조하였다. 이러한 견해는 최근에 언어 이해, 언어 산출 및 언어 발달을 포함하는 언어심리학의 다양한 영역에 영향을 미쳤다.

한 가지 예를 들어봄으로써 구조를 강조하는 견해와 어휘를 강조하는 견해를 비교해 보도록 하자. 대부분의 문법에서, 어떤 단어를 나타내는 어휘 항목은 그것의 의미, 철자, 발음 그리고 품사와 같은 통사적 특징들을 포함한다. Bresnan(1978, 2001)의 **어휘 기능 문법(lexical-functional grammar)**에서, 어휘 항목은 단어의 다양한 형태(예를 들어, *kiss, kissed, kissing*)와 그것들 각각에 적합한 문장 형식을 포함한다. 동사의 경우, 논항들과 의미적 역할들을 포함하는데, 여기에는 주어나 목적어 같은 표층 구조의 산물뿐만 아니라 동사와 연합된 **행위자(agent)** 즉 행위를 하고 있는 사람과, **피행위자(patient)** 즉 행위가 가해지는 대상도 포함된다. 문장 (43)과 (44)를 살펴보자.

(43) Mary kissed John.

(44) John was kissed by Mary.

*kiss*에 상응하는 어휘 항목의 기저 의미 구조는

kiss: (행위자, 피행위자)

가 될 것이다. 즉, 동사는 행위자와 피행위자를 모두 필요로 한다 (**John kissed*는 문법적인 문장이 아니다). 더욱이 이 항목은 여러 종류의 단어들을 포함하는데,

kiss: 행위자 = 주어, 피행위자 = 목적어

와

(be) kiss: 행위자 = 목적어, 피행위자 = 주어

이다. 능동태 문장에서 사용되는 첫 번째 동사형은 표층 구조의 주어에 행위자의 역

할을, 목적어에는 피행위자를 할당한다. 수동태 문장에서 사용되는 두 번째 동사형은 주어에 피행위자를, 전치사 *by*의 목적어에 행위자를 할당한다.

어휘 항목에 이런 추가적인 정보를 저장함으로써, 수동문의 파생은 전통적인 변형 문법에서보다 짧아지게 된다. 표층 구조가 동사 kiss의 한 형태를 포함할 때, 그 어휘 항목은 인출되고 문장에 맞추어진다. 항목 내의 문법적 정보는 우리가 문장을 의미적으로 해석할 수 있도록(즉, John을 피행위자로 해석할 수 있도록) 해준다. 어휘 기능 문법에서 수동문의 구성성분 구조는 능동문이 아니라 수동문과 비슷하게 보이며, 수동 변형 규칙은 전혀 관여하지 않는다. 이들 두 문장 사이의 의미 관계는 변형 규칙에 의해서가 아니라 상이한 단어 형태들 간의 관계를 규정하는 어휘 규칙들을 통해 유지된다.

어휘 기능 문법의 중요한 의의는 심성어휘집에 가해진 대부분의 설명 부담을 줄이고 변형 규칙으로부터 벗어났다는 것이다. 이것이 갖는 심리학적 의의는 상당히 크다. 인지적으로 말하자면, 우리의 심성어휘집에서 항목들을 인출하는 것은 상대적으로 쉽다. 반면에, 통사적 구조를 파악하는 것은 훨씬 어렵다. 심성어휘집의 어휘 항목에 통사적 정보를 저장함으로써 어휘 이론들은 문장의 이해과정을 단순화시킨다. 이것은 우리가 일상생활에서 문장을 이해할 때 거의 노력이 들지 않는 것을 고려하면 훨씬 더 그럴듯한 설명이라고 할 수 있다.

Bresnan의 어휘 기능 문법을 간혹 **심리적으로 실재적인 문법(psychologically realistic grammar)**이라고 부르기도 하는데, 심리적 또는 처리적 측면들을 고려하기 때문이다. 언어적 구조의 처리를 고려하는 또 다른 언어학자는 Ray Jackendoff (2002)이다. Jackendoff는 Chomsky의 견해를 많이 수용하였는데, 그 중에서도 주목할 만한 것은 우리의 언어 지식 중 일부가 생득적이라는 것이다(나중에 논의할 것임). 그러나 그는 통사가 우리가 가진 언어 지식의 핵심이라는 Chomsky의 견해를 거부한다. 좀 더 구체적으로 말하자면, 언어 생산성(그는 조합성 combinatoriality 이라고 부른다)이 우리가 이미 논의하였던 종류의 통사 규칙들에 의해서 비롯된다는 생각을 그는 받아들이지 않는다.

Jackendoff는 문법이 형식 규칙들(통사론, 의미론, 음운론)의 다중 집합으로 구성되며, 따라서 문법을 완전히 설명하려면 이 상이한 체계들 간의 상호작용에 주의를 기울여야 한다고 주장한다. 그는 이 상이한 체계들이 병렬적으로 작동한다고 주장하는데, 이는 많은 심리학자들이 옹호하는 견해이다(3장을 보라). 서로 다른 종류의 언어적 그리고 심지어 비언어적 정보의 동시적 사용은 언어 처리를 단순화할 수 있는데, 그 점에 대해서는 6장과 8장에서 논의할 것이다.

이러한 접근 방식이 갖는 호소력을 문장 (45)와 (46)에서 볼 수 있다. 전형적으로 두 문장은 발화시 음절 *par*에 강세를 두는데, 쉼표가 나올 때까지 두 문장은 거의 동일하게 발음된다. 주목할 것은 음운에만 기초하여 단어의 경계들을 결정하는 것이 불가능하다는 점이다. 이것은 음운 처리와 의미 처리를 연결하는 접점이 있음을 시사한다.

(45) It' s only a parent, not a teacher.

(46) It' s only apparent, not real.

언어에 대한 Jackendoff의 견해가 갖는 한 가지 함의는 언어의 진화를 이해하기가 훨씬 쉬울 수 있다는 것이다. 언어가 자연 선택 과정을 거쳐 어떻게 진화할 수 있었는지가 분명하지 않았기 때문에 언어의 진화는 언어 이론가들에게 어려운 문제이다. 즉, 단순한 의사소통체계로부터 언어가 어떻게 출현할 수 있었는지를 알기 어렵다. Jackendoff는 의미론을 크게 강조함으로써 그러한 딜레마로부터 벗어나는 길을 제시했는데, 그 이유는 대체로 다른 영장류들도 어느 정도 의미를 이해할 수 있는 능력을 가지고 있다고 가정하기 때문이다. 따라서 통사론 대신 의미론에서 시작하면, 언어가 어떻게 진화해왔는지를 이해하는 것이 좀 더 쉬울지도 모른다.

최근 들어 문법과 진화 사이의 관계는 격렬한 논쟁의 주제가 되고 있다. Hauser, Chomsky, Fitch(2002)는 한 도발적인 논문에서, '넓은 의미에서의 언어 능력(faculty of language in the broad sense, FLB)' 과 '좁은 의미에서의 언어 능력(faculty of language in the narrow sense, FLN)' 을 구별해야 한다고 주장한다. FLB는 기억이나 개념 능력과 같은, 언어를 습득하는 능력을 지원하는 체계들을 포함한다. 반면에, FLN은 귀환(recursion)만을 포함하며, 인간에게만 고유한 언어 능력이다.

Hauser 등은 이러한 구분이 언어가 어떻게 진화하였는지를 설명하는 데 도움을 줄 것이라고 주장한다. 그들의 견해를 따르면, FLB는 긴 진화 역사를 가지고 있고, 따라서 인간과 다른 현생 종들 및 진화상 우리의 선조들 사이에는 기억, 인지적 기술, 의도적 행동에서 상당한 유사성이 있다. 하지만, FLN은 그 기원이 훨씬 최근이고 인간에게만 있는 것으로 보인다. 귀환에 필요한 능력인 FLN의 본질은 의미를 소리로 사상하는(mapping), 좁지만 핵심적인 기능을 다룬다. Hauser 등은 귀환이 보행, 시각 및 수(number)와 같은 다른 체계들에서 먼저 일어났으며, 그런 다음 언어 체계와 연결되었다고 주장한다.

Pinker와 Jackendoff(2005)는 이러한 견해를 비판하면서 문법에는 귀환성이 없는 여러 측면들이 있고, 여기에는 음운론, 형태론 및 단어의 많은 속성들이 포함된다고 주장한다. Pinker와 Jackendoff는 Hauser 등의 구분이 일차적으로 통사론에 대한 Chomsky의 최근 접근에서 비롯된 것이며, Chomsky는 언어의 이러한 측면, 즉 비귀환성을 최소화하고 있다고 주장한다. 결국, 언어의 본질이라고 간주되는 것을 단순화함으로써 Chomsky는 그것이 어떻게 진화하였는지에 관한 물음을 단순화시키고자 했다는 것이다.

언어의 진화는 중요한 주제이고, 여기에서 다룬 것보다 훨씬 풍부한 논의가 필요하다. 13장에서 언어의 진화를 좀 더 자세히 살펴볼 것이다.

언어는 생득적인가?

많은 논쟁을 불러 일으켰던 또 다른 쟁점은 우리가 가진 언어 능력의 일부가 생득적인지에 관한 것이다. 1장에서도 보았듯이, 여기에는 두 가지 견해가 존재한다. 생득론자들은 어린아이들이 언어 지식을 가지고 태어난다고 주장하고, 경험론자들은 어린아이들이 경험을 통해 언어를 습득한다고 주장한다.

어떤 의미에서건 경험이 언어 습득에 중요한 역할을 하는 것은 명백하다. 우리는 모두 지구 반대편의 어떤 언어가 아닌 우리에게 노출된 언어를 배운다.

생득론자들의 견해를 지지하는 몇몇 증거들은, 제한적인 언어 경험을 한 어린아이들로부터 나왔다. 주위에 어떤 성실한 언어 모델이 없는 상황에서도 아동은 언어의 어떤 측면들을 만들어 내는 능력을 갖고 있는 것 같다. 이러한 사실은 부모들이 ASL을 믿지도 가르치지도 않았던 농아 아동들에게서 관찰되었다(Goldin-Meadow, 1982). 발화도 수화도 주어지지 않았음도 불구하고, 농아 아동들은 ASL과 비슷한 형태의 몸짓 언어를 만들어냈다. 그들이 부모에게서 이러한 체계를 배운 것은 아닌데, 왜냐하면 아동들의 손짓 소통 능력이 부모들을 능가했기 때문이다. Bickerton(1983)은 이민자들과 그들의 자녀들을 연구하여 비슷한 결론에 도달하였다.

그러면 아이들은 어떤 종류의 언어 능력을 갖고 태어나는가? 현재의 생각은 매개변인이라는 개념에 중심을 두고 있다. **매개변인(parameter)**이란, 몇 개의 정해진 값을 가질 수 있는 문법적 특징을 말한다. 예를 들어, **영주어의 매개변인(null-subject parameter)**은 어떤 언어가 주어를 갖지 않는 구성을 허용하는지와 관계 있다. 이 매개변인은 두 개의 값, 즉 영주어(주어가 없는 문장을 허용한다)와 주어(문법적인 문장이 되기 위해서 주어를 필요로 한다)를 가진다. 예를 들어, 문장 (47)은 영어에서 비문법적인 문장인데, 이탈리아어나 스페인어에서는 그렇지 않다. 따라서 이탈리아어는 영주어 언어이고, 영어는 주어 언어이다.

(47) want more apples.

그래서 매개변인 설정 이론가들(Chomsky, 1981; Hyams, 1986)은 어린아이들이 매개변인과 그 값들을 가지고 태어난다고 주장한다. 그들이 경험으로부터 배워야하는 것은 그들의 모어에 어떤 값이 있는지를 아는 것이다.

대충 비유를 들자면, 두 개의 레스토랑이 있다고 하자. 레스토랑 A는 손님들에게 몇 가지 분명한 범주 중에서 적은 수의 선택을 제공한다(즉, 구운 감자 또는 튀김 감자 또는 밥; 프렌치드레싱 또는 이탈리안드레싱 또는 랜치드레싱). 레스토랑 B는 손님들에게 많은 수의 범주 내에서 많은 수의 선택을 제공한다. 대부분의 손님들은 레스트랑 B가 정보적으로 자신을 압박한다고 생각할 것이다. 반면에, 레스토랑 A에서는 어떤 선택을 해야하는지 배우기가 훨씬 쉬울 것이다. 이 비유가 완벽한 것은 아니다. 왜냐하면, 우리는 경험에 의해 레스토랑 A의 범주들을 배우는 반면, 언어 매개변인들은 생득적이라고 가정되기 때문이다. 그럼에도 불구하고 근본적으로 비슷한 점이 있다. 매개변인 설정 이론가들은 사전에 부여된 범주들(그리고 값)이 없이는 어린아이가 복잡한 언어의 바다에서 길을 잃을 것이고, 대부분의 아이들처럼 언어를 습득할 수 없을 것이라고 주장한다.

매개변인 설정 모형들은 생득적 과정이 어떻게 어린아이의 언어 경험과 상호작용하는지에 관한 물음에 만족스러운 해답을 제공한다. 일부 학자들은 매개변인 설정이 너무 단순하다고 믿으며, 모형이 지닌 결점들을 지적한다(Bloom, 1990; Valian, 1990). 그럼에도 불구하고, 매개변인 설정 접근은 언어 습득에서 생득적 언어기제의 역할과 관련된 몇 가지 중요한 쟁점을 제기하였다. 그러한 쟁점들은 12장에서 좀 더 논의할 것이다.

요약

문법 이론에서 논란이 되고 있는 몇몇 쟁점들을 논의하였다. 하나는 언어 원리들이 심리적 실재성을 갖는가 하는 것이다. 1960년대에 수행된 변형 문법에 관한 연구들은 부정적인 답을 내놓았지만, 최근의 연구들은 그 문제를 다시 제기하였다. 두 번째 쟁점은 우리의 문법 지식이 구조에 관한 용어들로 더 잘 기술될 것인가 어휘에 관한 용어들로 더 잘 기술될 것인가 하는 것이다. 마지막으로, 우리의 언어 지식이 생득적인가 하는 것을 간단히 고찰하였다.

복습 문제

1. 심리학자들이 왜 ASL에 관심을 갖는가?
2. 구 구조 규칙과 변형 규칙은 어떻게 다른가?
3. 복잡성의 파생 이론의 최근 모습은 어떠한가?
4. 기식음이란 무엇이며, 그것은 음과 음소의 구분에 어떻게 관련되는가?
5. 문법을 정의하고, 그것과 언어와의 관계를 설명하라.
6. 단어 첫머리에서 /p/ 다음에 /b/가 따라올 수 없다는 규칙에서 무엇이 문제인가?
7. 이중 형식이 미국 수화에 어떻게 나타나는가?
8. 어휘 기능 문법에서 단어의 어휘 항목에 통사 정보가 저장되는 것의 이점은 무엇인가?
9. 흔적에 관한 연구가 문법의 심리적 실재성이라는 쟁점과 어떻게 관련되는지를 기술하라.
10. 넓은 의미에서의 언어 기능(FLB)과 좁은 의미에서의 언어 기능(FLN)을 구분하라.

생각해 볼 문제

1. 생산성은 인간 언어의 속성인가, 일반적인 인간 마음의 속성인가, 아니면 두 가지 모두의 속성인가?
2. 미국 수화에 관한 논의는 그것이 점점 덜 도상적(iconic)이고 더 자의적(arbitrary)으로 변하고 있음을 보여준다. 왜 이런 일이 일어나는지를 생각해 보라.

Chapter 3

심리적 기제

회상된 대상이란, 그 말의 의미에서 보자면, 의식에서 완전히 사라졌다가 다시 나타난 것이다. 말하자면, 시야에서 사라졌던 것이며 수많은 대상들과 함께 묻혀 있던 창고에서 다시 찾아내고, 불러내고, 건져올린 것이다. 그러나 일차 기억의 대상은 찾아낸 것이 아니다. 그것은 결코 사라진 적이 없으며 지금 이 순간의 의식으로부터 단절된 적이 없다. 사실, 그것은 진정한 과거의 일부가 아니라, 지금이라는 시간 공간의 끝자락에 속하는 것이다.

–WILLIAM JAMES(1890/1950, pp. 646~647)

의미 기억은 언어 사용에 필수적인 기억이다. 그것은 단어와 언어적 상징들 그리고 그것들의 의미와 지시대상, 그런 것들 사이의 관계, 상징, 개념, 관계의 조작에 필요한 규칙, 공식, 알고리즘에 관해 우리가 소유하고 있는 조직화된 지식, 즉 심적 사전이다.

–ENDEL TULVING(1972, p. 386)

요점

- 언어를 이해하고 산출하는 행위는 우리의 정보 처리 체계가 가진 제약 내에서 수행된다. 이 체계는 작업 기억과 장기 기억으로 이루어져 있다. 장기 기억은 의미 기억과 일화 기억으로 구성된다.
- 언어 처리와 관련하여 많은 쟁점들이 제기되었다. 여기에는 우리가 계열 처리와 병렬 처리 중 어느 것을 주로 사용하는가, 하향 처리와 상향 처리 중 어느 것을 많이 사용하는가, 언어 과정은 자동적인가 통제적인가 그리고 언어 처리가 단원성을 얼마나 보여주는가 하는 것들이 포함된다.
- 아동은 어른과 매우 다르게 정보를 처리하는 듯하다. 하지만 처리 체계의 발달에 관한 연구들은 대부분의 체계가 일관되게 발달함을 시사한다.

서론

2장에서 살펴본 언어학적 관점은 언어의 심리에 관해 중요하기는 하지만 불충분한 이해를 제공한다. 언어학적 관점은 구 구조, 변별 세부특징, 형태소 구조와 같은 다양한 언어학적 구조들을 강조한다. 분명한 것은 이러한 생각이 인간의 언어를 완전히 이해하면 인간의 마음에 대한 깊은 통찰을 얻을 수 있으리라는 신념과 함께 발전되었다는 점이다. 생산성이란 개념을 예로 들면, 그것은 언어뿐만 아니라 언어사용자의 속성이기도 하다. 그것은 무한한 수의 문장을 생성하는 수단이 어떤 형식으로든 인간의 마음에 존재함을 의미한다. 언어학적 관점은 인간의 인지적 기능에 대한 지식을 풍부하게 해주었고 앞으로도 그럴 것이다.

그와 동시에 몇 가지 중요한 쟁점들은 대부분의 언어학적 설명에서 충분히 다루어지지 못하였다. 언어에 관한 연구들은 대개 지식의 문제, 즉 일상적인 언어 사용이 어떤 종류의 지식에 근거하고 있는가에 초점을 맞추었다. 그러한 지식이 어떻게 사용되는가라는 과정의 문제에는 상대적으로 적은 주의를 기울였다. 즉, 언어의 구조가 언어 처리를 결정하지는 않는다. 어떤 구 구조가 있을 때, 우리가 그 구조를 가지고 어떤 문장을 이해하거나 산출할 수 있는 방법은 많다. 더 중요한 것은, 어떤 방법들은 순전히 심리적인 이유로 인해 다른 것들보다 더 선호될 수 있다는 점이다. 그것들은 더 이해하기 쉽거나 기억에 부담을 덜 주는 것일 것이다.

이 장에서는 언어 사용에 관여하는 심리적 기제에 대해 논의할 것이다. 2장에 제시되었던 언어적 원리와 함께 이러한 심리적 기제는 언어 사용을 통합적으로 이해할 수 있는 기초를 제공한다. 언어 처리는 언어적 원리와 심리적 기제가 결합된 산물이다.

이 장은 세 개의 절로 되어 있다. 첫 번째 절에서는 인간의 정보 처리 체계를 개관할 것이다. 여기서는 인간의 인지를, 그것이 언어 영역 내에서 작동하는 것이든 아니든, 이해하기 위한 틀(framework)을 제공한다. 두 번째 절에서는 그러한 개념들을 언어 처리에 좀 더 직접적으로 적용하고, 그러한 맥락에서 제기되는 일련의 쟁점들을 따져볼 것이다. 마지막 절에서는 처리 체계의 발달을 살펴보고, 어린아이들이 모어를 습득할 때 그러한 체계의 어떤 부분들이 관련되는지의 문제를 다룰 것이다.

정보 처리 체계

기억에 관한 연구는 심리학에서 긴 역사를 갖고 있다. 기억에 관한 최초의 체계적인 연구는 19세기 말에 이루어졌다(Ebbinghaus, 1885, 1913). 본 장 첫머리의 인용문에서 보았듯이, William James는 작업 기억과 장기 기억 간의 구분을 예견하였는데, 그는 자신의 기념비적인 저서인 *Principles of Psychology*에서 그것들을 **일차 기억(primary memory)**과 **이차 기억(secondary memory)**으로 불렀다(James, 1890, 1950).

비록 주목할 만한 몇 가지 예외들이 있긴 하지만(Bartlett, 1932), 우리의 관심사와 직접적으로 관련된 연구들이 20세기 전반부에는 비교적 희박하였다. 기억과 정보 처리에 관한 지금의 연구들은 1950년대 후반에 시작되었고(Miller, 1956), 기억 연구와 언어 연구는 그 이후 서로에게 상승효과를 발휘하였다.

본 절에서 우리는 현대 기억 이론의 두 가지 주요 구성개념인 작업 기억과 장기 기억을 검토할 것이다. 또한 장기 기억의 두 가지 양상인 의미 기억과 일화 기억을 논의할 것이다. 앞으로 보게 되겠지만, 최근 수십 년간 이러한 구성개념에 관한 연구에서 엄청난 진보가 있었다.

작업 기억

작업 기억(working memory)은 '어떤 인지적 과제에서 처리되고 있는 정보를 일시적으로 저장하는 장소'를 가리키는 것으로 정의되었다(Baddeley, 1986, p. 34). 일시적인 저장소의 필요성은 간단히 알 수 있다. 많은 인지과정들은 짧은 시간 동안 정보를 가지고 있어야 할 필요가 있다. 몇 가지 예들을 살펴보자. 어떤 사람과 대화를 할 때, 우리는 대화 상대자가 방금 말한 것을 놓치지 않으려고 노력한다. 어떻게 대꾸할지를 결정하는 동안 우리는 상대방의 말 중 일부를 일시적으로 저장하고 있어야 한다. 좀 더 간단한 예로, 전화를 거는 동안 조금 전에 들었던 전화번호를 기억해야 하는 경우를 생각해 보라. 짧은 시간 동안 숫자들을 어딘가에 담아두어야 할 필요가 있는데, 그 어딘가가 바로 작업 기억이라고 불리는 곳이다.

작업 기억은 여러 가지 방식으로 측정될 수 있다. 가장 간단한 것은 '*기억폭 검사*(*memory span test*, 또는 단순폭 검사)'로, 검사참가자는 일련의 항목들(단어들, 글자들, 숫자들 등)을 제시받은 다음, 제시된 순서대로 그것들을 회상해야만 한다. 경우에 따라서는 그것들을 역순으로 회상하라는 요구를 받기도 한다. 한 사람의 기억폭은 정확한 순서로 확실하게 회상한 항목의 수이다. 이러한 간단한 검사는 심리학 실험에서 흔한 방법일뿐만 아니라 가장 보편적으로 사용되는 지능 검사에도 포함된다.

Baddeley-Hitch 모형 Baddeley와 Hitch(1974)는 작업 기억 모형을 제안하였고, 그것은 이후 몇 차례 개정되었다(Baddeley, 1986, 2002). 개정 과정을 거치면서 모형은 세 개의 구성요소를 갖게 되었는데, 그것은 *중앙 집행기*(*central executive*), *시공간 잡기장*(*visuospatial sketchpad*), *음운 루프*(*phonological loop*)라고 부르는 것들이다(그림 3.1을 보라). 뒤의 두 체계를 중앙 집행기의 '노예 체계(slave system)'라고 부르기도 한다. 각 구성요소들을 차례로 살펴보자.

음운 루프는 음운 저장소와 조음 되뇌기 체계로 이루어져 있다. *음운 저장소*(*phonological store*)는 아주 짧은 시간 동안 음운 표상을 간직하고 있다. *조음 되뇌기 체계*(*articulatory rehearsal system*)는 그 내용을 소리내어 반복하거나 속으로 되뇌기할 수 있도록 해주며, 따라서 그것들이 음운 저장소에 머물도록 해준다. 이 모형은 청각적인 형태와 시각적인 형태의 음운 표상이 있다고 가정한다. 즉, 인쇄된

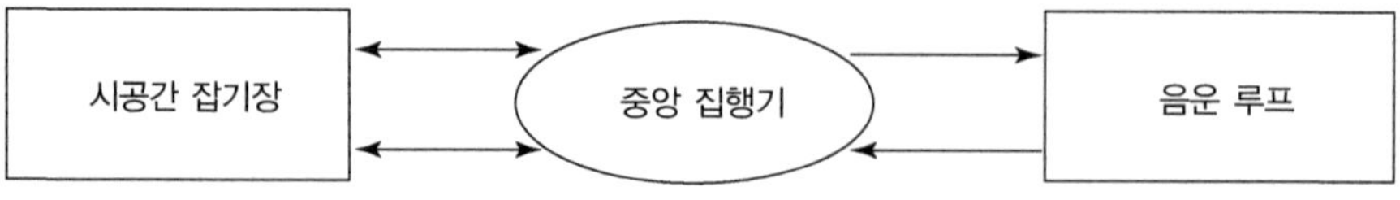

그림 3.1 Baddeley와 Hitch(1974)가 제안한 작업 기억 모형

글자들처럼 시각적 형태로 제시될 때, 우리는 그것들을 음운 표상으로 변환하여 음운 저장소에 간직한다.

시공간 잡기장은 시공간적 정보를 일시적으로 유지하고 조작한다. 이것은 우리가 시각적 이미지를 형성하고 마음 속에서 그것들을 회전하거나 단어들을 이미지로 바꿀 수 있도록 해준다.

처음에 중앙 집행기는 제한된 용량을 가진 일반 처리 자원의 저장고라고 간주되었다. 즉, 우리가 한번에 할 수 있는 일의 수가 제한되어 있다는 것이다. 우리가 동시에 얼마나 많은 일을 효과적으로 할 수 있는지는 과제들이 필요로 하는 자원의 양에 달려있다. 우리는 TV를 시청하면서 커피를 마실 수는 있지만, 머릿속으로 수학 문제를 풀면서 대화를 나누기란 여간 어렵지 않다.

중앙 집행기는 집행의 통제—즉, 노예 체계들이 어떤 주어진 시간에 어떤 활동을 수행해야 하는지를 결정하는—를 한다고 가정된다. 따라서 집행기는 어떤 내용을 말로 되뇌기하는 데에 음운 루프를 '할당할' 수 있다. 집행의 통제라는 개념은 일부 심리학자들이 좋아하기에는 조금 불분명하다. 하지만, 이것은 우리가 존재한다고 믿지만 아직 완전하게 이해하지 못한 어떤 기능들을 가리키는 용어라고 생각하면 될 것이다(Baddeley, 2002).

모형의 검증 심리학 실험에 의해 검증된, 이 모형의 몇 가지 예언을 살펴보자(개관을 위해서는 Reisberg, 2006을 보라). 여기서는 논의를 음운 루프와 중압 집행기에 국한하겠다.

첫째, 모형은 사람들이 작업 기억 과제에서 오류를 범할 때, 원래의 음과 비슷한 음으로 오류를 범할 것이라고 예언한다. 어떤 사람에게 일련의 글자들을 시각적으로(V, X, F 등) 제시하였다고 가정하자. 그 사람이 *F*를 다른 글자로 틀리게 회상한다면, 그것은 어떤 글자일까? 모양이 *F*와 비슷한 *E*일 수 있다. 아니면 *F*와 소리가 비슷한 *S*일 수도 있다. 많은 연구들은 후자와 같은 유사 발음 오류가 더 많다는 것을 확인하였다(Conrad, 1964; Sperling, 1960).

둘째, 어떤 사람이 몇 개의 소리를 반복해서 말하면서 동시에 글자들을 기억해야 한다면 어떤 일이 일어날 것인가? 연구자들의 가정은 부가적인 과제가 음운 루프를 차지하기 때문에, 기억해야 할 글자들을 되뇌기하는데 음운루프가 사용될 가능성이 줄어든다는 것이다. 따라서 부가적인 과제는 조음 억제(articulatory suppression)를 하게 되고, 이것은 다시 기억을 전반적으로 감소시키는데, 특히 유사 발음 오류를 감소시키게 된다(Baddeley & Hitch, 1974).

셋째, 기억폭 연구에서 기억되는 단어의 수는 단어의 길이와 관계가 있는데, 그것을 *단어 길이 효과(word-length effect)*라고 한다. 각 단어의 발음 시간이 중요한 것으로 밝혀졌다(Reisberg, 2006). 예를 들어, 실험참가자들은 *fine*, *wish*, *lob*과 같은 단어 목록보다 *tip*, *pack*, *cat*과 같은 단어 목록에서 더 많은 단어를 기억할 수 있다. 후자는 전자보다 발음하는 데 시간이 조금 덜 걸린다. 또한 단어들이 시각적으로 제시될 때도 단어 길이 효과는 유지되는데, 이는 단어를 발음하는 것이 핵심 요인임을 가리킨다. 단어 길이 효과는 작업 기억이 말소리와 비슷한 양식의 표상을 사용함을 시사한다(Reisberg, 2006).

마지막으로, Baddeley(2002)는 음운 루프가 작업 기억에서의 어떤 결함을 설명하는 데 도움을 줄 것이라고 보았다. 뒤에서 논의하겠지만, 어떤 사람들은 정상적인 영구 기억을 가지고 있지만, 기억폭 검사로 측정해 보면 작업 기억이 손상된 것으로 나타나는 경우가 있다. 또한, 발성 기관을 통제하는 능력을 상실한 사람들도 내언(內言: inner speech)을 유지하며, 따라서 작업기억을 보여준다(Baddeley & Wilson, 1985). 반면에 집행기의 되뇌기를 와해시키는 뇌손상을 입은 사람들은 저조한 기억폭을 보인다(Caplan & Waters, 1995). 이러한 결과들은 Baddeley와 Hitch의 모형에서 조음 루프가 유용한 개념임을 시사한다. 다음으로 중앙 집행기를 살펴보도록 하자.

중앙 집행기라고 하는 개념은 그것이 주의를 통제하며, 따라서 작업 기억이 큰 사람에게는 분리 주의(divided attention)를 포함하는 과제들이 훨씬 쉬울 것이라고 예상할 수 있다. 몇몇 작업 기억 모형들은 저장과 처리 사이에 교환(trade-off)이 있을 것이라고 가정한다(Daneman & Carpenter, 1980). 그렇다면 큰 작업 기억을 가진 사람들에게는 두 구성요소를 모두 포함하는 과제들이 쉬울 것이다. 몇 가지 대표적인 연구들을 살펴보자.

첫째로, Daneman과 Carpenter(1980)는 작업 기억폭과 읽기 이해 사이의 관련성을 연구하였다. 그들은 기억의 두 측정치, 즉 간단한 숫자폭(digit span) 측정치와 복합폭 측정치(complex span measure)—참가자가 문장을 이해하는 동안 정보를 유지할 것을 요구한다—를 비교하였다. 그런 다음, 두 측정치와 읽기 이해 점수의 상관을 조사하였다. 복합폭 측정치—즉, 저장과 처리 구성요소를 모두 포함하는 측정치—는 수학 능력 검사(Scholastic Aptitude Test: SAT)의 읽기 이해 점수를 성공적으로 예측하였다. 반면에, 단순 숫자폭 측정치는 읽기 이해 점수를 예측하지 못하였다. 이러한 결과들은 저장과 처리기능이 제한된 자원을 위해 서로 경쟁한다는 작업 기억의 견해와 일치한다. 후속 연구들은 복합 폭 과제가 숫자세기, 수학문제 풀기, 공간 인지와 같은 광범위한 인지적 과정들과 상관되지만, 단순폭 과제는 그렇지 않다는 것을 확인하였다(Cowan 등, 2003; 그러나 Bayliss, Jarrold, Gunn & Baddeley, 2003도 보라).

둘째, 만약 작업 기억의 중앙 집행기가 서로 다른 과제나 자극에 주의를 배분하는 일을 한다면, 분리 주의를 요구하는 과제가 작은 작업 기억을 가진 사람에게는 더 힘들 것이다. 이런 주장을 지지하는 연구가 있는데, Kane과 Engle(2003)은 작업 기억 용량이 *스트룹 과제(stroop task)*의 수행을 예측한다고 보고하였다. 스트룹 과제에서는 색채 단어가 가리키는 색과 색채 단어를 제시하는 데 사용된 색이 일치하지 않는 자극(예를 들어, 빨강이라는 단어를 파란색으로 제시한다)을 사용하는데, 실험참가자는 단어(빨강)를 읽으면 안 되고 색의 이름(파랑)을 말해야 한다. 작업 기억이 작은 사람은 이 과제에서 더 많은 오류를 범하였다. 큰 작업 기억을 가진 사람은 부적절한 반응을 억제하는 능력이 더 크다는 것을 보여준다.

셋째, 강력한 작업 기억을 가진 사람들이 *반(反)도약안구운동 과제(antisaccade task)*를 더 잘 수행한다는 증거들이 있다. 이 과제에서, 실험참가자는 시선을 화면의 중앙에 있는 응시점(fixation point)에 고정하고 그 좌우측에 제시되는 표적에 반응한다. 그러나 표적이 제시되기 직전에 주의를 빼앗는 자극이 표적의 위치 반대편에 제시된다. 이것 역시 주의 통제가 중요한 과제인데, 주의를 응시점에 고정하고 주변의 정보에 흔들리지 않는다는 것이 쉽지 않다. Kane, Bleckley, Conway, Engle(2001)은 작업 기억의 용량이 주의 혼란 자극이 있을 때의 수행을 예측함을 발견하였다. 작업 기억 용량이 큰 사람이 주의를 분산시키는 자극을 더 성공적으로 무시할 수 있었다. 반대로, 주의를 분산시키는 자극이 표적과 같은 위치에 나타날 때에는 작업 기억이 큰 참가자와 작은 참가자 간에 차이가 없었다.

마지막으로 한 가지 다른 종류의 예언이 있다. Ashcraft와 Kirk(2001)는 수학에 대한 불안이 심한 사람은 작업 기억 용량이 작다는 것을 발견하였다. 수학 불안이 있는 대학생은 암산문제(45+31 같은 것)에 대한 정답률이 낮았다. Ashcraft와 Kirk는 수학 불안도가 높은 사람은 강박적인 생각(예를 들어, '나는 수학을 잘 해본 적이 없어')을 하게 되고, 이런 생각은 수학 문제를 푸는 데 필요한 집행 자원을 소모하게 된다고 해석하였다.

종합하자면, Baddeley와 Hitch(1974)는 지금도 지속중인 방대한 양의 작업 기억 연구를 촉발시켰다. 지금까지의 연구들은 그들의 원래 모형과 상당히 일치한다.

장기 기억

장기 기억(long-term memory)은 영구적인 지식을 담고 있는 기억 구조로 정의된다. Tulving(1972)은 장기 기억을 두 종류의 기억, 즉 의미 기억과 일화 기억으로 구분해야 한다고 제안하였다. **의미 기억(semantic memory)**은 일반적인 사실들을 다루고, **일화 기억(episodic memory)**은 개인적으로 경험한 사실들을 다룬다. 예를 들어, 대부분의 사람은 John Wilkes Booth가 Abraham Lincoln을 살해하였다는 사실을 알고 있고, 그러므로 이 사실은 우리의 의미 기억 중 일부이다. 그러나 혹시 당신이 이 정보를 얻었을 때가 언제이며 당신이 어디에 있었는지(예를 들어, 4학년 교실)를 기억한다면, 이 개인적인 사건은 당신의 일화 기억 중 일부라고 할 수 있다. 다른 예로, 의미 기억은 말이 네 개의 다리와 하나의 꼬리를 갖고 있다는 정보를 담고 있다. 그러나 당신이 마지막으로 승마를 하러 간 때의 사건은 일화 기억 속에 담겨 있다. 우선 의미 기억부터 살펴보고 다음으로 일화 기억을 보도록 하자.

의미 기억 의미 기억은 단어, 개념, 상징, 대상 등에 대한 체계적인 지식을 가리킨다. 이것은 운동 기술(타자, 수영, 자전거 타기), 일반적 지식(문법, 수학), 공간 지식(전형적인 집의 배치) 그리고 사회적 기술(대화를 시작하거나 끝내는 방법, 자기 노출의 규칙) 등의 넓은 범위의 정보를 포함한다.

이러한 형태의 기억은 언어와 매우 밀접한 관련이 있다. 언어를 처리하기 위해서는 언어에 대한 지식이 필요하며, 그것은 우리의 의미 기억에 저장되어 있다. 언어 지식은 말소리, 단어, 통사 규칙, 언어의 화용적 측면 등에 대한 지식을 포함한다.

전문성에 관한 연구는 적절한 정보를 제공한다. 많은 연구들이 체스, 브리지(bridge)[1], 음악, 컴퓨터 프로그래밍 같은 특정 과제에 잘 숙련된 사람들과 초보자들의 인지과정을 탐구하였다. 전문가가 초보자보다 그들의 의미 기억 속에 더 많은 정보를 가지고 있는 것은 분명하다.

한 고전적인 연구에서 Chase와 Simon(1973)은 체스 전문가와 초보자가 체스 판에 있는 말들의 위치를 기억하는 능력을 비교하였다. 이 말들이 의미 있는 형태(마치

---

1) 카드놀이의 일종

체스 경기 중인 것 같은)로 배열되어 있을 때에는 전문가가 초보자보다 더 많은 말들을 기억하였다. 그러나 말들이 아무렇게나 배열되어 있을 때에는 차이가 없었다.

처음에는 이러한 결과들이 전문가가 작업 기억 속에서 말들을 큰 집단이나 청크(chunk)로 만들 수 있음을 의미하는 것으로 여겨졌다. 그러나 Ericsson과 Kintsch(1995)는 전문가는 이러한 단위를 장기 기억 속에 저장하고 있다고 주장하였다. 이 주장에 대한 증거 중 하나는 실험참가자에게 자극 항목들을 즉시 회상하지 말고 다른 과제가 종료되기까지 기다리라고 했을 때—이러한 절차는 작업 기억 수행을 감소시킨다—수행에 아무런 저하가 없었다는 것이다(Charness, 1976). 브리지 연구에서도 비슷한 결과가 나왔다(Engle & Bukstel, 1978). 분명한 것은, 전문가들은 여러 조각들을 작업 기억 속에서 더 큰 단위로—그러한 단위가 의미 있을 때에—묶거나 청크화할 수 있다는 것이다.

일화 기억 많은 학자들이 경험과 지식의 차이를 탐구하였다(Piaget & Inhelder, 1973; Nielsen, 1958). Nielsen(1958)은 말하길,

> 기억 형성의 경로에 대한 연구는 이 연구가 시작될 때에는 생각지도 않았던 기본적인 사실을 밝혀내었다. 즉, 두 종류의 기억을 위한 분리된 경로가 있다는 것이다. 하나는 개인 자신이 중심이 되고 기본적으로 시간 요소를 포함하고 생활 경험의 기억이다. 다른 하나는 지능을 이용해 습득한 지식으로, 경험된 것이 아니라 탐구를 통해 학습된 것이며, 개인적인 것이 아니다. (p. 25)

같은 맥락에서 Piaget와 Inhelder(1973)는 넓은 의미에서의 기억(즉, 의미 기억)과 좁은 의미에서의 기억(즉, 일화 기억)을 구별하였다.

Tulving(1972, 2002)은 일화 기억이라는 구성개념(construct)의 발전에 가장 크게 기여하였다. Tulving(2002)은 이 개념을 역사적으로 고찰하였고, 다양한 비판에 대응하여 이론을 정교화하였다. 최근 연구에서 Tulving은 일화 기억의 활성화는 장기 기억에서 단순히 개인적인 사실을 인출하는 것이 아니라는 것을 강조하였다. 그것은 개인 자신의 관점에서 정보를 인출하는 것이다. 그러므로 일화적 인출은 자신의 5학년 때 선생님의 이름을 회상하는 것뿐만 아니라 또한 당시에 학교에 다녔던 경험을 회상하는 것이기도 하다.

다양한 뇌손상을 가진 사람들에 대한 몇몇 흥미 있는 연구가 일화-의미 구분을 지지하였다. Tulving, Schacter, McLaghlan, Moskovitch(1988)는 그들이 K.C.라고

부른, 30세에 당한 자동차 사고로 심각한 폐쇄성 뇌손상(closed head injury)을 입은 한 남자를 연구하였다. 기억을 상실한 많은 환자들처럼 K.C.의 전반적인 지능과 인지능력은 온전하였고 건강한 사람들과 별 차이가 없었다. 한 예로 그는 체스와 오르간, 여러 가지의 카드 게임을 할 수 있었다. 자신이 어디서 자랐는지를 포함한 자기 인생의 많은 사실에 대한 그의 지식은 정상이었다. 그러나 개인적으로 경험한 사건을 회상하는 그의 능력은 심각하게 손상되어 있었다. 반대로 역사와 지리, 다른 과목들의 지식 그리고 세계에 대한 그의 일반 상식들은 그다지 손상되지 않았다. 그의 일화 기억은 심각하게 손상되었으나 그의 의미 기억은 보존된 것 같았다.

이 환자의 기억 손상이 자신이 경험한 과거의 기억에 국한되지 않는다는 사실은 흥미롭다. 그는 미래를 상상하는 능력도 상실했다. 그는 남은 인생의 어느 시점에서 무엇을 할 것인지를 말하지 못하였다. 그는 **자가 인지적 의식(autonoetic consciousness)**－주관적으로 경험된 시간, 과거, 현재, 미래에 대한 의식－에 결함을 가지고 있었다.

Kitchener, Hodges, McCarthy(1998)는 뇌염으로 인해 기억이 손상된 환자의 연구에서 비슷한 결과를 보고하였다. 그들의 환자는 새로운 정보를 습득할 수 있었으나 개인적으로 경험한 일을 기억하지 못하였다. 이와 비슷하게, Vargha-Khadem 등(1997)은 아주 어린 나이에 무산소증(산소의 결핍)을 겪은 세 명의 어린이가 의미 기억은 유지하면서도 일화 기억을 상실한 사실을 발견하였다. 이러한 연구들은 일화 기억과 의미 기억 사이의 구분이 생물학적 실재성을 가진다는 것을 시사한다.

일화 기억에 문제가 있는 일부 환자들은 일반적으로 **기시감(déjá vu)**이라고 알려진 이상한 친숙감을 생성해낸다. Moulin, Conway, Thompson, James, Jones(2005)는 두 개의 기시감(*déjá vecu*라는 말이 의미하듯, 이것은 현재 순간을 이전에 실제로 살았던 것 같은 느낌이다) 사례를 기술하였다. Moulin 등의 환자 중 한 명은 이전에 기술자였던 80세의 남자였는데, 그는 재치 있고, 논리정연하고, 자립심이 강한 사람이었다(Ratliff, 2006). 그러나 그는 이미 했다고 주장하면서 신문 읽기나 TV 시청을 거부하였다. 마찬가지로, Schacter, Curran, Galluccio, Milberg, Bates(1996)는 시각적으로 제시된 단어, 청각적으로 제시된 단어, 환경 속의 소음, 그림 등에 대한 기억 검사에서 뚜렷한 오재인(false recognition)을 보이는 환자를 보고하였다.

Tulving은 일화 기억이 의미 기억보다 훨씬 나중에 진화한 것이며, 일화 기억은 의미 기억으로부터 나왔을 것이라고 주장하였다. 그러나 우리는 일화 기억(또는 적어도 일화 기억과 유사한 기억)의 요소들이 북미산 어치 같은 새들에서도 나타날 수 있다는 것을 알고 있다(Clayton & Dickerson, 1998).

언어 처리와의 관련성

이제 이러한 개념들이 우리의 언어 사용과 어떻게 관련되는지 살펴보자. 이미 언급했듯이 작업 기억은 대략 7개의 정보 단위만을 담을 수 있다. 이것은 단순히 7개의 단어일 수 있지만, 많은 문장들이 이보다 길기 때문에 우리는 7개의 단어보다 더 많은 것을 즉각적으로 처리할 어떤 방법이 필요하다. 한 가지 방법은 단어들을 명사구나 동사구 같은 문법 요소로 집단화하여 두 세 개의 요소로 만들어 저장 부담을 줄이는 것이다. 작업 기억의 처리 기능은 여러 개의 단어들을 하나의 구성성분으로 체제화하는데 사용된다.

장기 기억은 여러 가지 역할을 한다. 의미 기억에는 우리가 형태재인을 할 때 인출하는 말소리나 단어에 대한 정보가 들어있다. 인출 과정이 진행되는 동안 우리는 또한 주어진 담화의 일화 기억 표상을 생성한다. 주어진 문장의 처리가 완료되면 우리는 그것의 요점을 끌어내어 일화 기억 속에 저장한다.

우리는 이 책 전체를 통해서 이 장에서 소개된 개념들을 반복적으로 접할 것이다. 6장과 7장에서 우리는 언어 이해에서 작업 기억의 역할을, 8장에서는 언어 산출 맥락에서의 작업 기억의 역할에 대해 논의할 것이다. 또한 12장에서는 집행 통제가 이중언어 사용자들에게서 어떻게 달라지는지 논의할 것이다.

이상의 논의에서, 나는 몇몇 처리가 어떤 정해진 방식으로 일어날 수 있다고 말하였다. 사실 언어 처리가 정확히 어떻게 일어나는지에 대해서는 아직까지 알려지지 않은 것이 많다. 여기에서 설명한 정보 처리 체계는 그것이 대답을 한 것만큼이나 많은 의문점을 남기고 있다. 그것은 중요한 질문들을 구성하는 어휘를 제공함으로써, 언어 처리가 어떻게 일어나는지를 탐구하는 데 필요한 틀거리로 생각될 수 있다.

요약

인간의 마음이 정보를 부호화하고 저장하며 인출하는 일반적인 방략은 언어와는 독립적으로 기술될 수 있다. 작업 기억은 진행중인 과제와 관련된 정보의 일시적 저장소를 제공한다. 이것은 세 가지 요소로 구분될 수 있는데, 중앙 집행기, 시공간 잡기장, 음운 루프이다.

장기 기억은 의미 기억과 일화 기억으로 나누어진다. 의미 기억은 일반적인 지식을 저장하고, 일화 기억은 개인적인 관점에서 우리의 경험을 보관한다. 다양한 형태의 뇌손상 환자들에 대한 연구는, 이러한 기억 체계들이 뇌의 서로 다른 부분에 의해 통제된다는 것을 보여주고 있다.

이러한 개념들은 언어 처리가 어떻게 일어나는지를 이해하는 틀을 제공한다. 여기서 개략적으로 훑어본 것처럼 우리가 언어 정보를 부호화하고 저장하며 인출한다는 것에 대해서는 대체로 의견이 일치하고 있지만, 구체적인 과정들은 좀 더 살펴볼 필요가 있다. 다음 절에서는 그러한 과정들에 주의를 돌릴 것이다.

언어 처리의 주요 쟁점

이 절에서는 언어 정보가 정보 처리 체계에 의해 다루어질 수 있는 몇 가지 대안적인 방식들에 관해 논의할 것이다. 그 과정들을 개별적으로 논의한 뒤에, 그것들을 언어 처리의 다양한 예에 적용해 볼 것이다.

계열 처리와 병렬 처리

일련의 과정들이 한 번에 하나씩 일어나는 것을 **계열 처리(serial processing)**라고 하고, 둘 이상의 처리가 동시에 일어나는 것을 **병렬 처리(parallel processing)**라고 한다. 계열 모형들은 지난 사반세기 동안 언어와 인지 연구에 영향을 미쳐왔는데, 이는 부분적으로 많은 모형들이 컴퓨터를 본떴기 때문이다. 컴퓨터는 처리과정을 계열적으로 신속하게 집행한다.

우리가 언어 산출 모형을 개발하려고 한다고 가정해 보자. 우리는 화자가 전달하려는 생각을 출발점으로 삼을 수 있다. 종착점은 아마도 그 생각의 실제 조음이 될 것이다. 그러나 그 사이에서 어떤 일이 일어나는가? 계열 모형은 그 과정을 단계별로 나눌 것이다. 어떤 단계는 문장의 구 구조를 전개하는 데 관여할 것이고, 다른 단계는 구조 안에 들어갈 어휘 항목을 인출할 것이며, 또 다른 단계는 이 어휘 항목의 정확한 발음을 결정하는 데 관여할 것이다. 계열 모형은 이러한 단계들이 겹쳐지는 일 없이 하나씩 일어난다고 생각한다(Fromkin, 1971). 반면에 병렬 모형을 가정한다면, 이 모든 과정은 동시에 일어날 것이다(Dell, 1986). 우리는 다음에 올 단어를 탐색하면서 현재의 단어를 음성적으로 명시할 수 있다. 아니면 우리가 통사 구조를 구체화하는 동안 두 과정이 모두 일어날 수도 있다.

Rumelhart, McClelland 및 PDP 연구단(1986)은 **병렬 분산 처리(parallel distributed processing, PDP)**라는 이름의 병렬 모형을 내놓았다. 이 모형은 마음을 '대규모의 병렬적인' 것으로 보았다. 즉, 많은 양의 정보를 동시에 처리한다는 것이다.

그림 3.2에 몇 개의 예가 있다. 먼저, 첫 번째 예에서 우리는 각 단어의 가운데 글자가 물리적으로 동일하지만 앞 단어에서는 *H*로, 단어에서는 *A*로 해석한다. 나머지 네 개의 예는 하나 이상의 글자가 가진 세부특징들이 얼룩에 가려진 경우를 보여주고 있다. 이것들이 다 무슨 글자인지 알아보는 것은 어렵지 않다. 처음에는 조금 모순적으로 보일지도 모르겠다. 불분명한 글자가 무엇인지 알기 위해 우리는 맥락을 사용한다고 말하는 것이 타당할지도 모른다. 그러나 여기서 맥락은 단어이고, 우리는 보통 글자를 먼저 식별하고 다음에 단어를 식별한다고 생각한다. 그렇다면 어떻게 우리가 글자를 식별하기 위해 단어를 사용할 수 있을까? Rumelhart와 McClelland는 답이 병렬 처리에 있다고 주장한다. 우리가 각각의 글자를 식별하면서 그와 동시에 가능성이 있는 여러 단어들에 그 글자들을 맞추려고 한다고 생각해보라. 식별한 글자 중 일부는 어떤 단어를 친숙한 단어로 알아보게 하며, 그 다음에 우리는

그림 3.2 몇 가지 모호한 글자열. 두 번째 줄은 세 개의 모호한 상징들이 다른 것들의 정체를 각각 제약할 수 있음을 보여준다. 세 번째, 네 번째, 다섯 번째 줄은 각 글자들이 모호하고 맥락에 따라 다른 정체로 추측될 수 있음을 보여준다. (출처: *Parallel Distributed Processing: Exploration in the Microstructure of Cognition: Vol. 1. Foundations*, D. E. Rumelhart와 J. L. McClelland, PDP Research Group, p. 8. MIT Press, 1986.)

그 단어의 철자 지식을 이용하여 얼룩진 글자를 알아보게 된다. 그러므로, 우리는 글자 수준과 단어 수준의 처리를 동시에 하는 것이다.

병렬 분산 처리 모형은 컴퓨터 대신 뇌를 주된 비유로 사용하기 때문에 신경에 기반한 모형이라고도 한다. 엄청난 신경 활동이 뇌에서는 동시에 일어난다. 신경망의 몇몇 특성에 대해 우리는 알고 있다. 신경세포들이 인접한 신경세포에 흥분적인 방식[인접한 세포를 활성화하거나 '발화하게(fire)' 하는] 또는 억제적인 방식(인접한 신경세포가 발화할 가능성을 감소시키는)으로 영향을 미친다는 것도 알고 있다. Rumelhart와 McClelland는 그것과 비슷한 인지 모형을 이론화하였다. 그 모형에서는 수많은 정보 마디들이 서로 연결되어 거대한 망을 이루고, 각각의 마디는 이웃한 다른 수많은 마디들과 영향을 주고 받는다. PDP는 계열 모형에 대한 중요한 대안이다.

하향 처리와 상향 처리

당신이 어떤 강의를 듣고 있으며, 들은 것을 이해하고 강의의 요점을 기억하려고 한다고 가정해 보자. 우리는 당신의 언어 처리가 수준별로 일어난다고 볼 수 있다. 가장 낮은 수준인 음운 수준에서는 강사가 사용하는 음소와 음절들을 식별한다. 좀 더 높은 수준인 어휘 수준에서는 식별된 음소와 음절을 바탕으로 단어를 인식하고 그 단어에 대한 정보를 의미 기억에서 인출한다. 다음 수준인 통사 수준에서는 그 단어들을 구성성분으로 체제화하고 그 문장에 대한 구 구조를 형성한다. 마지막으로 가장 높은 수준인 담화수준에서는 주어진 문장의 의미를 선행하는 문장과 연결하고, 문장들을 더 높은 수준의 단위로 체제화한다.

우리는 **상향**[2] **처리(bottom-up processing)**를 가장 낮은 수준에서부터 가장 높은 수준으로 진행되는 처리라고 정의할 수 있는데, 이때 모든 하위 수준의 처리는 상위 수준으로부터의 영향 없이 일어난다. 즉, 음소의 식별이 어휘나 통사나 담화 수준으로부터 영향을 받지 않고, 단어의 인출이 통사나 담화 수준으로부터 영향을 받지 않는다. 그러나 그림 3.2에서도 보았듯이, 완벽한 상향 처리 모형은 우리가 어떻게 언어를 이해하는지에 대한 포괄적인 설명을 제공하기 어렵다.

반대로 **하향**[3] **처리(top-down processing) 모형**은 상위 수준의 정보가 하위 수준

2) 또는 '아래서-위로'

3) 또는 '위에서-아래로'

의 처리에 영향을 미친다고 주장한다. 예를 들어, 문장의 맥락은 그 문장 안의 단어들을 인식하는 데 영향을 미칠 수 있다. 좀 더 직관적으로 이야기하자면, 하향 처리 모형은 사람의 기대가 중요한 역할을 하는 모형이라고 말할 수 있겠다. 만약 강의가 어떻게 흘러갈지 안다면—강사와의 이전 경험에 근거하거나 강의 이전에 미리 교재를 읽어서—당신은 다음 이야기가 무엇일지를 고려하여 어떤 기대를 가질 수 있다. 만약 당신이 옳았다면, 당신은 하위 수준의 처리를 촉진하기 위해 상위 수준의 처리를 이용한 것이다.

모든 하향 처리가 촉진적이지 않다. 어떤 때는 강의의 내용이나 구조가 우리의 기대와 상충될 때도 있다. 이런 상황에서는 기대가 새로운 과제를 학습하는 데 방해가 될 수도 있다. 선입견을 버리고 단순하게 상향적 접근을 사용하는 것이 더 나을 수도 있다.

상향 처리와 하향 처리 사이의 차이는 계열 처리와 병렬 처리 간의 차이와 유사하다. 사실, 하향 처리는 종종 병렬적이며, 상향 처리는 대개 계열적이다. 그러나 그 차이가 똑같은 것은 아니다. 하향 처리가 반드시 병렬적일 필요는 없다. 어휘 처리와 통사 처리를 예로 들어보자. 우리가 만약 주어진 문장의 각 단어를 식별한 다음 불완전하지만 잠정적인 구 구조를 만들고, 그것을 바탕으로 다음 단어가 무엇인지 파악하려 한다고 가정해 보자. 사실상 우리는 어휘수준과 통사수준을 왔다갔다 하고 있는 것이다. 이것은 하향 처리이나 그 성격이 계열적이다.

자동 처리와 통제 처리

앞서 작업 기억에 관해 이야기할 때, 우리가 정해진 정보 처리 용량을 가지고 있다는 사실을 언급한 바 있다. 이는 인간의 인지기능을 설명하는 다양한 이론들의 주요 가정이었다. 이것은 언어 처리와 같이 복잡한 과제의 수행을 고려할 때 중요한 개념이다. 과제가 복잡할 때, 과제 중 일부가 제한된 자원의 저장고에서 상당한 자원을 가져갈 것이고, 나머지 부분을 위해서는 불충분한 자원만이 남게 되며, 결국 전반적으로 저조한 수행을 야기한다.

제한된 자원의 저장고에서 많은 양을 가져가는 과제를 *통제 과제(controlled tasks)*라고 하며, 이러한 과제에 관여하는 처리과정을 **통제 처리(controlled processes)**라고 한다. 많은 양의 자원을 필요로 하지 않는 과제를 *자동 과제(automatic tasks)*라 하며, 그러한 과제의 처리를 **자동 처리(automatic processes)**라고 한다. 과제들은 자동성의 정도에 따라 '높은 통제' 로부터 '완전한 자동' 까지 나열할 수 있다.

자동성의 개념은 심리학의 역사에서 오랫동안 논의되어 왔지만(James, 1980, 1950; Jastrow, 1906), 심리학자들은 최근에야 이 개념을 집중적으로 연구하기 시작했다. 자동성은 여러 방법으로 정의되어 왔다. 일반적으로 자동 처리는 의도적이지 않고, 통제할 수 없고, 무의식적이고, 효과적이며 빠른 경향이 있다. 이러한 기준들이 서로 밀접하게 연관되어 있긴 하지만 그것들을 따로 떼어내는 것은 가능하다(Moors & de Houwer, 2006).

어떤 자동 과제들은 우리의 인지 장치 속에 생물학적으로 내장되어 있는 것으로 보인다. 우리가 자동 처리를 하는 예로, 어떤 사건의 빈도를 대략적으로 추정하는 것을 들 수 있다(Hasher & Zacks, 1979). 우리는 대부분 빨간 자동차가 노란 자동차보다 더 흔하다는 것을 금방 판단할 수 있다. 이러한 '빈도 계수기(frequency counter)' 는 의식적인 노력을 필요로 하지 않으며, 그저 어떤 방식으로 자극을 처리하면서 생긴 부산물이다. 다른 과제들은 그것들을 연습한 정도에 따라 자동적이 된다. 신발 끈을 매는 것처럼 우리가 자동적으로 수행하는 많은 과제들은 과거에 수천 번씩 수행된 바 있다. 이 과제들은 우리가 어릴 때에는 노력을 필요로 하는 일이었지만 연습을 거듭하는 동안 자동적이 되었다.

적어도 성인에게 자동적인 언어 처리 과제 중 하나는 일상적인 단어들을 인식하는 것이다. 그것이 매우 쉬운 것이 단어들을 많이 경험한 결과라는 것은 의심할 여지가 없다. 반대로 문장을 위한 구 구조를 만드는 것은 이보다 더 통제된 처리이다. 이 차이를 인식하는 것은 어휘 문법의 발달에서 중요한 요인이며 2장에서 언급된 바 있다. Bresnan(1978)은 통사구조를 따라가는 식의 작업 과정은 고정된 용량의 작업 기억에 무거운 부담을 지우는 것이라고 생각한다. 반면 어휘 인출의 과정은 훨씬 쉽다. 그러므로 만일 문법 정보가 심성 어휘집에 저장되어 있다면 전반적인 언어 처리는 단순화될 것이다.

단원성

인지심리학에서 **단원성(modularity)**이라는 문제는 두 가지 의미를 지닌다. 첫째, 전체적으로 볼 때, 그것은 본 장에서 지금까지 살펴본 일반 인지 체계로부터 언어 처리 체계가 얼마나 독립되어 있는가와 관계 있다. 단원성 입장은 언어 처리 체계가 인지의 일반적인 원리들로 환원될 수 없는 고유한 인지 능력의 집합이라는 것이다(Fodor, 1983). 이것은 Chomsky가 수많은 저술에서 견지하였던 입장이다(예를 들어, Chomsky, 1975). 단원성 이론가들은 언어를 일련의 개별 단원들 중 하나로 간주한다. 그 밖의 단원 후보들로는 얼굴 처리, 비언어적 의사소통, 마음 이론 등이 있다(Geary & Huffman, 2002).

대안적인 입장은 언어와 인지 과정 간의 상호연결을 강조하는데, 언어 이해, 산출 및 습득에서 작업 기억, 자동 처리, 병렬 처리와 같은 개념의 역할을 강조한다.

특별한 언어 단원이라는 지위에 적합한 최선의 후보는 아마도 **말소리 지각 (speech perception)**일 것이다. 4장에서 자세히 보게 되겠지만, 변별적이거나 영역 특정적으로 보이는 말소리를 우리가 지각하는 방식에는 어떤 특별한 속성들이 있다. 그것들은 말소리 지각에는 적용되지만 음악이나 예술과 같은 것의 지각에는 적용되지 않는다.

말소리가 단원적이라는 생각은 우리의 언어능력이 생물학적으로 생득적(innate)이라는 주장과 동일하지는 않지만 관련이 있다. 단원에 대해 이야기를 하다보면 자연스럽게 생득적인 단원에 대해 이야기하게 되지만, 그러나 그것이 필수적인 속성은 아니다. 단원은 복잡한 과제의 한 측면을 수행하는 데 온전히 할당된다. 이러한 할당이 생물학적으로 주어진 것인지 아니면 경험을 통해 획득된 것인지는 또 다른 문제이다.

단원성의 두 번째 의미는 의미론이나 통사론과 같은 언어 하위 체계가 상호작용적이라기보다 독립적으로 작동한다는 것이다. 예를 들어, 우리가 문장을 어떻게 이해하는지에 대한 단원성의 관점은 우리가 통사 원리를 먼저 적용하고 난 다음, 의미 지식을 활용한다는 것이다. 반면에 상호작용적 관점은 의미 지식과 통사 지식이 동시에 이용된다고 본다.

언어 처리의 예

우리는 언어 처리와 관계있는 네 가지 구분을 살펴보았다. 이제 구체적인 예를 들어, 이러한 구분들이 어떻게 적용될 수 있는지를 보도록 하자. 다음 문장을 살펴보자(Clark & Clark, 1977, p. 81).

(1) I was afraid of Ali' s powerful punch, especially since it had already laid out many tougher men who had bragged they could handle that much alcohol.

이것은 오도 문장의 다른 예다(1장을 보라). 여기서 핵심 단어는 *punch*인데, 이것은 알코올 음료와 권투 주먹 둘 다를 의미할 수 있다. 문장 끝에서 대부분의 사람들이 갖는 주관적인 인상은 틀린 의미를 선택하였으며 그래서 되돌아간다는 것이다. 좀 더 복잡한 처리 모형에 이것을 넣으면 아마도 이렇게 보일 것이다. 우리가 하나 이상의 의미를 가진 단어를 만날 때, 우리는 그 단어 주변의 환경을 즉각적으로 조사하고, 가장 적합한 의미로 빨리 결정을 내린 다음, 우리가 명백한 오류라고 느끼기 전까지는 그 의미를 고수한다.

이 모형은 주관적 인상과 상당히 잘 맞으나, 그 인상은 정확할까? 이 모형은 계열 처리(한번에 하나의 의미)와 제한된 역할(전체 문장이 아니라 주변 맥락에 근거한 판단만을 하는 하향 처리)를 가정한다. 이해 과정 동안 글을 읽는 사람이 반드시 내려야만 하는 판단의 중요성으로 인해, 이 모형은 자동 처리보다 통제 처리를 강조한다. 결국 이 접근은 비단원적이라고 할 수 있다. 이 접근은 세상을 이해하는 우리의 일반적 능력에 근거하고 있지, 언어와 연관된 우리의 특별한 능력에 근거하고 있지 않다. 이 접근을 차라리 상식이라고 할 수 있을 것이다.

그러나 우리는 완전히 상반된 모형을 만들 수도 있다. 우리는 사람들이 의미 기억으로부터 모호한 단어의 의미를 틀에 박힌대로 동시에 하나 이상 활성화한다고 가정할 수 있다. 더구나 다중 의미의 인출이 어휘집의 고정된 특성 중 하나이며, 자동적이며, 단원적이고, 문장 맥락과는 아무런 상관이 없는 (즉, 상향적인) 것이라고 가정할 수 있다.

아마 후자의 모형이 직관에 반하는 것으로 들릴지도 모르지만, 몇몇 심리학적 증거들은 그것을 지지하고 있다. 실제로 우리는 중의적인 단어의 모든 의미를 아주 짧은 시간에 자동적으로 활성화하는 것으로 보인다(Foss, 1970). 동시에 우리는 선택지 중 하나를 상당히 빠르게, 아마도 서너 개의 단어 내에서 결정하는 것으로 보인다(Cairns & Kamerman, 1975). 그러므로 두 단계의 처리가 존재하는데, 모든 의미가 인출되는 자동적 단계와 하향적인 성격을 가진 통제적 단계이다.

중의적인 단어를 포함하는 문장에 접근하는 방식이 두 가지 있다는 생각은 이 한 가지 예에만 국한되지 않는다. 이런 상황은 인간의 정보 처리에서 예외적인 것이 아니다. 우리는 거의 항상 어떤 일을 하기 위한 다수의 방법을 가지고 있으며, 일반적으로 가장 쉽고 빠르고 효율적인 방략을 선택한다.

이 문장에 대한 우리의 주관적인 인상이 다소 서투른 안내자의 역할을 한다는 것은 전혀 놀랄 만한 일이 아니다. 이전에도 여러 차례 언급했었던 바지만, 언어에 대한 우리의 지식은 대부분의 경우에 외현적이 아니라 암묵적이다. 언어의 복잡성을 고려하고 단 1~2초 안에 일어나는 정보 처리의 엄청난 양을 고려하면, 이러한 과정에 대해 어떠한 형태의 의식적 자각을 가진다는 것은 경이라고 할 수 있다. 만약 우리가 언어 처리가 어떻게 일어나는지에 대해서 확고한 지식에 도달하고자 한다면, 내성법(introspection)이 아니라 체계적 실험에 의존해야 할 것이다.

요약

이 절에서는 계열 처리와 병렬 처리, 하향 처리와 상향 처리, 자동 처리와 통제 처리 사이의 구분과 단원성 같은 언어 처리에 관한 여러 쟁점들을 제시하였다.

언어정보를 처리하는 데 다양한 방법이 있다는 것은 분명하다. 즉 언어 처리는 언어 구조에 의해서가 아니라, 그 구조와 결합하거나 언어와는 독립적인 여러 고려사항들을 처리함으로써 결정된다는 것이다. 우리의 인지 처리 체계가 언어 구조와 상호작용하는 방식은 많은 언어심리학 연구의 주된 관심사이다.

처리 체계의 발달

이미 언급했듯이 언어심리학의 중요 주제 중 하나는 아이들이 언어를 어떻게 습득하는가이다. 언어 습득을 이해하고자 한다면, 모어를 습득하기 위해 아이들이 사용하는 인지능력을 이해하는 것이 도움이 될 것이다. 현 시점에서 일차적인 질문은 본 장에서 기술된 정보 처리 체계가 생애 첫 2, 3년 동안 어느 정도로 작용하는가 하는 것 그리고 정상적인 아이들은 언제 언어를 습득하는가 하는 것이다.

아이들이 생후 2, 3년 동안 상당한 양의 언어 정보를 부호화하고 저장하며 인출한다는 것은 분명하다. 그들은 지속적으로 기억해야 할 새로운 어휘 항목을 제공받는다. 많은 불규칙형을 가진 영어의 과거시제와 같은 문법 규칙은 아이들에게 많은 단어를 암기하게 만든다. 아이들은 다양한 문장들에서 사용된 형식들을 인지하고 그것을 기억하고 있다가 마침내 그것들을 하나의 규칙으로 조직화함으로써 말을 만드는 데 필요한 문법 규칙들을 이해하게 될 것이다.

이 절에서 우리는 본 장의 시작부분에서 언급했던 세 종류의 기억–작업 기억, 의미 기억, 일화 기억–의 발달을 검토할 것이다.

작업 기억의 발달

많은 연구들이 작업 기억의 발달을 조사하였다(Dempster, 1981; Case, Kurland & Goldberg. 1982). Gathercole, Pickering, Ambridge, Wearing(2004)은 본 장의 앞부분에서 언급하였던 Baddeley-Hitch의 작업 기억 모형의 세 가지 가설적 구성요소–중앙 집행기, 음운 루프, 시공간 잡기장–의 발달을 연구하였다. 그들은 음운 루프의 세 가지 측정치–숫자폭, 단어 회상, 비단어 회상–를 사용하였다. 아동용 지능 검사에 흔히 쓰이는 숫자폭 검사는 일련의 숫자(예를 들어, 3–6–2–7)를 제시하고 이 숫자들을 순서대로 또는 역순으로 회상하도록 요구한다. 아동들의 점수는 그들이 순서대로 정확하게 회상할 수 있는 숫자들의 개수이다. 단어 회상 검사는 숫자 대신 단어가 들어간 것이고, 비단어 검사는 *woogalamic*이나 *loddernaypish* 같은 일련의 말소리열을 바르게 회상하는 능력을 평가한다. 연구자들은 4세에서 15세까지 모든 측정치가 상승한다는 것을 확인하였다.

시공간과 복합 기억폭 측정에서도 유사한 결과가 나왔다. 그러므로 작업 기억 체계의 세 가지 구성요소(중앙 집행기, 음운 루프, 시공간 잡기장) 모두가 취학 직전과 취학 초기 동안 상당히 증가하는 것으로 보인다.

작업 기억에서의 이러한 향상은 아동의 어휘 습득과 관련이 있는 것으로 보인다. Baddeley, Gathercole, Papagno(1998)는 작업 기억과 어휘 발달 간의 상관관계를 조사한 많은 연구들을 살펴보았다. 대부분의 연구에서 작업 기억은 숫자폭 검사나 비단어 반복(repetition) 검사를 통해 측정되었다. Baddeley 등은 두 과제 모두, 취학전 연령에서 어휘 발달과 강하게 상관되어 있음을 발견하였다. 작업 기억 점수가 높은 아동이 더 많은 어휘를 가지고 있었다.

물론 상관관계가 인과관계를 의미하지는 않는다. 작업 기억의 증가가 어휘 증가를 유발할 수 있으나 기본적으로 그 반대 역시 가능하다. 또한 어떤 제3의 변인이 이들 둘과 상관되어 있을 가능성도 있다. 인과관계를 분명히 하기 위해 Gathercole, Willis, Emslie, Baddeley(1992)는 **교차지연 상관분석(cross-lagged correlational analysis)**을 실시하였다. 이러한 유형의 분석에서, 어떤 시점에서 한 변인의 측정치는 이후 다른 시점의 다른 변인의 측정치와 상관된다. Gathercole 등은 4세에서의 비단어 반복이 일 년 후에 실시된 어휘검사 점수와 유의미하게 상관됨을 발견하였다. 반면에, 4세에서의 어휘점수는 5세에서의 비단어 반복을 예측하지 못하였다. 이러한 결과들은 작업 기억의 발달적 증가가 새로운 어휘항목의 습득을 촉진하지만, 그 반대의 경우는 일어나지 않는다는 것을 시사한다.

Baddeley 등(1998)은 친숙한 단어들을 회상하는 도구로서 작업 기억이 하는 역할은 진화적 관점에서 보면 이차적이라고 주장하였다. 아마도 작업 기억은 새로운 단어를 습득하기 위한 장치로서 처음부터 발달되었을 것이다.

작업 기억은 좀 더 나이가 많은 아동들에게서도 연구되었다. Cowan과 그의 동료들(2002, 2003)은 작업 기억을 측정하는 검사를 개발하였다. 그들은 7, 8세의 아이들에게 *메리는 집에 와서 ___을 열었다* 와 *벤은 웃었고 그리고 ___을 쳤다* 같은 문장을 읽고 빠진 말을 채워 넣도록 요구하였다. 그 후에 아이들에게 그들이 채워 넣은 단어를 회상하도록 하였다. 아이들이 *문*과 *손뼉*이라고 바르게 대답하면, 다음에는 그들에게 세 개의 문장이 주어진다. 이 과정은 아이들이 그 단어를 바르게 회상할 수 없게 될 때까지 계속되었다.

Cowan과 그의 동료들은 이러한 읽기 폭 과제의 점수가 학업 능력과 성취를 예언한다는 것을 알아내었다. 특히 아이들이 정확한 단어를 회상하기까지 걸린 시간이 읽기와 학업 성취를 나타내는 여러 수치와 상관이 있었다. 이러한 결과는 앞에서 논의했던 성인들에게서 얻어진 결과와 일맥상통한다(Daneman & Carpenter, 1980).

장기 기억의 발달

의미 기억의 발달 앞서 언급하였듯이, 의미 기억은 단어와 개념, 상징, 대상 등에 대한 우리의 체제화된 지식을 가리킨다. 아이들은 언제 그리고 어떻게 이런 지식을 습득하는가?

이 장에서 소개하고 있는 정보 처리적 관점은 이 책 전반에 걸쳐 사용되는 중요한 체제화의 틀이다. 인지 발달에 대한 대안적 관점, 즉 불변성이라는 개념에 도전하는 하나의 관점이 스위스의 심리학자 Jean Piaget에 의해 기술되었는데, 그는 50년 이상의 자신의 연구 경력을 발달이론을 구성하는 데 바쳤다. Piaget(1952)는 아동의 사고과정은 성인의 것과는 질적으로 다르다고 주장하였다. 성인은 아동보다 단순히 더 빠르고 정확하게 사고하는 것이 아니라 다른 방식으로 사고한다. Piaget는 우리의 경험을 조직하기 위해 우리가 사용하는 개념을 **도식(schemata)**이라고 불렀다.

대상영속성(object permanence)은 잘 입증된 하나의 예다. 대상영속성은 대상을 지각할 수 없을 때에도 그것이 계속 존재한다는 것에 대한 아이들의 이해를 가리킨다. 아기들(4개월 이하)에게는 "안 보면 마음도 멀어진다(out of sight, out of mind)"는 법칙이 작용한다. 아기들에게서 매력적인 장난감을 빼앗아 성인의 등 뒤에 감추면 아기들은 순간적으로 항의를 하지만 곧 그 대상을 완전히 잊어버린다. 장난감을 다시 아기에게 보여주면 아기는 다시 즐거워한다. 그러므로 Piaget에 따르면, 아기는 장난감에 계속 관심을 가지고 있지만 장난감을 찾으려고는 하지 않는다. 장난감이 여전히 존재한다는 사실을 모르기 때문이다.

대상영속성은 일련의 단계를 거쳐 발달한다. 8개월 정도의 아기는 물건이 부분적으로만 가려져 있다면 적극적으로 그것을 찾는다. 좀 더 자란 아기는 완전히 가려진 대상들도 찾는다. 마지막 최고의 성취는 눈에 보이지 않는 이동 과제(displacement task)를 처리하는 능력이다. 이 과제에서 아기에게 작고 매력적인 물건(예를 들어, 열쇠)을 보여주고 그것을 어른의 손에 올려놓는다. 어른은 주먹을 쥐어 열쇠가 보이지 않게 한 다음, 주먹을 담요 아래에 넣고 열쇠를 그곳에 놓아둔다. 열쇠를 찾아내기 위해서 아기는 눈에 보이지 않는 대상이 한 곳에서 다른 곳으로 이동된 것을 마음속으로 상상할 수 있어야만 한다. 대체로 18개월에서 24개월의 아기는 이 문제를 해결한다.

이러한 사실이 잘 입증되어 있긴 하지만 이에 대한 Piaget의 해석이 전혀 도전받지 않은 것은 아니다. Diamond(1985)는 7.5개월 된 아기가 보이지 않는 대상이 계속 거기에 존재하고 있다는 것을 기억할 수 있으나, 파지 기간이 너무 길어지면 어디에 있는지를 잊게 된다는 증거를 보여주었다. 마찬가지로, Baillargeon(1987)은 대상에 접근하여 그것을 손으로 잡는 운동 과제(motor task)가 아기에게는 인지적으로 어려운 과제라는 것을 발견하였다. 그녀가 대상영속성 과제를 비운동 과제로 재구성하자 3.5개월 된 아기도 초보적인 형태의 대상영속성을 보여주었다. 이러한 연구들은 Piaget가 아기의 인지적 기술을 과소평가하였음을 시사한다. 그럼에도 불구하고 그의 연구는 인지 발달에 중요한 이정표로 남아있다.

대상영속성의 습득이 하나의 고립된 인지 기술은 아니다. 이 시기가 되면 두 가지의 관련 기술이 나타난다. 하나는 **가장 놀이[(pretend play; 또는 공상 놀이(fantasy play)]**다. 생후 12개월쯤 되면 아기는 사물을 어른이 사용하는 방식(예를 들어, 숟가락을 입에 넣는다)으로 사용하며 논다. 18개월쯤 되면 사물을 새로운 방식(장난감 갈퀴로 인형의 머리를 빗질한다든지)으로 사용하는 새로운 형태의 놀이가 발달한다. 이것은 상징적인 놀이이다. 이것은 아기가 하나의 사물이 다른 것을 대신하거나 상징할 수 있다는 것을 이해한다는 것을 의미한다.

두 번째 기술은 **지연 모방(deferred imitation)**이다. 이것은 아동이 그 전에 본 행동을 모방하는 것이다. 유명한 예를 Piaget의 딸 Jacqueline에게서 볼 수 있는데, 그녀는 소꿉친구의 분노 행동을 보고 다음 날 그것을 그대로 흉내내었다.

> 그 아이는 놀이 우리에서 나가려고 발버둥치며 소리를 질렀고 그것을 막 흔들어 댔다. J는 놀란 표정으로 그 아이를 지켜보았는데, 전에는 한 번도 본 적 없는 장면이었다. 다음날, 그녀는 자기의 놀이 우리에서 소리 지르고 그것을 움직이려고 하면서 발을 가볍게 여러 번 굴렀다. 이 모든 장면의 모방은 인상적이었다. 모방이 즉시적인 것이었다면 당연히 표상이 관여되지 않았을 수도 있다. 그러나 12시간 이상의 간격을 두고 모방이 나타났기 때문에 어떤 표상적 또는 전표상적 요소가 관여되었음에 틀림없다. (Piaget, 1962, p. 63)

Meltzoff(1988, 1995)는 좀 더 통제된 조건 하에서 지연모방을 연구하였다. 그의 연구에서 유아는 다양한 새로운 행동(예를 들어, 전등을 켜기 위해 어른이 몸을 구부려 주황색 판을 건드리는 행동)을 하는 모델을 관찰하였다. 일련의 연구를 통해 Meltzoff는 그처럼 새로운 행동을 목격한 9~24개월 유아는 그렇지 않은 유아에 비해 그러한 행동을 더 잘 따라한다는 것을 보여주었다. 이러한 지연모방은 가장 어린 유아에게서는 24시간, 가장 나이많은 유아에게서는 4개월의 지연 후에도 일어났다.

이 두 가지 발달은 대상영속성의 발달과 함께, 가장 초기의 단계[Piaget의 이론에서 **감각운동기(sensorymotor period)**]에서 Piaget가 **전조작기(preoperational period)**라고 부른 두 번째 단계로의 이행을 보여주는 증거이다. 이러한 발달들이 합쳐져서, 유아는 18~24개월 정도의 시기에 세상을 표상하는 능력을 갖게 되는 것으로 보인다.

아동이 세상을 표상할 수 있게 되면서 그들은 자신만의 지식기반(knowledge base)을 구축한다. 표상 기술이 나타나는 시기에 아이들의 단어 지식은 놀랄 만한 성장을 보인다. 대부분의 아이들은 만 한 살 정도가 되기까지 첫 단어를 습득하게 되며, 그 후 6개월 동안 새로운 단어들이 그들의 어휘집(lexicon)에 조금씩 등록된다. 대체로 18개월 정도면 유아는 50개 정도의 어휘를 알게된다. 두 살 후반이 되면 그 속도는 극적으로 상승한다. 한 예로, 어떤 유아는 일주일에 44개의 새로운 단어를 습득하였다(Courage & Howe, 2002). 이러한 폭발적인 증가(spurt)는 말을 할 수 있는 유아에게만 국한된 것이 아니라 청각 장애를 가진 유아가 사용하는 몸짓에도 나타난다(Petitto, 1993). 비슷한 시기에 사람 얼굴, 동물, 개, 말, 새 그리고 기하학적 형태 같은 기본 범주를 형성하는 능력이 발달하기 시작한다(Courage & Howe, 2002).

10장과 12장에서는 아이들의 어휘집 습득에 대해 더 많이 논의하게 될 것이다. 다만 유아기가 엄청난 인지적 성장이 일어나는 시기라는 것은 꼭 강조되어야 할 것이다. 그들의 두 번째 생일이 될 때쯤에는 대부분의 아이들은 세상의 사물, 사람, 사건 등에 대한 지식의 기초를 발달시키기 위해 열심히 전진하고 있을 것이다.

일화 기억의 발달 개인적인 관점으로 세상을 이해하는 일화 기억의 출현에 대한 흥미 있는 연구들이 있다. 이러한 연구들은 자신이 다른 사람들과 다르고, 그러므로 자신의 관점도 다르고 필연적으로 개인적이라는 것을 이해하는 아이들의 능력을 다루고 있다.

유아의 자의식(self-awareness)을 측정하는 한 가지 방법은 그들에게 거울에 비친 자기 자신을 인식하는 기회를 주는 것이다(Lewis & Brooks-Gunn, 1979). Lewis와 Brooks-Gunn은 아기의 코에다 루즈를 몰래 칠하고나서 아기가 루즈를 지우려고 하는지 보기 위해 거울 앞에 앉혀 놓았다. 이런 연구가 쉽지는 않지만, 발달심리학자들은 4개월이 지나면 자의식이 나타난다는 것에 일부 동의하고 있다(Howe, Courage & Peterson, 1994). 이 나이의 아기들이 거울상에 관심을 보이기는 하지만, 거울에 비친 대상이 자기 자신이라는 것을 이해한다는 증거는 거의 없다.

이러한 생각에 근거하여 Wheeler, Stuss, Tulving(1997)은 2세 이전의 아이들이 자가 인지적 자각(autonoetic awareness)을 할 가능성은 낮다고 결론내렸다. 이런 결론의 부분적인 이유는 자가 인지적 자각에 대한 그들의 정의가 자신의 과거뿐만 아니라 자신의 현재와 미래에 대한 자각도 포함하고 있기 때문이다. 2세 정도의 어린 아이들이 그들의 미래에 대해 많이 생각한다는 증거는 거의 없어 보인다. Wheeler 등은 일화 기억이 4세 이전에는 발달되지 않는다고 결론을 내렸다.

이런 관찰들은 아동기 기억상실이라는 개념과 관련이 있다. **아동기 기억상실[(childhood amnesia**, 또는 **유아기 기억상실(infantile amnesia)]**이란 어른들이 자신의 생애 중 첫 몇 년 동안의 경험을 기억해 내지 못하는 것을 말한다. 대부분의 사람들은 그들의 세 번째 생일 이전의 사건들을 기억하지 못한다(Howe & Courage, 1993). Perterson, Grant, Boland(2005)는 6~9세의 어린아이들은 그보다 더 나이가 많은 아이들이나 청소년들이 할 수 있는 것보다 더 이른 시기의 기억을 회상할 수 있음을 보고하였다.

이러한 보고들은 좀 혼란스럽기도 하는데, 왜냐면 우리가 보았듯이 3세보다 훨씬 어린 유아도 일정한 지연시간 후에 일상의 사건들을 회상해 낼 수 있기 때문이다. 여러 연구자들(Howe & Courage, 1993; Perner & Ruffman, 1995; Wheeler 등, 1997)은 유아의 자가 인지적 자각의 결여가 개인적 관점에서 사건을 회상하는 것을 방해한다고 주장하였다. 이것은 미묘한 차이이다. 아마도 2세 아동은 다른 아동을 지켜볼 수 있고 나중에 그 아이를 알아보고 그가 무엇을 했었는지 기억할 수도 있을 것이다. 그러나 2세 아동은 그 경험을 '나는 지금 다른 아이를 지켜보고 있다' 라고 하는 개인적인 방식으로 부호화하지는 못한다. 그러므로 어린 아이는 어떤 사건(의미 기억의 일부로서)을 회상할 수 있으나 그 사건에 대한 개인적 관점(일화 기억의 부분에 해당하는)을 회상하지는 못한다.

언어 습득에 대한 함의 대체로 18개월, 또는 아마 그보다 더 어린 아이들은 그들 생애의 특별한 사건에 대한 정보를 회상할 수 있을 것이다. 이러한 기억 기술의 발달과 아이들의 언어 습득 사이에는 어떤 관계가 있는가? 아이들은 생애 첫 몇 년 안에, 즉 이러한 각종 기억들이 발달하는 기간 동안 엄청난 양의 언어를 습득한다. 이러한 구조를 차례로 살펴보자.

작업 기억은 새로운 단어의 습득에 밀접하게 관련되는 것으로 보인다. 우리가 보았듯이, 작업 기억에서의 개인차는 어린 아이들의 어휘 습득을 예언한다. 왜냐하면 세상에 있는 대상들을 가리키는 단어를 습득하는 능력은 그 대상과 그 이름을 동시에 작업 기억 속에 유지하는 능력을 필요로 하기 때문이다. 그러므로 더 큰 작업 기억을 가진 아이들이 이러한 과제에 어느 정도 이점을 가진다고 할 수 있다.

의미 기억은, 적어도 대상영속성 과제에서 측정된 바에 따르면, 생애 첫 2년 안에 발달한다. 더욱이 대상영속성의 일부 초기 형태는 더 빨리, 3~4개월경에 발달된다. 12장에서 더 상세히 보게 되겠지만, 대상영속성과 표상 기술의 출현은 *없어(all-gone)*나 *더(more)* 같은, 대상이 나타나고 사라지는 것과 관계된 단어의 습득과 관련이 있다.

일화 기억은 아이들이 개인적인 방식으로 언어를 이해하는 능력과 관계있다. 이와 관련된 연구가 아주 많지는 않지만, 일화 기억의 출현은 *나(I)*, *나에게(me)*, *내것(mine)* 등의 인칭대명사의 습득과 관련되어 있는 것으로 보인다. 아이들이 자신의 개인적 이야기를 하는 능력을 발달시키려면 반드시 강력한 일화 기억이 있어야만 하는데 이것에 관해서는 11장에서 논의하게 될 것이다.

요약

아이들은 취학 전에 작업 기억과 의미 기억, 일화 기억에서 큰 발전을 이루는 것으로 보인다. 의미 기억은 생후 첫 2년 안에 나타난다. 일화 기억은 2세에서 4세 사이에 형성되는 것으로 보인다. 작업 기억은 4세쯤이면 기능하는 것으로 보인다.

이러한 모든 발달이 언어습득을 돕지만 이들의 관계는 작업 기억에서 가장 분명하게 나타난다. 작업 기억 과제에서 더 높은 점수를 얻은 아이들은 더 많은 어휘를 가지고 있다.

복습 문제

1. 아이들은 언제 일화 기억을 습득하는가?
2. 뇌손상을 입은 사람들과 일화 기억 개념과의 관련성에 대한 연구를 논의하라.
3. 대상영속성이란 무엇이며, 언제 그것이 발달하는가?
4. Baddeley-Hitch 모형의 여러 측면을 검증한 실험적 증거를 논의하라.
5. 언어 습득에 미치는 작업 기억의 역할은 무엇인가?
6. 단원이라는 용어의 두 가지 의미를 구분하라.
7. 자동적이라고 할 수 있는 언어 처리의 한 가지 측면을 말해 보라.
8. 순수하게 계열적인 언어 처리 모형의 제한점을 보여주는 증거를 하나 들어 보라.
9. 일화 기억과 의미 기억의 차이를 말해 보라.
10. Baddeley-Hitch의 작업 기억 모형의 세 가지 구성요소를 말해 보라.

생각해 볼 문제

1. 인간 정보 처리에 한계가 있다는 것은 어떤 언어가 그러한 한계를 넘어서는 길고 복잡한 문장들을 포함하는 것이 불가능함을 의미하는가?
2. 본문은 언어 처리 중 일부가 자동적으로 이루어진다는 것을 보여준다. 자동 처리의 정도에 영향을 미치는 요인은 무엇인가? 개인은 자신의 자동화 수준을 향상시킬 수 있을까?

PART II

언어 이해

4. 언어의 지각
5. 심성 어휘집
6. 문장 이해와 기억
7. 담화 이해와 기억

Chapter 4

언어의 지각

모든 자음의 이름 속에는 하나의 모음이 있다.
자음은 모음이 없이는 명명할 수도 발음할 수도 없기 때문이다.
–EINAR HAUGEN(1972, p. 23)

기계에게 인쇄물은 지각하기 쉽지만 말소리는 그렇지 않다.
그러나 사람에게는 그것이 정확하게 반대이다.
ALVIN M. LIBERMAN(1973, p. 131)

요점

- 말소리에 관한 연구를 음성학이라고 한다. 조음 음성학은 말소리 음이 어떻게 산출되는가를 연구한다. 음향 음성학은 산출된 말소리를 연구한다.
- 말소리는 다른 형식의 청지각(auditory perception)에서는 볼 수 없는 특징들을 보여 준다.
- 범주 지각이라는 현상은 말소리가 특수한 양식의 지각임을 시사한다.
- 말소리의 지각은 그것이 나타나는 맥락에 의해 영향을 받는다. 우리는 맥락 내의 어떤 소리를 식별하기 위하여 하향 처리를 사용한다.
- 시각적 언어 지각은 연속적인 처리 수준를 거쳐서 이루어진다. 단어 맥락 속의 글자 지각은 단독 제시되거나 무관련한 글자들 속에 제시된 글자의 지각보다 우월하다.
- 언어 지각에 관한 최근 모형들은 우리가 상호작용적인 방식으로 여러 수준에서 정보를 처리한다고 가정한다. 그러한 모형들은 말소리 지각과 시각적 단어 지각에서 얻은 연구결과들을 설명할 수 있다.

서론

이번 장과 다음 세 장에서는 여러 수준에서의 언어 이해를 살펴볼 것이다. 본 장에서는 음운 수준을 다룬다. 5장, 6장, 7장에서는 각각 어휘, 통사, 담화 수준을 다룰 것이다.

언어 이해를 이렇게 네 개의 처리 수준으로 구분하는 것은 설명상의 편의를 위해서다. 그것은 언어가 엄격하게 계열적인 방식으로 처리된다는 것을 의미하지는 않는다. 3장에서의 논의를 통해 예상했겠지만, 계열 처리냐 병렬 처리냐 하는 것은 언어지각 연구자들의 주요 관심사 중 하나였다. 이 장의 여러 부분에서 이 문제를 다루게 될 것이다.

또 다른 중요한 쟁점은 입말 이해와 글말 이해의 관련성이다. 확실한 것은 입력되는 감각기관이 다르다는 점이고, 더욱 분명한 것은 말은 시간적이고 글은 공간적이라는 점이다. 그러나 우리는 그러한 표면적인 차이에도 불구하고 듣기와 읽기 사이의 근본적인 유사성이 숨어 있는지를 물을 수 있다.

이 장은 네 개의 절로 나누어진다. 첫 번째 절은 발화의 언어적 구조를 다룬다. 다음은 상이한 말소리들이 고립되어 제시될 때에 우리가 식별하는 방식을 살펴볼 것이고, 다음으로 연속적인 발화 속에서 개별적인 소리들을 추출하는 방법에 대해 알아볼 것이다. 마지막은 글말의 지각에 관한 연구들을 선택적으로 개관할 것이다.

말소리의 구조

말소리를 지각하는 과정은 아주 간단해 보인다. 청자(聽者, listener)는 자신이 듣고 있는 소리를 자신의 언어에 존재하는 많은 음들 중 하나로 범주화해야 한다. 사실, 그 과제는 매우 복잡한 과제인데, 여기에는 두 가지 이유가 있다. 첫 번째는 주변 환경이 말소리 신호를 종종 간섭한다는 점이다. 정상적인 청취 조건에서 우리가 듣는 말소리는 제한된 처리용량을 놓고 다른 자극들과 경쟁한다. 방 건너편에서 들리는 대화소리나 누군가의 코고는 소리, 트림하는 소리와 같은 다른 청각적 신호들은 말소리 신호의 충실도(fidelity)를 해칠 수 있다. 더군다나 시각적 신호들도 가끔은 우리의 주의를 분산시키는 원인이 된다.

환경적 조건들이 이상적이라 하더라도, 말소리의 지각은 두 번째 중요한 문제를 야기하는데, 그것은 말소리 신호 자체가 가진 변산성(variability)이다. 음향적인 자극의 특성과 우리가 듣는 소리 사이에는 일대일 대응관계가 존재하지 않는다. 몇 가지 요인들이 우리의 귀에 도달하는 음향 자극에 영향을 미치거나 왜곡시킨다. 여기에는 화자(話者, speaker)의 목소리(즉, 음고의 높고 낮음), 말하는 속도 그리고 음성 맥락이 포함된다.

그렇다면, 음향 자극이 다른 자극들과 경쟁하고 내재적 변산성이 큰 상황에서, 우리는 어떻게 안정적으로 말소리를 지각하는 것일까? 우리가 말소리에서 분절음을 쉽게 재인한다는 것은 지각적 재인 과정에서 청자가 일련의 조절(adjustment)을 한다는 것을 시사한다. 앞으로 알게 되겠지만, 어떤 조절들은 말소리 음이 산출되는 방식에 관한 암묵적인 지식에 기초한다.

운율 요인

강세, 억양, 발화율과 같은 **운율 요인(prosodic factors)**에서부터 논의를 시작하자. Ferreira(2003)는 운율을 '단어 자체에 특정한 것이 아닌, 발화된 말소리의 양상들을 가리키는 일반적인 용어'라고 정의하였다. 운율 요인들은 발화의 전체적인 의미에 영향을 미친다. 즉, 우리는 어떤 단어나 말에 대해서 강세나 억양의 패턴에 변화를 줌으로써 완전히 다른 의미를 생성할 수 있다.

강세(stress)란 문장 내에서 음절들을 강조하는 것을 말한다. 강세는 소리 크기(loudness)와 밀접하게 대응된다. 예를 들어, *chimpanzee*라는 단어를 발음할 때 *-zee*가 가장 큰 강세를 받고 *-pan*은 가장 약한 강세를, *chimp*는 중간 정도의 강세를 받는다(Ferreira, 2003). 우리는 *project*와 *pervert* 같은 단어의 명사형과 동사형을 구분할 때(명사형은 앞 음절에 동사형은 뒷 음절에 강세가 있다) 그리고 *black bird*와 *blackbird*를 구분할 때 강세를 사용한다(전자는 *bird*에 후자는 *black*에 강세가 있다).

억양(intonation)은 상이한 의미를 표시하기 위하여 음고(pitch)를 사용하는 것을 말한다. 문장이 가진 음고 형태를 문장의 **억양 윤곽(intonational contour)**이라고 한다. 한 가지 예를 남자 화장실에서 볼 수 있는데, "*We aim to please. You aim too, please*"라는 문구이다(Fromkin & Rodman, 1974).

영어에서 억양은 예와 아니오 라는 답을 기대하는 의문문(*Are you coming?*)인 **예/아니오 의문문(yes/no questions)**의 끝에서는 올라가고, *who, what, when, where, why*와 같은 *wh-* 단어(의문부사)로 시작하는 의문문(*Who is coming?*)과 평서문(*I am coming.*)에서는 올라가지 않는다. 그러나 말에 따라 억양에 미묘한 차이가 있다. 어떤 사람이 *Why are you going to Montreal?*라고 물으면, 대답은 *My brother goes to McGill.*이 될 수 있다. 그런데, *Are you excited about visiting Concordia when you' re in Montreal?*이라는 질문에 대해서는 똑같은 대답이라도 억양을 다를 것이다. 첫 번째 경우에는 억양의 표준적인 하강을 들을 것이고, 두 번째 경우에 질문자의 가정을 의도적으로 부정하기 위해서 *McGill*에서 억양이 올라갈 것이다[1]. 억양은 의미를 강조하는 신호로도 사용된다. *It was the terrorist that kidnapped the ambassador.*(Ferreira, 2003)라는 문장에서, 음고는 *terrorist*에서 올라간다. 발화자는 음고를 사용하여 문장의 초점을 강조한다.

마지막으로, **발화율(rate)**는 말소리를 발음하는 속도를 가리킨다. 우리는 말하는 동안 말소리 분절을 조음하는 시간의 양뿐만 아니라 휴지(pause)의 횟수나 길이를 바꿈으로써 말소리의 발화 속도를 수정한다. 말소리의 발화 속도는 때로 의미를 전달하기도 한다. *Take your time.*와 *We' ve got to get going!*라는 문장을 어떻게 말하는지 생각해 보라(Bolinger, 1975).

---

1) McGill과 Concordia는 둘 다 몬트리올에 있는 대학교의 이름이다.

개별 단어들이 산출되는 속도는 문장 내에서 단어들의 통사적 역할과 함께 달라진다. *Bill wants to walk but Mary wants to drive.*라는 문장과 *Bill wants to walk to the store.*라는 문장에서 *walk*의 길이를 비교해 보라(Ferreira, 2003). *Walk*는 두 번째 문장보다 첫 번째 문장에서 더 긴 지속시간을 가질 것이다. 이것은 첫 번째 *walk*가 구의 마지막에 오지만 두 번째 *walk*는 구의 중간에 위치하기 때문이다. 우리는 구의 마지막에서 단어들을 길게 발음하는 경향이 있다. 또 다른 예로, *I want two leaves.*와 *I want to leave.*를 비교해 보라. 단어 *to*와 *two*는 **동음어(homophone)**이다(즉, 의미는 다르지만 발음이 같다). 그러나 *two*가 내용어(content word)인 반면, *to*는 기능어(function word)이다. 기능어는 내용어보다 짧은 지속시간을 갖는 경향이 있고, 따라서 여기에서 *to*는 *two*보다 짧다.

운율 요인들을 때로 **초분절음(suprasegmetal)**이라고 부른다. 초(*supra*)는 무엇 위에 있음을 의미한다. 운율 요인은 말소리 분절(음)들 위에 놓임으로써 말소리에 대해 일종의 음악적 반주를 제공한다. 똑같은 단어나 문장이 운율적으로 다르게 표현될 수 있고, 그러한 변이는 화자가 표현하고자 하는 의미와 정서 상태에 관한 중요한 단서가 된다. 운율의 변이를 염두에 두고, 이제 운율 요인들이 첨가된 좀 더 작은 말소리 분절을 보도록 하자.

조음 음성학

말소리에 관한 연구를 **음성학(phonetics)**이라고 하고, 말소리의 산출에 관한 좀 더 구체적인 연구를 **조음 음성학(articulatory phonetics)**이라고 한다. 어떤 언어가 가진 모든 음들은 궁극적으로 성도(vocal tract)를 이루는 신체 구조들의 움직임으로 기술될 수 있다(그림 4.1을 보라). 공기는 폐에서 방출되고 성대를 통과하여 구강이나 비강으로 들어간다. 영어 이외의 언어 중에는 공기를 내뱉는 대신 들이마시면서 소리를 만드는 언어도 있다.

말소리는 대개 기류가 막히는지, 막힌다면 어느 지점에서 어떤 식으로 막히는지에 따라서 달라진다. **모음(vowels)**은 폐에서 나온 기류가 막힘없이 나오면서 만들어지지만, **자음(consonants)**은 기류가 어떤 지점에서 방해를 받으면서 생성된다.

조음 위치(place of articulation) [b]나 [p]와 같은 자음들은 입술에서 만들어지며, 따라서 **양순음(bilabial)**이라고 한다. [d]나 [t]와 같은 자음들은 잇몸에 혀끝을 위치

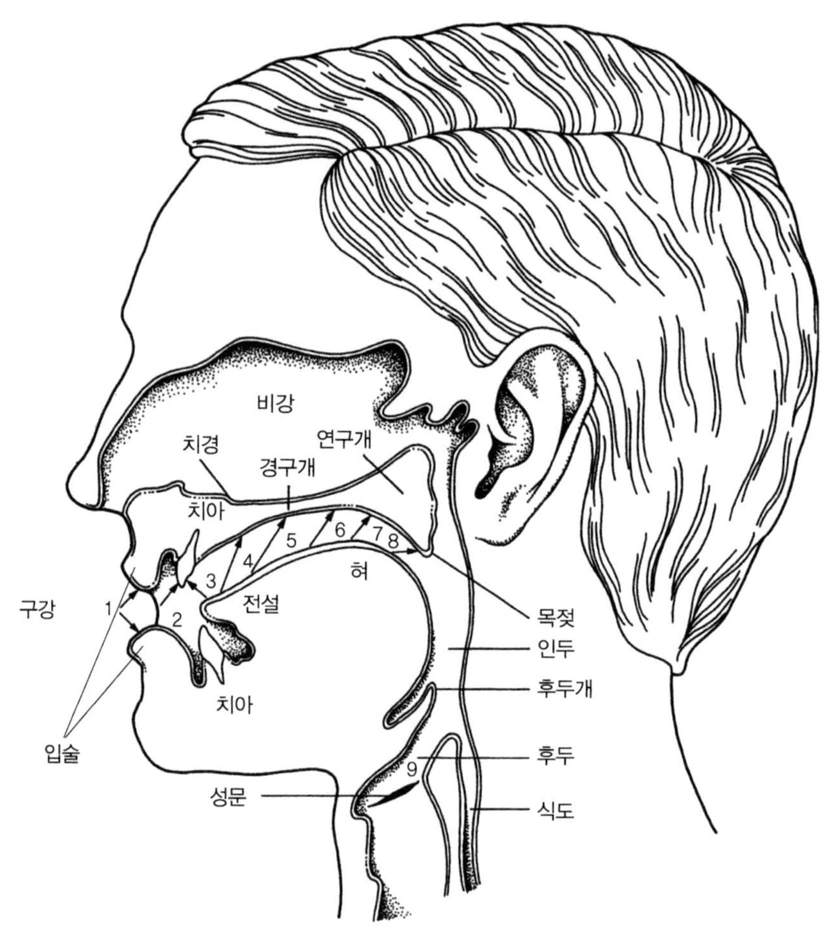

그림 4.1 성도: 조음 위치: 1 = 양순음, 2 = 순치음, 3 = 치음, 4 = 치경음, 5 = 구개치경음, 6 = 구개음, 7 = 연구개음, 8 = 목젖음, 9 = 성문음. (출처: *An Introduction to Language*, by V. Fromkin and R. Rodman, p. 44, Holt, Rinehart & Winston, 1974.)

시킴으로써 만들어지며, 그것들은 **치경음(alveolar)**이라고 한다. [g]나 [k]와 같은 자음들은 입 안쪽에서 산출된다. 혀가 입 안쪽의 연구개에 위치하므로, **연구개음(velar)**이라고 한다.

조음 방식(manner of articulation) 자음들은 만들어지는 방식에 따라서도 서로 다르다. **폐쇄음(stop)**은 잠깐 동안 기류를 완전히 차단한 다음 방출한다. 앞 단락에서 제시되었던 모든 예들은 폐쇄음이다. **마찰음(fricatives)**은 [f]나 [s]처럼 기류를 완전히 차단하지 않고 방해함으로써 생성된다. 공기가 지나가야 하는 입안의 통로가 좀 더 좁아지고, 그 좁아진 통로가 어떤 난류를 야기한다. 다른 유형의 자음은 **파찰**

음(affricate)으로, 폐쇄음과 같은 막힘 다음에 마찰음의 느린 방출 특성이 따라오면서 만들어진다. *church*와 *judge*의 첫 소리를 음성학적으로 [c]와 [j]로 나타내는데, 둘 다 파찰음이다.

유성음화(voicing) 자음의 최종적인 구분은 폐에서 나온 공기가 지나갈 때 성대(vocal cords)가 붙어 있는지 떨어져 있는지와 관계 있다. 성대 사이에 열린 틈을 **성문(glottis)**이라고 한다. 성대가 붙어 있으면 기류는 성문을 지나려고 힘을 가하기 때문에, 성대의 진동을 야기한다. 그 결과로 생성된 소리를 **유성음(voiced)**이라고 하는데, [b]가 그런 소리이다. 성대가 분리되면 공기는 전혀 방해를 받지 않으며, 그 때의 소리를 **무성음(voiceless)**이라고 하고, [p]와 같은 소리가 여기에 해당한다. 영어 자음의 그러한 특징들이 표 4.1에 요약되어 있는데, 영어 자음의 조음 위치, 조음 방식 그리고 유성음화 등을 보여준다.

표 4.2는 영어의 모음들을 나타낸 비슷한 도표이다. 모음은 그것이 주로 입의 앞, 가운데, 뒤 중 어디에서 나는지 그리고 혀의 위치가 고, 중, 저 중 어디인지에 의해 구별된다. 자음과 마찬가지로 그 소리들을 실제로 발음하면서 조음기관, 특히 혀의 위치를 비교함으로써 음성학적 구분을 잘 이해할 수 있다. 전설 모음인 [i], [I], [e], [æ]의 경우, 혀의 앞부분이 점차 낮아짐에 주목하라. [u], [o], [a]의 경우에 위치가 바뀌는 것은 혀의 뒷부분이다.

이와 같이 조음의 세세한 부분을 가지고 말소리를 기술하는 것은, 산출 양식에

표 4.1 영어의 자음

		조음 방식						
조음 위치		**양순음**	**순치음**	**치음**	**치경음**	**구개음**	**연구개음**	**성문음**
폐쇄음	무성	p (*p*at)			t (*t*ack)		k (*c*at)	
	유성	b (*b*at)			d (*d*ig)		g (*g*et)	
마찰음	무성		f (*f*at)	θ (*th*in)	s (*s*at)	š (fi*sh*)		h (*h*at)
	유성		v (*v*at)	ð (*th*en)	z (*z*ap)	ž (a*z*ure)		
파찰음	무성					č (*ch*urch)		
	유성					ǰ (*j*udge)		
비음		m (*m*at)			n (*n*at)		ŋ (si*ng*)	
유음					l (*l*ate)	r (*r*ate)		
전이음		w (*w*in)				y (*y*et)		

출처: *Experimental Psycholinguistics: An Introduction,* edited by S. Glucksberg and J. H. Danks, p. 30. Copyright © 1975 by Lawrence Erlbaum Associates. 허락 후 재인쇄.

표 4.2 영어의 모음

	전설	중설	후설
고	i (beet)		u (boot) U (book)
	I (bit)		
		ɚ(bird)	o (bode)
	e (baby)		
중		ə (sofa)	
	ϵ (bet)		ɔ (bought)
	æ (bat)	ʌ(but)	
저			
			a (palm)

출처: *Experimental Psycholinguistics: An Introduction,* edited by S. Glucksberg and J. H. Danks, p. 32. Copyright © 1975 by Lawrence Erlbaum Associates. 허락 후 재인쇄.

기초한 구성성분 세부특징들을 통해 음성학적 분절음의 전체 목록을 기술할 수 있음을 시사한다. 2장에서 논의하였듯이, Jakobson 등(1969)은 변별 세부특징의 체계를 고안하였는데, 거기서 각 분절음은 유성/무성(voiced/voiceless) 또는 비음/구음(nasal/oral)과 같은 다양한 기본 변별 세부특징들의 유무로 정의된다. (비음/구음의 변별 세부특징은, 발음할 때 연구개가 내려와서 기류가 비강(naval cavity)으로 들어가는지 그렇지 않은지를 가리킨다). 변별 세부특징은 다양한 언어음들 사이에 존재하는 관계를 간결하게 기술하도록 도와준다.

음향 음성학

사람들이 말소리 신호를 처리하는 방식을 이해하게 된다면, 가능한 하나의 실제적인 적용은 맹인들을 위한 독서 기계를 고안하는 것이다. 그와 같은 목적으로 수행된 응용 연구들(Liberman, 1982를 보라)은 기계의 고안이 기대와는 달리 매우 어렵다는 것을 증명하였다. 1940년대와 50년대에, 말소리 신호의 음향적 속성과 청자의 지각적 경험 사이의 관계를 파악하기 위한 연구들이 시작되었고, 그러한 지식은 금방이라도 독서 기계의 개발에 적용될 수 있을 것처럼 생각되었다. 그러나 시각 정보를 알아들을 수 있을 정도의 말소리 신호로 변환하여 줌으로써 맹인들에게 약간의 도움을 줄 수는 있지만, 그 결과가 실제 말소리처럼 들리지는 않다는 것이 밝혀졌다.

즉, 개별 글자를 소리로 바꾸고 소리들을 갖다 붙여서 문장을 만들 수는 있지만, 그 문장은 자연스러운 말소리처럼 들리지 않았다.

그러한 초기 말소리 연구에 깔려 있던 한 가지 암묵적인 가정－음성 분절음과 알파벳 글자 사이에 대응관계가 있다－은 전혀 근거가 없고, 우리는 말소리를 알파벳의 글자들과는 다르게 처리하는 것 같다. 그것을 잘 보여주는 것이 바로 우리가 언어를 지각하는 속도이다. 우리는 말소리를 들을 때 초당 25에서 30개 사이의 음성 분절음을 부호화할 수 있는 것으로 추정되는데(Liberman, 1970), 이것은 다른 형태의 청지각 속도를 훨씬 초과하는 것이다. 예를 들어, 일련의 인식가능한 소리들을 들을 때(말하자면, 신호음, 버저, 클릭음, 사이렌 등), 속도가 대화시의 말소리 속도에 근접하면 구분이 잘 되지 않는 하나의 뭉개진 소리로 듣게 된다.

우리가 어떻게 음성 분절음을 그렇게 신속하게 지각하는지에 관한 몇 가지 단서들은 말소리 신호의 음향적 구조에서 찾을 수 있다. 말소리의 그러한 음향적 속성에 관한 연구를 **음향 음성학**(acoustic phonetics)이라고 한다.

스펙트로그램 말소리의 음향 에너지를 기술하는 가장 흔한 방법 중의 하나는 **사운드 스펙트로그램**(sound spectrogram)이라고 불리는 것이다. 그것은 말소리를 **사운드 스펙트로그래프**(sound spectrograph)로 알려진 장치에 입력함으로써 얻을 수 있는데, 그 장치는 소리를 분석한 후 움직이는 형광체(phosphor) 벨트에 투사하여 스펙트로그램을 만드는 일련의 여과기들(filters)로 구성되어 있다. 몇 개의 전형적인 스펙트로그램이 그림 4.2에 제시되어 있다. 말소리의 주파수는 수직축에, 시간은 수평축에 그리고 강도(intensity)는 스펙트로그램의 명암으로 나타나 있다. 각각의 스펙트로그램은 **포만트**(**formants**)라고 하는 일련의 어두운 띠들을 포함한다. 그것들은 스펙트로그램 상에서 수평으로 나타나는데, 첫 번째 포만트는 가장 낮은 주파수를 가진 것이고 상위 포만트들은 거의 수평을 유지한다. *tool*에서, 첫 번째 포만트는 약 1,000Hz(헤르츠)이고, 두 번째는 대략 2,000Hz 그리고 세 번째는 3,000Hz이다.

포만트의 두 가지 측면이 말소리 지각에서 중요한 것으로 밝혀졌다. **포만트 전이**(**formant transitions**)는 짧은 시간에 걸쳐 포만트 주파수가 크게 상승하거나 하강할 때 나타난다. *card*에서, 첫 번째 포만트는 단어 끝 부분 가까이에서 주파수가 올라가고, 두 번째 포만트는 내려간다. 이러한 전이는 음절의 시작과 끝에서 거의 항상 발생한다. 중간 부분은 포만트의 **안정 상태**(**steady state**)인데, 이 때 포만트 주파수는 비교적 일정하다. 포만트 전이가 음절의 자음 부분에 해당하고 안정 상태가 모음에 해당한다고 말하는 것은 조금은 단순화한 측면이 있지만, 기본적으로는 정확하다고 할 수 있다(Jenkins, Strange & Edman, 1983).

병렬 전달 이제 말소리의 일부 음향적 속성을 살펴보자. **병렬 전달(parallel transmission)**이라고 부르는 것은 동일한 음절의 상이한 음소들이 말소리 신호에 동시적

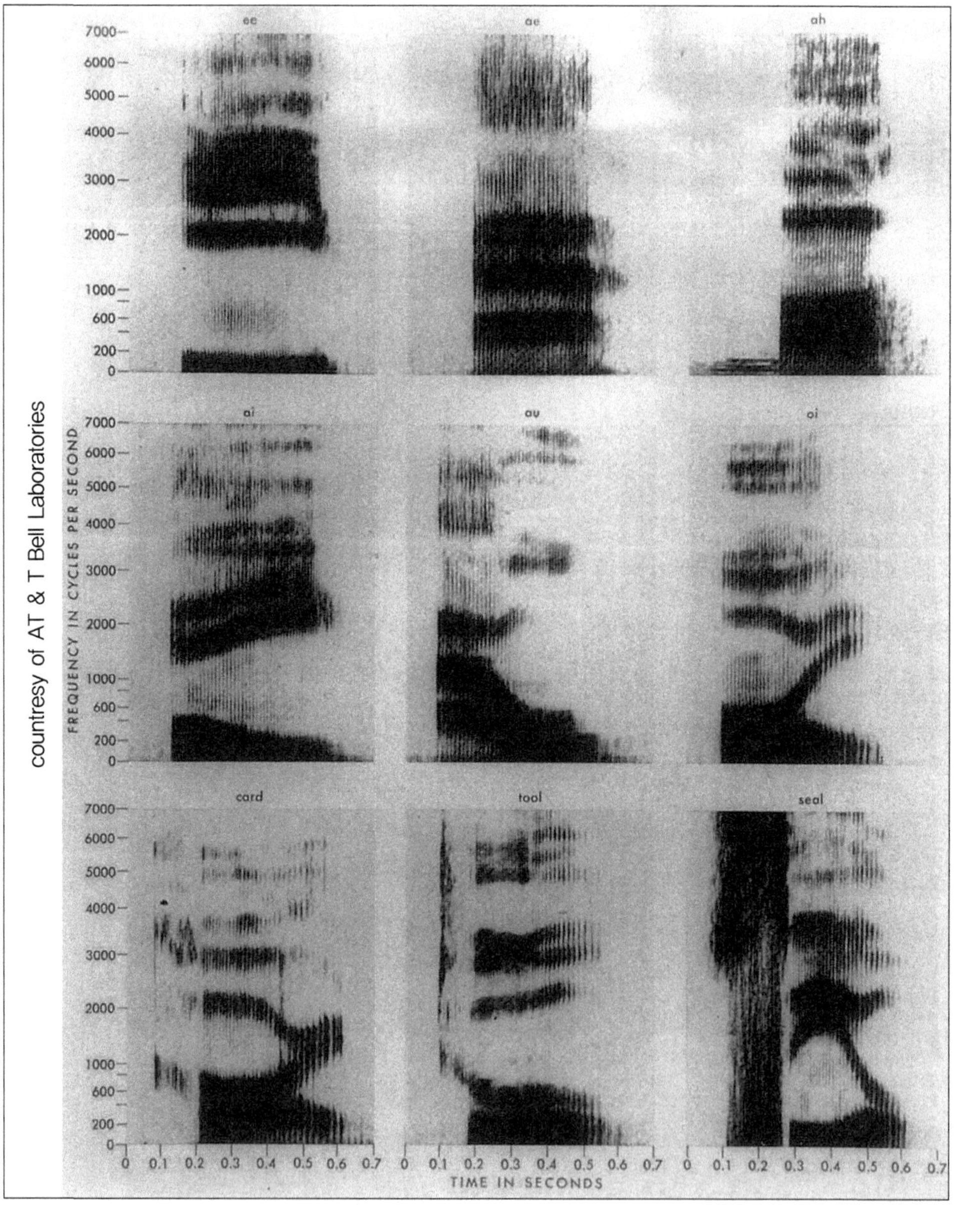

그림 4.2 전형적인 말소리 스펙트로그램. (출처: P. D. Denes and F. N. Pinson, *The Speech Chain*, p. 121. Baltimore: Bell Telephone Laboratories, 1963.)

으로 부호화된다는 사실과 관련이 있다. 하나의 음절 내에서 인접한 음들 사이에는 물리적으로 뚜렷한 구분이 없다. 단어 *tool*에서 [t]는 [u]로 이어지고, 그것은 다시 [l]에 이어진다. 우리는 뚜렷이 다른 세 개의 음을 듣지만, 스펙트로그램 검사는 세 개의 음이 말소리 신호 속에서 물리적으로 구분되지 않음을 보여준다.

맥락 조건적 변이 **맥락 조건적 변이(context-conditioned variation)**는 어떤 음의 정확한 스펙트로그램 형태가 말소리의 맥락과 관련이 있음을 가리키는 말이다. 가장 확실한 예는 자음의 스펙트로그램이 뒤따르는 모음의 조건에 따라 달라지는 방식이다. 이것을 그림 4.3에 나와있는 [di]와 [du]의 스펙트로그램에서 볼 수 있다(이 스펙트로그램은 단순화한 것인데, 대부분의 사람들이 알아들을 수 있는 음을 생성하기에 충분하지만, 말소리의 다른 자연스러운 특징들이 제거되었다). 그림에서, 포만트 주파수와 포만트 전이는 둘 다 후속되는 모음 맥락에 따라 변한다. [di]에서 두 번째 포만트는 약 2,400Hz에서 날카롭게 상승하는 전이를 가진다. [du]에서는 그 주파수가 1,200Hz 부근에서 하강하는 전이를 가진다. 그럼에도 불구하고 우리는 둘 다 [d]로 듣는다. 이러한 현상은, 병렬 전달과 함께 우리가 말소리를 한번에 하나씩 처리하지 않는다는 것을 시사한다. 각 음성 분절음에 대한 정보는 음절 전체에 퍼져있는 것 같다.

맥락 조건적 변이는 음절이 생성되는 방식, 즉 **조음 방식(manner of articulation)**과 밀접한 관련이 있다. [d]음은 혀끝을 입천장 또는 잇몸에 위치시켜 기류를 압축함으로써 만들어진다. [u]음은 혀뿌리를 위쪽으로 가져가고 입술을 둥글게 하여 내는 소리이다. [i]는 혀끝을 입천장 가까이 대고 입술을 넓게 벌려 내는 소리이다. 우리는 말소리를 산출하는 과정을, 성도가 일련의 조음 표적들을 '겨냥하지만

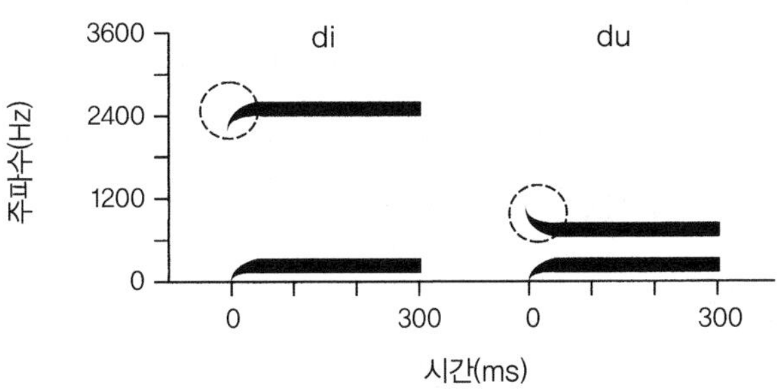

그림 4.3 음절 [di]와 [du]를 산출하는 데 필요한 간단한 스펙트로그램 형태. (출처: "The Grammars of Speech and Language," by A. M. Liberman, 1970, *Cognitive Psychology, 1*, p. 107. Copyright © 1970 by Academic Press. 허락 후 재인쇄.)

(aims)' 조음의 실제 위치는 말소리 맥락에 따라 약간 달라지는 과정이라고 생각할 수 있다. 즉, [d]가 만들어지는 정확한 방식은 뒤따르는 모음과 함께 변하는 것이다. 주어진 시간에 하나 이상의 언어음을 산출하는 현상을 **동시 조음(coarticulation)**이라고 한다. 동시 조음은 말소리 산출이 음성적 맥락에 따라 변하는 경향이 있다는 것을 그리고 산출의 결과로 생성되는 물리적 신호도 마찬가지로 변한다는 것을 잘 보여준다. 이것은 매우 중요한 점이다.

운율 요인은 말소리 신호의 변산성을 증가시키고, 청자가 말소리 분절음을 파악하기 위해 사용하는 음향 단서들을 달라지게 한다. 예를 들어, Miller(1981)는 발화율에 따라 어떤 음향적인 차이가 생기는지를 자세히 기록하였다. 발화율을 빠르게 하면 모음의 지속시간은 감소하고, 다양한 자음들을 표시하는 단서들의 지속시간도 변화된다. 마찰음과 파찰음에서 발견되는 마찰 소음과, 유성 자음과 무성 자음을 구분해 주는 성대진동 시작 시간도 바뀐다. 이 장의 후반부에서 우리는 청자가 음성 분절음을 지각할 때 말소리의 발화율과 같은 운율 요인들을 어떻게 고려하는지를 살펴볼 것이다.

음성적인 단서의 변화에도 불구하고, 인간은(3장에서 보았듯이 아주 어린 아이들조차도) 연속적인 말소리를 쉽게 알아들을 수 있다. 하지만 컴퓨터는 사정이 다르다. 수십 년간에 걸친 적지 않은 연구에도 불구하고, 음성 인식을 위해 고안된 프로그램은 발전이 제한적이었다. 몇몇 회사들이 화자의 목소리에 효과적으로 반응하는 자동응답시스템을 개발한 것은 사실이다. 그러나 그런 시스템들은 제한된 어휘에 기반하고 있고, 일상적으로 우리가 쓰는 말보다 훨씬 느리고 조심스럽게 발음할 것을 요구한다. 만일 시스템이 많은 수의 단어들을 인식해야 한다면 화자들 각각의 목소리에 훈련되어 있어야만 한다. Pinker(1994)도 지적했듯이, 최고의 프로그램이라는 것이 이류 속기사 수준에도 미치지 못한다.

말소리가 실제로는 매우 복잡하므로 우리는 말소리를 힘들이지 않고 인식한다고 해서 그것이 복잡하지 않다고 생각해서는 안 된다. 다음 절에서는 그와 같은 인상적인 성취를 이해하고자 했던 연구들을 살펴볼 것이다.

요약

말소리는 그것을 산출하는 데 필요한 조음 동작과 소리의 음향적 속성으로 기술될 수 있다. 모음은 산출할 때 폐에서 나온 기류가 방해받지 않는다는 점에서 자음과 다르다. 자음은 기류가 방해를 받는 방식이나 위치에서 서로 다를 뿐만 아니라 조음하는 동안 성대의 진동 여부에 따라 서로 다르다.

말소리의 음향적 구조는 포만트, 포만트의 안정 상태 그리고 포만트 전이 등의 스펙트로그램 분석에 나타난다. 자음의 스펙트로그램 형태는 모음 맥락에 의해 영향을 받으며, 음절이 산출되는 조음 방식에 좌우된다. 강세, 억양, 발화율과 같은 운율 요인도 말소리 신호의 특징인 변산성에 기여한다.

고립된 분절음의 지각

말소리 처리의 수준

말소리의 지각 과정을 대략 세 수준으로 구분할 수 있다(Studdert-Kennedy, 1976). **청각 수준**(auditory level)에서 신호는 다른 청각 자극들처럼 주파수, 강도, 시간 속성으로 표상된다. **음성 수준**(phonetic level)에서는 개별음들을 포만트 전이와 같은 음향 단서들의 조합으로 파악한다. **음운 수준**(phonological level)에서 음성 분절음은 음소로 변환되고 음운 규칙들이 연속되는 음들에 판단된다. 세 수준은 말소리 신호에 적용되는 연속적인 변별 과정이다. 우리는 먼저 청각 신호들을 다른 감각 신호들과 변별하고, 그 자극이 우리가 들은 것인지를 판단한다. 그런 다음, 우리는 그것이 말소리라는 것을 확인시켜 주는 독특한 속성들을 파악하고, 바로 이어서 그것을 특정 언어의 의미 있는 말소리로 인식한다.

어떤 연구들은 음운 처리 수준에서 이루어졌다(Clark & Clark, 1977에 인용된 Day를 보라). 하지만 대부분의 연구는 말소리 지각과 말소리가 아닌 소리의 지각 사이의 유사점과 차이점에 초점을 맞추고 있다. 즉 청각 처리 수준과 음성 처리 수준에 초점을 맞추고 있다. 말소리 지각 연구에서의 한 가지 쟁점은 청 지각의 일반 원리들이 말소리 지각에 관해 우리가 알고 있는 것들을 설명할 수 있는지, 있다면 얼마나 설명할 수 있는지 하는 것이다.

단원 체계로서의 말소리

3장에서 보았듯이, 단원성이라는 개념은 현대 인지심리학에서 중요한 개념이다. 단원성의 몇 가지 준거들은 Fodor(1983)에 의해 제공되었다. 어떤 인지 체계가 (1) 영역 특정적이고(즉, 말소리 처리만을 담당하고 시각 등 다른 것을 담당하지 않는 경우), (2) 자동적으로 작동하고, (3) 빠르고, (4) 피드백에 영향을 받지 않는다면, 그것은 단원적이다. 이러한 준거들은 가장 기본적인 것들 중 일부에 불과하다. Fodor는 몇 가지 다른 것들도 논의하였다.

단원성 문제가 왜 중요한가? 주된 이유는 그것이 언어를 처리하기 위하여 뇌가 어떻게 조직되어 있는가 하는 문제와 관련되고, 그것은 다시, 언어 발달과 언어 장애와 관련된 문제들과 관련되기 때문이다. 말소리가 단원 체계라면 특수화된 신경적 표상을 가질 것이라고 기대할 수 있다. 이러한 표상은 일반 인지 기능(즉, 작업기억, 일화 기억 등)에 근거하는 것이 아닐 것이고 언어에(또는 음성 처리에) 고유한 것일 것이다. 이러한 단원은 어린 아이의 언어 지각을 위한 기초가 될 것이고, 만약 손상을 입는다면 개인은 언어 기능에서 매우 구체적인 와해를 겪게 되는 이유가 될 것이다.

불변성의 결여 맥락 조건적 변이라는 현상에서 우리는 이미 말소리의 경우 음향 자극과 지각적 경험 사이의 관계가 복잡하다는 것을 보았다. 음향 단서와 지각적 사건 사이에 일대일 대응이 존재하지 않는다는 사실을 **불변성의 결여(lack of invariance)**라고 한다. 이것은 중요한 문제인데, 왜냐하면 음성 분절에 대한 불변 단서가 없다면, 청자가 어떻게 그 소리들을 판단하고 화자가 의도한 메시지를 재구성할 것인가라는 문제가 발생하기 때문이다. Connecticut주 New Haven에 있는 Haskins연구소의 연구자들에 의하면(Liberman, 1970; Liberman, Cooper, Shankweiler & Studdert-Kennedy, 1967; Mattingly, Liberman, Syrdal & Halwes, 1971), 그와 같은 불변적 관계의 결여는 말소리 분절음의 지각이 '일상적인' 청 지각보다 훨씬 더 복잡한 과정을 거쳐 일어날 가능성이 있음을 시사한다. 다시 말해, 말소리는 특별한 지각 양식인 것이다.

여기서 우리는 맥락 의존성이 말소리 음을 위한 음향 단서의 일부(확실히 전부는 아닌)에 적용된다는 것을 기억할 필요가 있다. 사실, 불변적이고 맥락 의존적인 단서들의 상대적인 우위는 상당히 많은 연구를 촉발시켰던 문제이다(Blumstein & Stevens, 1979; Cole & Scott, 1974를 보라). 지각된 말소리는 불변적이고 맥락 조건적 단서 모두에 기초하는 것 같다. 한 예로, Cole과 Scott(1974)는 **비음(nasal)** 자음 [m]과 [n]이 고주파수 에너지가 전혀 없는 상황에서 단 하나의 저주파 막대에 의해 다른 자음들과 구별되며, 그러한 특징이 다양한 모음 맥락에서 뚜렷하다는 점을 지적하였다. 하지만 [m]과 [n]을 구별하기 위해서는 모음 정보(즉, 포만트 전이)가 필요하다. 따라서 초기의 보고들은 음향 자극이 보이는 변산성의 정도를 과장한 것 같다.

범주적 지각 말소리가 지각적으로 특별하다는 견해를 지지하는 많은 실험결과들이 제시되었지만, 가장 주목을 끌었던 것은 **범주적 지각(categorical perception)**이라는 현상이다. 그러므로 그것이 무엇인지, 그것을 보여주기 위해 사용된 절차 그리고 단원성 주제와 관련하여 그것이 갖는 함의를 좀 더 자세히 살펴보도록 하자.

일상적으로 우리가 어떤 대상이나 사건을 지각할 때, 우리는 색깔이나 냄새를 잘 변별한다. 더욱이 그러한 변별 능력은, 강도가 다른 음들처럼 어떤 연속선상에 있는 자극들이 보이는 일련의 양적 변화를 우리가 지각할 수 있다는 의미에서, 다분히 연속적이다. 말소리 지각에서 청자의 과제는 다르다. 말소리를 이해하기 위해서 우리는 그 신호의 다양한 물리적 특징들을 단순히 상대적으로 결정하기보다는 들어오는 말소리 신호에 대해 절대적 또는 범주적 식별을 해야만 한다. 즉, 우리가 해야 하는 일은 주파수나 강도가 상대적으로 높고 낮은지가 아니라 어떤 음이 [p]인지 [b]인지를 식별하는 것이다. 확실히 주파수나 강도 같은 청각 단서들이 어떤 역할을 하긴 하지만, 궁극적으로 말소리 지각의 결과는 특정 말소리 음의 범주에 속하는 자극을 식별하는 것이다.

범주적 지각은 우리가 식별할 수 있는 것 이상으로 어떤 말소리 음을 변별하는 데 실패하는 것을 의미한다. 이것은 실험 예로 설명될 수 있다. 말소리 스펙스로그램에서 소리가 입술에서 방출되는 시점과 성대가 진동하기 시작하는 시점 사이의 시간 차이에 기인하는 유성음 [ba]와 무성음 [pa]의 차이를 우리는 식별할 수 있다. 유성음에서는 진동이 즉시 일어나지만, 무성음에서는 그것이 짧은 지연 다음에 일어난다. 이러한 지체, 즉 **성대진동 시작 시간(voice onset time)**은 유성화 변별 세부특징의 지각에 있어 중요한 단서이다.

3장에서 보았듯이, 0ms(밀리세컨드)의 VOT를 가진 음이 제시되면 우리는 항상 그것을 [ba]로 듣는다. 40ms의 VOT를 가진 음이 제시되면 [pa]로 듣는다. 음성합성기로 우리는 사람들이 중간 정도에서는 어떤 소리로 지각하는지를 알아볼 수 있다. VOT를 다르게 한 합성음들을 만들어 사람들에게 어떤 소리로 들리는지 물어보면,

그 결과는 분명하게 나누어진다. VOT가 연속적으로 변하면서, 지각은 한 자음에서 다른 자음으로 갑자기 바뀐다. 우리는 그 소리를 [ba] 아니면 [pa]로 들으며, 두 소리를 구분하는 선은 실제로 매우 가파르다.

실험의 두 번째 부분은 변별과제를 실시하는 것이다. 실험참가자들에게 세 개의 자극을 주는데, 세 번째 자극은 처음 두 자극 중 하나와 일치한다. 실험참가자의 과제는 마지막 음이 첫 번째 음과 일치하는지 두 번째 음과 일치하는지를 판단하는 것이다. 두 음이 각각 다른 범주에 속한 것일 때는 과제 수행이 우수하지만, 두 음이 같은 음성 범주에 속할 때는 수행이 우연 수준으로 떨어진다(그림 4.4). 따라서 두 가지 준거가 범주적 지각을 결정한다. 즉, 가파른 식별 함수의 존재와 제시된 범주 내에서 음들 간의 변별의 실패이다.

후속 연구들은 그러한 현상이 다른 종류의 자극들에서도 나타나는지, 아니면 말소리에서만 보이는 것이지 알아보았다. Mattingly 등(1971)은 말소리 신호의 어떤 양상이 범주적 지각을 일으키는 데 충분한지를 조사하였다. 그들은 두 개의 포만트

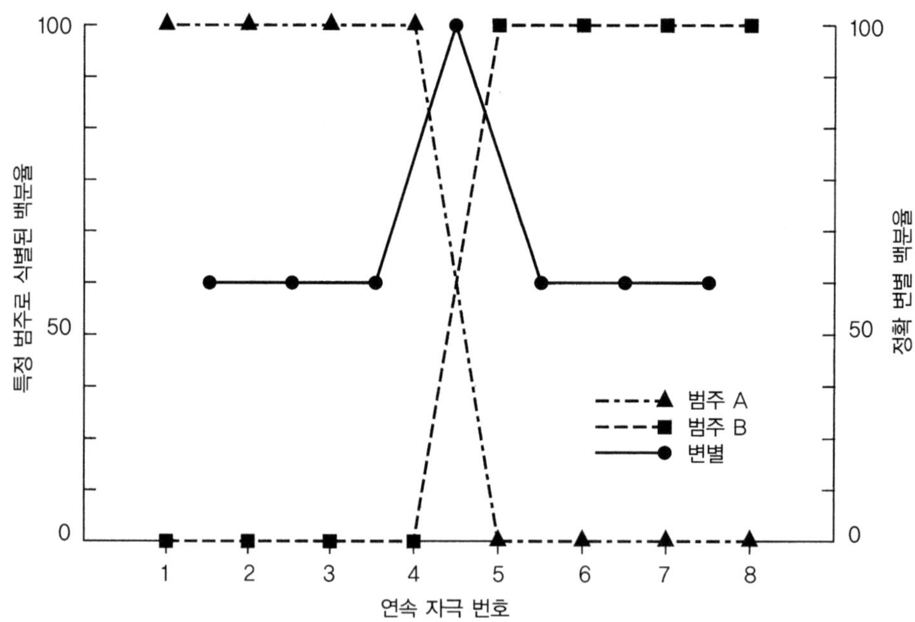

그림 4.4 두 범주에 대한 식별 수행과 범주 간의 변별 수행을 보여주는 이상적인 형태의 범주적 지각. (출처: "Motor Theory of Speech Perception: A Reply to Lane's Critical Review," by M. Studdert-Kennedy, A. M. Liberman, K. S. Harris & F. S. Cooper, 1970, *Psychological Review, 77*, pp. 234~249. Copyright © 1970 by the American Psychological Association. 허락 후 재인쇄.)

를 포함하는 합성한 말소리 음절들, 포만트 전이들 그리고 합성한 비언어음을 함께 준비하였다. 비언어음 중 하나는 두 번째 포만트 전이에만 기초한 것이었고, 다른 하나는 두 번째 포만트 전이와 안정 상태에 기초한 것이었다. 전자는 다른 음고들을 가진 '찍찍(chirps)' 소리로 들린다. 저자들은 후자를 '울음소리(bleats)' 라고 불렀다(그림 4.5). 실험은 범주적 지각을 위한 일반적인 절차로 구성되었는데, 합성한 음절들, 찍찍소리들, 울음소리들 그리고 모든 소리들을 역방향으로 들려준 음들이 사용되었다. 연구자들은 합성한 음절들에서는 범주적 지각을 확인하였으나, 찍찍소리, 울음소리 그리고 역방향 음들에서는 범주적 지각을 발견하지 못하였다. 따라서 실험참가자들은 하나의 찍찍소리나 울음소리를 다른 것과 변별하지 못하였던 것이

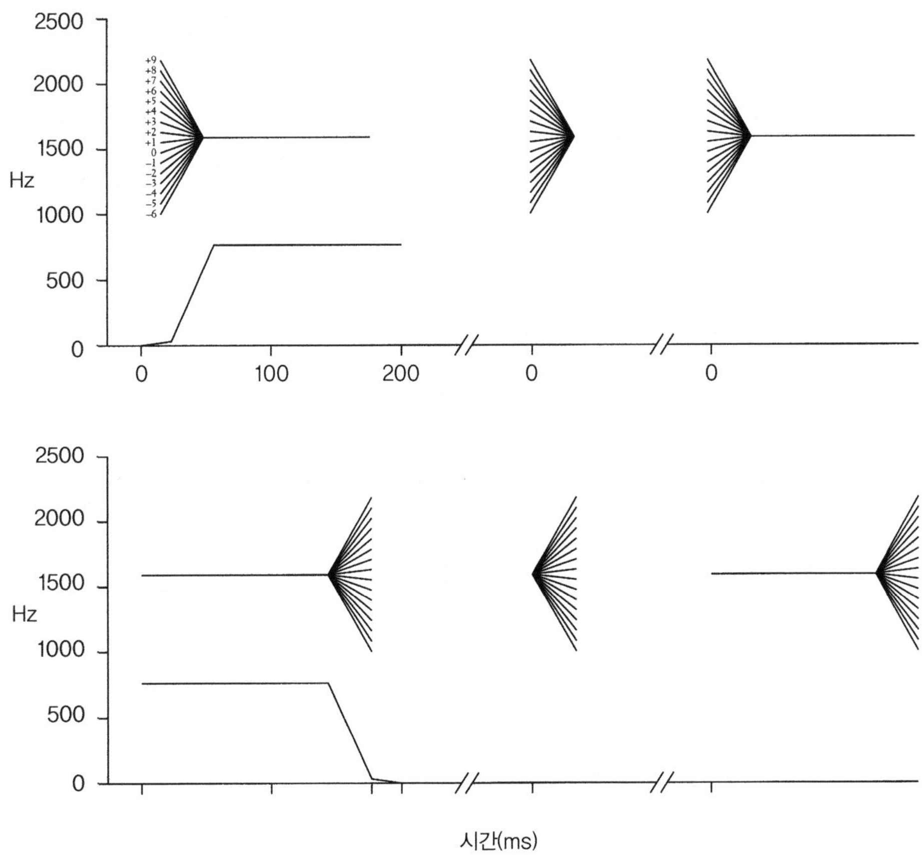

그림 4.5 자극: 맨 위, 초두 전이들을 가진 순행 조건에서의 자극들; 음절(왼쪽), 찍찍소리(중간), 울음소리(오른쪽); 아래, 말미 전이들을 가진 역행 조건에서의 자극들. (출처: "Discrimination in Speech and Nonspeech Modes," by I. G. Mattingly, A. M. Liberman, A. K. Syrdal, and T. Halwes, 1971, *Cognitive Psychology, 2*, p. 135. Copyright © 1971 Academic Press. 허락 후 재인쇄.)

다. 이러한 결과는 포만트 전이(특히 두 번째 포만트 전이)가 말소리 지각의 특수한 양식을 생성하는 데에 중요한 정보를 제공함을 보여준다.

모음의 지각에 관한 연구는 자음에 관한 연구와 첨예하게 대비되는데(예를 들어, Fry, Abramson, Eimas & Liberman, 1962을 보라), 이는 모음 지각이 연속적이고 비범주적이며, 전형적으로 말소리가 아닌 자극들과 연합된 유형이기 때문이다. 이러한 결과들은 자음과 모음 사이의 몇몇 기본적인 차이 때문인 것으로 여겨졌다(Studdert-Kennedy, 1974). 모음에 관한 단서를 대부분 포함하는 포만트의 안정 상태 부분이 자음의 지각에 아주 중요한 포만트 전이보다 훨씬 길다는 점을 기억하라. 자음에 대한 자극 단서의 일시적 속성이 청자들로 하여금 모음보다는 이들 자극에 대해 훨씬 빠르게 범주 정체를 파악하길 강요한다는 주장들이 있었다. 따라서 자극이 식별된 후, 식별을 도왔던 음향 단서들은 소멸되고, 부호화된 자극만 남는다. 이러한 관계는 모음이 자음보다는 훨씬 청각적인 수준에서 처리됨을 의미하는데, 그것은 모음이 가진 상대적으로 긴 지속시간 때문이다. 더욱이 범주적 지각은 음성적 정체가 파악되고 다른 모든 음향 변별 세부특징들은 상실되는(따라서 범주내 변별 검사에서는 극히 저조한 수행을 야기하는) 음성적 처리 수준을 반영한다.

Pisoni(1973)는 범주적 지각에서 기억의 역할을 연구하였다. Pisoni는 모음과 폐쇄 자음 연속체를 포함하는 간단한 동일/상이(same/different) 과제에서 지연 간격(0에서 2초)을 다르게 하였다. 지연 간격이 자음에 대해서는 비교적 거의 효과가 없었으나 모음에 대한 범주내 수행에서는 뚜렷한 저하를 가져왔다. Pisoni는 이것과 다른 관련된 결과들에 기초하여, 모음의 범주 내에서 상대적으로 강한 변별 수행을 보인 것은 그것이 음성 양식으로 변환되지 못했기 때문이 아니라 모음에 대한 청각 양식의 수명이 훨씬 길기 때문이라고 주장한다. Studdert-Kennedy(1975)는 이러한 결과를 다음과 같이 명쾌하게 요약하였다.

> 폐쇄 자음은 실제로 모음과 다르게 지각된다. 강세, 리듬, 운율의 운반 수단인 모음이 급격하게 사라지는 '반향'을 남기는 데 반해, 자음은 아무것도 남기지 않는다. 예를 들어, [da]의 초두음을 듣기란 거의 불가능하다. 그 소리는 사라져버리고 우리는 그것을 거의 순간적으로 음성학적 사건으로 지각한다. (p. 12)

말소리 지각의 운동 이론

범주적 지각이라는 현상이 처음 밝혀지고(Liberman, Harris, Hoffman & Griffith, 1957) 얼마 되지 않아 Liberman과 그의 동료들은 말소리 지각에 관한 하나의 이론을 발전시켰는데, 그것은 지각이 산출을 '참조하여(by reference)' 일어난다는 생각에 기초하였다. 그러한 생각은 청자들이 암묵적인 조음 지식—음들이 어떻게 산출되는가에 관한 지식—을 지각에서 보조수단으로 사용한다는 것이다. 어느 정도 이러한 접근은 지각과 산출을 위해 동일한 기제를 사용한다는 경제성에 입각한 것이었다. 그러나 운동 이론의 주된 논리는 그것이 앞서 논의했던 불변성의 결여에 효과적으로 대처한다는 것이다. Liberman과 그의 동료들(1967)은 음향적 구조와 지각 사이의 관계가 꽤 복잡하지만 조음과 지각 사이의 연결은 훨씬 직접적이라고 주장한다. 즉, 음향적 표상이 달라도 비슷한 방식으로 산출된 음들은 비슷한 방식으로 지각된다는 것이다.

지각과 산출 사이에는 모종의 연결이 있는 것 같기도 하다. 외국어 수업을 듣는 학생들은 새로운 음들을 더 잘 듣기 위해서는 그것들을 발음해 보라는 말을 듣곤 한다. 일화적인 증거는 학생들에게 새로운 음들을 조용히 발음하도록 가르치는 것이 그 음들을 식별하는 데 도움이 됨을 시사한다(Catford 등, 1991). Catford와 동료들의 지적처럼, 이러한 활동은 새로운 학습자들이 청감각에 의해 압도당할지도 모르는 미묘한 운동 과정에 주의를 기울이도록 해준다.

운동 이론에 관한 약간의 실험적인 증거들도 있다. 말소리 지각에서 시각 정보의 역할에 관한 연구들은 말소리를 지각하는 동안 우리가 조음 지식을 사용함을 시사한다. McGurk와 MacDonald(1976)은 시각 정보와 청각 정보가 충돌할 때, 지각하는 사람은 안정적인 지각에 도달하기 위해 양쪽 정보원을 다 사용한다는 것을 보여주었다. 화자의 입술이 연구개 자음 [ga]를 나타내는 동안 이와 동시에 제시되는 말소리가 양순 폐쇄음 [ba]일 때, 지각하는 사람은 두 음의 음성 세부특징을 약간씩 갖고 있는 치경 폐쇄음 [da]를 듣는다고 보고한다. 후속 연구에서 MacDonald와 McGurk(1978)는 조음 위치(특히, 입술)가 주로 눈에 단서가 되고, 조음 방식은 귀에 단서가 된다는 것을 보여주었다. 이러한 보고들은 말소리 지각 과정에서 청자들이 어떤 소리가 청각과 시각 양식 모두로부터 산출되는 방식에 관한 정보를 사용함을 가리킨다.

다양한 비판들이 운동 이론에 쏟아졌다(Pardo & Remez, 2006). 어린 유아들을 대상으로 한 연구들(10장에서 자세히 논의한다)은 그들의 모어에는 없는 것을 포함하여, 어떤 음성 대비음들에 지각적으로 민감하다는 것을 발견하였다(Eimas, Siqueland, Jusczyk & Viforito, 1971). 이들 유아들은 그 음들을 말할 수 있는 능력을 습득한 적이 없기 때문에, 지각적 기술이 있다는 것은 운동 이론과 모순되는 것 같다.

이에 덧붙여 MacNeilage(1970)는 어떤 음소를 위한 조음 운동들이 모든 맥락에서 절대적으로 불변하는 것은 아니라고 주장한다. 맥락 조건적 변이에 관한 논의에서 보았듯이, 특정 음소와 연합된 실제 움직임은 앞에 오거나 뒤에 오는 모음과 함께 변한다. 따라서 운동 반응이 불변하는 것이 아니므로 그것들이 어떻게 (불변적인) 지각의 기초가 될 수 있는지를 알기가 어렵다.

Liberman과 Mattingly(1985)는 변화되는 인지심리학의 추세를 고려하여 운동 이론을 다듬었다. 개정된 이론에서는 말소리의 대상이 화자의 의도된 음성 동작(intended phonetic gestures)이라고 주장한다. 음성 동작은 입술 둥글게 모으기, 턱 올리기 등과 같은 움직임을 포함한다. '의도된 음성 동작' 이란 말로 Liberman과 Mattingly는 뇌로부터 성도의 각 구조들에 전달되는 불변적인 운동 명령을 가리키고 있다. 개정된 이론에 따르면, 음향 신호에서 의도된 음성 동작으로의 변환은 음성 단원에 의해서 신속하고 자동적으로 이루어진다.

Liberman과 Mattingl의 개정된 운동 이론이 그것에 대한 비판을 완전히 잠재우지는 못하였다. 조음 운동이 불변적이고 말소리 분절음의 지각에 기초가 된다는 원래의 주장은 검증을 받을 수 있는 이점이 있었지만, 그 결과가 전적으로 예상과 일치하지는 않았다(MacNeilage, 1970). 의도된 음성 동작이라는 개념은 너무 추상적이어서 직접 검증할 수가 없다(MacNeilage, 1991).

이러한 문제에도 불구하고 운동 이론은 처음 형식화된 후 30년이 지났음에도 여전히 흥미로운 이론으로 남아있는데, 왜냐하면 그것은 언어에 대한 몇 가지 폭넓은 함의를 지니기 때문이다. 특히 그 이론은 언어에 기저하는 뇌 기제에 관한 몇 가지 검증 가능한 주장을 하고 있다. 일반적으로, 언어 지각과 산출을 담당하는 영역은 따로 떨어져 있다고 주장되어 왔다. 운동 이론은 두 기능 간의 밀접한 신경학적 연결을 예상한다. Ojemann(1983)은 뇌에서 지각과 산출 영역이 밀접하게 관련되어 있다는 생각을 지지하는, 따라서 운동 이론을 간접적으로 지지하는 일부 증거들을 제공한다(언어를 담당하는 뇌 기제는 13장에서 논의할 것이다).

또한 운동 이론은 언어 습득과 관련하여 몇 가지 흥미로운 함의를 갖는다. 우리는 유아들이 어떤 음성 특징들(phonetic distinctions)을 산출하기도 전에 그것들을 들을 수 있다는 사실을 3장에서 배웠다. 음성 지각 양식이 운동 이론의 가정처럼 지각과 산출의 연결에 의존한다면, 그 연결은 태어나자마자 존재할 것이다. Liberman과 Mattingly(1985)는 1세 미만의 유아들이 어떤 언어에서 중요한 모든 언어 동작들의 음향 결과물(acoustic consequences)에 민감한지 그리고 시간이 지날수록 자신의 언어에 국한되는지를 조사하였다. 만약 그렇다면, 지각 기술과 산출 기술을 연결하는 음성 단원은 언어 습득에서 중요한 생득적 기제일 것이다(12장에서 언어 습득 과정에 대해 좀 더 자세히 논의할 것이다). 결과적으로 운동 이론은 유용한 이론이다. 말소리 지각에 대한 이해에 도움을 준 것 이상으로, 그것은 관련된 언어 양상들과의 연결을 제공함으로써 언어에 관한 훨씬 포괄적인 견해를 제공하였다.

요약

말소리는 청각적, 음성적, 음운적 처리 수준에서 처리된다. 청각 수준은 모든 음들이 지각되는 방식의 특징이고, 음성 수준은 말소리에 특정적인 것으로 가정되며, 음운 수준은 개별 언어에 특정적이다.

다양한 연구자들은 말소리가 특수한 지각적 양식을 통해 지각된다고 주장했다. 그러한 주장 중 일부는 음향 속성과 지각적 경험 사이의 불변적인 관계를 찾을 수 없다는 데 근거하고, 일부는 범주적 지각, 이중 지각, 음성 교환(phonetic trading) 관계라는 경험적 현상들에 의해 지지를 받고 있다.

말소리 지각의 운동 이론은 소리를 산출하는 의도된 음성 동작을 파악함으로써 우리가 말소리 음을 지각한다고 주장한다. 음성 동작이라는 개념에 대한 약간의 논란이 있지만, 그 이론은 말소리를 지각하는 동안의 시각 처리에 관한 연구들에 의해 지지를 받았다. 또한 그 이론은 신경언어학과 아동의 언어 습득에 대한 함의를 가진다.

연속 말소리의 지각

지금까지 우리는 고립된 말소리 음이라는 비교적 쉬운 이야기를 다루었다. 하지만 정상적인 듣기 조건하에서 말소리 음은 유창한 말소리(fluent speech)라는 맥락 속에 포함되어 있다. 말소리 음의 음향 구조는 주변의 음성 맥락과 함께 달라지기 때문에, 인접한 음절이나 절과 같은 좀 더 넓은 맥락 양상들이 말소리를 식별하는 데 중요한 역할을 할 가능성이 있다.

이러한 점을 Pollack과 Pickett(1964)이 보여주었는데, 그들은 방음실에서 실시되는 심리학 실험에 참가하기 위해 잠시 기다리고 있던 여자들의 대화를 기록하였다. 테이프에 녹음된 대화에서 개별 단어들을 분리해 낸 후, 다른 실험참가자 집단에게 하나씩 들려주었다. 유창한 말소리 맥락에서는 그 단어들을 완벽하게 알아들을 수 있었지만, 개별적으로 제시되었을 때는 절반밖에 정확하게 알아듣지 못했다. 그러므로 음향 정보 그 자체만으로는 말소리 음을 식별하는 데 충분하지 않을 것이다. 다시 말해, 말소리 음을 정확하게 해석하기 위해서는 그것이 발화된 맥락을 인식 할 필요가 있다.

이러한 맥락은 많은 요인들로 이루어져 있는데, 여기서는 중요한 두 가지 요인만 논의할 것이다. 먼저는 말소리 지각에서 운율 요인들의 역할을 살펴볼 것이고, 그런 다음 상위수준의 의미적, 통사적 요인들의 역할에 대해 알아볼 것이다.

말소리 재인에서 운율 요인

강세, 억양, 발화율과 같은 운율 요인들이 말소리 지각에 영향을 미친다는 점에 대해서는 의심의 여지가 없다. 그것은 안정적인 지각에 필요한 원천을 제공하는데, 개별 말소리 분절음을 알아듣기 어려운 거리에서도 그러한 첨가된(superimposed) 특성들을 자주 들을 수 있기 때문이다. 예를 들어, 홀에서 떠드는 사람들의 억양을 듣고 그들이 무슨 말을 하는지는 알아들을 수 없지만 그들의 기분 상태를 짐작할 수는 있다. 마찬가지로, 발화율 또는 빠르기와 같은 운율 요인들은 상대적으로 탐지하기가 쉽다. 운율 정보를 쉽게 사용할 수 있다는 것은 아마도 그것이 분절 정보를 파악하는 데 어떤 역할을 담당함을 시사한다. 운율 정보와 분절 정보가 상호작용하는 방식을 보여주는 두 가지 사례, 즉 강세와 발화율을 살펴보도록 하자.

강세 우리는 언어가 가진 강세 규칙에 관한 지식과 함께 음향 단서들의 조합으로 강세를 지각하는 것 같다(Lieberman, 1965). 음고와 지속시간에 추가하여 강세를 확인할 수 있는 중요한 음향 단서 중의 하나는 소리의 강도(intensity)이다. 예를 들어, 우리는 첫 번째 음절과 두 번째 음절의 상대적인 소리 크기(loudness)를 탐지함으로써 *blackbird*라는 단어가 지닌 두 가지 의미를 구분한다. 또한 음절들의 발화율도 지각된 강세에 영향을 미칠 수 있다. Bolinger와 Gerstman(1957)은 *light house keeper*에서 /t/와 /h/ 사이의 짧은 쉼이 지각된 강세를 변화시킬 수 있음을 보여주었다. 쉼이 없으면 첫 번째 강세가 *light*에 오고, 두 번째 강세는 *keeper*에 그리고 세 번째 강세가 *house*에 온다(즉, 등대지기). 쉼이 들어가면 첫 번째 강세는 *light*와 *house*가 나눠 갖고 *keeper*는 두 번째 강세를 가진다(단출한 살림살이를 하는 주부).

Martin(1972)은 말소리의 강세 패턴이 청자에게는 무엇이 뒤따라올지 예상할 수 있는 단서를 제공하며, 청자는 강세 음절을 중심으로 지각적 구성을 하는 경향이 있다고 주장하였다. 이에 관한 실험적 증거를 Shields, McHugh, Martin(1974)이 제공하였다. 그들은 청자들에게 말소리 한 구절을 제시한 후, [b]와 같은 특정 말소리 분절음이 있는지 탐지하도록 했다. 연구자들은 비강세 음절보다는 강세 음절에서 탐지 속도가 빠르다는 것을 발견하였다. 하지만 그러한 결과는 말소리에 국한되었다. 동일한 단어들이 무의미 단어열에 포함되었을 때는 비강세 음절과 강세 음절 사이에 차이가 없었다. 이러한 점은 우리가 강세 패턴을 이용하여 연속적인 말소리를 해석하는 경향이 있음을 시사한다.

발화율 화자들은 발화하는 데 소요되는 시간뿐 아니라 발화 도중 쉼의 횟수와 길이를 조절함으로써 산출 비율을 변화시킨다(Grosjean & Lane, 1981). Miller(1981)는 발화율의 변화에 따른 음향 특성을 자세히 관찰하였다. 말하는 속도가 빨라질수록 모음의 지속시간은 감소하고, 다양한 자음들의 차이를 가져오는 단서들의 길이도 변한다.

앞에서 보았듯이, VOT는 유성 및 무성 폐쇄자음에 대한 중요한 단서이다. 짧은 VOT는 유성음과 관련이 있고, 긴 VOT는 무성음에서 관찰된다. 하지만 이러한 VOT 값들은 단어들의 발화율에 민감하다. 말하는 속도가 증가함에 따라 VOT값은 감소하는 경향이 있다(Summerfield, 1974, Miller, 1981에서 인용). 결과적으로, VOT값은 유성음에 대한 불변적인 단서가 되지 못하고, 우리가 살펴본 대부분의 단서들처럼 맥락에 의존한다.

Summerfield(1975, Miller, 1981에서 인용)는 느리거나, 정상적이거나, 빠른 속도로 발화된 선행 음절 다음에 표적 음절이 제시되었을 때, 청자들이 자음인 표적 음절을 각기 다른 음으로 듣는다는 것을 보여주었다. 빠른 발화율에서는 유성음과 무성음 사이에서 지각된 경계가 더 작은 VOT값으로 이동했다. 예를 들어, [g]와 [k]

의 경우, 정상적인 발화 속도에서 [g]로 지각되는 음이 빠른 발화율에서는 [k]로 지각되는 것이다. 느린 발화율에서는 정확하게 반대의 일이 일어난다.

개별 말소리 분절음을 파악할 때 발화율에 관한 정보를 고려하는 과정을 **발화율 정규화(rate normalization)**라고 하며, 많은 음성 특징들에서 관찰되었다(개관을 위해 Miller, 1981을 보라). 청자들은 다양한 음들에 대한 음향 단서들이, 음들이 산출되는 환경에 맞게 조절되어야 한다는 가정하에서 말소리를 듣는 것 같다. 산출 속도가 그런 경우 중 하나이다. 또 다른 것은 화자가 가진 성도의 크기로, 그것 역시 다양한 음향 단서들의 값에 영향을 미친다. 실험적 증거들은 청자들이 성도 크기에 대한 단서로서 말소리 신호의 음고를 사용하며, 그것에 기초하여 지각적 조절을 한다는 것을 보여준다(Diehl, Souther & Convis, 1980). 이를 **화자 정규화(speaker normalization)**라고 한다. 두 종류의 정규화는 암묵적인 조음 지식이 말소리의 지각을 돕는다는 앞에서의 결론과 일치한다.

말소리 지각에서 의미적, 통사적 요인들

맥락과 말소리 재인 앞서 보았듯이, 맥락으로부터 고립된 단어는 훨씬 알아듣기 어렵다(Pollack & Pickett, 1964). 만일 그러한 맥락이 가진 의미적, 통사적 측면을 변화시킨다면, 우리는 말소리 열의 지각용이성이 변하는 것을 보게 될 것이다.

말소리 재인에서 고차 맥락 요인들의 역할은 George Miller와 그의 동료들이 설득력있게 보여주었다. Miller, Heise, Lichten(1951)은 단어들을 백색 소음(치찰음)이 있는 조건에서 개별적으로 제시하거나 다섯 단어로 이루어진 문장 속에서 제시하였다. 모든 소음 수준에서 문장 조건의 수행이 우수했다. 확실히, 청자들은 고려해야 할 가능성의 수를 제한하기 위하여 연속된 말소리의 통사적, 의미적 제약들을 사용할 수 있었다. 후속 연구(Miller & Isard, 1963)에서는 그러한 과정에서 통사적, 의미적 정보의 영향을 분리하였다. 그 연구에서는 유형이 다른 세 개의 문장이 연속적인 말소리로 제시되었다. 즉, (1) 문법적인 문장, (2) 문법적인 어순을 유지한, 뜻이 이상한 문장, (3) 비문법적인 문장이었다.

(1) Accidents kill motorists on the highways.

(2) Accidents carry honey between the house.

(3) Around accidents country honey the shoot.

결과는 사람들이 문법적인 문장에서 가장 정확했고, 뜻이 이상한 문장에서 조금 덜 정확했으며, 비문법적인 문장에서는 제대로 재인하지 못했음을 보여주었다. 말소리 열을 예측하기가 쉬울수록 그것은 더 잘 재인되는 것 같다.

이러한 결과들은 3장에서 논의했던 하향(위에서-아래로) 처리와 일치한다. 하향 처리는 의미 수준에서 감각 수준으로 이루어진다. 그러므로 입력정보의 일반적인 조직에 관한 우리의 지식은 뒤따라오는 감각적 세부특징의 일부를 예측할 수 있도록 해준다. 연속적인 말소리의 하향 처리는 말소리의 맥락이 의미적으로 타당하고 청자에게 친숙할 때 가장 잘 이루어지는 것 같다.

음소 복원 말소리 지각에서 하향 처리의 역할을 가장 극적으로 보여주는 예는 **음소 복원(phonemic restoration)**이라고 하는 것에서 나왔다(Warren, 1970; Warren & Warren, 1970). 문장 (4)의 단어 *legislatures*에서 첫 /s/가 제거되고 기침소리로 대체되었다.

(4) The state governors met with their respective legislatures convening in the capital city.

이런 절차는 놀랄 만한 청각적 착각을 야기하였는데, 청자는 삭제된 /s/음을 들었다고 보고하였다. 더욱이 어떤 음이 하나 빠져 있으니 한 번 추측해 보라고 했을 때, 거의 모든 청자들은 성공하지 못하였다. 소음을 첨가하되 말소리 음을 대체하지는 않은, 다양하게 변형된 실험절차들에서도 음소 복원은 발견되었다(Samuel, 1981).

후속 연구들은 음소 복원이 일어나는 것을 돕는 것이 맥락임을 보여주었다. Warren과 Warren(1970)이 다음의 네 문장을 청자들에게 들려주었을 때, 그들은 음소 복원이 뒤따르는 맥락과 관련이 있음을 발견하였다. **eel*은 문장에 따라 *wheel*, *heel*, *peel* 또는 *meal* 로 들렸다.

(5) It was found that the *eel was on the axle.
(6) It was found that the *eel was on the shoe.
(7) It was found that the *eel was on the orange.
(8) It was found that the *eel was on the table.

음소 복원은 많은 사건들이 일어나고 있는 와중에도—사람들이 물건들을 두드리고, 다른 대화들이 오고가며, TV는 켜져 있는 등—우리가 말소리를 정상적으로 듣는다는 사실과 밀접하게 관련되어 있다. 다른 음들의 차폐, 불분명하거나 중얼거리는 말의 산출 등과 같은 요인들 때문에 말소리 신호의 많은 분절음들을 따로따로 알아듣기란 불가능하다. 하지만, 대체로 우리는 상위수준의 맥락 요인들을 활발히 이용함으로써 지각적 재인을 달성할 수 있다. 특히, 음소 복원은 하향 처리과정의 극적인 예인데, 그것은 상향 처리 정보가 전혀 없는 상태에서도 지각할 수 있음을 보여주기 때문이다. 하지만 대부분의 상황에서 두 처리 형식은 상호작용한다. 이제 그러한 상호작용의 몇 가지 예들을 살펴보도록 하자.

오발음 탐지 정상적인 문장에 사소한 음성적인 오류가 포함되었을 때는 어떤 일이 일어나는가? 예를 들어, 문장 (9)를 듣는다면, 네 번째 단어의 첫 음소가 잘못 발음되었다는 것을 알아챌 수 있겠는가?(친구에게 큰 소리로 읽어줘 보라)

(9) It has been zuggested that students be required to preregister.

우리의 주관적인 인상은 발음에서의 사소한 오류는 무시되고, 그 사람이 무슨 말을 하려고 하는지를 '아는 것' 이다. 그래도 약간의 오발음된 음들은 탐지된다. Cole (1973)은 탐지 가능성이 단어나 문장에서의 위치에 의존함을 발견하였다. 탐지 수행은 단어 끝부분에 비해서는 단어 시작 부분에서 우수했고, 문장에서도 앞에 올수록 좋았다.

Marslen-Wilson과 Welsh(1978)는 **오발음 탐지(mispronunciation detection)** 과제와 **따라 말하기(shadowing)** 과제를 결합함으로써 그러한 결과들을 확장하였다. 따라 말하기 과제는 실험참가자가 들을 것을 즉시 반복해야 하는 과제이다. Marslen-Wilson과 Welsh는 청자들이 '의도된' 발음을 복원하는 것과는 반대로 오발음된 음을 정확하게 반복해야 하는 조건들을 조사하였다. 그들은 복원이, 정확한 반복보다는 유창성과 훨씬 더 연관되어 있음을 발견하였다. 특히, 복원에서는 휴지(pausing)가 덜 관찰되었다. 더욱이 복원은 맥락에 대한 예측가능성이 높을 때 일어나는 경향이 있었으나, 재현(reproduction)은 맥락의 예측가능성이 낮을 때 일어나기 쉬운 것 같았다.

누군가가 말하려고 하는 것을 '알' 때, 우리는 실제 단어들은 거의 듣지 않으며, 그 음들이 기대했던 것과 대강 일치하는지를 확인할 따름이다. 반대로 불확실성이 높으면 그러한 복원은 확실한 기초를 갖지 못할 것이다. 더욱이 복원의 원활함은 언어를 처리하는 동안 의미적, 통사적 제약들이 입력되는 말소리와 자연스럽게 통합된다는 것을 시사한다. 그것은 추측이 아니라 음소 복원과 마찬가지로 정말 있는 것처럼 명확하게 들리는 것이다. 그러므로 우리의 즉각적인 자각은 입력되는 음들의 분석과 의미적이고 통사적인 제약의 적용을 통합하는 것에 기초하는 듯하다.

지각 과정의 상호작용적 속성은 Marslen-Wilson과 Welsh가 수행한 연구의 또 다른 측면에서 볼 수 있다. 그들은 표적('의도된') 음소와 제시된 음소가 하나, 둘, 세 개의 변별 세부특징에서 다른 경우들의 상대적인 복원 비율을 조사하였다. 복원 백분율은 세 개의 변별 세부특징을 다르게 한 음소(24%)보다 하나의 변별 세부특징만 달리 하여 제시한 음소(74%)에서 훨씬 높았다. 그러므로 상향 처리가 여기에서도 중요한 역할을 한 것 같다. 단어가 적절하다는 것을 맥락이 강하게 암시하더라도, 예상했던 음소가 음성적인 바탕에서 제시된 것과 충분히 유사하지 않으면, 복원은 일어나지 않을 수 있다. 이러한 조건하에서 청자들은, 비교라도 하듯이 휴지하는 경향이 있고, 제시된 단어를 반복한다.

말소리 지각의 TRACE 모형

지금까지의 많은 논의들은 McClelland와 Elman(1986; Elman & McClelland, 1988)이 제시한 말소리 지각의 **TRACE 모형(TRACE model)**과 관련지어 요약될 수 있을 것이다. TRACE 모형은 음소 처리가 상위 수준의 처리에 영향을 받지 않는다는, 단원성 견해에서 볼 수 있는 가정에 도전한다. 반대로 그것은 몇 개의 처리 수준－변별 세부특징, 음소, 단어－이 말소리를 지각하는 동안 동시적으로 활성화되고 상호작용한다고 가정한다.

TRACE 모형을 좀 더 자세히 들여다보자. McClelland와 Elman(1986)은 변별 세부특징 수준에는 각각의 변별 세부특징(예를 들어, 비음)을 위한 인지적 단위가, 음소 수준에는 각 음소를 위한 인지적 단위가, 단어 수준에는 각 단어를 위한 인지적 단위가 있다고 가정한다. 어떤 시점에서 이들 모든 단위는 실무율적인(all or none) 것과는 반대로 많거나 적게 활성화된다. 단위들이 어떤 역치 이상으로 활성화되면, 그것들은 동일한 또는 상이한 수준에 있는 다른 단위들에 영향을 미친다. 그 효과들은 흥분적이거나 억제적이다. 즉, 그것들은 다른 단위들의 활성화를 증가시키거나 감소시킨다. 단위들로 이루어진 전체 망은 흔적(trace)으로 불리는데, 그 이유는 '음성 입력으로 남은 활성화의 패턴은 세 개의 각 처리 수준에 입력된 것들이 분석되고 남은 흔적이기 때문이다' (McClelland & Elman, 1986, pp. 66~67). 망은 활성화되고 후속되는 입력과 함께 변한다.

McClellan와 Elman(1986)은 TRACE 모형이 범주적 지각, 교환 관계, 하향 처리, 동시조음 효과를 포함하여 우리가 고려했던 말소리 지각에 관한 대부분의 사실들을 설명할 수 있다고 주장한다. 동시조음을 살펴보자. *foolish capes*와 *Christmas capes*라는 말을 살펴보자. *foolish*라는 단어는 /š/음으로 끝나는데, 그것은 입 앞쪽에서 만들어진다. 반면에 *Christmas*의 마지막 음은 /s/이고, 그것은 입술과 성도를 전체적으로 좲게 함으로써 만들어진다. 이러한 조음상의 차이가 뒤에 오는 단어의 첫 음소의 지각에 영향을 미친다(Mann & Repp, 1981). 예를 들어 /t/와 /k/의 중간음 같이 다음 단어의 첫 음소가 모호하다면, 청자들은 그것을 /š/ 뒤에서는 /t/로, /s/ 뒤에서는 /k/로 듣는다.

Elman과 McClelland(1988)는 비슷한 동시조음 효과가 첫 단어의 마지막 음소가 없을 때조차 발생한다는 것을 발견했다. 그들은 모호한 음인 X를 포함하는 *fooliX capes*와 *ChristmaX capes*와 같은 단어쌍을 청자들에게 제시하였다. 또 다시 두 번째 단어의 첫 음소가 모호했을 때, 그 단어들은 *capes*나 *tapes*로 들릴 수 있었다. Elman과 McClelland는 /š/와 /s/ 음소가 존재하지 않는다는 사실에도 불구하고 Mann과 Repp(1981)이 발견했던 것과 유사한 동시조음 효과를 발견하였다. 그들은 자신들이 음소 처리에서 하향 처리에 대한 증거를 찾았고, 단어 단위의 활성화가 음소 단위에 영향을 주었다고 결론지었다.

TRACE 모형은 말소리 지각에 관한 많은 사실들에 좋은 설명을 제공하는 것 같다. 그렇지만, 상호작용적 접근과 단원성 접근 모두 언어 처리에 관한 완전한 설명에서 어떤 역할을 할 것이다. 이는 수준들 사이에서 일어나는 상호작용에 한계가 존재할 것이기 때문이다. 예를 들어, Connine(1987; Connine & Clifton, 1987)은 단어 수준은 음소의 지각에 영향을 미쳤으나 문장 수준은 그것에 영향을 미치지 않았음을 발견했다. 앞으로의 연구들이 상호작용 모형들의 가능성뿐 아니라 한계를 드러내 보일 것이다.

요약

맥락 정보는 개별 말소리 분절음의 지각에 강력한 영향을 미친다. 운율은 입력되는 말소리를 조직화하고 음향 단서들을 다양한 말소리 음에 맞게 조절하는 데 사용된다. 음소 복원과 오발음 자료는 상위 수준의 처리가 음소의 지각에 영향을 미칠 수 있음을 시사한다. 연속적인 말소리에서 말소리 분절음의 지각은 언어 처리과정에서 동시적으로 진행되는 다양한 분석 수준들의 상호작용에 의한 것이다.

글의 지각

이 절에서는 글을 읽는 동안 일어나는 시각적 언어 처리의 초기 단계를 살펴볼 것이다. 분명한 것은, 읽기가 다양한 얼굴을 가진 복잡한 과정이고, 따라서 우리가 여기에서 그러한 복잡성을 충분히 다룰 수는 없다는 점이다. 오히려 우리의 접근은 청각적 언어 처리의 초기 단계들과의 유사점과 차이점을 파악하고자 한다는 점에서 선택적이라고 할 수 있다. 문장이나 담화와 같은 좀 더 큰 언어 단위의 시각적 처리는 후속되는 장들에서 다루어질 것이다.

상이한 표기 체계

표기법(orthography)이란 어떤 언어의 소리들을 표기 기호의 집합에 매핑(mapping)[2]하는 방식이다. 언어마다 철자법이 다르긴 하지만, 크게 세 가지 유형으로 구분된다. **표어 문자 방식(logography)**[3]은 단어나 형태소를 언어학적 단위로 취하며, 그 단위를 **표어 문자(logograph)** 또는 **글자(character)**로 불리는 어떤 상형 기호와 짝지운다. 중국어는 잘 알려진 표어 문자의 예이다. 한자는 개별 획들(strokes)로 이루어지는데, 가장 빈번한 글자는 보통 6개의 획으로 이루어져 있다(Hoosain, 1991). 글자들은 의미와 발음 모두와 관련된 정보를 포함한다. 일반적으로 **부수(radical, 部首)**라고 부르는 의미와 관련된 획은 글자의 상단이나 좌측에 오고, 소리와 관계된 정보는 하단이나 우측에 온다. 부수는 완전한 형태로 오기도 하고, 글자의 일부로 존재하기도 한다(그림 4.6을 보라).

음절 문자 방식(syllabary)은 음절을 언어학적 단위로 취하여 그것을 시각적 표상과 연합시킨다. 영어를 음절방식으로 표기했을 때, 단어 *macaroni*는 네 개의 음절로 나타내는데, 각 음절은 *ma*, *ca*, *ro*, *ni*이다. 현대 일본어는 중국어에서 차용한 표

---

2) 사전적으로는 '사상(寫像)' 이라고 함.

3) ideograph라고도 함. 상형문자는 pictograph 또는 hieroglyph

口 句 叫 哭 嚼

그림 4.6 글자의 구성성분으로서 부수들. 맨 왼쪽은 독립적으로 사용되기도 하는, '입'을 의미하는 부수. 그것은 글자의 나머지 부분의 복잡성이나 형태에 따라 상이한 상대적 크기로 다른 글자들의 상이한 위치에 온다. 나머지 네 글자는 왼쪽 두 번째부터 각각 '문장', '부르다', '울다', '씹다'를 의미한다. (출처: *Psycholinguistic Implications for Linguistic Relativity*, by R. Hoosain, p. 10. Copyright © 1991 Lawrence Erlbaum Associate. 허락 후 재인쇄.)

어 문자 글자(**칸지 kanji**라고 부르는)와 음절 기호(**카나 kana**라고 부르는)를 혼합한 것이다. 칸지는 내용어(content)나 개방어(open-class)에 사용되고, 카나는 기능어, 분사, 굴절 어미 그리고 외래어 등에 사용된다(Shibatani, 1987).

마지막으로, **자모 문자 방식(alphabet)**은 각각의 글자(letter)가 음소를 나타내는 것으로 가정되는 체계이다. 아이들은 누구나 음소와 글자(또는 **자소 graphemes**로 불리기도 함) 간의 일대일 연합에 많은 예외가 있음을 안다. *know* 같은 단어들은 묵음 글자(silent letters)를 포함한다.

표기 체계의 진화 과정은 표어 문자 방식에서 시작하여, 음절 문자 방식으로 그리고 최종적으로 자문 문자 방식으로 이동한 것으로 생각된다(Rozin & Gleitman, 1977). 좀 더 작은 언어학적 단위를 사용하는 것에는 장점과 단점이 모두 있다. 일반적으로 표어 문자 방식은 의미가 좀 더 투명한데, 정의한 바대로 단어나 형태소가 의미를 갖기 때문이다. 따라서 말(horse)을 뜻하는 단어와 말그림을 연결짓은 것이 자의적인 다섯 개의 알파벳 글자와 그림을 연결짓는 것보다 쉽다. 한편, 자모 문자 방식은 다른 체계들에 비해 기억의 부담이 훨씬 적은데, 익혀야 할 자소가 이십여 개에 불과하기 때문이다. 반대로 표어 문자 방식은 그 언어 내에서 사용되는 모든 단어나 형태소를 나타내야 하므로 엄청난 수의 표어 문자를 포함한다. 아이들에게 알파벳을 읽는 법을 가르칠 때 이들 상이한 체계들이 가진 강점과 약점들을 활용해야 함이 강조되어 왔다(Rozin & Gleitman, 1977). 즉, 표어 문자 방식과 음절 문자 방식을 사용함으로써 소리와 기호 사이에 체계적인 관계가 있음을 아이들에게 가르치고, 그런 관계를 이해하고 나면 좀 더 어려운 알파벳 원리로 나아가는 것이 가능하다.

성인의 글말 지각으로 돌아가서, 우리가 기억해야 할 것은 영어 알파벳이 단지 많은 대안적인 철자법 중에 하나라는 것이다. 지금부터 살펴보게 될 대부분의 연구는 영어에 기초하고 있고, 다른 언어에서 수행된 관련 연구들은 이따금씩 참고할 것이다. 따라서 그러한 결론을 상이한 표기 체계를 가진 언어들로 일반화할지를 결정하기 위해서는 더 많은 연구가 필요하다.

글 처리의 수준

말소리 지각과 마찬가지로 글의 지각은(적어도 알파벳 철자법에서) 많은 수준에서 이해될 수 있다. 즉 세부특징, 글자, 단어 수준에서의 처리로 구분할 수 있다.

세부특징 수준(feature level)에서 자극은 알파벳의 글자를 구성하는 물리적 세부특징들로 표현된다. 예를 들어, 글자 *K*는 하나의 수직선과 두 개의 사선으로 표현되고, *R*은 하나의 수직선과 하나의 사선 그리고 곡선 부분으로 부호화되는 식이다. **글자 수준(letter level)**에서 시각 자극은 그 실체가 물리적 표시와는 분리되므로 좀 더 추상적으로 표현된다. 즉, 한 자극은 그것이 활자로 인쇄된 것인지 손으로 쓴 것인지 관계없이 *F*로 표상된다. 마지막으로 **단어 수준(word level)**의 처리에서는 세부특징과 글자들의 열이 친숙한 단어로 재인된다. 단어가 재인되면서 우리는 철자법, 발음, 의미와 같은 단어의 다양한 속성들을 사용할 수 있게 된다.

이러한 구분은 글말의 지각과 관련하여 몇 가지 중요한 의문을 제기한다. 첫째, 표기된 단어의 요소들을 우리가 어떻게 추출하는가? 단어 식별에 앞서 우리가 단어의 세부특징들을 파악한다는 증거가 있는가? 두 번째, 처리 수준의 순서는 불변적인가? 우리는 항상 단어를 식별하기 전에 단어의 구성성분인 글자들을 파악해야만 하는가? 첫 번째 질문을 먼저 짚어 본 다음, 글말을 읽을 때 일어나는 안구 운동 패턴을 살펴볼 것이다.

읽기 중 안구 운동

읽기에 관한 연구는 실험심리학에서 가장 오래된 주제들 중의 하나이고, 초기의 몇몇 연구자들은 글을 읽는 동안 안구 운동의 역할을 검토하는 것이 도움이 된다는 것을 발견하였다(예를 위해, Huey, 1908, 1968을 보라). 기술의 발전은 이 분야에서 괄목할 만한 진보를 가져 왔고, 이제 우리는 눈의 움직임을 자세히 관찰함으로써 그것이 다양한 심리적 과정에서 어떤 역할을 하는지를 알 수 있게 되었다(Just & Carpenter, 1976; Rayner, 1978, 1998).

전반적인 읽기 속도가 주어진 글 재료를 처리하는 방식에 관한 약간의 아이디어를 제공하지만, 글을 읽는 동안의 정보 처리에 관한 좀 더 명확한 이해는 전체 읽기 속도에 관여하는 다양한 요인들을 분석한 결과에서 나왔다.

도약 안구 운동 읽기 중 안구의 움직임을 **도약 안구 운동(saccades)**이라고 한다. 도약 안구 운동은 대략 10에서 20밀리세컨드(ms) 정도 지속되며, 도약 안구 운동이 일어나는 동안 우리의 눈은 인쇄된 페이지로부터 시각적 정보를 받아들이기에는 너무 빠르게 움직인다는 것이 밝혀졌다(Haber & Hershenson, 1973). 우리는 그저 흐릿하게 지각할 뿐이다. 그러한 움직임은 평균적으로 약 열 개 정도의 글자를 건너뛰며, 순방향이나 역방향으로 진행한다.

회귀 역방향으로 움직이는 도약 안구 운동(영어에서는 왼쪽으로, 히브리어에서는 오른쪽으로)을 **회귀(regression)**라고 한다. 성인들의 안구 운동 중 약 10~15% 정도가 회귀이다. 회귀는 대개 글을 읽는 사람이 글의 어떤 부분을 잘못 지각했거나 잘못 이해하여 그것을 재분석하기 위해 되돌아감을 의미한다(Rayner, 1998).

응시 안구 운동 사이에 시선이 특정 위치에 머무는 시간을 **응시(fixation)**라고 한다. 안구감시장비를 통해 눈이 정확하게 인쇄물의 어느 지점을 응시하는지를 알아볼 수 있다. 대체로, 응시는 약 225ms 정도 지속되지만, 응시 지속시간은 내용의 난이도나 글을 읽는 사람의 기술에 따라 다르다. 더욱이, 같은 글을 읽는 사람에서도 응시 지속시간에 약간의 변산성이 있다. 어떤 지점에서는 200ms 응시하다가 다음 지점에서는 300ms 응시하기도 한다. 이러한 응시 지속시간의 변동은 대개 문장이나 단락을 따라 처리의 난이도가 일시적으로 변하는 것을 반영한다. 예를 들어, 이야기의 어떤 부분을 읽는 데 걸리는 시간은 그 부분을 선행 문장이나 단락과 통합하는 데서

표 4.3 읽기 중 안구 운동의 발달적 특성

	학년 수준						
응시 지속시간	**1**	**2**	**3**	**4**	**5**	**6**	**성인**
응시 지속시간 (ms)	355	306	286	266	255	249	233
100단어 당 응시 횟수	191	151	131	121	117	106	94
회귀 빈도	28	26	25	26	26	22	14

(출처: "Eye movements in reading and information processing: 20 years of research", by K. Rayner, 1998, *Psychological Bulletin, 124*, p. 394.)

오는 난이도와 관련이 있음이 확인되었다(Daneman & Carpenter, 1980). 따라서 응시 지속시간은 글을 읽는 동안 정보 처리의 난이도를 보여주는 하나의 지표이다.

글 읽기 중 안구 운동에 발달적인 추세가 있다는 사실이 알려진 것은 80년 이상 되었다(Buswell, 1922). Rayner(1998)는 "읽기 기술이 증가함에 따라 응시 지속시간은 감소하고, 도약 안구 운동의 길이는 증가하며, 응시 횟수와 회귀 빈도는 감소한다"라고 적고 있다. 몇 가지 대표적인 자료가 표 4.3에 제시되어 있다.

지속적인 관심을 받아온 한 가지 측면(Huey, 1908, 1968; Woodworth, 1938)은 읽기에서의 **지각 폭(perceptual span)**, 즉 글을 읽는 사람이 시각 정보를 얻을 수 있는 영역의 크기이다. 읽기에서 지각 폭의 역할은 Rayner(1975)가 실시한 일련의 독창적인 연구에서 검사되었다. 기본적인 방법론은 실험참가자가 컴퓨터 화면에 제시된 글을 읽는 동안 그들이 모르도록 어떤 단어를 다른 단어나 글자열로 대체하는 것이었다. 이러한 대체는 항상 도약 안구 운동 중에 일어난다. 앞서 언급했듯이, 이 시간 동안에는 아무런 시각 정보도 추출되지 않는다. 대체는 주변 시(peripheral view)에 특정 단어가 제시되었다가 그 글자열을 응시할 때는 다른 글자열이 나타나는 식으로 이루어진다.

Rayner(1975)는 주변시의 글자들이 추출된다면 그 글자들이 응시될 때의 변화가 처리시간과 함께 응시 지속시간을 증가시킬 것이라고 보았다. 그가 사용한 문장 중의 하나는 다음과 같다.

(10) The captain granted the pass in the afternoon.

여기서 핵심어는 *granted*이다. 응시하는 동안에 글을 읽는 사람이 본 것은 *granted*였지만, 주변 정보로 제시된 것도 다른 단어(*guarded*), 시각적으로 유사한 비단어(*gnarbed*), 시각적으로 유사하지 않은 비단어(*pmavbcd*)이다. 그러므로, 글을 읽는 사람들은 주변시에서 *granted*에 대한 세 개의 선택지 중 하나를 보았으나, 응시하는 동안에는 모두 *granted*를 보았다. Rayner는 시각적, 의미적인 비일관성이 응시 지속시간을 증가시킴을 발견하였는데, 이는 글을 읽는 동안 주변 정보가 사용됨을 가리킨다. 하지만 정보가 추출되는 영역의 크기는 시각적 정보의 경우 7에서 12개의 글자로, 의미적 정보의 경우 1에서 6개의 글자로 제한된다. 따라서 우리는 글을 읽는 동안 주변시로부터 정보를 추출하지만, 이 영역의 크기에는 다소 엄격한 제한이 있다.

글을 읽는 동안의 지각 폭에 관한 좀 더 최근의 추정치는 그보다 약간 높다. Rayner(1998)는 많은 연구들을 개관한 후, 영어나 다른 알파벳 철자(프랑스어나 네

덜란드어와 같은)를 읽는 사람들의 지각 폭이 응시점으로부터 왼쪽으로 3~4글자, 오른쪽으로 약 14~15글자 정도 된다고 결론지었다. 따라서 영어를 읽는 사람들의 지각 폭은 응시점의 왼쪽보다 오른쪽(즉, 응시하고 있는 단어 앞쪽에 있는 글자들)이 더 크다. 흥미로운 것은 히브리어를 읽는 사람들의 경우, 응시하고 있는 단어의 왼쪽으로 더 큰 폭을 갖는다는 점이다(Pollatsek, Bolozky, Well & Rayner, 1981).

개별 글자의 지각

우리가 확인한 처리 수준들이 고정된 순서대로 진행되는가, 글을 읽는 동안 우리가 세부특징들, 글자들, 단어들을 추출함에 있어 좀 더 유연성이 있는가 하는 쟁점으로 돌아가자. 말소리 지각에 관한 연구들이 어떤 단서를 제공한다면, 우리는 상위 수준과 하위 수준 간의 상호작용(즉, 하향 처리)을 어느 정도 기대할 수 있다. 왜냐하면 숙련된 독자는 다음에 무슨 글이 올지를 예견하고, 따라서 상향적인 시각 정보에 덜 의존할 것이기 때문이다.

이러한 쟁점은 순간노출기로 제시된 개별 문자나 단어를 가지고 한 단어 지각 연구에서 일차적으로 다루어졌다. **순간노출기(tachistoscope)**는 어떤 자극을 시각적으로 매우 짧은 시간 동안 제시할 수 있는 장치이다. 전형적인 연구는 자극을 50ms 이하의 시간 동안 제시한 후 실험참가자에게 무엇을 보았는지 보고하도록 요구하는 것이다.

순간노출과제에 참가하는 것은 시시한 경험일 수 있다. 글자들을 재인하는 것만큼 우리가 잘하고 자주 하는 일도 없지만, 막상 자극들이 순간적으로 하나씩 제시되면 우리는 무엇을 보았는지 확신하지 못하는 자신을 발견하곤 한다. 순식간에 사라져버린 것이 *R*의 이미지일 수도 있고 *K*의 이미지일 수도 있다. 그것이 *P*였을 수도 있지만, *Z*는 확실히 아니었을 것이다. 순간노출 지각연구들은 글자들을 구성하는 세부특징들이 수행의 중요한 결정요인임을 보여주었다. 특히 *E*와 *F*, *R*과 *P*처럼 유사한 세부특징들을 가진 글자들을 사람들은 잘 혼동한다(Rumelhart, 1970). 이러한 연구결과는 단어 맥락이 없는 순간 제시 조건하에서 우리가 단어와 연합된 약간의 세부특징을 추출하지만 모든 세부특징은 추출할 수 없음을 시사한다.

글자에 대한 시각적 탐지에서 세부특징의 역할에 관한 독립적인 증거는 *K*와 같은 사전에 정해진 표적 글자를 찾기 위해 사람들이 글자열을 탐색하는 과제에서 얻어졌다(Neisser, 1964). 그림 4.7은 그와 같은 두 개의 글자열을 보여준다. 여러분은

ODUGQR	IVMXEW
QCDUGO	EWVMIX
CQOGRD	EXWMVI
QUGCDR	IXEMWV
URDGQO	VXWEMI
GRUQDO	MXVEWI
DUZGRO	XVWMEI
UCGROD	MWXVIE
DQRCGU	VIMEXW
QDOCGU	EXVWIM
CGUROQ	VWMIEX
OCDURQ	VMWIEX
UOCGQD	XVWMEI
RGQCOU	WXVEMI
GRUDQO	XMEWIV
GODUCQ	MXIVEW
QCURDO	VEWMIX
DUCOQG	EMVXWI
CGRDQU	IVWMEX
UDRCOQ	IEVMWX
GQCORU	WVZMXE
GOQUCD	XEMIWV
GDQUOC	WXIMEV
URDCGO	EMWIVX
GODRQC	IVEMXW

그림 4.7 Neisser(1964)가 사용한 자극들. (출처: "Visual Search," by U. Neisser, 1964, *Scientific American*, 210, 94~102, Scientific American.)

글자 Z를 찾기 위해 하나하나 탐색함으로써 그것이 어떤 실험인지 알 수 있다. 연구들은 글자열이 두 번째 목록에서처럼 Z와 유사한 세부특징을 가진 글자들로 구성되었을 때보다는 다른 세부특징들을 가진 글자들로 이루어졌을 때(첫 번째 목록에서처럼) 탐색이 훨씬 빠르다는 것을 보여주었다(Neisser, 1964). 이것은 우리가 다른 글자들에 의존하면서 다양한 수의 세부특징들로부터 글자를 파악함을 시사한다. 글자들이 수직선과 사선을 가지고 있다면 시각 배열에 대한 세심한 조사가 필요하지만, 그 배열이 덜 혼란스러우면 표적은 쉽게 드러날 것이다. 그러한 예에서는 확인에 필요한 세부특징의 수가 훨씬 적다.

인간의 지각적 수행에서의 세부특징 분석에 관한 사례가 행동 연구에만 제한되는 것은 아니다. Hubel과 Wiesel(1965)의 생리학적 연구는 고양이의 시각 피질에 있는 세포들이 수직선, 선의 모서리, 어떤 속도로 움직이며 일정한 길이를 갖는 모서리와 같은 시각 자극에 선택적으로 반응한다는 것을 보여주었다. 인간의 신경계에도 유사한 배열이 존재할 가능성이 높다.

단어 맥락에서 글자의 지각

단어 우월 효과 단어지각에 관한 초기의 연구에서, Cattell(1886)은 개별 글자들과 단어 맥락 속에 있는 글자들에 대한 수행을 비교하였다. 그 결과는 놀라웠다. 사람들이 서너 개 정도의 무관련 글자들만 보고할 수 있었던 것에 비해, 의미적으로나 통사적으로 서로 관련이 없는 두 개의 짧은 단어 정도를 보고할 수 있었던 것이다.

Cattell의 보고는 비단어 글자열보다 단어에서의 우월한 수행을 처음으로 보여주었으나, 방법론적인 문제를 갖고 있었다. 구체적으로, 그는 실험참가자들에게 순간적으로 제시된 배열에서 기억할 수 있는 모든 것을 보고하라고 지시하였다. 이러한 방법은 두 가지 문제를 야기한다. 첫째, 3장에서 보았듯이, 보고할 수 있는 것보다 많은 정보가 감각 기억에 파지되고(Sperling, 1960), 그래서 망각이 부분적으로 그러한 결과의 원인일 수 있다. 두 번째로, 훨씬 중요한 것은 추측과 같은 반응 요인들이 그런 결과에서 어떤 역할을 할 수 있다는 것이다. 이것을 알아보기 위해 *yelv*와 *read*를 지각하는 것의 차이를 살펴보자. 지각하는 사람이 두 배열로부터 두 번째 혹은 세 번째 글자만을 파악할 수 있다고 하더라도, 그들은 *-ea-* 형식을 갖는 단어들에 대한 이전의 지식으로 인해 여전히 단어 배열에서 우수한 수행을 보일 것이다. 더욱이, *read*의 초두음소 *r*이 가진 하나 이상의 세부특징이 추출된다면, 실험참가자들은 마지막 글자로부터 시각 정보를 거의 또는 전혀 얻을 수 없을지라도 그것이 d라는 것을 추측할 수 있을 것이다. 물론 그들이 잘못된 추측을 하여 *l*을 선택할 수도 있지만, 비단어 열은 추측을 위한 어떠한 기초도 제공하지 않는다. 따라서 Cattell의 결과가 흥미롭지만 그것은 단어와 글자열 사이의 차이가 반응 요인보다는 지각적 요인의 차이에 기인한다는 것을 분명하게 보여주지 못한다.

놀라운 것은 이러한 문제를 바로잡고, 그와 함께 현재는 **단어 우월 효과(word-superiority effect)**라고 부르는 것에 새로운 흥미를 갖게 되기까지 80년 이상이 걸렸다는 점이다.

반응 요인들이 통제되었을 때 단어 우월 효과가 발생할 수 있다는 분명한 증거는 Reicher(1969)에 의해 처음으로 제시되었다. 실험참가자들은 단어(*word*), 비단어(*owrd*), 또는 글자(*d* 또는 *k*)를 순간노출기를 통해 제시받았다. 제시자극이 제거된 즉시 참가자들은 제시되었던 글자들 중 하나에 대한 재인 검사를 받았다. 예를 들어, 마지막 위치에 오는 글자가 *d*인지 *k*인지를 묻는 것이다. Reicher는 비단어나 단일 글자가 제시되었을 때보다 단어가 제시되었을 때 정확성이 훨씬 높다는 것을 발견하였다. 그러한 결과는 특히 중요한데, 왜냐하면 *d*와 *k*는 모두 단어(*word*나 *work*) 끝에 오고, 따라서 추측 때문일 가능성을 배제할 수 있기 때문이다. 이러한 연구는 단어 우월 효과가 본질적으로 지각적이라는 것을 분명히 보여준 첫 번째 증거였다. 그 결과들은 단어 내에서 우리가 글자를 더 효율적으로 처리함을 시사하며, 글자 식별이 단어 처리를 돕기보다는 단어 처리가 글자 식별을 돕는다는 것을 의미한다.

단어 맥락이 우리의 글자 지각에 영향을 미친다는 더 많은 증거들이 있다. Healy (1976)는 글자 *t*를 탐색하는 사람들이 그것이 비단어에 들어있을 때보다 단어 속에 들어있을 때 더 많이 놓친다는 것을 발견하였다. 특히 단어 *the*나 다른 고빈도 단어에 들어있을 때 잘 놓치는 경향이 있었다. 우리가 가진 '결합하는(unitize)' 경향－즉, 글자들을 문자 집합이나 완전한 단어와 같은 상위 단위로 집단화하는－이 고빈도 단어에서 글자를 식별하는 것을 어렵게 만드는 것으로 보인다.

비슷한 결과가 중국어에서도 발견되었다. Cheng(1981, Hoosain, 1991에서 인용)은 글자들, 유사 글자들, 비글자들에 표적 부수(radical)를 포함시켰다. 유사 글자들은 가능한 글자들이지만 실제로 사용되지 않는 것들이다. 항목들 중 하나를 순간적으로 보여준 다음, 실험참가자들에게 Reicher의 연구와 유사한 강제선택과제(forced-choice task)를 실시하였다. Cheng은 부수가 유사 글자들보다는 글자들 내에서 제시되었을 때, 비글자들보다는 유사 글자들 내에 제시되었을 때 훨씬 잘 파악된다는 것을 발견하였다. 이러한 결과는 단어 우월 효과와 유사한데, 영어에서 글자는 단어 내에서 더 잘 재인되는 반면, 중국어에서 부수는 글자들 내에서 더 잘 재인된다. 비슷한 결과가 Chen, Allport, Marshall(1996)에 의해서 보고되었다. 하나의 글자 단어에 포함된 부수는 그것이 하나의 비글자에 포함되었을 때만큼 잘 탐지되지 않는다는 것도 발견되었는데(Chen, 1986), 그것은 Healy(1976)의 결과를 반복한 것이었다.

종합하면, 이러한 결과들은 글자나 부수와 같은 하위수준의 단위들이 친숙하지 않은 맥락보다는 친숙한(단어, 글자) 맥락에 나타났을 때, 우리가 그것들을 다르게 지각한다는 것을 시사한다. 단어들이 친숙할 때, 우리는 그것들은 글자들의 집합이 아니라 완전한 단위로 지각할 수 있다. 구체적인 부분에 있어서 중국어는 다르지만, 지각적 과정은 영어와 유사한 것 같다.

두 가지 읽기 모형

글자와 단어의 지각에 관여하는 몇몇 과정들에 관해 논의하였으므로, 지각적 처리를 우리가 어떻게 설명할 것인지의 문제로 넘어가자. 이 절에서 우리는 읽기에 관한 두 가지 경쟁 모형: **이중경로 모형**(dual-route model)과 **연결주의 모형**(connectionist model)을 살펴볼 것이다.

이중경로 모형 이중경로 모형(Coltheart, Curtis, Atkins & Haller, 1993; Coltheart, Rastle, Perry, Langdon & Ziegler, 2001)은 우리가 글을 말로 변환하는 두 개의 다른 방식을 갖고 있다고 주장한다. 어휘 경로는 인쇄된 문자나 글자들이 심성 어휘집에 있는 해당 단어의 항목(entry)을 활성화시키는 과정이다. 예를 들어, 글자열 'house'는 우리의 심성 어휘집에서 *house*라는 단어의 심적 표상을 활성화시킨다.

하지만 알다시피 우리는 *glake*와 같은, 이전에 본 적이 없지만 발음 가능한 글자열을 소리 내어 읽을 수 있다. 비단어는 어휘 항목을 갖고 있지 않기 때문에 어휘 경로를 사용할 수 없다. 따라서 Coltheart와 그의 동료들은 글을 읽는 사람이 비어휘 경로―글자와 소리 사이의 관계를 명시하는 규칙 체계―도 가지고 있을 것이라고 보았다. 이러한 체계는 우리로 하여금 *pint*나 *colonel*와 같은, 언어가 가진 규칙을 따르지 않는 '불규칙(irregular)' 단어뿐만 아니라 비단어들을 정확하게 발음할 수 있도록 해준다.

이중경로 모형의 핵심은 우리가 개별 단어들을 읽을 수 있도록 해주는 두 개의 상이한 체계를 가지고 있다는 가정이다. 즉, 규칙 체계와 기억 체계이다. 이들은 상이한 원리들의 지배를 받고, 상이한 방법으로 습득된다. 두 개의 상이한 체계가 있다는 가정은 형태소 지식의 습득에 관한 연구에서도 발견된다(Marcus, 1996). 좀 더 일반적으로는 자의적 사실들을 기억하는 것과 상징 규칙의 습득으로 구분된다(Pinker, 1999).

연결주의 모형 연결주의 또는 병렬 분산 처리(PDP) 모형은 Seidenberg와 McClelland에 의해 제안되었다(1989; Seidenberg, 2005; Zevin & Seidenberg, 2006). 이 모형은 McClelland와 Rumelhart(1981)를 포함하여 많은 선행 연구들의 산물이다. 3장에서 논의하였듯이, 연결주의 모형은 언어 산출(예를 들어, Dell, 1986을 보라), 문법의 습득(예를 들어, Rumelhart & McClelland, 1986) 그리고 읽기와 같은 다양한 심리적 기술들에 기저하는 계산 기제를 설명하고자 한다.

모형은 세 개의 층으로 구성되어 있는데, 철자를 표상하는 표기층(orthographic layer), 발음을 표상하는 음운층(phonological layer), 의미를 표상하는 의미층(semantic layer)이 있다. 따라서 표기층은 글자나 단어의 시각적 세부특징들로 구성된다. 음운층은 음소 또는 음운의 변별 세부특징(phonological features)(치음이나 양순음과 같은)으로 구성된다.

초보 독자의 과제, 즉 글자열을 읽고 발음하는 것을 살펴보자. 이 모형에서 처리는 표기층을 활성화시키는 것과 활성화가 연결들을 통해 음운층으로 전달되도록 하는 것을 포함한다. 각각의 연결들은 활성화의 흐름을 조절하는 가중치(weight)를 갖는다(Seidenberg, 2005).

이중경로 모형과는 달리 연결주의 모형은 단일 경로를 명시하고 심성 어휘집에 대한 가정을 필요로 하지 않는다. 음운 규칙이나 표기 규칙에 대한 가정도 필요로 하지 않는다. 오히려 학습자가 표기와 소리 사이의 관계에 대한 아무런 지식이 없이 시작한다고 가정한다. 경험을 통해 학습자는 점차 성인 학습자에 가까운 글자와 소리 사이의 가중치를 발달시켜 나간다. 그런 다음, 단어를 어떻게 발음하는가에 관한 지식이 언어적인 규칙의 형태로 표상되는 것이 아니라 상이한 층들 간의 연결 체계로 표상된다.

연결주의 모형은 학습하는 능력을 강조하기 때문에, 아이들에게서 발견되는 읽기 장애인 발달성 난독증에 대한 연결주의 모형의 설명을 살펴볼 필요가 있다. Seidenberg와 McClelland(1989)는 이전의 모형들보다 층간에 더 적은 연결을 가진 모형을 훈련시킴으로써 발달성 난독증을 모의 실험하였다. 결과는 예외적인 단어들이 훈련 단계에서 매우 빈번히 제시되었음에도 불구하고 최종 학습 수준에서 규칙적인 단어들만큼 정확하게 읽지 못하였다. Seidenberg와 McClelland는 그들의 모형이 발달성 난독증의 중요한 특징—말하자면, 저조한 읽기 기술을 가진 아이들은 다른 아이들보다 예외적인 단어들에 더 큰 어려움을 겪는다는 점—을 잘 보여주고 있다고 결론지었다.

> 이러한 결과들은 읽기 수행이 저조한 독자들이나 난독증 환자들에 관한 연구에서 얻어진 데이터의 중요한 특징을 보여주고 있다. 이런 아이들은 우수한 독자들보다 더 큰 규칙성 효과를 보여준다. 그들은 고빈도의 예외적인 단어들을 명명하는 것에서조차 여전히 저조한 수행을 보인다. 동시에 그들의 수행은 철자-소리 대응에 관한 약간의 일반화를 학습하였음을 보여준다. 예를 들어, 그들은 많은

비단어를 정확하게 발음할 수 있다. (p. 547)

모형의 평가 Coltheart 등(1993)은 Seidenberg와 McClelland의 제안을 비판한다. 그들은 읽기에 관한 6가지 주요 사실들을 제시하면서 연결주의 모형이 그 중 다섯 가지를 설명할 수 없다고 주장한다. 예를 들어, 그들은 **후천성 난독증(acquired dyslexia**; 이전에 글을 읽을 수 있었던 사람이 뇌 손상으로 인해 읽기 장애를 보이는 경우)의 다른 두 형태가 이중경로 접근을 입증한다고 주장한다. **음운 난독증(phonological dyslexia)**에서, 비단어를 소리 내어 읽는 능력은 와해되는 반면 단어의 읽기는 정상적으로 남아있다. 한 환자는 *satirical*이나 *preliminary*와 같은 단어들도 읽을 수 있었다. 반면에, *nust*나 *ploon*과 같은 간단한 1음절의 비단어들은 읽을 수가 없었다.

이와는 반대로, **표층 난독증(surface dyslexia)**의 경우에는 단어가 아니라 비단어의 명명이 그대로 유지된다. 이런 환자들에게는 매우 흔한 단어들조차 어렵다. 더욱이 단어의 발음이 '규칙화된(regularized)' 결과, *glove*는 *cove*와 같은 각운을 가진 것처럼, *flood*는 *mood*와 같은 각운을 가진 것처럼 발음된다. 다시 말해, 환자들은 언어의 규칙을 통해 이들 단어를 읽고 있지만 그 규칙에 예외적인 것들은 읽지 못하는 것이다. Coltheart 등은 이러한 사례들이 글에서 말소리로 가는 두 개의 분리된 경로를 가정할 것을 요구한다고 주장한다.

이에 대해, 연결주의 이론가들은 이중경로 모형을 비판하였다. Seidenberg(2005)는 단어들을 규칙적인 것과 예외적인 것으로 구분하는 것은 잘못된 것일 수 있는데, 규칙 단어와 불규칙 단어 사이에는 부분적인 중첩이 있기 때문이라고 지적한다. 예를 들어, 불규칙 단어이지만 *pint*는 *paint*와 *pine*과 같은 단어들과 일부 유사성을 공유한다. 이러한 유사성은 읽기나 읽기를 배우는 것에 아무런 효과가 없는 것 같지는 않다. 요컨대, 연결주의 이론가들은 두 가지 유형의 단어가 없고 오히려 철자-소리 일관성의 연속체(continuum)가 있으며, 규칙단어와 예외적 단어들은 그러한 연속선상에서 상이한 지점을 나타낸다고 말하고 있다.

Seidenberg(2005)는 또한 연결주의 접근에 대한 몇 가지 타당한 비판이 초기의 덜 정교화된 모형들과 관련이 있음을 지적한다. 예를 들어, 초기의 모형들은 *faije*와 같은 어려운 비단어를 발음하는 데 문제가 있었다. 즉, 모형의 수행은 사람들보다 나빴다. 좀 더 최근의 모형은 음운 정보가 표상되는 방식을 개선하였고, 결과적으로 더 좋은 수행을 보였다. Seidenberg의 주장은 초기의 비판이 모형을 정확하게 어떻게 구현할 것인가와 관련된 것이지 기본적인 접근과는 무관하다는 것이다.

5장에서는 심성 어휘집에 관해 더 많은 것을 다룰 것이다. 읽기에 대해 다시 논의할 것이고, 개별 단어(4장과 5장)에서 문장(6장)과 담화(7장)로 우리의 관심을 옮길 것이다. 마지막으로 11장에서 아이들의 읽기 습득을 살펴볼 때 이 절에서 논의한 쟁점들 중 일부를 다시 짚어볼 것이다.

요약

글말의 처리는 세 개의 주요 수준, 즉 세부특징, 글자, 단어 수준에서 이루어진다. 세 가지의 시각 정보들은 모두 일련의 안구 운동을 통해 추출된다. 읽기 속도는 우리의 응시 지속시간, 응시하고 있는 단어의 폭, 회귀 안구 운동의 비율에 의해 결정된다. 회기는 전형적으로 이전 단어의 재분석을 반영하며, 응시 지속시간은 응시하고 있는 단어와 이전의 단어들을 통합함에 있어 우리가 겪는 어려움을 보여주는 민감한 척도이다.

세부특징이나 글자 정보가 상위 수준의 처리에 영향을 미친다는 분명한 증거가 있다. 하지만 수준들이 고정된 순서로 작동한다는 생각은 단어 우월 효과에 의해 의문시 되었는데, 개별 단어의 지각은 단어나 단어와 비슷한 맥락이 있으면 촉진된다.

두 가지 읽기 모형이 대조를 이룬다. 이중경로 모형은 글 읽는 사람이 어휘 경로나 비어휘 경로, 즉 표기와 소리 사이의 관계를 명시하고 있는 규칙 체계 중 하나를 통해 단어에 접속할 수 있다고 가정한다. 연결주의 모형은 일련의 층들을 가정하는데, 층간의 연결 강도는 읽는 사람의 경험에 의해 결정된다. 두 모형 모두 읽기와 연관된 몇몇 장애뿐만 아니라 정상적인 읽기의 어떤 측면들을 설명할 수 있다.

종합적으로, 읽기 연구에서 내릴 수 있는 결론은 우리가 듣기를 논의할 때 도달했던 것과 일치한다. 5장에서는 단어에 대한 좀 더 철저한 논의를 할 것이다.

복습 문제

1. 음소 복원은 말소리 지각의 순수한 상향(bottom-up) 모형이 왜 부적합함을 보여주는가?
2. 글말의 지각에서 우리가 거쳐 가는 처리의 수준을 정의하라.

3. 말소리 지각의 TRACE 모형이란 무엇인가?
4. 말소리 지각의 운동 이론이란 무엇인가?
5. 단어 재인에 관한 이중경로 모형과 연결주의 모형을 비교하고 대조하라.
6. 음성 분절음 [b], [d], [g], [p], [t], [k]의 조음 위치와 방식을 기술하라.
7. 범주적 지각이란 무엇이며, 이것이 왜 모음보다는 자음에서 더 뚜렷한가?
8. 스펙트로그램이 무엇인지를 포만트, 포만트 전이, 안정 상태를 포함하여 기술하라.
9. 단어 우월 효과를 정의하라.
10. 발화율 정규화란 무엇인가?

생각해 볼 문제

1. 범주적 지각에 관한 당신의 이해에 기초하여, 당신이 외국어의 소리를 들을 때도 이러한 현상이 일어날 것이라고 생각하는가? 당신의 말로 설명해 보라.
2. 어떤 사람이 말소리 기관의 운동 통제가 불가능한 선천적인 신체적 조건으로 어려움을 겪는다면, 그 사람의 말소리 지각 역시 손상되어 있다고 할 수 있는가?
3. 본문은 말소리의 두 가지 측면에 근거한 정규화를 논의한다. 그것은 말하는 속도와 화자의 목소리가 가진 음고(pitch)이다. 정규화를 위한 다른 기초를 생각할 수 있나? 당신의 선택에 대해 논의하라.
4. 대학생으로서 당신은 영어가 조금 서툰, 비모어 강사에게 강의를 들은 경험이 있을 것이다. 당신의 경험과 하향 처리, 상향 처리의 개념을 연결지어 보라.

Chapter 5

심성 어휘집

단어는 우리의 경험을 엮어주는 실과 같다.
–ALDOUS HUXLEY(1937, p. 84)

당신이 훌륭한 독자라면 두 눈이 인쇄된 행을 따라 지날 때, 복잡하고 연속적인 해석과정이 시작되고, 그 결과로 의미를 파악하게 된다. 당신에겐 다행일지 모르지만 언어학자들에겐 불행하게도, 그러한 자각을 하는 데 필요한 정보처리과정이 당신의 마음을 어지럽히거나 의미를 모호하게 하지는 않는다. 간단히 내성을 통해 그 과정을 알 수는 없다. 그 장면 뒤에서 무슨 일이 일어나고 있는지 그려보기 위해서는 수행 자체에 기초한 추론을 하거나, 상이한 가설들 중에서 어떤 것을 선택하도록 설계된 심리학적 실험을 수행할 필요가 있다.
–GEORGE A. MILLER(1991, p. 138)

요점

- 우리가 어떤 단어를 안다고 할 때, 그것은 우리가 단어의 음운적, 형태적, 통사적, 의미적 속성을 알고 있다는 뜻이다.
- 단어의 의미란 어의(sense)와 지시(reference)를 모두 포함한다. 어의는 한 단어와 다른 단어들과의 관계를 말하고, 지시는 한 단어가 세상에 존재하는 대상이나 사건과 맺고 있는 관계를 가리킨다.
- 영구 기억 속에 있는 단어 지식의 조직을 심성 어휘집이라 한다. 의미망 속에서 단어는 마디로 표상되고, 망 조직 내의 다른 단어들과 연결되어 있다.
- 단어 지식을 활성화하는 과정을 어휘 접속이라 한다. 어휘 접속은 단어의 빈도, 음운적 · 형태적 속성, 그것이 중의적인지 아닌지, 우리가 의미적으로 유사한 단어를 접한 적이 있는지에 의해 영향을 받는다.

서론

이 장은 단어(words)에 관한 것으로, 그것을 구성하는 것이 무엇인지, 우리가 그것을 어떻게 찾고, 사용하고, 서로 연결짓는지의 문제를 다룬다. 언어 사용의 모든 수준에서 단어가 가장 친숙한 것은 우리의 일상 활동이 상당 부분 단어의 활발한 조작과 관련되어 있기 때문이다. 동음이의어, 글자 수수께끼, 십자말풀이, TV 게임 쇼들의 인기를 생각해 보면, 말놀이(word play)에 대한 우리의 끊임없는 욕구를 쉽게 알 수 있다. 말놀이의 한 사례를 통해 그것이 우리에게 단어의 이해와 사용 방식에 관해 무엇을 말해주는지 살펴보도록 하자.

오랫동안 시청자들로부터 사랑을 받아온 한 게임 쇼에서, 출연자들은 화면에 제시된 단어들의 일부만을 볼 수 있다. 단어들은 몇 글자만 보이고 나머지는 가려져 있다. 그들은 어떤 자음이 그 단어 속에 들어 있는지 알아맞히기 위해 바퀴를 돌린다. 그들은 모음을 '손에 넣을' 기회도 얻는다. 단어를 충분히 볼 수 있게 되면, 경쟁하던 출연자들은 그 단어가 무엇인지 서로 알아맞히려고 할 것이다. 거기서 성공을 하면 다음 단계로 넘어간다.

게임이 어떻게 진행되는지 이해하려면, 단어들에 관한 정보를 인출하는 과정과 기억 속에 자리잡고 있는 단어 저장소를 구분할 수 있어야 한다. 이것은 마치 사전 속에 들어있는 단어에 관한 정보와 우리가 그 정보를 찾는 과정(책장을 들춘다든지 하는 것들)과 유사하다. 언어심리학자들은 영구 기억 속에 있는 단어의 표상을 **심성**

어휘집(internal lexicon)이라고 부른다. 심성 어휘집에서 어떤 단어를 찾았을 때, 우리는 단어와 관련된 속성들을 이용할 수 있다. 그러한 속성에는 단어의 의미와 그것의 철자, 발음, 다른 단어와의 관계 그리고 관련된 정보들이 포함된다. 이것은 사전을 구성하는 것들과 상당히 비슷하지만, 우리의 심성 어휘집은 엄격히 말해 비언어적인 정보들도 담고 있다. 예를 들어, 코끼리에 관한 우리의 지식 중 일부에는 코끼리들이 무엇이든 절대로 잊어버리지 않는다고 하는 것도 있지만,[1] 그것이 단어 자체의 의미는 아닌 것이다.

이렇듯 우리가 의미를 활성화하는 과정을 **어휘 접속**(lexical access)이라고 한다. 우리의 심성 어휘집에 들어있는 단어들은 여러 가지 방법으로 활성화될 수 있다. 하나는 단어를 지각한 결과로, 글을 읽다가 *코끼리*라는 단어를 보면 우리는 그것을 식별가능하고 친숙한 단어로 인식하며, 이해라는 과제를 해결하기 위해 그 단어에 대해 우리가 가진 지식을 동원할 것이다. 다른 방법으로는, 게임 쇼에서처럼 우리는 다른 단어들을 통해 의미를 활성화하는데, 이는 모든 단어들이 다양한 관련 단어들을 떠올리게 하기 때문이다. 본 장에서는 먼저, 우리가 심성 어휘집에 저장하고 있는 단어들에 관한 지식의 종류를 검토하고, 다음으로 심성 어휘집의 조직에 관한 대안적인 주장들을 논의할 것이다. 그리고 마지막 절에서는 심성 어휘집으로부터 단어에 접속하는 방법과, 어휘 접속과정에서 다양한 변인들의 역할을 살펴볼 것이다.

어휘 지식의 차원들

단어를 안다는 것은 무엇을 의미하는가? 이것은 심리학자들과 다른 많은 학자들이 오랫동안 매달려온 문제이다(예를 들어, Binet, 1911; Galton, 1879; Thorndike, 1921). 우리가 어떤 단어를 안다고 할 때, 확실히 우리는 그 의미를 안다. 그러나 어휘 지식이란 의미 그 이상의 것이다(Miller, 1999). 본 절에서 우리는 음운, 통사, 형태, 의미와 관련된 지식들을 검토해 볼 것이다.

1) 영어에서 'be like an elephant' 는 '기억력이 매우 좋다' 라는 뜻을 가지고 있다.

음운 지식

우리가 가진 어휘 지식 중 일부는 단어의 음운 구조나 발음에 관한 것이다. 예를 들어, 우리는 두 단어가 동음이의어(homophones)—*bare*와 *bear* 같이 철자는 다르지만 소리가 비슷하게 나는 단어—라는 것을 안다. 마찬가지로, 특정 단어를 제대로 인출하지 못하지만 그것이 어떻게 소리나는지에 대해서는 뭔가 기억하고 있을 때, 우리는 **설단 현상(tip-of-the-tongue(TOT) phenomenon)**을 경험한다. 이 현상은 William James(1890, 1950)에 의해 잘 묘사되었다:

> 가령 잊어버린 이름을 기억하려고 한다고 하자. 이때 우리의 의식 상태는 특별하다. 그 속에 어떤 틈이 있지만, 그것은 단순한 틈이 아니다. 그것은 매우 활발한 틈이다. 그 이름의 영혼 같은 게 그 속에 있어서 우리를 어떤 방향으로 이끌고, 때로는 가까워졌다는 느낌으로 우리를 흥분시키며 그리고는 바라던 말을 찾지 못한 채 낙담하게 한다. 만약 잘못된 이름들이 떠오르면, 매우 분명한 이 틈은 즉각적인 행동으로 그것들을 부정한다. 그것들이 그 틀에 맞지 않는 것이다. 틈이라고 묘사하면 둘 다 내용이 완전히 비어 있어야 할 것 같지만, 한 단어의 틈은 다른 단어의 틈과 그 느낌이 다르다. 그것을 표현할 소리는 없지만 잃어버린 단어의 리듬은 남아있는 것이다. 또는 초두 모음이나 자음 같은 어떤 순간적인 느낌이 더 이상 분명하게 생각나지는 않으면서 우리를 짓궂게 조롱하는 듯하다. (p. 251~252)

TOT 현상이 처음 체계적으로 연구된 것은 Brown과 McNeill(1966)에 의해서인데, 그들은 *sextant(육분의; 六分儀)*처럼 빈도가 높지 않은 단어들의 정의를 보여주고는 실험참가자에게 정의된 단어를 말하게 하였다. 실험참가자가 TOT 상태에 있을 때, 그들은 *secant(할선; 割線)* 같은 비슷한 소리를 가진 단어를 생각해 냈지만 무시해 버렸다. 그러므로 우리는 때로 소리로서 단어들을 활성화한다고 할 수 있다. 8장에서 보게 되겠지만, 발화 실수를 할 때 우리는 의도했던 단어 대신 비슷한 음을 가진 단어로 바꿔 말하곤 한다.

통사 지식

우리가 가진 단어 지식의 또 다른 부분은 **통사적 범주(syntactic category)** 또는 단어들이 속한 품사(part of speech)이다. 두 단어를 한 문장에서 서로 바꿔 쓸 수 있다면, 그것들은 같은 통사적 범주에 속한다고 할 수 있다. 문장 (1)을 보라.

(1) The aging pianist stunned the audience.

우리는 *aging*이란 단어를 *wealthy*이나 *poor*, *fat*, *solemn* 등의 여러 가지 단어로 바꿀 수 있다. 이런 대체가 문장의 뜻을 변화시킬 수는 있지만, 그 문장은 여전히 문법적이다. 통사적 범주를 활용하는 한 가지 유익은 우리가 어휘 항목보다 범주에 의하여 문법 규칙을 만들 수 있다는 것이다. 따라서 '*나이*든이라는 단어는 문장 속에서 *피아노 연주자* 앞에 온다' 라고 진술하는 규칙은 없다. 단지 형용사가 명사를 수식한다는 것이 규칙이다. 이런 규칙을 사용하려면 우리의 심성 어휘집에 있는 어휘 항목에 통사적 범주를 포함시킬 필요가 있다(Miller, 1991).

전통적으로 문법 이론은 명사, 동사, 형용사, 부사, 대명사, 전치사, 접속사, 감탄사로 이루어진 통사적 범주를 인정해 왔다. 심리학적인 관점에서, 이러한 범주는 두 그룹으로 나뉠 수 있다. 1장에서 살펴보았듯이, 개방 유목어(내용어)는 명사, 동사, 형용사, 부사를 포함하고, 폐쇄 유목어(기능어)는 한정사, 대명사, 전치사, 접속사, 감탄사를 포함한다. 우리는 이미 많은 수의 개방 유목어들을 배웠고 그 수는 계속 늘어나고 있다. 반면에, 폐쇄 유목어들은 수적으로 훨씬 적고—영어에서는 수백 개 정도—반복적으로 사용된다.

이러한 구분은 우리 머릿속에서의 단어 조직화와 관련이 있는 듯하다. 신경학자들은 **실문법증(agrammatism)**이라 불리는 증상을 가진 환자들을 발견하였다. 이 환자들은 개방 유목어들은 대체로 잘 유지하면서도, 문장에서 폐쇄 유목어들(그리고 굴절 어미들; 뒤의 논의를 보라)은 자주 생략한다. 또한 그들은 신경학적 손상이 없는 사람들과는 다른 방식으로 폐쇄 유목어들을 처리한다(Bradley, Garrett & Zurif, 1980). 13장에서 우리는 뇌와 언어에 관해 더 많은 이야기를 나눌 것이다. 지금까지의 요점은 통사적 범주가 우리가 가진 심성 어휘집 안의 어휘 항목에 포함된다는 것이다.

형태 지식

얼마나 많은 단어를 우리는 알고 있는가? 언뜻 들으면 매우 간단한 질문 같지만, 막상 답을 하려면 그리 쉽지가 않음을 알 수 있다. 무엇을 한 단어로 셀 것인가? 예를 들어, 나는 *reactionary*라는 단어의 뜻을 알고 있으므로 이 단어는 내가 가진 심성 어휘집에 들어있다. 그러나 *reactionary*를 안다면, 나는 그것과 관련된 *react*와 *reacting* 등의 단어들도 알고 있는 것이다. 이 모든 것이 나의 심성 어휘집에 들어있는 개별 단어로 계산되는가? 만약 그렇다면, 우리가 가진 심성 어휘집의 크기에 대한 추정치는 증가할 것이다.

어휘수의 크기를 정하려는 그 어떤 노력도 결국에는 그 언어의 형태론과 직면하여야만 한다(Miller, 1991). 우리는 2장에서 형태론을 짧게 논의한 바 있다. 형태소는 언어에서 의미의 가장 작은 단위라는 것을 상기해 보라. 어떤 단어는 하나의 형태소로만 이루어져 있다. 단어가 곧 형태소인 것을 일컬어 자유 형태소(free morphemes)라 한다. 의존 형태소(bound morphemes)는 새로운 단어를 형성하기 위해 자유 형태소와 결합하는 형태소를 말한다.

사실상 의존 형태소에도 두 종류가 있다. 문장에서 문법적 대비(grammatical contrasts)를 표현하기 위해 의존 형태소가 자유 형태소에 추가될 때에 **굴절 형태소 (inflectional morphemes)**가 관여한다. 영어의 굴절 형태소에는 명사를 위한 복수 형태소(*cat/cats*)와 동사를 위한 과거시제 형태소(*jump/jumped*)가 있다.

반면에, **파생 형태소(derivational morphemes)**는 자유 형태소에 추가된 의존 형태소가 새로운 단어를 만들 때 관여한다. 예를 들어, *-ness*는 *good*이라는 형용사를 *goodness*라는 명사로 바꾸어 준다. 다른 파생 형태소는 통사적 범주뿐만 아니라 발음을 바꾸기도 한다. 예를 들어 파생 형태소 *-ion*은 *decide*라는 동사를 *decision*이라는 명사로 바꾼다. 이 때 *-ion*이 발음까지 변화시켰다는 사실에 주목하라. *decide*의 두 번째 /d/가 *decision*에서 /s¢/로 바뀌었다.

단어가 굴절 형태소와 파생 형태소 둘 다를 가질 때는 파생 형태소가 먼저 적용된다. 단어 *neighborhoods*를 생각해 보라. 어근이 되는 단어는 *neighbor*이고, 파생 형태소 *-hood*와 굴절 형태소 *-s*가 동시에 이 어근에 적용되었다. 파생 형태소가 먼저 적용되었기 때문에 단어는 *neighborshood*가 아니라 *neighborhoods*가 된다.

어휘수의 크기로 돌아가서, 우리가 어근을 가지고 다양한 형태의 단어를 효과적으로 만들 수 있다는 것은 어떤 언어에서 새로운 단어의 수가 제한받지 않음을 의미한다. 그러면 우리는 어떻게 한 개인이 가진 심성 어휘집의 크기를 추정할 수 있는가? 복수 형태소 같이 간단한 경우, *book*이라는 단어를 아는 사람은 *books*도 인식할 수 있다고 가정한다. 그러므로 *book*과 *books*는 한 단어로 계산되어야 할 것이다. 그러나 *-er* 같은 다른 형태소들은 좀 더 복잡하다. 어떤 경우에 이 형태소는 *run*

과 *runner*같이 예측 가능한 의미변화를 일으킨다. 그러나 다른 경우, *tell*과 *teller*[2)]는 의미가 불분명하다. 어근을 앎으로써 형태소를 가진 단어의 의미를 결정하는 것이 가능하다고 봤을 때, 고등학교 졸업생은 평균 45,000단어를 안다고 한다(Nagy & Anderson, 1984). 대학 졸업자들이나 독서를 많이 하는 사람들에겐 그 수가 좀 더 많을 것이다.

의미 지식

의미란 무엇인가? 우리가 어떤 단어의 의미를 안다고 할 때, 실제로 우리가 아는 것은 무엇인가? 그리고 어떻게 그 의미가 심적으로 표상되는가? 언어학자와 철학자, 심리학자들은 단어 의미의 여러 중요한 측면을 확인하였다. 그러한 특징들의 일부를 살펴보자.

어의와 지시 단어와 세상에 있는 대상 간의 관계를 단어의 **지시(reference)**라고 하고, 그 대상을 단어의 **지시대상(referents)**이라고 한다. 의미의 이러한 측면은 어떤 발화가 바른지 아닌지를 결정하는 데 있어 결정적이다. 예를 들어 문장 (2)를 살펴보자.

(2) There is a brown cow grazing in the field.

우리가 이 문장의 의미를 이해할 때, 우리는 **진리 조건(truth conditions)**, 즉 문장을 말할 때의 조건이 참이라는 것을 안다. 이 경우에는 반드시 소가 있어야 하고, 반드시 갈색이어야 하며, 반드시 초원에서 방목하여야 한다. 즉, 우리는 세상에서 이 사건이 *cow*, *brown*, *grazing*, *field* 같은 단어의 지시대상과 대응하는지를 평가하여야 한다. 지시는 어떤 발화가 참이라면 세상이 반드시 그래야만 하는 것이다.

모든 지시가 다 쉬운 것은 아니다. 어떤 단어들은 확실히 의미는 가지고 있지만 그것들이 지시하는 것이 무엇인지 알기가 어렵다. 그런 단어에는 *justice*, *plausibility*, *relativity* 등의 추상적인 단어들이 포함한다. *unicorn*이나 *minotaur*[3)] 같은 단어들은 의미는 있으나 실제 지시대상이 없다. 이런 단어들은 지시대상이 분명하지는 않지만 그래도 의미를 전달한다. 이런 현상을 설명하는 한 가지 방법은 우리가 알고

2) '이야기하는 사람' 또는 '출납원' 이란 의미로 사용됨.

3) 미노타우로스, 사람의 몸에 소머리를 가진 그리스 신화 속의 괴물

있는 현실세계 뿐만 아니라, 존재하지는 않으나 존재할 것 같은 가능성의 세상에서도 지시대상을 만들 수 있다고 가정하는 것이다. 이와 같은 맥락에서 *unicorn*이라는 단어는 가설적인 세계의 대상을 가리킨다. 상상속의 세계를 지시하는 과정은 문학에서 중요한 역할을 한다(Pavel, 1986).

Johnson-Laird(1983)는 심성 모형 개념이 지시 문제에 효과적으로 적용될 수 있을 것이라고 주장하였다. **심성 모형(mental model)**은 우리가 속한 환경의 어떤 측면을 보여주는 인지 구조로, 언어적인 측면에만 국한되지 않는다. 예를 들어, 우리는 심상(心像)의 형태로 우리의 시각적 환경에 대한 모형을 가지고 있는데, 이 심상은 우리가 속한 환경 속에서 우리로 하여금 길을 찾을 수 있도록 해준다. 만약 내가 당신에게 눈가리개를 씌우고 당신 집에 있는 방으로 당신을 데리고 간다면, 아마도 당신은 길을 잘 찾을 수 있을 것이다. 그러나 만일 당신이 눈가리개를 하고 있는 동안 내가 가구를 옮겨 놓았다면 당신은 돌아다니는 데 상당한 어려움을 겪게 될 것이다. 반면에 만약 내가 당신이 무엇인가에 부딪히려고 할 때 경고를 한다면 즉시 당신은 새로운 위치에서 가구들에 대한 생생한 이미지를 형성할 것이다(Johnson-Laird, 1988).

비슷한 맥락에서, 우리는 단어에 대응하는 환경적인 측면에 대해서도 심성 모형을 가지고 있다. 우리가 어떤 문장을 들을 때, 우리는 '발화를 통해 특징지어진 사건의 어떤 상태에 대한 심성 모형'을 구성할 것이다(Johnson-Laird, Herrmann & Chaffin, 1984, p. 311). 그러면 모형은 지각적 증거들과 비교됨으로써, 적어도 우리를 둘러싼 환경을 나타내는 문장들에 대해 그 문장이 사실인지 아닌지의 여부를 평가하는 데 사용될 수 있을 것이다.

지시는 의미의 일부분이다. 그러나 의미에는 지시 이상의 무엇이 있다. 두 종류의 단어나 표현이 같은 지시를 가질 수는 있으나, 그것들이 똑같은 것을 의미하지는 않는다. 예를 들어, 두 개의 명사구 *The prime minister of Great Britain*과 *The leader of the Labour party*가 지시하는 것은 동일하게 Tony Blair[4]이다. 그러나 다른 당이 권력을 잡게 된다면 이 두 표현의 의미는 달라지고 만다. 마찬가지로, 문장 (3)이 현재는 진실이지만 다음 총선 후에는 그렇지 않을 수 있다. 그러므로 문장의 진리값은 두 개의 명사구가 지시하는 대상에 따라 달라질 수 있지만, 구와 문장의 의미는 그대로 남을 것이다.

4) 2009년 현재는 Gordon Brown임.

(3) The leader of the Labour party is the prime minister of Great Britain.

지시 외에 의미가 가진 부분을 **어의(sense)**라고 한다(Frege, 1892, 1952). 단어의 어의란 '한 단어가 심성 어휘집 안에 있는 다른 단어들과 접촉하는 관계들의 체계에서 그 단어의 위치'를 의미한다(Lyons, 1968, p. 427). 언어학자들은 여러 가지 중요한 관계들을 밝혀왔다. **동의어(synonym)**란 *fear*과 *panic* 같이 두 단어나 표현이 같은 것을 의미할 때를 말한다. 두 단어가 위계상 같은 위치에 있을 때는 그것을 **등위(coordination)**라고 한다. 예를 들어 *cat*과 *dog*은 둘 다 *animal*이라는 표제 아래 들어가기 때문에 등위이다. **상위어(hypernymy)**는 어떤 위계 관계 내에서 상위에 있는 것을 말한다. *bird*는 *sparrow*의 상위어이다. **하위어(hyponymy)**는 그 반대이다. *sparrow*는 *bird*의 하위어이다. **부분어(meronymy)**는 단어에 의해 지시되는 대상의 부분들과 관련이 있다. 예를 들어 *chair*라는 말의 경우, *back*과 *legs*는 의자의 부분을 말하는 것이므로 부분어이다.

이러한 어의 관계는 사람들이 단어를 사용하는 방식과 얼마나 잘 대응되는가? 의미 관계를 연구하기 위해 심리학자들이 사용한 가장 오래된 방법 중 하나가 **단어 연상 검사(word association test)**이다. 이 검사는 1879년에 Charles Darwin의 사촌인 Francis Galton 경에 의해 만들어졌고, 스위스 정신분석학자 Carl Jung도 사용하였다. 영어를 가지고 한 첫 번째 대규모 연구는 Kent와 Rosanoff(1910)에 의해 실시되었는데, 그들은 단어 목록을 한번에 하나씩 큰 소리로 읽어주고 실험참가자들에게 '자극 단어 외에 가장 먼저 생각나는 단어'를 말하게 하였다(p. 38). 직업과 교육 정도가 다른 1,000명의 남자와 여자가 검사에 응하였다. 그들이 사용한 단어들 중 하나에 대한 반응들이 표 5.1에 제시되어 있다.

어떤 반응들은 매우 자주 일어나는 것을 볼 수 있는데, 즉 처음 네 개의 반응이 1,000개의 전체 반응 중 거의 절반을 차지한다. 스펙트럼의 반대편 끝에 있는 것들은 *나태*나 *고무*, *점심*, *미* 같은 아주 소수의 특이한 반응이다. 이런 특이한 연상들을 제외하면, 네 종류의 의미 관계가 지배적이라는 것을 알 수 있다(Miller, 1991). 첫째, **분류학적 관계(taxonomic relations)**가 있다. *탁자*는 *의자*와 등위어(coordinate)이고, *가구*는 *의자*의 상위어(hypernym), *흔들의자*는 의자의 하위어(hyponym)이다. 둘째, *좌석*이나 *방석*, *다리* 같은 부분어(meronyms)가 있다. 셋째, **속성 관계(attributive relations)**, 즉 단어의 속성을 밝히는 용어가 있다. 대부분 이것들은 *편안한*, *나무로 만든*, *딱딱한*, *흰색* 같은 형용사들이다. 마지막으로 **기능적 관계(func-**

표 5.1 자극 단어 의자에 대한 첫 번째 반응

반응빈도	반응	반응빈도	반응
191	탁자	2	부서진, 히코리
127	좌석		가정, 필요
108	앉다		참나무
83	가구		둥근
56	앉는 것		착석, 사용
49	목재	1	등, 미(美)
45	휴식		침대, 책
38	걸상		소년, 옷장
21	편안함		등나무 걸상
17	흔들의자		조심스러운
15	진동		카펫, 손수레
13	벤치		색채
12	방석		비틀어진
11	다리		방석, 발
10	바닥		발
9	책상, 방		발판
8	편안한		형식, 통치자
7	안락, 다리		윈드롭, 머리카락
6	쉬운, 쇼파,		도구
	나무로 만든		가구장이, 점심
5	침상, 딱딱한		대량의, 임무
	모리스, 걸터앉는		나 자신, 사물
	부드러운		점유하다, 사무실
4	팔, 품목		사람, 장소
	갈색, 높음		배치된, 식물
3	지팡이,		나태, 연단
	편리		유쾌한
	집		즐거움, 자세
	큰, 낮은		독서, 고무
	휴게실		크기, 숟가락질
	마호가니		서다, 웅크리다, 공부
	사람		지지, 책상
	휴식하고 있는		말하다, 교사
	깔개		재목, 연장
	긴 의자		가구를 비치한
	유용한		실내장식품, 흰색

출처: G. H. Kent and A. J. Rosanoff, 1910, *The American Journal of Insanity* 67, pp. 317~390, American Psychiatric Association.

tional relations)가 있다. *앉기, 휴식, 흔들기* 같은 단어들은 의자로 무엇을 할 수 있는지를 보여준다.

어의와 지시는 의미의 상호보완적인 측면이다. 어의는 언어에서 한 단어와 다른 단어들 사이의 관계에 대한 것이고, 지시는 한 단어와 그것이 세상 속에서 나타내는 것 사이의 관계를 다룬다. 언어를 의미 있는 방식으로 사용하기 위해서는 두 특성 모두에 주의를 기울여야 한다.

명시적 의미와 암시적 의미 지금까지 우리는 단어의 객관적이고 사전적인 의미인 단어의 **명시적 의미(denotation)**[5]에 대해 말해왔다. 단어의 사전적 정의는 음운 정보(발음)와 표기 정보(철자법), 통사 정보(품사), 의미 정보(다양한 의미), 형태 정보(관련 단어들)뿐만 아니라 여기서는 다루고 있지 않는 단어의 어원 같은 다른 정보들도 포함한다.

또한 단어는 **암시적 의미(connotation)**[6]를 가진다. 이는 의미의 어떤 측면은 단어가 구체적으로 명명하거나 묘사하는 것 이상이라는 것을 시사한다. 두 단어가 같은 명시적 의미를 가지지만 그것들의 암시적 의미는 다를 수 있다. 예를 들어, *독신남(bachelor)*과 *독신녀(spinster)*라는 말을 생각해 보자(Smith, 1978).

사전적인 정의라는 점에서는 두 용어가 동등하다. 즉, 둘 다 '결혼한 적이 없는 성인' 을 의미한다. 하지만 사전적 정의가 완전히 담아내지 못하는 의미의 다른 측면이 있다. 대부분의 사람에게 *독신녀*는 사회가 정한 결혼 적령기를 넘긴 나이든 여자를 암시한다. 그러나 *독신남*은 이런 암시적 의미 없이 실제로는 적당한 나이의 젊은 남자라는 반대되는 선입견과 관련될 수 있다. 친구에게 당신이 아는 사람, Annie가 독신녀이고 결혼했다고 말하면, 당신의 친구는 당신이 독신녀의 의미를 잘 모르고 있다고 생각할 것이다. 그러나 그녀가 독신녀지만 젊고, 활기차고, 매력적인 여자라고 말한다면, 당신의 친구는 놀랄 것이고, 아마도 속았다고 느낄 것이다. 후자의 경우, 적어도 우리 사회에서 관습적으로 정의된 바로는, 단어의 명시적 의미와는 맞게 사용되고 있으나 암시적 의미와는 맞지 않게 사용되고 있는 것이다.

---

5) 또는 '외연', '외시(外示)', '외의(外意)'

6) 또는 '내포', '함축', '내의(內意)', '암시적 의미', '언외의 의미'

요약

일상생활에서 단어를 효과적으로 사용하려면 반드시 단어의 음운, 통사, 형태, 의미 측면을 포함하는, 저장된 어휘 지식을 사용해야 한다. 그것들을 이용함으로써 우리는 단어를 발음하고, 새로운 형태의 단어를 생성하고, 단어의 의미를 이해할 수 있다.

심성 어휘집의 조직

지금까지 우리는 심성 어휘집에 포함되어 있는 정보 중 일부에 대해 논의하였다. 이제 두 가지 상호의존적 쟁점들, 즉 심성 어휘집은 어떻게 조직화되어 있는가 그리고 어떻게 어휘 정보에 접속하는가에 대하여 이야기해 보도록 하자.

우리가 정보를 저장하는 방식은 인출의 용이성과 관련이 있으므로, 이러한 쟁점들은 상호의존적이다. 간단한 예를 들어 보자. 우리가 배운 모든 단어를 배운 순서대로, 긴 목록으로 저장한다고 생각해 보라. 질문을 받으면 목록에 있는 두 단어의 상대적인 위치를 보고, 먼저 배운 단어가 어느 것인지 상당히 쉽게 결정할 수 있을 것이다. 반면에 주어진 단어가 동의어를 가지는지를 파악하는 일은 동의어가 목록 여기저기에 흩어져 있으므로 상대적으로 훨씬 힘들 것이다. 이러한 형태의 조직화가 우습게 들릴지도 모르지만 꼭 그렇지는 않다. 어떤 연구자들은 우리가 어휘를 습득한 시기가 접속의 용이성과 관련되어 있다고 주장하기 때문이다(Carroll & White, 1973; Juhasz, 2005). 하지만 이 시점에서 중요한 것은 심성 어휘집의 조직화가 인출의 용이성에 영향을 미친다는 점이다.

의미망 개념

심성 어휘집의 조직화와 관련된 현재의 지배적인 생각은 그것이 상호연결된 요소들의 **의미망(semantic network)**으로 이루어져 있다는 것이다. 그 요소들이 바로 개념들 또는 마디들이고, 그것들은 다양한 관계들로 서로 연결되어 있다.

단어연상과제에서 어의 관계에 관해 말해야 했던 것들을 고려하면, 관계에 기초한 개념망이라는 아이디어는 상당히 많은 어의들을 만들어 낸다. 우리는 수 많은 방식으로 서로 관련되어 있는 수많은 단어들을 분명하게 알고 있고, 망 조직은 이러한 사실을 담아내는 매력적인 방법인 것 같다.

또한, 우리는 뇌가 신경세포(뉴런)로 이루어져 있고, 그것들이 시냅스에서 다른 뉴런들과 연결되어 있으며, 그러한 연결이 촉진적이거나 억제적일 수 있다는 사실을 알고 있다. 그러므로 3장에서 논의하였듯이, 어떤 면에서 이 망 조직이 중추신경계에 대해 우리가 알고 있는 것과 유사하다는 생각은 그러한 망 조직 개념을 다시금 매력적으로 보이게 한다.

위계망 모형

망 조직의 요소들이 다른 구성원들의 위아래에 있다면, 그 망 조직은 위계적이라고 할 수 있다. Collins와 Quillian(1969, 1970, 1972)의 연구가 이러한 접근의 원형에 해당한다.

Collins와 Quillian가 사용한 모형이 그림 5.1에 제시되어 있다. 단어와 유사한 개념들이 분류학적 관계나 속성 관계의 망 조직에서 개별 마디로 표상된다는 것에 주목하라. 분류학적 관계는 상위어와 하위어, 등위를 다루는 것이다. 속성 관계란, 망 조직의 다양한 수준에 있는 항목들이 어떤 특징들을 갖고 있는지를 나타낸다.

Collins와 Quillian의 모형에서 가장 흥미로운 점은 속성들이 심성 어휘집에 어떻게 저장되어 있는지에 관한 그들의 결정이다. 먼저, Bransford(1979)의 연구에서 사용된 문장 (4)와 (5)를 살펴보라.

(4) Luckily, Aritstotle was not blinded by the incident.

(5) Luckily, the rock was not blinded by the incident.

아리스토텔레스가 사람이며 사람은 눈을 가지고 있다는 것을 우리는 알기 때문에 첫 번째 문장은 말이 된다. 하지만 두 번째 문장은 말이 되지 않는다. 첫 번째 문장을 이해할 수 있는 데 필요한 핵심 정보는 아리스토텔레스가 눈을 가졌다는 것이지만, 과거의 어느 시점에 우리가 그러한 정보를 구체적으로 제시받은 적은 없다. 아마도 우리의 심성 어휘집에 저장되었던 정보로부터 이러한 정보를 추론하였을 것이다. 우리가 사용할 가능성이 없는 정보를 저장하는 것은 기억공간을 낭비하는 일일 것이다. 대신, 우리는 그것을 망 조직 어딘가에 저장하고, 필요할 때 인출할 수 있다.

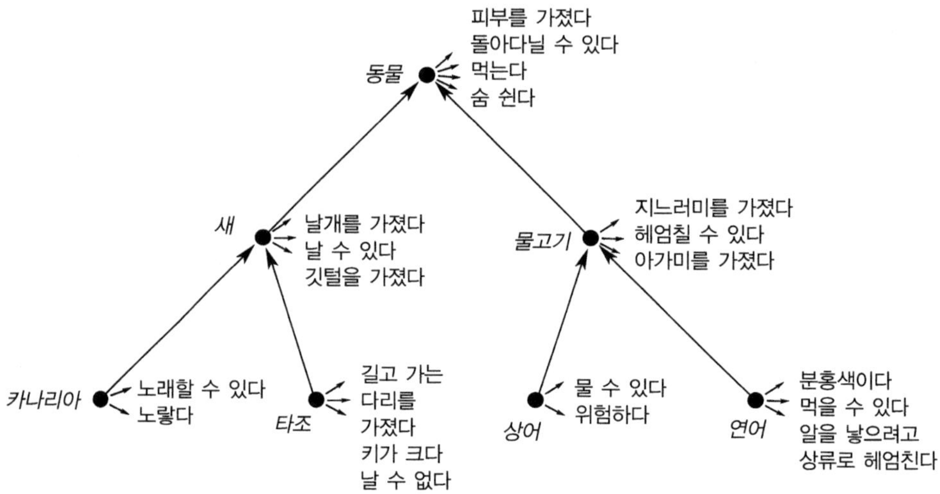

그림 5.1 동물과 관련된 의미 정보의 위계망 모형. (출처: "Retrieval Time from Semantic Memory," by A. M. Collins and M. R. Quillian, 1969, *Journal of Verbal Learning and Verbal Behavior, 9*, p. 241. Copyright © 1969 Academic press. 허락 후 재인쇄.)

마찬가지로, Collins와 Quillian은 의미 정보를 저장할 수 있는 공간이 제한되어 있으므로, 망 조직 내의 한 곳에만 정보를 저장하는 것이 유리할 것이라고 가정하였다. 이러한 원리를 **인지적 경제성(cognitive economy)**이라고 한다. 나아가, 그들은 정보가 가장 상위수준의 가능한 마디에만 저장될 것이라고 가정하였다. 예를 들어, 새가 숨을 쉴 수 있다는 정보는 동물 수준에 저장되어 있다. 왜냐하면 이것은 모든 동물에게 적용되는 사실이기 때문이다. 연구자들은 우리가 모든 마디들에 저장을 하는 것이 아니라 정보를 한번 저장한 다음 관계망을 통해 다른 마디들이 사용할 수 있도록 한다고 주장하였다. 우리는 추론할 수 있기 때문에, 저장 공간을 절약한다는 생각은 어느 정도 장점을 가진다. 이것은 정보가 과다할 때만 발생한다. 그러므로 새가 날 수 있다는 정보는 새 마디에 직접 저장될 것이다.

Collins와 Quillian은 **의미 검증 과제(semantic verification task)**로 그들의 모형을 확인하였다. 이 과제에서 실험참가자는 문장 (6)과 같이 'A는 B다' 라는 형식의 문장을 제시받고, 그것이 참인지 아닌지 최대한 빨리 판단해야만 한다.

(6) An apple is a fruit.

이러한 과제에서 오류는 거의 발생하지 않기 때문에, 주로 측정되는 것은 응답하는

데 걸리는 시간이다. 바로 이 시간이 심성 어휘집에 있는 정보의 조직을 반영하는 것으로 생각된다. 즉, 아무리 빨리 결정하더라도 거기에는 측정 가능한 양의 시간이 필요하고, 이 때 걸린 시간은 심성 어휘집 안에서 상이한 단어들 사이의 '거리'를 반영하는 것이라고 가정된다.

당신이 실험을 조금만 해본다면, 우리가 논의하려는 종류의 자료를 더 잘 이해하게 될 것이다. 친구를 한 명 찾아 표 5.2에 나오는 문장들을 한 번에 하나씩 읽어주라. 그리고 각각의 문장이 참인지 아닌지를 빨리 판단하여 크게 말하라고 요구하라. 이러한 과제가 심리학 실험은 조금 이상하다는 친구의 선입견을 강화할 수도 있다.

만약 당신의 결과가 다른 사람들의 결과와 비슷하다면, 당신은 친구의 응답 중 어떤 것은 매우 빠르다는 것을 발견하게 될 것이다. 어떤 것들은 약간의 웃음을 야기할 수도 있다. 그리고 또 어떤 것은 조금 느릴 것이고 조금은 확신이 없어 보이기도 할 것이다. 당신이 직접 만든 문장들을 사용하여 그것들이 어떤 반응을 보이는지 볼 수도 있다. 이러한 작업을 통해 본 절에서 논의하게 될 자료들에 대한 훌륭한 아이디어를 얻게 될 것이다.

모형으로부터 검증 가능한 예측을 이끌어 내기 위하여 Collins와 Quillian은 의미 정보가 인출되는 방법에 대해 몇 가지 추가적인 가정을 해야만 했다. 전형적인 의미 검증과제에서 어떤 일이 일어나는지 생각해보라. 문장 (7)이 제시될 때, 새 마디와 동물 마디가 모두 활성화될 것이다.

표 5.2 의미 검증 과제에 사용되는 표본 항목들

울새는 새다.
나비는 새다.
울새는 날 수 있다.
거위는 컴퓨터이다.
말은 포유류이다.
토마토는 야채이다.
쥐는 이가 있다.
원숭이는 읽을 수 있다.
피클은 손톱이 있다.
토마스 에디슨이 전화를 발명했다.
문어는 전지로 움직인다.
아브라함 링컨은 턱수염이 있었다.

(7) A bird is an animal.

Collins와 Quillian에 따르면, 이 문장이 참인지 거짓인지를 결정하는 과정은 **교차 탐색(intersection search)**이라는 기제에 의존한다. 일단 이 두 마디가 활성화되면, 그것은 어느 한 마디에서 다른 마디로 신속하게 전달될 것이다. 그들은 문장 내의 두 항목이 교차할 때까지 우리가 관련 정보를 계속해서 검색한다고 가정하였다. 마지막으로 우리는 문장에서 묘사된 관계가 심성 어휘집에서의 관계와도 들어맞는지를 점검할 것이다. 문장 (8)의 경우, 교차는 있겠지만 그 관계를 점검하면 이 문장이 심성 어휘집 안의 정보와 모순된다는 점이 드러날 것이다.

(8) An animail is a bird.

결과적으로, 인지적 경제성과 교차 검색은 *동물은 동물이다* 또는 *동물은 숨을 쉴 수 있다* 에 대해 판단하는 것보다 *새는 동물이다* 또는 *새는 숨을 쉴 수 있다*와 같은 형식을 판단하는 데 더 많은 시간이 걸릴 것이라고 예측한다. 왜냐하면 새의 경우에는 그 문장이 참인지 거짓인지를 결정하기 위해 망 내에서의 관계를 심적으로 살펴보아야 하지만, 동물의 경우에는 그것을 결정하기 위해 관계들을 고려할 필요가 없기 때문이다. Collins와 Quillian 그리고 다른 연구자들(Landauer & Meyer, 1972)의 초기 연구들은 검증 시간에서 그런 관계를 발견하였던 것이다. 그들은 이것을 **범주 크기 효과(category-size effect)**라고 하였다. *A는 B이다* 혹은 *A는 B를 가진다*와 같은 형태의 문장에서 B가 A보다 위계적으로 높이 있을수록 반응시간은 더 길다.

이러한 모형의 문제점이 곧 드러났다. 가장 심각한 것은 그 모형이 어떤 위계 수준에 있는 모든 항목들은 거의 동등하다고 가정하였다는 점이다. 예를 들어, *카나리아*와 *타조*는 *새*의 하위어이거나 종속어이고, *새*로부터 한 수준 떨어져 연결되어 있다. 그러므로 그것들은 검증하는 데 같은 시간이 걸려야 한다. 그러나 사실은 그렇지 않다. 즉, 가정이 일반적으로는 진실인 것 같지만, 대체로 범주의 어떤 예들은 다른 것들보다 더 빨리 검증된다. Smith, Shoben, Rips(1974)는 검증 시간에서의 범주 유사성 효과를 주의 깊게 조사하여, 참인 문장에서는 유사성이 검증 시간을 단축시키고 거짓인 문장에서는 증가시킨다는 결론을 내렸다. 문장 (9)는 문장 (10)보다 시간이 적게 걸리고, (11)은 (12)보다 더 오래 걸린다.

(9) A robin is a bird.

(10) An ostrich is a bird.

(11) A whale is a fish.

(12) A horse is a fish.

일반적으로 이것을 **전형성 효과(typicality effect)**라고 부른다. 즉, 참인 문장에서는 종속어들 중 좀 더 전형적인 항목이 비전형적인 것들보다 검증하는 데 시간이 덜 걸리고, 거짓인 진술에서는 그 반대이다. 위에 나온 예에서 울새는 타조보다 더 전형적인 새이고, 따라서 문장 (9)가 문장 (10)보다 빠르다. 그러나 고래가 물고기는 아니지만 물고기의 전형적인 특징들을 일부 가지고 있기 때문에 문장 (11)은 문장 (12)보다 어렵다.

마찬가지로, 위계 개념에 반하는 결과들이 있다. *콜리(collie)*라는 개에 대한 분류법(taxonomy)는 *콜리*, *개*, *포유류*, *동물*과 같은 연쇄를 포함할 것이다. 이러한 분류법에 따르면, 콜리의 포유류적인 특성에 대한 반응 시간은 *개*와 *동물* 사이 중간쯤 되어야 할 것이다. 그러나 결과는 우리가 *동물*보다 *포유류*에 반응하는 시간이 더 느리다는 것이다. 추측컨대, 이것은 우리가 경험상 포유류라는 범주에 덜 친숙하기 때문일 것이다.

이러한 결과들은 엄격한 인지적 경제성 모형이 심성 어휘집 모형의 좋은 후보가 아님을 시사한다. 그럼에도 불구하고 인지적 경제성 모형이 나온 이유들(예를 들면, 우리가 '*다행히도 바위는 아리스토텔레스를 눈멀게 하지 않았다*' 같은 문장을 이해할 수 있다는 관찰)은 여전히 숙고할 가치가 있다. 모든 속성들이 가장 높은 마디에 단번에 저장된다는 가정은 폐기되어야만 한다.

앞서 포유류에 관한 관찰에서 제시된 대안으로는, 속성들이 망 조직에서 더 친숙한 위치에 저장될 것이라는 주장이다(Rosch, Mervis, Gray, Johnson & Boyes-Braem, 1976). 대부분의 어휘 위계가 단계를 가지고 있고, 두드러진 특징들 대부분은 중간쯤에 위치한다. 이것을 일컬어 **기본 수준 용어(basic-level terms)**라고 한다. 그것들은 아이들이 처음 배우는 말이고, 어떤 개념의 예를 명명하라고 요청받을 때 어른들이 사용하는 용어들이다. 대부분의 사람들이 기본 수준 용어의 속성들을 많이 열거할 수 있다. 위계에서 높은 곳에 있는 항목일수록 훨씬 추상적이다. 예를 들어, *의자*는 기본 수준 용어이고, 우리는 의자의 여러 가지 두드러진 특징들을 파악할 수 있다. 반면에 상위어인 *가구*에는 그런 특징들이 별로 없다. 만약 기본 수준 용어보다 더 아래 위계로 내려간다면, 당신은 *팔걸이의자(armchair)*와 같은 좀 더 구체적인 특징들을 추가할 수 있을 것이다. 결론적으로, 더 많은 속성들이 위계의 가장 높은 수준보다는 기본 수준 용어에 저장된다고 한다면, 위계망 모형은 그럴듯한 설명이라 할 수 있다(Miller, 1991).

활성화 확산 모형

두 번째 대안으로서, 우리는 망 조직의 개념을 유지한 채 위계적 가정을 수정할 수 있다. 이러한 모형을 일컬어 **활성화 확산 모형**(spreading activation model)이라고 한다. 그 한 예로, Collins와 Loftus(1975)는 단어들이 망 조직으로 된 심성 어휘집에 표상되어 있지만, 그 조직이 엄격히 위계적이지는 않다고 가정하였다. 반면에 그 조직은 상호연결된 마디들로 이루어진 그물에 가깝고, 마디 간의 거리는 분류학적 관계 같은 구조적 특징과 전형성, 관련 개념들 간의 연합 정도 같은 고려사항에 따라 결정된다. 그러므로 이 모형은 Collins와 Quillian의 모형과 그들의 모형이 촉발시켰던 비판들을 부분적으로 결합한 것이다. 즉, 개념들이 상호연결된 고리로 저장된다는 생각은 유지되었지만, 모든 관계가 동등하다는 관점은 개정되어, 어떤 마디는 다른 것보다 더 접속하기 쉽고, 그러한 접속 가능성은 사용 빈도와 전형성 같은 요인들과 관련이 있다고 가정하였다.

의미 정보가 인출되는 과정도 이 모형에서 개정되었다. 망 조직을 통한 교차 탐색 대신, Collins와 Loftus는 활성화 확산이라는 과정에 의해 인출이 일어난다고 주장한다. 활성화는 단일 마디에서 시작되어 망 조직을 통해 병렬적으로 확산된다. 이러한 활성화는 거리에 따라 약화되어, 가까이 있는 관련 개념들은 멀리 있는 개념들보다 활성화되기가 쉽다(그림 5.2를 보라). 확산 활성화의 과정은 잔잔한 풀장에 바위를 떨어뜨린 효과와 같다(Wessells, 1982). 파동은 시작된 지점부터 모든 방향으로 확산되고, 그 크기는 원 자극의 강도, 바위가 떨어진 지점과 풀장의 어떤 지점 사이의 거리, 바위가 떨어진 시점으로부터 시간의 경과 등과 같은 요인들에 의해 결정된다.

Collins와 Loftus 모형은 지나치게 엄격한 위계망 모형에서 한걸음 더 나아간 모형이지만 그것에도 한계는 있다. 이 모형에서는 단어의 음운적, 통사적, 형태적 측면에 주의를 기울이지 않았다. 어떤 의미에서, 그것은 단어보다는 개념에 관한 모형이다. *고양이*라는 단어가 많은 다른 단어들과의 연상을 유발하듯이 고양이라는 개념도 많은 다른 개념들과의 연상을 이끌어낸다. 차이점은 *고양이*라는 단어는 자유형태소이며 개방유목어이고, 음소 /k/, / æ /, /t/를 포함하고 있다는 것이다. 고양이에 대한 우리의 지식이 어떻게 조직되는지에 관한 그 어떤 설명이라도 음운적, 통사

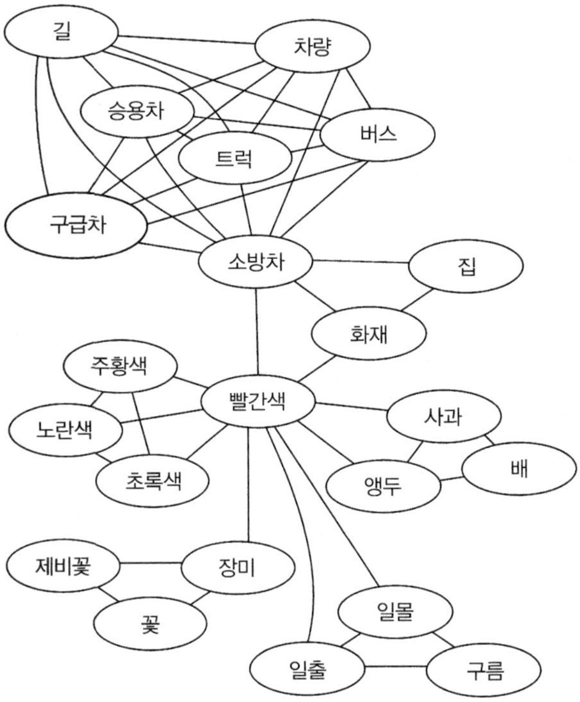

그림 5.2 의미 지식의 활성화 확산 모형. (출처: "A Spreading Activation Theory of Semantic Processing," by A. M. Collins and E. F. Loftus, 1975, *Psychological Review, 82*, p. 412. Copyright © 1975 American Psychological Association. 허락 후 재인쇄.)

적, 형태적 측면을 포함하지 않는다면 불충분할 수밖에 없다.

그림 5.3에서 보듯이, 어휘적 측면과 개념적 측면을 통합한 활성화 확산 모형은 Bock과 Levelt(1994)에 의해 제시되었다. Bock과 Levelt는 우리의 단어 지식이 세 개의 다른 수준에 존재한다고 가정하였다. 첫째는 개념적 수준으로, 이는 개념들을 표상하는 마디들로 이루어져 있고 마디들은 다양한 관계들로 다른 마디들에 연결되어 있다. 이 부분은 Collins와 Loftus의 모형과 매우 흡사하다.

두 번째 수준은 표제어 수준이다. **표제어(lemma)**란 단어 지식의 통사적 측면을 말한다(Bock & Levelt, 1994; Levelt, 1989). 영어 단어 *sheep*(양)은 명사다. 불어 *mouton* 역시 명사지만 그것은 남성이라는 통사적 성별을 가지고 있다. 마찬가지로 *goat*(염소)는 명사고, *chevre* 역시 여성 성별을 가진 명사다. 통사적 명세는 대체로 명사보다 동사에서 더욱 복잡하다. 예를 들어, 동사 *eat*는 주어가 있어야 하지만 (*John ate*), *hit*이라는 단어는 주어와 직접목적어를 둘 다 필요로 한다(*Beth hit*이라고 하지 못하고 반드시 *Beth hit Greg*라고 해야 한다). 이러한 통사적 속성들은 표제어 수준에 포함될 것이다.

마지막으로 어휘소 수준이 있다. **어휘소(lexeme)**는 단어의 음운적 속성 또는 단어가 어떻게 소리나는가를 반영한다. 단어 *sheep*은 / š/, /i/, /p/라는 세 개의 어휘

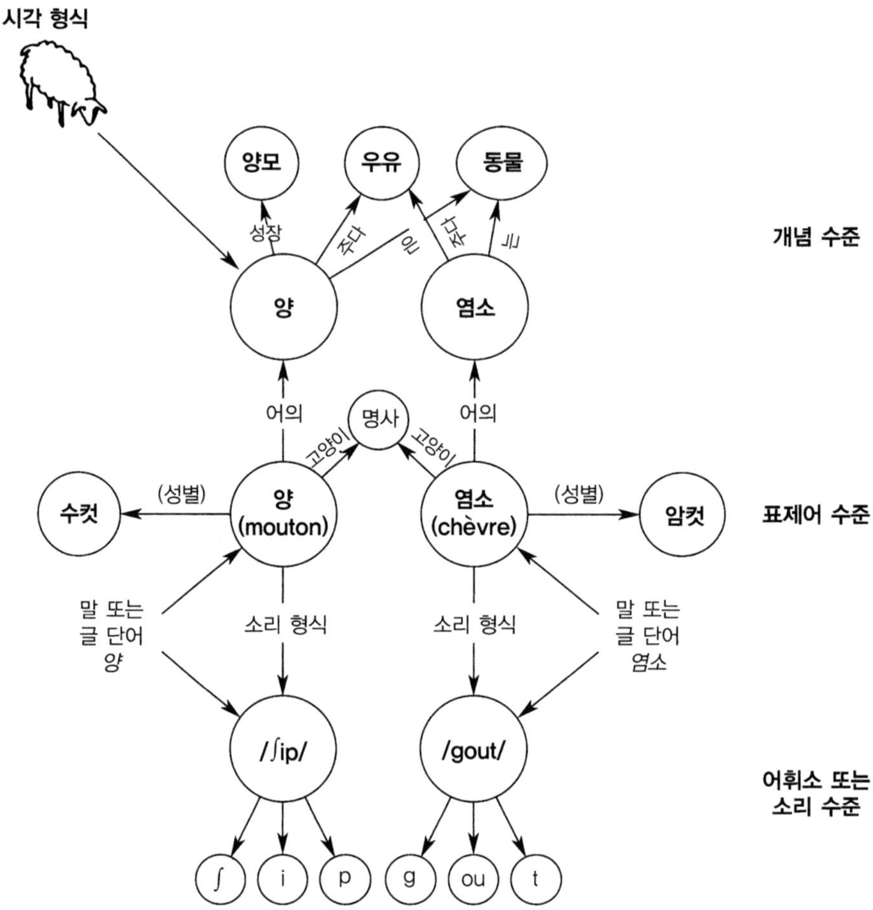

그림 5.3 어휘망의 일부. 화살표는 산출이나 이해 과정 동안의 정보의 흐름이 아니라 망 조직 내의 연결 유형을 나타낸다. (출처 "Language Production: Grammatical Encoding," by K. Bock and W. Levelt. In M. A. Gernsbacher (Ed.), *Handbook of Psycholinguistics*, p. 951. Copyright © 1994, Academy Press. 허락 후 재인쇄.)

소로 이루어져 있다.

이렇게 서로 다른 수준을 구분하는 것은 유용하다. 예를 들어, 이 전에 언급했던 TOT 상태에 관한 연구(Brown & McNeill, 1966)에서, TOT 상태에 있는 사람들이 정확한 단어를 회상하지는 못하지만 비슷하게 소리나는(similar-sounding) 단어를 인출하는(기각하는) 것이 확인되었다. Bock과 Levelt 모형에서 보면, 말하는 사람은 말의 의미(즉, 개념)와 통사적 범주(표제어)를 알지만 음운적 세부특징들(어휘소)을 제대로 모르는 것이다. Miozzo와 Caramazza(1997)의 연구는 이러한 견해를 지지하였다. 이탈리아어 화자들은 그들이 어떤 단어를 모른다고 할 때보다 TOT 상태에 있다고 할 때, 단어의 문법적 성별을 더 잘 추측하였다.

지금까지 공부한 내용을 잠시 정리해 보자. 우리는 먼저 위계망 모형들을 살펴보았고, 그런 다음 몇 가지 한계점을 확인한 뒤, 다른 몇 가지 대안적인 망조직 모형들로 주의를 돌렸다. 다양한 형태의 활성화 확산 모형은 인지심리학과 언어심리학에서 인기가 있었다(예를 들어, Marcel, 1983; Neely, 1977. 1991; Posner & Snyder, 1975). 연구자들은 어휘 정보를 표상하는 좀 더 유연한 방법을 제시하였고, 어휘에 접속할 때 우리가 어떻게 그 정보를 활성화하는지를 강조하였다. Bock와 Levelt(1994)의 모형은 이해(본 장)와 산출(8장에서 다루게 될) 모두에서 어휘 접속을 이해하는 데 매우 유용한 것으로 보인다. 활성화 확산 모형들이 가진 상당한 호소력에도 불구하고 그것들은 우리가 관심을 가지고 있는 단어의 모든 측면들을 다루지는 못한다. 예를 들어, 망 조직은 어의 관계를 강조하지만 단어 의미의 지시적 측면에 대해서는 아무 말도 하지 못한다(Johnson-Laird 등, 1984). 그럼에도 불구하고 활성화 확산 모형은 어휘 조직화와 어휘 접속이라는 개념에 대해 생각해 볼 수 있는 그럴듯한 틀을 제시한다.

요약

의미망 조직은 다양한 관계들로 연결되어 있는, 상호연결된 개념들의 그물이다. 위계망 모형에서 우리는 단어 지식을 의미망 조직 형태에 저장하는데, 어떤 단어는 다른 것보다 망 조직 내에서 더 높은 마디로 표현된다. 비록 위계망 모형이 어떤 결과들은 설명할 수 있지만, 심성 어휘집에 있는 우리의 모든 암묵적인 지식을 나타내기엔 유연성이 부족하다.

반면에 활성화 확산 모형은 엄격하게 위계적이지 않은 망 조직 모형이다. 활성화는 하나의 마디에서 이웃 마디로 확산된다. 개념적, 통사적, 음운적 지식을 통합한 심성 어휘집에 관한 활성화 확산 모형이 현재로선 심성 어휘집에 관해 사용할 수 있는 가장 실제적인 그림을 제공하는 것으로 보인다.

어휘 접속

우리는 심성 어휘집에 저장된 단어 지식의 양상들을 일부 논의하였고, 바로 앞 절에서는 그 모든 정보가 어떻게 조직되어 있는지 살펴보았다. 우리의 다음 과제는 언어를 이해하는 동안 이렇게 조직된 지식에 우리가 어떻게 접속하는지를 설명하는 것이다. 어떻게 접속 과정이 작동하는지에 관한 몇 가지 경쟁 이론들을 살펴보면서 시작하도록 하자.

어휘 접속 모형들

탐색 모형 가장 먼저 제안된 영향력 있는 모형들 중의 하나가 Forster의 자율 탐색형(autonomous search model)이다(1976, 1979; Murray & Forster, 2004). 이 모형에서는 단어 지각 체계가 몇 개의 다른 구성요소들로 나누어져 있다. 어떤 것은 단어의 표기(철자) 속성에 관여하고, 다른 것은 발음 속성에 관여한다. 이들 각각은 빈도가 높은 것부터 차례대로 나열되어 있다. 그러므로 빈도가 높은 단어들은 빈도가 낮은 단어들보다 먼저 탐색된다. 입력된 정보가 두 개의 저장소 중 하나에 들어 있는 항목과 일치할 때, 심성 어휘집에 들어있는 표제어(entry)를 가리키는 지시자(pointer)가 인출된다. 이러한 항목이 인출될 때, 통사적 기능 같은 단어의 다른 속성들도 인출된다.

Foster의 모형은 심성 어휘집이 자율적이거나 언어 처리에 관여하는 다른 체계와는 독립적이라고 가정한다. 그러므로 이 모형에 따르면, 심성 어휘집으로부터의 단어 활성화는 통사적 또는 의미적 요인에 의해 직접적으로 영향을 받지 않는다. 그러나 이런 요인들이 일반 인지 체계(general cognitive system)에는 영향을 미친다. 심성 어휘집으로부터의 정보는 좀 더 일반적인 체계로 공급되고, 이러한 방법으로 통사적/의미적 정보가 단어 활성화에 영향을 주게 된다.

하지만 이 모형도 개정되었다(Forster, 1987, 1989). 원래의 모형은 단일 비교자(comparator)가 유입되는 신호를 음운이나 표기 파일 안의 어휘 표상과 맞추어 본다고 가정하였다. 이것은 탐색해야 할 파일의 수가 많을수록 단어 재인의 속도가 느리다는 점에서 문제를 야기하였다(Lively, Pisoni & Goldinger, 1994). 그러므로 개정된 모형에서는 각 파일 저장소를 위한 별도의 비교자를 가정하였다.

로고젠 모형 Morton(1969)은 초기 활성화 모형 중 하나를 제안하였다. Morton의 모형에는 심성 어휘집 속의 각 단어(또는 형태소)가 **로고젠(logogen)**으로 표시되며, 이것은 단어의 다양한 속성들(의미, 철자, 음운 등)을 명시한다.

로고젠은 두 가지 방식, 즉 감각 입력이나 맥락 정보에 의해 활성화된다. 이 중 감각 경로부터 살펴보자. 입력된 자극의 표기나 음운적 세부특징들이 탐지되면, 그것들은 로고젠과 일치한다. 로고젠은 점수판이나 계수기처럼 작동하는데, 계수기가 사전에 설정된 역치 이상으로 올라갈 때 그 항목은 재인된다.

맥락 정보와 관련하여, 문장의 의미와 통사 구조는 주어진 단어에 대한 로고젠의 활성화에 영향을 미친다. 다음 문장을 살펴보자.

(13) Her closest relative was appointed as her legal guardian.

우리는 이 문장에서 앞에 나오는 단어들에 의해 생성되는 기대로 인해 *guardian*이라는 말을 예측할 수 있다. 앞 단어들의 활성화가 마지막 단어를 위한 로고젠에 영향을 미쳐 일시적으로 그 역치를 낮춘 것이다. 그러므로 이러한 맥락 내에서 *guardian*을 재인하는 것이 홀로 제시되었을 때보다 쉽다(Tulving, Mandler & Baumal, 1964). 원래의 로고젠 모형(Morton, 1969)에서는 서로 다른 단어 간의 연합에 관한 정보는 로고젠 체계 자체에 있지 않고 오히려 로고젠으로 역유입되는 별도의 인지체계에 들어 있었다.

로고젠 모형에서 이러한 두 개의 경로는 병렬적으로 작동하는 것으로 가정된다. 감각과 맥락의 일치는 동일한 계수기의 수를 증가시킨다. 그러므로 많은 감각적 세부특징들이 탐지될 때(단어가 큰소리로 제시될 때처럼), 별로 기대하지 않더라도 그것에 대응하는 단어가 활성화될 것이다. 마찬가지로, 기대되는 단어는 그것이 비록 희미한 불빛에서 제시된다 하더라도 활성화될 것이다. 물론 감각적, 맥락적 세부특징들이 모두 탐지된다면 그 단어는 쉽게 탐지될 것이다.

코호트 모형 **코호트 모형(cohort model)**은 청각적 단어 재인을 설명하기 위한 목적으로 특별히 고안되었다. Marslen-Wilson(1987, 1990)과 그의 동료들(Marslen-Wilson & Welsh, 1978; Marslen-Wilson & Tyler, 1980)은 어휘 접속 모형에서 설명이 필요한 음성 단어 재인(spoken word recognition)의 몇 가지 측면에 주목하였다. 첫째, 청자는 단어 앞부분의 200에서 250ms(1000분의 1초) 내에 매우 신속하게 단어들을 재인한다(Marslen-Wilson, 1987). 둘째, 청자는 단어의 **재인 지점(recognition**

point)에 민감한데, 재인 지점이란 어떤 단어가 다른 가능한 단어들로부터 분리되는 지점이다.

Marslen-Wilson(1987)에 따르면, 음성 단어 재인은 세 단계로 일어난다. 첫째, 입력정보의 음향-음성 분석을 기초로 어휘 후보 집단이 활성화된다. 이 집단을 **단어 초두 코호트(word-initial cohort)**라고 한다. 둘째, 코호트의 한 구성원이 추가적인 분석을 위해 선택된다. 마지막으로, 선택된 어휘 항목은 진행중인 의미적, 통사적 맥락에 통합된다.

코호트 이론은 첫 단계에서 항목들의 초기 활성화가 엄격하게 상향적인 방식으로 이루어진다고 가정한다. 예를 들어, 문장 (14)에서 *bag*, *bat*, *bath*, *bass*와 다른 많은 후보들이 선택을 위해 사용될 것이다.

(14) Angela misplaced her ba...

그런 다음, 후보 코호트는 선택 과정을 거친다. 첫 단계와는 다르게, 선택 단계에서는 음성 입력, 단어 변인(단어 빈도 같은), 진행중인 대화 맥락을 포함하는 다양한 정보 자원에 민감하다. 원래의 코호트 모형에서는 모든 코호트가 완전히 활성화되거나 전혀 활성화되지 않는다고 가정하였다. 그 후 Marslen-Wilson(1990)은 이론을 개정하여, 코호트에서 상이한 항목들의 활성화 수준이 유입되는 신호와의 유사성에 따라 달라진다고 가정하였다. 즉, 신호와 아주 유사한 항목들은 강한 활성화 상태를 유지하고, 다른 것들의 활성화 수준은 떨어지는 것이다.

후보들의 제거는 두 가지 방식 중 하나에 의해 일어난다. 발화된 문장의 맥락이 초두 코호트를 줄이거나, 더 많은 음운 정보가 들어옴에 따라 후보들이 제거된다. 후자의 경우, 발화된 단어가 더 많이 재인될수록 코호트는 한두 가지의 가능성 있는 선택으로 좁혀진다. 예를 들어, *ba-* 다음에 음소 /g/가 들리면 *bag-*으로 시작하는 단어들(bag 또는 bagpipe 등)만 초두 코호트에 남게 될 것이다. 더 많은 자극 정보를 받아들일수록 후보들의 수는 줄어들고 결국 하나의 후보만 남을 것이다. 최종적으로, 선택된 단어는 연결된 담화에 들어맞게 된다.

코호트 모형은 탐색 모형과 로고젠 모형의 장점들을 취합한 것이다. 로고젠 모형과 같이, 하지만 탐색 모형과는 다르게, 코호트 모형은 다중의 단어 후보들이 병렬적으로 처리된다고 가정한다. 그리고 탐색 모형과 같이, 하지만 로고젠 모형과는 다르게, 초기 과정은 엄격히 상향적이다. 나아가, 음성 단어 재인에 특별한 주의를 기울임으로써, 코호트 모형은 다른 모형들보다 좌에서 우로의 속성을 가진 말소리에 더 민감하다. 그러므로 이것은 단어가 끝나기도 전에 긴 단어(예를 들어 *catastrophe*, *재해*)를 우리가 어떻게 재인할 수 있는지를 설명하기에 가장 좋은 모형이다.

이러한 접속 모형을 기억하면서, 이제 심성 어휘집으로부터 우리가 단어들을 얼마나 쉽게 활성화할 수 있는지에 영향을 미치는 변인들을 몇 가지 살펴보자.

어휘 접속에 영향을 주는 변인들

기억에 들어있는 어휘 정보에 접속하거나 그것을 인출하는 과정은 수많은 요인들에 의해 영향을 받는다. 그러한 요인들 중에는 단어의 빈도, 통사적 범주, 형태적 복잡성, 의미적으로 관련된 단어를 보았는지 그리고 그 단어가 중의적인지 하는 것 등이 있다.

단어 빈도 단어 빈도의 역할은 Foss(1969)가 수행한 **음소 탐지(phoneme monitoring)** 연구에서 확인되었다. 이 과제에서 실험참가자는 연속적인 말소리 구절(speech passage)을 듣고, 두 가지 일, 즉 말소리 구절을 이해하면서, /b/ 같은 표적 음소를 찾아야 한다. 어떤 경우에는 표적 음소가 고빈도 단어 다음에 나오고, 다른 경우에는 저빈도 단어 다음에 제시된다. 결과는 분명했다. 탐지 시간은 저빈도 단어 다음에서 약간 증가하였다.

이 결과에 대한 Foss의 설명을 들어보자. 두 과제－음소 탐지와 이해－모두 제한된 자원을 공통으로 사용한다고 가정할 때, 하나의 과제가 더 어려워지면, 이것이 다른 과제의 수행에 영향을 줄 것이다. 저빈도 단어들 때문에 이해가 방해를 받는다고 가정해 보자. 그러면, 이들 단어에 접속하는 것이 느려지고, 따라서 그것들이 포함된 문장을 이해하는 것은 더 어려워질 것이다. 그러므로 이해 과제가 더 힘들수록 음소탐지과제에 사용할 수 있는 자원은 줄어들게 된다. 그 결과, 저빈도 단어에 대한 탐지시간은 증가하게 된다.

음소탐지 연구들에 많은 논란이 있었고, 거기서 얻어진 결론 중 일부에 의문이 제기되었다(예를 들어, Ferreira와 Anes, 1994를 보라). 일반적으로, 좋은 실험 방략이란 어떤 현상을 탐구하기 위해 몇 개의 상이한 방법을 사용하고, 상이한 접근들이 비슷한 결론으로 수렴되는지를 살피는 것이다. 따라서 단어의 빈도가 어휘 접속에 영향을 미친다는 증거를 시각적 과제에서 찾는 것이 도움이 될 것이다.

표 5.3 어휘 판단 실험

목록 1	gambastya, revery, voitle, chard, wefe, cratily, decoy, puldow, raflot, oriole, voluble, boovle, chalt, awry, signet, trave, crock, cryptic, ewe, himpola
목록 2	mulvow, governor, bless, tuglety, gare, relief, ruftily, history, pindle, develop, gardot, norve, busy, effort, garvola, match, sard, pleasant, coin, maisle

비고 : 본문 속의 지시를 보라.

출처 : "Words and Meaning; From Primitives to Complex Organization," by K. Hirsh-Pasek, L. M. Reeves, and R, Golinkoff, In J. B. Gleason and N. B. Ratner (Eds.), *Psycholinguistics*, p. 138, Harcourt Brace Jovanovich, 1993.

어휘 접속 연구에서 유용하게 사용되어 온 시각적 과제는 **어휘 판단 과제(lexical decision task)**이다. 이 과제에서 실험참가자는 글자열을 보고 그것이 단어인지 아닌지를 신속하게 판단하여야 한다. 일반적인 어휘 판단 과제에서는 자극이 한번에 하나씩 제시되지만, 표 5.3을 보면 이러한 연구가 어떻게 수행되었는지에 대한 아이디어를 얻을 수 있다. 목록 1과 2 모두 단어와 비단어로 구성되어 있다. 각 목록에 있는 각각의 항목에 대해 그것이 단어이면 yes, 비단어이면 no라고 소리내어 말해야 한다. 한 손에 스톱워치를 들고 각 목록을 끝내는 데 시간이 얼마나 걸리는지를 측정해 보라.

목록 1에 있는 단어들이 목록 2에 있는 단어들보다 빈도가 낮기 때문에, 목록 2보다 목록 1을 끝내는 데 시간이 좀 더 걸릴 것이다. 많은 연구들이 이런 과제에서 빈도가 반응시간에 영향을 미친다는 것을 보여주었는데, 대체로 고빈도 단어들에 대한 반응지속시간이 짧다(Rubenstein, Garfield & Milliken, 1970; Whaley, 1978).

Rayner와 Duffy(1986)는 단어 빈도가 정상적인 읽기에서도 어떤 역할을 한다는 것을 발견하였다. 그들은 글을 읽는 동안 단어들에 대한 안구의 응시를 측정하여, 고빈도 단어보다 저빈도 단어에 80ms 정도 더 길게 응시한다는 것을 밝혔다. 그 정도 크기의 차이는 어휘 판단 연구에서 발견된 것과 비슷하다. 어휘 판단이나 음소탐지 같은 과제들이 실험실 밖에서 일어나는 언어 처리를 반영하지 못하고 '인위적'이라는 비판을 받아왔기 때문에, 이런 결과는 중요한 의미를 지닌다. 그러나 이런 과제의 목적은 정상적인 읽기 과정의 한 측면을 분리해내는 것이지, 일상적인 읽기와는 무관한 과제를 만들어내는 것이 아니다. Rayner와 Duffy의 결과가 시사하는 바는 읽기와 좀 더 특수한 과제에서 비슷한 결과가 나왔기 때문에, 후자가 정상적인 읽기 과정을 반영한다는 것이다.

음운 변인 단어 빈도뿐만 아니라 어휘 접속은 본 장의 앞부분에서 논의되었던 다른 종류의 정보—음운, 통사, 형태, 의미 정보—에 의해서도 영향을 받는다. 음운 변인부터 이야기해 보기로 하자. 4장에서 말소리 지각에 관한 개관, 특히 연속적인 말소리의 지각에 대한 설명은 단어 재인이 강세와 억양 패턴 같은 운율 요인에 의해서 영향을 받는다는 사실을 분명히 보여주었다. 또한 우리는 이 과정에서 상향 요인과 하향 요인이 계속적으로 상호작용한다는 것을 배웠다. 우리는 부분적으로는 단어를 구성하는 음소를 파악하기 때문에, 또 부분적으로는 그보다 큰 단어, 문장 또는 담화 맥락 때문에 단어를 재인하게 된다.

마찬가지로, 8장에서 보게 되겠지만, 우리는 발화 실수를 할 때 때때로 비슷한 소리의 단어를 우리가 의도했던 단어와 바꾸기도 한다. 그러므로 말 산출 과정의 한 단계 또는 일부는 단어의 소리를 인출하는 일이 될 것이다.

통사적 범주 앞서 보았듯이, 고빈도 단어와 저빈도 단어는 어휘 접속에서 분명한 차이가 난다. 하지만 단어 빈도 효과는 개방 유목어에만 해당된다. 폐쇄 유목어에서 고빈도 단어와 저빈도 단어의 인출 속도에는 차이가 없다(Bradley 등, 1980). 폐쇄 유목어에서 그러한 차이가 없다는 것은 상이한 통사적 범주들로부터 단어를 인출하는데 별도의 경로가 있음을 시사한다.

형태적 복잡성 처리라는 관점에서 보면, 단어의 접사(접두사와 접미사)와 어간 또는 어근 부분을 구분하는 것은 의미가 있다. 이것은 형태소나 접사의 수가 상대적으로 적고, 비슷한 의미로 계속해서 사용되기 때문이다. 사실, 새로운 단어들은 규칙적으로 만들어지고(예를 들어, *desensitize*) 쉽게 해석된다.

이런 점 때문에 많은 연구자들은 형태소 정보와 어간 정보가 심성 어휘집에 따로 조직되어 있다고 주장하게 되었다(MacKay, 1978; Marslen-Wilson, Tyler, Waksler & Older, 1994; Taft, 1981; Taft & Forster, 1975). 이러한 견해에서 볼 때, *decision* 같은 단어는 어간인 *decide*와 함께 *-ion*을 위한 분리된 표상이 저장될 것이다. *decision*을 인출할 때 어간과 형태소는 결합된다. 이런 형태의 배열(arrangement)에 대한 한 가지 주장은 우리가 단어의 다양한 형태를 모두 저장할 필요가 없고 달리 언어 전반에 걸쳐 사용되는 어간과 형태소 집합만 저장하면 되기 때문에 저장 공간을 생각할 때 훨씬 경제적이라는 것이다. 하지만 이러한 배열은 단어들의 처리를 복잡하게 한다. 즉, 하나의 단어에만 접속하는 대신 어간과 형태소 모두에 접속하여 그것들을 결합해야만 한다. 두 가지 주장, 즉 독립 저장과 결합 저장 중에 어느 것이 더 선호되는지는 분명하지가 않다.

어간과 형태소가 독립적으로 저장된다는 약간의 증거가 MacKay(1978)에 의해 제시되었다. 그는 사람들에게 동사(*decide*)를 들려주고 관련 명사(*decision*)를 최대한 빨리 만들라고 요구하였다. MacKay는 그러한 반응을 하는 데 걸리는 시간이 파생 복잡성에 따라 달라진다는 것을 발견하였다. 접미사 *-ment*는 *-ence*보다 언어학적으로 간단하고, *-ence*는 *-ion*보다 간단하다. 왜냐하면, 다른 두 접미사와는 달리 *-ion*은 동사에서 명사로 변형될 때 모음의 변화를 수반하므로 접미사 *-ion*이 가장 복잡하다. 그리고 *-ence*는 종종 음절의 재집단화를 필요로하므로 *-ment*보다 복잡하다. *government*에서 /n/은 음절 끝에 남지만(*go-vern-ment*), *existence*에서 /t/ 는 어간 음절의 끝에서 새로운 음절의 시작으로 이동한다(*ex-is-tence*). MacKay는 *government*, *existence*, *decision* 같은 단어를 산출하는 데 걸리는 시간이 언어적 복잡성을 반영한다는 것을 발견하였다.

Taft와 Forster(1975)도 비슷한 결론을 도출하였다. 그들은 단어가 먼저 형태소 성분들로 분석되고, 그 다음에 어간에 접속한다고 가정하였다. 그러므로 단일 형태소 단어는 곧바로 접속될 것이다. 하지만 접두사가 있는 단어는 일단 접두사를 떼어내는 단계를 거쳐야 한다. 접두사가 떨어지고 나서야 어간 검색이 시작된다. 그것이 성공적이라면, 마지막 단계는 접두사와 어간을 비교하여 그것들이 적합한지 알아보는 것이 될 것이다. 이러한 다중단계 과정을 지지하는 증거들이 어휘판단 실험에서 발견되었다. Snodgrass와 Jarvella(1972)는 접두사가 없는 단어보다 접두사가 있는 단어에서 반응 시간이 길다는 것을 발견하여, 접두사 제거 단계라는 가정을 지지하였다.

또한, Taft(1981)는 접두사를 가진 단어(*remind* 같은)가 '유사접두사(pseudo-prefixes)'를 가진 단어(*relish* 같은)보다 어휘 판단 시간이 짧다는 것을 발견하였다. Taft와 Forster 모형에 따르면, 우리가 *relish*를 볼 때는 유사접두사 *re-*가 떨어져 나가고 *-lish*에 대한 검색이 이루어진다. 이 검색은 실패하고, 그 후에야 *re-*가 *-lish*에 다시 붙어서, 단어 *relish*에 대한 검색이 성공하게 될 것이다. 그러므로 검색의 실패가 판단 시간이 길어진 이유일 것이다. Lima(1987)는 단어를 읽을 때의 안구 응시를 조사하여 비슷한 결과를 얻었다. 유사접두사를 가진 단어는 접두사를 가진 단어보다 응시 시간이 더 길었다. 그러한 결과는 두 집단의 단어들이 빈도, 길이, 통사적 범주 그리고 어휘 접속에 영향을 주는 것으로 알려진 다른 변인들에서 비슷할 때도 여전하였다.

단어를 형태소 성분으로 분해하는 것이 경우에 따라서는 유용한 방략 같지만, 일부 보고들은 그것이 항상 사용되지는 않을 것임을 시사한다(Rubin, Becker & Freeman, 1979). Rubin과 그의 동료들은 자극 목록에 접두사가 있는 단어가 50% 포함되어 있을 때에만 접두사를 가진 단어와 유사접두사를 가진 단어 사이의 어휘 판단 시간에서 차이가 있다는 것을 발견하였다. 접두사를 가진 단어의 비율이 10%일 때는 둘 사이에 차이가 없었다. 이것은 단어를 형태소 성분으로 분석하는 과정이 다양한 단어 유형들의 발생 빈도에 어느 정도 의존한다는 것을 시사한다. 일부 빈번하게 마주치는 단어들(*impossible* 같은)은 단일 어휘 항목으로 기억에 표상되고, 흔치 않는 단어들(*imperceptible* 같은)은 어간 + 접사 형태로 저장될 것이다. 만약 그렇다면, 이것은 다음 절에서 논의하게 될 약한 인지적 경제성이라는 개념과 일치할 것이다.

의미 점화 이전에 제시된 단어가 의미적으로 관련된 다른 단어를 활성화시킬 때 **의미점화(semantic priming)**가 일어난다. 점화 과제는 두 단계로 이루어진다. 첫 번째 단계에서는 점화 자극이 제시된다. 종종 점화어에 대해서는 아무런 반응도 요구되거나 기록되지 않는데, 이는 점화어 자체에 대한 반응에 관심을 갖는 경우는 없기 때문이다. 두 번째 단계에서는 두 번째 자극(표적)이 제시되고, 실험참가자가 그것에 대해 어떤 반응을 하면 그것에 대한 반응 시간이 기록된다. 반응은 여러 가지 형태로 이루어질 수 있지만, 가장 흔하게 사용되는 두 가지 과제는 사람들에게 단어를 명명하도록 요구하거나 글자열이 단어인지 아닌지를 판단하게 하는 것이다. 점화 조건에서 표적에 반응하는 데 걸리는 시간은 점화 자극이 없거나 다른 점화 자극이 제시된 조건과 비교된다.

한 예가 Meyer와 Schaneveldt(1971)의 연구에서 제시되었다. 그들은 어휘 판단 과제를 사용하여 표적 *butter*를 단어로 분류하는 데 필요한 시간이 점화 자극에 따라 달라진다는 것을 발견하였다. 반응시간은 점화어가 *nurse*일 때보다 *bread*일 때 더 짧았다.

어휘 중의성 한 단어가 하나 이상의 의미를 가진 것으로 해석되는 중의성의 형태를 **어휘 중의성(lexical ambiguity)**이라고 한다. 어휘 중의성 연구는 흥미로운 질문들을 많이 불러일으키기 때문에 지금까지 수많은 연구들이 수행되었다. 중의적인 단어는 심성 어휘집에 하나 이상의 표상을 가지는가? 중의적인 단어를 보거나 들을 때 우리는 단어의 여러 의미를 동시에 고려하는가? 문장 맥락이 중의적인 단어의 처리에 어떤 식으로 영향을 미치는가? 앞으로 보게 되겠지만, 중의성은 언어의 중요한 속성이기 때문에, 언어 처리에 관한 이론이라면 반드시 중의적인 의미들이 처리되고 해소되는 과정을 설명할 수 있어야 한다.

이런 경우 내성법은 별로 도움이 되지 못하는데, 왜냐하면 우리는 대체로 들은 단어의 다중 의미를 인식하거나 기억하지 못하기 때문이다. 그러나 몇 가지 예외는 있다. 문장 (15)를 소리 내어 친구에게 읽어주고 반응하게 해보라.

(15) Rapid righting with his uninjured hand saved from loss the contents of the capsized canoe.

대부분의 사람들은 두 번째 단어인 *righting*을 *writing*으로 듣는데, 아마도 *writing*이 더 흔한 의미이기 때문일 것이다. 더구나 우리가 문장의 끝에 이르기 전까지는 이런 해석을 반박할 단서가 문장 내에 없다. 주관적인 인상은 우리가 한 가지 의미에 사로잡혀 오류를 발견하기 전까지 그것을 가져간다는 것이다(Lashley, 1951). 그러나 실험 결과가 이런 주관적인 인상을 지지해주는가?

Foss(1970)는 처음으로 어휘 중의성 연구에 음소탐지 기법을 적용한 연구자였다. 그는 청자에게 문장 (16)에서와 같은 중의적인 단어가 포함된 문장을 제시하였다.

(16) The man started to drill before the truck arrived.

바로 다음 단어의 첫 음소(여기서는 *before*의 /b/) 탐지하는 데 걸리는 반응시간은 중의적인 단어 뒤에서 약간(약 50ms까지) 증가하였다. Foss는 이러한 결과를 중의적인 단어가 가진 하나 이상의 의미를 활성화하는 과정 때문이라고 보았다.

Cairns와 Kamerman(1975)은 이러한 결과를 확장하였다. 그들은 중의적인 단어와 탐지될 음소 사이의 시간을 다양하게 하여, 어휘 중의성과 관련된 처리부담의 증가가 매우 일시적이라는 것을 발견하였다. 만약 음소가 두 음절 정도로 지연되면, 중의적인 단어로 인한 처리시간의 증가는 사라졌다. 이러한 결과는 비록 중의적인 단어의 다중 의미를 짧게 생각하긴 하지만, 중의성은 신속하게 해소된다는 것을 시사한다. 아마도 이것이 우리가 활성화된 다중 의미에 대해 내성적 자각을 거의 하지 못하거나 자각이 없는 한 가지 이유일 것이다.

우리가 중의적인 단어의 다중 의미를 순간적으로 고려한다고 하지만, 과연 우리가 그렇게 하는지는 의문이다. 결국 대부분의 맥락에서는 하나의 단어 의미만이 적절하다. 이것은 선행하는 의미 맥락이 이런 과정을 무효화할 수 있는가 하는 의문을 야기한다. 특히, 중의적인 단어의 하나 또는 다른 의미로 편향된 맥락이 적절한 의미를 선택적으로 활성화할 수 있는가? 이 질문은 우리가 이미 다루었던 일반적인 의문 즉, 언어 이해에서 상향 처리와 하향 처리의 상대적 중요성이라는 문제의 구체적인 형태이다. 여기서 하향 처리는 개별 어휘 항목의 지각에 미칠 수 있는 맥락의(문장의) 효과를 말하고, 상향 처리는 부적절한 단어 의미들까지도 다중 활성화되는 것을 의미한다. 그렇다면, 의문은 부적절한 단어 의미들을 활성화할 필요가 없는 맥락상의 이유가 있을 때도 그렇게 하는가 하는 것이다.

Swinney(1979)는 교차양상 어휘 판단 과제(cross-modal lexical decision task)를 사용하여 이런 의문을 풀고자 하였다. 실험참가자들은 강하게 편향된 의미 맥락에서 어휘 중의성을 포함하는 문장을 들었고, 동시에 시각적으로 제시되는 글자열에 대한 어휘 판단 과제를 수행하였다. 글자열의 일부는 중의적인 단어 의미들 중 하나와 의미적으로 관련되어 있다. 예를 들면, 실험참가자는 문장 (17)과 같은 것을 들었다.

(17) Rumor had it that, for years, the government building has been plagued with problems. The man was not surprised when he found several spiders, roaches, and other bugs in the corner of his room.

여기에서 중의적인 단어는 *bugs*이고, 편향된 맥락은 첩자라는 의미보다 벌레라는 의미에 더 가깝다. 실험참가자들은 *bugs*라는 단어를 들으면서 맥락적으로 관련된 단어(*ant*)와 맥락적으로 부적절한 단어(*spy*) 또는 무관한 단어(*sew*)를 보았다. Swinney는 중의성이 나타난 후 즉시 시각 단어들이 따라올 때, 중의적인 단어의 의미 중 어느 하나와 관련된 시각적 단어들에 대한 판단시간이 무관련된 단어들에 대한 반응시간보다 짧다는 것을 발견하였다. 그러나 시각적 단어들이 중의성이 나타난 후 네 음절 뒤에 제시될 때에는 맥락적으로 적절한 의미만이 촉진되었다. 이러한 결과와 다른 유사한 결과들(Onifer & Swinney, 1981; Seidenberg, Tanenhaus, Leiman & Bienkowski, 1982)은 강하게 편향된 맥락이 존재할 때조차도 중의적인 단어들의 다중 의미들이 짧게나마 활성화된다는 것을 시사한다.

어휘 중의성의 다른 한 가지 측면, 즉 다양한 단어 의미들의 상대적 우위 또는 사용 빈도라는 것을 논의에 포함시킬 필요가 있다. 일부 중의적인 단어들은 빈도가 거의 비슷한 다중 의미들을 가지고 있다. 그리고 어떤 중의적인 단어들의 경우에는 한 의미가 다른 의미보다 분명히 우세하다. 단어 빈도에 관한 앞에서의 논의를 고려할 때, 자주 사용되는 의미는 자주 사용되지 않는 의미보다 접속하기가 쉽다고 가정하는 것이 옳을 것이다.

Hogaboam과 Perfetti(1975)는 중의적인 단어를 가진 문장들을 구성하였는데, 단어의 일차적 의미와 이차적 의미 중 하나만이 문장에 적절하였다. 예를 들어, 단어 *letter*는 두 개의 다른 의미, 즉 어떤 사람이 다른 사람에게 보낸 글(편지라는 의미) 또는 알파벳의 한 요소(알파벳 문자)로서의 의미를 갖고 있다. (18)과 같은 문장은 편지라는 우세한 의미의 활성화를 필요로 하고, (19)과 같은 문장을 이해하기 위해서는 이차적인 어의의 활성화가 필요하다.

(18) The jealous husband read the letter.

(19) The antique typewriter was missing a letter.

Hogaboam과 Perfetti는 실험참가자들에게 이러한 일련의 문장들을 제시하면서 문장의 마지막 단어가 중의적인지 아닌지를 판단하게 했다. 판단 시간은 문장이 이차적인 어의를 필요로 할 때가 일차적인 의미를 필요로 할 때보다 빨랐다.

이러한 결과는 우리의 직관과 반대되는 것처럼 보일 수 있다. 하지만 단어가 중의적인지를 판단하는 데 무엇이 관여하는지를 생각해 보라. 중의적인 단어의 다양한 의미가 심성 어휘집의 개별 위치에 저장되어 있다고 가정하면, 이 과제에서 우리는 일차적 의미를 찾아야 할뿐만 아니라 그 단어가 덜 일반적인 의미를 가지고 있는지도 확인해야만 한다. 추측컨대, 일반적인 의미는 쉽게 활성화되고 따라서 다른 의미를 찾는 데 걸리는 시간은 이 과제에서 반응 시간과 좀 더 직접적으로 관련될 것이다. 문장 (19)에서 맥락은 이차적 의미를 위한 단서를 제공하고, 만약 우리가 일차적 의미가 언제든지 접속 가능하다고 가정한다면, 반응시간은 상대적으로 빠를 것이다. 그러나 문장 (18)에서는 맥락과 의미 빈도 모두가 같은 방향을 가리키고 있고, 따라서 문장의 이차적 의미를 찾는 것이 어려울 수 있다.

안구 운동 연구들도 같은 점을 지적하였다. 두 의미가 강도 면에서 거의 동등한 중의적인 단어는 한 가지 의미가 훨씬 더 빈번한 중의적인 단어와 비교했을 때, 응시 시간이 더 길다. 실제로, 후자의 경우와 중의적이지 않은 단어들 간에는 응시시간에 차이가 없다. 불균형적인(unbalanced) 중의적인 단어의 덜 빈번한 의미에 접속해야 할 때는 고정 시간이 증가한다(Duffy, Morris & Rayner, 1988; Rayner & Frazier, 1989).

의미 빈도의 이러한 요인을 기억하면서, 맥락이 단어 활성화에 어떻게 영향을 미치는지 살펴보도록 하자. 이미 보았듯이, 여러 연구들은 강한 선행 맥락을 가지고 있더라도 우리가 중의적인 단어의 다중 의미들을 활성화함을 보여주었다(Swinney,

1979). 그러나 분명히 우세한 의미와 부수적인 의미를 갖는 중의적인 단어(즉, 불균형 단어)를 볼 때는 그림이 약간 달라진다. 이 경우에, 우세한 의미로 맥락이 편향되어 있으면 우세한 의미만이 활성화되었다(Tabossi, 1988). 따라서 우세한 의미와 편향된 맥락 모두 어떤 하나의 의미 활성화로 향할 때, 어휘 접속은 선택적일 수 있는 것이다.

전반적인 결과 형태뿐만 아니라 위에 소개된 후자의 결과는 앞서 논의했던 로고젠 모형의 관점에서 이해될 수 있다. 중의적인 단어의 각 의미들이 자신의 로고젠과 함께 역치를 가지고 있다고 가정해 보라. 역치는 고빈도 의미에서 낮을 것이다. 그리고 주변 문장의 맥락적 특징들뿐 아니라 각각의 로고젠까지 활성화되었다고 가정해 보라. 두 가지 의미의 정확한 균형과 맥락의 속성에 따라 다른 종류의 결과가 나온다. 중성적인 맥락에 제시된 균형 단어들은 두 개의 역치가 매우 비슷하기 때문에 두 개의 의미가 다 활성화될 것이다. 그러나 불균형 단어들은 우세한 의미가 부수적인 의미보다 훨씬 낮은 역치를 갖고 있기 때문에 강하게 편향된 맥락은 우세한 의미를 선택적으로 활성화하기에 충분할 것이다. 간단히 말해, 의미 우세성과 선행하는 맥락이 결합하여 단어 의미의 활성화에 영향을 주는 것이다(Simpson, 1994; Tabossi, 1988; Simpson과 Krueger, 1991도 보라).

문장 (15)으로 돌아가서, 맥락과 빈도 모두 '무언가를 바르게 세운다' 라는 의미보다는 '손으로 쓴다' 라는 단어 의미에 호의적임이 분명하다. 더욱이, 적절한 의미를 고려한 이러한 판단은 매우 빨리 이루어지고, 편향된 맥락(*전복된 카누*)은 훨씬 나중에 나타나는 것을 고려할 때, 우리가 이 경우에 잘못된 의미를 선택한다는 것은 놀라운 일이 아니다.

어휘 접속 모형들에 대한 평가

앞서 논의하였던 모형들이 어휘 접속에 관해 우리가 배운 내용들과 잘 조화되는가? 어떤 점에서는 상당히 잘 맞는다고 할 수 있다. 예를 들어, 모든 모형들은 단어 빈도 효과를 설명한다. 로고젠 모형에서는 단어와 마주칠 때마다 로고젠의 역치는 일시적으로 낮아진다. 즉, *심장*(heart)이라는 단어가 제시된 후에는 더 적은 감각 정보(예를 들어, 더 작은 소리)만으로도 그 단어를 재인할 수 있게 된다. 고빈도 단어에서 낮아진 역치로부터의 회복은 저빈도 단어에서만큼 완전하지 않으므로 재인에 필요한 감각 정보는 훨씬 적다.

탐색 모형에서는 단어들이 다양한 파일에 어떻게 저장되는가 하는 것으로 빈도 효과를 설명한다. 고빈도 단어들은 저빈도 단어들보다 파일의 위쪽에 저장되고, 탐색 과정은 꼭대기에 있는 파일부터 시작된다. 따라서 어휘 접속은 고빈도 단어들이 훨씬 더 빠르다. 코호트 모형에서는 많은 단어 후보들이 초기 접속 단계에서 활성화되나 후속 선택 단계에서 더 빈번한 단어들이 선택된다고 본다. 간단히 말해, 모든 모형은 단어의 빈도 효과를 설명할 수 있다. 각각의 경우에 중의적인 단어들의 일반적 의미와 덜 일반적 의미의 차별적인 접속은 아날로그식으로 처리된다.

마찬가지로, 각 모형은 의미 점화를 설명할 수 있다. 로고젠 모형에서는 점화어와 관련된 로고젠의 역치가 신속하게 일시적으로 감소한다고 가정함으로써 점화를 설명한다. 코호트 모형은 점화어가 초두 코호트 목록에 있는 후보들의 집합을 줄이고, 더 짧은 초두 코호트는 표적 단어의 재인을 빠르게 한다고 가정한다. 탐색 모형은 점화 단어를 사용하여 다음에 올 수 있는 단어들의 목록을 만든다고 가정한다(Becker, 1979). 이 모형에서는 점화가 자동적인 처리라기보다는 통제적인 처리라고 생각한다(Neely, 1977을 보라).

빈도와 점화를 벗어나면, 어휘 접속에 영향을 미치는 모든 범위의 요인들을 설명함에 있어 코호트 모형이 우위를 점하는 것으로 보인다. 코호트 모형은 음성 단어 재인의 시간 과정에 대해서 명료하고, 단어 내의 상이한 위치에 있는 음들이 어떻게 재인에 영향을 미치는지를 잘 설명할 수 있다(Lively 등, 1994). 예를 들어, 앞 장에서 살펴본 따라말하기 연구(Marslen-Wilson & Welsh, 1978)에서 단어 끝에 가까운 음소들이 단어 앞부분의 음소들보다 더 잘 복원되었다. 이것은 초기 분석이 좀 더 상향적이고 후기 처리는 좀 더 하향적이며, 우리가 단어를 좌에서 우로 처리한다는 생각과 잘 맞는 것 같다.

요약

어휘 접속은 단어의 빈도, 음운 구조, 통사적 범주, 형태소 구조, 의미적으로 관련된 단어의 존재, 단어의 또 다른 의미의 유무 같은 다양한 요인들로부터 영향을 받는다. 자주 사용하는 단어와 의미는 덜 자주 사용하는 단어와 의미보다 더 잘 준비된 상태에 있는 것처럼 보인다. 우리는 친숙하지 않은 단어들과 만날 때 형태소 구조에 의존한다.

상당히 많은 연구들이 우리가 어떻게 어휘적으로 중의적인 단어에 접속하는지를 조사하였다. 어떤 연구들은 우리가 중의적인 단어의 모든 의미를 순간적으로 고려한다고 주장한다. 그러나 선행하는 맥락이 단어의 가장 우세한 의미를 점화할 때 어휘 접속은 선택적일 수 있다.

이러한 결과들을 설명하기 위해 세 가지 모형이 발전되었다. 능동적 탐색 모형, 로고젠 모형, 코호트 모형은 각각 연구 결과들 중 일부를 설명할 수 있으나, 그 중 코호트 모형이 모든 결과들을 가장 잘 설명할 수 있는 것으로 보인다.

복습 문제

1. 전형성이 어떻게 참/거짓 진술에 대해 반대되는 방식으로 의미검증 시간에 영향을 미치는가?
2. 활성화 확산 모형이란 무엇인가?
3. 어휘 접속을 위한 탐색, 로고젠, 코호트 모형을 비교하고 대조하라.
4. 단어의 의미에 지시 외에도 다른 많은 것들이 있는 이유는 무엇인가?
5. 복합 형태소 단어에 들어있는 형태소들을 우리가 기억에 분리된 단위로 저장한다는 것을 시사하는 증거는 무엇인가?
6. 어떤 상황하에서 우리는 어휘적으로 중의적인 단어들의 모든 의미를 활성화하는가? 그리고 어떤 상황하에서 이 활성화가 좀 더 선택적인가?
7. 굴절 형태소와 파생 형태소의 차이를 설명하라.
8. 동의어와 상위어, 하위어, 부분어의 차이를 설명하라.
9. *새는 숨을 쉴 수 있다*와 같은 잉여 정보를 의미망에 저장하는 것의 장점과 단점은 무엇인가?
10. 설단현상(TOT)을 설명하라.

생각해 볼 문제

1. 본 장의 개념들을 사용하여 TV 게임 쇼를 분석하라. 의미의 어떤 측면들이 활용되고 있는가? 그것들은 어떻게 접속되는가?
2. 친구에게 표 5.2에 나열된 것과 같은 문장들이나 당신 자신이 선택한 다른 문

장들을 제시해 보라. 어떤 반응을 얻었고, 그것으로부터 어떤 결론을 내릴 수 있는가?

3. 당신은 유창한 이중언어 사용자(bilingual)가 한 언어에 하나씩, 즉 두 개의 심성 어휘집을 가지고 있다고 생각하는가, 아니면 하나의 심성 어휘집이 있다고 생각하는가? 당신의 판단을 설명하라.

4. 아이들은 본 장에서 논의한 심성 어휘집을 어떻게 습득할까? 아이들의 언어 경험이 심성 어휘집의 발달을 어떻게 도울까?

Chapter 6

문장 이해와 기억

*놀라움이란 마음을 연구하는 사람들에게는 대단히 쓸모 있는 현상이다.
왜냐하면 그것을 통해 사람들이 무엇을 당연시하는지 알 수 있기 때문이다.*
–JEROME BRUNER(1986, p. 46)

*생각하고 행동하는 우리의 일상적인 개념 체계는 원래부터 그 본성이
은유적이다. 우리가 생각하는 방식, 우리가 경험하는 것, 우리가 매일
행동하는 것이 바로 은유의 문제인 것이다.*
–GEORGE LAKOFF AND MARK JOHNSON(1980, p. 3)

요점

- 구문 분석이란 표층 구조의 요소들을 언어 범주들에 할당하는 과정이다. 처리 자원의 한계로 인해 우리는 문장 내의 각 단어들을 보거나 듣자마자 구문 분석을 시작한다.
- 문장을 이해할 때 통사적, 의미적, 화용적 지식을 사용한다. 그러한 형식의 지식들이 동시에 사용되는지, 아니면 통사 정보가 먼저 처리되는지는 여전히 논란거리이다.
- 비유 언어란 어떤 문자적인 의미를 가지고 있지만 다른 의미로도 사용되는 언어이다. 우리는 문자적인 의미를 사용하여 비유적인 의미를 드러내기도 하지만, 비유 언어를 바로 이해할 수도 있다.
- 우리는 대체로 문장의 요지만 기억할 뿐 그것의 표면 형식은 금방 잊어버린다. 하지만 예외적으로 욕설처럼 화용적으로 중요한 말들은 그 정확한 표현을 잘 기억하곤 한다.

서론

우리는 매일 수천 개의 문장을 듣는다. 그리고 그 문장들의 구조를 거의 인식하지 못한 채 대부분의 문장들에 반응한다. 어떤 경우에는 표현이 너무 어려워 방금 들은 것을 이해하느라 고전하기도 한다. 어떤 때는 의미는 분명한데 말하는 의도가 분명하지 않는 경우도 있다. 당신의 동료가 커피를 마시면서 기분이 괜찮은지 물어올 때, 아마 당신은 그가 무엇을 말하려고 하는지는 잘 몰라도 질문 자체는 완벽하게 이해할 것이다. 우리는 어떤 사람이 메시지를 전달하기 위해 사용했던 정확한 단어들은 잊어버리곤 하지만, 어떤 문장들은 수년이 지나서도 기억 속에 남아있다. 말하자면, 우리는 다양한 방식으로 문장에 반응한다고 할 수 있다. 본 장에서는 문장을 이해하는 방식과 관련된 다양한 측면들을 구체적으로 알아보고자 한다.

어떤 문장을 이해한다는 것은 문장의 통사적, 의미적 그리고 화용적인 요인에 주의를 기울이는 것이다. 다음과 같은 능동 평서문을 보자. *The actor thanked the audience.* 우리는 통사 수준에서 이 문장의 구성 요소 또는 구 구조를 파악한다. 즉, *the actor*는 명사구(NP), *thanked*는 동사(V), *the audience*는 또 다른 명사구로 파악한다. 의미 수준에서는 문장의 여러 다양한 단어들에서 드러난 의미적 또는 주제적 역할을 파악한다. *actor*는 감사를 표하는 행동의 **행위자(agent)**이고, *the audience*는 **수취자(recipient)**[1)]이다. 화용 수준에서 우리는 이러한 문장이 이해되는 실제(real-world) 상황에 대한 약간의 지식을 가지고 있을 수 있다. 아마도 위의 문장은 공연이 끝나고 배우가 고개 숙여 절하는 장면을 묘사한 것일 것이다.

이러한 요인들이 이해에 관여한다고 말하는 것과, 각각의 요인들이 어떤 부분에 작용하는지를 파악하는 것은 별개의 문제이다. 어떤 문장을 이해할 때 우리는 통사적, 의미적, 화용적 지식을 동시에 사용하는가, 아니면 특정 요인이 여러 단계로 이루어진 이해과정에서 우선권을 가지는가? 그리고 이처럼 간단한 평서문과는 달리 작업 기억에 부담이 될 정도로 문장이 복잡할 때는 어떤 종류의 인지과정이 관여하는가? 이러한 것들은 본 장에서 살펴보게 될 주요 쟁점들이다. 첫 번째 절에서는 우리가 문장의 통사 구조를 어떻게 파악하는지 살펴볼 것이다. 그런 다음, 문장 이해에서 의미적 맥락과 화용적 맥락이 어떤 역할을 하는지를 논의할 것이고, 마지막으로 문장에 대한 기억을 논의할 것이다.

즉시적 문장 처리

구문 분석

문장 이해 과정의 첫 단계는 **구문 분석(parsing)**이라고 알려진 과정으로, 이는 문장의 표층 구조를 구성하는 요소들을 언어적 범주에 할당하는 것이다. 구문 분석의 결과는 문장 내에서의 언어적 관계에 대한 내적 표상으로, 대개는 나무 모양의 구조이거나 **구 표지(phrase marker)** 형태이다. 그림 6.1은 문장을 분석함에 있어서 연속 지점들(successive points)의 일부를 묘사한 것이다. 우리는 *the*를 한정사로 인식하는데, 이것은 명사구의 시작을 알려준다(Kimball, 1973). 명사구에 대한 지식은 그것들이 명사구(NP) → 한정사(det) + (형용사(adj)) + 명사(N)의 형식을 취한다는 것이다. 그래서 이 단계에서 우리는 선택적인(optional) 형용사나 명사를 찾는다. 그리고나서 다음 단어인 *actor*를 명사로 인식하고, 그것을 명사구에 붙인다. 나머지 항목들은 그림 6.1에 나타난 것과 같이 추가된다.

입력되는 단어들을 생성중인 구 표지에서 어디에 넣어야 할지를 결정한다는(반

1) 또는 수용자, 수여자

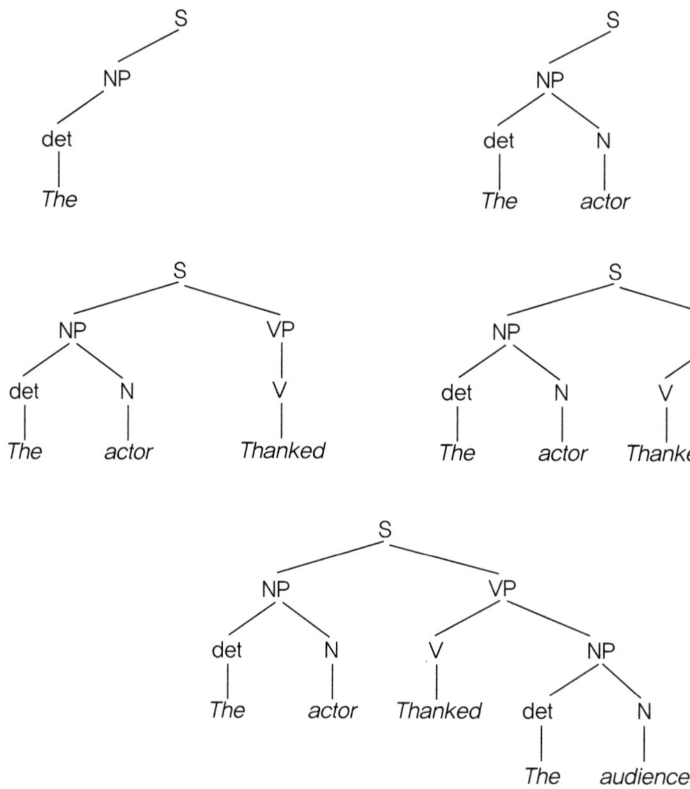

그림 6.1 구문 분석의 다섯 단계

드시 의식적이지는 않더라도) 의미에서, 구문 분석을 문제 해결이나 의사 결정의 한 형태로 생각할 수 있다. Just와 Carpenter(1980)는 우리가 단어를 접할 때 이러한 결정을 즉각적으로 내린다고 주장하면서, 그것을 **즉시성 원리(immediacy principle)** 라고 불렀다. 이러한 견해에 따르면, 처음 어떤 단어를 보거나 들을 때, 우리는 장기 기억으로부터 그것의 의미를 인출하고, 그것에 해당하는 지시대상을 확인하고, 그것을 문장의 통사적 구조에 맞추어 넣는다. 즉시적 처리의 대안으로는 '관망 접근(wait-and-see approach)' 이 있다. 이것은 문장의 의미가 분명해질 때까지 단어나 구의 해석을 미루는 것이다. 하지만 상당히 많은 증거들이 즉시성 원리를 지지한다. 가끔 결정을 미룰 때도 있지만, 단어를 듣거나 보는 순간에 바로 그것을 해석하는 경우가 더 많다.

즉시적인 처리를 하는 주된 이유는 하나의 문장을 이해하기 위해 내려야 하는 결정의 수가 상당히 많을 수 있고, 따라서 인지 자원에 부담이 될 수 있기 때문이다. 문장 (1)을 들었다고 가정해 보자.

(1) John bought the flower for Susan.

이 문장은 통사적으로 중의적인 문장이다. 이것은 존이 수잔에게 주려고 꽃을 샀다는 의미도 될 수 있고, 다른 사람에게 꽃을 주려하는 수잔의 부탁으로 존이 꽃을 샀다는 의미도 될 수 있다. 우리가 *for*라는 단어를 들을 때, 중의성이 초래된다. 문장의 두 의미를 모두 마음 속에 가지고 있다고 생각해 보라. 더군다나 *flower* 역시 하나 이상의 뜻으로 해석될 수 있다. 위의 문장은 말로 된 것이기 때문에 그것은 *flower*나 flour로 생각될 수 있다. 만일 관망 접근을 사용하여 어떤 해석을 내릴지 결정하기 위해 다른 추가적인 정보를 기다린다고 생각해 보자. 그러한 접근은 중대한 불이익을 가져오는데, 만일 다양한 선택 지점마다 두 개 이상의 해석을 가지게 된다면 우리의 작업 기억은 금방 고갈될 것이다(Singer, 1990을 보라).

즉시적 처리가 기억 부담을 줄여주긴 하지만, 그것은 구문 분석에 오류를 가져올 수도 있다. 예를 들어, 문장의 일부인 (2)를 보라.

(2) The florist sent the flowers….

그 다음에 어떤 내용이 올 것인가? 현재로선 *the florist*가 주어이고, *sent the flowers*가 주동사구인 단순 평서문처럼 보인다. 그러나 (3)과 같은 내용이 이어진다고 가정해보라.

(3) …was very pleased.

얼핏 보면 비문법적인 문장 같지만, 사실은 내포된 **관계절(relative clause)**(명사를 수식하는 절)을 가진 문법적인 문장이다. 문장을 이해하기 어려운 이유 중에 하나는 내포된 절이 생략된 관계절을 포함하고 있기 때문이다. 즉, 위의 문장은 아래의 문장 (4)에서처럼 관계 대명사로 표시되어 있지 않다.

(4) The florist who was sent the flowers was very pleased.

또 다른 이유는 평서문이 관계절보다 더 친숙하기 때문이다. 따라서 그에 따른 결과를 예단하기가 쉽다. 만약 우리가 관망 접근을 사용한다면, (3)과 같은 내용이 따라온다고 해서 놀라지는 않을 것이다. 그렇지만 대개 그런 경우 놀라게 되고, 그러므로 우리는 문장 (2)의 일부를 즉시 해석하는 것으로 보인다.

구문 분석 방략들

단어를 문장의 통사 구조에서 어디에 끼워 넣어야할지를 결정해야 한다면, 그러한 결정은 무엇에 근거하여야 하는가? 지금까지 구문 분석에 사용되는 방략들에 관해 많은 연구들이 이루어졌다. 간단하지는 않지만, 여러 방략들이 상당 기간 이러한 구문 분석에 대한 접근으로 생각되었다. 그 중에서 상당한 경험적 지지를 받았던 두 가지 방략에 대해 논의하고자 한다.

후기 종결 방략 구문 분석 방략 중 하나는 **후기 종결 방략(late closure strategy)**이라고 불린다. 이 방략에 따르면, 가능하다면 어디서나 새로운 항목을 현재의 구성성분에 갖다 붙이기를 선호한다는 것이다(Frazier, 1987; Frazier & Fodor, 1978; Kimball, 1973). 이 방략의 주된 동기는 그렇게 하는 것이 문장을 분석하는 동안 작업 기억의 부담을 줄여준다는 것이다(Frazier, 1987).

후기 종결 방략의 한 예가 문장 (5)이다.

(5) Tom said that Bill had taken the cleaning out yesterday.

여기서 부사 *yesterday*는 주절(*Tom said*…)에 붙거나, 연속하는 종속절(*Bill had taken*…)에 붙을 수 있다. Frazier와 Fodor(1978)는 우리가 후자를 더 선호하는 경향이 있다고 주장하였다. 또 하나의 예는 문장 (6)인데, 전치사구인 *in the library*는 동사 *put*이나 동사 *reading* 둘 다를 수식할 수 있다. 우리는 전치사구를 후자의 동사에 붙이는 걸 선호하는 경향이 있다(Frazier & Fodor, 1978).

(6) Jessie put the book Kathy was reading in the library.

후기 종결 방략에 대한 다른 증거들은 Frazier와 Rayner(1982)에 의해 얻어졌다. 그들은 다음과 같이 구조적으로 중의적인 문장을 읽는 실험참가자들의 안구 응시를 조사하였다.

(7) Since Jay always jogs a mile seems like a very short distance to him.

이 문장은 *jogs* 다음에 쉼표가 빠져있기 때문에, 문장의 중의성이 약간은 인위적이다. 그럼에도 불구하고, 실험참가자들의 안구 응시는 흥미로웠다. Frazier와 Rayner는 마지막 몇 단어를 응시하는 시간이 앞에 나온 단어들에서보다 더 길다는 것을 발견하였다. 그것은 글을 읽는 사람이 단어 *a mile*을 잘못 해석하였고, 그런 다음 약간의 조정을 해야 했음을 의미한다.

(7)과 같은 문장은 오도 문장이다. 1장에서 보았듯이 오도 문장에서는 문장을 특정 방식으로 해석하다가 거의 끝부분에 이르러서야 해석이 잘못되었다는 것을 알아차리게 된다. 주관적인 인상은 거의 마지막에 잘못된 길을 왔다는 것을 발견하기까지 길을 따라 내려갔다가 걸음을 되돌려야만 하는 것과 같다. 이런 오도 문장 경험은 즉시성 원리에 대한 추가적인 지지를 제공한다. 왜냐하면 만약 우리가 즉각적인 해석을 하지 않는다면 이러한 곤경에 처하지 않을 것이기 때문이다.

최소 부착 방략 두 번째 방략은 **최소 부착 방략(minimal attachment strategy)**이라고 하는 것으로, 우리는 새로운 항목들을 언어 규칙과 일치하는 최소 통사 마디로 이루어진 구 표지에 붙이기를 선호한다는 것이다(Frazier, 1987; Frazier & Fodor, 1978). 예를 들어, (8)과 같은 편문(sentence fragment)은 명사구 접속사이거나(즉, Marcie와 그녀의 여동생 둘 다 키스의 수취자이다) 새로운 명사구의 시작으로 해석될 수 있다. 최소 부착 방략에 따르면, 우리는 전자를 선호한다고 한다(Frazier, 1987).

(8) Ernie kissed Marcie and her sister…

앞서 인용했던 Frazier와 Rayner의 연구(1982)도 최소 부착 방략에 대한 증거를 발견하였다. 예를 들어, 문장 (9)와 (10)을 보자.

(9) The city council argued the mayor' s position forcefully.
(10) The city council argued the mayor' s position was incorrect.

문장 (9)는 부사 *forcefully*가 현재의 구성성분인 동사구(VP)에 부착되는 최소 부착 방략과 일치한다(그림 6.2a를 보라). 반면에 문장 (10)은 새로운 구성성분의 성립이 필요한 보문 구조이다(그림 6.2b를 보라). Frazier와 Rayner는 (9)를 읽는 시간이 (10)을 읽는 시간보다 빠르다는 것을 확인하였다.

단원 대 상호작용 모형

Frazier에 의해 확인된 구문 분석 방략들은 언어 이해에 관한 단원적인 접근과 일치하는데, 단원적인 접근에서는 전체적인 이해라는 것이 상이한 많은 단원들의 결과

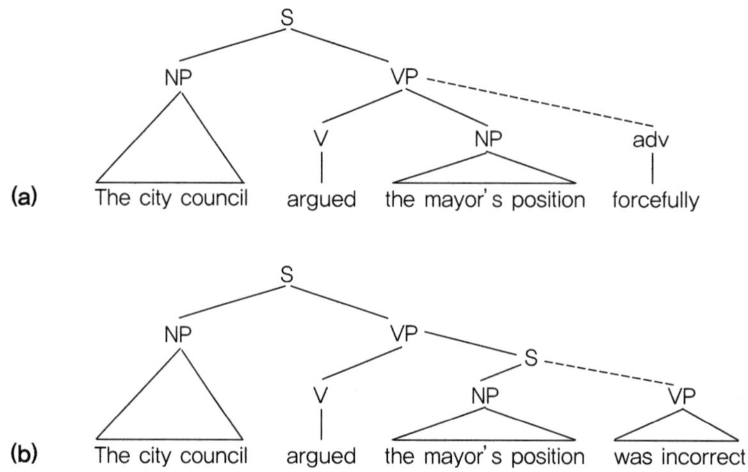

그림 6.2 (a) *The city council argued the mayor's position forcefully*와 (b) *The city council argued the mayor's position was incorrect*에 대한 수형도(樹型圖). (출처: "Making and Correcting Errors During Sentence Comprehension: Eye Movements in the Analysis of Structurally Ambiguous Sentences," by L. Frazier and K. Rayner, 1982, *Cognitive Psychology, 14*, p. 181, Academic Press.)

로, 각 단원은 이해의 특정 측면에 관여한다고 본다(Fodor, 1983). 이러한 견해에서는 구문 분석이 처음에는 문장의 의미 같은 상위수준의 맥락 변인들이나 일반적인 세상 지식에 의해 영향받지 않는 통사 단원에 의해 수행된다. 예를 들어, Frazier(1987, 1995)는 구문 분석이 통사 단원에 의해 수행되고, 그러한 맥락 요인들은 나중 단계에서 이해에 영향을 미친다고 주장하였다.

하나의 대안적인 견해는 이해처리 과정 동안 통사와 의미가 상호작용한다는 것이다(Britt, Perfetti, Garrod & Rayner, 1992; Crain & Steedman, 1985; Taraban & McClelland, 1988; Tyler & Marslen-Wilson, 1977). 상호작용적인 견해 중의 한 유형이 **제약 기반 모형(constraint-based model)**이다(MacDonald, Pearlmutter & Seidenberg, 1994; McClelland, 1987; Trueswell, Tanenhaus & Garnsey, 1994). 이 모형에 따르면, 우리는 통사적, 어휘적, 담화적, 비언어적 그리고 맥락 정보까지, 우리의 초기 구문 분석에 유용한 모든 정보를 동시에 사용한다(Tanenhaus, Spivey-Knowlton, Eberhard & Sedivy, 1995).

이 두 가지 입장을 비교한 많은 연구들이 구조적으로 중의적인 문장들을 조사하였다. 특히, (11)과 같은 문장에 주의가 모아졌다. 이러한 문장을 들을 때, 그것은 두 가지 방식 중 하나로 분석될 것이다. 최소 부착 원리에 의해 선호되는 구문 분석은 문장 (12)에서처럼 *sent*가 동사(MV)이다. 이런 해석은 문장의 후반부에서 오도 효과를 유발한다. 다른 해석은 문장 (13)처럼 생략된 관계절이다. 이런 중의성은 영어가 *who was* 같은 관계절을 줄이거나 생략하는 것을 허용하기 때문에 일어난다.

(11) The florist sent the flowers was very pleased.

(12) The florist sent the flowers to the elderly widow.

(13) The florist who was sent the flowers was very pleased.

Rayner, Carlson, Frazier(1983)는 실세계 사건들의 발생 가능성이 문장에 대한 즉시적인 분석에 영향을 미치는지를 조사하였다. 앞에서 문장 (11)을 논의할 때, 당신은 오도 효과가 우리의 기대, 즉 원예가는 꽃을 받은 것이 아니라 보냈을 것이라는 생각과 관련이 있는지 궁금했을 것이다. 문장 (14)에서는 배우가 꽃을 받았다는 해석이 훨씬 더 그럴듯하다.

(14) The performer sent flowers was very pleased.

Rayner와 그의 동료들은 이러한 문장 분절들에 대한 응시 시간을 측정하여, 문장에 대한 초기 분석이 그럴듯함(plausibility)이라는 변인과는 무관하다는 것을 밝혔다. 분명한 오도 효과가 그럴듯한 문장과 그럴듯하지 않은 문장 모두에서 발견되었던 것이다.

Ferreira와 Clifton(1986)은 단락 맥락이 최소 부착 방략보다 우세한지를 조사하였다.

(15) The editor played the tape and agreed it was a big story.

(16) The editor played the tape agreed it was a big story.

(17) John worked as a reporter for a big-city newspaper. He sensed that a major story was brewing over the city hall scandal, and he obtained some evidence that he believed pretty much established the mayor' s guilt. He gave a tape to his editor and told him to listen to it.

(18) …He ran a tape for one of his editors, and he showed some photos to the other.

연구자들은 최소 부착 방식으로 구문 분석될 수 있거나[(15)], 분석될 수 없는[(16)] 문장들을 실험참가자들에게 제시하였다. 어떤 경우, 단락 맥락이 (17)에서처럼 독자들로 하여금 표적 문장을 최소 부착에 의해 해석하도록 편향하였다. (18) 같은 경우에는 맥락이 최소 부착이 아닌 방식으로 해석하도록 점화하였다. 그럼에도 불구하고, 연구자들은 독자들이 최소 부착 원리를 계속 사용한다는 것을 발견하였다. 문장에서 결정적인 부분(*agreed*)에 대한 반응시간은 최소 부착 원리를 위반하지 않는 문장들보다 위반하는 문장들에서 더 길었다. 그러나 상이한 단락 맥락들 사이에는 아무런 차이도 관찰되지 않았다. 이러한 결과들은 선행 의미 맥락에 의해 영향을 받지 않는 어떤 구조적인 편향과 함께 구문 분석이 이루어짐을 시사한다.

다른 결과들은 제약 기반 틀에 더 호의적이었다. Trueswell과 동료들 (1994)은 (19)와 (20) 같은 문장들에 대한 안구 응시를 조사하였다.

(19) The defendant examined by the lawyer turned out to be unreliable.

(20) The evidence examined by the lawyer turned out to be unreliable.

위의 두 문장은 구조적으로 비슷하지만, 안구의 응시는 주어가 생물일 때[(19)]가 더 길었다. Trueswell과 동료들은, 문장 (20)에서 본동사나 최소 부착 해석이 불가능하다는(다른 말로 하자면, 증거는 조사하지 않는다. 그것은 누군가에 의해 조사를 받는다) 것을 결정하기 위해 글을 읽는 사람들이 자신의 어휘 지식을 즉시적으로 사용한다고 주장하였다. 반면에 문장 (19)에서는 본동사의 해석이 부정확할 수 있고, 따라서 오도 효과를 야기한다. 이런 결과는 문장을 이해하는 사람이 구문 분석을 안내하는 어휘 지식을 즉시적으로 사용한다는 것을 시사한다. 비슷한 결과가 Trueswell, Tanenhaus, Kello(1993)에 의해 보고되었다.

최소 부착이나 후기 종결 같은 통사적인 방략 외의 일부 정보들이 초기 구문 분석에 영향을 미치는 것으로 보인다. 더욱이, 뇌 연구들에서 나온 최근 증거들도 동일한 결론으로 수렴된다(Hagoort, Hald, Bastiannsen & Petersson, 2004). 언어에 미치는 뇌기제의 역할에 대해서는 13장에서 논의할 것이다.

작업 기억과 이해

앞 절의 내용은 우리가 문장을 이해하는 과정에서 엄청난 양의 정보를 고려해야 함을 시사한다. 어떤 정보가 이해 과정의 어느 단계에서 고려되어야 하는지에 대해서는 약간의 논란이 있지만, 이해의 어떤 시점에서 통사적, 의미적, 화용적, 어휘적, 언어 외적 요인들에 대한 고려가 이루어진다는 점에 대해서는 대체로 의견이 일치하고 있다.

문장 이해에 대한 논의를 작업 기억에 관해 이미 배웠던 것들과 연결시켜 보자. 3장에서는 집행 통제의 역할을 강조하는 작업 기억의 현대적 개념화를 논의하였다. Baddeley의 작업 기억 모형에서, 집행기는 주의를 통제하고 따라서 어떤 정보에 주의를 기울이고 어떤 정보를 무시할 것인지를 결정한다. 3장에서 보았듯이, 비교적 큰 작업 기억 용량을 가진 사람들은 추리와 같은 복잡한 인지 과제들을 더 잘 수행한다.

이해의 복잡성을 고려할 때, 우리는 작업 기억 용량이 문장 이해에서 보이는 개인차와도 관련이 있을 것으로 기대할 수 있다. Gernsbacher와 Faust(1991)는 이러한 주장에 대한 증거를 제공하였다. 그들은 글 읽는 것이 서툰 사람들이 중의적인 단어들의 부적절한 의미를 효과적으로 기각하지 못한다는 것을 발견하였다. 예를 들어, *He dug with the spade*와 같은 문장이 제시되었을 때, 그들은 정원 가꾸기와 관련된 의미를 선택하기 위해 카드놀이와 관련된 *spade*라는 의미를 기각하는 데 상당히 느렸다.

Gernsbacher와 Faust(1991; Gernsbacher, Varner & Faust, 1990; McNamara & McDaniel, 2004도 보라)는 억제(suppression) 기제가 일반적인 이해 기술의 구성요소라고 제안하였다. 즉, 글 읽기가 서툰 사람들은 부적절한 정보를 효과적으로 무시하지 못하는데, 이 기술은 작업 기억의 중앙 집행기와 관련이 있다. Gernsbacher와 동료들은 이 기제가 글과 말의 이해 중 어느 한쪽에 특정적이지 않다고 주장하였고, 양쪽 과제 모두에서 비슷한 연구결과를 얻었다. 더욱이, 시각적, 비언어적 과제에서도 유사한 결과를 얻었다. 그러므로 그들은 억제 기제가 일반적인 이해 기술의 한 구성요소라고 보았다.

Just와 Carpenter(1992; Carpenter, Miyake & Just, 1994도 보라)도 작업 기억에서의 개인차와 그것이 어떻게 언어 이해에 관여하는지를 논의하였다. 예를 들어, 그들은 작업 기억 용량이 작은 사람은 *The evidence examined by the lawyer…* 같은 문장에서 오도 효과를 보여줄 가능성이 크다는 것을 확인하였다. 반면에 작업 기억 용량이 큰 사람들은 주요 명사(*evidence*)가 생물이 아니라는 것과, 따라서 아무것도 조사할 수 없다는 것을 인식하였다. 그러므로 작업 기억 용량이 큰 사람은 이런 화용적인 단서를 더 잘 파악하고, 그것을 구문 분석에 유리한 통사 정보와 통합함으로써 오도 효과를 회피한다. 이런 결과가 가지는 흥미로운 함의는 앞 절에서 언급했던, 현재 진행중인 논쟁—문장 이해 시 모든 유용한 정보가 동시에 고려되는가—이 하나의 해답만을 갖지 않을 수 있다는 것이다. 즉, 상이한 작업 기억 용량을 가진 사람들에게 각기 다른 해답이 존재할 수 있다는 것이다.

Just와 Carpenter(1992)의 분석은 구문 분석이 Fodor(1983)가 논의했던 것과 같은 통사 단원이 아닐 수 있음을 시사한다. 단원성 견해에 따르면, 언어 처리기는 어떤 주어진 시간에 특정 정보만을 사용할 수 있다. 만약 그렇다면, 언어 처리기는 처리 과정의 어떤 시점에서 특정 입력 정보만을 다루도록 배선되어 있다고 가정할 수 있다. Just와 Carpenter는 작업 기억 용량이 구문 분석 수행에 영향을 준다는 사실을 입증함으로써 단원성이라는 개념이 구문 분석 수행을 설명하는 데 필수적인 것은 아니라고 주장하였다.

마찬가지로, 통사 처리 과정에서의 기억 부담 간섭에 관한 연구는 통사 처리가 단원적이지 않고 오히려 일반 작업 기억 체계에 의해 영향을 받는다는 결론을 지지한다. Gordon, Hendrick, Levine(2002)은 실험참가자들이 통사적으로 단순하거나 복잡한 문장을 읽는 동안, 그들에게 짤막한 단어 세트 하나를 제시하였다. 어떤 경우에는 세트 속의 단어들이 문장 속의 단어들과 일치하였고, 다른 경우에는 일치하지 않았다. 문장 이해에서의 수행은 문장이 복잡할수록 나빴다. 또한 단어 세트가 문장 안의 단어들과 일치할 때 더 많은 이해 오류가 발생하였는데, 이는 두 과제 사이에 간섭이 있었음을 시사한다. 결국, 두 종류의 문장 간의 차이는 단어들이 일치하지 않을 때보다 일치할 때가 더 컸던 것이다. 이러한 결과들이 시사하는 바는 두 과제가 동일한 자원 집합을 끌어다 쓴다는 것이다. Fedorenko, Gibson, Rohde(2006)도 비슷한 결과를 제시하였다.

몇 가지 연구문제가 남아 있다. 만약 작업 기억이 언어 이해에 관여한다면, 작업 기억 용량의 개인차를 결정하는 것은 무엇인가? 우리는 많은 과제의 수행이 연습을 통해 향상된다는 것을 알고 있으며, 많은 연구자들이 과제 수행에 필요한 작업 기억 용량의 크기는 연습을 통해 감소된다고 주장한다(예를 들어, Ericsson & Kintsch, 1995; MacDonald & Christiansen, 2002). 우리는 언어 경험이 개인의 언어 이해 기술에 어떻게 영향을 끼치는지에 대해 여전히 잘 모르고 있다.

불완전하거나 부정확한 표상들

이 시점에서 뒤로 한 발짝 물러나 좀 더 큰 쟁점들을 살펴보는 것이 좋겠다. 그 모든 차이점에도 불구하고, 단원성 모형과 상호작용 모형은 우리가 완전하고 상세하며 정확한 문장에 대한 표상을 구성한다고 가정한다. 최근에 Ferreira와 동료들(Christianson 등, 2001; Ferreira, 2003)은 이러한 가정에 의문을 제기하였다. 그들은 문장을 이해하는 과정에서 사람들이 때때로 오도 문장들을 잘못 해석하고, 그런 해석 오류들은 통사 재분석이 일어난 후에도 지속된다고 주장하였다.

Christianson과 동료들(2001)은 실험참가자들에게 (24)와 같은 문장을 제시하였다.

(24) While Anna dressed the baby played in the crib.

다른 오도 문장에서 그랬던 것처럼, 글을 읽은 사람들은 처음에는 Anna가 아기의 옷을 입혔다고 가정했다. 그러다 그들은 문장을 다시 살피게 되고, 마침내 그러한 해석을 수정했을 것이다. 그러나 다른 연구들과는 달리, Christianson과 동료들(2001)은 글을 읽은 사람들이 궁극적으로 문장의 의미를 정확하게 이해했는지 실제로 조사하였다. 그들은 실험참가자들에게 다음과 같은 질문을 던졌다.

(25) Did the baby play in the crib?
(26) Did Anna dress the baby?

실험참가자들은 아기가 요람에서 놀았냐는 질문에는 거의 100% 정확한 대답을 하였다. 그러나 많은 사람들이 두 번째 질문에는 틀린 대답을 하였다. 두 번째 질문의 처음 해석은 Anna가 아기에게 옷을 입혔다는 것이지만 재해석을 통해 그것을 수정하여야만 한다. 그러나 Christianson과 동료들(2001)은 실험참가자들이 반드시 그런 수정을 하지는 않는다는 것을 발견하였다.

Ferreira(2003)는 수동문을 가지고 비슷한 점을 발견하였다. 한 연구에서 실험참가자들은 (27~30)번 같은 문장들을 읽고 그 문장에 묘사된 사건이 그럴듯한지 아닌지를 판단하도록 요구되었다. 능동문에서의 수행은 거의 100% 정확했지만, 수동문에서는 25%의 오류율을 보였다.

(27) The man bit the dog.
(28) The man was bitten by the dog.
(29) The dog bit the man.
(30) The dog was bitten by the man.

Ferreira와 동료들(2003)은 이렇듯 불완전한 표상을 일컬어 '그런대로 쓸만한 표상

(good-enough representation)' 이라고 했다. 즉, 문장을 이해하는 사람이 문장의 완전한 의미를 이끌어내지 못하고, 일부는 정확하게, 일부는 부정확하게 이해한다는 것이다. Foertsch와 Gernsbacher(1994)는 담화 수준에서 비슷한 점을 발견하였다.

문장을 이해하는 사람이 문장에 대한 불완전하거나 부정확한 표상을 가진다는 관찰은 새로운 것이 아니다. 고전적인 예 중 하나(Erickson & Mattson, 1981)는, 실험참가자들이 "모세가 동물들을 종류대로 몇 마리씩 방주에 태웠습니까?" 라는 질문을 받는 경우이다. 대부분의 사람들은 동물을 모은 사람이 모세가 아니라 노아였다는 사실을 알아채지 못하고 두 마리라고 대답한다.

불완전하거나 부정확한 표상이 갖는 중요성은 두 가지이다. 첫째, 자연 환경에서 사람들은 많은 이유들로 인해(다른 사람의 말과 환경 소음 등으로 인해 주의가 분산된다) 종종 다른 사람이 말하는 것을 잘못 해석하곤 한다. 언어심리학자들은 통제된 실험실 환경에서 사람들이 문장을 이해하는 능력에 초점을 맞추었는데, 그 속에서는 맥락상의 오류가 비교적 드물었다. 비록 빈번하지는 않았지만, 그러한 오류는 아마도 우리에게 정확한 수행보다는 자연스런 환경에서의 이해에 대해 더 많이 알려줄 것이다(Ferreira 등, 2002).

둘째, 불완전한 표상에 관한 연구는 문장 이해에서 기대가 미치는 영향을 강조하였다. '모세 착각' 이 말해주듯이, 이미 존재하는 생각이나 선호를 가지고 문장 이해 과정에 들어간다. 오도 문장 연구가 처음에 주장했듯이, 우리의 기대와 어긋나는 문장이 제시될 때 우리는 간혹 처음에는 그 문장을 잘못 해석했다가 결국 바로잡곤 한다. 그러나 어떤 때에는 그러한 기대를 따라 해석하게 되고 문장에서 끌어낸 의미는 근본적인 결점을 갖게 되는 것이다.

요약

구문 분석, 즉 문장 표층 구조의 각 요소들을 언어적 범주들에 할당하는 과정은 문장을 이해하는 첫 단계이다. 처리상의 한계로 인해 첫 단어를 보거나 듣자마자 문장 구조를 분석하기 시작한다.

두 가지 구문 분석 이론을 논의하였다. 단원적 접근은 문장 내의 단어들이 통사처리 방략들을 활성화함으로써 그것이 단어들을 구 표지로 조직화한다고 주장한다. 이러한 방략들은 입력되는 단어들을 이전의 구성성분에 부착하거나 새로운 것을 생성하기보다는 가장 최근의 구성성분에 부착하는 것을 선호함을 보여준다. 그러한 방략들이 대체로 유용하긴 하지만, 그것들은 때때로 오류들과 후속적인 통사 구조의 재분석을 야기하기도 한다.

상호작용적 접근은 어휘적, 담화적, 맥락적 요인들을 포함하는 모든 가능한 정보를 사용한다는 점을 강조한다. 단원적 접근이 통사에 근거한 방략이 먼저 사용되고 어휘와 담화 요인이 다음에 온다고 주장하는 것에 비해, 상호작용적 모형은 문장을 분석함에 있어 가용한 모든 정보들을 동시에 사용한다고 역설한다. 현재의 연구는 어휘와 맥락 요인들이 구문 분석에 미치는 역할은 지지하지만 담화 요인의 역할은 분명하지가 않다.

최근 연구는 때때로 우리가 문장들에 대해 불완전하거나 부정확한 표상을 형성함을 시사한다. 이것은 문장이 우리의 기대를 어길 때 흔히 발생한다.

비유 언어의 이해

지금까지 살펴본 구문 분석 기제의 결과물은 외부로부터 입력되는 문장의 통사 구조이다. 이것은 문장의 문자적인 의미를 결정하는 데 필요한 기초를 제공한다. 그러나 일상생활에서 사용하는 많은 문장들이 문자적인 의미만을 가지는 것은 아니다. 예를 들어, 어떤 사람이 문장 (31)을 말하는 것을 들었다고 가정해 보자.

(31) George went through the roof.

아무도 이 문장을 글자 그대로 받아들이지 않는다. 대신 '조지는 몹시 화가 났다' 라는 의미로 이해한다. 마찬가지로 문장 (32)도 문자적으로는 새들의 행동을 언급하고 있지만, 이것이 인간 행동과 관계가 있다는 것을 쉽게 알 수 있다.

(32) Birds of a feather flock together.

비유 언어(figurative language)는 문자적으로 어떤 의미를 갖고 있지만 뭔가 다른 의미로도 받아들여지는 언어이다. 이것은 모든 언어들이 보이는 특징이다. Honeck (1997)은 광고에서 비유 언어가 널리 사용됨을 언급한 바 있다. TV 뉴스 프로그램에서 사용되는 언어에 대한 연구에서, 화자가 25단어마다 한번씩 독특한 은유를 사용하는 것으로 밝혀졌다(Graesser, Mio & Millis, 1989). 또 다른 연구는 심리치료를 위한 면담, 다양한 수필, 케네디-닉슨 논쟁에서 비유 언어를 발견하였다(Pollio, Barlow, Fine & Pollio, 1977). 비유 언어는 우리의 일상 대화와 시, 종교적인 예배에서 존재한다. Cacciari와 Glucksberg(1994)가 언급했듯이, "비유 언어는 더 이상 매일의 직설적인 문자적 언어에 추가된 단순한 장식품이 아니며, 의사소통을 위한 강력한 개념적 도구로 간주된다" (p. 448).

이 절에서는 우리가 비유 언어를 어떻게 이해하는지 알아볼 것이다. 우리는 여러 종류의 비유 언어를 살펴보는 것으로 시작할 것이다. 그런 다음, 비유 언어의 이해 과정을 조사했던 연구들을 살펴볼 것이다.

비유 언어의 유형들

표 6.1은 영어에서 볼 수 있는 다양한 유형의 비유 언어들의 예를 보여준다. 언어심리학 연구에서 가장 활발하게 연구되어 온 두 가지 유형은 **간접 화행**(indirect speech acts)과 **은유**(metaphor)이다.

간접 화행 간접 화행을 이해하기 위해서는 우선 화행(speech act; 언어 행위)이라는 개념을 이해해야 한다. 그리고 이를 위해서 몇 가지 용어를 정의할 필요가 있다.

Austin(1962)은 발화(utterance)의 다양한 기능에 관한 많은 연구들에 영감을 불어 넣었다. 그는 특히, 그다지 많은 정보를 주고받지 않으면서도, 대신 어떤 행위(action)로서 작용하는 발화에 관심을 가졌다. 우리가 *I promise*…, *I apologize* …, *I congratulate*… 같은 어구를 사용할 때, 문장을 말하는 행동 그 자체가 곧 일종의 행동인 것이다. 이것은 무언가를 주장하는 말과는 아주 다르다. 예를 들어, (33)과 같은 단언(assertion)에 대해 어떤 사람이 *No, that' s not true*라고 말하는 것은 말이 되지만, (34)와 같은 문장에 대해 그런 방식으로 반응하는 것은 전혀 말이 되지 않는다.

(33) It' s going to be cold today.

(34) I congratulate you on your award.

이러한 문장을 논의함에 있어 Austin이 사용한 용어들을 몇 가지 사용하는 것이 도움이 될 것이다. 무언가를 말하는 행위를 일컬어 **언표적 행위**(locutionary act)라고 한다. 말하기의 **언표내적 힘**(illocutionary force)은 문장을 말함으로써 수행되는 행위이다. 문장 (34)에서 언표내적 힘은 축하이다. 이는 문장을 말하는 행동이 그 행위

표 6.1 다양한 유형의 비유 언어의 예

은유	My lawyer is a snake. Some marriages are iceboxes. Jim's head is full of rocks.
관용어	George went through the roof. She's turning over a new leaf with her diet. Amy is under the weather.
환유	We need to get some fresh legs in the game. The ham sandwich wants a Coke. The Pentagon is preparing for war.
격언	Birds of a feather flock together. When the cat's away mice will play. Don't put all your eggs in one basket.
간접 화행	Can you open the window? Can you shut the door? Would you mind lending me five dollars?

를 실행하는 것이다. 언표내적 힘을 가지고 말하는 것을 일반적으로 **화행(speech act)**이라고 한다. 마지막으로, 우리는 이러한 것들을 발화의 **언향적 효과(perlocutionary effect)**와 구분할 수 있다. 이것은 듣는 사람에 대한 발화의 효과이다. 이것은 언표내적 힘과 조화될 수도 있고 아닐 수도 있다. 예를 들어, 나는 사과를 하지만 당신은 내 사과를 받아들이지 않을 수도 있다.

상당한 흥미를 불러일으킨 화행의 한 유형은 간접 화행(indirect speech act)이다. 이것은 의도된 의미가 문장의 문자적 의미와 일치하지 않는 언어 행위이다. 한 가지 예가 (35)와 같은 것인데, 이것은 통상 간접적이고 공손한 형식의 부탁으로 이해된다.

(35) Can you shut the door?

간접 화행과 관련하여 흥미로운 점은 문장의 형태와 그것이 의도하는 의미 사이에 아무런 직접적인 관련성이 없더라도 듣는 사람은 그러한 화행을 이해하는 데 아무런 문제가 없다는 것이다.

간접 요청(indirect request)은 몇 가지 흔한 방식으로 이루어질 수 있다. 하나는 (35)처럼 부탁을 받는 사람에게 행위를 수행할 수 있는지 묻는 것이다. 다른 방법은 (36)처럼 요청을 받는 사람에게 요구된 행동을 수행할 의향(willingness)이 있는지 묻는 것이다.

(36) Will you shut the door?

(37)처럼 어떤 행위가 이루어져야 할 필요성을 설명하는 방법도 있다.

(37) It' s getting cold in here.

요청받은 사람이 요구된 행동을 수행할 능력이나 의향을 가지고 있는지 그리고 그러한 행동이 필요한 이유를 **적정 조건(felicity conditions)**이라고 한다. 화행이 이러한 모든 조건을 충족시킬 때, 일반적으로 그것은 진실하거나(sincere) 타당하다고 여겨진다. 이러한 조건들이 존재하지 않을 때, 화행은 전형적으로 엉뚱하거나 사회적으로 부적절하게 보인다. 만약 우리가 침대에 묶인 사람에게 (35)를 묻는다면 아마도 그럴 것이다.

은유 어떤 사람이 *Jim' s head is full of rocks*라고 말할 때, 우리는 즉각적으로 이것이 은유적 진술임을 알아차린다. 은유적 언어의 이해는 언어 이해에 관한 일반이론에 몇 가지 흥미로운 문제를 제기한다. 그 중 하나는 은유와 다른 형태의 비유언어가 모든 언어에 편재하는(ubiquitous) 특징이므로, 주변적인 관심사로 간단히 넘길 수 없다는 것이다. 더욱이, 대부분의 은유를 쉽게 이해할 수 있다는 것은 본장에서 논의해왔던 언어 이해 과정과 어떤 관련성이 있음을 시사한다. 하지만 단어 의미들이 새로운 은유를 형성하기 위해 결합되는 방식은 문장 이해에 대한 이해를 확장시켜 주는 듯한데, 왜냐하면 은유란 항상 문자적으로는 틀린 것이기 때문이다. 따라서 여기서 우리가 가져야 할 의문은, 문자적으로는 이상하지만 은유적으로는 의미가 있을 뿐만 아니라 때로는 재밌고, 생각하게 만들고, 신랄한 의미를 가진 문장을 어떤 방식으로 이해하는가 하는 것이다.

은유는 세 개의 요소로 이루어져 있다. 예를 들어 문장 (38)을 보도록 하자.

(38) Billboards are warts on the landscape.

여기서 은유의 화제나 **원 관념(tenor)**[2]은 *광고판(billboards)*이다. **보조 관념(vehicle)**[3]이란 원관념을 서술한 것이며, 여기서는 *혹(warts)*이다. 은유의 **배경(ground)**이란 원 관념과 보조 관념 사이에서 암시된 유사성이다. 그러므로 이 은유에서의 배경은 광고판과 혹 모두 '어떤 표면위에 돌출한 보기 흉한 것' 이라고 말할 수 있다

2) 또는 '취의', '대의' 라고도 함.

3) 또는 '매제', '매재', '전달 매체' 라고도 함.

(Verbrugge & McCarrell, 1977). 이해의 관점에 볼 때, 이러한 분석은 문장을 이해하는 사람이 배경을 추론하기 위해 원 관념과 보조 관념을 사용함을 시사한다.

왜 우리는 어떤 생각을 표현하기 위해 문자적 진술 대신 은유를 사용하는가? Ortony(1975)는 은유가 연속적인 경험 정보, 특히 다른 방식으로는 표현하기 힘들거나 불가능한 정보를 소통하기 위해 자주 사용된다고 주장하였다. Ortony는 인간의 경험 범위가 연속적인 데 비해 단어들은 본질적으로 불연속적이라고 주장한다. 이러한 주장은 경험에서 유래한 개념과 그 경험을 묘사하기 위해 사용되는 단어들 간에는 틈이 있고, 은유 사용은 다양한 단어들의 의미를 확장하여 그 틈을 메우려는 시도로 간주한다. 그러므로 문장 (39)는 아마 그 생각을 문자적으로 표현하기는 힘들 것이므로, 좋은 은유에 속한다. 반면에 문장 (40)은 좋은 은유가 아니다. 왜냐면 그 근거가 문자적으로 표현될 수도 있었기 때문이다. 즉 둘 다 둥글다.

(39) The thought slipped my mind like a squirrel behind a tree.

(40) Oranges are the baseballs of the fruit lover.

비유 언어 이해에 관한 연구

비유 언어가 일상적인 언어 사용의 중요한 측면이지만, 언어심리학자들이 언어의 이런 측면을 좀 더 자세히 연구하기 시작한 것은 최근의 일이다. 이 절에서는 비유 언어 이해에 관한 연구들을 살펴볼 것이다. 이러한 연구는 이해에 관한 세 가지 주요 이론의 맥락에서 이루어졌는데, 그것들은 화용 이론, 개념적 은유 이론 그리고 유목 포함 이론이다.

화용 이론 일반적으로 언어적 의사소통은 의사소통에 관한 공유된 가정들로 이루어진 맥락 속에서 일어난다고 주장된다(Bach & Harnish, 1979; Grice, 1975). 그러한 암묵적인 가정들을 **관습(conventions)**이라고 한다. Grice(1975)는 대화를 지배하는 네 가지 관습(그는 '격률(maxims)' 이라고 불렀다)을 확인하였다(표 6.2). Grice에 따르면, 우리는 정보를 제공하고, 명확하고, 적절하며, 진실하려고 애쓴다.

물론 이러한 관습이 성공적인 대화를 위한 기본 규칙 이상의 것을 제공하지는 못한다. 우리 모두는 이따금씩 정보를 제공하지 못하고, 불분명하며, 부적절하고, 기만적이다(한 예로 Engelhardt, Bailey & Ferreira, 2006을 보라). 요점은 반대되는 정보가 없는 한, 일반적으로 이러한 관습이 관찰될 것이라고 가정되기 때문에, 관습은 다른 사람들이 의미하는 바를 해석하는 근거를 제공한다는 것이다.

한 예로, 당신이 한 쌍의 다음 문장을 들었다고 가정해 보라.

(41) Harold was in an accident.

(42) Harold had been drinking.

당연히 당신은 해롤드의 음주가 사고의 한 요인이라고 생각할 것이다. 그러나 잘 생각해 보면, 음주는 아마도 그 사건과 관계없을 수도 있다. 다른 운전자가 빨간 불을 무시했을 때, 헤롤드는 취하긴 했어도 안전 운전을 하고 있었을지도 모른다. 또는 이 문제와 관련하여, 해롤드는 차 안의 승객이었을 수도 있고, 음료수를 마셨을 수도 있다. 그러나 이 모든 가능성들이 대부분의 사람들에 의해 거의 고려되지 않는다. 대부분 아주 자연스럽게, 이들 각본 중 어느 하나가 의도된 것이라면 두 문장이 오해를 하도록 만든다고 생각한다. 다시 말해, 우리는 관계의 관습에 의해 두 문장의 사건들 사이에 어떤 관계가 존재한다고 가정하게 되는 것이다. 우리로 하여금 이러한 문장들을 그런 식으로 해석하게 만드는 것이 바로 관습이다.

Grice에 의해 밝혀진 다른 관습들을 보여주는 비슷한 예들이 많이 있다. 전체적으로, 관습들은 우리가 다른 사람들과 어떻게 의사소통을 하는지에 관한 공유된 가정을 나타내고, 그러한 관습들은 문장을 이해하는 데도 길잡이 역할을 한다.

이와 같은 배경에서, 이제 비유 언어 이해에 관한 **화용 이론(pragmatic theory)**을 살펴보도록 하자. 화용 이론은 우리가 문자적 의미를 고려한 다음 그것을 기각함으로써 비유 언어를 이해한다고 주장한다. 좀 더 자세히 말해, Searle(1975)는 우리가 여러 단계를 사용한다고 주장하는데, 그 중 세 단계가 여기서는 가장 관련성이 높

표 6.2 대화를 위한 네 가지의 관습

1. 양 :	당신의 말이 요구되는 만큼 정보를 제공하도록 하라. 그러나 요구되는 것 이상으로 정보를 제공하지는 말아야 한다.
2. 질 :	당신의 말이 진실한 것이 되도록 하라. 즉, 당신이 거짓이라고 믿는 그 어떤 것도 말하지 마라.
3. 관계 :	당신의 말이 진행되는 대화의 목적과 관련이 있도록 하라.
4. 방법 :	분명하게 말하라. 당신의 언어 사용에서 불분명함, 애매함, 장황함, 무질서를 피하도록 노력하라.

출처 : "Logic and Conversation," by H. P. Grice. In P. Cole and J. L. Morgan (Eds.), *Syntax and Semantics, Vol. 3: Speech Acts*, pp. 445~46, Seminar, 1975.

다. 1 단계에서 청자(聽者)는 문장의 문자적 의미를 추출한다. 2단계에서 청자는 문자적 의미가 말한 사람의 의도와 일치하는지를 맥락과 의사소통의 관습에 근거하여 판단한다. 예를 들어, *Can you shut the door?* 라는 문장에 대한 문자적 읽기는 관계의 관습을 어기는 것으로 보일 것이다. 만약 2단계에서 청자가 문자적 의미가 의도된 것이 아니라고 판단하면, 청자는 3단계에서 의사소통의 관습과 직접 화행을 근거로 간접적인 의미를 계산한다. Honeck도 비슷한 견해를 제시하였는데(Honeck, 1997; Honeck & Temple, 1994), 그는 비유 언어를 이해하는 것이 일종의 문제 해결이라고 보았다. 우리는 문자적 의미를 파악하고, 그것이 의사소통 맥락을 만족시키지 못한다는 것을 인식한다. 그런 다음, 비유적 의미에 도달하기 위해 문자적 의미와 추론을 사용한다.

화용적 견해는 몇 가지 검증 가능한 함의를 지닌다. 하나는 문자적 의미가 비유적 의미에 항상 선행하므로 문자적 의미는 비유적 의미보다 이해하기 쉽거나 빨라야만 한다는 것이다. 몇몇 초기 연구들이 이러한 예상을 지지하였다(예를 들어, Clark & Lucy, 1975). 그러나 후속 연구들은 비유적 문장이 적절한 맥락 내에 위치하면 그 차이가 사라진다는 것을 발견하였다. 청자와 독자가 은유의 비유적 해석을 이해하기 위해서 반드시 추가적인 시간이 필요하지는 않으며(Gibbs & Gerrig, 1989; Hoffman & Kemper, 1987; Inhoff, Lima & Carroll, 1984; Ortony, Schallert, Reynolds & Antos, 1978), 간접 화행도 마찬가지이다(Gibbs, 1979; 1984, 1989).

화용 이론의 또 다른 함의는, 만약 문자적 의미가 받아들여질 만하면 비유적 의미를 반드시 이해하지 않아도 된다는 것이다. 그러나 Glucksberg, Gildea, Bookin(1982)은 문자적 의미가 완벽하게 받아들여질 만한 때에도 사람들이 은유적 의미를 파악할 수 있음을 보여주었다. 그들은 실험참가자들에게 문장이 문자적으로 참인지 아닌지를 결정하도록 요구하는 패러다임을 사용하였다. 문장들 중 일부는 (43)과 같은 은유였는데, 은유적으로는 참이지만 문자적으로는 거짓이었다.

(43) All jobs are jails.

Glucksberg와 동료들은 만약 은유적 읽기와 문자적 읽기가 동시에 자동적으로 가능하다면, 과제에 대한 실험참가자들의 반응시간은 느려질 것이라고 예상하였다. 그들은 문자적으로는 거짓이지만 은유적인 해석이 가능할 때, 실험참가자들은 그 문장을 거짓이라고 판단하는 데 더 오래 걸린다는 것을 발견하였다. 결국 연구자들은 은유적 읽기가 과제와 무관할 때조차도 은유를 무시할 수 없다고 결론지었다.

이와 관련하여 Gildea와 Glucksberg(1983)는 이전 연구에서 사용되었던 것과 유사한 과제를 사용하여, 맥락이 은유의 이해에 미치는 영향을 연구하였다. Gildea와 Glucksberg는 문장 (44)와 같이 따로 있을 때 쉽게 이해되는 은유와 문장 (45)처럼 어느 정도 맥락적 지지가 필요한 은유를 구분하였다. 이 연구의 목적은 후자와 같은 종류의 은유를 이해하는 데 필요한 최소한의 맥락을 확인하는 것이었다. 실험참가자들에게는 (44)와 같은 은유가 주어졌는데, 비유적 점화[(45)]나 문자적 점화[(46)]가 선행하거나 제시되지 않았고, 실험참가자들에게 요구된 과제는 그 문장이 문자적으로 참인지 거짓인지 판단하는 것이었다.

(44) All hands are medicine.

(45) Some arms are soothing.

(46) Some songs are soothing.

만약 점화가 은유의 이해를 촉진한다면 그리고 이전 연구에서와 같이 은유적 읽기의 존재가 문자적 읽기의 반응 시간을 늦춘다면, 이 경우 촉진적 맥락은 시간을 더 늦추어야 할 것이다. Gildea와 Glucksberg는 점화가 없는 조건과 비교하여 어떤 종류의 점화가 제시되더라도 실험참가자들이 문자적 참/거짓 판단을 내리는 데 시간이 많이 걸린다는 것을 발견하였다. 확실히, 문자적 점화와 비유적 점화 모두 은유 이해를 촉진한다.

개념적 은유 이론 Lakoff와 Johnson(Lakoff & Johnson, 1980; Lakoff, 1987)은 비유 언어에 관한 **개념적 은유 이론(conceptual metaphor theory)**을 발전시켰다. 그들은 은유가 창조적인 표현이 아니며, 오히려 기저하는 개념적 은유의 예시화(instantiations)라고 주장하였다. 예를 들어, LOVE IS A JOURNEY(개념적 은유는 언어적 은유와 구분하기 위해 대문자로 쓸 것이다)라는 것은 개념적 은유이다. Lakoff (1986)는 이런 개념적 은유가 사랑에 관한 수많은 은유들, 즉 사랑을 다양한 방식의 여행으로 다루는 모든 말들(예를 들어, *Look how far we' ve come*, *We' re spinning our wheels*, *We' ve hit a dead-end street*)의 기초가 된다고 주장하였다. 다른 개념적 은유로는 TIME IS MONEY (*You' re wasting time*, *How do you spend your time these days?*), ARGUMENT IS WAR (*I shot down his arguments*, *He attacked every weak point I had*), THE MIND IS A CONTAINER (*Kay spilled the beans*), ANGER IS HEATED FLUID IN A CONTAINER (*John is just blowing off steam*, *Phil hit the* *ceiling*)가 있다(Gibbs, 1994).

개념적 은유 가설에 따르면, 은유와 다른 형태의 비유 언어가 반드시 창조적인 표현은 아니다. 통상적으로 비유 언어를 시나 언어의 창조적인 측면과 관련시키기 때문에, 이러한 생각이 조금은 이상할 수 있다. 그러나 Gibbs(1994)는 "어떤 생각의 창조적 표현으로 자주 보이는 것이 종종 한 문화에 속한 많은 개인들이 공유하고 있는 개념적 은유의 작은 집합에서 나온, 구체적인 은유적 함의(entailments)의 극적인 예시화일 뿐이다"라고 주장하였다(p. 424). 개념적 모형은 우리의 사고 과정이 가진 근본적인 본성이 은유적이라고 가정한다. 즉, 우리의 경험을 이해하기 위해 은유를 사용하여 자신이 경험하는 것을 이해한다. 그러므로 Gibbs에 따르면, 은유적인 말을 접할 때 그것에 대응하는 개념적 은유가 자동적으로 활성화된다고 한다.

Gibbs와 동료들은 개념적 은유 이론에 대한 몇몇 증거들을 제시하였다. 앞서 보았듯이, 많은 실험들에서 은유적 표현과 문자적 표현을 이해하는 데 걸린 시간은 차이를 보이지 않았다. Gibbs(1994)는 은유들이 개념적인 은유를 예시하기 때문에 그것들이 신속하게 접속된다고 주장하였다. 추가적인 증거들은 심상 연구에서 나왔다(Gibbs & O' Brien, 1990). 실험참가자들은 관용어(*blow your stack*, *flip our lid*, *hit the ceiling*)와 관용적이지 않은 표현(*blow your tire*, *flip your hat*, *hit the wall*)을 제시받고, 각각의 구가 일으키는 시각적 심상을 보고해야만 했다. 관용어에 대한 심상은 실험참가자들 사이에 매우 유사하였으나 관용적이지 않은 구에 대한 심상은 상당히 달랐다. Gibbs와 O' Brien은 관용어 심상에서의 일관성이 개념적 은유의 제약적인 영향 때문이라고 주장하였다.

Nayak과 Gibbs(1992b)는 실험참가자들이 ANGER IS ANIMAL BEHAVIOR를 암시하는 이야기(예를 들어, *bit his head off*)보다 여자들의 화를 압력 밥솥 안의 열기처럼 묘사한(ANGER IS HEATED FLUID IN A CONTAINER) 이야기 속의 *blew her stack*에 대해 더 높은 적절성 평정을 하였음을 발견하였다. 따라서 글을 읽는 사람들은 관용어에 기저하는 개념적 은유와 맥락이 일치하는지 평가함으로써 맥락 내에서 관용어의 적절정을 판단하는 것으로 보인다.

마찬가지로, Gibbs(1992b)는 실험참가자들에게 개념적 은유와 관련된 영역의 기본 요소들을 묘사한 짧은 각본을 제시하였다. 이 영역은 THE MIND IS A BRITTLE OBJECT (즉, 정신이상) 같은 개념적 은유를 포함하고 있었다. 그들은 용기 안의 약한 물건이 얼마나 잘 깨어질 것인가와 같은 그 영역에 관한 일련의 질문들을 받았다. 또한 그들은 이러한 개념적 은유와 관련이 있는 관용구에 관한 질문도 받았다. Gibbs는 관용구 이해와 영역 이해 간에 강한 관련성이 있음을 발견하였다. Gibbs는 관용구에 대한 실험참가자들의 이해가 그것이 기초를 두고있는 영역에 대한 이해와 밀접하게 관련이 있다고 결론지었다.

개념적 은유 이론이 비유 언어에 대한 언어심리학 연구에서 발견된 다양한 결과들을 설명함에 있어 화용 이론보다 더 적합한 것으로 보인다. 이는 언어를 이해하기 위해 관습을 사용하지 않는다는 의미가 아니라 단지 은유나 관용구를 이해할 때마다 반드시 사용하는 것은 아니라는 뜻이다. 관습을 사용하는 것은 예컨대 우리가 이전에 들은 적이 없는 관용구를 접했을 때와 같은 경우에 도움이 되는 보완 체계일 것이다.

그러나 개념적 이론에 대한 비판이 일부 있었다(Cacciari & Glucksberg, 1994; Glucksberg & Keysar, 1990; Honeck, 1997; McGlone, 2001). Glucksberg와 Keysar (1990)는 기저하는 개념적 은유를 활성화하여 우리가 은유적인 표현을 이해한다는 개념적 이론의 가정에 의문을 제기하였다. 그들이 부정하는 것은 우리가 언어적인 은유와 어떤 식으로 관련되어 있는 개념적 은유를 가지고 있을 것이라는 견해가 아니라, 은유 이해 과정에서 개념적 은유가 자동적으로 접속된다는 Gibbs의 주장이었다. 예를 들어, Glucksberg, Keysar, McGlone(1992)은 *Our love is a bumpy roller coaster ride*와 같은 은유를 실험참가자들에게 제시하고 그것을 다른 말로 바꿔 쓰도록 요구하였다. 실험참가자들은 분명히 롤러코스터의 오르락내리락하는 속성과 관련이 있는 의미들을 생각해 내었다(예를 들어, *Our love is full of ups and downs*). 하지만 바꿔 쓰기는 기저하는 개념적 은유, LOVE IS A JOURNEY와는 밀접한 연관이 없었다.

개념적 모형을 둘러싼 근원적인 의문은 은유를 이해할 때 기존의 단어나 개념 사이에 새로운 관계를 생성하는지, 아니면 '단순히' 이미 장기 기억에 저장되어 있던 개념적 은유를 인출해서 그것을 현재의 은유적 진술과 맞추어보는가 하는 것이다. 화용적 모형은 이미 보았듯이, 전자의 입장을 취하지만 경험적인 연구에서 나오지 않았던 약간의 함의를 가진다. 반면에 개념적 모형은 후자의 입장을 취한다. 우리가 살펴볼 마지막 모형 역시 전자의 입장을 취하지만 화용적 견해와 결부된 책임을 지지 않고서 그렇게 하려고 시도한다.

유목 포함 이론 Glucksberg와 그의 동료들은 은유가 유목 포함 진술이라고 주장하는 모형을 발전시켰다. 즉, 문장 (47)과 같은 은유를 볼 때, 우리는 그것을 문장 (48)

과 같이 5장에서 학습했던 유목 포함 진술과 유사한 것으로 이해한다.

(47) My job is a jail.

(48) All dogs are animals.

이런 문장들이 진실인지 판단하기 위해서는 반드시 적절한 명사의 어휘 표상을 인출하고 그 유목 포함 관계가 적절하게 적용되었는지 평가해야만 한다(다소 유사한 견해는 Bowdle과 Gentner, 2005를 보라).

그러나 만약 이 진술이 문자적으로 참이 아니라면 어떻게 이런 관계를 평가할 수 있는가? Glucksberg와 Keysar(1990)는 *감옥*이라는 용어가 하나에만 속하는 것이 아니라 여러 다른 하위 범주들에도 속한다고 주장하였다. 그것은 벌금, 딱지, 볼기때리기와 같은 관련된 개념들을 포함하는 처벌이라는 범주에 속한다. 그것은 건물 범주의 일원이기도 하며, 거기에는 호텔이나 병원, 기숙사 등이 포함된다. 그것이 은유의 보조관념으로 사용될 때, 관습적인 명칭은 없지만 불쾌하고, 구속적이며, 숨막히는 것으로 여겨지는 상황들을 포함하는 범주의 일원으로 생각될 수도 있다. *직업*이라는 용어를 포함하는 범주는 이처럼 후자와 같은 범주이다.

어떤 사람들은 이것은 일반적인 *감옥*이 의미하는 바가 아니라고 불평할 수도 있다. 그리고 심지어 단어의 문자적 의미도 그것의 맥락과 함께 달라진다. 예를 들어 문장 (49), (50)에 사용된 *container*의 의미에서 차이점을 살펴보라.

(49) The container held the apples.

(50) The container held the cola.

문장 (49)에서는 대부분의 사람들이 광주리 계열의 구체적인 의미를 생성했을 것이고, 문장 (50)에서는 병이나 유리잔에 가까운 무언가를 시각화했을 것이다. 어느 경우에도 구체적인 의미를 가지고 일반적인 용어를 파악하는 것으로 보이는데, 그것이 **예시화(instantiation)**로 알려진 과정이다(Anderson & Ortony, 1975).

비슷한 방식으로, 은유는 심성 어휘집으로부터 정보의 선택적인 활성화도 요구한다. 앞서 제시된 예에서, 광고판과 혹의 특정 측면만이 중요하고 다른 것은 관련이 없다. Glucksberg와 동료들(1982)은 *is a butcher*와 같은 어떤 '상투적인(stock)' 은유가 다른 상황에서 사용되는 심성 어휘집으로부터 의미의 핵심을 불러낸다고 주장한다. 예를 들어, 문장 (51)과 (52)의 공통점은 무엇인가?

(51) The pianist is a butcher.

(52) The surgeon is a butcher.

분명히 이 진술들은 어느 한쪽에서 부정적인 평가를 포함하며 총체적인 무능력을 의미한다. 정확한 유형의 무능력은 주제에 따라 다르지만, 예시화에서 보았듯이, 이것은 일반적으로 문자적 이해에서 사실이다.

Glucksberg(1998, 2001)는 유목 포함 모형을 지지하는 여러 계통의 증거를 요약하였다. 이것은 은유가 비가역적(unreversible)이라는 사실을 설명할 수 있다. *My job is a jail*이라고 말할 수는 있지만, *My jail is a job*이라는 말은 할 수 없다. 더욱이 만약 은유의 보조관념이 추상적인 상위 범주를 가리킨다면, 사람들의 주의를 좀 더 문자적이고 기본 수준의 의미로 향하게 하는 것은 이해를 방해할 것이다. Glucksberg, Manfredi, McGlone(1997)은 사람들에게 중성적인 통제 문장(예를 들어, *Some tables are made of wood*), 무관련된 주제 속성 문장(예, *Some lawyers are married*) 그리고 무관련된 보조관념 속성 문장(예, *Sharks can swim*)을 먼저 보여준 다음, *My lawyer was a shark*와 같은 은유를 제시하였다. 실험참가자들은 무관련된 주제 속성 문장이나 통제 문장을 먼저 제시했을 때보다 무관련된 보조관념 속성 문장이 먼저 제시되었을 때 은유를 이해하는 데 더 오랜 시간이 걸렸다. 확실히, 실험참가자들의 주의를 보조관념의 좀 더 구체적 측면(즉, 죄수들을 감금하는 장소로서의 감옥)에 집중시키는 것은 좀 더 추상적인 개념(즉, 불쾌하고 구속적인 장소)으로 그것을 이해하는 능력을 간섭한다.

유목 포함 모형의 한 가지 매력적인 특징은 은유와 비유 언어를 설명하기 위해 별도의 특징을 가정할 필요가 없다는 것이다. 비유 언어의 처리는 어떻게 심성 어휘집에 접속하는지에 대한 이해에서 자연스럽게 생겨난다. Glucksberg에 따르면, 문자적 언어를 이해하는 것과 거의 같은 방식으로—심성 어휘집에서 정보를 인출하고, 적절한 부분을 선택하며, 인출된 어휘 표상들 간의 관계를 확인함으로써—은유를 이해한다고 한다. Cacciari와 Glucksberg(1994)는 다음과 같이 적고 있다.

> 우리의 주장은 이해에 기저하는 일반적인 원리들이 문자적-비유적 구분에 걸쳐 적용가능하며, 사람들이 담화 속의 언어를 이해하기 위해 사용하는 이해와 해석 과정이 문자적 언어와 비유 언어 사용에도 공통적이라는 것이다. (p. 473)

요약

상이한 종류의 비유 언어들은 문자적 언어에 제한되었을 때 할 수 있는 것보다 훨씬 광범위한 의미들을 소통할 수 있게 해준다. 은유는 표현하기 힘든 생각과 감정을 전달하는 데 일차적으로 사용된다. 그리고 간접 화행은 정중하게 무언가를 요청할 때 종종 사용된다.

지금까지의 증거들은 우리가 문자적 의미를 먼저 고려한 다음 그것을 거부함으로써 비유 언어를 이해한다는 화용 이론을 지지하지 않는다. 개념적 은유 이론과 유목 포함 이론을 지지하는 사람들은 화용 이론의 한계에 대해 상이한 방식으로 반응하였고, 두 모형 모두 어느 정도 호소력이 있다. 개념적 이론은 우리가 비유적 의미에 자동적으로 접속하는 예들을 가장 잘 설명하는 것으로 보인다. 유목 포함 모형은 비유 언어 연구를 일반적인 언어 이해 영역에서도, 특히 어휘 이해와 연결짓는 데 매우 도움이 된다.

문장 기억

어떤 문장을 본 다음 우리는 무엇을 기억하는가? 앞서 보았듯이 하나의 문장이라 하더라도 그것에 관여하는 처리 활동은 꽤나 복잡할 수 있고, 처리가 풍부하면 더 오래 파지할 수 있다고 믿을 만한 이유가 있다(Craik & Lockhart, 1972). 그러나 자연스런 담화에서는 문장들이 쉴 새 없이 이어지므로, 그 모든 것을 정확하게 기억할 수 있는 것 같지는 않다. 아마도 어떤 것은 더 오래 가고, 어떤 것은 다른 문장의 회상을 돕는 데 사용될 것이다. 또는 다른 사람이 말했던 어떤 일반적인 생각에 혼합될지도 모르다. 이 절에서는 문장으로부터 우리가 무엇을 기억하고 무엇을 기억하지 못하는지 그리고 문장들이 최종적으로 영구 기억에 어떻게 저장되는지에 대해 논의할 것이다.

의미 대 표면형에 대한 기억

문장 기억 연구의 기본 아이디어는 우리가 문장에서 사용된 정확한 또는 축약된 단어들을 기억하는지, 아니면 단순히 그것의 의미를 기억하는가 하는 것이다. 이 문제에 대한 대부분의 초기 연구들은 의미만 유지된다고 주장했다. Fillenbaum(1966)은 사람들에게 무관련 문장들로 이루어진 목록을 제시한 후, 나중에 각 문장에 대한 선다형 검사를 실시하였다. 예를 들어, 문장 (53)을 주고 난 다음, (54)에서 (56)까지의 문장들을 선택하게 했다.

(53) The window is not closed.
(54) The window is closed.
(55) The window is not open.
(56) The window is open.

선택 문장들은 기억된 문장에 대해 약간의 간섭을 허용하도록 구성되었다. 문장 (54)와 (55)는 둘 다 표면적으로 (53)과 유사하지만, (56)은 의미적으로 원래의 문장에 더 가깝다. Fillenbaum은 대부분의 사람들이 (53)을 그들이 들은 대로 정확하게 기억하였으나, 만약 그들이 오류를 범하게 되면 (54)나 (55)보다는 (56)을 선택할 가능성이 훨씬 높다는 것을 발견하였다. 확실히, *closed*와 *not open*의 의미적 유사성은 문장을 이해하는 사람들이 하나에서 다른 하나를 추론할 수 있도록 했던 것이다.

Fillenbaum(1966)은 서로 모순되는 *open*과 *closed* 같은 형용사들과 서로 반대되는 *tall*과 *short* 같은 형용사들을 구분하는 데 신중했다. 서로 모순되는 것의 부정은 그것의 반대를 의미하지만, 서로 반대되는 것은 그렇지 않다(*not short*가 *tall*를 의미하는 것은 아니다). 그의 연구에서 사람들은 서로 모순되는 것으로부터는 추론을 이끌어냈지만 반대되는 것으로부터는 그러지 못하였다.

Wanner(1974)의 독창적인 실험도 표면 형식과 의미 기억을 조사하였다. 사람들은 종종 좀 더 자연스런 환경에서의 언어 처리를 대표하지 못하는 특별한 방략을 심리학 실험에 끌어들인다. Wanner는 실험참가자에게 실험에 대한 아주 상투적인 지시를 주고 나서는 지시 자체에 대한 예상 밖의 검사를 실시함으로써 이러한 문제를 피하고자 하였다. 핵심 문장은 다음과 같다.

(57) When you score the results, do nothing to your correct answer but mark carefully those answers which are wrong.

이 문장을 듣고 몇 초 후에 실험참가자들은 두 부분 중 하나에 대한 검사를 받았다. 일부 참가자들은 *your correct*라는 문구에 대한 검사를 받았는데, 원래의 문구와 문장의 의미를 변화시키는 *correct your*라는 문구 중 하나를 선택해야 하는 재인 검사를 받았다. 다른 참가자들은 의미가 동일한 *mark carefully*와 *carefully mark*를 구분할 수 있는지를 검사받았다. Wanner는 의미에 대한 기억은 훌륭했으나(100%가 *your correct* 를 맞췄다) 어순 검사에서는 우연 수준의 수행(50%만이 *mark carefully* 를 맞췄다)만을 확인하였다. 따라서 사람들이 검사를 받는지 모르는 상태에서 문장을 듣게 되면, 일차적으로 표면 형식이 아니라 의미를 기억하는 것이다.

파지의 시간 과정 지금까지 논의했던 연구들은 기저하는 의미를 우리가 추출하기 위하여 대개 문장의 통사 구조를 사용한다는 생각을 지지하는 데 사용되어 왔다. Sachs(1967)의 고전적인 연구는 이러한 과정이 일어나는 동안의 시간 변수를 조사하였다.

Sachs(1967)는 대학생들에게 테이프에 녹음된 짧은 글을 들려 주었다. 그녀는 다양한 간격을 두고 그것을 중단하였고, 앞서 들었던 문장들에 대한 검사를 실시하였다. 그녀는 두 가지 요인을 다르게 하였다. 첫째는 검사 문장의 유형이었고, 둘째는 **파지 간격(retention interval**, 문장 제시와 검사 사이의 시간)이었다. 글에 들어 있던 각 문장들에 대해 네 개의 검사 문장이 제시되었는데, 원래의 문장과, 의미는 그대로 두고 문구만 바꾼 두 개의 문장, 문구와 의미를 모두 바꾼 문장이었다. 테이프가 중단되었을 때, 실험참가자들은 네 개의 문장 중 하나를 제시받고, 그것이 앞서 들었던 문장과 같은지 아니면 바뀌었는지를 답해야 했다. 검사 문장이 연구 문장 다음에 바로 제시되었을 때는 형식과 의미 모두에 대한 파지가 우수했으나, 형식에 대한 기억은 40음절의 파지 간격(약 12.5초)과 함께 뚜렷이 감소하였고, 80음절 지연에서는 훨씬 더 많이 감소하였다. 반면에 의미에 대한 기억은 그와 같은 시간 경과에도 비교적 잘 유지되었다.

이러한 결과가 신뢰로운 것임이 입증되었다. Sachs(1974)는 문장들을 시각적으로 제시하는 반복 실험을 실시하여 거의 동일한 결과를 얻었다. 더 인상적인 것은 미국 수화(ASL, American Sign Language)를 사용한 Hanson과 Bellugi(1982)의 반복 연구였다. 영어와 마찬가지로 ASL도 어휘 정보와 형태소 정보를 모두 전달하지만, 영어와는 달리 동시에 전달하지는 못한다(2장을 보라). 이런 차이점에도 불구하고 Hanson과 Bellugi는 원래의 연구와 매우 유사한 결과를 얻었다. 즉시 검사에서 청각 장애인들은 의미, 굴절, 어휘, 형식의 변화를 알아보았으나, 지연 검사에서는 의미가 변화된 것(의미와 굴절)을 그렇지 않은 것(어휘와 형태)보다 더 잘 알아보았다. 그러므로 문장의 의미만을 장기 기억 속에 저장하는 경향은 입말에만 한정되지 않는다.

화용적 요인들 그러나 어떤 상황에서는 우리가 들을 것을 정확한 형태로 기억하는 것으로 보인다. 아마도 그것은 우리를 당혹스럽게 하고, 혼란스럽게 하며, 짜증나게 만드는 말이었을 것이다. 그리고 그것들에 대해 조금은 곰곰이 생각했을 것이다. 문장 기억에서 화용적 요인들이 의미적, 통사적 요인들과 어떻게 상호작용하는지를 조사한 약간의 연구가 있었다.

Keenan, MacWhinney, Mayhew(1977)는 자연스런 대화에서 문장 형식과 내용에 대한 기억을 연구하였다. 그들은 오찬 토론을 하던 연구자들(그들은 녹음되고 있다는 것을 몰랐다)의 대화를 녹음하였고, 그 녹음한 것으로부터 재인 기억 검사들을 구성하였다. 연구자들이 발견한 중요한 결과는 발화의 **상호작용적 내용(interactional content)**이 자연스런 조건하에서 파지에 중요한 요인이라는 것이었다. 어떤 발화는 듣는 사람에게 단지 정보만을 전달하는 반면, 어떤 것은 듣는 사람에게 말하는 사람의 태도를 전달한다. 후자의 경우는 상호작용적 내용이 많고, 연설, 농담, 모욕 등과 같은 특징들을 포함한다. Keenan과 동료들은 참가자들이 상호작용적 내용이 많은 진술은 의미뿐만 아니라 형식에 대해서도 우수한 파지를 보이지만, 상호작용적 내용이 적은 진술에 대해서는 표면 형식은 전혀 기억하지 못하고, 의미도 잘 기억하지 못함을 발견하였다. 더욱이 그러한 진술들이 맥락에서 벗어나 별도의 연구에서 개별적으로 제시되었을 때는 파지에서의 그러한 차이가 사라졌다. 그러므로 문장을 기억하게 만드는 것은 높은 상호작용적 진술의 통사적, 의미적 측면이 아니라 대화의 맥락에서 문장이 갖는 화용적 기능이다. Bates, Masling, Kintsch(1978)도 비슷한 결과를 보고하였는데, 그들은 "어떤 표면 형식이 파지될 확률은, 적어도 부분적으로는 주어진 맥락에서 표면 형식이 가지는 화용적 역할에 달려있다"(p. 196)라고 결론지었다.

유사한 요인들이 정중함을 전달하는 문장에 대한 우리의 기억에 작용한다. 한 연구(Holtgraves, 1997)에서, 대학생들은 높은 지위(예를 들어, 교수)의 사람이나 비슷한 지위(다른 학생)의 사람들이 정중함을 다르게 표현하는 문장들을 들었다. 학생들은 예상치 않았던 검사에서 무례한 말보다는 정중한 말을 더 잘 기억하였다. 또한 그들은 비슷한 지위의 사람이 무례한 말을 사용하거나 높은 지위의 사람이 정중한 말을 사용하는 것과 같은, 말하는 사람의 지위와 어울리지 않는 형식을 더 잘 기억하는 경향이 있었다.

추론과 의미 기억

처리를 정교하게 할수록 파지가 잘 된다는 생각은 단어와 문장 그리고 담화에 대한 심리학적 연구에서 상당히 많은 지지를 받았다. **정교화(elaboration)**는 유입되는 정보를 영구 기억에 이미 저장된 정보와 관련짓는 과정으로, 이를 통해 새로운 자료의 기억 표상이 풍부해진다. 앞에서 우리는 일상생활에서 하는 말의 화용적 기능과 관련된 정보 처리가 어떻게 정교화의 기초로서 작용하는지를 살펴보았다. 이제 우리는 세상에 대한 일반 지식, 즉 구체적으로 언어적인 것이 아닌 정보에 기초한 정교화를 살펴볼 것이다.

정교화 과정의 한 형식은 **추론(inference)**의 도출이다. Bransford, Barclay, Franks(1972)는 새로운 사건들을 이해하는 과정에서 일상적으로 추론을 도출하고, 그러한 추론들은 사건에 대한 기억 표상으로 통합된다고 주장하였다. 시간이 경과함에 따라 제시되었던 것과 추론되었던 것을 구분하기가 점점 더 어려워진다.

추론과 오재인 오류 Bransford가 사용한 일반적인 실험 과정은 사람들에게 긴 문장 목록을 제시한 다음, 나중에 **오재인 오류(flase recognition error)**―사람들이 실제로는 제시되지 않았던 무언가를 보았거나 들었다고 믿음으로써 생기는 오류―를 일으키는 경향성을 확인하는 것이었다. 긴 목록은 실험참가자들에게 문장의 형식뿐만 아니라 의미에도 주의를 기울이도록 하기 위해 필수적이다.

한 연구에서 Johnson, Bransford, Solomon(1973)은 다음과 같은 문장에 대한 사람들의 이해와 파지를 조사하였다.

(58) John was trying to fix the birdhouse. He was looking for the nail when his father came out to watch him and to help him to do the work.

위의 글은 존이 망치를 사용했다는 언급을 구체적으로 하지 않고 있지만, 그것은 이해 과정에서 인출되는, 우리가 가진 일반 지식의 일부이다. 문장 (58)을 들었던 사람들은 나중에 문장 (59)를 들었다고 잘못 믿고 있었다.

(59) John was using the hammer to fix the birdhouse when his father came out to watch him and to help him do the work.

이것은 새집을 고치는 데 사용된 도구에 대한 추론이 이해 과정에서 생겨남을 시사한다. 다른 연구들은 비록 이해 과정에서 도구 추론이 자동적으로 도출되지는 않지만(Dosher & Corbett, 1982), 추론이 짧은 글 내에서 문장들을 통합하는 데 도움이 된다면, 그렇게 하는 경향이 있다는 것을 보여주었다(McKoon & Ratcliff, 1981).

이런 형태의 추론을 '오류' 라고 부르는 것은 적어도 약간의 오해의 소지가 있다. 정상적인 환경에서 이러한 추론들은 우리가 담화 내의 문장들을 한데 묶도록 해준다(7장을 보라). 사실, Bransford와 그의 동료들은 우리가 들은 것을 정확한 형식대로 기억하도록 요구받는, 자연스런 언어 사용과는 상당히 다른 실험실 환경에서, 그러한 추론들이 '오류' 를 어떻게 유도하는지를 보여주는 훌륭한 방법을 고안하였던 것이다.

명제와 문장 기억

문장 기억에 관해 우리가 학습했던 것들을 요약해 보자. 대체로 우리는 다른 사람이 한 말의 정확한 문장 형식을 기억하기보다는 그것의 요지만 저장하는 것 같다. 하지만 어떤 반응을 요구하거나, 일상 담화의 정상적인 관습을 비웃는 것과 같이 화용적으로 인상적인 진술들은 예외이다. 이러한 경우에는 종종 어떤 사람이 말한 것을 바탕으로 약간의 추론을 하여, 그 말의 표면 형식과 함께 강화된 의미를 저장한다. 더욱이 그렇게 도출한 다른 추론 형식들은 순전히 언어 지식에만 기초하지 않고 일반적인 세상 지식에도 기초한다. 이러한 추론들은 이해 과정에서 도출되고, 어느 정도 시간이 지나면 실제로 들었던 정확한 문장과 점점 구분할 수 없게 되어 버린다.

이 모든 것들은 언어적으로 기초한 표상 체계(변형 문법에서의 심층 구조 같은)가 문장 기억 모형에 대한 좋지 못한 후보임을 시사한다. 정확한 언어 형식은 잘 기억되지 않을 뿐만 아니라 비언어적인 정보가 기억 과정에 중요한 역할을 하는 것으로 보인다. 하나의 대안으로, 연구자들은 문장 표상에 대한 명제 모형을 발전시켰다(예를 들어, Anderson, 1976; Kintsch, 1974; Norman, Rumelhart & LNR Research Group, 1975를 보라). 제안된 모든 주장들은 문장이 둘 이상의 개념과 그것들 사이의 어떤 관계 형식으로 구성된 명제로 표상될 수 있음을 가정한다. 그러므로 문장 (60)은 (61)로 표상될 수 있다. 문장 (62)의 수동형이나 (63), (64)와 같은 다른 형식들은 표면적인 차이에도 불구하고 모두 같은 명제를 전달한다.

(60) George hit Harry.

(61) Hit (George, Harry)

(62) Harry was hit by George.

(63) It was Harry who was hit by George.

(64) The one who hit Harry was George.

좀 더 복잡한 문장들은 하나 이상의 명제를 전달한다. 문장 (65)는 세 개의 개별 명제로 표상될 수 있다([66]~[68]까지). 또한 이러한 명제들은 수많은 방식에 의해 언어적으로 실현될 것이다.

(65) George got into an argument with Harry, hit him, and then left the bar.

(66) Initiated (George, Harry, argument)

(67) Hit (George, Harry)

(68) Left (George, bar)

이해 과정에서 문장의 명제 표상이 어떻게 형성되는가에 대한 대략적인 설명은 아래와 같다. 처음 어떤 문장을 접할 때, 그것의 의미를 추출한 다음 그 의미를 표상하는 명제를 구성한다. 동시에, 문장의 표면 형식은 작업 기억 속에 유지된다. 대개 의미에 더 큰 관심을 갖기 때문에, 더 많은 처리 자원들이 표면 형식(짧은 간격 후에 쇠퇴한다)보다는 의미(시간이 흘러도 유지된다)에 주어진다. 만약 표면 형식이 화용적으로 중요하다면 더 많은 주의가 그것에 집중될 것이고, 결과적으로 더 잘 기억될 것이다. 이것은 추가적인 명제들(추론)의 인출을 가져올 수 있는데, 그것은 제시되었던 문장의 명제와 함께 저장된다. 기억 검사에서는 문장에 대한 기억 표상이 참고된다. 문장이 화용적으로 인상적이지 않거나 파지 간격이 너무 짧지 않다면 도출된 추론과 함께 명제 표상만이 계속 저장될 것이다. 결과적으로 의미에 대한 기억은 뛰어나지만 추론에 필요한 재료들은 잘못 기억할 가능성이 있다.

명제 모형의 중요한 장점은 하나의 명제를 가진 두 개의 문장에 대한 의미 표상이 두 개의 명제를 가진 하나의 문장과 동등하므로, 그것이 자연스럽게 담화로 확장될 수 있다는 것이다. 자연스런 담화에서 우리는 대체로 전체적인 담화 의미에 기여하는 어떤 문장의 의미를 회상한다. 다음 장에서는 담화 이해와 파지에서 명제의 역할에 대해 좀 더 이야기할 것이다.

요약

문장들에 대한 기억은 문장의 의미와 사용된 단어들 그리고 이해 과정에서 생긴 추론이 뒤섞인 것이다. 수많은 연구들에서 의미가 문장의 파지에 우세하다는 것이 확인되었다. 추론은 문장에서 추출한 의미의 핵심을 각색한 것이라 할 수 있다. 시간이 지나면 무엇이 제시되었고 무엇이 추론되었는지를 구별하기 어려워지는데, 그러한 경향은 우리로 하여금 허위 광고에 다소 취약하도록 만든다. 그러나 신중하게 주의를 기울이면 단언(assertions)과 암시(implications)를 구분할 수 있다. 마찬가지로, 들었던 문장의 정확한 형식에 주의를 집중함으로써 그 형식을 오랫동안 유지할 수 있다. 만약 그 말이 모욕적이거나, 유머스럽거나, 어떤 방식으로든 화용적으로 중요한 것이라면 그런 일이 일어날 것이다.

복습 문제

1. 즉시성 원리의 기초는 무엇인가?
2. 구문 분석을 정의하라.
3. 초기 구문 분석 판단이 통사적 방략들에 근거함을 시사하는 증거는 무엇인가?
4. 최소 부착 원리란 무엇인가?
5. 비유 언어에 대한 화용 이론, 개념적 은유 이론 그리고 유목 포함 이론을 비교하라.
6. 작업 기억과 문장 이해 간에는 어떤 관계가 있는가?
7. 은유의 배경을 우리는 어떻게 파악하는가?
8. 의도된 의미를 이해하기 전에 간접 화행의 문자적 의미를 이해하는 것이 필수적인가?
9. 문장 기억에 대한 명제 모형이 언어 모형보다 더 매력적인 이유는 무엇인가?
10. 어떤 조건에서 방금 보거나 들은 문장의 정확한 문구를 기억하는가?

생각해 볼 문제

1. 최근에 대화 도중에 일어난 오해에 대해 생각해 보라. Grice의 관습을 사용하여 그 오해의 기초를 확인해 보라.
2. 우리는 2장에서 언어 생산성이 언어학적 기본 개념이라는 것을 알았다. 본 장에서 기술된 구문 분석의 원리들은 무한한 수의 문장들을 얼마나 다룰 수 있는가?
3. 추론에 대한 논의에 기초하여, 정치 후보자가 잘못된 암시를 받아들이는 우리의 경향을 이동하려고 언어를 사용하는 방식을 논의하라.
4. 어떤 문장에서 한 개인이 이끌어 낼 수 있는 추론의 수에는 제한이 있는가? 의사소통적인 대화에 기초한 추론들은 상상력이 풍부한 청자가 도달할 수 있는 광범위한 결론과 어떻게 구분되어야 하는가?
5. 은유는 종종 문자적으로 표현하기 힘들거나 불가능한 생각을 표현하기 위해 사용된다. 이것이 언어의 진화에서 은유가 할 수 있는 역할에 대해 시사하는 바는 무엇인가?

Chapter 7

담화 이해와 기억

책을 읽는다는 것은 저자와 대화를 나누는 것이다.

-MORTIMER ADLER AND CHARLES VAN DOREN(1940, 1972. p. 49)

요점

- 연결된 담화가 일관성을 가지려면 문장들 사이에 관련성이 있어야 한다. 그러한 관계는 국소적 수준과 전역적 수준 모두에서 존재한다.
- 말(글)을 이해하려는 사람은 일관된 방식으로 담화를 이해하기 위해 다양한 방략들을 사용한다. 이러한 방략들은 구정보와 신정보 사용에 대한 가정들과 관련이 있다.
- 우리는 담화를 표층 표상, 명제 표상, 상황 모형이라는 세 가지 상이한 방식으로 기억에 표상한다.
- 담화의 전역적 구조를 이해하는 것은 도식에 좌우되는데, 도식이란 사건들의 일반적인 순서를 묘사하는, 의미기억 속의 구조이다.

서론

본 장은 우리가 문장보다 긴 언어 단위인 연결된 담화(connected discourse)를 이해하고 기억하는 방식을 다룬다. 일상생활 속에서 우리는 이야기나 강의, 설교와 같은 여러 종류의 담화를 처리한다. 각 형식은 나름대로 특징들을 갖고 있지만, 모든 종류의 담화들이 어떤 속성을 공유한다는 것을 우리는 본 장에서 알게 될 것이다.

최근 수십 년 사이에 담화에 관한 연구가 상당한 진전을 보인 데에는 몇 가지 이유가 있다. 우선은, 우리가 말을 할 때 한 문장으로 끝내는 경우란 거의 없으므로, 담화야말로 연구하기에 좀 더 자연스런 언어 단위로 보이기 때문이다. 또한, 문장들이 담화 맥락과 떨어져서는 중의적이거나 분명치 않을 수 있다. 단어 처리를 우리가 제대로 이해하기 위해서는 문장의 구조를 자세히 살펴야 하듯이, 문장 처리를 알기 위해서는 담화 구조를 이해해야만 한다. 마지막으로, 담화는 언어와 관련된 인지 과정에 관심이 있는 사람들에게 풍부한 자료의 원천이다. 담화는 우리의 영구 기억으로부터 다량의 정보를 인출함과 동시에 작업 기억에도 상당한 부담을 지운다.

우리의 탐구는 담화가 구성되는 방식과 그와 같은 구성이 이해 방략들에 어떻게 영향을 미치는지를 논의하는 것으로부터 시작할 것이다. 먼저, 일관된 담화 구조를 생성하기 위해 우리가 사용하는 여러 가지 처리 방략을 기술할 것이다. 그런 다음, 연결된 담화를 위한 기억을 살펴보고, 글(passage)을 이해하고 난 다음 기억으로 형성되는 구조에 대해 알아볼 것이다. 우리는 세 가지 종류의 기억 표상이 담화 처리와 관련이 있다는 것을 발견하게 될 것이다. 다음으로, 이야기 담화와 이야기를 이해하고 기억하는 데 관여하는 특별한 과정을 살펴볼 것이다. 마지막으로, 담화 이해와 기억에 관한 연구가 갖는 교육적인 함의를 몇 가지 지적할 것이다.

담화의 이해

국소적 담화 구조와 전역적 담화 구조

연결된 담화의 이해는 각 문장의 의미보다는 그것들의 배열에 의존한다. 사실, 의미를 가진 일단의 문장들을 전혀 말이 안 되는 식으로 함께 모아두는 것도 가능하기는 하다.

> Carlos arranged to take golf lessons from the local professional. His dog, a cocker spaniel, was expecting pups and again. Andrea had the car washed for the big wedding. She expected Carlos to help her move into her new apartment.

반면에 다음 예문은 이해하기가 훨씬 쉽다.

> John bought a cake at the bake shop. The cake was chocolate with white frosting, and it read "Happy Birthday, Joan" in red letters. John was particularly pleased with the lettering. He brought it over to Greg' s house, and together they worked on the rest of the details.

무엇이 어떤 글은 이해하기 쉽게 만들고 어떤 글은 도무지 이해할 수 없게 만드는가?

두 번째 이야기가 이해하기 쉬운 이유 중의 하나는 존의 이야기에 포함된 문장들이 전통적인 방식으로 연결되어 있다는 것이다. 전통적으로 부정관사 *a*는 독자가 사물이나 사람, 사건을 처음 접할 때 쓰이고, 정관사 *the*는 그것들이 이미 언급된 적이 있을 때 사용된다. 첫 문장의 *a cake*가 두 번째 문장에서 *the cake*로 바뀌었음을 주목하라. 마찬가지로, 대명사 *it*도 선행 맥락이 없으면 이해가 어렵다. 존의 이야기에서 우리는 두 번째 문장과 네 번째 문장에서 *it*이 가리키는 것이 케이크라는 것을 알 수 있다. 카를로스의 이야기에서는 사건들이 마치 이미 알고 있는 것처럼 언급되고 있지만, 사실 우리는 코커가 새끼를 배고 있었는지, 누가 결혼을 할 것인지, 안드레아가 이사를 하려는지 전혀 모른다. 이 이야기에서 유일한 일관성의 기초는 카를로스와 안드레아에 대한 반복적인 참조인데, 이것만으로는 이해하기에 불충분하다.

그러나 글이 반드시 명백할 필요는 없다. 우리는 독자가 추론할 수 있다고 생각되면 종종 문장들 사이의 연결 중 일부를 생략하곤 한다. 예를 들어,

> John bought a cake at the bake shop. The birthday card was signed by all of the employees. The party went on until after midnight.

여기서 케이크와 카드 그리고 파티는 모두 동일한 사건, 즉 생일 파티와 관련이 있는 것으로 가정된다. 어떻게 이러한 판단을 그토록 쉽게 내리는가? 우리는 생일이라는 것과 생일 파티에서 대개 어떤 일이 일어나는지에 대해서 상당히 잘 알고 있고, 이러한 지식은 이야기 속에 있는 틈들을 메울 수 있도록 해준다. 그러나 *the*가 카드와 파티에 모두 사용됨으로써 그것이 어떤 카드인지 그리고 무슨 파티인지를 우리가 알고 있음을 표시하고 있다는 점에 주목하라. 이것은 우리가 추론을 이끌어 내기 위해 기억 속의 정보(파티? 무슨 파티?)를 사용 과정에서 단서로 작용하고, 글에 포함된 느슨했던 문장들을 한데 묶어줌으로써 전체적인 의미가 통일되고 일관성을 갖도록 해준다.

마지막 두 글을 비교해 보면 중요한 점을 알 수 있는데, 담화 구조를 이해하기 위해서는 반드시 표면 아래를 보아야 한다는 것이다. 마지막 글이 겉으로는 불완전한 것 같지만, 독자의 마음 속에 있는 전반적인 결과는 상당히 완전할 것이다.

위에서 논의된 세 개의 글들은 담화 구조의 두 수준을 잘 보여준다. 카를로스에 관한 이야기는 존의 첫 번째 이야기와 **국소 구조**[local structure, **미시구조**(microstructure)라고 불리기도 한다]에서 차이가 난다. 국소 구조란 담화에 포함된 개별 문장들 사이의 관계이다. 또한 글은 **전역 구조**[global structure 또는 **거시구조**(macrostructure)]도 가지는데, 그것은 우리가 생일에 관한 글을 이해하고 기억할 수 있게 해주는, 생일에 해당하는 구조에 관한 지식이다. 두 수준의 구조 모두 텍스트의 **일관성**(coherence), 즉 글의 다른 부분들(단어, 문장, 단락)이 서로 연결되는 정도에 기여한다. 우선 국소 구조에서 시작하여 담화의 전역적인 측면을 살펴보기로 하자.

응집성

국소적인 수준에서, 이어지는 문장들 사이에 의미적인 관계가 있다면 그 담화는 일관성이 있다고 할 수 있다. 여기서 중심 개념은 **응집성(cohesion)**이라는 것이다. Halliday와 Hasan(1976)은 응집성을 "어떤 것을 이전에 나왔던 것과 연결지을 수 있도록 해주는 것"(p. 10)라고 정의하였다. 그들은 영어에서의 응집성을 연구하여 표 7.1에 있는 범주들을 발견하였다.

응집성의 범주 응집성에는 **조응(reference)**[1]이라고 하는 것이 있다. 이것은 5장에서 논의한 것과는 다른 개념이다. 5장에서는 단어와 대상 또는 세상의 사건들 사이의 관계였지만, 담화에서 조응이란 단어(또는 구)와 담화 내의 다른 단어(또는 구) 간의 관계를 다룬다. 좀 더 정확하게 말해, 조응은 한 항목의 해석을 위해 필요한 정보가 글의 다른 부분에서 발견되는 의미적 관계이다. *그녀(she)*, *그(he)*, *그것(it)*, *그의(his)*, *그녀의(her)*, *그들의(their)*과 같은 대명사를 이전 항목들을 참조하기 위해 자주 사용한다. 표 7.1에 있는 예들 중 두 번째 문장의 *she*는 첫 번째 문장의 *the woman*을 가리킨다. 이것이 두 문장에 응집성을 부여하고, 그것들을 하나의 연결된 전체로 통합한다. 또한 *그(the)*, *이것(this)*, *저것(that)*, *그것들(those)* 같은 지시사를 조응 목적으로 사용하는데, 표에서 *that*은 특정한 시험을 가리킨다. 또 다른 종류의 조응은 비교 조응인데, 현재의 사물들을 과거의 어떤 것들과 관련시키기 위해 *같은(same)*, *다른(different)*, *유사한(similar)* 등의 용어를 사용한다.

Halliday와 Hasan은 몇 가지 다른 종류의 응집성 범주들을 확인하였다. **대체(substitution)**는 처음 나왔던 것의 반복을 피하기 위해 어떤 어휘 항목을 다른 것으로 바꾸는 것이다. 예를 들어, '*one*'이 '*my computer*'를 대체한다. **생략(ellipsis)**은 하나의 구를 아무것도 없는 것과 바꾸는 매우 특이한 형태의 응집성이다. *talent*라는 말이 두 번째 문장에서 *more*라는 말 뒤에 반복될 수도 있었지만, 생략에서는 이러한 반복이 그냥 추측된다. **접속 응집성(conjunctive cohesion)**은 구나 문장들 사이의 관계를 *그리고(and)*, *또는(or)*, *그러나(but)*, *그런데(yet)*, *그러므로(so)* 등의 접속사를 사용하여 표현하는 것이다. **어휘 응집성(lexical cohesion)**은 문장 내의 어떤 단어들 사이의 어휘적 관계에 의해 하나의 문장이나 구를 다른 문장이나 구와 묶어주는(tie) 것이다. 간단한 예로, 우리가 이전에 썼던 것과 동일한 단어를 단순히 되풀

1) 또는 '참조', '지침'이라고도 함.

표 7.1 응집성 범주

범주	예
조응	
대명사	The woman lost track of her little boy at the mall. *She* became very worried.
지시사	*That* was the worst exam I had all term.
비교	It's the *same* band we heard last week.
대체	My computer is too slow. I need to get a faster *one*.
생략	I wish I had more talent. My sister has a lot *more* than I do.
접속사	Melissa flunked out of school, *so* she is looking for a job.
어휘	
반복	I saw a boy win the spelling bee. The *boy* was delighted afterward.
유의어	I saw a boy win the spelling bee. The *lad* was delighted afterward.
하위어	I saw a boy win the spelling bee. The *child* was delighted afterward.

출처 : *Cohesion in English*, by M. A. K. Halliday and R. Hasan, Longman, 1976.

이하는 것이다. 다른 형태의 어휘 응집성은 유의어와 하위어 같은 관계에 기초한 것이다.

응집성은 담화에서 중요한 역할을 한다. 이를 확인하는 한 가지 방법은 문장들이 뒤섞인 단락을 살펴보는 것이다.

(1) However, nobody had seen one for months.

(2) He thought he saw a skape in the bushes.

(3) Mark had told him about the foxes.

(4) John looked out the window.

(5) Could it be a fox?

(1)에서 (5)까지의 문장들을 뒤섞이기 전 상태로 만들어보라.[2)] 당신은 문장들 사이의 응집 결속(cohesive ties)이 중요한 단서임을 발견하게 될 것이다(Crystal, 1987로부터).

전방 조응과 후방 조응 이 모든 예들에서 응집성은 어떤 현재의 표현과 앞서 만났던 표현을 관련짓는 것으로 이루어진다. 이것을 일컬어 **전방 조응**(anaphoric refer-

2) 뒤섞인 단락에 대한 해답 : (4), (2), (5), (3), (1)

ence)이라 한다. 담화에서 이전에 언급되었던 무언가를 다시 참조하기 위해 어떤 표현을 사용할 때, 그 참조하는 표현을 **대용어(anaphor)**라 하고 이전의 참조대상을 **선행어(antecedent)**라 한다. 표 7.1의 첫 번째 예에서 *she*는 대용어고 *the woman*은 선행어다. 때때로 앞으로 나올 것을 참조하는 표현도 사용하는데, 이를 **후방 조응(cataphoric reference)**이라 한다. 문장 (6)의 '*This*'가 그러한 기능을 한다.

(6) This is how you do it. You let the herbs dry and then grind them up in a food processor.

이 모든 형태의 응집성 중에서 전방 조응이 심리학자들 사이에서 가장 큰 관심을 받아왔다. 전방 조응이 담화 이해에서 작업 기억의 역할을 밝힐 수 있게 해주기 때문이다. 한 쌍의 단순한 문장을 이해하기 위해서는 대용어와 연결시키기에 충분한 정도의 시간 동안 선행어를 작업 기억에 가지고 있어야 한다. 지금까지의 모든 예들은 담화에서 연속적인 문장들 간의 관계였다. 그러나 문장들이 늘 그렇지는 않다. 가끔은 선행어와 대용어 사이의 거리가 상당히 멀 수도 있는데, 그러면 대개 거리가 작업 기억에 부담을 초래하여 결과적으로 이해를 방해한다(늘 그런 것은 아니다. McKoon, Gerrig & Greene, 1996을 보라).

대용어의 사용은 담화에서 의사소통을 위한 관습의 역할을 잘 보여주기도 한다. 의사소통에 관해 Grice(1975)가 가진 생각들 중 일부가 6장에서 논의되었고, 그것들은 여기서도 관련이 있다. 성공적인 의사소통을 위해서는 관습적인 방식으로 언어를 사용할 필요가 있다. 말하는 사람이나 글 쓰는 사람으로서 우리가 선행어와 대용어 사이에 먼 거리를 두게 되면, 그것이 이해하는 사람에게는 인지적으로 어려울 뿐만 아니라 기대치 않은 부담이 되기도 한다.

일관성 수립에 사용되는 방략들

이제 대용어 표현의 이해와 관련된 심리학적 연구들을 살펴보도록 하자. Clark와 Haviland의 연구는 상당한 양의 후속연구들을 촉발시켰다(Clark, 1977; Clark & Haviland, 1977; Haviland & Clark, 1974). 그 연구는 구정보와 신정보 사이의 차이에 기초한 것들이었다.

구정보(given information)란 글쓴이나 말하는 사람이 글 읽는 사람이나 듣는 사람이 이미 알고 있다고 가정하는 정보를 뜻하고, **신정보(new information)**란 그들이 모르는 것으로 가정되는 정보이다. 대부분의 문장은 구정보와 신정보를 모두 갖고 있다. 예를 들어 문장 (7)과 (8)은 문법 구조에서는 유사하지만 서로 다른 기대를 형성한다. 문장 (7)은 글을 읽는 사람들이 은행이 털렸다는 것을 이미 알고 있지만(구정보) 누가 그랬는지는 모른다(신정보)고 가정하는 반면, 문장 (8)은 그들이 스티브가 무언가를 훔쳤다는 것을 알고 있으나 그가 훔친 것이 무엇인지는 모르고 있다고 가정한다.

(7) It was Steve who robbed the bank.

(8) It was the bank that Steve robbed.

신/구 방략 관계에 관한 Grice(1975)의 격률을 좀 더 확장하여, Clark와 Haviland(1977)는 글을 읽는 사람들은 그들이 이미 알고 있거나 파악할 수 있는 정보를 참조하기 위해 글쓴이가 구정보를 사용하고, 그들이 아직 친숙하지 않은 개념을 참조하고자 신정보를 사용하리라고 기대한다고 주장한다. 이러한 가정들에서 나온 문장 통합 모형을 **신/구 방략(new/given strategy)**이라고 한다. 이 방략에 따르면, 담화 맥락에서 문장을 이해하는 과정은 세 개의 하위과정 또는 단계로 이루어진다. (1) 현재의 문장에서 구정보와 신정보를 파악하는 것, (2) 구정보를 위해 기억 속에서 선행어를 찾는 것, (3) 기억에서 그 지점에 신정보를 부착하는 것. 이 모형의 일차적인 유용성은 2단계에서 일어날 수 있는 다양한 가능성을 조사하는 것이었다. 정보를 구정보로 표시하지만 선행하는 문장에 뚜렷한 선행어가 없는 문장들은 이해를 어렵게 한다.

문장들을 관련시키는 상대적인 용이성을 조사하는 가장 흔한 방법은 읽기시간 패러다임(reading-time paradigm)이다. 실험참가자들은 문장을 보고 그들이 이해했다고 생각될 때 단추를 눌러야 한다. 문장이 처음 제시된 때부터 실험참가자가 단추를 누르기까지의 시간이 측정된다. 이해했다는 실험참가자의 보고에 의존하기 때문에 이것은 본질적으로 주관적인 이해 시간 판단이다. 좀 더 엄격한 기법은 실험참가자에게 그 문장의 의미와 관련된 어떤 과제를 수행하도록 요구하는 것일 것이다. 예를 들어, 실험참가자에게 그럴듯한 다음 문장을 만들게 하거나, 다른 문장들과의 관계에서 그 문장이 참인지 거짓인지를 검증하도록 하는 것이다. 이와 같은 좀 더 통제된 연구들의 결과는 대개 단순 이해 시간을 사용하는 연구들을 확증하므로, 여기서는 설명상의 편의를 위해 논의를 후자에 국한시키겠다.

이와 같은 맥락에서, 우리의 관심은 단일 문장을 이해하는 데 필요한 시간이 아니라, 하나 또는 그 이상의 이전 문장들의 함수로서 문장을 이해하는 데 필요한 시간이다. 그러므로 실험은 표적 문장(실험참가자가 읽는 시간이 측정된 문장)을 일정하게 유지하고 선행하는 맥락 문장(들)을 변화시킨다. 표적이 맥락에 이어 곧바로 나오면 2단계는 비교적 단순해야 하고, 이해는 빨라야 한다. 우리가 흔히 접하는 문장 관계의 다양성을 보여주는 몇몇 사례들을 살펴보기로 하자.

직접적 일치 가장 간단한 경우는 표적 문장의 구정보가 맥락 문장의 선행어와 직접적으로 일치하는 것이다.

(9) We got some beer out of the trunk.

(10) The beer was warm.

표적 문장을 이해하기 위해서는 먼저 그것을 구정보와 신정보로 나누어야 한다. 정관사 *the*는 *beer*를 구정보로, *was warm*을 신정보로 표시한다. 그 다음에 맥주에 대한 이전의 참조를 위해 기억을 탐색하고, 그것을 맥락 문장에서 발견한다. 마지막으로 맥주가 따뜻했다는 정보를 이전에 저장된 정보에 부착한다.

비록 직접적 일치가 문장 관계에서 가장 간단한 경우이긴 하지만, 단순히 특정 단어를 탐색하는 것일 뿐이라고 간주할만큼 그렇게 간단하지는 않다. 표적 문장에서 구정보를 위한 선행어를 찾는 것은 단어 탐색보다는 개념 탐색과 비슷하다. 다음 문장에서 이러한 구분이 잘 드러난다.

(11) Zak hopped into a waiting car and sped around the corner. He swerved to avoid the parked car and smashed into a building.

두 번째 문장에서 *car*에 대한 조응은 자크의 차에 대한 조응이 아니다. 반면에 다음 글에서는 그것이 자크의 차이다:

(12) Zak hopped into a waiting car and sped around the corner. The old car lost a wheel and smashed into a building.

여기서 중요한 것은 단어의 반복이 아니라 기저 담화에서 개념의 반복이다. 개념들은 수많은 방법으로 조응될 수 있을 것이다. 그러므로 우리가 직접적 일치를 말할 때는 앞서 담화에 소개되었던 기저 개념의 일치를 말하고 있는 것이다(Yekovich & Walker, 1978).

연결 추론 어떤 경우 우리는 구정보에 대한 직접적인 선행어를 가지고 있지 않으나 여전히 문장들을 함께 묶을 수 있다.

(13) Last Christmas Eugene went to a lot of parties.
(14) This Christmas he got very drunk again.

여기서 우리는 *again*이라는 단어를 이해하기 위해 'Eugene은 작년에 있었던 파티에서 많이 취했었다' 와 같은 **연결 추론(bridging)**을 해야만 한다. 반면에 다음과 같은 직접적 선행어에서는 이해를 위한 연결 추론이 필요 없다.

(15) Last Christmas Eugene got absolutely smashed.
(16) This Christmas he got very drunk again.

Haviland와 Clark(1974)는 연결 추론이 필요한 표적 문장이 선행어와 직접적인 일치가 있는 문장보다 이해하는 데 시간이 더 걸린다는 것을 보여주었다.

구 정보의 복원 이 방략을 이해하는 가장 좋은 방법은 다음의 두 글을 비교하는 것이다.

> I am trying to find a black dog. He is short and has a dog tag on his neck that says Fred. Yesterday that dog bit a little girl. She was scared, but she wasn' t really hurt.

> Yesterday a black dog bit a little girl. It got away, and we are still trying to find it. He is short and has a dog tag on his neck that says Fred. She was scared, but she wasn' t really hurt.

첫 번째 글의 표적(마지막) 문장이 두 번째 글의 문장보다 이해하기 쉽다는 것을 알 수 있다. *she*에 대응하는 직접적인 선행어가 제시되었기 때문에 우리는 연결 추론에 의지할 필요가 없다. 두 번째 글의 문제점은 단지 선행어가 표적으로부터 너무 멀리 있다는 것이다. Chafe(1972)의 말을 빌리자면, 우리가 표적을 볼 즈음엔 개는 **전경(foreground)**에 있고 소녀는 **배경(background)**에 있다. 반면에 첫 번째 글에서는 소녀가 전경에 있다. 문장이 이미 소개되었으나 더 이상 전경에 없는 무엇이나 누군가를 가리킬 때, 글을 이해하는 사람은 표적 정보와 맞춰볼 정보를 복구해야만 한다. **복구(reinstatement)**가 이해 시간을 증가시킨다는 것을 많은 연구들이 보여주었다(Clark & Sengul, 1979; Lesgold, Roth & Curtis, 1979).

새로운 담화 주제의 파악 지금까지 세 가지 사례를 논의하였다. 표적의 구정보와 바로 앞에 나왔던 선행어 간에 직접적인 일치가 있을 때, 신/구 방략은 아무 문제없이 실행된다. 만약 우리가 선행어를 쉽사리 찾지 못하면 아마도 선행어와 표적 사이에 연결 추론을 하거나, 최근에 영구 기억에 유입된 정보에서 복구할 수 있는 선행어를 탐색할 것이다. 일반적으로 글쓴이가 맥락과 표적 사이의 관계를 우리가 찾도록 의도했다고 믿지만 그것이 무엇인지 분명하게 말할 수 없을 때 연결 추론을 한다. 반면에 글쓴이의 부주의로 인해 고유한 선행어를 찾을 수 없다고 생각할 때 복구를 사용할 가능성이 높다.

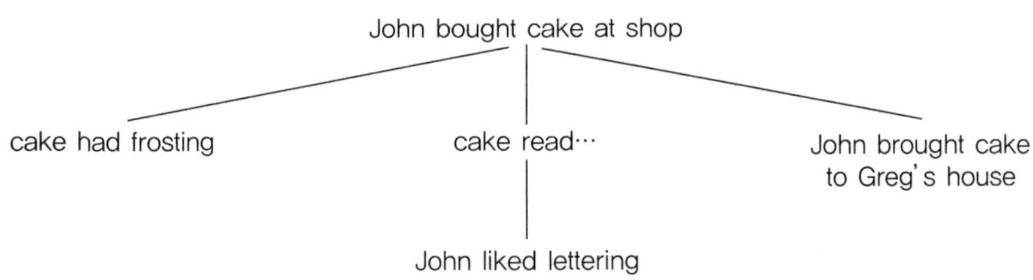

그림 7.1 기억 표상

이 모든 방략들은 표적 문장의 일부가 이전 정보와 관련되어야만 한다는 암묵적인 가정을 공유하고 있으나, 때로는 정보가 완전히 새로운 것이고 표적은 새로운 담화 주제를 수립하는 것을 의미하기도 한다. 이것은 *Now, I want to move on to···* 또는 *This concludes our discussion of···*와 같은 명백한 표지들을 사용될 때 쉽게 알아볼 수 있다. 그러나 불행하게도 문장을 이해하는 사람이 주제의 전환을 감지하기 위해 훨씬 미묘한 단서를 어떻게 사용하는지에 대해 우리는 잘 모른다.

신/구 방략은 문장들 사이에서 일어나는 수많은 통합들을 살펴볼 수 있는 적절한 틀을 제공한다. 지금까지의 초점은 거의 전적으로 방략의 2단계에 맞춰져 있었다. 이제 3단계, 신정보를 선행어에 의해 정의된 기억 장소에 부착하는 과정을 살펴보자. 신정보를 구정보에 추가하는 과정에서 전자는 후자에 종속된다. 즉, 신정보는 일반적으로 구정보의 결과이거나 작은 세부항목으로 취급된다. 일단 들어오면, 신정보 자체는 뒤따르는 문장들의 선행어로 작용하게 되고, 뒷 문장들은 신정보에 종속된다. 따라서 이러한 통합 과정의 자연스러운 결과는 일화 기억 내의 위계적 구조이다. 본 장을 시작하면서 제시했던 예를 사용한다면 글에 대한 기억 표상은 그림 7.1과 같을 것이다.

작업 기억의 역할

언어의 다른 측면들과 함께 개인의 경험과 능력에도 차이가 있다. 이 절에서 기술하고 있는 과정이 작업 기억의 작용과 관계 있으므로, 작업 기억의 개인차가 담화를 이해하는데 영향을 미칠 것이라고 예상하는 것은 적절하다(Carpenter & Just, 1989; Daneman & Carpenter, 1980; Singer, Andrusiak, Reisdorf & Black, 1992).

3장에서 논의하였듯이, Daneman과 Carpenter(1980)는 작업 기억이 가진 저장 기능과 처리 기능을 구분하였다. 작업 기억의 제한된 자원은 어떤 과제를 처리하는 것뿐만 아니라 그 과제의 결과를 일시적으로 저장하는 것에 할당된다. 그 결과, 간혹 교환(trade-off) 상태에 놓이게 된다. 과제가 많은 양의 저장과 처리를 요구할 때, 두 기능을 모두 만족스럽게 수행할 수는 없다.

Daneman과 Carpenter는 이러한 교환상태를 알아보기 위해 복잡한 **읽기폭 과제(reading span task)**를 개발하였다. 실험참가자는 일련의 문장들을 소리 내어 읽은(처리 기능) 후, 각 문장의 마지막 단어를 회상해야(저장 기능) 했다. 처음에는 두 개의 문장으로 시작하여 참가자가 각 문장의 마지막 단어를 회상할 수 없을 때까지 늘어났다. 참가자들의 읽기폭(회상된 마지막 단어의 개수)은 두 개에서 다섯 개까지 차이가 났다. 그 다음에 연구자들은 읽기이해 과제를 실시하였다. 각 실험참가자는 짧은 글을 읽고 그것에 관한 몇 가지 질문에 답해야 했다. Daneman과 Carpenter는 읽기폭과 읽기 이해 사이에 유의미한 상관관계가 있음을 발견하였다. 그 결과의 일부가 그림 7.2에 제시되어 있다. 그림은 대명사 조응 질문에서의 수행이 읽기폭 및 대명사와 조응대상 명사 간의 거리의 함수임을 보여준다. 대명사가 두세 문장만을 거슬러 올라가 조응할 때는 잘 수행하였으나, 중간 정도와 먼 거리에서는 수행이 떨어지고, 특히 읽기폭이 적을수록 그렇다는 점에 주목하라. 이러한 결과에 대한 Daneman과 Carpenter의 해석은 읽기폭이 작은 사람들일수록 작업 기억 용량이 작고, 이것이 그들로 하여금 몇 문장 이상 떨어져 있는 조응을 이해하기 어렵게 한다는 것이다(그러나 이러한 결과에 대한 다른 해석을 보려면 Daneman & Tardif, 1987을 보라).

Daneman과 Carpenter는 또한 실험참가자들의 읽기폭 측정치가 그들의 언어

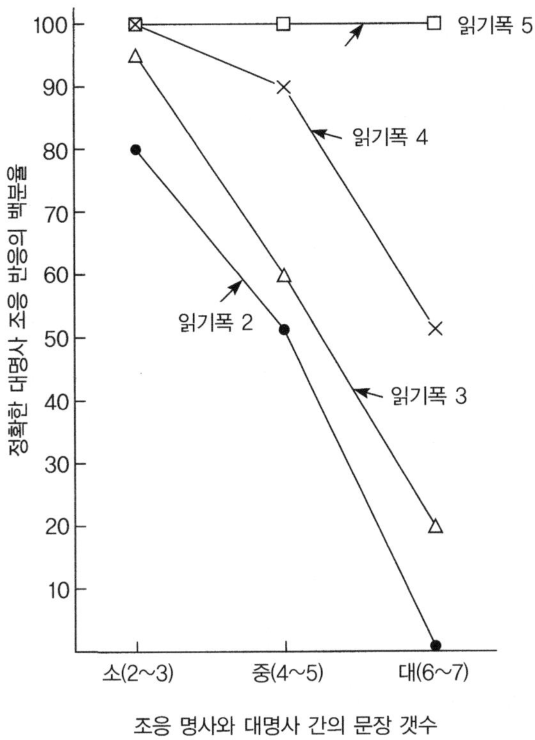

그림 7.2 대명사와 조응대상 명사 간의 거리의 함수로서의 대명사 조응 문제에 대한 정확반응의 백분율. (출처: *"Individual Differences in Working Memory and Reading,"* by M. Daneman and P. A. Carpenter, 1980, Journal of Verbal Learning and Verbal Behavior, 19, p. 456. Copyright © 1980 Academic Press. 허락 후 재인쇄.)

SAT[3] 점수와 유의미하게 상관됨을 발견하였다. 반면에 단순폭 검사(처리가 아닌 저장만을 위한 자원을 요구하는 단순한 단어의 회상)는 대명사 조응이나 언어 SAT와 상관이 없었다. 결국, 연구자들이 고안한 읽기이해검사와 언어 SAT 모두에 작업 기억 과정이 관여하는 것으로 보인다.

Whitney, Ritchie, Clark(1991)는 이러한 결과들을 확장하였다. 그들은 작업 기억에서 차이가 나는 두 집단의 실험참가자들에게 어려운 내용의 글을 소리 내어 읽게 하였고, 읽는 동안 소리내어 생각하도록 했다. Whitney와 동료들은 소리 내어 생각하는(thinking-out-loud) 동안 일어나는 추론에 특별한 관심이 있었다. 두 집단 모두 추론을 하였으나 기억폭이 큰 사람들은 글의 끝부분에서 추론하는 경향을 있는 반면, 기억폭이 작은 사람들은 추론이 글 전체에 걸쳐 고르게 분포하였다. 또한, 읽기폭이 작은 사람은 글의 중의적인 면을 분명하게 해석하는 좀 더 구체적인 정교화를 발전시킨 반면, 읽기폭이 큰 사람은 해석을 좀 더 개방적으로 끝까지 남겨두는, 훨씬 일반적인 추론을 사용하였다. 확실히, 읽기폭이 작은 사람들은 작업 기억에 너무

3) 미국의 대학수학능력시험(Scholastic Aptitude Test)

많은 정보를 파지하는 것이 어렵기 때문에 구체적이고 특정적인 추론을 해버리는데, 그 중 일부는 나중에 틀린 것으로 판가름 나기도 한다. 읽기폭이 큰 사람들은 그들의 선택을 개방한 채로 유지함으로써, 나중에 좀 더 정확할 가능성이 있는 글 후반부에서 결정을 내릴 수 있었다.

물론 작업 기억 용량이 담화 이해에 영향을 미치는 유일한 개인의 특성은 아니다. 또 다른 것으로는 개인이 그 글에 대해 가지고 있는 주관적인 배경지식이 있다. 우리가 친숙하지 않은 글을 접하면 적절한 추론을 하기가 어렵다. 반면에 그 정보를 해석하는 데 도움이 되는 정보를 영구 기억 속에 가지고 있을 때는 추론하기가 훨씬 쉽다.

요약

어떤 담화가 일관성이 있으려면 그것을 이루는 요소들이 서로 쉽게 관련되어야 한다. 국소구조나 미시구조 수준에서의 일관성은 일차적으로 문장들 사이의 응집성이라는 매듭을 적절하게 사용함으로써 얻어진다. 새로운 문장들은 그것들이 새로운 정보를 제시하는 동안 이전의 문장들과 분명한 관계를 가질 때 통합되기가 쉽다.

신/구 방략은 담화에 포함된 문장들을 이해하는 3단계 과정을 자세히 설명한다. 그것들은 현재의 문장에서 구정보와 신정보를 파악하는 것, 구정보를 위한 선행어를 찾는 것 그리고 선행어에 의해 정의된 기억 위치에 신정보를 부착하는 것이다. 선행어가 없을 때는 이해하는데 방해를 받으므로 우리는 연결 추론을 해야 하고, 선행어가 오래된 것일 때는(멀리 있을 때는) 선행어를 복구해야 한다.

담화 기억

신문을 읽거나 일상적인 대화를 나눌 때처럼 그 내용을 기억하려는 의도 없이 담화를 읽거나 들을 때가 많다. 이런 경우에 가장 먼저 일어나는 인지 활동은 담화의 주제를 알아내고, 문장들을 한데 묶고 그리고 대화의 흐름을 따라가는 것이다. 그러나 교과서를 읽거나 특별히 흥미를 끄는 말을 들을 때와 같은 경우에는 글의 전부나 일부를 기억하고 싶어 한다. 이해는 기억과 밀접하게 관련되어 있기 때문에, 어떤 글을 기억하는 데 필요한 많은 작업들은 그것을 잘 이해할 때 달성된다. 그러나 회상하려는 의도를 가지고 담화에 접근하는 것은 대개 이미 이해한 것을 강화하고 보강하기 위해 설계된 다른 과정들을 요구한다.

담화를 위한 우리의 기억이 세 개의 상이한 수준에 존재한다고 주장되어 왔다(Fletcher, 1994; van Dijk & Kintsch, 1983). 첫번째는 **표층 표상(surface representation)** 수준으로, 여기에서는 우리가 만났던 단어들을 정확하게 기억한다. 두 번째 수준은 담화의 **명제 표상(propositional representation)**을 구성하는데, 이것은 사용된 정확한 단어와는 별개로 의미를 명시하는 것이다. 이 두 수준은 문장을 기억하는 데 관여하는 수준들과 상당히 유사하다. 세 번째로, 우리는 담화에 대한 **상황 모형(situational model)**을 구성하는데, 그것은 글로 기술되는 것처럼 세상일들의 상태에 관한 모형이다. 각 수준을 차례대로 살펴보고 그것들 사이의 상호관계를 알아보자.

표층 표상

담화의 표층 표상이 매우 일시적(short-lived)이라고 주장한 초기의 한 연구는 실험참가자들에게 불규칙적인 간격으로 중단되는 긴 글을 들려 주었다(Jarvella, 1971). 실험참가자들은 말이 중단될 때마다 앞서 지나간 담화를 가능한 한 들은 그대로 정확하게 적도록 요구받았다. 두 가지 종류의 글이 만들어졌다. 문장 (17)과 (18)을 보라.

(17) The confidence of Kofach was not unfounded. To stack the meeting for McDonald, the union had even brought in outsiders.

(18) Kofach had been persuaded by the international to stack the meeting for McDonald. The union had even brought in outsiders.

문장 (17)과 (18)의 마지막 절은 동일하지만, 바로 앞 절의 내용은 같은 문장([17])에서 나왔거나 이전 문장([18])에서 나온 것이었다. 마지막 절의 바로 앞 절에 대한 정확 회상률은 그것이 이전 문장의 일부일 때보다 현재 문장의 일부일 때 훨씬 좋은 것으로 밝혀졌다. 이러한 결과와 또 이와 유사한 결과들(Sachs, 1967)은 문장의 표층 또는 축어 형식이 그것의 의미가 이해될 때까지만 작업 기억 속에 저장되고, 그 후엔 다음 문장을 위한 공간을 마련하기 위해 비워진다는 증거로 채택되었다.

하지만 이러한 규칙에는 예외가 있다. 후속 연구 결과들은 우리가 가끔은 사용된 정확한 단어를 오랫동안 기억한다는 것을 보여준다(Bates 등, 1978; Keenan 등, 1977; Kintsch & Bates, 1977). 예를 들어, Kintsch와 Bates(1977)는 강의 내용에 관한 회상 연구에서, 학생들이 공지사항, 농담, 잡담과 같이 강의와 관계없는 말들에 사용된 정확한 단어들을 기억하곤 한다는 것을 발견하였다. 확실히, 어떤 글이나 말에 사용된 정확한 단어들이 독특하고 나머지 담화와 쉽게 구분될 때 우리는 그것을 잘 기억한다.

명제 표상

6장에서 보았듯이, 우리는 문장의 의미를 명제 형식으로 저장하곤 한다. 만약 우리가 작업 기억에서 정확한 단어들을 삭제한다면, 그 때 남는 것은 문장의 명제 구조일 것이다.

명제가 심리적으로 실재한다는 증거는 Kintsch와 Keenan(1973)에 의해 얻어졌는데, 그들은 글을 읽고 명제를 회상해야 하는 경우 명제의 수가 글 읽는 시간에 영향을 미친다는 것을 보여주었다. 예를 들어, 다음 두 문장은 거의 같은 수의 단어를 가지고 있다.

(19) Cleopatra' s downfall lay in her foolish trust in the fickle political figures of the Roman world.

(20) Romulus, the legendary founder of Rome, took the women of the Sabine by force.

그러나 문장 (19)는 네 개의 명제를 가진 문장 (20)보다 명제적으로 훨씬 복잡하다(여덟 개의 명제). Kintsch와 Keenan은 명제 하나마다 읽기 시간이 약 1.5초 증가한다는 것을 발견하였다. 이후의 연구들(예를 들어, Graesser, Hoffman & Clark, 1980)은 하나의 명제를 부호화하는 데 필요한 시간을 그보다는 낮게 추정하였지만, 명제의 수가 읽기 시간과 관련이 있다는 일반적인 결론은 지지하였다.

후속 연구들은 담화가 명제망으로 저장된다는 생각을 검토하였다. McKoon과 Ratcliff(1980)는 정교한 일련의 실험들에서 담화의 기억 표상을 조사하기 위해 5장에서 언급된 바 있는 활성화 확산 개념을 사용하였다. 학생들에게 다음과 같은 글이 제시되었다.

Early French settlements in North America were strung so thinly along the major waterways that land ownership was not a problem. The Frenchmen were fur traders, and, by necessity, the fur traders were nomads. Towns were few, forts and trading posts were many. Little wonder that the successful fur trader learned to live, act, and think like an Indian. Circulation among the Indians was vital to the economic survival of the traders.

나중에 학생들은 글에서 선택된 하나의 명제(맥락 또는 점화)가 제시되고 이어서 두 번째 명제(표적)가 뒤따라오는 점화과제에 참가하였다. 이 때 앞서 읽었던 글에 비추어 표적이 참인지 거짓인지를 판단하는 데 걸린 시간이 기록되었다. 표적에 대한 반응 시간은 그것이 맥락에 의해 점화된다면 감소하여야 하는데, 이 경우 가까운 항목일수록 더 큰 점화 효과를 보여준다.

McKoon과 Ratcliff(1980)의 연구에서 가장 흥미로운 점은 '가까운(close)' 에 대한 두 개의 정의를 비교한 것이다. 즉, 그것은 표층 구조에서 중간에 낀(intervening) 단어의 수와 담화 구조에서 중간에 낀 명제의 수이다. 이 글에서의 담화 구조는 그림 7.3에 간략하게 제시되어있다. 문장 (21)과 (22)와 같이 담화 구조에서는 가깝지만 표층 구조에서는 그렇지 않은 문장들의 쌍은 문장 (23)과 (24)와 같이 표층 구조에서 가깝지만 담화 구조에서 그렇지 않은 쌍보다 훨씬 큰 점화 효과를 보였다.

(21) Circulation among the Indians was vital.

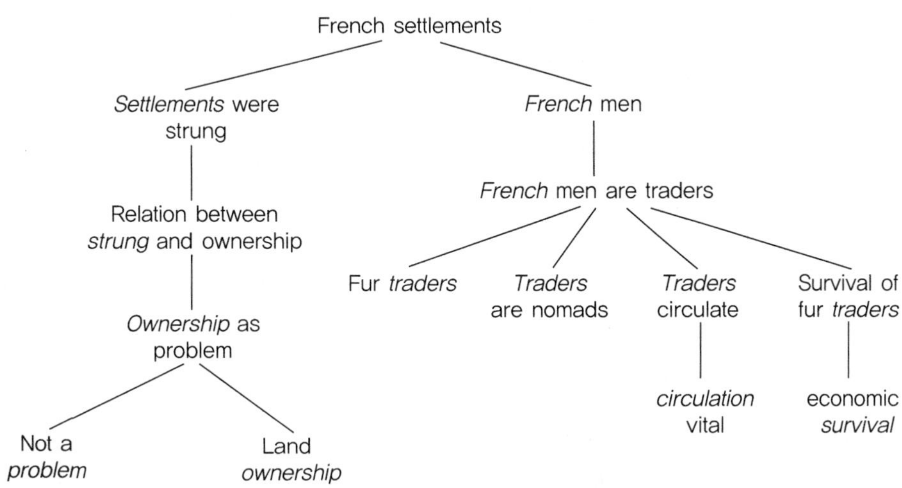

그림 7.3 글에 대한 담화 구조 (출처: "Printing in Item Recognition: The Organization of Propositions in Memory for Text," by G. McKoon and R. Ratcliff, 1980, *Journal of Verbal Learning and Behaviors, 18*, p. 371, Academy Press.)

(22) The fur traders were nomads.

(23) Land ownership was not a problem.

(24) The fur traders were nomads.

이러한 결과들은 다시금 우리가 글을 이해한 후 일화 기억 속에 언어 표상이 아니라 명제 구조를 가지게 된다는 것을 시사한다.

추론과 명제 표상 6장에서 보았듯이, 우리는 때로 언어 이해 과정에서 추론을 한다. 본 장에서 살펴본 관점에서 보면, 추론은 단순한 회상 오류나 글을 읽는 사람의 상상력에서 비롯된 무선적이며 그럴듯한 시도가 아니다. 추론은 담화 구조에 내재되어 있다. 글쓴이는 글을 읽는 사람이 알 수 있으리라고 생각하는 정보는 제외시킨다. 이러한 기법은 담화의 일관성에 해를 끼치지 않는다. 왜냐하면 외현적 명제(explicit proposition)가 생략되었을 때 암묵적 명제(implicit proposition, 글을 이해하는 사람이 제공하는 명제)가 상실된 일관성을 회복시키기 때문이다. 그러므로 일관성이 인쇄면 위의 단어 집합이 보이는 완전함보다는 글을 읽는 사람의 마음 속에 있는 글에 대한 단일한 인상과 더 많이 연합되어 있다는 것을 기억할 필요가 있다.

담화의 일관성을 회복시키는 능력은 외현적 명제들을 연결짓는 법을 아는 것 그 이상을 요구한다. 또한 언제 추론이 이루어져야 하는지를 탐지하는 능력도 요구되는데, 그것은 간단치 않은 문제이다. 틈을 메우고자 하는 동기를 갖기 전에 먼저 그 틈을 보아야만 한다. 이러한 견지에서, 추론은 단순히 그것이 가용하기 때문이 아니라 그것이 필수적이기 때문에 이루어진다. 예를 들어, 문장 (25)와 (26)을 보도록 하자.

(25) Paul walked into the room.

(26) Paint was all over his shirt.

이 두 문장은 추론을 요구한다. 왜냐하면 그렇지 않을 경우에는 구정보와 신정보를 사용하려는 관습이 위배되기 때문이다. 의사소통의 관점에서 추론은 저자에 의해 의도되었으나 명백히 표현되지 않은, 그래서 반드시 독자에 의해 이루어져야 하는 기저 담화 구조에 있는 명제이다.

이러한 견해는 McKoon과 Ratcliff(1992)가 실시한 분석에 의해 지지되었다. 그들은 많은 연구들에 기초하여, 두 가지 조건이 존재할 때에만 우리가 글을 읽는 동안 추론을 자동적으로 이끌어 낸다고 결론지었다. 한 가지 조건은 우리가 지금까지 논의해 왔던 것으로, 추론이 텍스트를 국소적으로 일관성 있게 만드는 데 필수적이어야만 한다는 것이다. 다른 하나는 추론의 기초가 되는 정보가 쉽게 활성화되어야만 한다는(텍스트 속의 명백한 진술이나 일반 지식 중 하나로부터) 것이다. 이런 조건들이 적용될 때 글 읽는 사람들이 자동적으로 추론을 한다는 것을 McKoon과 Ratcliff는 발견하였다. 다른 추론들도 가능하지만 그런 것들은 자동적인 추론이 아니다.

나아가, 우리가 텍스트로부터 추론을 할 때 텍스트 자체에서 끌어낸 외현적 명제가까이 암묵적 명제를 저장한다는 증거가 있다. Kintsch(1974)는 추론이나 그것의 분명한 대응물이 요구되는 짧은 글을 실험참가자들에게 제시하였다. 예를 들어, 문장 (27)과 (28)은 외현적 명제이고, 문장 (29)과 (30)은 암묵적 명제이다.

(27) A carelessly discarded burning cigarette started a fire.
(28) The fire destroyed many acres of virgin forest.
(29) A burning cigarette was carelessly discarded.
(30) The fire destroyed many acres of virgin forest.

실험참가자의 과제는 먼저 이 글을 읽고 검증 과제를 수행하는 것이었다. 검증 과제에서는 그들에게 *A discarded cigarette started a fire.* 같은 문장이 주어졌고, 그들이 참인지 거짓인지 반응하는 데 걸린 시간이 기록되었다.

결과가 그림 7.4에 제시되어 있다. 즉각적인 검사가 주어졌을 때에는 외현적 명

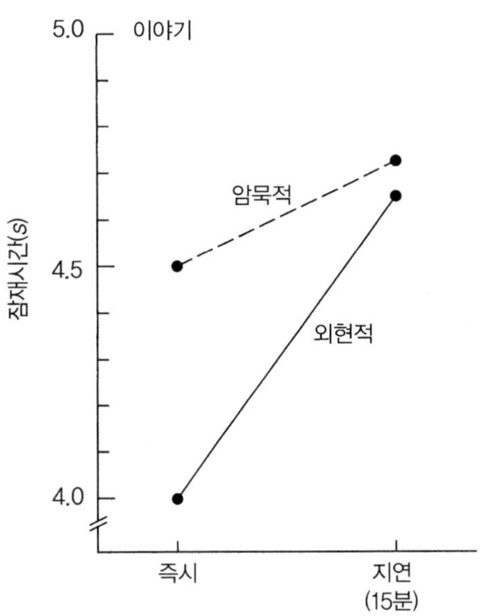

그림 7.4 외현적으로 제시된 검사 문장에 대한 검증반응시간. (출처: *The Representations of Meaning in Memory*, by W. Kintsch, Erlbaum Associates, 1974.)

제의 검증 시간이 더 빨랐지만, 검사가 15분 지연되었을 때는 외현적 명제와 암묵적 명제 사이에 차이가 없었음을 주목하라. Kintsch는 이러한 결과에 대해 우리가 이미 논의하였던 표상의 두 가지 수준, 즉 쇠퇴되거나 아니면 매우 빨리 소멸되는 단기적인 표층 표상과 장기적인 명제 표상에 의한 것이라고 설명하였다. 암묵적 명제는 하나의 명제 표상만을 가지고 있고, 따라서 표층 표상을 참고하는 것이 명제 표상을 인출하는 것보다 더 빠를 것으로 추정된다. 그러므로 즉각적인 검사는 두 표상을 다 자극하기 때문에 외현적 명제가 더 유리하다. 하지만 표층 표상은 긴 파지 간격과 함께 소멸되므로 지연 검사에서는 외현적 명제와 암묵적 명제 사이에 별 차이가 없는 것이다.

상황 모형

몇몇 연구들은 표층 표상과 명제 표상에 더하여 우리가 **상황 모형(situational model)**이라고 하는 세 번째 기억 표상을 가지고 있다고 한다(Johnson-Laird, 1983; van Dijk & Kintsch, 1983). 텍스트의 의미를 표상하는 명제 표상과는 달리 상황 모형은 텍스트가 가리키는 일들의 상태를 표상한다. 즉, 우리는 텍스트의 명제를 이해하면서 텍스트가 기술하고 있는 세상에 대한 심적 또는 상황적 모형을 구성한다고 가정한다.

상황 모형은 어떤 형태일까? 한 가지 가능성은 공간적 배치이다. Bransford 등(1972)의 연구에서 학생들은 (31)과 같은 문장 목록을 제시받았다.

(31) Three turtles rested on a floating log, and a fish swam beneath them.

다른 학생들은 문장 (32)를 제시받았다.

(32) Three turtles rested beside a floating log, and a fish swam beneath them.

두 문장 사이의 유일한 차이는 거북이가 통나무 위에 있었는지 옆에 있었는지 하는 것이다. 그 후 두 집단의 학생들에게 앞서 제시되었거나 제시된 적이 없는 문장 목록을 주었고, 그것들이 이전에 보았던 문장인지 아닌지를 판단하라고 요구하였다. 핵심 문장은 (33)이었다.

(33) A fish swam beneath a floating log.

문장 (31)을 읽은 학생들이 문장 (32)를 읽은 학생들보다 문장 (33)을 잘못 재인하는, 즉 본 적이 있다고 틀린 반응을 하는 경우가 많았다. 따라서 문장을 이해하는 사람은 개개의 문장이나 명제를 저장하는 것이 아니라 상황에 대한 공간적 배치를 구성하는 것으로 보인다.

텍스트에 대한 구문 분석은 명제적 텍스트 기반이나 상황 모형 중 어느 하나의 발전을 촉진할 수 있다. Perrig와 Kintsch(1985)는 대학생들에게 가상 마을의 공간적 배치에 관하여 대등한 정보를 가진 두 개의 텍스트를 주었다. 하나(조사 텍스트, survey text)는 지리적 용어를 사용하였고, 다른 하나(경로 텍스트, route text)는 마을을 가로질러 운전하는 데 사용되는 방향 용어들로 적혀 있었다. 예를 들어, 조사 텍스트에 사용된 어떤 문장은 "*North of the highway just east of the river is a gas station.*", 경로 문장은 "*On your left just after you cross the river you see a gas station.*"이었다. 자유 회상 검사에서 경로 집단이 더 많은 명제를 회상하였다. 반면에 마을의 지도를 그리라고 요구했을 때는 조사 집단이 더 적은 오류를 범하였다. Perrig와 Kintsch는 조사 텍스트가 공간적인 상황 모형을 구성하게 한 반면 경로 텍스트는 일관성 있는 명제 표상을 구성하는 과제를 단순화한다고 주장하였다.

마찬가지로, Morrow, Bower, Greenspan(1989)은 실험참가자들에게 연구센터(그림 7.5)의 지도를 기억하게 한 다음, 센터 안의 여러 위치에 있는 인물들에 대한 이야기를 읽도록 하였다. 문장들 중 일부는 센터의 방들을 통과하는 인물들의 움직임을 묘사하였다. 이러한 각각의 '동작 문장(motion sentence)' 다음에 실험참가자들은 다양한 방으로부터 몇 쌍의 물건들을 제시받았다. 연구자들은 물건들이 출발방(source room, 인물이 나왔던)이나 경로 방(path room, 인물이 목표 방에 가기 위해 거친 곳)보다 목표 방(goal room, 인물이 가고 있는 방)에서 나온 것일 때 실험참가자들의 반응 시간이 빨랐음을 발견하였다. 이런 사실은 목표 방이 이야기에서 분명하게 언급되지 않았을 때조차 그러했다. 이러한 결과들은 실험참가자들이 이야기를 읽는 동안 센터에 대한 심적 모형을 구성하였다는 것을 시사한다.

더욱이, 상황 모형의 구성은 담화에서 이전 정보의 접근성에 영향을 미친다. 실험참가자들이 건물을 통과하는 어떤 인물의 움직임과 관련된 이야기를 읽을 때, 물건들을 가리키는 문장을 읽는 시간은 물건과 인물 사이의 방의 수와 함께 증가하였다(Rinck & Bower, 1995). 반면에 참조대상의 접근성은 특정 물건을 만난 이후 경과한 시간과는 관련이 없었다. 따라서 글을 이해하는 사람은 그들에게 제시된 순서대로 문장들을 저장하는 것과는 반대로 공간적인 상황 모형을 구성하는 것으로 보

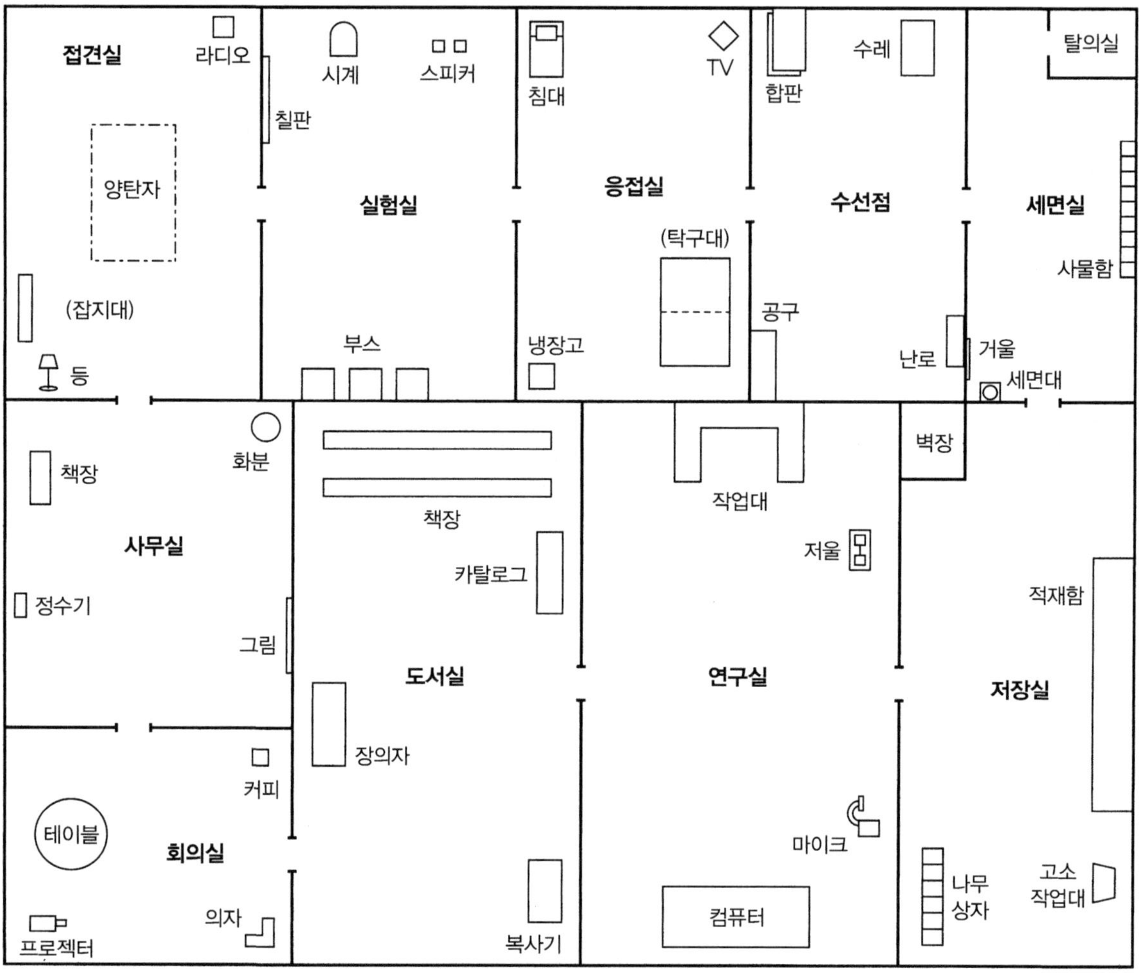

그림 7.5 건물 배치. (출처: "Updating Situational Models During Narrative Comprehension," by D. G. Morrow, G. H. Bower, and S. L. Greenspan, 1989, *Journal of Memory and Language, 28*, pp. 292~312(figure appears on p. 295). Copyright © 1989 Academy Press. 허락 후 재인쇄.)

인다.

앞에 나온 모든 상황 모형의 예들은 공간적인 모형이지만 다른 종류의 상황 모형도 있다. Zwann과 Radvansky(1998)는 공간적인 모형 이외에 상이한 유형의 많은 모형들을 확인하였다. 그 중 하나가 일상 모형(casual model, Fletcher, 1994)인데, 텍스트의 각 부분들이 일상적인 관계에 의해 연결되어 있다. 일상적인 관계는 이야기 담화에서 유난히 두드러지기 때문에 다음 절에서는 그것에 관해 논의할 것이다.

세 수준 전체에 대한 동시 연구 내용

지금까지의 내용을 한데 묶어 이야기 해보자. 앞서 보았듯이, 우리는 담화를 이해하는 과정에서 표층, 명제, 상황 표상을 형성한다. 지금까지 논의하였던 대부분의 연구들은 이 수준들 중 하나를 분리하거나 상이한 수준들 간의 구분을 시도하였다. 하지만 동일한 실험에서 각 수준들이 어떻게 작동하는지를 알아보기 위해 연구하는 것도 도움이 될 것이다.

Fletcher와 Chrysler(1990)는 그와 같은 연구를 보고하였다. 그들은 그림 7.6에 제시되어 있는 것과 같은 짧은 글들을 사용하였다. 그런 다음 학생들에게 재인 기억 검사를 실시하였다. 검사 항목들은 표층, 명제, 상황 수준을 조사하기 위해 주의 깊게 구성되었다. 예를 들어, *양탄자*와 *카펫* 사이의 구분은 의미(명제 수준)가 같기 때문에 표층 수준을 이용한다. 반면에 *카펫*과 *그림* 사이의 구분은 명제 수준에 위치한

검사

조지는 희귀한 미술품을 사들이는 것으로 자신의 부를 과시하는 것을 좋아한다. 그는 내 차 정도의 값어치가 나가는 페르시아 양탄자를 가지고 있고 그것은 그가 가진 가장 싼 물건이다. 지난주에 그는 12,000 달러짜리 프랑스 유화와 13,500 달러짜리 인도 목걸이를 구입했다. *조지는 그의 아내가 그 목걸이의 가격이 카펫보다 더 비싸다는 것을 알고는 화를 냈다고 말했다.* 그의 가장 비싼 보물은 명나라 화병과 그리스 조각상이다. 그 조각상은 그가 50,000 달러 이상을 지불해 본 유일한 물건이다. 그 조각상에 조지가 아름다운 페르시아 카펫을 위해 지불한 것보다 다섯 배의 비용이 들었다는 것은 믿기지 않는다.

검사 항목

표층 텍스트:

조지는 그의 아내가 그 목걸이의 가격이 (카펫/양탄자)보다 더 비싸다는 것을 알고는 화를 냈었다고 말했다.

명제 텍스트:

조지는 그의 아내가 그 목걸이의 가격이 (카펫/그림)보다 더 비싸다는 것을 알고는 화를 냈었다고 말했다.

모형 텍스트:

조지는 그의 아내가 그 목걸이의 가격이 (카펫/화병)보다 더 비싸다는 것을 알고는 화를 냈었다고 말했다.

그림 7.6 Fletcher와 Chrysler(1990)의 텍스트 예, 검사 문장은 이탤릭체로 표시. (출처: "Surface Forms, Textbases and Situational Models: Recognition Memory for the Three Types of Textual Information," by C. R. Fletcher and S. T. Chrysler, 1990, *Discourse Processes*, *13*, p. 178. Copyright © 1990 Ablex Publishing Corporation, 허락 후 재인쇄.)

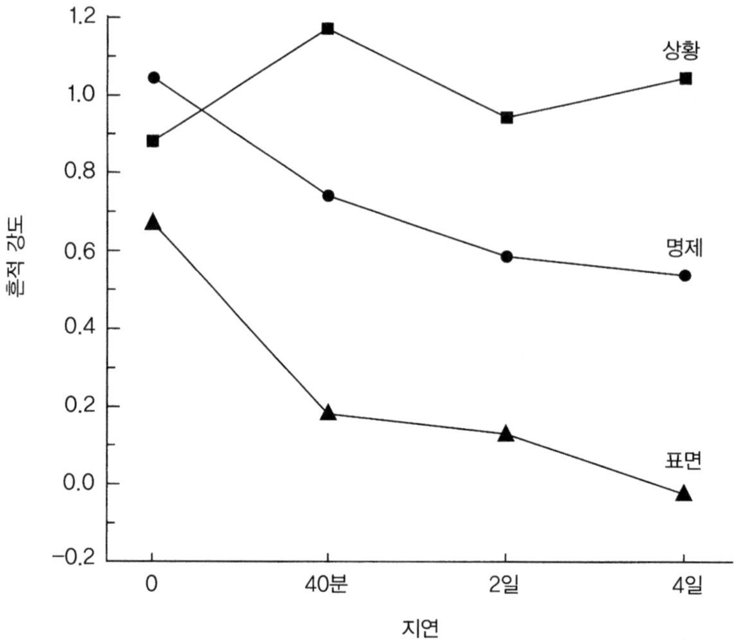

그림 7.7 재인 기억 검사 이전의 지연 함수로서 표층(삼각형), 명제(원), 상황(사각형) 표상의 강도. (출처: "Sentence Memory: A Theoretical Analysis," by W. Kintsch and D. Welsh, F. Schmalhoffer, and S. Zimny, 1990, *Journal of Memory and Language, 29*, pp. 133~159. Copyright © 1990 Academy Press, 허락 후 재인쇄.)

다. Fletcher와 Chrysler(1990)는 검사 문장과 방해문장(distractor)이 표층 수준에서 다를 때만 재인 기억이 가장 나빴고, 표층 수준과 명제 수준에서 다를 때는 중간 정도, 세 수준 모두 다를 때 가장 좋다는 것을 발견하였다. 따라서 학생들은 상이한 표상 수준들을 잘 구분할 수 있었다.

한 가지 더 추가하기로 하자. 세 수준 각각에서 재인 수행을 보았으므로, 우리는 시간에 따른 각각의 재인 수준을 조사할 수 있다. 이것은 Kintsch, Welsh, Schmalhoffer, Zimny(1990)의 연구에서 다루어졌는데, 학생들은 짧은 글들을 제시받고 난 후 즉시 또는 40분, 2일, 4일 뒤에 재인 기억 검사를 받았다. 그 결과가 그림 7.7에 제시되어 있다. 우리가 구체적인 내용을 다 알 필요는 없지만, 세로축의 0이 어떤 수준에서 기억이 없음을 가리킨다는 것은 알아야만 한다. 우리는 표층 기억이 즉시 검사에서만 강하고 그 다음에서 바로 우연 수준으로 떨어지는 것을 볼 수 있다. 명제 재인은 높게 출발하여 역시 시간에 따라 떨어지지만 모든 시점에서 0보다는 위에 있다. 상황에 대한 기억은 처음에 매우 높고 지연 간격에 걸쳐 거의 감소하지 않음을 보여준다.

요약

우리는 담화를 세 가지 방식, 즉 표층 표상, 명제 표상, 상황 모형으로 저장하고, 이들 각각은 상이한 변인들에 의해 영향을 받고 다른 속도로 쇠퇴된다. 표층 표상은 단어들이 화용적으로 중요할 때를 제외하면 단기적이다. 명제 표상은 더 오래 유지되고, 제시된 정보의 의미와 더불어 우리가 도출한 추론들을 포함한다. 상황 모형은 가장 잘 유지되고 텍스트를 구성하는 부분들 사이의 공간적 내지 일상적 관계에 기초한다.

도식과 담화 처리

지금까지는 우리가 글을 이해할 때 텍스트의 명제를 파악하고, 논항 반복으로 그것들을 연결하고, 위계적으로 조직된 구조를 생성함으로써 담화의 일관성을 획득하는 방법을 자세히 기술하였다. 이 모든 활동들은 국소적 담화 구조에 해당되는 것들이다. 이제 전역적 담화 구조, 즉 담화의 전체적인 조직화를 살펴보도록 하자.

도식

도식(schema, 복수형은 **schemata)**은 일련의 정보들이 일반적이고 기대되는 방식으로 배열된 의미 기억의 구조이다. 도식이란 개념은 심리학에서 새로운 것이 아니다. 그것은 대체로 Bartlett(1932)의 이야기 회상에 관한 초기 연구와 관련이 있다. Bartlett는 아직도 자주 인용되고 있는 그의 기발한 연구들에서, 기억한다는 것이 기계적 암기나 재생 과정이 아니라 우리가 어떤 사건의 전반적인 요지(gist)를 간직했다가, 그것의 전체적인 인상으로부터 세부사항을 재구성하는 것임을 보여주고자 하였다. 그는 기억 오류－긴 시간 간격을 두고 반복적으로 회상된 별나고 기이한 이야기들－를 조장하는 실험을 수행함으로써 재구성 과정에서 도식의 유도 기능을 조사할 수 있었다. 그는 대학생들이 그들이 가진 도식과 일치하지 않는 이야기를 들었을 때, 대체로 회상이 도식을 향해 왜곡된다는 것을 발견하였다. Bartlett은 일반적인 이해와 모순되는 어떤 사건을 우리가 마주쳤을 때, 그것을 우리의 기존 도식에 맞추는 데 어려움을 겪으며, 그 결과 그것을 기억하지 않거나 그것이 기존의 도식과 일치할 때까지 그것의 세부사항을 바꿈으로써 '정규화' 하는 경향이 있다고 주장하였다.

Bartlett(1932)의 생각이 당시에는 제대로 평가받지 못하였으나, 심리학자들에 의해 사람들이 이야기를 이해하고 기억하는 방법을 탐구하는 새로운 기법들이 개발되면서 최근 들어 새로운 의의를 갖게 되었다. Bartlett의 도식 개념이 호소력이 있긴 하지만 다소 모호한 측면이 있고, 따라서 근래에 와서 그의 연구는 두 가지 쟁점, 즉 도식적 지식을 좀 더 정확하게 특징짓는 것과 담화를 이해하는 동안 그 지식이 어떻게 사용되는지를 결정하는 것에 주로 초점을 두고 확장되고 있다. 두 번째 쟁점부터 살펴보기로 하자.

적절한 도식의 활성화 먼저, 우리가 이야기를 제대로 이해하기 위해서는 적절한 도식을 활성화해야 한다는 가설과 관련된 여러 주장들을 검증했던 몇몇 연구들을 살펴보도록 하자.

가장 간단한 경우는 우리에게 적절한 도식이 부족할 때이다. Bartlett의 초기 연구들은 영국 대학생들이 에스키모 설화를 이해하는 데 어려움을 겪었고, 그것을 회상하려고 애쓸 때에 많은 세부사항을 변경하는 경향이 있음을 보여주었다. Bartlett(1932)의 말을 빌자면, "더 일관되고 더 간결하고 꾸밈이 없는 이야기"를 만들어 냈다(p. 127). 이것은 전개되는 이야기에 대응하는 도식을 갖고 있지 않을 때는 우리의 이해와 기억이 저조함을 보여주는데, 그 이유는 묘사되고 있는 사건의 중요성을 안다는 것이 거의 불가능하기 때문이다.

다른 경우에는, 우리가 적절한 도식을 기억 속에 가지고 있지만 이러저러한 이유로 인해 그것을 활성화하는 데 실패할 수 있다. Dooling과 동료들(Dooling & Lachman, 1971; Sulin & Dooling, 1974) 그리고 Bransford와 Johnson(1973)의 일련의 연구는 다음의 예에서처럼 글이 너무 불분명하여 무엇이 옳은 도식인지를 결정할 수 없을 때, 우리의 이해와 기억이 저조하다는 것을 분명히 보여주었다.

> With hocked gems financing him, our hero bravely defied all scornful laughter that tried to prevent his scheme. "Your eyes deceive," he had said, "an egg not a table correctly typifies this unexplored planet." Now three sturdy sisters sought proof, forging along sometimes through calm vastness, yet more often over turbulent peaks and valleys. Days became weeks as many doubters

spread fearful rumors about the edge. At last from nowhere welcome winged creatures appeared signifying momentous sucess. (Dooling & Lachman, 1971, p. 217)

제목 없이 이 글을 읽은 사람은 제시된 내용을 거의 기억하지 못한다. 그러나 제목이 "아메리카를 발견한 크리스토퍼 콜럼버스"라는 것을 들은 사람은 훨씬 잘 기억한다. 확실히 기억 속에 적절한 도식을 갖고 있는 것만으론 충분하지 않고, 적절한 시간에 그것을 활성화할 수 있어야만 한다.

도식-특정적 세부사항의 재구성 Bartlett(1932)의 생각들 중 하나는 활성화된 도식이 인출 계획으로 작용함으로써, 도식의 구심성(centrality)으로 인해 어떤 세부사항들을 다른 것들보다 더 잘 끌어당긴다는 것이었다. 제목의 유무에 따른 이해의 정도를 살펴본 연구들은 그러한 생각을 지지한다. 예를 들어, Kozminsky(1977)는 하나 또는 두 개의 적절한 제목을 가진 짧은 글을 읽은 사람들은 회상할 때 상이한 세부사항을 강조하는 경향이 있음을 발견하였다. 따라서 부호화 시에 활성화된 도식에 의해 제공되는 관점이 인출 시에는 조직화하는 역할을 하는 것으로 보인다.

비슷한 결과들이 인출 시에도 발견되었다. Pichert와 Anderson(1977)은 사람들에게 도둑질에 관한 텍스트를 준 다음, 집주인의 관점이나 도둑의 관점에서 그것을 회상하도록 요구하였다. 첫 번째 회상을 한 다음, 그들은 관점을 전환하여 이전에 놓쳤을지도 모르는 세부사항들을 다시 회상하라는 요구를 받았다. 사람들은 관점을 바꾼 후 이전에는 회상하지 못했던 명제들을 회상할 수 있었고, 새로이 회상된 구체적인 세부사항들은 첫 번째보다는 두 번째 도식에 더 가까웠다.

이러한 연구들은 담화 처리에서 도식의 지시적 기능에 관한 증거를 제공한다. 분명한 것은 이해 과정에서 효과적인 도식은 회상에서도 강력한 조직화 효과를 갖는다는 점이다. 또한 도식에 가까운 정보는 잘 기억되나, 다른 세부사항들은 쉽게 잊어버리는 것 같다. 하지만 그것들도 관점을 바꾸면 다시 회복된다. 이상의 내용들을 종합할 때, 도식이 담화 처리에 영향을 미친다는 증거는 매우 인상적이다.

장르

이제 우리는 담화 이해 과정에서 적절한 도식의 활성화가 회상되는 과정과 회상되는 내용에 중요한 영향력을 갖는다는 점을 알았다. 지금까지 살펴본 도식들은 도둑의 행동과 같은, 내용에 근거한 것들이었다.

우리는 특정 형식의 담화와 관련된 도식들에 대해서도 이야기할 수 있다. 여기서 **장르(genre)**라는 개념을 소개하는 것이 도움이 될 것이다. 장르는 특징적인 구조를 가진 담화의 한 유형으로, 강의, 설교, 평론, 대통령 취임 연설, 코미디 독백 등을 위한 장르가 있다. 장르가 중요한 것은 그것이 담화 내의 정보들이 배열되는 방식과 관련된 일반적인 기대를 제공하기 때문이다. 몇 가지 예를 들어보자.

신문에서 뉴스 기사의 구성은 역 피라미드 형식으로 되어 있다. 가장 중요한 내용은 헤드라인과 기사 초반에 소개된다. 기사가 진행되면서 덜 중요한 세부내용들이 들어간다. 이런 구조는 뉴스의 편집 방식과 직접적인 관계가 있다. 만약 모든 기사들을 다 싣기에 공간이 부족하다면 편집자는 대개 이야기의 마지막에 가까운 단락을 삭제해 버린다. 따라서 기자들은 중요한 정보를 지닌 내용일수록 기사의 앞부분에 오도록 이야기를 배열한다(Dijk & Kintsch, 1983).

심리학을 공부하는 학생들은 다른 장르, 즉 미국 심리학회가 발행하는 저널에서 사용되는 구성 체제에 친숙하다. 그러한 논문은 초록으로 시작하여, 서론, 방법, 결과, 논의의 순서로 되어 있다. 논문을 처음 접하는 학생들은 이런 양식을 이해하는 것이 매우 어렵다고 말하곤 한다. 점차 다양한 정보를 논문의 어느 부분에서 찾아야 하는지 알게 되면서 이해도 향상된다.

담화 연구에서 많이 연구된 장르 중 하나가 **이야기 담화(narrative discourse)**이다. 대체로 이야기는 인물과 배경을 소개하는 것으로 시작한다. 주인공은 어떤 종류의 목표를 설정하고, 약간의 장애물을 만나지만, 결국엔 어려운 상황을 해결한다. 이야기를 위한 많은 종류의 장르가 있는데, 실제로 탐정소설, 동화, 연애소설을 위한 상이한 장르들이 있다. 예를 들어 탐정소설이나 긴장감이 넘치는 이야기들은 범죄 장면에서 흥미를 자아내고, 이야기가 진행되면서 몇몇 용의자들에게 그럴듯한 동기들을 제공한다. 노련한 저자는 독자가 어느 정도 예측은 하지만 결말을 완전히 맞추지는 못하도록 충분한 단서를 넌지시 흘릴 것이다. 구성이 잘 된 이야기에서는 독자가 시작부터 여러 다른 결과들을 상상할 수 있으나, 이야기가 흘러가면서 그 수는 줄어들고, 결국에는 최소한의 결말 밖에 예측할 수 없다. 그래서 이야기의 시작에는 모든 것이 가능하고, 중간이 되면 그 중 일부만 그럴듯하지만, 결국엔 하나의 결말만 남는다는 말이 있다.

이야기 담화는 **설명적 담화(expository discourse)**와 대비될 수 있다. 설명적 담화의 저자는 이야기를 하는 것이 아니라 주제에 대한 정보를 전달하는 것이 목적이다. 이런 담화 형식은 우리가 교재를 읽거나 대개는 강의를 들을 때 접하게 된다. 여기서 강조되는 것은 조직화되고 논리적인 방식으로 정보를 제시하는 것이다. 이 절의 나머지 부분에서는 우리가 어떻게 이야기 담화를 이해하고 경험하는지 알아 볼 것이다.

이야기 담화 처리

이야기 문법 Bartlett의 아이디어 중 일부는 동시대의 연구자들에 의해 **이야기 문법(story grammar)**이라는 개념으로 형식화되었다(예를 들어, Mandler & Johnson, 1977; Rumelhart, 1975, 1977; Stein & Glenn, 1979; Thorndyke, 1977을 보라). 이야기 문법은 이야기 속 사건들이 전형적이고 기대되는 방식으로 배열되어 있는 의미 기억 속의 도식이다. 이야기 문법은 대체로 이야기가 배경과 하나 이상의 일화 그리고 결말로 이루어져 있다고 본다. **일화(episode)**는 특징적인 구조를 가지는데, 즉 어떤 개시 사건이 일어나고, 그런 다음 그것이 주인공의 어떤 내면 반응으로 이어진다. 그 반응은 목표, 목표에 이르게 하는 시도 그리고 결말을 야기한다. 간단한 이야기의 예와 그것이 어떻게 이야기 문법에 의해 분석될 수 있는지 표 7.2에 제시되어 있다.

이야기 문법의 심리적 타당성 이야기 문법(또는 그와 같은 것)이 간단한 이야기를 처리하는 방식의 여러 측면들과 대응함을 보여주는 꽤 많은 증거들이 있다. 예를 들어, 이야기 문법 접근은 일화라는 개념을 강조한다. 다양한 증거들은 일화가 이야기와 관련된 우리의 기억에서 중요한 단위임을 시사한다. 그 중 하나는 마치 일화가 작업 기억 속에 분리된 청크들(chunks)로 저장되는 것처럼 실무율적인(all-or-none) 양식으로 회상되는 경향이 있다는 것이다(Black & Bower, 1979; Glenn, 1978). Black과 Bower는 하나의 일화가 가진 길이가 다른 일화를 회상하는 데 영향을 미치지 않는다는 것을 보여주었다. 마찬가지로, Glenn은 회상의 일화적 구조가 일화의 길이에 의해 영향을 받지 않는다고 보고하였다.

일화가 청크로 처리된다는 견해가 시사하는 바는 일화들 사이의 경계가 높은 처리부하를 가진 영역이라는 것이다. Haberlandt, Berian, Sandson(1980)은 일화의 결말은 처리 부하를 증가시키는 요약과정(summing-up processes)을 필요로 한다고 주장한다. 그들은 사람들에게 이야기에서 나온 문장들을 한번에 하나씩 컴퓨터

표 7.2 간단한 이야기

1	지미라는 한 소년이 있었다.	S
2	그의 엄마는 지미가 임시직을 얻을 수 있으리라고 말하였다.	E
3	지미는 일하고 싶었다.	R
4	그는 신문 배달을 하기로 결정했다.	G
5	그는 신문사에서 판매 관리자에게 말했다.	A
6	지미는 일부 고객에게 신문을 배달하기 시작했다.	O
7	탐은 지미에게 고객을 만족시키는 법을 말해주었다.	E
8	지미는 이 생각에 관심 있었다.	R
9	그는 많은 돈을 모으고 싶었다.	G
10	그는 신문을 문마다 가까이 놓은 다음 모든 초인종을 눌렀다.	A
11	지미는 많은 사례비를 벌어서 전부 저축하였다.	O
12	지미는 탐의 새 자전거를 보았다.	E
13	지미는 그 자전거가 멋지다고 생각했다.	R
14	그는 그와 같은 것이 필요했다.	G
15	그는 돈을 세어서 자전거 가게로 갔다.	A
16	그는 하나를 골랐고 남자에게 자기 돈을 흔쾌히 주었다.	O
17	지미는 매우 행복했고 자전거를 타고 집으로 갔다.	N

S = 배경(setting), E = 사건(event), R = 반응(response), G = 목표(goal), A = 시도(attempt), O = 결과(outcome), N = 결말(ending).

(출처: "Memory for Embedded and Sequential Story Structures," by S. R. Goldman and C. K. Varnhagen, 1986, *Journal of Memory and Language, 25*, 401–418(table appears on p. 404). Copyright © 1986 Academy Press. 허락 후 재인쇄.)

화면에 보여주는 과제를 실시하였다. 실험참가자들이 각 문장을 읽는 데 걸린 시간이 기록되었다. 마지막 문장이 제시된 다음에 실험참가자들은 이야기를 회상해야 했다.

Haberlandt와 동료들은 글을 읽는 시간이 일화의 처음과 끝부분에서 더 길다는 것을 발견하였다. 그들은 일화 경계에서의 인지 활동이 읽기 시간 증가의 원인이라고 보았다. 일화의 시작부에서 글을 읽는 사람은 새로운 일화의 시작을 추측하게 되고, 담화의 새 주제를 파악하며, 일화의 나머지 부분에 대한 기대를 형성한다. 일화의 끝부분에서는 일화를 요약하고 그 명제들 중 일부를 되뇌기한다. 연구자들은 글을 읽는 사람들이 이야기 단위로서 일화에 대한 암묵적인 지식을 가지고 있고 그들이 이러한 이야기 단위를 중심으로 읽기 노력을 조직화한다고 가정하였다.

또한 Haberlandt와 동료들은 이야기의 회상을 연구하여, 어떤 이야기 구성성분들은 다른 것보다 더 잘 회상된다는 것을 발견하였다. 특히, 도입, 시도, 결과는 반응, 목표, 결말보다 더 잘 회상된다. Mandler와 Johnson(1977)도 비슷한 결과를 보고하였다. 자유 회상 과제에서 실험참가자들은 그들이 객관적 사건으로부터 추론한 내적인 인지적, 정서적 반응과는 반대로 이야기의 객관적인 측면들을 더 강조하는 것으로 나타났다. 예를 들어, 그들은 돈이 부족했다는 사실에서 추론할 수 있는 '그는 좌절했다' 보다는 '그가 자전거를 사기에 충분한 돈을 가지고 있지 않았다' 라고 회상하기가 더 쉽다.

이것은 사람들이 인물의 정서적 반응에 무관심하다는 뜻은 아니다. 왜냐하면 이야기를 처리하는 동안 그들이 인물의 정서 상태를 파악한다는 것은 분명하기 때문이다. 한 연구에서 학생들은 구체적인 행동들, 가령 주인공이 그의 가장 친한 친구가 일하는 가게에서 돈을 훔쳤고 나중에 그의 친구가 해고되었다는 사실을 알게 되었다는 이야기를 읽었다. 각각의 이야기 후에 그들은 이야기가 암시하는 정서 상황과 일치하거나 일치하지 않는 정서 단어가 포함된 표적 문장을 읽었다. 사람들은 일치하지 않는 단어를 포함했던 표적 문장에서 늦게 반응했는데, 이것은 글을 읽는 사람들이 이야기를 읽는 과정의 일부로 인물의 정서 상태를 표상한다는 것을 시사한다(Gernsbacher, Goldsmith & Robertson, 1992).

우리는 지금까지 매우 간단한 이야기에 관해 이야기하였다. 좀 더 복잡한 이야기는 상태들 중 일부(반응, 목표 등)가 다른 상태들 안에 삽입되어 있는 것이다. 예를 들어, 표 7.3의 이야기는 표 7.2와 같이 자전거 사기, 돈 모으기, 신문 배달하기라는 세 개의 일화로 이루어져 있다. 그러나 첫 번째 이야기에서는 일화가 연속적으로 이어지지만, 두 번째 이야기에서는 신문 돌리기 일화가 돈 모으기 일화에 들어가 있고, 돈 모으기 일화가 자전거 사기 일화에 들어가 있다. 이런 삽입의 효과는 다음 일화가 끝나기까지 이전의 일화를 불완전한(incomplete) 상태로 남겨 두는 것이고, 따라서 상당한 기억 부담을 야기한다. 결과적으로 삽입된 일화를 가진 이야기는 낮은 수준의 회상과 관련된다(Goldman & Varnhagen, 1986; Mandler, 1987). 또한 글을 이해하는 사람들은 끝나지 않은 일화에 특별한 관심을 기울인다(Fletcher, Hummel & Marsolek, 1990).

문화 간 연구 Mandler, Scribner, Cole, DeForest(1980)는 이야기 회상의 이러한 양상이 상이한 문화들 사이에서도 같게 혹은 다르게 나타나는지를 조사하였다. 이러

표 7.3 삽입된 이야기

1	지미라는 한 소년이 있었다.	S
2	어느 날 지미는 탐의 새 자전거를 보았다.	E
3	지미는 그 자전거가 멋지다고 생각했다.	R
4	그는 그와 같은 것이 필요했다.	G
5	그는 자전거 가게에 전화를 걸어 가격을 물어보았다.	E
6	지미는 여전히 관심이 있었다.	R
7	그는 많은 돈을 모으고 싶었다.	G
8	그의 엄마는 지미가 임시직을 얻을 수 있으리라고 말하였다.	E
9	지미는 일하고 싶었다.	R
10	신문 배달을 하기로 결정했다.	G
11	그는 신문사에서 판매 관리자에게 말했다.	A
12	지미는 일부 고객에게 신문을 배달하기 시작했다.	O
13	그는 신문을 문마다 가까이 놓고 모든 초인종을 눌렀다.	A
14	지미는 많은 사례비를 벌어서 전부 저축하였다.	O
15	그는 돈을 세어서 자전거 가게로 갔다.	A
16	그는 하나를 골랐고 남자에게 자기 돈을 흔쾌히 주었다.	O
17	지미는 매우 행복했고 자전거를 타고 집으로 갔다.	N

S = 배경(setting), E = 사건(event), R = 반응(response), G = 목표(goal), A = 시도(attempt), O = 결과(outcome), N = 결말(ending).

(출처: "Memory for Embedded and Sequential Story Structures," by S. R. Goldman and C. K. Varnhagen, 1986, *Journal of Memory and Language, 25*, 401-418(table appears on p. 404). Copyright © 1986 Academy Press, 허락 후 재인쇄.)

한 문제에 관해서는 상대적으로 증거가 거의 없는 편이다. 앞에서 보았듯이, Bartlett (1932)은 에스키모인의 설화를 영국 대학생들에게 제시하여 그들의 회상이 매우 저조하다는 것을 확인하였다. 아마도 이것은 그들의 이야기 도식이 설화 속의 암묵적인 도식과 일치하지 않았기 때문일 것이다.

Mandler와 그의 동료들(1980)은 다른 식의 접근을 시도하였다. 그들은 이야기 문법의 관점에서 일관성이 있는 이야기를 라이베리아의 아동들과 성인들에게 제시하였다. 라이베리아는 북아프리카에 있는 나라로, 정규교육이 이루어지지 않은 곳이다. 그 결과, 참가자들의 읽기 · 쓰기 수준과 교육 수준이 다양했다. 일부는 정규교육을 받지 않아 읽고 쓸 줄 몰랐고, 일부는 어느 정도의 교육 경험이 있지만 읽지 못했고 그리고 일부는 교육도 받았고 읽고 쓸 수 있었다. 이들 집단의 결과가 미국 집단의 결과와 함께 그림 7.8에 제시되어 있다. 그림의 왼쪽은 미국과 라이베리아 성인들의 회상 양상을 보여주며, 오른쪽은 아동들의 회상을 보여준다. 확실히 회상 양상에는 상당히 유사성이 있다. 모든 집단은 배경, 발단, 시도, 결과를 반응과 결말보다 더 잘 회상하였다. 두 문화 모두에서 아동들의 회상 수준이 낮았으나 그 양상은 유사하였다.

이러한 결과들은 Mandler와 다른 연구자들에 의해 기술된 이야기 문법 유형이 한 문화에만 특정적이기보다는 보편적인 도식일 수 있음을 시사한다. 그렇다고 이것이 이야기 도식에 문화적 차이가 전혀 없다는 의미는 아니다. 단지 어떤 도식은 문화적으로 불변하다는 것이다. Mandler(1984)가 말했듯이, "지금 우리가 가진 최상의 증거는 인간의 마음과 그것이 기억에서 갖는 한계가 전 세계의 다양한 문화에서 규칙적으로 나타나는 어떤 형식의 이야기라는 것이다." (pp. 52~53)

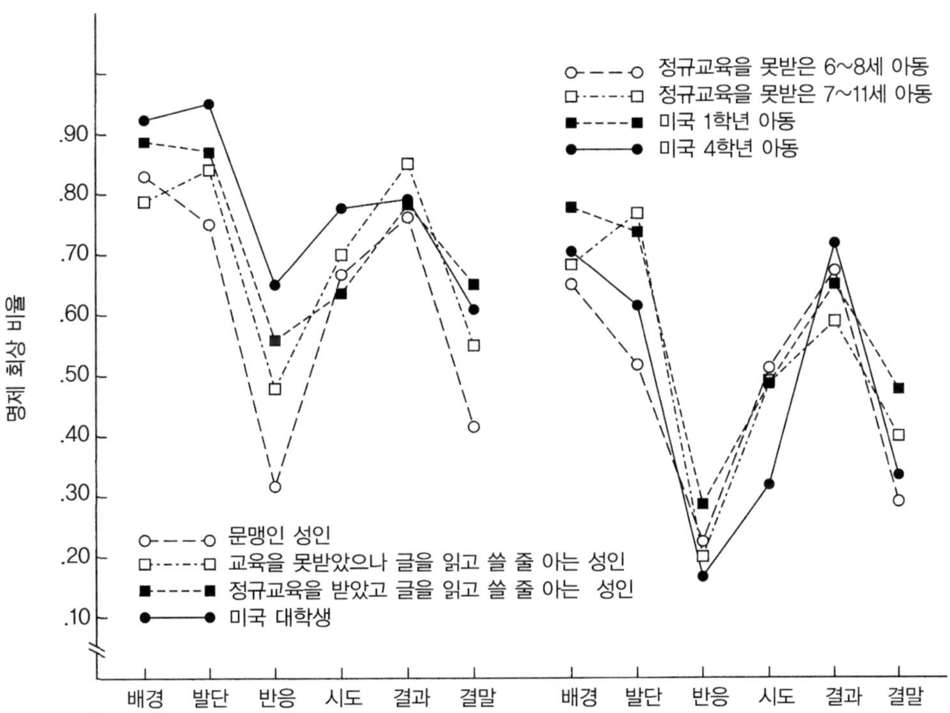

그림 7.8 상이한 전집에서 이야기 구성성분으로부터 회상된 명제의 비율. 왼쪽은 라이베리아 성인과 미국 대학생의 자료를 보여준다. 오른쪽은 라이베리아 아동과 미국 취학아동의 자료를 보여준다. (출처: "Cross-Cultural Invariance in Story Recall," by J. M. Mandler, S. Scribner, M. Cole, and M. DeForest, 1980, *Child Development, 51*, p. 23, University of Chicago Press.)

지식의 비접근성

지금까지는 이야기를 이해하는 동안 적절한 지식 기반을 어떻게 활성화하는지에 관해 살펴보았다. 이제, 적절한 지식 활성화에 실패하게 되는 경우들을 살펴봄으로써 이야기에 대한 논의를 마무리하고자 한다. 우리는 이미 지식의 비접근성을 잘 보여주는 하나의 사례를 살펴본 적이 있다. 콜럼버스의 글은 너무나 모호하게 쓰여 있어서, 처음에는 그 글을 이해하는 데 주제에 관한 우리의 지식을 동원할 수 없었다. 즉 지식이 활성화되지 않으면 이해력은 심각하게 손상되는 것이다. 반면에 글은 이해할 수 있지만 여전히 관련된 지식들이 활성화되지 않을 수도 있다.

예를 들어, Garrison Keillor(1987)의 다음 글을 보라.

> In Uncle Lew' s story, a house burned down on a cold winter night and the little children inside ran barefoot into the snow of 1906—some were pitched out the bedroom window by their father—and all were safe. But although I heard the story dozens of times, whenever he told it again I was never sure they' d all get out. And since these children grew up to be my ancestors, I had an interest in their survival. (pp. 220~221)

Gerrig(1993)는 이런 상황을 **비정상적 긴장(anomalous suspense)**이라고 불렀는데, 이 때 독자는 이야기 세계에 참여하지만 긴장의 유지에 결정적인 지식에 즉시 접근할 수가 없다. 독자는 이전에 그런 긴장감을 경험한 적이 있음에도 불구하고, 이야기 속에서 긴장감을 계속 경험할 때 비정상적 긴장을 주관적으로 경험하게 된다.

실험실 조건에서 비정상적 긴장이라는 현상을 연구하기 위해 Gerrig(1989)는 학생들에게 잘 알려진 역사적 사실들과 현재의 사건들이 *참*인지 *거짓*인지 반응하도록 요구하였다. 예를 들어, (34)와 같은 문장이 사용되었다.

(34) Charles Lindbergh was the first solo pilot to cross the Atlantic.

대개 우리는 이러한 진술을 검증하는 것이 쉽다는 것을 안다. 그러나 Gerrig는 한 집단의 학생들에게 (35)와 같은 약간의 의심을 불어 일으키도록 의도된 짧은 단락을 제시하였다.

(35) Charles Lindbergh wanted to fly an airplane to Europe. Lindbergh' s proposed flight was the subject of much controversy. Newspaper polls

> showed 75% of all Americans were against the trip. They feared that Lindbergh would kill himself unnecessarily. Even the President tried to discourage the flight.

비록 이 단락은 실제 사실에 반대되는 결과(린드버그는 비행하지 않았다)쪽으로 편향되어 있지만, 그러한 결과가 직접적으로 단언된 적은 없다. 또 다른 집단은 다른(즉, 진실) 쪽으로 편향된 단락을 받았다. 결과들은 사실에 반하는 단락을 받은 집단에서 (34)번 문장이 참인지 판단하는데 시간이 더 오래 걸린다는 것을 보여주었다.

이것은 흥미로운 결과이다. Gerrig는 아주 잘 알려진 주제(예를 들어, 남북전쟁에서 북쪽이 남쪽을 이겼다와 같은)를 신중하게 선택했고, 따라서 학생들은 이 진술이 참이라는 걸 몰랐을 리가 없었다. 오히려 Gerrig는 독자들이 짧은 이야기에 몰입되었을 때 불확실성을 경험할 수 있음을 그러한 결과들이 보여주는 것이라고 주장하였다. 학생들은 현실세계에 관한 지식을 제쳐놓도록 유도되었을 때, 그렇게 따라가는 것 같았고, 그것에 상응하여 현실세계 진술을 판단하는 데도 느렸던 것이다.

Gerrig(1989, 1993)는 고유성의 기대라는 개념과 관련된 수수께끼에 대해 설명을 내놓았다. 우리는 소설을 읽으려고 자리에 앉을 때, 새로운 인물과 새로운 상황을 접하리라고 기대한다. 그래서 저자는 우리가 기억 속에서 이전의 인물이나 상황을 탐색하기보다는, 뭔가 새로운 것—실제 그렇지 않더라도—을 다루듯 소설 작품을 대하도록 안내한다. 그래서 독자는 각각의 이야기를 새로운 브랜드인양 다룬다. 소설을 읽는 과정은 야구경기를 보는 것과 같다고 할 수 있다. 같은 상황이 거듭하여 발생하지만 두 경기가 완전히 똑같지는 않다.

Rapp과 Gerrig(2006)의 좀 더 최근 연구는 독자가 기대를 가지고 있을 뿐만 아니라 더 선호하는 것이 있고, 이 두 반응들이 그들의 이해를 안내한다는 것을 발견하였다. 다음 문장을 살펴보라. *The director and cameraman were ready to shoot close-ups when suddenly the actress fell from the 14th story.* 대부분의 독자는 여배우가 죽을 것이라고 추측할 뿐만 아니라 *Dont' die*, 또는 (덜 자비롭게) *Let her die.*와 같은 식의 선호를 형성한다. Rapp과 Gerrig는 일련의 연구에서, 독자가 그들의 기대와 어긋날 뿐만 아니라 그들이 선호하는 것과도 어긋나는 결말을 읽을 때 더 느리다는 것을 보여주었다.

이러한 연구들은 이야기 담화가 설명적 담화와 어떻게 다른지를 이해하는데 또 다른 중요한 시각을 제공한다. 우리는 이야기가 긴장을 야기할 수 있고, 그것이 부분적으로 정서적인 반응임을 보았다. 이야기에 의해 유발되는 정서 반응의 범위는 최근에 심리학자들과 언어학자들이 문학 이론가들과 협력하면서 상당한 주목을 받고 있다(예를 들어, Allbritton & Gerrig, 1991을 보라). 이런 노력이 아직은 진행중이지만, 정서와 인지 반응을 유발하는 능력은 이야기가 가진 두드러진 특징일 것이다.

요약

담화 처리는 글들이 전형적으로 어떻게 조직되는지에 관한 몇몇 관습적인 생각들의 지배를 받는다. 도식이 담화 처리를 지시하고 지배한다는 일반적인 생각은 이미 입증되었다. 즉, 적절한 도식을 가지고 있지 않거나 그것을 활성화할 수 없을 때 우리는 글을 이해하는 데 어려움을 겪게 되고, 우리가 가지고 있는 도식에 가까운 이야기에 더 많은 주의를 기울이는 경향이 있다.

다양한 장르들은 서로 다른 도식 유형들과 관련되어 있는데, 도식이란 텍스트에 들어 있는 정보의 일상적인 배열을 명시하는 의미 기억의 구조이다. 이야기의 이해와 회상에 대한 연구들은 도식의 한 유형인 이야기 문법을 지지하는 증거들을 제시하였다. 우리는 이야기 속의 일화들을 기억에 분리된 청크들로 저장하는 경향이 있고, 일화의 끝부분을 전체 일화를 요약하는 단서로 사용한다. 또한, 최근 연구결과들은 미국 대학생들을 대상으로 한 연구들에서 드러났던 이야기 도식이 보편적인 도식이라는 생각과 일치한다.

교육적 함의

담화에 대한 연구는 우리가 교과서와 강의로부터 얼마나 잘 배울 수 있는지에 대해 무엇을 말해주는가? 한 사람에게 확실한 것이 다른 사람에겐 무슨 말인지 알 수 없는 경우가 많고, 그래서 '이 글의 뜻을 알기 위해 내가 무엇을 해야 하는가?' 하는 의문을 후자는 갖게 된다. 여러 차례 강조한 바 있듯이, 일관성은 인쇄면 위에 있는 단어들에 의해 주어지는 것이 아니라 이해 과정을 통해 얻어진다. 이것은 우리가 글을 읽거나 들을 때 관여하는 이해 활동이 우리가 들은 것을 이해하는(그리고 오해하는) 방식에 결정적인 역할을 한다는 것을 의미한다.

글의 내용을 알기 위해서는 반드시 그것의 기저 구조를 저장하여야 한다. 앞서 인용했던 연구들이 이것을 확증하였는데, 일반적인 실험실 조건에서 사람들은 텍스트의 표층 표상과 심층 표상 모두를 짧은 시간 동안 유지하지만, 장기적인 표상은 명제적인 것이다. 그러나 때때로 교육 장면에서는 이야기가 다르다. 학생들이 항상 강의나 글의 요점을 기억하는 것은 아니다. 학생이나 저자/강사의 문제로 이런 일이 생기기도 하지만, 좀 더 흥미롭고 일반적인 경우는, 그런대로 잘 구성된 글이 상당한 노력을 기울이는데도 잘 이해되지 않을 때이다. 이해가 잘 되지 않으면 대개 기억도 좋지 않다. 기억된 것들은 모두 하나하나 떨어진 세부사항들이며, 반드시 가장 중요한 것도 아니고, 다른 본질적으로 관련된 것들과 연결되어 있지도 않다. 한 마디로, 유능하고 성실한 이해자에게 제시된 일관성 있는 정보들이 결국은 일관성이 없고 단편적인 형태로 저장되는 것이다. 왜 그런가?

한 가지 분명한 요인은 친숙성(familiarity)이다. 우리가 공부하는 많은 것들은 우리가 도식을 가지고 있지 않는 자료들이다. Bartlett과 다른 연구들이 보여주었듯이, 이런 상태는 예상대로 수행에 부정적인 효과를 가져오고, 적절한 관점이 없기 때문에 종종 학습하고 기억한 개념들의 중요성을 평가하는 것도 어렵다. 그럼에도 불구하고 친숙성의 결여를 수행에 관여하는 요소로 보는 것은 만족스러운 설명의 시작일 뿐 끝은 아니다. 친숙한 글과 친숙하지 않은 글을 처리하는 방식에 대해 기술해 볼 필요가 있다.

친숙한 글 재료를 다룰 때 우리는 대부분을 다소 쉽게 해결할 수 있기 때문에 다수의 중의성, 누락된 요소, 무관하고 잠재적으로 혼란스러운 세부사항들은 거의 인식하지 못한다. 모든 담화 처리에는 국소 구조와 전역 구조가 다 관여한다. 친숙한 텍스트를 대할 때, 우리는 텍스트를 헤쳐 나가기 위해 전역 구조에 관한 지식에 더 의존하는 경향이 있고, 그것은 우리로 하여금 일부 세부사항들로부터 자유롭게 한다. 불행히도, 친숙하지 않은 문장은 이렇게 할 수 없는데, 왜냐하면 적절한 도식을 가지고 있지 않기 때문이다. 따라서 도식의 안내가 없을 때는 국소적인 응집 관계가 담화를 이해하는 데 상대적으로 더 중요한 역할을 해야 한다. 이러한 국소적인 관계를 주의 깊게 처리함으로써 친숙성의 결여가 가지는 불리함을 상당 부분 극복할 수 있다.

담화 이해에 관한 연구들은 이해력과 기억을 향상시키는 데 도움이 되는 몇 가지 방략들을 제안하였다. 다음의 논의는 다섯 개의 방략을 자세히 설명해 준다.

능동적으로 담화 처리하기

상당히 많은 장점을 가진 한 가지 일반적인 방략은 글 재료를 능동적으로 처리하는 것이다. **능동적 처리(active processing)**란 우리가 영구 기억에 가진 정보에 새로운 정보를 연결시키는 것, 재료에 대해 질문하는 것, 재료에 대한 요약이나 개요를 쓰는 것 등을 포함하는 일련의 활동들이다. 수동적으로 읽거나 들으면 대체로 파지되는 정보가 적다.

능동적 처리의 한 예를 Palincsar와 Brown(1984)의 연구에서 볼 수 있다. 연구자들은 정신 지체는 없지만 읽기 능력이 매우 저조한 중학생들을 연구대상으로 삼았다. 연구자들은 학생들에게 글에서 가장 중요한 부분이 답이 되도록 질문을 만들게 했다. 이러한 방식으로 학생들이 글의 중심 주제를 파악하도록 훈련할 수 있다. 연구 결과, 훈련받기 전에는 이해력 검사 점수가 30%였던 학생들이 훈련을 받은 후에는 약 80%로 향상되었다. 학생들은 또한 훈련이 종료된 후에도 점수를 유지할 수 있었다. 비슷한 나이의 통제집단은 이해력에서 별다른 이득이 없었다.

마찬가지로 McNamara(2004)는 심리학과와 생물학과 학부생들에게 읽기 방략 교육을 실시하는 것이 효과가 있음을 보여주었다. 학생들은 글을 읽으면서 자기자신에게 정보의 의미를 설명하였다. 특별한 가르침 없이 단지 글을 소리 내어 읽은 학생들과 비교했을 때, 자가 설명 집단은 가장 어려운 텍스트를 이해하는 데서 향상을 보였다. 하지만 그러한 향상이 텍스트의 주제에 대한 지식수준이 낮았던 학생들에게는 제한적이었다.

물론 정확한 능동적 처리의 유형이 개인별로 다를 수 있다. 필자는 학부생이었을 때 복잡한 표시(notations) 체계를 개발하여, 읽고 있던 교재의 가장자리에 적어 넣었던 적이 있다. 요점이라고 생각하는 것에는 수직선을, 특별히 중요한 것은 선 옆에 별표를 하였다. 또 다른 기호는 저자의 생각에 동의하지 않음을 표시하였다. 오래된 그 교재들을 훑어보면, 때로는 내가 저자만큼이나 많이 썼다는 것을 알 수 있다. 그 표시법은 어떤 정보가 중요한지, 내가 그것에 동의하는지 등의 판단을 내리게 만들고, 그런 판단이 파지를 향상시켰으므로, 효과적인 방략이었다. 많은 심리학 연구들은 우리가 더 깊은 의미 수준에서 정보를 처리할 때, 읽은 것을 더 많이 기억한다는 것을 보여주었다(예를 들어, Craik & Lockhart, 1972).

심층 처리과정과 밀접하게 관련된 개념으로 **자기 참조 효과(self-reference effect)**라는 것이 있는데, 이것은 정보를 자신과 연결시킬 때 더 잘 기억하는 경향성이다(Rogers, Kuiper & Kuiper, 1977; Symons & Johnson, 1997). Rogers 등은 단어 목록을 처리하는 네 가지 방식을 비교하였다. 단어의 시각적 특징과 청각적 특징, 의미에 주의를 기울이는 것 그리고 그 단어가 자신에게 어떻게 적용되는지를 판단하는 것이다. 이전 연구에서 보았듯이, 의미에 주의를 기울이는 것이 시각이나 청각적 특징에 집중하는 것보다 파지를 촉진한다. 하지만 단연코 가장 뛰어난 회상을 보인 것은 자기 참조 과제였다. 따라서 글을 읽을 때 개념과 용어가 자신에게 적용되는지, 어떤 방법으로 적용되는지를 검토하는 것은 유용한 방략이다. 그것은 읽기를 더욱 흥미롭게 할 뿐만 아니라 파지도 향상시킨다.

담화 내 명제 연결하기

앞서 보았듯이, 담화의 내재적 특징은 문장 내용들이 중첩되고, 구정보가 신정보를 소개하는 데 사용된다는 것이다. 텍스트의 도입부에선 거의 모든 것이 새롭지만, 일단 소개가 되고나면 새롭게 정의된 개념들이, 적어도 잘 구조화된 텍스트에서는 다음 개념으로 구체적으로 연결된다. 텍스트로부터 배우는 데는 연속적인 의존성이 존재한다. 예를 들어, 이야기 문법이 의미를 갖기 전에 반드시 도식이 무엇인지를 알아야 하는 것이다. 앞서 나온 것들을 완전히 이해하지 않고 새로운 것을 이해하려는 시도는 마치 미식축구에서 공을 잡기도 전에 그것을 들고 뛰려고 하는 것과 같다.

이 모든 것이 담화에서 개념들 간의 관계를 분명하게 찾는 방략이 우리에게 유익하다는 사실을 시사한다. 여기에는 전방 조응에 좀 더 집중하는 것과 어디에서 추론이 도출되어야 하는지를 유념하는 것과 같은 활동들이 포함된다. 이런 방략은 여러 가지 유익한 결과를 가져온다. 첫째, 그것은 상호관련된 명제들의 망 조직을 형성함으로써 각각의 개념들이 다른 많은 개념들에 대한 인출 단서로 작용하도록 한다. 둘째, 설사 우리가 추론을 도출하는 데 필요한 정보를 가지고 있지 않더라도 명제들 간의 그런 관계를 분명하게 탐색하는 것은 처리 수준을 심화하고 따라서 개별 명제들의 파지를 촉진한다. 마지막으로, 명제들이 서로 연결되어 있고 서로 종속되거나 지배하므로, 텍스트에 대한 회상을 조직하거나 요약하는 데 사용될 수 있는 위계적 기억 구조를 형성한다.

요점 파악하기

담화의 국소적 구조에 세심한 주의를 기울이는 것이 도움은 되지만, 교사나 저자가 무엇을 요점으로 생각하는지를 알기란 여전히 어려운 일이다. 특히 학습 장애를 가진 개인들에겐 더욱 그러하다(Curran, Kintsch & Hedberg, 1996). 몇몇 연구들은 요점을 파악하는 것이 어려운 이유가 주의를 분산시키거나 종종 헷갈리게 하는 세부사항들 때문임을 보여준다. Meyer, Brandt, Bluth(1980)는 글의 핵심을 분명하게 알려줄 때 수행이 향상된다는 것을 발견하였다. 문장 (36)은 핵심이 분명한 문장의 예이고, 문장 (37)은 그것이 드러나지 않는 문장의 예이다.

(36) A problem of vital concern is the prevention of oil spills from supertankers.

(37) Prevention is needed of oil spills from supertankers.

이들 연구자들은 이해가 저조했던 사람들(저자의 도식을 공유하지 못한 자들)의 경우, 요점을 알려주는 것이 즉각적인 파지 수행을 향상시켰지만, 이해력이 좋은 사람들의 파지에는 아무런 영향을 미치지 않았음을 발견하였다. 다른 연구자들도 비슷한 결과를 보고하였다(Brooks, Dansereau, Spurlin & Holley, 1983; Lehrer, 1994; Lorch & Chen, 1986; Spyridakis & Standal, 1986).

같은 맥락에서 Meyer와 Poon(2001)은 텍스트 회상에서 방략 훈련과 요점을 알려주는 것의 효과를 조사하였다. 젊은 성인들에게 텍스트의 요지를 어떻게 찾을 것인지를 가르치는 9시간의 방략 훈련을 실시하였다. 그 결과, 방략 훈련은 주제에 대한 자신의 관심을 평가하는 훈련을 받았던 집단과 아무런 훈련을 받지 않았던 집단에 비해 회상 수행의 증가를 가져왔다. 또한 이전 연구들에서처럼 요점을 알려주는 것도 회상 수행에 향상을 가져왔다. 하지만 방략 훈련이 요점을 알려주는 것보다 수행을 향상시키는 데 효과적이었다.

Reder와 Anderson(1980)은 다른 접근을 시도하였다. 그들은 요점을 강조하는 대신 많은 세부사항을 글에서 제거해 버렸다. 이것은 *클리프 노트(Cliff Notes)*와 같은 출판물들에 깔린 아이디어로, 그런 것들은 대개 희곡이나 소설의 요약본이다. Reder와 Anderson은 자료가 요약본의 형태로 제시되었을 때가 원본 그대로 제시되었을 때보다 더 잘 파지된다는 것을 발견하였다. 비슷한 방법으로 Giora(1993)는 텍스트 내의 유추들이 이해를 촉진하지 못하며 실제로는 회상을 약화시킬 수도 있음을 발견하였다. 불필요한 자료가 텍스트에서 생략되었을 때 가장 잘 이해되는 것으로 보인다.

전역 구조 만들기

글의 요점을 강조하는 장치들이 단기적으로는 분명히 도움이 된다. 그러나 궁극적으로 요점이 분명히 드러나지 않을 때에도 그것들을 알아낼 필요가 있다. 우리가 저자의 산문이 가진 내용과 구조에 더 친숙하게 되면, 점차 저자의 도식을 추론할 수 있게 된다.

성공적으로 추론했는지 검사하는 한 가지 좋은 방법은 텍스트의 일부를 요약해 보는 것이다. 그러려면 가장 중요한 특정 명제들을 선택하고, 그 중 일부를 좀 더 넓은 주제 진술로 일반화해야 한다(Fletcher, 1994를 보라). 우리가 요약한 것을 저자의 요약과 비교함으로써 텍스트의 핵심을 얼마나 잘 뽑아냈는지 알 수 있다. 점점 더 능숙해질수록 우리는 전역 처리 방략에 더 많이 의존할 수 있다.

검사를 위한 이해활동 다듬기

논의가 필요한 마지막 원리는, 우리의 이해 활동이 우리가 받아야 할 검사의 유형과 항상 일치하도록 해야 한다는 것이다. 기억 연구자들은 우리가 검사를 받을 때에 부호화하는 것과 유사한 방식으로 자료를 공부했을 때 파지가 우수하다는 것을 입증하였다(Tulving & Thomson, 1973). 담화 수행을 향상시키기 위한 대부분의 방략들이 어느 정도 효과는 있지만 늘 그런 것은 아니다. 방략들의 성공 여부는 그것들이 특정 검사에 얼마나 적합한가에 달렸다.

하나의 예를 Mannes와 Kintsch(1987)의 연구에서 볼 수 있다. 학생들은 어떤 텍스트를 읽기 전에 관련된 배경 지식의 개요를 공부하였다. 일부 학생들에게는 개요의 구성이 텍스트의 구성과 일치하였고, 다른 학생들에게는 일치하지 않았다. 예상했던 대로, 일치하는 개요로 공부한 집단은 텍스트에 포함된 정보에 대한 기억에서 우수한 수행을 보였다. 하지만 일치하지 않는 개요로 공부한 집단은 추론 검증 과제와 글에 대한 깊은 이해를 요구하는 어려운 문제 해결 과제에서 우세한 수행을 보여주었다.

중요한 점은 일치된 개요의 존재가 담화 수행을 향상시켰다고 말하는 것은 적절하지 않다는 것이다. 우리는 수행의 어떤 측면이 측정되고 있는지를 살펴볼 필요가 있다. 또한 적절한 이해 방략을 결정하기 전에 그 정보를 가지고 무엇을 하도록 요구받을지를 알 필요도 있다.

마찬가지로, McNamara와 Kintsch(1996)는 서술형 문제와 선다형 문제가 서로 다른 수준의 이해를 평가한다는 것을 발견하였다. 연구자들은 주어진 주제(예를 들어, 베트남)에 대해 높거나 낮은 수준의 지식을 가진 개인들에게 일관성이 높거나 낮은 텍스트를 읽도록 요청하였다. 선다형 검사에서의 수행은 일관성이 높은 텍스트에서 더 좋았다. 더 흥미로운 것은 지식수준이 높은 독자들은 일관성이 낮은 텍스트를 읽고 난 후, 서술형 문제에서 더 좋은 수행을 보였다는 점이다. 그러므로 일관성이 낮은 텍스트는 더 많은 추론을 필요로 하고, 많은 지식을 가진 독자들은 적절한 추론을 더 잘 생성할 수 있는 것으로 보인다.

이와 관련된 연구들(Kintsch, 1990; Mayer, Cook & Dyck, 1984)의 일반적인 지적은 검사를 위한 공부에 하나의 '옳은' 방법이란 없다는 것이다. 가장 훌륭한 공부방법은 검사의 유형에 달려있을 것이다.

요약

이 절에서는 강의나 교과서로부터 학생들이 학습하는 것을 이해하고 향상시키는 데 있어서 담화 연구가 가질 수 있는 의의를 다루었다. 훌륭한 일반 방략 중 하나는 글을 능동적인 방식으로 글을 처리하는 것이다. 학습에서 어려움을 겪는 원인들 중 일부는 학생과 저자 또는 강사 사이에서의 도식 차이 때문일 수 있다. 친숙한 도식이 없으면 우리는 국소적 담화 구조에 더 주의를 기울여야 한다. 만일 요점이 강조되고 있거나 다른 세부사항들이 생략되어 있으면 요점이 무엇인지 알아내기가 훨씬 쉽다. 그러나 궁극적으로 이해는 저자의 도식을 이끌어내는 우리의 능력에 달려있다.

복습 문제

1. 구정보/신정보 방략의 세 단계는 무엇인가?
2. 작업 기억의 개인차가 어떻게 담화 처리에 영향을 미치는지 논의하라.
3. 일관성(coherence)과 응집성(cohesion)을 구분하라.
4. 전방 조응이 왜 심리학자들의 관심사인가?

5. 적절한 도식의 활성화가 글을 잘 기억하는 데 영향을 미친다는 증거는 무엇인가?
6. 이야기 문법을 정의하라.
7. 담화가 일관성을 가짐에 있어서 추론의 역할을 기술하고, 추론이 영구 기억에 저장되는지 방식을 설명하라.
8. 상황 모형을 정의하라.
9. 교육 체계에서 학습의 실패를 학생과 교재/저자의 결합 함수라고 볼 수 있는가?
10. 비정상적 긴장을 정의하라.

생각해 볼 문제

1. TV 드라마가 가진 매력을 언어심리학적으로 어떻게 설명할 수 있는가? 매우 정형화된 도식을 가지고 있음에도 불구하고 드라마들은(다른 많은 정형화된 사건들과는 달리) 강력한 정서를 유발한다. 좀 더 일반적으로 말해, 누군가의 도식으로부터 벗어난 정도가 이야기의 매력과 어떻게 관련될 수 있는가?
2. 이야기 문법이 문장 문법과 동일한 의미에서 문법으로 간주되어야만 하는가? 구 구조 규칙들이 우리의 문장 지식을 표상하는 것과 같은 방식으로 표 7.2의 규칙들이 우리의 이야기 지식을 표상하는가?
3. 이해가 텍스트와 개인의 정보 처리 활동의 결합 함수라면, 주어진 텍스트가 명료하게 쓰이지 않았다고 말할 수 있는가?

PART III

언어 산출과 대화의 상호작용

Chapter 8

언어의 지각

말하기는 우리의 가장 소중한 활동 중 하나이다. 우리는 하루에 몇 시간씩 대화를 하고, 이야기를 들려주고, 가르치고, 다투고, … 그리고 물론 우리 자신에게도 말한다. 게다가 말하기는 우리의 가장 복잡한 인지, 언어 그리고 운동기능이다. 조음은 우리가 상대방에게 말하려는 생각을 떠올리는 순간 초당 약 15개의 말소리 음의 속도로 자동적으로 이루어진다.

-WILLEM J. M. LEVELT(1989, p. xiii)

말 하려던 단어를 잊어버렸다. 그러자 구체화되지 않은 나의 생각은 어둠의 세계로 돌아가 버린다.

-OSIP MANDELSTAM (VYGOTSKY, 1934, 1986, p. 210에서 인용)

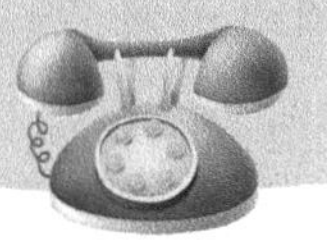

요점

- 말소리 산출은 네 개의 주요 단계로 이루어진다. 그것들은 표현할 생각을 개념화하기, 언어적 계획 조직하기, 계획을 조음하기 그리고 말소리 감시하기이다.
- 무의식적인 말소리 오류(발화 실수, slips of the tongue)가 드물기는 하지만, 말소리 산출의 계획 단위를 보여준다. 실수는 매우 일정한 양식으로 일어나는 경향이 있다.
- 말소리 산출의 계열 모형과 병렬 모형이 모두 발달해 왔고, 각각은 장점을 지니고 있다. 우리는 말을 할 때 그 일부를 말하는 동시에 다른 부분을 계획하는 것 같다.
- 우리는 실수를 범했을 때 말을 편집하거나 교정한다. 자가 교정의 형식과 시기는 체계적으로 이루어진다.
- 수화와 말소리 언어 산출을 비교해 보면 유사한 점도 있고 차이점도 있다.

서론

이 장과 다음 장에서 우리의 관심사는 말소리 산출인데, 그것은 종종 단순히 말소리 이해의 반대 과정으로 여겨지곤 했다. 하지만 이 장에서 우리는 그러한 견해에 한계가 있음을 알게 될 것이다. 우리는 단어들을 자동적으로 알아들을 수 있지만, 똑같은 단어를 산출하기 위해서는 의도와 노력이 필요하다. 분명히 이해와 산출에는 공통적인 핵심 과정이 있다. 그러나 이해에는 직접적으로 상응하는 것이 없는, 말소리 산출에만 관련된 과정들이 있다는 것도 발견하게 될 것이다(Griffin & Ferreira, 2006).

본질적으로 말소리 산출은 말소리 이해보다 연구하기가 어려운 주제이다. 왜냐하면 말소리는 관찰할 수 있지만, 말소리 산출을 이끌어낸 생각을 파악하기란 쉽지 않기 때문이다. 연구자들은 수렴적인 방법들을 동원하여 이런 딜레마에 대응해 왔다. 어떤 연구자들은 자연적으로 일어나는 산출 오류를 체계적으로 분석하였고, 다른 이들은 실험실 조건에서 실험참가자들에게 무엇을 말할 것인지 구체적으로 지시하였다. 그러한 접근의 차이에도 불구하고 다양한 연구들이 유용한 결과들을 내놓기 시작하였고, 말소리 산출 모형의 전체적인 윤곽은 점차 분명해지고 있다.

Levelt(1989)의 모형을 따라 말소리 산출을 네 가지 단계—개념화, 조직화, 조음화, 자기 감시—로 구분할 수 있다. 첫번째 단계에서는 우리가 전달하고자 하는 것을 개념화하여야 한다. 두 번째 단계에서는 그런 생각을 언어적 계획으로 조직화한다. 세 번째 단계에서는 발성 기관의 근육을 통해 계획을 실행한다. 마지막 단계에서는 말소리를 감시함으로써 그것이 우리가 말하려고 의도했던 것인지 우리가 말하려던 방식이었는지를 평가한다.

이러한 이론적 개요를 통해 우리는 후속 연구를 필요로 하는 문제들에 주의를 돌릴 수 있다. 즉, 이러한 단계들은 정해진 순서대로 변함없이 일어나는가? 하위 단계가 필요한 과정이 있는가? 이해 과정에서 우리가 어느 정도 보았던 것처럼, 말을 산출하는 과정에서도 단계들 또는 수준들이 상호작용하는가? 우리가 발화 실수를 할 때는 어떤 과정이 잘못된 것인가? 언어 산출 연구에는 해답보다 상당히 많은 의문들이 존재한다. 우리는 말소리 오류에 관한 연구들에서 시작하여, 그것들이 산출에서 요구되는 것들에 대해 무엇을 말해 주는지를 살펴볼 것이다.

발화 실수

일반적으로 '발화 실수(slips of the tongue)'라고 부르는 말소리 오류에 관한 과학적인 분석은 말소리 오류가 언어학적 논증을 구성하는 데 어떻게 사용될 수 있는지를 조사했던 Fromkin(1971)의 독창적인 논문 발표와 함께 1970년대 초반에 재등장했다. 그의 논문과 후속된 논문들로 인해 말소리 오류가 과학계에서 미심쩍은 것으로 간주되던 긴 시기는 끝이 나고, 말소리 산출에서 언어학적 단위의 역할을 조사하기 위해 오류들을 사용하는 것이 존중되기 시작했다(예를 들어, Fromkin, 1980을 보라). 연구자들은 품위와 우정을 손상시키지 않는 범위 내에서, 친구들과 동료들의 말소리 오류들을 부지런히 기록하였다.

결국 상당한 양의 자발적인 말소리 오류들이 수집되었고(Fromkin, 1971; Garrett, 1975; Shattuck-Hufnagel, 1971), 그것이 발생하는 시기와 방식에 일정한 패턴이 존재하는지를 살펴보는 것은 흥미로운 일이 되었다. 비록 그러한 오류들이 흔하진 않더라도, 말을 하는 사람이라면 누구나 종종 그런 오류들을 범하곤 한다. 게다가 어떤 사람들은 다른 사람들보다 더 쉽게 말소리 오류를 범하는 것 같다. 전설적인 인물인 William Spooner 박사는 버릇없는 대학생들에게 문장 (1)과 같은 말들을 자주 해서 유명해졌는데, 말소리 연구자들에겐 오히려 좋은 연구 대상이었다.

(1) You have hissed my mystery lectures. I saw you fight a liar in the back quad. In fact, you have tasted the whole worm.[1)]

그의 이러한 특이한 말은 대뇌 기능장애 때문이었을 것이다(Potter, 1980).

우리 모두도 비슷한 오류를 범하곤 하다. 생방송으로 진행되는 TV나 라디오 쇼에 나온 출연자들처럼, 긴장하거나 스트레스 상황에 있을 때 이러한 오류가 더 빈번하게 일어난다는 것을 일화적인 증거들이 잘 보여준다. TV에서 벌어진 '실수들' 을 보여주는 프로그램은 절대 소재가 떨어지는 법이 없는 것 같다. 오류는 우리가 피곤하거나, 긴장하거나, 취했을 때 더 잘 일어난다. 그러나 대부분의 연구자들은 이런 말소리 오류의 빈도에 영향을 주는 요인들보다는 오류 그 자체, 즉 오류의 본질에 더 초점을 맞추었다.

말소리 오류의 유형

말소리 오류들이 광범위한 의미적 내용들에 걸쳐 있지만, 거기에는 몇 가지 기본적인 유형들이 있다(Fromkin, 1971; Garrett, 1975; Shattuck-Hufnagel, 1979). 여덟 가지 유형의 예들이 표 8.1에 제시되어 있는데, 실제로 의도했던 단어들은 괄호 안에 있다.

이동(shifts)에서는 하나의 말소리 분절음이 그것이 있어야 할 적절한 위치에서 사라져 다른 곳에 나타난다. **교환(exchanges)**은 사실상 이중적인 이동으로, 두 개의 언어적 단위가 자리를 바꾸는 것이다. **예기(anticipations)**는 뒤에 오는 분절음이 앞에 오는 분절음의 자리를 차지할 때 일어난다. 이것은 다른 분절음을 침범하는 분절음이 원래의 자리에 남아, 결국 두 번 사용된다는 점에서 이동과는 다르다. **지속(perseverations)**는 이전의 분절음이 나중의 분절음을 대체할 때 일어난다. **추가(additions)**는 언어 재료를 추가하는 것이고, **삭제(deletions)**는 무언가를 제외하는 것이다. **대체(substitutions)**는 한 분절음이 침입자에 의해 바뀔 때 일어난다. 이것은 침입의 근원이 그 문장 내에 있지 않다는 점에서 앞서 기술한 실수들과는 다른 것이다. **혼합(blends)**은 하나 이상의 단어가 고려되다가 의도된 두 항목이 하나의 항목으로 '융합' 되거나 '혼합' 될 때 발생한다.

---

1) 원래 의도했던 문장은 다음과 같을 것이다. "You have missed my history lectures. I saw you light a fire in the back quad. In fact, you have wasted the whole term."

표 8.1 발화 실수의 주요 유형들

유형	예
이동	That's so she'll be ready in case she decide to hits it (decides to hit it).
교환	Fancy getting your model renosed (getting your nose remodeled).
예기	Bake my bike (take my bike).
지속	He pulled a pantrum (tantrum).
추가	I didn't explain this clarefully enough (carefully enough).
삭제	I'll just get up and mutter intelligibly (unintelligibly).
대체	At low speeds it's too light (heavy).
혼합	That child is looking to be spaddled (spanked/paddled).

예들을 자세히 살펴보았다면, 이런 유형의 오류들이 다수의 언어학적 단위들과 함께 일어난다는 것을 알았을 것이다. 어떤 경우에는 단일 음소가 추가되거나, 삭제되거나, 이동한다. 그러나 다른 경우에는 그것이 음소열, 형태소 접사와 어근, 완전한 단어, 심지어 구가 될 수도 있다. 일반적인 규칙에 따르면, 오류는 말할 때마다 하나의 언어적 수준에서만 발생하는 경향이 있다. 즉, 대체에서처럼, 분명히 틀린 단어를 말할 때에도 문장은 통사적으로, 운율적으로, 음운적으로 완전하다.

말소리 오류의 공통적인 특징들

이러한 말소리 오류들이 보이는 패턴들을 좀 더 자세히 살펴볼 필요가 있다. Garrett (1975)는 뚜렷한 규칙성을 가지고 반복적으로 나타나는 말소리 오류들을 네 가지로 일반화하였다. 첫째, (2)에서 (4)까지의 예들이 보여주듯이 서로 상호작용하는 요소들은 유사한 언어 환경에서 나타나는 경향이 있다.

(2) The little burst of beaden(beast of burden).

(3) You're not a poojin pitter-downer, are you(pigeon putterdowner)?

(4) Children interfere with your nife lite(night life).

어떤 단어의 시작부에 오는 음성 분절음은 다른 초두 분절음과 교환되는 경향이 있다는 점에 주목하라. 중간과 마지막에 위치한 분절음도 마찬가지이다. 더욱이, 분절음의 교환은 선행하는 분절음들이 유사할 때 더 잘 일어난다. 문장 (4)에서 /f/와 /t/의 교환이 그와 같은 원리를 따른 것이다.

둘째, 상호작용하는 요소들은 서로 유사한 경향이 있다. 특히, 자음은 항상 다른 자음과 교환되거나 이동될 뿐 모음과는 그렇게 하지 않는다. 문장 (5)에서처럼, 유사한 음과 관련된 오류들은 의미와는 거의 관련이 없고, 대신 음운적 유사성에 기초한다.

(5) Sesame Street crackers(sesame seed crackers). (Fromkin, 1973)

마찬가지로, 대체될 때는 그것이 대체되는 항목과 의미적으로 유사한 경향이 있다. 우리는 밴(van)을 *버스*라고 부르기가 쉽다(Dell, Schwartz, Martin, Saffran & Gagnon, 1997)

셋째, 실수가 새로운 언어 항목을 만들어낼 때에라도 그것은 일반적으로 그 언어의 음운 규칙을 따른다. 이 점은 혼합 오류를 연구함으로써 확인할 수 있다. *slickery*(*slick*과 *slippery*)와 같은 혼합이 일어날 때, 그 결과는 단어처럼 보이는 비단어이다. 음운적으로 허용되지 않는 형식, 즉 *slickppery*와 *slipkery* 같은 것은 논리적으로는 가능하지만 실제로는 발생하지 않는다.

마지막으로, 말소리 오류들은 일관된 강세 패턴을 보인다. 서로 교환되는 분절음들은 대개 그것들이 속하는 단어나 구 안에서 둘 다 주강세를 받거나, 아니면 둘 다 이차 강세를 받는다.

요약하자면, 말소리 오류는 아주 흔한 현상으로, 사실상 매우 규칙적인 패턴으로 발생한다. 그러면 이러한 패턴들에 대한 설명들을 살펴보기로 하자. 이러한 언어 오류의 배후에 무엇이 있는가?

말소리 오류에 대한 설명

프로이드식 설명 한 가지 재미있는 견해는 화자가 동시에 하나 이상의 생각을 마음에 품고 있다는 것이다. 1992년에 있었던 한 선거운동에서 조지 부시 대통령은 문장 (6)과 함께 연설을 시작한 적이 있었다.

(6) I don' t want to run the risk of ruining what is a lovely recession(reception). (Newsweek, 1992)

물론 두 단어가 음운적으로 유사하므로 단순한 음운 오류로 해석될 수도 있다. 그러나 이것은 대통령이 경기침체(그리고 그것이 그의 선거운동에 미치는 효과)에 몰두해 있었다는 증거이기도 하다. 또는 시험을 연기하고 싶어서 (7)과 같이 말한 학생의 예를 생각해 보라.

(7) Last night my grandmother lied (died).(Motley, 1987)

이것은 악의 없이 저지른 음운적 오류일 수도 있으나, 이런 실수 역시 그 학생이 말하려고 했던 것보다는 자신의 생각을 드러내는 것일 수 있다.

프로이드는 어떤 내용이 다른 내용보다 더 쉽게 사용되는 과정에서 정신역동적 요인의 역할을 강조하였다. 그는 이러한 오류들이 "두 가지 다른 의도가 동시에 작용함－또는 오히려 상호 대립 작동함－에서 비롯된다"고 주장하였다(Freud, 1916~1917, 1963, p. 44). 하나는 화자의 의식적인 의도를 구성하는 생각이고, 다른 하나는 전자를 간섭하는, 좀 더 불온한 생각이나 의도와 관계된다. 때때로 불온한 의도는 검열되지만, 어떤 경우에는 그런 가설적인 정신내적인 갈등의 결과로 덜 의식적인 의도중 일부를 드러내는 발화 실수가 일어날 수 있다. 프로이드의 입장과 일치하는 예로는, 부상당한 병사들을 일컬어 *battled scared(scarred)*라고 말한 어떤 장군과 방금 *expired(retired)*한 동료의 업적을 칭찬하는 사람이 있다(Ellis, 1980).

사실상 프로이드의 입장은 모든 말소리 오류들이 무의식에 억압되어 있던 생각들이 의식적인 말에 끼어들면서 야기된다는 것이다. 발화 실수가 정서적으로 중요한 단어에서 비롯되는 경우에는 프로이드의 해석이 호소력이 있을지 모르지만, 많은 실수들은 예기(*a real mystery* 대신 *a meal mystery*)와 지속(*he pulled a tantrum* 대신 *he pulled a pantrum*)같이 훨씬 단순한 과정을 반영하는 것으로 보인다. 후자의 경우, 이런 오류가 정신 내부의 갈등으로부터 유래했다는 주장은 불필요하게 복잡하고 설득력이 없는 것 같다. 그러나 더 많은 말소리 오류들이 여전히 설명을 필요로 하고 있다.

언어심리학적 설명 최근의 언어심리학적, 언어학적 사고들은 말소리 오류에 관한 연구로부터 얻은 통찰에 기초하여 언어 기제(무의식적 동기화가 아닌)를 이해하는 데 초점을 맞추었다. 그런 점에서, 언어 수행상의 오류들은 실어증과 마찬가지로 언어심리학적 가설에 어떤 역할을 한다고 볼 수 있다(13장을 보라). 또한 각 사례에서 발생하는 사용 오류의 유형들은 정상적인 언어 기능에 대한 중요한 통찰을 제공한다.

예를 들어, Fromkin(1971)은 말소리 오류에서 변경되거나 이동되는 많은 분절음들이 정확히 언어학 이론들이 가정한 것임을 보여줌으로써 말을 산출하는 동안 음성 세부특징, 음소, 형태소 같은 언어학적 단위들이 계획 단위를 구성한다는 생각을 지지하였다. 마찬가지로, Garrett(1975, 1980)은 자동적인 통사 처리의 존재를 뒷받침하기 위해 오류 자료를 사용한 바 있다.

언어 산출에 관한 하나의 견해는 우리가 일련의 단계를 거쳐 말을 산출하며, 각각은 상이한 수준의 언어적 분석에 관여한다는 것이다(Dell & Reich, 1981; Fromkin, 1971; Garrett, 1975). 만약 그렇다면, 말소리 오류들은 그러한 특정 단계들의 모습이 어떠한지에 대해 상당히 많은 것을 이야기해 줄 수 있을 것이다. 다음 절에서는 생각과 조음 사이에서 발생하는 심리적, 생리적 과정을 살펴볼 것이다.

요약

TV나 라디오 생방송 출연자들에게는 재난과 같은 말소리 오류가 실은 체계적이며, 대개 여덟 개의 범주 중 하나－교환, 대체, 추가, 삭제, 예기, 지속, 혼합, 이동－에 해당된다.

이러한 오류의 기초에 관해 다양한 가설들이 제시되었다. 그 중에서 두드러진 것 중 하나는 프로이드의 견해로, 우리가 말소리 산출을 위해 하나 이상의 계획을 가지고 있고, 그런 계획 중 하나가 다른 것과 경쟁하고 그것보다 우세하기 때문에 오류가 일어난다는 것이다. 그러나 프로이드식 설명은 일부 말소리 오류에만 적용되므로, 좀 더 최근의 생각은 말소리 오류에 기저하는 언어심리학적 과정에 초점을 맞추고 있다. 가장 일반적인 해석은 우리가 하는 말이 일련의 단계를 거쳐 산출된다는 것으로, 각 단계는 한 수준의 언어적 분석에 관여한다. 오류들은 대개 말소리 산출 과정의 한 수준에서만 일어나고 다른 수준에서는 일어나지 않는다. 다음 절에서 우리는 말소리 산출 단계에 대한 개념을 좀 더 자세히 살펴볼 것이다.

언어적 계획의 형식화

서론에서 언급했듯이, 말의 산출은 네 가지 단계로 분석될 수 있다. 그것은 전달할 메시지를 개념화하기, 언어적 계획으로 형식화하기, 조음하기(계획을 실행하는 것)

그리고 자기 감시이다. 이 절에서는 두 번째 단계가 완성될 때까지의 과정을 살펴보고자 한다.

첫번째 단계에 대해서는 말할 수 있는 것이 거의 없다. 기본적으로 이 단계에서의 의문은 생각이 어디에서 나오는가 그리고 생각이 단어가 되기 전에 어떤 형태로 존재하는가 하는 것이다. 두 번째 질문에 관해서는 언어심리학자들과 인지심리학자들이 대체로 어떤 형태의 '추상 언어(mentalese)' (즉, 언어와는 구분되는 표상 체계)가 존재한다는 데 동의한다. 이것은 생각이 추상 언어의 형태를 취하고, 그런 다음 언어 형식으로 번역된다는 주장이다. 그러나 이러한 선(先)언어적인 심적 표상이 가진 속성들에 관해서는 의견들이 분분하다(예를 들어, Fodor, 1975를 보라). 그와 같은 쟁점을 다룬 몇몇 주목할 만한 시도들이 있었지만, 현재로선 생각의 기원에 관한 문제를 다룬다는 것이 쉬운 일은 아닌 것 같다(Griffin & Bock, 2000; Osgood, 1971; Osgood & Bock, 1977; Sridhar, 1989). 그러므로 우리는 첫 단계가 일어난다는 것은 알지만, 그것에 관해 말할 수 있는 것이 많지 않다.

따라서 생각을 언어의 형태로 조직하는 과정을 살펴보는 편이 나을 것이고, 우리는 바로 거기에 초점을 둘 것이다.

언어적 계획의 계열 모형

Fromkin(1971, 1973)과 Garrett(1975, 1980, 1988)의 선구적 연구들은 말소리를 계획하는 과정을 일련의 단계들로 볼 수 있고, 각 단계들은 언어적 계획의 각 수준과 일치한다고 주장하였다. Fromkin의 6단계 모형이 표 8.2에 제시되어 있다.

표 8.2 말소리 산출에 대한 Fromkin의 모형

단계	과정
1	의미의 파악–전달될 의미가 생성됨.
2	통사 구조의 선택–문장의 통사 개요가 구성되고 단어 슬롯이 명시됨.
3	억양 윤곽의 생성–상이한 단어 슬롯의 강세 값이 할당됨.
4	내용어의 삽입–적절한 명사, 동사, 형용사가 심성 어휘집에서 인출되어 단어 슬롯에 위치함.
5	접사와 기능어의 형성–기능어(관사, 접속사, 전치사), 접두어, 접미어가 첨가됨.
6	음성 분절의 명세화–음운 규칙에 따라 문장이 음성 분절들로 표현됨.

출처 : V. A. Fromkin, 1971, "The Non-Anomalous Nature of Anomalous Utterances," *Language, 47*, pp. 27~52, Linguistic Society of America.

이 모형의 기본적인 아이디어는, 표현하고자 하는 의미에서 시작하여, 후속되는 각 수준의 처리 과정들이 구체적이면서도 상이한 발화 양상들에 관여한다는 것이다. 우리는 문장의 통사 구조를 형성하는데, 그것은 어떤 단어가 주 강세와 이차 강세를 받는지, 내용어가 어디에 들어가는지를 명시한다. 그런 다음 내용어가 추가되고, 이어서 기능어와 접사들이 추가된다. 마지막으로 우리는 발화의 언어적 구조를 고려하여 그것의 정확한 음성 특징들을 확인한다. 전반적으로, 이 모형은 산출이라는 심적 작업이 분담되는 방식에 관한 그럴듯한 설명이라 할 수 있다.

말소리 오류를 단계별로 살펴보자. Garrett(1975)의 예들 중 하나가 (8)번 문장이다.

(8) She' s already trunked two packs(packed two trunks).

1단계에서는 전체적인 말의 의미가 파악된다. 2단계에서는 통사 구조가 결정되고 그리고 명사나 대명사, 부사, 동사, 형용사, 목적 명사가 들어갈 자리가 만들어진다. 4단계에서 내용어인 *she*, *has*, *already*, *trunk*, *two*, *pack*이 그 윤곽에 맞추어 들어간다. 여기가 오류가 일어나는 지점으로, *trunk*와 *pack*이 서로 교환된다. 5단계에서는 접미사 *-ed*와 *-s*가 원래의 정확한 위치에 추가되고, 6단계에서 완전한 발화가 음성 형식을 갖추게 된다.

계획 단위의 독립성 표 8.2에서 가정하고 있는 단계들이 실제로 서로 독립적이라는 증거는 무엇인가? 아마 가장 분명한 증거는 거의 대부분의 말소리 오류가 한 수준의 계획에서만 발생한다는 것이다. Fromkin이 든 예들 중 하나가 문장 (9)로, 그것은 *so-er*로 발음된다.

(9) singing sewer machine(Singer sewing machine).

접미사가 서로 바뀌었기 때문에 여기서 오류는 5단계에서 발생했다. 나머지 발화—내용어들, 강세 값, 통사 구조—는 바뀌지 않고 그대로 남아있다. 이와 관련된 좀 더 확실한 예는 Garrett의 문장 (10)이다.

(10) Stop beating your brick against a head wall.(Stop beating your head against a brick wall.)

문장의 나머지 부분은 그대로 있으면서 내용어가 교환(4단계)되었고, *brick*에 주 강세가 있다. 따라서 4단계와 5단계는 다른 단계들과는 독립적으로 각각 '오발될(misfire)' 수 있는 것으로 보인다.

이러한 점은 다른 단계들에도 적용된다. 특히 6단계에서의 음성 오류는 그것의 하위 단계들에 대한 증거로서 사용되었다. 어떤 오류는 *frish gotto(fish grotto)*와 *blake fruid(brake fluid)* 같은 자음군(consonant clusters)의 붕괴를 가져온다. Fromkin(1971)은 이러한 예들을 사용하여, 음성 분절음들이 말소리 계획에서 독립적인 단위라고 주장하였다. 왜냐하면 만약 자음군이 단일 단위라면, *gr* 전체가 *f*로 바뀌었을 것이고, *grish fotto*가 되었을 것이기 때문이다.

음성 세부특징들이 '심리적으로 실재하는(psychologically real)' 계획의 단위라는 증거들도 제시되었지만, 여기서는 그 결과가 모호하다. Fromkin(1971)은 *clear blue sky*라고 말하려던 사람이 *glear plue sky*라고 말한 사례를 발견하였다. 이것은 음소의 단순한 전환이 아니다. Fromkin에 따르면, 이것은 음운 세부특징의 이동이다. 즉 유성성(+voicing)이 *blue*의 /b/에서 *clear*의 /k/로 이동한 것이다. 유성음 세부특징이 /b/에서 소실되면 /p/가 되고, 그것이 /k/에 더해지면 /g/가 된다. 그러나 Shattuck-Hufnagel과 Klatt(1979)는 이런 유형의 오류가 극히 드물다고 주장하였다. 그들은 표적과 발화된 자음들이 하나 이상의 세부특징들에서 차이를 보이는 70개의 사례를 조사했는데, 그 중 3개의 사례에서만 개별 세부특징이 교환된 증거가 발견되었다.

이러한 단계들이 독립적인 계획 단위로 존재한다는 견해를 지지하는 전반적인 증거는 비교적 많은 편이다. 그러므로 그 단계들의 순서를 살펴보도록 하자.

계획 단위들의 연속 어떤 오류들은 말소리 단위가 교환되거나 다른 말소리 환경으로 이동할 때, 특정 음운 과정이 정확한 음성 표상을 명시한다는 것을 보여준다. 예를 들어, Garrett(1980)에서 인용한 말소리 오류인 문장(11)에서 (13)까지를 살펴보자.

(11) It certainly run outs fast(runs out).

(12) An anguage lacquisition(a language acquisition).

(13) Easy enoughly(easily enough).

첫번째 예는 단일 음소의 단순한 이동으로 볼 수 있다. 그러나 표적의 발음과 실제 산출을 고려하면, 더 많은 것이 관여하고 있음을 알 수 있다. 복수 형태소의 음성 형식은 예상대로 그것의 음성 환경에 따라 다르다. 일반적으로 우리가 *runs*를 발음할 때, 마지막 음소는 /z/이고 *outs*에서는 /s/이다. 이것은 흥미로운 질문을 하게 만드는데, 복수 형태소가 그것의 원래 위치에서 벗어나 다른 위치로 이동할 때, 그것은 원래 위치의 음성 형식을 유지하는가, 아니면 바뀐 위치에 적절한 형식을 취하는가 하는 것이다. 그에 대한 답은 후자이다. *outs*는 /s/로 소리 나고 /z/로 소리 나지 않는다. 이것은 **조절(accommodation)**이라는 음운 과정의 예이다. 이동하거나 삭제된 요소가 오류를 유도한(error-induced) 환경에 조절되는 것이다. (12), (13)번 문장에서도 유사한 과정이 일어난다. (12)에서 /l/의 이동에 의해 부정관사의 음성 형식은 *a* 에서 *an*으로 바뀐다. (13)에서는 *-ly*가 *enough*로 이동하여 *easy*의 마지막 모음의 발음에 부합하는 변화를 야기한다. 즉, *easuh*가 아니라 *easy*로 소리 나는 것이다.

말소리 오류에서 조절 과정의 중요성은 문장의 음성 표상(6 단계)이 오류가 발생하는 수준(여기에 제시된 예들에서 5단계) 이후에 형성된다는 생각을 강력히 지지한다는 점이다. 말하자면, 이동되는 형태소는 하나의 추상적 실체이지만, 그것에 대한 정확한 음성 명세화는 그것이 어디에 위치하느냐에 달려있다.

통사 구조의 형성에 관여하는 단계들이, 어휘 항목들을 그러한 통사 구조에 삽입하는 데 관여하는 단계들보다 선행한다는 다른 정황들이 있다. Garrett(1975)는 단어 교환을 주의 깊게 조사하여, 그것들이 형태소와 음의 교환과는 여러 가지 면에서 다르다는 것을 발견하였다. 대부분의 음과 형태소의 교환은 0에서 한 단어 범위 내에서 일어나는 반면, 단어들의 교환은 더 큰 범위에서 일어난다. 또한 대다수의 오류는 절(clause) 내에서 일어나며, 그렇지 않은 오류들은 거의 다 단어의 교환이다. 더 나아가 이러한 교환들이 항목들의 문법적 유목을 유지하는 경향이 있다. 이 모든 사실들을 고려하여, Garrett은 단어 교환이 기능적 통사 관계가 구성되고 있는 언어적 계획의 단계(기본적으로 Fromkin의 모형에서 2단계)를 반영하고, 형태소와 음들의 삽입(5, 6단계)은 나중에 전체적인 윤곽이 자리를 잡을 때 일어나며, 좀 더 국소적인 재료들의 교환을 포함한다고 주장하였다.

작업 기억의 역할 최근의 연구들은 언어 산출의 여러 단계에서 필요한 처리 자원을 조사하였다. Ferreira와 Pashler(2002)는 언어 산출 모형이 5장에서 살펴본 Bock와 Levelt(1994)의 어휘 접속 모형과 유사하다고 가정하면서, 그것을 4단계로 구분하였다. 개념 단계에서 화자들은 그들이 표현하려는 메시지를 구성하는 개념 세부특징들을 결정한다. 표제어(lemma) 단계에서는 단어의 통사 세부특징들이 활성화되고,

어휘소(lexeme) 단계에서는 접사와 같은 형태소 세부특징들이 활성화된다. 마지막으로 음소 선택 단계에서는 특정 음성 분절음들이 활성화된다. 이러한 단계들은 Fromkin 모형의 1, 4, 5, 6단계와도 비슷하다.

Ferreira와 Pashler(2002)는 단어 산출의 각 단계가 동시에 주어지는 무관련 과제의 수행을 간섭하는지 알아보기 위해 3장에서 논의했던 작업 기억의 연구 방법론을 사용하였다. 연구자들은 언어 산출의 초기 단계(특히 표제어와 어휘소 단계)와 관련된 과제들이 상이한 음을 변별하는 동시적 과제 수행을 느리게 한다는 것을 발견하였다. 하지만 음소의 선택과 관련된 과제들은 아무런 간섭도 일으키지 않았다. 그들은 말소리 산출의 초기 단계가 중앙 처리 자원을 끌어가지만, 나중 단계인 음소 선택은 그렇지 않다고 결론을 내렸다. 이러한 결과들은 반응을 선택하는 것이 인지적으로 힘든 일이지만, 선택된 반응을 실행하는 것은 그렇지 않다고 강조하는 주의 모형과 잘 맞아 떨어진다(Pashler, 1992).

편집 과정

계획 단계에 추가하여, 편집 과정이 발화의 계획과 조음 사이에 개입한다는 것을 보여주는 약간의 흥미로운 증거들이 있다. 이러한 편집 작용은 계획된 발화가 언어적으로 그리고 사회적으로 수용될 만한 것인지를 결정하기 위한 최종 점검일 것이다. 말소리 분절음이 발화되고 난 다음 약간의 감시와 편집 과정이 있음은 분명하다. 결국, 우리는 자발적으로 우리 자신을 교정하곤 한다. 여기서 우리가 생각해 보고자 하는 의문은 조음하기 전에 편집 과정이 있는가 하는 것이다.

실험실에서 유도된 말소리 오류 몇몇 연구들은 실험실 장면에서 말소리 오류를 유도함으로써 편집 과정을 조사하였다. 한 전형적인 연구에서, 실험참가자들은 쌍으로 된 단어 목록을 받고 그것들을 조용히 읽는다. 가끔씩 한 쌍은 큰 소리로 읽어야 한다는 단서가 주어졌다. 소리 내어 읽어야 하는 단어 쌍(표적 쌍) 앞에 오는 단어 쌍들의 속성을 다르게 함으로써 오류를 유도할 수 있다. 이것을 **음운 편향 기법(phonological bias technique)**이라고 한다. 이 현상을 잘 이해하기 위해서는 다음의 단어열들을 빠른 속도로 소리 내어 읽어야 한다.

ball doze
bash door

bean deck
bell dark
darn bore
RESPOND

표적은 *darn bore*이다. 그러나 선행하는 네 쌍 때문에 *barn door*로 발음하는 두음전환(spoonerism)이 일어날 가능성이 높다. 실제로 두음전환은 30% 정도 일어난다. Baars(1980)의 말에 따르면, 이 기법은 *"On your mark—get set—STOP!*[2)]*"*이라고 크게 외치는 아이들의 게임이나, 어떤 사람에게 *poke*를 여러 번 반복하게 한 다음, *"달걀의 흰 부분을 뭐라고 하지?"라*고 물어보는 것과 같다. 실험실 기법에서 실험참가자는 음운 유사성으로 인해 표적 쌍을 산출하려는 계획과 경쟁하는 다른 말소리 계획을 세우는 것이다.

숨은 편집 과정에 대한 증거는 이런 대안적이거나 경쟁적인 계획이 만들어지지만 실제로는 산출되지 않는 경우에서 볼 수 있다. 이것을 야기하는 한 가지 방법은 최종적인 말소리 오류의 속성을 다르게 하는 것이다. 앞의 예에서는 한 쌍의 실제 단어가 산출된다. 반면에, 다음의 단어열들을 살펴보라.

big dutch
bang doll
bill deal
bark dog
dart board
RESPOND

여기서는 두음전환인 *bart doard*가 10%밖에 일어나지 않는다(Baars, Motley & MacKay, 1975). 이것을 **어휘 편향 효과(lexical bias effect)**라고 하는데, 이는 말소리 오류를 유도하면 단어를 말할 가능성이 비단어를 말할 가능성보다 훨씬 높은 것으로, 이것 역시 자발적인 오류의 경우이다(Dell & Reich, 1981). 아직 산출도 안 된 말소리 오류가 비단어라는 것을 산출 체계는 어떻게 '아는' 것일까? Baars(1980)는 그러한 오류가 내부적으로 발생하지만, 어휘 준거에 민감한 편집 과정에 의해 억제된

2) 원래는 "on your mark, get set, go!"(제자리, 준비, 땅!)인데 'go'를 'STOP'이라고 외침으로써 잘못 출발하게 유도하는 일종의 장난이다.

다고 주장하였다. 그와 비슷하게 Baars와 Motley는 편집 작용이 음운적, 통사적, 의미적, 상황적 준거를 포함하는 다양한 준거를 위해 존재한다고 주장하였다(Motley, Baars & Camden, 1983).

Lane, Groisman, Ferreira(2006)의 최근 연구는 그러한 연구결과들을 확장하였다. Lane과 동료들은 실험참가자들에게 서로 알고 있는 대상에 대해 다른 사람에게 묘사하라고 요구하였다. 한 조건에서는 실험참가자에게 특별한 정보를 다른 사람에게 '누설하지(leak)' 말라고 요구하였다. 예를 들어, 청자가 볼 수 있는 삼각형과 화자만 볼 수 있는 작은 삼각형을 제시한 다음, 화자들에게 작은 삼각형이 있다는 것을 드러내지 말라고 요구했다. 또 다른 조건에서 화자들은 대상을 묘사하라는 요구만 받고 특정 정보를 '누설하지' 말라는 요청은 별도로 받지 않았다.

흥미로운 결과는, 숨기라는 지시가 주어지지 않았을 때보다 주어졌을 때 화자들이 특별한 정보(작은 삼각형 같은)를 더 자주 언급했다는 것이다. 연구자들이 지적했듯이, 이것은 어떤 사람에게 분홍색 코끼리에 대해 생각하지 말라고 말하는 것과 비슷하다. 즉 무언가를 하지 않으려고 노력하는 것은 역설적이게도 오히려 그것을 하기 쉽게 만든다(Wegner, 1994). 간단히 말해, 이러한 편집 과정은 오류막이(errorproof)가 아닌 것이다.

이러한 결과들은 우리가 말하는 동안 때때로 하나 이상의 말소리 계획을 발전시키며, 이런 일이 일어나면 두 개의 계획이 말소리로 산출되기 위해 경쟁함을 시사한다. 만약 이런 종류의 내부 경쟁이 일어난다면, 상대적으로 빈도가 낮은 어떤 유형의 오류는 문장이 조합되고 나서 그것이 조음되기 전에 작동하는 편집 과정에 대한 증거로서 이해될 수 있을 것이다.

프로이드식 견해 다시 보기 계획들이 경쟁한다는 생각은 발화 실수에 대한 프로이드식 견해의 주요 특징이다. 지금은 언어적인 단위들을 강조하는 견해가 프로이드 가설을 대체하였지만, 실험실에서 유도된 오류에 관한 연구들은 그의 정신내적 갈등가설을 검증할 몇 가지 새로운 방법을 제시하였다. 음운 편향 기법을 사용하여 Motley(1980)는 실험참가자의 '인지적 상태(cognitive set)'가 지나치게 성적(性的)일 때, *bine foddy*가 *fine body*로 되는 것처럼, 성과 관련된 두음전환이 더 빈번하게 발생한다는 것을 확인하였다. 한 연구에서는 검사 진행자가 남성일 때보다 도발적인 옷차림의 여성일 때(참가자는 남성이었다) 더 많은 성적 오류가 발생했다. 성적 불안 검사에서 높은 점수를 받은 참가자들은 낮은 점수를 받은 사람들보다 이와 관련된 연구에서 더 많은 성적 오류를 일으켰다. 두 경우에서 얻어진 결과들은 산출 시 개인의 인지적 상태에 기인한다. 즉, '마음에 있는' 생각들이 우리가 범하는 말소리 오류의 종류에 영향을 미치는 것이다.

편집에 대한 이러한 연구들, 특히 성적, 사회적 금기를 다루는 것들에 문제가 없는 것은 아니다. 프로이드의 가설을 해석함에 있어 되풀이되는 문제는 분명한 예측을 하기가 어렵다는 것이다. 예를 들어, 우리는 성적 불안의 정도가 심한 사람은 성적인 생각을 더 많이 하기 때문에, 상대적으로 높은 수준의 성적 오류를 범할 것이라고 기대할 수 있다. 그러나 반대로, 그들은 불안하기 때문에 다른 사람들보다 더 엄격한 편집 준거를 가지고 있고, 그 결과 더 적은 오류를 범하리라고 기대할 수도 있다.

프로이드의 견해에 깔린 기본 아이디어는 여전히 현재의 언어심리학적 이론과 대체로 일치한다. *slickery*와 *spaddle* 같은 혼합은 말소리 산출의 기저에 다중의 계획이 존재함을 보여준다. 비록 프로이드식 계획의 본성이 다른 연구자들에 의해 논의된 것과는 다르지만, 실제로 관여하는 과정은 상당히 유사할 것이다. 대부분의 말소리 오류는 언어적인 단위의 이동으로 간명하게(parsimoniously) 설명될 수 있는 것으로 보인다. 그러한 원리들에 추가하여, 프로이드식 원리도 어떤 역할을 할지 모른다.

언어적 계획의 병렬 모형

Fromkin과 Garrett이 제시한 계열 모형의 대안으로 병렬 모형이 있는데, 언어 산출 과정에서 여러 수준의 처리가 동시에 일어난다고 본다. Bock과 Levelt(1994), Dell(1985, 1986, 1988), MacKay(1982, 1987), Stemberger(1985), Vigliocco와 Hartsuiker(2005) 등의 이론가들이 이러한 주장을 펼치고 있다. 이 모형은 4장에서 논의했던 말소리 지각의 TRACE 모형(McClelland & Elman, 1986)과 시각 단어 재인의 상호작용 활성화 모형과 개념적으로 유사하다.

Dell(1986)은 영구 기억 속에 네 수준의 마디들, 즉 의미적, 통사적, 형태적, 음운적 마디 수준이 있다고 가정하였다. 의도된 메시지의 개별 표상들은 계열 모형에서처럼 각 수준에서 생성된다. 그러나 계열 모형과는 달리, 이러한 표상들은 병렬적으로 작용한다. 한 수준에서 마디가 활성화되면 그것은 같은 수준이나 다른 수준의 마디들을 활성화시킨다.

다음의 예(Levelt, 1989)를 생각해 보자. 어떤 사람이 *reset*이라는 단어를 통사 수준에서 활성화시켰다면, 이것은 간단히 그가 전개중이던 통사 틀에 이 명사를 끼워 넣고자 의도했음을 의미한다. 통사적 수준에서의 이러한 활성화는 계속해서 형태적 수준에서 성분 형태소들, *re*-와 *set*의 활성화를 촉발한다. 이러한 형태소 마디들은 나아가 음운적 수준까지 활성화를 확산시켜 음소 /r/의 마디를 활성화시킨다.

이 모형이 가진 중요한 가정은 정적 피드백(positive feedback)이 처리의 '나중' 단계로부터 '이전' 단계로 일어난다는 것이다. 일단 형태소 마디가 활성화되면, 활성화는 통사 마디로 확산된다. 예를 들어, 일단 *re*-가 형태소 수준에서 활성화되면, 이것은 *resell* 같이 접두사 *re*-를 가진 다른 단어들을 활성화시킨다. 그런 다음 *resell* 은 형태소 *sell*과 최종적으로 음소 /s/로 활성화의 일부를 확산시킨다. 이런 모든 활성화는 시간경과와 함께 급격히 쇠퇴하고, 활성화는 결국 0으로 감소한다.

Dell의 모형은 앞에서 논의했던 어휘 편향 효과에 대한 설명을 제공한다. 병렬 활성화 모형은 음운 마디로부터 형태소 마디로 전달되는 피드백으로 이러한 연구 결과를 설명한다. 진짜 단어(true words)는 형태소 마디를 가지지만 비단어는 그렇지 않다는 것에 주목하라. 그 결과, 역방향 확산에 의해 진짜 단어를 선호하는 오류는 일어날 수 있으나 비단어에서는 그런 일이 일어나지 않을 것이다. Dell에 따르면, 이런 차이가 어휘 편향 효과의 원인이 된다고 한다. 따라서 이전에는 어떤 특별한 기제도 가정하지 않은 채 편집기에 기인하는 것으로 생각되던(Baars 등, 1975) 효과들을 확산 활성화 모형이 설명할 수 있는 것으로 보인다.

이 모형이 효과를 보이는 또 다른 예는 **음소 유사성 효과(phonemic similarity effect)**와 관련이 있다. 이것은 끼어드는(intruding) 음소들이 변별 세부특징 구성에 있어 표적 음소들과 음소적으로 유사한 경향을 말한다. 변별 세부특징 수준이 음운 수준으로 통합된다면, Dell의 모형은 음소 유사성 효과를 아주 쉽게 설명할 수 있다. 활성화된 각 음소는 그것에 대응하는 변별 세부특징들의 집합에 활성화를 확산시키고, 세부특징들은 다시 그러한 세부특징들을 하나 이상 공유하는 다수의 음소를 활성화시킨다. 이러한 과정은 끼어드는 음소가 표적음소와 음운적으로 유사할 확률을 증가시킨다.

마지막 예는 말하는 속도와 관계된 것이다. 이 모형은 활성화 역동의 매개변인들(확산과 쇠퇴율)이 일정하다고 가정한다. 느린 발화 속도는 대체로 적은 말소리 오류와 관련되는데, 왜냐하면 활성화가 현재의 형태소에서 정확한 음들로 확산되고 이전에 활성화되어 있던 음들의 활성화가 쇠퇴하는 시간이 많기 때문이다. 이러한 두 요인들이 정확한 음이 활성화될 가능성을 증가시키는 것이다. 더욱 흥미로운 것은, 상이한 발화 속도에서 일어나는 오류와 관련하여 구체적인 예측을 한다는 점이다. 특히, 어휘 편향 효과에 대한 설명은 역방향 확산에 기초하는데, 역방향 확산에는 시간이 걸린다. 그 결과, 발화 속도가 느려질수록 오류들이 기존의 단어들과 형태소들로 발음될 경향성이 더 커질 것이라고 이 모형은 예측한다. 실제로 Dell(1985)은 실험참가자들에게 빨리 말하라고 지시했을 때 어휘 편향 효과가 사라짐을 발견하였다.

어휘 편향 효과에 영향을 미치는 또 하나의 요인은 맥락이다. Hartsuiker, Corley, Martensen(2005)은 Baars 등(1975)의 연구를 그대로 반복하여, 단어와 비단어가 혼합된 맥락에서 어휘 편향 효과가 일어나지만 순수한 비단어 맥락에서는 일어나지 않는다는 것을 발견하였다. 즉 교환 오류가 단어와 비단어의 혼합을 가져오도록 목록이 구성되었을 때, 어휘 편향 효과가 일어났던 것이다. 하지만 목록이 비단어들로만 이루어져 있을 때는 어휘 편향 효과가 관찰되지 않았다. 이러한 연구결과는 모종의 편집 과정을 시사하는 것으로 보이는데, 즉 화자는 목록에 어떤 단어들이 있다는 것에 주목하게 될 것이고, 따라서 그러한 편향 상태에서 자신의 결과물을 감시하기 시작할 것이다. 하지만 이것은 병렬 모형에 대한 도전으로 보이는데, 왜냐하면 확산 활성화가 왜 맥락과 함께 달라지는지가 분명하지 않기 때문이다.

일치의 역할 계열 모형과 병렬 모형을 평가하는 데 도움이 될 만한 일련의 연구는 수의 일치(number agreement)와 관련된 것이다. 영어에서 어떤 문장이 문법적인 문장이 되려면 주어와 동사 또는 대명사 사이에서 수가 일치되어야 한다. 따라서 우리는 *The concerts this summer have been wonderful*이라고 말하지 *The concerts this summer has been wonderful*이라고 말하지 않는다. 그리고 *The pitcher' s fastball is his best pitch*라고 말하지 *The pitcher' s fastball is their best pitch*라고 말하지 않는다.

우리가 범하는 일치 오류들이 때로는 교육적이다. 예를 들어, 문장 (14)에서 핵(*head*) 명사(*time*)는 후속 동사(*is*)의 정확한 형식을 통제한다. 그러나 우리는 때때로 바로 앞에 나왔던 단어(*games*)와 일치하는 동사형(*are*)을 사용함으로써 실수를 범하기도 한다.

(14) For example the time for fun and games are over.

Bock과 Cutting(1992)은 핵 명사와 동사 사이에 개입하는 단어들의 함수로서 일치 오류를 조사하였다. 그들은 단어의 수가 동일한 때에라도 문장 (15)와 같은 구의 삽입이 문장 (16)과 같은 절의 삽입보다 더 많은 일치 오류를 일으킨다는 것을 발견하였다. (15)에서 핵 명사(*report*)와 그 다음 명사(*fires*)는 둘 다 동사(*were*)와 같은 절 안에 있다. 그러나 (16)은 핵 명사만이 동사와 같은 절에 있다.

(15) The report of the destructive fires were accurate.

(16) The report that they controlled the fires were printed in the paper.

연구자들은 비록 절 안의 단어들이 최종 발화에서는 분리되더라도 절이 완전한 단위로 계획된다고 본다. 일단 하나의 절이 조직되면, 문장 (16)에서 *fires* 같이 다른 절에 포함된 정보는 간섭할 가능성이 적다. 이런 결과들은 절의 계획이 단어 수준에서의 계획에 선행한다는 Garrett의 생각과 일치한다.

최근에 Eberhard, Cutting, Bock(2005)은 일치가 대부분의 현재의 산출 모형들에 문제를 제기한다고 주장하였다. 예를 들어, *The largest of them is red* 같은 문장도 문법적이지만 *The largest of them are red* 역시 문법적이다. *the largest of them* 구의 지시대상이 단수인지 복수인지는 화용적 맥락과 담화 맥락에 의존한다. 마찬가지로, 형태소 /s/를 가지는 명사들은 일반적으로 복수이지만 예외도 있다(예를 들어, 우리는 *The news is awful today, isn' t it?*이라고 말할 수 있다). 또한, 복수 형태소를 수반하지 않지만 동사의 복수형을 가지는 명사도 있다(예를 들어, *The personnel are very busy this time of year*).

Eberhard 등(2005)은 "일치는 통사적이거나 의미적이거나 화용적일 뿐만 아니라 한번에 이 모든 것들이다."라고 말하였다(p. 531). 그 결과, 연속적인 각 단계가 상이한 영역(의미나 통사 같은)에 관여한다고 보는 순수한 계열 모형이 어떻게 일치 현상을 충분히 설명할 수 있는지 알기 어렵다.

말소리 산출의 병렬 모형과 확산 활성화 모형은 앞서 논의한 단계 모형에 대한 흥미로운 대안을 제시한다. 말소리 산출은 매우 신속한 활동이며, 이러한 모형의 병렬적 구조는 말소리 산출의 다양한 측면을 설명하기에 적합하다. 다음 절에서 보게 되겠지만, 계열 처리와 병렬 처리 둘 다 언어 산출에서 어떤 역할을 할 것이다.

요약

자발적 말소리와 실험실 연구에서 얻은 말소리 오류들은 연구자들에게 언어 산출에 관한 많은 중요한 자료들을 제공하였다. 메시지에서 언어적인 구조로 어떻게 진행되어 가는지에 관한 이론에는 두 종류가 있다. 계열 모형은 말에 대한 전반적인 생각에서 시작하여 통사 조직, 내용어, 형태소, 음운으로 진행한다고 가정한다. 발화 실수는 대개 한 수준의 계획에만 관여하고 다른 수준은 영향을 받지 않는다. 말하기 계획이 끝났지만 조음 단계 이전에, 프로이드의 생각과는 다른 방식으로, 말하기를 편집하는 마지막 단계가 있을 것이다.

단계 모형에 대한 최근의 대안은 병렬적 산출 모형이다. 이러한 모형은 언어적 메시지가 의미, 통사, 형태, 음운 수준에서 조직된다고 가정한다. 한 수준에서 마디의 활성화는 다른 수준에서 마디의 활성화를 촉발시키며, 형태 수준과 음운 수준에서 상위 처리수준으로의 역행 피드백이 일어날 것이다. 이런 식으로 조직화된 모형들은 몇몇 중요한 연구 결과들을 설명하였다.

언어적 계획의 구현

지금까지 우리는 말소리 산출 과정의 처음 두 단계, 표현할 생각의 전개와 그 생각을 표현할 언어 구조의 형성을 살펴보았다. 이 시점에 이르면, 우리는 발화를 위한 언어적 계획을 갖게 된다. 여기에서는 말소리 산출의 마지막 두 단계인 조음과 자기 감시를 살펴볼 것이다.

조음하기

일단 우리가 생각을 언어적 계획으로 조직하고 나면, 그 정보는 뇌로부터 발성기관의 근육으로 전달되어, 필요한 동작을 실행하고 원하는 소리들을 산출할 수 있어야 한다. 조음 과정을 철저히 설명한다는 것은 본 장의 범위를 넘어서는 일이다. 그러나 조음에 관해 어느 정도 기본적인 측면을 이해하는 것은 뒤에서 수화와 말소리 산출의 비교하는 데 도움이 될 것이다.

세 개의 근육계 말소리를 유창하게 조음하려면 수많은 근육들을 조화롭게 사용할 수 있어야 한다. 그것은 세 개의 근육계, 즉 **호흡기**(respiratory), **후두**(laryngeal) 그리고 **후두상부**(supralaryngeal) 또는 **성도**(vocal tract)에 분포되어 있다. 뒤의 두 근육계는 4장의 그림 4.1에 나와 있다.

호흡계는 폐로부터 성도에 이르는 공기의 흐름을 제어한다. 말소리를 산출하는 행위는 공기가 폐에서 밀려 나오는 것으로부터 시작된다. 여기에는 흉곽 주변의 여러 근육들이 관여하는데, 그것들의 작용은 흉곽을 밀어 올리고 확장시키는 결합 효과(combined effect)를 가져온다(MacNeilage & Ladefoged, 1976).

후두계는 **성대(vocal cords or vocal folds)**로 이루어져 있는데, 이것은 후두에 위치한 두 개의 띠 모양의 근육 조직으로, 공기에 의해 진동된다. 이 조직의 진동 여부가 무성음과 유성음을 결정한다. [b] 같은 유성음의 경우, 폐에서 분출된 공기가 성대의 활동에 의해 음향 에너지로 바뀐다. 유성음이 만들어질 때 성대는 거의 붙어 있다. 공기가 지나면서 그것들을 끌어당기는 흡입 효과(suction effect)가 발생한다. 그러나 일단 붙으면, 더 이상의 공기 흐름은 없으며 따라서 흡입 효과도 없다. 그로 인해 그것들을 다시 떨어지게 되고 그 아래에 생겼던 긴장도 해소된다. 반면에, [p]와 같은 무성음이 만들어질 때도 공기는 여전히 성대를 지나가지만, 그것들이 멀리 떨어져 있기 때문에 흡입 효과는 발생하지 않는다(MacNeilage & Ladefoged, 1976).

후두 영역 내부와 주변에 있는 근육들은 성대의 길이, 두께, 긴장을 조절함으로써 이러한 변화들을 야기한다. 또한 이것은 만들어지는 소리의 기본 주파수(fundamental frequency)에 중대한 영향을 미친다. 특히, 후두는 *Did Tom mow the lawn?* 와 같은 **예/아니오 질문(yes/no questions)**의 끝에서 발생하는 주파수의 증가에 관여하는 것으로 보인다(Lieberman, 1967).

후두상부계는 혀, 입술, 치아, 턱, 연구개 등의 후두 위쪽에 위치하는 구조들로 이루어져 있다. 이러한 구조들은 구강(입과 인두)과 비강의 크기와 모양을 조절함으로써 말소리 산출에 중요한 역할을 한다. 음성 분절음들은 그것을 만들기 위해 사용되는 조음 동작(articulatory maneuvers)으로 구분하여 기술될 수 있다. 예를 들어, [d]는 치조 돌기(치경)의 끝부분에 혀를 위치시켜 일시적으로 공기의 흐름을 차단함으로써 산출된다.

말소리 산출에 관여하는 이 모든 구조들은 다른 기능도 가진다. 물론 호흡기의 주요 기능은 숨쉬기이다. 치아와 혀는 음식물을 씹거나 삼키는 데 사용된다. 후두는 마개처럼 작용하여 폐로 들어가고 나오는 공기의 흐름을 조절하고 음식물이 폐로 들어가는 것을 방지한다. 그러나 이러한 구조들이 말소리 산출에 사용될 때에는 협응(coordination)의 양상이 달라진다. 말소리 연구자들이 직면하는 도전은 이렇게 많은 근육들이 말소리를 산출하는 동안 어떻게 그렇게 자연스럽게 협응하는가 하는 것이다.

말소리의 운동 통제 말소리의 운동 통제는 뇌에서 내려지는 운동 명령과 함께 시작된다. 우리가 발화를 위한 언어적 계획을 수립하면, 말소리 산출을 맡은 뇌 구조는 호흡기, 후두, 후두상부계에 있는 근육들로 메시지를 보낸다(13장에서 논의함). 여기서는 성도의 근육들로 향하는 운동 명령에 초점을 맞추도록 하자.

대체로 말소리 근육들로 가는 이러한 운동 명령들은 조음기관(혀, 입술 등)이 특정 위치로 움직이도록 명령하는 형태를 취하는 것으로 믿어진다. 만약 다음에 오는 음성 분절음이 [b]라면 입술을 통제하는 근육들이 반드시 행동으로 옮겨져야 하고, 반면에 그것이 [g]라면 연구개를 통제하는 근육들이 필요하다. 그러므로 운동 명령이란 성도에서 일련의 표적 위치를 명시하는 것이라고 할 수 있다.

그러나 조음을 일련의 분리된 음들이 산출되는 것이라고 보는 것은 지나친 단순화이다. 4장에서 논의했던 동시 조음이라는 개념을 회상해 보라. 이 현상은 어떤 소리에 해당하는 성도의 모양이 종종 주변 음들에 필요한 모양으로 조절되는 상태를 가리킨다. 대개 그러한 현상은 뒤따라오는(upcoming) 음들 때문에 일어나지만**(예기적 동시 조음, anticipatory coarticulation)**, 어떤 음이 이전 음들에 의해 영향을 받을 때**(지속형 동시 조음, perseveratory coarticulation)**도 일어난다. 예기적 동시 조음의 예는 *boo*에서 [b]를 소리 낼 때에 *bed*의 경우와는 반대로 입술을 둥글게 하는 것(이것은 입술을 둥글게 모으는 것이 모음 [u]에 필요하다는 것을 예상한 것이다)이다.

동시 조음의 결과는 표적의 **미달(undershooting)**이다. 즉 뒤따라 오는 음을 고려하여 조음 기관이 어떤 위치를 겨냥하지만, 실제로는 그것에 도달하지 못하는 것이다. 주된 이유는 빠르게 바뀌는 일련의 표적들에 도달하기 위해 조음 기관들이 움직여야 할 거리 때문인 것으로 보인다. 음들이 개별적으로 만들어질 때는 표적에 도달하지만, 그것들이 어떤 음성 맥락에서 조음될 때, 특히 반대되는 움직임을 필요로 할 때엔 조음의 미달이 일어난다(Sussman & Westbury, 1981을 보라).

이러한 관찰들은 성도의 모양이 계속해서 바뀌기 때문에 조음 과정을 분절음들이 만들어지는 위치로 완전히 기술하는 것이 불가능함을 시사한다. 말소리 산출의 이런 역동성 때문에 말소리 조음에 적절한 이론들이 늦게 등장했던 것이다(개관을 위해 Levelt, 1989를 보라)

계획과 산출 주기 앞 절에서 논의했던 조음 과정과 계획 과정은 어떤 관계인가? 몇몇 연구들은 우리가 말소리를 계획하는 것과 그 계획을 실행하는 것을 번갈아가며 한다는 결론으로 수렴되었다. 먼저 Henderson, Goldman-Eisler, Skarbek(1966)이 수행한 연구를 살펴보자. 그들은 면접 중에 있는 사람들이 더듬거리거나 유창하게 말하는 것을 분석하였다. 그 결과가 그림 8.1에 제시되어 있다. 수평축은 말하는 시간이고, 수직축은 말을 멈춘 시간이다. 가파른 부분[주로 휴지(休止)]과 평평한 부분(주로 말하기)이 번갈아가며 나타나는 것을 볼 수 있을 것이다. Henderson과 그의 동료들은 말소리와 침묵의 비율이 사람마다 다르긴 하지만, 모든 참가자들이 이러한 더듬거림과 유창함을 반복하는 주기를 보여준다는 것을 발견하였다. 이러한 결과들은 우리가 주기적으로 발화를 계획한다는 생각과 일치한다. 우리는 의도한 내용의 일부를 표현하고 나서 다음에 올 부분을 계획하기 위해 멈추었다가, 그것을 조음하고, 다시 멈추는 식으로 말을 한다(Beattie, 1983을 보라).

말소리를 산출하는 도중에 더듬거리게 되는 한 가지 근본적인 이유는 언어적 계획이 인지적으로 매우 힘들고, 한번에 전체 발화를 다 계획하는 것이 어렵기 때문이다(Lindsley, 1975). 그 결과, 우리는 대개 한 번에 발화의 일부만을 계획한다. 상당히 많은 연구가 문장 내에서 더듬거림 휴지(hesitation pauses)와 관련된 몇몇 언어

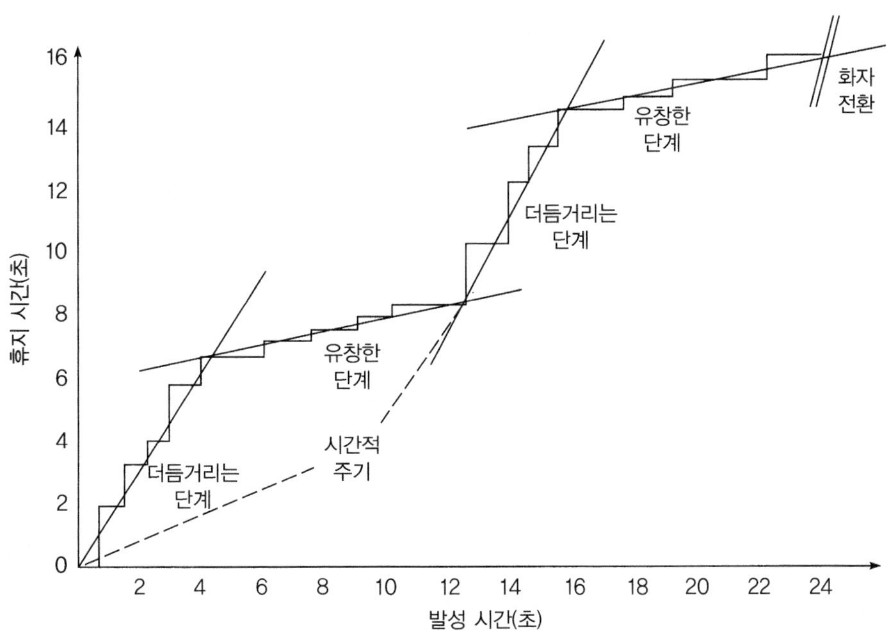

그림 8.1 자발적 말하기의 예에서 연속적인 패턴들. (출처: *Talk: An Analysis of Speech and Non-Verbal Behavior in Conversation*, by G. Beattie, Open University Press, 1983.)

적 변인들을 조사하였다. 불확실성이 높은 시기에 우리가 말을 멈춘다는 Lounsbury(1965)의 주장은 많은 연구들을 자극하였다. 어휘 인출에 영향을 미치는 변인들이 더듬거림 휴지에도 영향을 준다고 결론내린 연구들이 대체로 이 가설을 지지하였다. 예를 들어, Levelt(1983)는 휴지가 고빈도 단어 앞에서보다 저빈도 단어 앞에서 더 자주 발생한다는 것을 발견하였다.

어휘 인출에 영향을 미치는, 따라서 말하는 동안 멈추게 하는 또 다른 변인은 우리가 선택한 단어들의 전체 수(sheer number)에 있다. Schacter, Christenfeld, Ravina, Bilous(1991)는 인문학자들이 강의 도중에 사회과학자나 자연과학자보다 채움 휴지(filled pauses, *어, 아, 음* 같은)을 더 많이 한다는 것을 발견하였다. Schacter와 그의 동료들에 의하면, 인문학이 과학보다 어휘수가 더 많고, 따라서 인문학자들이 말소리를 산출하는 동안 더 많은 선택을 해야 하며, 이것이 더 많은 채움 휴지를 야기한다는 것이다. 예를 들어, *분자(molecule)*나 *원자(atom)*와 같은 단어에는 동의어가 없다. 그러나 *아름다움(beauty), 애정(affection), 편견(prejudice)*에 대해서는 많은 대안들이 있다. 후속 연구는 인문학자들이 실제로 강의와 전문 출판물 모두에서 사회과학자나 자연과학자들보다 상이한 단어들을 훨씬 많이 사용한다는 것을 보여주었다(Schacter, Rauscher, Christenfeld & Crone, 1994).

말소리를 산출하는 동안 어휘 인출에 영향을 주는 다른 종류의 변인은 몸짓(gestures)의 사용이다. Krauss, Rauscher 및 그의 동료들은 말소리에 동반되는 몸짓들이 심성 어휘집으로부터 난해한 단어들의 인출을 쉽게 함으로써 화자가 일관성 있는 말소리를 형식화하도록 돕는다는 것을 보여주었다. 몸짓은 반복연습한 말보다는 자발적인 말에서 더 흔하고(Chawla & Krauss, 1994), *인접한(adjacent), 정육면체(cube), 회전(spin)*과 같이 구체적이고 공간적인 단어를 포함하는 말에서 더 흔하다(Rauscher, Krauss & Chen, 1996). 더욱이 화자에게 몸짓 없이 말하라고 요구하면 더 많은 휴지가 발생한다(Rauscher 등, 1996). Krauss(1998)는 단어들이 영구 기억 속에 수많은 상이한 형식으로 표상되어 있고, 몸짓은 단어들의 공간적 속성들과 연결되어 있어 인출을 돕는다고 추측한다.

언어를 산출하는 동안 어휘 인출에 영향을 미치는 많은 변인들은 아마도 언어를 이해하는 동안 일어나는 어휘 접속에 관해 논의할 때 보았던 것(5장)과 동일한 변인들일 것이다. 단어의 빈도와 어휘집의 크기 외에 형태소의 복잡성, 어휘 중의성, 습득 연령, 사용의 최신성(즉, 점화)같은 변인들도 인출에 영향을 미친다.

우리는 지금까지 엄격하게 교대되는, 계획과 산출 주기에 대해 이야기하였다. 그러나 때로는 그것들이 중복되기도 한다. Lindsley(1975)의 연구에 기초하여, Griffin (2001, 2003)은 뒤에 올 부분을 계획하면서 문장의 시작부를 조음하는 상황을 조사하였다. Griffin(2001)은 화자들에게 세 가지의 대상을 기술하는, *The A and the B are above the C* 형태의 문장을 만들도록 요구하였다. 대상 B와 C는 그것을 기술하는데 사용될 수 있는 대안 단어의 수에서 차이가 났다. 사용 가능한 이름을 더 많이 가진 대상은 적은 수의 이름을 가진 대상보다 더 빨리 산출되었다. Griffin은 이 과제를 수행하는 동안 화자들의 안구 운동을 관찰하였는데, 그 결과가 흥미로웠다. 화자들은 대상에 이름을 붙이기 전에, 적은 수의 이름을 가진 대상을 더 오래 쳐다보았다. 그러나 B와 C가 가진 이름의 수는 화자들이 언제 A에 이름 붙이기를 시작하는지에는 영향을 주지 않았다. 이러한 결과들은 일단 화자들이 A를 위해 준비된 이름을 가지고 있으면, B와 C를 위한 이름을 인출하지 못했다 하더라도 문장을 시작한다는 것을 시사한다. 이와 유사한 결과들(Lindsley, 1975)과 함께 Griffin의 연구는 화자들이 문장을 어떻게 끝내야 할지 모른 채 문장을 시작한다는 것을 시사한다. 이것이 의미하는 바는 Goldman-Eisler 등의 연구와는 반대로, 화자가 문장을 산출하는 과정에서 항상 더듬거리는 것은 아니라는 것이다. 때로는 문장을 미리 다 준비하지 못했더라도 우리는 유창하게 말할 수 있다.

나중의 연구(Griffin, 2003)는 이런 식의 생각을 확장하였다. 화자들은 선으로 그린 그림을 제시받았고, 두 대상(예를 들어, *windmill-carrot*)의 이름을 멈추지 말고 말해야 했다. Griffin은 첫 번째 명사가 다음절(*windmill*처럼)일 때보다 단음절(*wig* 처럼)일 때 화자들이 말을 시작하는데 더 오랜 시간이 걸린다는 것을 발견하였다. 따라서 화자들의 반응 시간은 첫 번째 명사가 이음절일 때만 그것을 조음하면서 두 번째 명사(*carrot*)를 준비할 수 있다는 사실에 민감한 것으로 보인다. 한 마디로, 화자들이 문장 뒷부분을 준비함으로써 계속 말을 유창하게 할 수 있다는 것을 알 수 있다. 본 장 앞부분에서 지적했듯이, 언어 이해에서는 이것에 직접적으로 대응되는 과정이 없다.

자기 감시

앞에서 우리는 조음을 하기 전에 하려던 말을 드러내지 않고(covertly) 편집한다는 생각에 대해 논의하였다. 그러한 생각은 지금도 여전히 논쟁의 대상이다. 그러나 우리가 말을 드러내놓고 편집하다는 데 대해서는 논란의 여지가 없다. 때때로 우리는 자발적으로 우리의 말을 중단하고 스스로 교정한다. 이러한 교정을 일컬어 **자기 수정(self-repairs)**이라고 한다. Levelt(1983)에 따르면, 자기 수정은 세 부분으로 이루어진 특징적인 구조를 가진다. 첫째, 자신이 한 말에서 오류를 탐지하면 스스로 중단한다. 둘째, 대개 다양한 편집 표현들 중 하나를 사용한다. 거기에는 *어(uh)*, *미안(sorry)*, *내 말은(I mean)* 등과 같은 것을 포함된다. 마지막으로 발화를 수정한다. 이제 그것들을 차례대로 살펴보도록 하자.

자기 중단 Nooteboom(1980)은 648개의 말소리 오류 말뭉치(corpus)를 조사하여, 몇 가지 흥미로운 사실을 발견하였다. 그는 415개(64%)의 오류가 교정되었음을 발견했던 것이다. 어떤 오류는 다른 것들보다 교정되기 쉬웠을 것이다. 예기는 지속보다 더 자주 교정되었다. 게다가 Nooteboom은 대부분의 중단이 오류가 발생한 다음 곧바로 일어난다는 것을 발견하였다. Nooteboom은 오류가 파악된 후 자기 중단을 하는 시기가 두 가지의 경쟁적인 힘에 기초한다고 주장하였다. 한편으로 오류를 즉각적으로 교정하려는 충동을 가지지만, 다른 한편으론 말하고 있는 단어를 완성하려고 한다. 그 결과, 중단은 오류 다음에 오는 첫 번째 단어 경계에서 가장 많이 이루어진다.

Levelt(1983)는 약간 다른 절차를 사용하였다. 그는 학생들에게 그림 8.2에 있는 것과 같은 색채 패턴들을 보여주었다. 그런 다음, 그들에게 다른 사람이 테이프에 녹음된 설명을 듣고 그것을 따라 그릴 수 있도록 화살표가 가리키는 마디에서 시작하는 패턴을 기술하도록 요구하였다. 대화에서 일어나는 자발적인 오류에 관한 연구에 비해 이러한 접근의 주요 장점은 높은 수준의 실험 통제에 있다. 시간에 걸친 중단의 분포가 그림 8.3에 나타나 있다. Levelt는 교정의 18%가 문장 (17)에서처럼 단어가 끝나기 전에 일어남을 발견하였다. 다른 51%는 문장 (18)과 같이 오류가 발생한 바로 다음에 일어났다. 나머지 31%의 오류는 하나 이상의 단어들에 의해 지연되었는데, (19)와 같은 문장의 경우, 교정은 세 단어 뒤에서 일어났다.

(17) We can go straight on to the ye-, to the orange node.

(18) Straight on to green—to red.

(19) And from green left to pink—er from blue left to pink.

Levelt가 연구한 말소리 과제가 Nooteboom이 연구한 자발적 말소리 오류와 본질적으로 다르긴 하지만 두 연구의 결과는 상당히 비슷하다.

편집 표현 좀 더 추가적인 연구가 필요하겠지만, 편집 표현은 화자가 교정하고 있는 문제의 종류를 청자에게 전달하는 것으로 보인다. James(1972)는 *어(uh)*와 *오(oh)* 같은 표현을 포함하는 발화들을 분석하였는데, 이러한 것들이 상이한 의미를

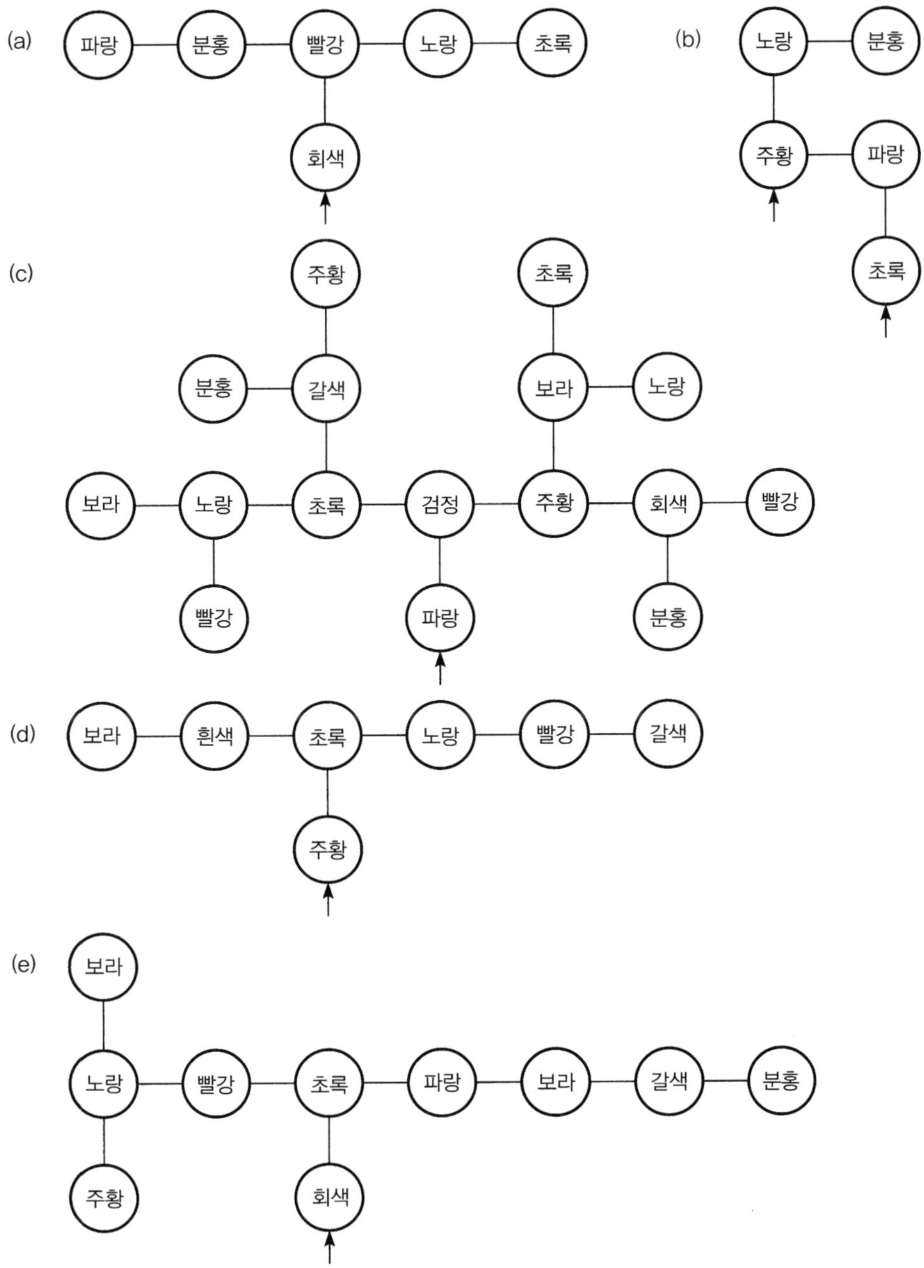

그림 8.2 Levelt 연구에서 사용된 색상 패턴들 (출처: Levelt, 1982. From Speaking: From *Intention to Articulation*, by W. J. M. Levelt, p. 141. Copyright © 1989 MIT Press. 허락 후 재인쇄.)

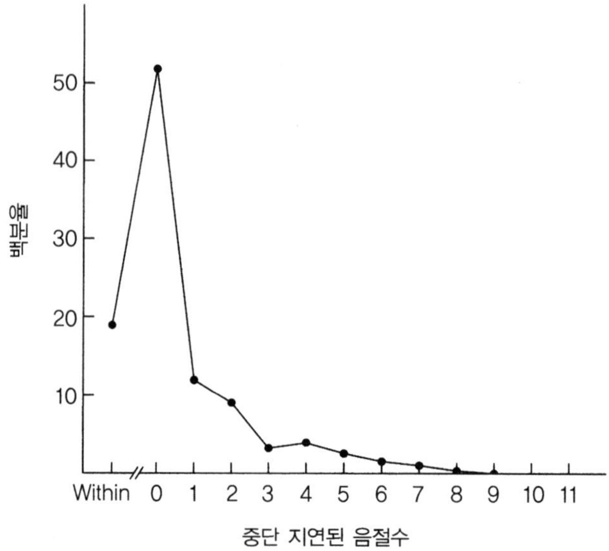

그림 8.3 패턴을 기술하는 동안 중단의 분포. (출처: "Monitoring and Self-Repair in Speech", by W. J. M. Levelt, 1983, *Cognition, 14*, pp. 41~104. Copyright © 1983 by Elsevier Science Publishers BV. 허락 후 재인쇄.)

전달한다고 주장하였다. 예를 들어, 문장 (20)에서 *어(uh)*는 화자가 정확한 사람의 수를 기억하기 위해 멈추었음을 시사한다. 반면에, 문장 (21)은 화자가 정확한 수는 모르지만 대략 정확한 수를 선택하려 할 때 사용되었을 것이다.

(20) I saw ... uh ... 12 people at the party.

(21) I saw ... oh ... 12 people at the party.

Du Bois(1974)도 여러 가지 다른 편집 표현들을 분석하였다. *that* 구는 대체로 문장 (22)와 같이 잠재적으로 중의적인 조응대상을 좀 더 분명히 하는 데 사용된다. *Rather*는 (23)에서처럼 Du Bois가 뉘앙스 편집이라고 부르는 것에 사용된다. 이것은 어떤 단어가 원래의 단어와 의미면에서 유사하지만 화자가 의미하는 바에 좀 더 가까운 단어로 대체되는 것이다. *I mean*은 문장 (24)와 같은 진짜 오류에서 사용된다.

(22) Bill hit him—hit Sam, that is.

(23) I am trying to lease, or rather, sublease, my apartment.

(24) I really like to—I mean, hate to—get up in the morning.

(24)에서 *I mean*의 자리에 *that*을 사용하는 것은 이상하거나 부적절할 수 있다는 점에 유의하라. 이것은 상이한 편집 표현들이 완전히 교환가능하지 않다는 것과, 사용된 표현이 화자가 지금 하고 있는 편집의 종류를 전달한다는 것을 시사한다.

Fox Tree와 Clark(1977)은 단어 *the*의 사용을 조사하여, 화자들이 말에 문제가 있다는 것을 신호하기 위해 *the*를 사용한다는 것을 발견하였다. *the*의 모음은 대개 *thuh*(*about*와 같은 운을 가진)로 발음되지만 때로는 *thiy*(*see*와 같은 운을 가진)로 발음되기도 한다. 저자는 *thiy*로 발음되는 경우의 81%에서 말의 휴지가 뒤따른다는 것을 발견하였다. *thuh*로 발음되는 경우에는 7%였다. 또한 중단은 *thuh* 바로 전보다 *thiy* 바로 전에서 더 흔하였다. Fox Tree와 Clark는 화자들이 자신의 말소리 산출에 어떤 문제가 있음을 청자들에게 전하기 위해 *thiy*를 사용한다고 결론지었다.

*uh*라는 표현은 다른 표현들과 몇 가지 점에서 다를 수 있다. 이것은 가장 흔한 표현이고, 수많은 다른 언어에서도 나타난다. Levelt(1989)는 이것이 독특한 의사소통적 의미를 가진 신호라기보다는 문제의 징후라고 주장하였다. 화자들은 그들이 말하다 중간에 막혔을 때 그저 *uh*라고 말한다. 그것이 특별한 의미를 전달하지 않는다면, 대체 왜 그것을 말하는가? 아마도 *uh*는 시선을 돌리는 것과 같은 다양한 비언어적 단서들과 함께 청자에게 화자가 아직 발언권을 가지고 있음을 가리킬 것이다.

자기 수정 중단과 편집 표현 후에는 적당한 교정이 뒤따른다. Levelt(1983, 1989)는 수정을 세 종류로 분류하였다. **즉각적 수정(instant repairs)**은 화자가 문제가 있는 단어만 다시 살피는 것인데, 문장 (25)에서처럼 정확한 단어가 그것을 대신하게 된다.

(25) Again left to the same blank crossing point—white crossing point.

예기적 복귀(anticipatory retracings)는 (26)과 같이 화자가 오류 이전의 어떤 시점으로 돌아가는 것이다.

(26) And left to the purple crossing point—to the red crossing point.

마지막으로 **새로운 시작(fresh start)**에서는 화자가 원래의 통사 구조를 버리고 (27)에서처럼 다시 시작한다.

(27) From yellow down to brown—no—that' s red.

Levelt(1989)는 단순히 부적절한 발화와는 반대되는 완벽한 오류(out-and-out error)가 있을 때는 수정이 체계적으로 다르다고 주장하였다. 사회적 또는 맥락적 부적절성에 근거한 수정은 화자가 의도했던 바를 의도하지 않았던 방식으로 말하는 것이다. Levelt는 오류 수정이 대체로 즉각적인 수정(51%)과 예기적 복귀(41%) 그리고 소수의 새로운 시작(8%)으로 구성된다는 것을 발견하였다. 대부분의 경우에 오류 수정은 보수적이다. 화자들은 처음 말했던 것을 대부분 그대로 남겨두고 잘못된 요소만 바꾼다. 이런 경우에 오류와 수정된 말은 하나에서만 차이가 나는 병렬적 구조를 가진다. 반면에 새로운 시작은 원래의 말이 맥락적으로 부적절할 때(44%) 일어날 가능성이 크다. 우리는 말한 것이 기술적으로는 옳지만 뭔가 어색할 때, 고쳐서 말하는 경향이 있다.

일반적으로 화자들은 청자의 이해를 극대화하는 쪽으로 자신의 말을 수정한다. 화자가 오류를 범할 때 청자의 문제는 교정을 이해해야 하는 것 뿐만 아니라 어떻게 그것을 진행중인 담화에 맞추느냐 하는 것이다. 이런 점에서 화자에 의한 자기 수정은 어떤 측면에서 도움이 된다. 즉, 화자들은 스스로 신속하게 중단하고, 그들의 편집 표현은 오류의 종류를 알려주며, 수정 자체는 체계적이다. 이 모든 특징들이 청자의 수고를 덜어줄 것이다(Clark & Clark, 1977).

편집 표현이 청자에게 신호로 작용한다면, 그것은 청자의 이해를 촉진해야 할 것이다. Fox Tree와 Schrock(1999)은 담화 표지 *oh*가 이해를 촉진한다는 증거를 제시하였다. 일련의 실험에서 그들은 청자들에게 *oh*가 포함된 말과 *oh*가 삭제된 말을 제시하였다. Fox Tree와 Schrock은 *oh*가 삭제되었을 때보다 *oh* 있을 때 단어 재인이 더 빠르다는 것을 발견하였다. 얼핏 보기에 *oh*는 그저 말을 약간 더듬는 정도이기 때문에 이러한 결과는 조금 놀라운 것일지도 모른다. 그러한 관점에서는 *oh*를 제거하더라도 아무런 효과가 없거나, 있더라도 약간의 긍정적인 효과만 있어야 한다. 그러나 *oh*의 제거는 이해를 느리게 하며, 그러한 사실은 oh가 담화에서 어떤 기능을 함을 시사한다.

Fox Tree와 Schrock(1999)은 화자들이 대화 상대에게 대화의 방향을 바꾸려고 한다는 것을 신호하기 위해 *oh*를 사용한다고 주장하였다. 때때로 *oh*는 놀라운 회상이나 놀라운 제안과 같은, 새롭거나 놀라운 정보에 대한 갑작스런 반응으로 사용된다. 이미 앞에서 보았듯이, 그것은 또한 화자가 다음에 말할 것을 선택하고 있거나 아직 결정하지 못했음을 나타내기 위해 사용될 수도 있다(James, 1972). 반면에 관용구에는 *oh*를 넣지 않는다. *John kicked...oh...the bucket*이란 말은 매우 이상하게 들린다. 마찬가지로, *With a hammer...oh...Bill hit Fred* 라고도 말하지 않는다. 왜냐하면 화자가 문장이 시작될 때 이미 분명한 생각을 가지고 있었을 것이기 때문이다. 그러나 *With a hammer...oh...you can build a stepladder*라고는 말할 수 있는데 (James, 1972), 이것은 망치로 할 수 있는 일을 회상할 수 없다가 그것을 생각해 내는 것으로 상태가 변하는 것을 화자가 경험하고 있음을 시사한다. Fox Tree와 Schrock은 "사소한 *oh*가 꽤 큰 차이를 만들어 낼 수 있다"고 결론지었다(p. 295).

Brennan과 Schober(2001)는 교정시간의 길이를 조사함으로써 이러한 결과들을 확장하였다. 청자들은 그래픽 화면상의 대상을 선택하라는 유창하거나 더듬거리는 지시를 따랐다. 그들은 더듬거리지 않을 때(예를 들어, *Move to the yellow square*)보다 더듬거리면서 편집 간격이 긴 말 다음에서(예를 들어, *Move to the pur-uh yellow square*) 표적 단어에 더 빨리 반응한다는 것을 발견하였다. Brennan과 Schober는 편집 간격이 길면 청자는 화자가 어려움을 겪고 있으며 잘못된 내용을 취소할 것이라고 확신하게 된다고 주장하였다.

자발적인 말소리에서 더듬거림이 단어 100개 중에 약 6개 정도의 비율로 발생한다고 추정되어왔다(Bortfield, Leon, Bloom, Schober & Brennan, 2001). *uh* 같은 더듬거림이 이해를 심각하게 손상시키지 않는다는 것을 시사하는 증거도 있다. 실제로 어떤 경우엔 그것이 이해를 촉진할 것이다.

요약

말소리 산출은 호흡기, 후두, 후두상부계들의 협응이 필요한 복잡한 과정이다. 대뇌로부터의 운동 명령은 성도에 있는 조음기관들에게 표적 위치를 명시한다. 하지만 동시조음 현상은 목표를 명시하는 과정이 맥락으로부터 자유롭지 못하고, 오히려 앞뒤 음성 맥락에 기초한다는 것을 시사한다.

화자의 독백은 우리가 유창하게 말하다가 잠시 더듬거리며 멈추기를 반복한다는 것을 보여준다. 이러한 휴지는 다양한 언어적 변인들과 관계있고, 문장 내의 언어적 계획을 반영하는 것으로 보인다. 계획하기는 이전의 언어적 계획을 실행하는 것과 병렬적으로 일어날 것이다.

화자들은 자신이 말하고자 했던 것을 제대로 말하고 있는지 확인하기 위해 주기적으로 자신의 말을 감시한다. 오류가 발견되면 화자들은 거의 즉각적으로 말을 중단하고 편집하기 시작한다. 편집 표현의 사용과 수정 자체의 언어적 구조는 둘 다

청자의 이해를 촉진하는 것으로 보인다.

수화로부터의 통찰

마지막 절에서는 수화의 산출을 살펴보고자 한다. 수화의 산출은 이론적으로 중요한데, 왜냐하면 그것은 생각을 말로 번역하는 데 관여하는 인지 과정들을 발성 기관으로부터 분리시켜서 볼 수 있는 기회를 제공하기 때문이다. 말소리는 호흡기와 함께 음성 통로를 공유하는 반면, 수화 산출은 호흡 활동과 완전히 병렬적으로, 그리고 방해받지 않고 일어날 수 있다. 그러므로 수화 산출을 말소리 산출과 비교하여 생각해 보는 것은 언어 형식의 생물학적 한계에 대한 통찰을 제공할 것이다(Bellugi & Studdert-Kennedy, 1980).

우리는 두 양식 간의 유사점과 차이점 모두 살펴볼 것이다. 한 가지 두드러진 유사점은 말소리에서 발견되는 것과 상당히 닮은 오류가 수화에서도 일어난다는 것이다.

손의 실수

Newkirk, Klima, Pedersen, Bellugi(1980)는 발화 실수와 유사한 손의 실수가 농아(聾啞) 수화 사용자들에게서 일어난다는 약간의 흥미로운 증거를 발견하였다. 그들은 131개의 오류 뭉치를 사용하였는데, 그 중 77개는 비디오로 녹화된 수화였고, 54개는 자료제공자나 연구자들이 보고한 관찰이었다. 98개의 오류는 오류를 범한 사람들에 의해 자발적인 자기 교정이나 후속된 비디오 시청으로 판정되었다.

매개변인의 독립성 본 장의 앞부분에서 보았듯이, 발화 실수는 음소나 변별 세부특징과 같은 언어학적으로 정의된 단위들에 관한 증거를 제공하였다. 더욱이, 말소리 오류는 대개 한번에 하나의 계획 수준에서만 일어나므로 그것들이 독립적인 계획 단위임을 시사한다. Newkirk와 동료들은 수화의 매개변인들이 독립적인 산출 단위들인지 아닌지를 평가하기 위해 미국 수화(ASL, American Sign Language)의 매개변인-손의 모양, 손의 위치, 손의 움직임-을 사용하여 오류를 분석하였다.

연구자들은 교환, 예기, 지속과 유사한 오류들을 발견하였다. 교환의 한 예는 분명히 *sick*과 *bored*를 신호하려고 했던(영어에서 *I' m sick and tired of it*과 비슷한)

사람의 경우였다. 이런 의도된 산출은 다음과 같은 방식으로 설명될 수 있다.

Sick　손의 모양: 수화자를 향한 손
손의 위치: 이마(앞머리)
손의 움직임: 손목을 비튼다.

Bored　손의 모양: 수화자를 향해 검지와 손을 똑바로 편다.
손의 위치: 코
손의 움직임: 손목을 비튼다.

수화자가 실제로 산출한 것은 *bored*에 해당하는 손 모양을 하면서 *sick*를 나타내는 신호이거나 또는 그 반대였다. 다른 두 가지 매개변인은 영향을 미치지 못했다(그림 8.4를 보라). 전반적으로 Newkirk와 동료들은 손 모양을 포함하는 65개의 교환의 예를 발견하였는데, 이 중 49개가 '순수한' 경우(즉, 다른 매개변인에는 오류가 없는 경우)였다. 그리고 위치와 움직임 매개변인에 관련된 24개의 오류 중 9개는 단일 매개변인 오류였다. 이러한 경우들은 ASL 신호가 내부 구조가 없는 전체적 몸짓이 아니라 오히려 수화를 산출하는 동안 어느 정도 서로 독립적인 매개변인들로 나누어진다는 증거를 제시한다.

2장에서 보았듯이, '수화자를 향한 손'과 같은 자세는 변별 세부특징들로 추가 분석될 수 있다. 그러면 이러한 세부특징들이 수화 산출에서도 독립적인 단위인지 아닌지가 의문이다. Newkirk와 동료들은 그것들이 독립적이라는 몇 가지 증거를 발견하였다. 한 예는 *must see*(대략 *I must see about it*)를 전달하려고 의도한 수화자이다. *must*에 해당하는 정확한 수화는 부분적으로 검지가 구부러진(그림 8.5 윗부분) 손 모양으로 이루어진다. 그리고 *see*에 해당하는 수화는 승리(victory)나 평화(peace)를 나타내는 수화와 같은 검지와 중지가 V를 이루는 손 모양을 포함한다. 오류가 일어났을 때는 *must*가 두 손가락을 구부린채로 V에 해당하는 손 모양을 하고 있다(그림 8.5 아래). 한쪽 손 모양에서의 (+ bent) 세부특징이 선행하는 수화의 산출에서 예기되었던 것으로 보인다.

최근에 Thompson, Emmorey, Gollan(2005)은 수화 사용자들도 화자들이 경험하는 '발화 실수'와 유사한 '손가락 실수(tip of the finger)'를 경험한다는 것을 발견하였다. Thompson과 동료들은 손가락 실수를 유도하였고, 수화 사용자가 표적 수화의 손의 움직임보다 손 모양과 손의 위치를 더 인출하기 쉽다는 것을 발견하였

그림 8.4 손 모양의 오류. (출처: "Linguistic Evidence from Slips of the Hand," by D. Newkirk, E. S. Klima, C. C. Pedersen, and U. Bellugi. In V. A. Fromkin (Ed.), *Errors in Linguistic Performance*, p. 171, Academic Press, 1980.)

다. 이 연구는 ASL의 매개변인들이 독립적이라는 것에 대한 추가적인 증거를 제공한다.

형태소 구조 제약 수화 오류의 마지막 한 측면은 그것들이 ASL 문법의 일부인 형태소 구조의 제약을 따르는가 하는 것과 관련이 있다. 우리는 말소리가 음운 규칙을 따른다는 것을 보았다. 예를 들어, *slip of the tongue*을 잘못 발음하는 사람이 *tlip of the sung*이라고 말할 가능성이 거의 없다. 왜냐면 *tl*은 영어 단어의 초두에서 음운론적으로 허용되지 않기 때문이다(Fromkin, 1973).

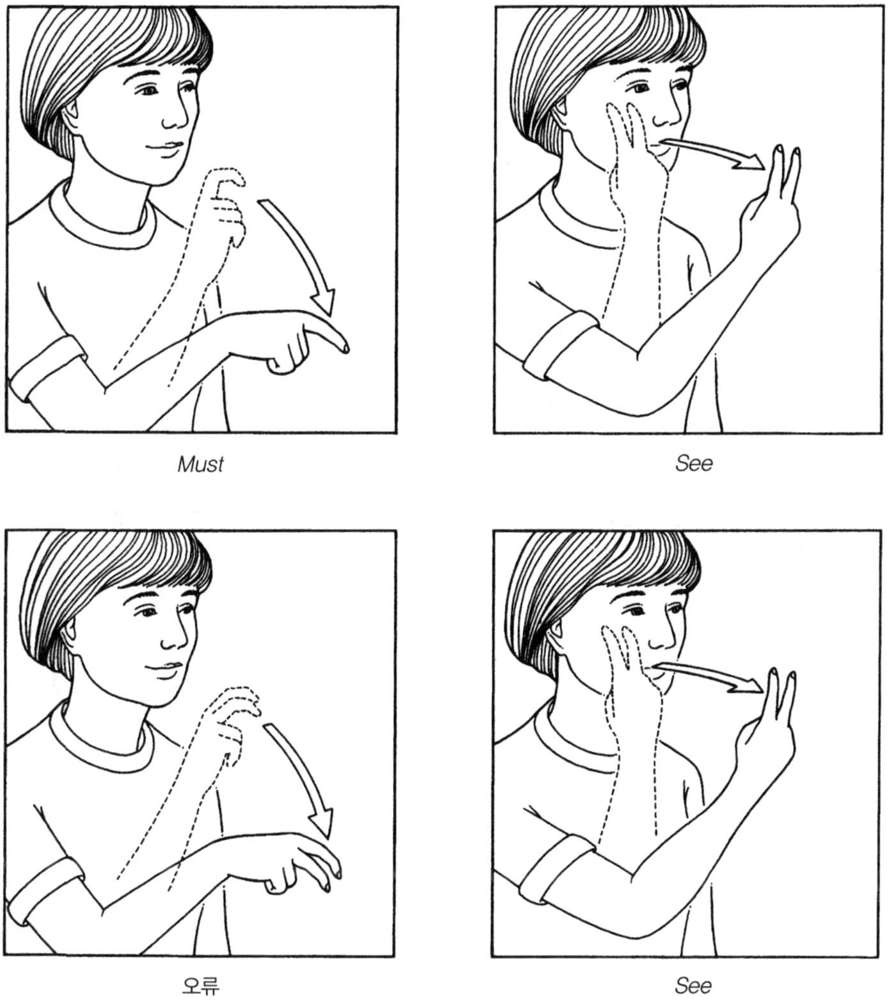

그림 8.5 손 모양의 세부특징 오류. (출처: "Linguistic Evidence from Slips of the Hand," by D. Newkirk, E. S. Klima, C. C. Pedersen, and U. Bellugi. In V. A. Fromkin (Ed.), *Errors in Linguistic Performance*, p. 184, Academic Press, 1980.)

마찬가지로, 손의 실수에서도 대부분의 오류는 실제로는 존재하지 않지만 ASL에서 가능한 것들이다(Newkirk 등, 1980). 한 가지 제약은 특정한 손 모양을 하기 위해 접촉 가능한 부위에 관한 것이다. 접촉부위는 "움직이는 동안 접촉하거나 가리키기 위한 초점으로 사용되는 손의 일부"이다(Klima & Bellugi, 1979, p. 45). 한 예로, *deaf woman*이라고 말하려고 의도했던 수화 사용자가 *woman*에 해당하는 손 모양을 하고서 *deaf*를 표현하는 것이다(그림 8.6). *deaf*를 나타내는 정확한 수화는 검지를 뻗은 다음, 그 뻗은 손가락의 끝부분이 접촉부위로 사용되는 손 모양이다.

오류에서는, *woman*을 나타내는 손 모양인 펼친 손바닥이 검지를 대체한다. 하지만 펼친 손바닥 모양은 검지의 접촉을 허용하지 않고, 따라서 접촉부위는 엄지의 끝부분으로 이동하였는데, 그것은 그러한 손 모양에서 수용 가능한 접촉부위이다. 다시 말해, 수화의 접촉부위는 (잘못) 사용된 손 모양으로 조절되는 것이다.

일반적으로 손의 실수는 유사한 조직화의 원리가 수화와 입말에 깔려있음을 강하게 시사하며, 두 유형의 언어 모두 언어 정보가 어떻게(또는 얼마나 많이) 구조화되고 사용되는지에 대한 기본적인 인지의 한계 때문에 그와 같은 형식을 취할 가능

그림 8.6 손 모양 실수를 동반한 접촉부위 대체. (출처: "Linguistic Evidence from Slips of the Hand," by D. Newkirk, E. S. Klima, C. C. Pedersen, and U. Bellugi. In V. A. Fromkin (Ed.), *Errors in Linguistic Performance*, p. 191, Academic Press, 1980.)

성을 지적하고 있다. 반면, 수화와 말소리가 산출되는 비율에 관한 몇몇 최근의 연구들은 흥미롭게도 두 양식 사이에서 약간의 불일치를 지적하고 있다.

산출 속도

앞서 논의했듯이, 자발적 말소리는 유창하게 말하는 단계와 더듬거리는 단계를 반복한다. 그러한 더듬거림은 언어적 계획을 반영하는 경향이 있으나, 다른 요인들과도 관련이 있을 수 있다. 그와 같은 요인들 중 하나는 숨을 쉬어야 한다는 것이다. 화자는 숨을 쉬기 위해 말을 중단해야만 한다. 그러나 수화자는 그럴 필요가 없다. 그러므로 이런 차이가 말소리와 수화의 속도 차이를 야기하는지 살펴보는 것은 흥미로운 일일 것이다.

Bellugi와 Fischer(1972)는 ASL과 영어 모두에 능통한 세 명의 이중언어 사용자들을 대상으로 그와 같은 연구를 시작하였다. 그들은 정상적으로 들을 수 있는 젊은 성인이었지만 청각 장애를 가진 부모 때문에 ASL을 모어로 습득하여, 수화를 계속 사용해 왔던 사람들이었다. 연구자들은 이들에게 ASL, 영어 말소리, ASL과 말소리를 동시에 들려주는 세 가지 방식으로 개인적인 이야기를 들려주었다. 사람들마다 순서를 다르게 하여 그 이야기들을 제시하였다. 그 결과, 수화보다 말소리에서 더 많은 시간이 휴지에 사용되었다. 그러나 휴지를 제거했을 때는 말소리 속도(초당 단어수)가 수화 속도(초당 수화수)에 비해 거의 두 배에 가까웠다. 이러한 결과는 동시 조건과 연속 조건에서 조금 달랐지만, 기본 패턴은 두 조건 모두에서 나왔다. 아마도 산출 시간에서의 이런 차이는 수화가 입말보다 더 큰 근육을 필요로 한다는 사실을 반영하는 것 같다(Fischer, Delhorne & Reed, 1999를 보라).

그러나 명제를 표현하는 비율을 살펴보았을 때는 결과가 극적으로 바뀌었다. 명제는 간단한 기저 문장으로 정의되었다. 여기서, 하나의 명제를 표현하는 데 소요된 시간(초)은 두 언어에서 상당히 비슷하였다(대략 1.5 초).

표현 속도에 대한 또 다른 연구는 Grosjean(1979)에 의해 수행되었는데, 그는 두 양식에서 다양한 산출 속도를 달성하는 방식에 흥미를 가지고 있었다. 그는 수화 사용자들과 화자들에게 영어로 된 짧은 글이나 영어 주석이 달린 그것의 ASL판(version)을 제시하였다. 실험참가자들의 과제는 주어진 글을 다섯 가지 다른 속도로 네 번씩 소리 내어 읽거나 수화로 표현하는 것이었다. 참가자들에게는 이런 다소 별난 과제를 잠깐 연습할 수 있는 시간이 주어졌고, 연습으로 그들은 원하는 속도를 일관되게 달성할 수 있었다.

결과들은 정상적인 산출 속도에서 수화 사용자가 화자보다 조음하는 데 산출시간을 더 많이 쓴다는 것을 보여주었다. 그들은 더 느리게 조음하고(Grosjean은 단어 대 수화 비율이 2:1보다 4.5:1에 가깝다고 추정하였다), 조금 적은 수의 휴지를 사용한다. 더욱이 수화에서 발생하는 휴지는 말소리에서보다 지속기간이 훨씬 짧다. 말소리에서 평균 휴지 시간은 0.46초였고, 수화에서는 0.20초였다.

흥미롭게도, 두 양식에서 속도를 바꾸기 위한 방략이 다른 것으로 나타났다. 화자는 빈도를 바꾸지만 대체로 (상대적으로 긴) 그들의 휴지 길이를 바꾸지는 않는다. 그러나 수화자는 둘 다 수정한다. Grosjean(1979)은 이런 차이를 호흡 활동 때문이라고 보았다. 화자는 숨을 들이마실 만큼 충분히 길게 멈추어야 하는 호흡 요구에 근거하여 최소한의 휴지 기간을 가진 다음 말을 계속한다. 반면에 수화자는 그들이 원할 때 언제든지 숨을 쉴 수 있다.

이러한 흥미로운 결과들은 본 장에서 논의된 중심 주제—말소리 산출은 인지적, 생리적 자원에 의해 정의되는 구조 내에서 작동한다—를 강화한다. 말소리 속도의 변이성은 그러한 생리적 자원에 기초한 방략들을 필요로 한다. 반면 수화 속도의 변이성은 호흡 요구에서 자유롭고, 상대적으로 인지 과정에 더 맞추어진다. 두 양식 모두에서, 산출 과정은 언어적인 목표를 성공적으로 실행하는 데 필요한 인지적, 생리적 자원과 뗄 수 없을 정도로 결부되어 있다.

요약

수화 산출에 관한 연구들은 광범위한 생물학적 힘에 의해 제약을 받는 산출의 측면과 말소리에 특정적인 측면을 구분하게 해주기 때문에 가치가 있다. 수화는 말소리와는 완전히 다른 양식으로 존재하므로 문법적 조직화에 있어서도 말소리와 본질적으로 다를 것이다. 반면에 두 양식이 기본 단위를 단어나 손짓(signs)으로 조직하는 것과 문장을 만들기 위해 단어나 손짓을 결합하는 통사 규칙에 있어서는 기본적으로 유사하다는 것이 밝혀졌다. 그러한 유사성들은 발화 실수에서처럼 손의 실수에서도 나타나고, 대개 단일 언어 단위에서의 체계적인 오류와 관계된다. 이러한 결과들은 수화에 기저하는 매개변인들이 서로 독립적으로 계획된다는 증거를 제공한다.

반면에 산출 속도에 관한 연구들은 두 양식 사이에서의 차이점을 보여준다. 화자는 주로 휴지의 횟수를 다르게 함으로써 말소리 속도의 변화를 가져온다. 그러나 수화자는 수화 분절의 지속시간과 휴지의 지속시간과 횟수를 모두 변화시킨다. 이러한 차이점은 말소리에서 호흡 기능의 효과를 반영하지만, 수화에 있어서는 그렇지 않다.

복습 문제

1. 수화 사용자와 화자는 산출 속도를 높이는 방법에서 어떻게 다른가?
2. 어휘 편향 효과를 정의하고, 그것이 왜 맥락과 함께 달라지는지 설명하라.
3. 화자가 완전한 계획을 세우기도 전에 조음을 시작한다는 것을 시사하는 연구들을 논의하라.
4. Fromkin의 산출 모형을 사용하여 다음의 말소리 오류들이 일어난 단계를 말해 보라.
   a. A singing sewer machine.
   b. I wouldn' t buy kids for the macadamia nuts.
   c. There' s a lot of flee floating anxiety.
   d. He' s a laving runiac[double whammy!].
5. 손의 실수와 발화 실수 사이의 유사점을 말해 보라.
6. 새로운 출발은 뉘앙스 오류에서 더 빈번한가, 명백한 오류에 빈번한가? 설명하라.
7. 조절이란 무엇인가? 조절 오류가 언어 산출의 계열 모형을 지지하는가?
8. 점진적 처리(incremental processing)란 무엇인가?
9. 언어적 계획에 관한 Dell 모형은 Fromkin 모형과 어떻게 다른가?
10. 다음과 같은 유형의 발화 실수를 정의하고 예를 들어보라. 이동, 교환, 예기, 지속, 추가, 삭제, 대체, 혼합

생각해 볼 문제

1. 자연적으로 발생하는 발화 실수들을 기록해 보라. 날짜, 상황, 말 그리고 의도했던 말이 무엇인지 파악하라. 그것들을 표 8.1에 열거된 범주들로 분류해

보라. 어떤 범주에도 들어가지 않거나 하나 이상의 범주에 포함되는 오류가 있는가?

2. 흔히 알코올이나 다른 약물들이 발화 실수의 빈도를 증가시킨다고 믿는다. 당신은 사람이 취하면 모든 유형의 발화 실수가 증가하리라고 생각하는가, 아니면 특정 발화 실수를 더 많이 하라고 생각하는가? 설명하라.
3. 당신이 자동차 사고로 마비상태가 되었다고 가정해 보자. 당신이 의사소통을 할 수 있는 유일한 방법은 입으로 연필 모양의 도구를 조작하여 사람과 같은 소리를 산출하는 기구의 단추를 누르는 것이다. 이런 유형의 의사소통체계는 당신의 언어 산출에 어떤 영향을 미치겠는가? 입말과의 유사점과 차이점을 말해 보라.
4. 말소리 오류와 더듬거림의 빈도와 분포가 다음의 세 가지 상황에서 어떻게 다를 수 있는가? (a) 큰소리로 읽기, (b) 사전에 정해진 주제에 대해 노트 없이 말하기, (c) 그림 묘사하기.
5. 사회 과학자들이 자연 과학자들보다 더 많거나 혹은 더 적은 채움 휴지를 한다고 생각하는가? 당신의 대답을 증명해 보라.

Chapter 9

대화의 상호작용

언어를 사용하여 무엇인가를 한다는 것은 화자가 말하는 것과
청자가 듣는 것을 모두 합한 것과는 다르다.
그것은 화자와 청자가 조화를 이루어 각자의 행위를 조절해 나갈 때
생겨나는 공동의 행위인 것이다.
–HERBERT CLARK(1966, p. 3)

신체의 즐거움이 사라질수록 나에게 대화의 즐거움과 매력은 더 크다.
–PLATO(CRYSTAL & CRYSTAL, 2000, p. 143)

요점

- 대화는 구두 담화(oral discourse)의 한 형식으로, 뚜렷한 규칙이 없다는 점이 특징이다.
- 대화는 형식적인 구조 대신 언어의 사회적 사용에 관한 암묵적인 관습 집합에 의해 지배를 받는다. 여기에는 말할 차례를 주고받는 것과 주제를 유지하거나 바꾸는 것에 관한 규칙들이 포함된다.
- 대화의 장면은 대화과정을 형성한다. 친구들끼리는 안면이 있는 사람들이나 낯선 사람들과의 대화와는 다른 방식으로 대화를 나누는 경향이 있다. 또한 성차에 관한 몇몇 연구들은 남성들이 여성들보다 말을 더 많이 하고 더 자주 끼어든다는 것을 보여주었다.
- 대화는 사회적 장면에 따라서도 다르다. 공적 장면에서의 말은 사적인 장면에서 흔히 발견되는 것과는 다른 규칙들을 따른다. 대화 참여자가 가정하는 역할들은 대화 행위에 대한 해석뿐 아니라 논의되는 주제에도 영향을 미친다.

서론

대화는 적어도 두 당사자—우리가 앞 장에서 논의했던, 의미를 선택하고, 통사적 윤곽을 형성하고 그리고 다른 종류의 계획들을 세우는 두 사람—를 필요로 한다. 우리의 주의가 독백에서 대화로 옮겨질 때 처리과정의 복잡성은 엄청나게 증가하는데, 그것은 대화가 단순히 양쪽에서 또는 순서를 바꾸면서 일어나는 두 개의 독백이 아니라 나름대로의 규칙과 역동을 가진 특별한 형식의 사회적 상호작용이기 때문이다.

이 장에서의 주된 관심사는 대화가 어떻게 조직되느냐에 있다. 그것은 놀라운 것인데, 왜냐하면—플라톤도 이천 년 전에 관찰했듯이—대화는 친구들 사이에서는 거의 노력이 들지 않는 매력적인 주제, 사고 그리고 사건들의 흐름으로, 그 주된 이유는 그것이 어떠한 규칙도 갖지 않는 것처럼 보이기 때문이다. 대화의 규칙이 논쟁의 규칙보다 분명히 훨씬 느슨하기는 하지만 그것은 착각이다. 더욱이 언어의 다른 측면과는 달리 그 규칙들은 사회적, 문화적 맥락이 가진 강력한 영향력을 보여준다. 즉, 적절한 대화의 규칙은 문화에 따라 다르다. 하지만 대화가 규칙 없이 이루어진다고 말하는 것은 맞지 않다. 오히려 우리는 그 규칙들을 어딘가에 내재화하고 있지만, 막상 대화를 할 때에는 그것들을 생각하지 않는지도 모른다. 본 장에서는 그러한 암묵적 지식의 일부를 구체적으로 파악하고자 시도한다.

아마도 가장 근본적인 규칙은 대화라는 것이 Herbert Clark(1996, 2002)의 말처럼 **공동 행동**(joint action)의 형식을 가져야 한다는 것이다.

> 공동 행동이란 서로 조화롭게 행동하는 사람들의 앙상블에 의해 달성되는 것이다. 간단한 예로, 두 사람이 왈츠를 추거나, 카누를 젓거나, 피아노 이중주를 연주하거나, 사랑을 나누는 것을 생각해 보라. Fred Astaire와 Ginger Rogers가 왈츠를 출 때 그들은 독특한 형식으로 댄스홀을 누볐다. 하지만 왈츠를 추는 것은 각 사람의 행동을 합한 것과는 다른 것이다—Astaire와 Rogers가 동일한 스텝을 다른 방에서 다른 시간에 밟고 있다고 상상해 보라. 왈츠를 추는 것은 Astaire와 Rogers가 파트너가 되어 각자의 스텝을 조화롭게 움직일 때 생겨나는 공동 행동인 것이다.(1996. p. 3)

대화할 때 우리가 공동의 규칙들을 따른다면, 그것들은 어떤 종류의 규칙인가? 그런 규칙들이 다른 사람들, 다른 대화 상황에 대해서도 적용되는가 아니면 차이가 있는가? 이러한 질문들을 우리는 본 장에서 다루게 될 것이다. 먼저 지금까지 확인된 몇 가지 암묵적인 대화 규칙들을 살펴보고, 다음으로 다른 유형의 대화참여자들—친구들, 안면이 있는 사람들, 여자들과 남자들—을 들여다 보고 상이한 대화참여자들이 어떻게 대화과정을 형성해 나가는지 검토할 것이다. 마지막으로, 공적인 말과 사적인 말이 어떻게 다른지를 강조하면서 상이한 대화 상황들을 살펴볼 것이다.

대화의 구조

언어학자 Charles Fillmore(1981)는 "면-대-면 대화의 언어는 기본적이고 일차적인 언어 사용이며, 다른 모든 것들은 그러한 기반으로부터 파생된 것으로 가장 잘 기술된다"라고 말했는데(p. 152), 이것이 적절한 출발점인 것 같다. 그렇다면 대화와 다른 유형의 담화를 비교하면서 시작하도록 하자(표 9.1을 보라).

예를 들어, 논쟁에는 대개 미리 정해진 주제가 있고, 사전에 규칙을 정하여 주어진 시간에 누가 얼마만큼의 시간 동안 말할 것인지가 결정되어 있다. 각 발제자의 차례는 분명하게 지정된다. 발제자들은 대체로 시간을 넘겨서 말하곤 한다.

표 9.1 네 가지 담화 형식의 비교

속성	형식			
	논쟁	의식	회의	대화
사람 수	둘 이상	유동적	유동적	유동적
주제	고정적	고정적	부분적으로 고정적	유동적
차례 순서	고정적	고정적	유동적	유동적
차례 길이	고정적	유동적	유동적	유동적

수상 축하연과 같은 의식 역시 형식화되어 있다. 주제가 미리 정해져 있지만 각 수상자가 소감을 얼마나 길게 말할 것인지는 정해져 있지 않다. 각 수상자들에 대한 공식적인 소개와 함께 말할 차례는 좀 더 분명하게 정해져 있다. 이 때도 각 수상자들의 발언은 조금 길 수 있다.

회의는 대체로 의식이나 논쟁보다는 덜 형식적이다. *로버트의 순서 규칙(Robert' s Rules of Order)*과 같은 구체적인 규칙이 토론을 조직하는 데 흔히 사용되지만, 토론 그 자체는 일반적으로 좀 더 형식적인 담화들보다 변화가 많다. 또한 참여자의 수도 논쟁보다 많고, 다양한 회원들이 적극적으로 참여한다. 대개 위원회에 소속된 한 명의 회원이 진행을 주도한다.

마지막으로, 대화는 네 가지 유형의 구두 담화 중에서 가장 덜 형식적이다. 참여자의 수, 주제, 발언의 길이 그리고 다른 요인들이 결정되지 않은 채 남아있거나 즉흥적으로 결정된다. 물론 형식적인 규칙으로부터 벗어나는 것은 훌륭하고 풍부한 대화의 가장 중요한 즐거움 중의 하나이다. 하지만 형식적인 규칙이 없으므로 일상적인 대화의 조직을 돕는 암묵적인 의사소통 관습이 사용된다.

우리는 대화와 관련된 다섯 가지 유형의 관습을 살펴볼 것이다: 대화 시작하기, 대화 끝내기, 차례 주고받기, 주제 절충하기, 참여자와 비참여자 파악하기. 관찰자의 입장에서 보면, 이러한 것들은 대화의 구조를 결정하는 규칙처럼 보인다. 대화 참여자의 입장에서는 이러한 것들이 대화를 하는 동안 수행해야 하는 과제일 것이다.

대화 시작하기

대화는 언어 행동, 언어 습득, 사회적 상호작용에 관심을 가진 연구자들에 의해 한동안 연구되어왔고, 몇 가지 주요 특징들이 확인되었다(예를 들어, Jaffe & Feldstein, 1970; Sacks, Schegloff & Jefferson, 1974를 보라). 거의 대부분의 경우, 한번에 한 사람만 말을 한다. 두(또는 그 이상) 사람이 동시에 말하는 시간이 전혀 없음을 의미하는 것은 아니지만, 대부분의 대화에서 그런 시간은 잠깐에 불과하다. 정확하게 말해, 동시에 말한다고 하기보다는 동시에 말하는 차례를 가진다고 하는 것이 맞는데, 사실 그런 경우는 흔치 않다. 왜냐하면 상대방의 말을 듣는 사람은 종종 음흠(*um-hmm*)과 같은 소리를 내면서 고개를 끄덕이기 때문이다. 이것은 말하려고 시도하는 것이 아니라 그저 듣는 사람이 화자의 생각을 쫓아가고 있음을 보여주는 것이다. 진정한 중첩 지점은 차례 교환시에 가장 흔한데, 한 사람의 말할 차례가 끝나면서 다른 사람의 차례가 시작되는 시점이다.

말을 주고받는 차례나 말하는 길이가 미리 정해지는 것이 아니기 때문에, 어떤 화자가 말할 차례를 얼마나 갖는지, 자신의 차례에서 얼마나 오래 말하는지에 있어서는 상당한 개인차가 존재한다. Jaffe와 Feldstein(1970)은 특정 화자가 갖는 차례의 길이가 안정적인 개인의 특성을 반영한다고 보고하였다. 반면에 한 화자가 자신의 차례에서 보이는 발성 간의 휴지(pauses)는 다른 참여자의 휴지와 일치하는 경향이 있었다. 그물 효과(net effect)는 어떤 '리듬(rhythm)'을 가진 대화를 생성하는 것이다.

대화를 시작할 수 있는 가능성의 수가 이론적으로는 무한하지만, 실제로 우리는 제한된 수의 방식으로 그렇게 한다(Schegloff, 1972). 가장 흔한 방식은 다른 사람을 부르거나(*Hey, Carl*), 정보를 요구하거나(*Do you know what time it is?*), 정보를 제공하거나(*Are you looking for someone?*), 어떤 형식의 정형화된 표현(*Hello*)이나 주제(*Strange weather lately, eh?*)를 사용하는 것이다. 이러한 말들은 듣는 사람의 주의를 끌고, 종종 대답을 이끌어낸다. 그것은 대화에서 핵심적인 요건인 차례 바꾸기를 금방 구축한다. A는 질문을 하고, B는 답을 하며, ABABAB 형식으로 계속 이어진다.

이와 같이, 대화를 여는 말들은 매우 예측가능하기 때문에 우리는 대화의 반응을 예상할 수 있다. Schegloff(1972)는 유태인들에게서 전래된 우스운 예를 하나 소개한다.

> Lublin으로 가는 급행열차에서 한 젊은이가 성공한 것이 틀림없어 보이는 한 상인의 자리에 멈춰 섰다.
>
> "지금 몇 시 입니까?" 그가 말했다.
>
> 상인은 그를 쳐다보고 "지옥이나 가라"라고 대답했다.

> "뭐라구요? 왜요? 무슨 문제라도 있나요? 저는 아주 예의바르고 정중하게 질문을 했는데, 당신은 아주 무례하게 대답을 하는군요. 왜 그러시는 겁니까?" 상인은 그를 쳐다보면서 슬피 한숨을 지은 다음 "좋네. 여기 앉게. 말해 주지. 자넨 내게 질문을 했네, 나는 대답을 해야 하지, 그렇지? 자네가 대화를 시작하지. 날씨, 정치, 사업에 관해. 대화가 계속 이어지지. 자네가 유태인이고—나는 유태인이고 Lubin에 살아— 낯선 사람임이 밝혀지지. 친절하다 못해 나는 자네에게 저녁 식사하러 우리 집에 가자고 요청하지. 자네는 내 딸을 만나. 그녀는 아리따운 소녀이고 자네는 사랑에 빠지지. 결국 자네는 내 딸에게 청혼하러 오는 거야. 그래서 모든 것이 엉망이 되어 버리고 말아. 이 시점에서 자네에게 분명하게 말하지만, 나는 내 딸이 시계조차 가지지 않은 자와 결혼하게 할 생각은 없네!" (Ausubel, 1948, Schegloff, 1972, p. 377에서 인용)

물론 이 유머는 대화과정에 대한 우리의 지식에 기초한다. 상인은 일반적인 시작 단계에서 무례하게 반응하고 있고, 그런 식으로 전체 대화를 풀어나감으로써 대화에 내재한 예측가능성을 지나치게 과장하고 있다.

대화 끝내기

대화를 끝낼 때도 관습이 적용된다. Schegloff와 Sacks(1973)는 대화를 끝내는 한 가지 방식이 *we-ell, so-o-o* 또는 *OK* 같은 사전 끝내기 말을 하는 것인데, 그것들은 대화를 끝낼 준비가 되었음을 신호한다고 주장한다. 그런 말을 들은 사람은 *yeah*나 *OK* 같은 말과 함께 상대방의 말을 받아들인다. 그렇지 않을 경우에 청자는 다른 주제를 꺼내고 대화는 계속될 것이다. 여기에 후자에 해당하는 예가 있다(Clark, 1994, p. 1004에서):

June: yes.
Daphie: thanks very much.
June: *OK?*
Daphie: *right,* I' ll see you this.
June: because there how did you beat him?
Daphie: no, he beat me, four one (laughs).
June: four one.

Daphie: yes, I was doing well in one game, and then then I—I lost.

June: oh, how disgusting.

Daphie: yes.

June: OK. Right.

Daphie: *right.*

June: see you tonight.

Daphie: *right,* bye.

June: bye love.

세 번째 줄에서 June이 대화를 끝내려는 듯한 신호(*OK?*)를 보내고, Daphie가 호응하는 것 같지만(*right, I' ll see you this*), 다시 June이 다른 주제를 꺼내고 있는 것에 주목하라. 그 주제는 대화가 완전히 끝날 때까지 한동안 유지된다.

Albert와 Kessler(1978)는 대화를 끝내는 몇 가지 방식을 나열했는데, 여기에는 내용을 요약하거나, 그 시점에서 끝내야 하는 정당한 이유를 대거나(*다른 모임이 있어요*), 만난 것에 대한 즐거움을 서로에게 표현하거나, 계속적인 관계 유지와 향후의 접촉을 언급하거나(*또 뵙지요*), 서로의 안녕을 바라는 것(*살펴가세요, 여행 잘 하세요*) 등이 포함된다. Albert와 Kessler는 이러한 끝내려는 움직임이 하나의 연쇄를 이룬다고 주장하는데, 각 항목들은 앞에서 언급했던 순서대로 발생한다. 그들의 증거는 그와 같은 연쇄를 지지하는데, 예를 들어, 말하던 사람들이 대화를 끝내려고 시작할 때는 요약하는 말을, 마지막에는 안녕을 바라는 말을 더 많이 사용한다는 것이다. 이에 더하여 대화를 끝내는 연쇄는 상호간에 의해서 사용되는데, 청자는 요약한 것에 대해서는 동의로, 긍정적인 말에 대해서는 비슷한 말로, 안녕을 바라는 말에 대해서는 *잘 가세요(good-bye)*라고 반응하는 경향이 있다. 이와 같은 끝맺음 말들 중 하나를 하고 대화 상대에게 인사를 교환함으로써 대화를 하던 사람들은 대화의 종결을 암묵적으로 절충하고 있는 것이다. 물론 어린아이들과는 다르다. 어떤 특별한 대화를 할 때는 간단히 밖으로 걸어 나간다(Umiker-Sebeok, 1979).

차례 주고받기

두 사람 이상이 대화에 참여할 때 대화는 훨씬 복잡해진다. 그럼에도 불구하고 대화에서 가장 눈에 띄는 점은 형식적인 규칙이 없이도 대화가 부드럽게 이어진다는 사실이다. 화자들은 대화 도중에 서로에게 '부딪히는 것(bumping)'을 어떻게 피하는가?

Sacks와 동료들(1974)에 따르면, 대화 중 차례 주고받기는 세 가지 암묵적인 규칙에 의해 이루어진다. 첫번째 규칙은 지금 말하고 있는 사람이 다음 말할 사람을 선택할 수 있다는 것이다. 이것은 다른 사람에게 질문을 던짐으로써 이루어진다. 두 번째 규칙은 자기 선택(self-selection)의 규칙으로, 첫번째 규칙이 사용되지 않으면 다른 사람이 말을 해버리는 것이다. 세 번째 규칙은 지금 말하고 있는 사람이 계속할 수 있다는 것인데, 반드시 그렇게 해야 할 의무는 없다. 이러한 규칙들에는 순서가 있다. 첫번째가 두 번째에 우선하고, 두 번째는 세 번째에 우선한다. C가 말을 시작하려고 할 때 A가 B를 향해 말하게 되면 B가 발언권을 갖는다.

이러한 간단한 규칙 집합이 수많은 대화를 조직한다. 예를 들어, 대부분의 대화는 어떤 한 사람의 말에서 시작하는데, 그 이유는 세 가지 규칙 중 하나가 특정 개인에게 다음 말할 차례를 할당하기 때문이다. 화자들 사이의 시간 간격은 짧은 편인데, 두 번째 규칙이 신속하게 시작하는 것에 대한 유인가를 제공하기 때문이다. 따라서 말하는 차례나 길이 중 어느 것도 미리 정해진 것이 없지만, 이러한 규칙들은 화자들 사이에서 대화가 차례대로 이루어지도록 해준다.

대화 당사자들 간의 비언어적 행동도 대화가 한 사람에서 다른 사람으로 질서정연하게 이행되는 것을 촉진한다(Bavelas, Chovil, Lawrie & Wade, 1992; Duncan, 1972; McNeill, 1985). Duncan(1972)은 대화에서 말할 차례를 조절하는 것과 관련된 신호들을 분석하였다. 그는 차례를 기꺼이 마무리 짓는 것을 가리키는 것으로 보이는 여섯 가지 행동상의 단서를 **차례 양보 신호(turn-yielding signal)**라고 정의하였다. 여섯 가지 단서는 (1) 음고(pitch)의 떨어짐, (2) 마지막 절(clause)에서 마지막 음절이나 마지막 강세 음절의 느려짐, (3) 손동작의 끝남, (4) *you know, or something, butt uh* 등과 같은 정형화된 표현들의 사용, (5) 소리의 크기 감소, (6) 문법적 절의 완성이다. Duncan은 차례 양보를 나타내는 단서의 수와 청자가 차례를 이어받으려고 시도할 확률 사이에서 어떤 관계를 발견했는데, 그런 단서가 전혀 제시되지 않았을 때는 청자가 10% 정도 말하려는 시도를 했지만, 단서가 세 개일 때는 33%, 여섯 개 모두 제시되었을 때는 50% 정도 시도하였다.

물론 때에 따라 우리는 계속 말을 하고 싶지만 정확한 단어나 표현을 찾지 못하는 경우도 있다. 말을 '질질 끄는(trailing off)' 것은 청자에게 모호하게 들리고, 말이 끝났음을 알리는 것처럼 들릴 수도 있다. Duncan(1972)은 그러한 경우에, 화자가

시도 억제 신호(attempt-suppressing signal)라고 부르는 것에 호소함을 발견했는데, 그것은 하나 이상의 차례 양보 단서들과 결합하여 손동작을 계속 사용하는 것이다. 양보 단서와 시도 억제 신호가 동시에 제시될 때, 듣는 사람은 차례를 이어받으려는 시도를 거의 하지 않았다. Cook(1977)은 가만히 있었지만 청자로부터 눈길을 돌렸던 화자들은 좀처럼 방해받지 않음을 발견하였다. 화자가 청자를 바라보면서 말하기를 멈출 때, 그것은 대개 청자에게 말을 시작하라는 신호이다. 화자가 다른 곳을 볼 때, 그것은 자신의 차례가 완전히 끝나지 않았음을 알리는 신호로 간주되곤 한다.

면-대-면 만남이 우리로 하여금 이 모든 비언어적인 행동들에 주의를 기울일 수 있게 하지만, 그것들이 성공적인 대화를 위해 요구되는 것은 아니다. 한 연구(Beattie, Cutler & Pearson, 1982)에서, 대학생들은 텔레비전 인터뷰에서 발췌한 발화들이 화자의 차례 중 중간에서 나온 것인지 끝에서 나온 것인지를 판단해야만 했다. 영상과 음향 정보 모두 주어졌을 때 판단은 정확하였지만, 영상이나 음향 정보 중 하나만 제시되었을 때에도 그들은 잘 판단하였다. 그것을 전사해 적어놓았을 때는 중간 부분과 끝부분의 말을 구분할 수 없었다. 따라서 화자가 차례를 언제 끝마칠지 예상하는 데 얼굴 표정이나 동작 정보가 꼭 필요한 것은 아니다. Duncan(1972)이 주장했듯이 차례의 종료가 수많은 단서들에 의해 결정된다면, 아마도 우리가 그것을 파악하는 데는 단지 몇 개의 단서만 있으면 될 것이다.

대화 주제 절충하기

하지만 대화에서 다른 사람들과 함께 차례를 이어가는 것만으로는 충분하지 않다. Grice(1975)도 주목했듯이, 거기에는 '관련된(be relevant)' 강력한 사회적 관습이 있다. 그것은 대화에 있어서 주제를 고수하고, 앞서 말했던 사람의 의견에 대해 자신의 의견을 제시하는 것을 의미한다.

7장에서 담화 응집성이라는 개념에 대해 논의한 바 있다. 특히 응집성의 범주에 관한 Halliday와 Hasan(1976)의 논의에서, 담화 속의 연속적인 문장들이 조응, 생략, 접속사, 어휘 결합과 같은 응집 장치들에 의해 서로 관련되어 있음을 기억하라. 7장에서는 우리의 관심이 개인의 담화에 있었지만, 여기서는 대화 수준의 담화에 있다. 대화에서는 응집성이라는 개념이 훨씬 복잡한 과정이 된다. 한 사람이 다른 사람의 주제를 어떻게 고수하는가? 실제로 대화에서 다른 사람의 말에 대해 어떻게 말하는 것이 수용 가능한 반응인지를 결정하는 규칙이 있는가?

Schank(1977)는 실제로 그러한 종류의 규칙들이 있다고 주장한다. 하지만 그러한 규칙들이 우리들의 반응을 엄격하게 제한한다기보다는 지배한다고 말하는 것이 좀 더 정확할 것이다. 이러한 점은 대화 중 어떤 반응들은 분명히 이상하지만, 어떤 말에 대해서는 '수용 가능한' 다양한 반응들이 있을 수 있음을 보여주는 관찰에서 드러난다. 다음 문장들 중 어느 것이 *I just bought a new hat.*이라는 말에 대한 적절한 반응으로 보이는가?

(1) Fred eats hamburgers.
(2) I just bought a new car.
(3) There is supposed to be a recession.
(4) My hat is in good shape.
(5) What color?

대부분의 경우, 문장 (1)을 터무니없는 반응으로, (2)를 조금은 이상한 것으로 기술할 것이다. 문장 (3)은 조금 더 관련이 있긴 하지만 그다지 공손하지 않는 것 같고, (4)는 겨우 관련이 있을 정도이고, (5)가 적당한 반응인 것 같다. 확실히 (5)와 유사한 많은 반응들은 적당한 것으로 여겨질 것이다. 예를 들어, 듣는 사람은 *Oh, where did you get it?*나 *How much did you pay*.라고 물을 수 있다. 그렇다면 우리의 질문은 이와 같은 '적절한(reasonable)' 반응의 전체 부류를 파악하는 것이 가능한가?라는 것이 된다.

이러한 반응들에 공통적으로 나타나는 것은 그것들이 화자에 의해 파악되는 화제에 충실하다는 점이다. 하지만, 우리가 주제라는 개념을 좀 더 정확히 명시할 수 없다면 이것은 도움이 되지 않는다. Schank(1977)는 대화의 주제란 문장들을 가로지르는 명제들의 교차라고 정의될 수 있다고 주장한다. 따라서 A가 *John bought a red car in Baltimore yesterday.*라고 말한다면, *John bought a car, the car is red, John bought it in Baltimore. 그리고 John bought it yesterday.*와 같은 수많은 명제들이 도출되는 것이다. B가 이들 명제 중의 하나에 반응한다면 (예를 들어, *I think a red car would be ugly.*), 두 문장은 *the car is red.*라는 명제에서 교차한다. 주제에 관한 이러한 정의가 갖는 함의는 개별 문장이나 화자의 차례가 아니라 대화만이 주제를 갖는다는 것이다.

대신에 이 문장에 대한 B의 반응이 *You mean he' s not going to buy my car?*라

고 가정해 보자. 이러한 반응은 앞 문장에서 하나의 명제만을 다루며(*John bought a car.*), B가 차를 팔려고 한다는 새로운 주제를 추가한다. Schank에 따르면, A는 이 점에서 세 가지 선택을 할 수 있다. 하나는 새로운 주제에 직접적으로 반응하는 것으로, *No, he didn't like your car.*라고 하는 것이다. 한편으론 원래의 주제 중 일부로 돌아갈 수도 있다: *Well, John needed a car in a hurry.* 마지막으로, 좀 더 일반적인 반응을 보일 수도 있다: *It's always difficult to sell a car.* 세 종류의 반응 모두 담화의 응집성을 유지하지만, 그 방식은 서로 다르다. 첫번째 반응은 B로 하여금 대화의 주제를 B의 차로 효과적으로 전환할 수 있도록 해주는 반면, 두 번째 반응은 처음의 주제를 유지하지만, B의 말에 관련되는 방식으로 한다는 점이 중요하다. 좀 더 구체적으로 말하자면, *John bought a car.*라는 주제에 대한 논의를 계속하지만, B의 코멘트와 관련이 있는, 존이 차를 구입한 이유에 초점을 둔다. 세 번째 반응은 담화의 관점에서 봤을 때 다소 모호하고 대화가 몇 개의 방향으로 가는 것을 허용한다. 대화가 소강상태에 빠지게 되면 분명하지 않은 말들이 잦아진다.

어떤 말은 주제 이동을 위한 다수의 기회를 제공하기 때문에 대화의 흐름이 규칙의 지배를 거의 받지 않는 것처럼 보일 수 있다. 이것은 많은 주제들을 포함하는 긴 대화에서 특히 그런 것 같다. 우리는 '우리가 어떻게 여기까지 왔지?' 라며 놀라워하는 우리 자신을 발견하곤 한다. 대개는 약간의 노력으로 그 과정을 재구성할 수 있다. 예를 들어, 대화를 전사한 것을 자세히 들여다보면, 우리가 논의해 왔던 주제들 사이의 연결들이 어떤 종류인지 알 수 있다.

대부분의 사람들이 대화에서 적절한 주제라고 여기는 것과 주제 이동에 관하여 우리는 여전히 모르는 것이 너무 많다. 이 문제와 관련된 좀 더 구체적인 증거로서, 마르코 폴로라는 게임을 하고 있는 아이들을 대상으로 한 Jefferson(1972, p. 295)의 관찰을 살펴보자. 이 게임에서는 술래가 눈을 감고 열을 세는 동안 다른 아이들은 몸을 숨긴다. 그러면 술래는 *마르코*라는 말을 하면서 다른 아이들을 찾기 위해 돌아다니는데, 이 때 다른 아이들은 *폴로*라고 말해야만 한다. Jefferson이 관찰한 바는 다음과 같다.

Steven: One, two, three ... four, five, six ... eleven, eight, nine, ten.

Susan: "*Eleven*"?, eight, nine, ten?

Steven: Eleven, eight, nine, ten.

Susan: "*Eleven*"?

Steven: Seven, eight, nine, ten.

Susan: That's better.

여기서 Susan은 Steven의 말에 코멘트를 하기 위해 잠시 게임을 멈추었다. 그가 바로잡았을 때 그들은 다시 게임으로 돌아갔다. 아이들은 아무도 Susan의 반응을 부적절하거나 주제를 바꾸는 것으로 여기지 않았다. 그것을 정상적인 대화의 일부로 보는 것이 훨씬 정확할 것이다. 따라서 어린아이들의 대화조차도 때에 따라서는 한 수준 이상에서 이루어지는 것 같다.

마찬가지로 Polanyi(1989)는 대화체 이야기(conversational storytelling)를 분석하여, 흥미롭게도 그것이 일반적인 대화적 담화와는 여러모로 다르다는 것을 확인하였다. 대화에서는 한 사람이 이야기를 하고 있을 때, 일상적인 차례 주고받기 규칙은 일시적으로 중단된다. 화자가 이야기를 하다가 잠시 멈추더라도 듣고 있던 사람들 중 한 사람이 말을 하는 것은 부적절한 것으로 여겨진다. 그와 동시에 이야기들은 앞에서 했던 이야기와 관련이 있어야만 한다. Polanyi는 몇 개의 대화체 이야기를 상세히 논의하면서 이야기가 대화과정에 어떤 미묘한 방식으로 영향을 주는지를 설명하였다.

이러한 변이들을 특징짓는 한 가지 방법은 대화의 층에 관해 이야기하는 것이다(Clark, 1996). 첫번째 층은 대화 활동의 일차적인 층으로, 실제 사람들이 실제 일을 말한다. 두 번째 층은 첫번째 층 위에 구축되며, 다른 영역이나 세상을 표상한다. 코멘트를 하기 위해 아이가 게임을 멈추었을 때, 그 코멘트들은 두 번째 층에 속한다. Polanyi(1989)가 논의하는 이야기들도 두 번째 층에 속하고, 대화에 포함된 농담들도 마찬가지이다(Sacks, 1974). *There were three sisters who got married to three brothers.*로 시작하는 농담은 허구의 세상을 만들어내며, 듣는 사람은 그 세상을 참조하는 것이 첫번째 층에서의 일상적인 대화 활동과는 다르다는 것을 이해한다. 대화 참여자들은 일관성과 관련된 다양한 문제들을 만들어내면서 대화 도중에 층들을 이동한다. 각 층은 일관성이 있어야 하며, 층들 간에도 서로간에 효과적인 연결이 필요하다. 이 때문에 대화는 힘든 일처럼 들린다. 어떤 상황에서는 그럴 수 있다.

참여자와 비참여자 파악하기

지금까지 우리는 대화 참여자들이 어떻게 자신들의 행동을 서로 협조해 나가는지에 관하여 이야기했다. 하지만 Clark(1996)이 지적했듯이 대화는 다양한 유형의 비참여자들이 있는 맥락에서도 일어나곤 한다. 그림 9.1을 살펴보라. Alan이 Barbara에게 질문을 하나 한다고 가정해 보자. 그러면 Alan과 Barbara는 대화의 **참여자(participants)**이다. Connie도 대화 가운데 있지만 그 질문에는 직접적으로 관여하지 않고 있다. 그녀는 대화에서 **주변 참여자(side participants)**이다. 말하는 소리가 들리는 범위 내에 있는 사람들은 **가외 청자(overhearers)**[1]로, 두 가지 유형이 있다. **방관자 (bystanders)**는 공개적으로 참석하고 있지만 대화에 참여하지 않는 사람들이다. **도청자(eavesdroppers)**는 말하는 사람의 말을 몰래 듣고 있는 사람들이다.

많은 대화 상황들이 이러한 역할들을 하도록 만든다. 예를 들어, 내가 Hal과 지나가다 들린 Greg과 함께 점심을 먹고 있다면, 두 사람을 소개시킨 후 Hal을 주변 참여자로 정의하는 식으로 Greg과 짧게 이야기를 나눈다. 나는 Greg의 가족 중 한 사람이 얼마 전에 심하게 아팠다는 것을 알기 때문에 가족들은 다들 잘 계시는지 물을 것이다. 나의 질문과 Greg의 대답은 어떤 중요한 내용이 오고갔는지 Hal이 전혀 모르는 방식으로 전개될 수 있다. 그런 다음에 Greg이 Hal에게 질문을 한다면 그는 다시 대화의 정식 참여자가 된다.

우리는 가외 청자들을 다룰 때 공개(disclosure), 은폐(concealment), 무관심(indifference)을 포함하는 다양한 방략에 의존한다(Clark & Schaefer, 1992). 한 남자와 여자가 레스토랑에서 바보 같은 여종업원으로부터 서비스를 받는 상황을 생각해 보자. 여종업원이 바닥에 남자의 포크를 떨어뜨렸지만 그것을 바꿔주지 않았다. 여종업원이 음식을 가져오고 아직까지 들을 수 있는 거리에 있을 때 그 남자는 동료에게 *네 포크 하나 좀 사용해도 될까?*라고 묻는다. 이 경우에, 화자의 명백한 의도는 그녀의 실수에 대해 그녀와 부딪히지 않으면서 방관자가 자신의 말을 듣도록 하는 것이다. 따라서 여종업원이 방관자이지만 의도는 자기 동료와 주고받는 정보를 공개하는 것이다(Clark & Schaefer, 1992).

또 다른 예로 우리가 공항에서 사랑하는 사람에게 작별을 고하는 말을 하려고 할 때, 온통 낯선 사람들이 주변에 널려 있다. 조금은 사적인 대화를 나누고 싶지만 잠재적인 도청자들이 주변에 많이 있다. 이런 종류의 상황에서 우리는 도청자들로부터 우리의 뜻을 숨기기 위해 다양한 책략들을 사용하는데, 여기에는 개인적인 사건을 참조하는 것(예를 들어, *어제 이야기를 나누었던 사건*)과 내집단 특수어(in-

1) 또는 '누문자(漏聞者)'

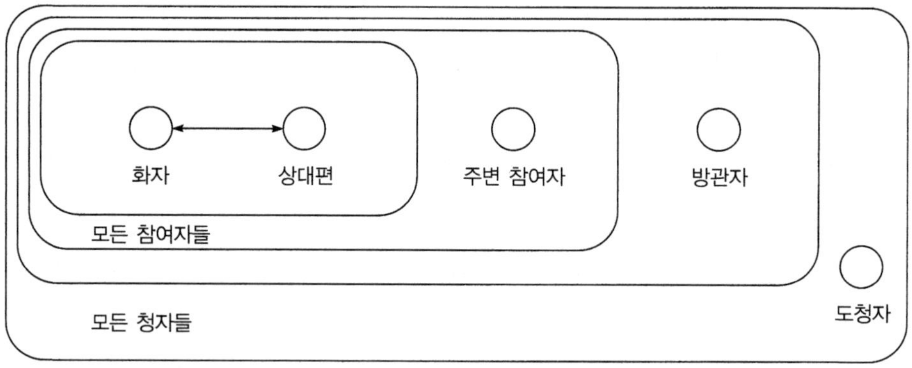

그림 9.1 대화에서 상이한 역할들. (출처: *Using Psychology*, by H. H. Clark. Copyright © 1996 Cambridge University Press. 허락 후 재인쇄.)

group jargon)와 같은 사적인 부호나 심지어 외국어를 사용하는 것이 포함된다(Clark & Schaefer, 1987). 이러한 점들은 복잡하지만 아직까지 이해가 불충분한 과정을 피상적으로 다루는 것에 불과하다. 요점은 말을 할 때 가외 청자들도 고려해야 한다는 것이다.

지금까지 대화가 어떻게 이루어지는지에 관한 일련의 일반 원리들—차례 주고받기, 참여자와 비참여자 구분하기 등—을 훑어보았다. 하지만 이러한 특징들을 기술하게 되면 '이런 원리들이 얼마나 일반적인가?' 라는 의문이 제기된다. 다음 절에서 우리는 이러한 질문에 대해 두 가지로 답을 해볼 것이다. 먼저, 이러한 원리들이 친구들과 안면이 있는 사람들(acquaintances)[2], 또는 남자와 여자와 같은 다양한 유형의 참여자들에게 동일하게 적용되는지를 고찰할 것이다. 그런 다음, 이러한 원리들이 상이한 대화 장면들에 동일하게 잘 적용되는지를 검토할 것인데, 대화의 한 형식으로서 심리치료에 특별히 강조를 둘 것이다.

요약

대화는 사람의 수 그리고 미리 정해진 주제, 말의 길이, 말하는 차례의 정도에서 다른 형식의 말소리 상호작용과는 다르다. 따라서 논쟁과는 달리 대화는 엄격하고 명시적인 규칙 집합 없이 이루어진다. 그만큼 대화가 편안한 것은 대화의 상호작용을

2) 지인(知人)들 또는 지기(知己)들

지배하는 암묵적인 규칙 집합이나 관습이 있기 때문이다. 여기에는 대화에서 차례 이어받기, 담화의 일관성 갖기, 요청과 같은 화행의 적절한 사용 파악하기에 필요한 규칙들이 포함된다. 이러한 것들은 대부분의 대화가 한 사람에서 다른 사람으로 그리고 한 주제에서 다른 주제로 쉽게 흘러갈 수 있도록 해준다.

대화 참여자

지금까지 제시된 대화 원리들은 대화의 참여자가 될 수 있는 사람들에 대해서는 별로 말하지 않았다. 참여자들이 가진 많은 속성들이 대화과정의 본질에 영향을 줄 수 있다. 여기에는 그들의 나이, 성별, 사회적 지위, 인종적 배경, 우정이나 친밀감의 정도 등이 포함된다.

우리가 살펴보고자 하는 주제는 화자와 청자가 어떻게 서로에게 적응하는가 하는 것이다. 이러한 적응이 어떻게 그리고 어느 정도로 일어나는가에 관해서는 연구자들 사이에서도 상당한 논쟁이 있다(Schober & Brennan, 2003). 화자는 대체로 청자의 특성(예를 들어, 정치에 대한 관심)이나 집단 전체(예를 들어, 젊은이들)에 대한 자신의 지각에 비추어 말을 조절할 수 있다. 하지만 화자가 항상 또는 일상적으로 이러한 적응을 하는 것은 아니다. 따라서 화자이 어떻게 그리고 언제 대화를 조절하는가 하는 것을 완전히 이해하기에는 아직까지 갈 길이 멀다.

Schober와 Brennan(2003)이 지적했듯이, 이것은 자연주의와 실험 통제 사이의 다소 어려운 교환(trade-offs)을 요구하는 연구 영역이다. 자연스럽게 이루어지는 대화에 관한 연구들은 많은 변인들을 통제하지 못한 채 남겨두지만, 실험실에서의 통제는 우리가 연구하고자 하는 바로 그 과정을 수정할 수도 있다. 분명히, 대화에 관한 연구에는 다소 어려운 방법론적 교환관계가 있다.

이 절에서 우리는 두 연구 영역을 살펴볼 것이다. 첫번째로 우리는 친구들과 말할 때와 안면이 있는 사람들과 말할 때 보이는 대화과정의 차이를 살펴볼 것이다. 다음으로 우리는 대화에서 성별의 효과를 알아볼 것이다.

친구 그리고 안면이 있는 사람

우정이 대화과정에 어떤 영향을 미치는지를 확인하려는 연구들은 상대적으로 거의 수행되지 않았다. 이러한 연구들 중 일부는 대화 차원에서 친구들과 낯선 사람들 사이의 차이점을 보여준다.

공통 기반 여기서 한 가지 도움이 되는 개념은 Clark(1996)이 **공통 기반(common ground)**이라고 부르는 것으로, 대화에 관여하는 사람들에게 공유된 이해를 가리킨다. 지식이 공통 기반으로서의 자격을 갖추기 위해서는 사람 A가 주어진 정보 X를 알아야 하고, 사람 B도 X를 알아야 하며, A는 B가 안다는 것을, B는 A가 안다는 것을 알아야만 한다. 즉, 두 대화 상대는 그들이 정보를 공유하고 있다는 것을 알고 있어야 한다. 이런 공통 기반 중 일부는 문화적 가치, 공통으로 지닌 신념 또는 문화적으로 규정된 역할과 같은 문화적인 기초를 갖는다. 예를 들어, 상담교사와 대화를 나눌 때, 당신의 논의는 그러한 역할들과 연결된다. 다른 유형의 공통 기반은 좀 더 개인적인데, 거기서 공유된 경험들은 대화의 본질에 영향을 미친다. 여기서 우리의 관심은 이러한 개인적인 공통 기반에 있다.

Clark와 Krych(2004)는 공통 기반이 대화과정에 어떤 영향을 미치는지를 조사하였다. 참가자들은 레고(LEGO) 모형을 조립하는 일꾼과 그것을 어떻게 조립하는지 지시하는 감독 역할로 짝지어졌다. 한 집단에서는 감독들이 일꾼의 작업 공간을 볼 수 있었고, 다른 집단에서는 보지 못하고 음성 테이프로 지시하였다. 서로의 작업공간을 볼 수 있고 머리 끄덕이기, 눈 쳐다보기, 머리 흔들기를 통해 서로 의사소통을 할 수 있었을 때 작업은 훨씬 빨랐다. 8장에서 우리는 말소리 산출이 자기 감시를 포함한다는 사실을 알았다. 이 연구는 우리가 다른 사람들을 감시할 수 있는 능력을 가질 때 대화가 훨씬 순탄하게 진행된다는 것을 보여준다.

정의하자면, 친구는 안면이 있는 사람들보다 훨씬 많은 공통 기반을 갖고 있다. 이러한 공유된 지식은 여러 대화과정에 영향을 미칠 수 있다. 하나는 대화를 어떻게 끝내는가이다. 대화참여자들이 만족할 만큼 충분한 대화를 나눈 다음에는 대화의 주제를 마무리할 방법이 필요하다. 예를 들어, 친구의 집으로 곧 가게 될 여행에 관하여 친구와 전화 통화를 할 때, 몇 가지 사전 약속만을 하고(예를 들어, 언제 도착할 건지, 얼마나 머물 것인지) 다른 일들은 나중에 의논하는 걸로 남겨 놓을 수 있다. 현재로선 대화의 주제를 마무리 짓는 능력이 공통 기반에 의존한다는 점에 주목하자. 우리는 계획을 나중에 완성할 수 있다는 점에 모두 동의한다. 잘 모르는 사람과 함께 계획을 마무리짓자면 논의는 길어질 것이고 제대로 끝나지도 않을 것이다.

경험적인 연구는 친구들 간의 대화와 안면이 있는 사람들 간의 대화가 어떻게 다른지 차이점을 조사하였다. Planalp(1993)는 대인관계 의사소통 수업에 참가한 대학생들에게 친구와의 대화와 안면이 있는 사람과의 대화를 하나씩 녹음하도록 요청했다. 몇 가지 분명한 차이가 드러났다. 친구들끼리는 욕을 하기도 하고, 훨씬 자주 웃고, 부정적인 판단을 표현하고, 말싸움을 하기도 하고, 자신들에 대한 공통 참조(*we*, *us*)도 하였다. 안면이 있는 사람들끼리는 대화 중 휴지(*uh*, *um*, 등)를 사용하거나 한 가지 주제만을 가지고 대화하는 경우가 많았다.

확실히, 친구들은 안면이 있는 사람들보다 공통 기반의 정도가 훨씬 컸고, 따라서 그들의 공유된 지식이 다양한 방식으로 대화에 영향을 미쳤다는 것은 놀라운 일이 아니다. 친구들은 별다른 설명 없이도 다른 사람이나 사건들을 많이 참조하였고, 과거의 만남을 언급하였고, 습관이나 계획에 대해 이야기하곤 하였다.

Hornstein(1985)은 친구들, 안면이 있는 사람들 그리고 낯선 사람들 간의 전화 통화를 분석하여 많은 차이점들을 발견하였다. 친구들은 훨씬 암묵적인 말로 시작하였고(예를 들어, *Good day. This is Malcolm Ritteridge.*라는 말 대신 *Hi, It' s me*, 훨씬 많은 주제를 이야기하였고, 많은 질문을 하였고, 복잡한 마무리를 하였다. 안면이 있는 사람들은 대체로 낯선 사람과 비슷하였다. 친구들 간에 공유하는 공통 기반은 우리의 대화를 압축할 수 있게 해준다. 다음의 대화를 살펴보자(Mathis & Yule, 1994, p. 64에서 인용).

K: What do you buy men in your family for Christmas?

B: My father is the main problem.

K: Yes. I have that same problem. I finally resorted to saying "Dad? What do you *want?*" "I don' t need anything."

B: That' s exact—I think we' ve got the same father.

K가 자신의 말을 인용할 때, 인용문(*I finally resorted to saying*)을 소개하는 구를 사용하고 있음을 주목하라. 반면에, 아버지를 인용할 때는 그런 구가 사용되지 않는다. 그럼에도 불구하고, B는 즉시 이해한다.

대체로 이러한 연구들은 친구들 사이의 대화가 낯선 사람이나 안면이 있는 사람들보다 훨씬 암묵적인 가정에 기초하여 이루어짐을 시사한다. Hornstein(1985)은 다음과 같이 적고 있다.

친밀한 관계에서 보이는 공유된 경험은 대화에 참여하는 두 사람이, 그들의 대화가 기초하고 있는 가정들을 완전히 드러낼 필요가 없는 방식으로, 각자가 서로 대화를 나눌 수 있도록 해준다. 단축된 표현의 사용, 큰 변화 없이 한 주제에서 다른 주제로 신속하게 이동하기, 빈번한 생략들은 친밀한 대화의 암묵적 방식을 특징들의 일부이다. (p. 671)

이러한 암묵적인 방식의 대화를 다양한 형태의 대중적인 연설과 비교해 보는 것이 도움이 될 것인데, 이는 본 장의 후반부에서 논의될 것이다. 우선은 대화 유형에서 성별의 차이를 살펴보도록 하자.

대화에서의 성차

상당히 많은 연구들이 대화과정에서 성별의 차이가 있는지를 조사하였다. 이러한 논의는 역사적으로 구분되는데, 1970년대에 처음 이와 관련된 몇몇 연구들이 수행되었고, 이어서 그러한 연구에 대한 약간의 반응들이 있었다.

초기 연구 앞서 보았듯이, Sack과 동료들(1974)은 대화를 지속하기 위한 몇 가지 규칙들이 있다고 주장하였는데, 여기에는 현재의 화자가 다음 화자를 선택하는 권력(power)을 가진다는 것, 하지만 휴지가 발생할 때 다른 화자가 말을 함으로써 자기선택(self-select)하는 것 등이 포함된다. 그들은 이러한 규칙들이 참여자들 사이의 갈등을 최소화한다고 주장한다.

Zimmerman과 West(1975)는 이러한 규칙들이 여성들이나 남성들 사이에서의 대화와는 달리 남성과 여성 사이에서의 대화에서도 동일하게 잘 지켜지는지를 살펴보았다. 그들은 커피숍이나 약국과 같은 자연스러운 장면에서의 대화를 녹음하여 전사하였다. 그들은 세 가지의 흥미로운 발화 행동을 확인하였다. **중첩(overlaps)**은 화자가 말을 끝맺으려고 마지막 단어를 말하고 있는 동안 동시에 말하는 기간(period)으로 정의된다. 중첩은 Sacks 등의 규칙들 중 두 번째와 일치하는 것으로 보인다. 즉, 침묵하는 동안 먼저 말하는 사람이 발언권을 얻기 때문에, 빨리 말하는 것이 유리하다. **차단(interruption)**은 화자가 계획했던 종결 지점 이전에 한 단어 이상 동시에 발화가 이루어지는 기간으로 정의된다. Zimmerman과 West는 차단을 화자의 차례에 대한 침범으로 보았다. 그들은 또한 **최소 반응(minimal responses)**을 논하였는데, 그것은 *uh-huh*와 *um-hmm*과 같은 말이다. 이런 것들은 차단으로 여겨지지는 않았고 화자의 주제에 대한 청자의 관심 표명으로 간주되었다.

최초 연구에서 Zimmerman과 West(1975)는 차단의 96%가 남성 화자에 의해 발생함을 확인하였다. 열한 명의 남성 중 열 명이 적어도 한 번은 말을 가로챘다. 이와는 대조적으로 동성 간의 대화에서는 차단이 훨씬 적었고 그 분포는 대칭적이었다. 두 번째로 중요한 결과는 여성의 주제에 대한 남성의 반응 중 많은 부분이 지연된 최소 반응이었는데, 청자의 최소 반응이 있기 전에 수초의 지연이 발생하였다.

Zimmerman과 West(1975)는 "남성들은 여성들이 자신의 말할 차례를 충분히 이용하여 대화의 주제를 발전시켜 나갈 수 있도록 그들을 동등한 대화상대로 인정하기를 거부한다."고 결론지었다(p. 125). 나아가서 그들은 이러한 언어적 상호작용의 패턴이 서구 문화에서 남녀간의 권력의 차이를 반영한다고 주장하였다. 이러한 생각을 지지하는 것으로, 그들의 두 번째 연구(West & Zimmerman, 1977)는 어린 아이들도 부모들에 의해 여성들이 남성들로부터 다루어지는 것과 비슷한 방식으로 취급된다는 것을 발견하였다. 즉, 진료실에서 이루어진 부모-아동 상호작용 가운데 14회의 차단 중 12회가 부모에 의해 시작되었던 것이다(Gleason & Greif, 1983도 보라).

이러한 결과는 비슷한 시기에 이루어진 다른 관찰들과도 일치한다. Lakoff(1975)는 여성들의 말이 여러 가지 면에서 남성들의 말과는 다르다고 주장하였는데, 여성들의 말은 남성들의 말보다 불확실성에 대한 언어 표현들을 훨씬 많이 담고 있다고

여성과 남성은 다른 대화 양식을 갖고 있는가?

주장한다. 여성들은 **부가 의문문(tag questions)** (*It's awfully cold in here, isn't it?*)과 애매한 발언들(hedges) (*sort of, I guess*)을 사용하는 경향이 있다. 여성들은 또한 남성보다 평서문에서 의문문의 억양 패턴을 더 많이 사용하는 경향이 있다. 예를 들어, 여성들은 문장 끝에서 올라가는 억양으로 "*So, we will meet at eight,*"라고 말을 하곤 한다. 이런 표현 방식들은 모두 불확실성의 정도나 단정성(assertiveness)의 결여를 시사한다. 몇몇 연구들은 여성들이 남성들보다 불확실성을 신호하는 언어적 장치들을 더 많이 사용함을 발견하였다(Crosby & Nyquist, 1977; McMillan, Clifton, McGrath & Gale, 1977).

마찬가지로, Fishman(1978)은 남녀 연인들의 대화를 분석하여 여성들이 남성들보다 훨씬 많은 의문문들, 주의를 끄는 장치들(예를 들어, *This is interesting*), 최소 반응들을 사용한다는 것을 발견하였다. 그들은 또한 *you know*(대화를 시작하는 형식으로 *d'ya know that?* 에서처럼) 구를 남성보다 빈번히 사용하였다. Fishman은 여성들이 남성들과의 대화에서 풍부한 상호작용적 노력을 기울이며, 이러한 차이가 남녀간의 비대칭적인 권력을 반영한다고 결론지었다.

최근 연구 최근에 언어학, 사회학, 심리학 분야의 몇몇 학자들은 선행연구 결과들의 신뢰성과 그것들로부터 끌어낸 결론들에 대해 의문을 제기하였다. 첫번째 결과를 살펴보자. McMullen, Vernon, Murton(1995)은 Fishman의 연구를 반복하여 매우 다른 결과를 얻었다. 그들이 관찰한 친밀한 연인들은 남성과 여성 간의 의문문(부가의문문 포함) 사용에 별 차이가 없었고, 최소 반응에서도 아무런 차이를 관찰하지 못하였다. 따라서 여성들이 남성들과 대화할 때 반드시 더 많은 노력을 한다는 증거는 없었다. Simkins-Bullock과 Wildmann(1991)도 비슷한 결과를 얻었다.

이러한 언어상의 차이—부가의문문, 최소반응 등—가 남녀를 항상 구분짓지 못하는 한 가지 이유는 연인들마다 권력을 공유하는 방식에서 다르기 때문이다. Kollock, Blumstein, Schwartz(1985)는 이성과 동성 연인들을 대상으로 권력을 동일하게 공유하는지, 한 파트너가 더 많은 권력을 가지는지를 연구하였다. 그들은 한 파트너가 더 많은 권력을 가진 연인들에게서, 권력을 가진 파트너가 더 많이 말을 가로채고, 권력을 덜 가진 파트너는 최소 반응과 부가의문문을 더 많이 사용한다는 것을 발견하였다. 즉, 이러한 관계는 파트너들의 성별과는 무관하게 유지되었다. 균형 잡힌 연인들의 경우에는 파트너 사이의 대화 행동에서 별로 차이가 없었다. 연구자들은 "우리는 권력 역동이 대개 성으로 귀인되는 대화에서의 분업(division of labor)을 생성할 수 있음을 보았다. 또한 성 *그 자체는* 그와 같은 분업과 거의 또는 전혀 관계가 없음을 보았다"(p. 45)라고 결론지었다. 좀 더 일반적으로, 여성들의 말에 속하는 특징들은 때로 남성들보다 여성들에게서 더 흔한 것 같다. 때로는 여성들이 특정 언어 형식을 더 많이 사용하고, 때로는 남성들이 그것을 더 많이 사용하며, 아무런 차이가 없을 때도 있다(James & Clarke, 1993; McMullen 등, 1995).

성차가 있다는 해석에 대해서도 몇 가지 의문이 제기되었다. Tannen(1990, 1993; Maltz & Borker, 1983도 보라)은 남성들과 여성들이 상이한 가정과 기대를 가진 혼성(mixed-sex) 간의 대화에 참여하고, 그러한 차이들이 잘못된 의사소통을 일으키곤 한다고 주장한다. 예를 들어, 여성들이 어떤 문제를 의논할 때, 남성들은 그것을 문제 해결을 돕기 위한 초대로 해석하는 경향이 있는 반면, 여성들은 자기 자신의 문제와 관련시킴으로써 반응한다. Tannen은 여성들의 언어가 남성들의 언어에 비해 열등한 것이 아니라 단지 다를 뿐이라고 주장한다.

여성의 언어에 대한 이러한 견해는 대화 행동을 다르게 해석하는 방법을 제시한다. Holmes(1984)는 부가의문문의 두 가지 기능을 구분하였다. 법(mood)의 기능을 가진 부가문은 화자로서는 불확실한 정보에 대한 재확인이나 확증을 요청하는 것이다(*You were missing last week, weren't you?*). 반면에, 정서적인 기능을 가진 부가문은 듣는 사람에 대한 관심이나 대화를 촉진하고자 하는 시도를 나타낸다(*His portraits are quite static by comparison, aren't they?*) Lakoff(1975)가 후자와 같은 말을 불확실성을 표현하는 것으로 해석한 반면, Holmes와 다른 연구자들(Cameron, McAlinden & O'Leary, 1988)은 화자가 어떤 의견을 표현한 다음 반응을 구하는 것이라고 주장한다. 따라서 대체로 여성들의 말에 속하는 어떤 특징들의 사용이 어떤 상황에서는 대화 상대로부터 반응을 유발하는 효과적인 방법일 수 있다. 이러한 맥락에서 대화의 주제를 토론할 때 좀 더 잠정적인 언어를 사용하는 여성들이 남성들의 의견에 더 영향을 미칠 수 있음을 보여주는 몇몇 증거들에 주목할 필요가 있다(Carli, 1990).

화자의 차단을 다른 관점에서 보도록 하자. 몇몇 연구자들(James & Clarke, 1993; Kennedy & Camden, 1983; Tannen, 1993)은 우세성과 관련된 차단(청자가 발언권을 가지려고 시도하는 경우)과 지지하고 협조적인 차단(청자가 동시에 말하지만 발언권을 가진 사람들을 방해하지 않는 경우)을 구분하였다. 여성들은 화자를 지지하기 위해 차단을 사용하는 반면, 남성들은 대화를 주도하려는 시도로 사용할 가능성이 높다. 만약 그렇다면, 전체 차단의 횟수는 대화과정을 측정하는 가장 만족스러운 수단이 아닐 것이다. 차단의 의미적인 내용을 좀 더 자세히 들여다볼 필요가 있다.

또 다른 중요한 요인은 대화의 맥락이다(Freed & Greenwood, 1996). 몇몇 연구들에서 대화에 참여한 두 사람이나 집단에게 문제 풀기나 집단 해답 제시하기 등과 같은 몇 개의 형식적인 과제가 주어졌다. 다른 연구들에서는 맥락이 훨씬 자유분방하여, 대화참여자들에게 서로에 대해 알아보라고 했을 뿐 다른 특별한 과제나 토론할 주제가 주어지지는 않았다. 형식적인 과제에서는 남성들이 훨씬 많은 차단을 하고(James & Clarke, 1993), 말을 많이 하는(James & Drakich, 1993) 경향이 있음을 보여주는 몇 가지 지표들이 있다.

물론, 남성과 여성의 언어 행동이 갖는 이러한 많은 측면들은 우리의 일상생활에서 상당히 두드러진다. 그런 주제와 관련하여 인기 있는 많은 책들이나 TV 프로그램들을 접할 수 있고, 따라서 이러한 대화 형식에 대한 인식의 증가는 형식 자체를 변화시킬 수도 있다. 몇몇 연구들은 그것이 사실임을 보여준다. 예를 들어, James와 Clarke(1993)의 보고에 의하면, 1970년대에 수행된 연구들은 1980년대에 수행된 연구들이 남녀간에 아무런 차이를 발견하지 못한 것에 비해 Zimmerman과 West의 연구 결과를 더 잘 반복하는 경향이 있었다. 후자의 실험참가자들은 어떻게 행동할 것인지에 관해 이전 연구들에 참가했던 사람들과는 조금 다른 선입견을 가지고 실험에 참가했을 것이다.

우리는 대화에서의 성차에 관한 논의를 시작하면서 본 장 앞부분에서 논의하였던 대화의 규칙들이 남성과 여성에서 근본적으로 비슷하게 작용하는가 아니면 다르게 작용하는가라는 질문을 던졌다. 조사 결과는 남성과 여성에서 차단의 양과 유형에서의 차이같은 일부 영역에서 차이가 있음을 보여주었지만, 그러한 차이가 최근에는 의문시되었고, 분명히 논의는 계속될 것이다.

관련된 한 가지 의문은 성차에 관한 연구가 대화과정에 대한 우리의 이해를 확장시키는가 하는 것이다. 처음 내용을 접하는 사람들에게는 초기에 제시된 원리들이 적어도 성차를 바라보는 기초적인 틀을 제공한다고 말할 수 있을 것이다. 즉, 그 틀은 몇 가지 기본적인 질문을 던지는데, 우리가 대화를 시작하고 마무리하는지, 주제를 발전시키고 유지하는지, 말할 차례를 취하는지, 동성이나 이성의 멤버에게 말하는 것과 동일한 방식으로 가외 청자들을 다루는지 하는 것이다. 눈치 빠른 독자라면 이러한 질문들에 확실한 답이 있을 수 없다는 것을 알 것이다. 우리는 말할 차례를 취하는 것과 차단하는 것에 관해 적지 않은 논의를 하였지만, 성별이 이러한 대화 행위의 다른 측면들에 어떻게 영향을 미치는지에 대해서는 별로 알려진 바가 없다.

하지만, 모든 것을 고려했을 때, 성별 연구는(뿐만 아니라, 정도는 덜하지만 친구와 안면이 있는 사람들에 관한 연구들도) 대화의 윤곽을 밝혀주는 것 그 이상의 기여를 하였다. 대화의 어떤 측면들은 근본적으로 다를 수 있다. 한 예가 Edelsky(1981)의 교원위원회 모임에 관한 연구이다. Edelsky는 여성과 남성들의 언어행동을 녹음하여, 대화에서 말하는 차례를 가질 때 남녀간에 차이가 있는지를 알아보고자 하였다. 어떤 차례는 분명한 화자가 있어서 다른 사람들은 듣거나 반응만 하였고, 다른 차례는 그 성격상 훨씬 협동적이어서 여러 사람들이 차례를 공유하였다. 그리고 여기에서 성차가 드러났다. 즉, 전자와 같은 경우, 남성들은 차례를 훨씬 길게 가졌다. 하지만 협동적인 차례에서는 성간의 차이가 거의 없었다. 간단히 말해, 말하는 차례에서의 성차와 관련된 연구가 한 가지 기여한 점은 우리로 하여금 말하는 '차례(turn)' 라는 것과 같은 근본적인 대화의 개념을 다시 생각하고 정의하도록 만들었다는 것이다.

요약

대화의 상호작용에서 두 유형의 참여자의 효과를 살펴보았다. 친구들이나 안면이 있는 사람들과 관련해서는 대화를 끝마치는 방식에 있어 약간의 차이가 드러났다. 성차에 관한 초기 연구들에서는 남성들이 여성들보다 좀 더 반대의 성을 차단하는 것으로 밝혀졌지만, 최근에는 그다지 확인되지는 않고 있다. 대화 참여자에 관한 연구는 본 장의 앞부분에서 살펴보았던 대화과정의 개략적인 윤곽을 구체화해 주는 동시에, 연구나 이론을 위한 새로운 길을 제안하고 있다.

대화 장면

앞 절에서 우리는 본 장의 첫 절에서 개략적으로 살펴보았던 대화의 원리들이, 남성과 여성들의 대화를 이해하는 데 도움이 된다는 것을 보았다. 이러한 원리들 중 일부(예를 들어, 말하는 차례 갖기)는 동성간의 대화에 비해 이성 간의 대화에서는 약간 다르게 작용하기도 한다. 다른 원리들(예를 들어, 대화의 참여자와 비참여자를 구분하는 것)은 여성의 말이나 남성의 말에서 매우 유사하다. 약간의 차이를 허용한다면, 이러한 원리들이 남성과 여성의 대화에 적절하게 잘 적용된다고 말할 수 있다.

대화의 원리들이 가진 일반성에 관한 두 번째 검사는 우리의 논의를 상이한 유형의 대화장면으로 확장하는 것이다. 지금까지는 대화가 이루어지는 맥락에 관한 구체적인 논의를 하지 않았다. 하지만 대화의 차단을 설명하고자 할 때 그것이 식사중에 이루어지는 대화인지 사업 미팅에서 오가는 대화인지는 분명히 문제가 된다.

사적 및 공적 장면

상이한 언어 환경을 몇 종류로 분류하는 것이 도움이 될 것이다. 하지만 그와 같은 분류법에 대하여 일치된 의견은 없다. Clark(1996; Drew & Heritage, 1992도 보라)은 **사적 장면(personal settings)**과 **공적 장면(institutional settings)**을 나눌 것을 제안했다. 사적 장면에서는 두 사람 이상의 참여자들이 말하는 차례를 자유롭게 주고받는다. 소문거리를 주고받거나, 비즈니스를 하거나, 다른 많은 것들을 하기 위해 말을 주고받는다. 본 장에서 지금까지 우리가 논의한 대부분의 대화 연구들은 사적 장면에서 이루어진 것들이었다.

반면에, 공적 장면에서는 "참여자들이 일상적인 대화와 비슷한 말들을 열심히 교환하지만, 공적인 규칙의 제한을 받는다"(Clark, 1996, p. 5). 대체로 공적인 담화에서는 한 명의 참여자(판사, 교사, 의사, 등등)가 권위적인 인물로 간주된다. 상이한 공적 장면들이 대화과정을 어떻게 지배하는지 이제 막 이해되기 시작하였으며, 연구 지도에서의 대화(Collins, Warnock & Passafiume, 1975), 학문적인 충고를 하는 사람과 조언을 받는 사람 사이의 대화(He, 1994) 그리고 의사와 환자 사이에서의 대화(Heath, 1992)에 관한 몇 가지 흥미로운 보고들이 있다.

이 절에서는 특정 유형의 공적 담화, 즉 심리치료 중에 내담자와 치료자 사이의 이야기를 좀 더 자세히 살펴볼 것이다. 그러한 논의에 이어 치료를 위한 담화와 몇몇 다른 유형의 공적 담화를 비교할 것이다.

치료적 담화

대부분의 경우, 심리치료사 및 관련된 전문직 종사자들(상담가 등)은 내담자들의 고민을 듣고 이야기함으로써 그들을 돕고자 한다. 언어가 치료적인 결과를 달성하는 일차적인 수단일 때, 치료자들 특히 대화과정에 능숙해야 한다고 우리는 기대한다.

그렇다면 어떤 종류의 특징들이 치료적 담화를 구성하는가? 다시 말해, 심리치료에는 어떤 특별한 공적 규칙들이 있는가?

치료자들이 하는 일에 관해 일반적으로 인정하는 단순 모형에서 시작하여, 대화 과정에 비추어 각각의 과제들을 살펴보는 것이 도움이 될 것이다. 치료 과정은 세 개의 주요 과제로 구분될 수 있다. 첫째, 치료자는 내담자가 경험, 문제, 고민거리 등을 보고할 때 주의 깊게 듣는다. 둘째, 치료자는 내담자의 경험과 증상들을 해석한다. 셋째, 치료자는 잠재적인 행동 과정과 관련하여 내담자와 협력한다. 이러한 과제들이 반드시 순서대로 이루어지는 것은 아니다. 치료 회기는 자료, 해석 그리고 제안이 복잡하게 서로 연결되어 있다.

먼저 내담자가 치료자에게 자신의 경험을 표현하는 과정을 살펴보자. 정서적인 경험을 해석하는 과정에서는 치료자가 권위자인 것처럼, 자신의 경험에 대해서는 내담자가 권위자이다. 따라서 회기는 대체로 내담자의 경험 진술로 시작하는데, 이야기 형식으로 이루어진다. 치료자는 자신의 경험을 보고하는 내담자를 독려하지는 않는데, 그러한 진술들이 치료 회기를 위한 '원 자료(raw data)'가 되기 때문이다.

반대로, 치료자가 내담자로 하여금 다른 사람의 경험을 해석하도록 독려하는 것이 받아들여지고 때로는 도움이 되기도 하는데, 이는 치료자가 정서를 해석하는 데 전문가이기 때문이다. 어떤 사건을 보고하면서 그것을 동시에 해석하는 내담자(C)의 예와 그것에 대한 치료자(T)의 반응을 살펴보자. 편의상, 각 대화 참여자의 말하는 차례를 표기하였다(Labov & Fanshel, 1977, p. 366에서 발췌).

C1: *I can' t eat in a restaurant*—if you sit in a counter—I mean—if you goin' to a restaurant for a san' wich—you' re eating alone, but—so you sit at the counter—*it doesn' t bother me*—So she doesn' t—so—anyway, I—the way I interpreted that was that she doesn' t like to eat alone.

T1: Well, but she didn' t *say* that.

C2: So sh' s' t' me, I know you don' like t' eat alone, and she says—

T2: So what did you *say*?

C3: So I said, "Well, I don' t mind." She s' d. "Yeah. but it sorta gets lone-some in the house when you don' t come home" Like if I were to eat out.

T3: But she didn' t say, "for *you*."

C4: She−

T4: She gets lonesome for you−f' *her.*

C5: No I said t' her: "Dyou get lonesome?" Sh' says. "Well, not that I get lonesome, but I don' t like to eat alone."

T5: Oh. so she *told* you

대화를 주고받으면서 내담자는 해석을 하는 것 같다(C1) 그리고 치료자(T1)는 내담자가 결국 자신의 해석이 다른 사람이 말한 것(C5)에 근거한 것이라고 말할 때까지 그녀를 독려한다. 그 시점에서 치료자는 과정을 바꾸어, 즉시 보고를 받아들인다(T5). 따라서 치료자의 대화 이동은 내담자가 사건을 보고하느냐 해석하느냐에 의해 영향을 받는다(Labov & Fanshel, 1977).

이제 치료자가 내담자의 경험을 해석하는 몇 가지 방식을 살펴보자. 해석 과정의 일부는 치료할 문제를 정의하는 것이다. Grossen과 Apothéloz(1996)는 치료자가 재형식화의 과정을 통해 내담자의 담화를 어떻게 문제로 변형하는지를 논의한다. 이 과정은 세 단계로 이루어지는데, 재형식화될 말을 파악하기, 재형식화의 존재를 표시하거나 나타내기, 그리고 실제 재형식화이다. 이러한 단계들은 자신의 말을 모니터하고 편집할 때 보이는 것과 유사하지만(Levelt, 1989), 여기서 화자(치료자)는 다른 사람의 말을 모니터하고 편집한다.

재형식화의 한 예를 보자(Grossen & Apothéloz, 1996, p. 118)

C1: (when I' m with my wife we talk about problems) which I try to avoid talking about but all the same there are times when we' re alone when don' t have anything else to talk about but then the how can I put it the dialogue is almost completely broken off because we are OK together without talking to each other even if sometimes we feel that there is a *dialogue* there is there is *we want* to say something but we don' t know, we can' t, we don' t *dare* there are a lot of things we don' t dare that we come up against a brick wall.

T1: one could say there are some things which are unspoken huh in a way what isn' t said.

C2: yes.

T2: what isn' t said is hence unspoken and it' s a burden isn' t it.

C3: yes. it' s a burden yes yes.

내담자의 첫번째 대화는 의사소통의 문제에 대해 이야기하는 것인데(C1), 그것이 재형식화되는 소재이다. 치료자는 재형식화 표지인 *할 수 있겠군요(one could say)*로 시작하고, 그 다음은 재형식화 자체이다(T1, T2). 그러면 재형식화는 내담자의 동의를 받는다(C2, C3). 이 사례에서, 재형식화는 치료자에 의해 제안되고 내담자에 의해 수용된다. 다른 사례들에서는 의미에 대한 좀 더 광범위한 절충이 포함된다(Grossen & Apothéloz, 1996). 어떤 일이든 일단 동의가 되면 재형식화는 치료자와 내담자 사이의 공통 기반이 된다.

치료과정을 조금 명료화시켜 주는 것에 더하여, 재형식화는 내담자의 문제를 다른 관점에서 보게도 해준다. 치료자는 내담자가 새로운 시각으로 자신의 문제를 보도록 촉진하기 위하여 많은 언어 기법들을 사용한다. 또 다른 기법은 은유를 사용하는 것이다. 다음의 예를 살펴보자.

> 현재 치료 중인 한 청소년이 자살을 시도했는데, 그는 학교를 중퇴했고 하는 일도 마땅히 없다. 그는 늦게까지 TV를 보고는 아침 11시에 일어난다. 패배자로 비춰질 수도 있다. 대화의 중심은 소년과 아버지 사이에 의사소통이 거의 없다는 사실에 맞추어졌다. 어느 한쪽이 말을 하면, 다른 쪽이 약간의 대꾸를 하고는 대화가 끝나 버렸다. 치료는 이러한 교류를 분석하고, 대화를 지속할 수 있는 방향으로 소년이 아버지에게 반응하며, 그가 흥미 있어 하는 방향으로 진행해 볼 것을 제안할 수 있는 지점까지 도달했다. 소년은 자신의 아버지가 자기를 통제하는 것을 원치 않고, 자신의 자율성을 유지하길 원하며, 그러한 장황한 대화에 참여하고 싶지 않다고 말했다. 테니스 시합에 관한 은유가 치료자에게 주어졌다. 테니스에서 한 사람이 다른 사람을 통제하려면, 그는 다가오는 공을 완전히 통제할 수 있어야 한다. 공을 왼쪽으로 쳐 상대방을 왼쪽으로 달리게 만들 수 있다. 오른쪽으로 치면 다시 오른쪽으로 보낼 수 있다. 그러나 젊은 친구는 그 볼을 받아치지 않을 수도 있다고 했다. 대답은 '그럼 넌 지고 말아. 패하고 말아' 라는 것이었다. 대화는 활기를 띠며 이어졌고, 그 이후 환자는 여러 차례 목소리를 높였다. (Goldiamond & Dryud, 1968, p. 81)

이상의 예에서 은유는 관습적인 언어가 하지 못하는 의사소통의 길을 열어주는 듯하다. 시합이라는 은유를 통해 젊은 친구는 아버지와의 소통 실패가 단순히 일방적인 것이 아니라는 것을 깨달았다(Pollio, 1974).

마찬가지로, 치료자는 치료 과정에서 이따금씩 제안을 한다. 다양한 제안이나 요청을 어떻게 하는지에 특별히 주목할 필요가 있다(Ratliff & Morris, 1995). 치료자는 내담자가 정서적인 문제에 대해 더 많은 통찰을 하도록 도와주는 것이 자신의 과제이며, 이 때 너무 위협적인 방식으로 해서는 안 된다는 사실을 잘 알고 있어야 하는데, 왜냐하면 그렇게 되면 모든 치료 작업이 위험에 빠지기 때문이다(Labov & Fanshel, 1977). 치료자의 코멘트 형태는 내담자의 정서 상태에 대한 치료자의 판단과 밀접하게 관련되어 있다. 그러므로 주어진 요청이 너무 위협적으로 비춰진다면, 바꾸어 말하거나 어쩌면 중단되어야 할지도 모른다. 따라서 치료자는 요청하는 말을 할 때 대단히 조심스러워 한다. 그들은 간접적이거나 정중한 언어 형식을 사용한다.

가족치료에서처럼 치료가 두 사람 이상을 대상으로 할 때는 대화를 이끌어가는 것이 치료자들에게 힘겨울 수가 있다. 가족 치료에서는 말하는 순서가 치료자를 중심으로 가족들이 돌아가면서 한 번씩 주고받는 경향이 있음이 관찰되었다. 즉, A = 가족 중 한 사람, B = 가족 중 다른 사람, T = 치료자라면, 그 순서는 대개 TATBTATATATB이다(Gale, Odell & Nagireddy, 1995; Jones & Beach, 1995; Viaro & Lombardi, 1983).

가족 치료의 한 새로운 영역은 치료자(T)가 가족 중 한 사람(F)에게 질문하고 그의 파트너(P)가 대답할 때, 요청을 배제한 코멘트를 사용한다. 한 가지 예를 보자 (Jones & Beach, 1995, pp. 55~56).

T1: Oh, you gotta house er something?

P1: He' s gotta property right around the corner he doesn' t havta pay rent deposit he doesn' t havta pay anything (he owns his own) property.

T2: Let me hear it from him cause he' s gotta deal with the reality.

F1: I' m probably not going ta stay in the area.

P2: See.

T3: Oh this was the relocate thing?

F2: I' m preddy much-decided that I ah if we s- separate I' m going ta leave the area.

P3: He doesn' t wanna move twice.

T4: Le- lemme-let me hear ' im sa you don' t. wanna move twice I don' t understand where would you go like outta state? Er

F3: Yeah quite a ways.

이 사례에서 P는 대화중에 한번도 아니고 세 번씩이나 F에게 묻는 질문에 대답을 한다. 치료자는 정중하지만 단호하게 질문은 다른 참여자에게 한 것이라고 대답한다.

특정 가족 구성원으로부터의 반응을 고집함으로써 치료자는 Sacks와 동료들(1974)이 발전시킨 말할 차례 갖기의 첫번째 규칙을 사용하고 있는데, 그것은 화자가 다음에 누가 말할 것인지를 정하는 것이다. 하지만 Jones와 Beach(1995)가 지적하듯이, 사실 치료자가 사용할 수 있는 반응의 폭은 넓다. 여기에는 끼어드는 것을 완전히 무시하는 것, 불필요한 대답을 하는 사람에게도 반응하지만 당사자 쪽으로 대화를 끌고 나가는 것, 새로운 대화 주제로 넘어가기 위해 원치 않는 코멘트를 허용하는 것 등이 포함된다.

치료자가 불필요한 말들에 반응하는 유연성은 다시금 대화 참여자의 역할을 반영한다. 대화에서 권위적인 위치에 있지만 치료자는 회기 중 내내 개방적이고 생산적인 관계를 갖기 위해 내담자들과 대화 주제를 절충해야만 한다.

어떤 경우에는 치료적 담화가 일상적인 대화와 비슷하지만 약간의 특별한 규정을 갖는 것이 분명하다. 참여자들이 다른 대화 참여자들처럼 행동하더라도(말할 차례를 갖고, 주제를 발전시키는 등등), 그들은 특정 사회적 역할의 맥락에서 그렇게 하는 것이다. 앞서 언급했듯이, 공적 장면에서는 대개 권위자의 역할이 분명하다. 치료적 담화는 이 점에서 특별한데, 그 이유는 두 가지이다. 첫째, 앞에서 보았듯이 치료자는 정서적인 경험을 해석하는 데 있어 권위자이지만, 내담자는 경험 그 자체에 있어 권위자이다. 한 마디로, 권위가 공유되는 것이다. 둘째, 치료자가 내담자에게 권위를 행사할 때도 보통 공적인 연설에서 볼 수 있는 것보다는 훨씬 부드러운 방식으로 이루어진다. 이 점을 가장 잘 볼 수 있는 방법은 다른 유형의 공적 장면들을 살펴보는 것이다.

공적 담화의 다른 형식들

다른 공적 장면에서의 대화에 관한 연구는 상대적으로 부족한 편이지만, 적어도 예비적인 수준에서 치료적 담화와 비교해 볼 수 있다. 앞서 보았듯이, 대부분의 공적 장면은 특정인(치료자, 판사, 지도교수, 의사 등)을 권위적인 인물과 동일시한다. 또한 심리치료사가 권위적인 인물이지만 그가 자신의 권위를 행사하는 방식에 있어서는 조심스럽다는 것을 보았다.

반면에 판사는 소심하지가 않다. 법원에서는 좀 더 명확하게 규정된 질문과 답변들이 가능하고, 대부분의 판사들은 사건이 걷잡을 수 없게 될 때 거침없이 법정을 장악한다. 예를 들어, 변호사들이 관련된 주제로부터 너무 벗어났을 때 판사들이 변호사들에게 그만하라(shut up)고 말하는 것을 흔하게 들을 수 있다(Jones & Beach, 1995).

의사들은 공적 권위를 엄격하게 또는 느슨하게 사용하는 정도에 있어서 중간쯤에 위치한다. 치료자들처럼 의사들은 환자들로부터 도움이 될 만한 자료들을 얻어야 하고, 그래서 훌륭한 의사는 환자들의 증상이나 고민을 주의 깊게 듣는다. 진단은 한 단어(예를 들어, *기관지염*)에서부터 환자의 상태에 관한 상세한 기술에 이르기까지 다양하다. 검사 결과가 나오면 의사들은 그것이 의미하는 바를 환자들에게 설명해 주고, 특별한 행동 방침을 권하거나 가능한 대안적인 행동들을 간단히 설명한다(Parsons, 1975).

외래진료의 진단 부분에 특별한 관심이 모아졌다. 의사들이 진단 결과에 대해 환자들과 어떻게 그리고 어떤 방식으로 의사소통하는가 하는 것이었다. Heath(1992)가 관찰했듯이, 진단은 환자와 의사 사이의 진료에서 핵심적인 부분이다. 그것은 '자료 모으기(data-gathering)' 단계가 끝났음을 표시하고, 할 수 있는 치료에 관한 논의를 시작(사실은 치료를 위한 기초)하는 것이다. 그리고 이러한 의학적 판단을 하는 것은 의사들의 의무이다. 환자가 후보가 될 만한 진단들을 내놓는다면, 의사들은 검진이나 진단검사가 완료될 때까지 그것들에 대한 고려를 늦출 것이다.

의사들은 진단을 논의하는 것보다 증상을 확인하고 치료를 권하는 데 더 많은 시간을 할애한다. Byrne과 Long(1976)은 의사들이 특정 진단을 내린 이유를 충분히 설명하지 않고서 신체검사를 실시하는 것에서 치료 과정을 상술하는 것으로 신속하게 진행하곤 한다는 것을 발견하였다. Byrne과 Long은 환자와 의사 사이의 권력 비대칭이 그렇게 신속하게 진단이 논의되는 이유라고 주장한다. 환자들도 진단 절차의 간소화에 기여하는 바가 있다. Heath(1992)는 환자들이 진단이 내려진 직후 별로 말이 없고, 의사들은 잠깐 기다렸다가 치료에 관한 논의로 진행한다는 것을 관찰하였다.

환자들의 반응이 상대적으로 없는 것은 부분적으로는 진단 결과가 실제로 환자들에게 제시되는 방식에 기인할지도 모른다(Todd, 1984). 의사들이 질문 형식이나 약간 모호한 말(*제가 생각하기에는…*)로 진단결과를 제시할 때, 환자들은 진단을 논의할 가능성이 높다(Heath, 1992; Ragan, Beck & White, 1995도 보라). 물론 이 경우에는 환자와 의사가 서로 다른 의견을 제시할 수도 있다.

좀 더 일반적으로, 공적 대담은 차례 주고받기, 만난 목적 절충하기와 같은 일상적인 말에서 사용되는 대화 행동의 원리들에 의존하는 것으로 보인다. 그러나 그 아래에서 우리는 공적인 말에 존재하는 권력의 비대칭성과 다양하게 관련된 차이들을 보게 된다. 따라서 공적 장면에서 효과적으로 말하기 위해서는 앞서 말한 일반 규칙뿐만 아니라 특정 대화 장면과 관련된 규칙들도 잘 알아야 한다. 11장에서 또 다른 유형의 공적 언어인 교실 담화를 논의할 때 이 주제를 다시 다루게 될 것이다.

요약

공적 담화는 일상 대화와 비슷하지만, 거기에는 특별한 담화 규칙들이 있다. 치료적 담화에서 치료자와 내담자는 권위를 공유하며, 양쪽의 역할 가정은 적절한 대화의 진행 범위를 규정한다. 내담자는 의논할 경험을 보고하는 반면, 치료자는 경험을 해석하고, 제안하고, 상호작용을 안내하는 역할을 한다. 환자-의사 담화는 비슷한 패턴을 따르지만, 치료적 담화보다는 덜 상호작용적이다.

복습 문제

1. 공통 기반이란 무엇이며, 그것은 담화 산출에 어떻게 영향을 미치는가?
2. 친구들과의 대화는 안면이 있는 사람이나 낯선 사람과의 대화와 어떻게 다른가?
3. 여성들의 말은 어떤 면에서 남성들의 말과 다른가?
4. 사적인 대화와 공적인 대화의 차이를 구분하라.
5. 치료적 담화는 다른 유형의 공적인 말들과 어떻게 비슷하고 다른가?
6. 논쟁, 의식, 회의, 대화의 주요 특징들을 구분하라.
7. 대화에서 차례 주고받기에 필요한 세 가지 규칙은 무엇인가?
8. 어떤 주제가 대화에서 정의되는 방식을 설명하라.
9. 주제 이동이 응집성의 원리 내에서 어떻게 달성되는가?

10. 대화에서 주변참여자와 방관자의 차이를 구분하라.

생각해 볼 문제

1. 청소년과 부모들 사이의 공통 기반이 청소년과 또래들 사이의 공통 기반과 어떤 점에서 다른가?
2. 당신의 주치의와의 대화가 당신의 성별이나 주치의의 성별에 의해 어떻게 영향을 줄 수 있는가? 주치의가 가족의 친구라면 어떤 영향을 줄 수 있는가?

PART IV

언어 습득

Chapter 10

초기 언어 습득

[아이들]은 단순히 다른 사람이 말한 문장을 기억하는 것이 아니다.
그들은 다른 사람의 말에서 그들이 속한 언어 공동체에서
정확하게 이해될 수 있는, 무한정 많은 새로운 문장들을
만들 수 있게 해주는 문장 구성의 규칙들을 추출해 내는 것이다.
–ROGER BROWN(1973B, p. 108)

최근에 세 살짜리 아이가 그녀의 이름은 Litha라고 내게 말해 주었다.
나는 "Litha?"라고 말했다. "아니요, LITHA." "오, Lisa." "맞아요, Litha."
–WICK MILLER(1964, p. 864)

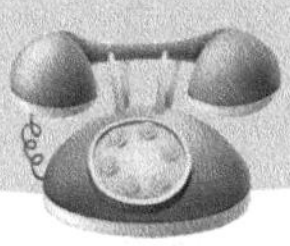

요점

- 아이들의 언어 형성은 언어를 사용하기에 앞서 의사소통을 이해하는 것에서부터 시작된다. 그들이 몸짓을 이해하고 생성하는 것은 그들에게 의사소통 과정에 대한 기본적인 이해가 있음을 보여준다.
- 아이들은 의미와는 별도로 모어의 소리 체계를 먼저 습득하지만, 결국 이것을 의사소통을 위한 몸짓과 결합하여 생산적인 말소리를 형성한다.
- 한 단어 말소리의 발달은 심성 어휘집의 습득과 더 큰 의미덩이를 표현하기 위해 한 단어를 사용하는 두 가지의 중요한 발달을 구성한다.
- 아이들의 첫 단어 조합은 성인의 말소리를 모방한 것도 아니고, 성인의 기준에서 볼 때 완전히 문법적인 구조도 아니다. 발달이 진행됨에 따라 유아는 성인 말소리의 문법 범주들을 습득한다.
- 초기 습득 단계에서 수화와 입말은 비슷하다.

서론

말을 처음 배우는 자녀들의 모습을 지켜보는 부모의 기쁨이란 실로 대단한 것이다. 겨우 옹알이밖에 하지 못하던 아기가 일 년 정도 지나면 주변에 있는 물건들에 이름을 붙이고, 중요한 사람들의 이름을 알아듣고, 간단한 문장을 만드는 수준에까지 도달한다. 이러한 급속한 진보는 유아들이 가정에서 일어나는 일상사에 훨씬 더 적극적으로 참여하게 만든다. 아이들은 자신이 원하는 물건을 요구하는 방법을 배우고, 간단한 대화에 참여하게 되며, 부모들은 자녀들이 말을 더 잘 하기를 기대하게 된다. 그리고 조금씩 유아들의 언어는 그들의 일상 환경의 언어를 닮아가게 된다.

아동의 언어 발달은 심리학자들과 언어학자들이 지난 40년간 진지하게 연구해 온 주제이다. 어떤 연구자는 개인이나 작은 무리의 유아들을 수년 동안 힘겹게 따라다니면서 가능한 한 정확하게 그들의 언어 발달을 기록하였다. 다른 연구자들은 상이한 연령의 유아를 비교하여 발달을 추정하는, 좀 더 전통적인 방법을 사용하였다. 이러한 엄청난 연구 노력의 결과로, 유아들이 그들의 첫 언어를 어떻게 습득하는지 상당히 자세히 알게 되었다. 그러나 아직까지 중요한 의문들이 많이 밝혀지지 않은 상태이다. 예를 들어, 유아들은 왜 발달 과정상 특정 시기에 언어를 습득하는가, 유아를 둘러싼 환경은 언어 발달에 어떤 역할을 하는가, 모든 유아들이 같은 방식으로 언어를 습득하는가 등이다.

본 장과 다음 두 장에서는 첫 언어의 발달에서 보이는 아이들의 진보를 살펴볼 것이다. 본 장에서는 3세 정도의 아이들이 기본적인 언어 구조를 완전히 익히기까지 보이는 발달과정을 검토할 것이다. 먼저, 말을 하기 전에 유아들이 사용하는 의사소통 기술에서 시작할 것이다. 다음으로, 유아들이 모어의 음운을 어떻게 완전히 습득하는지를 볼 것이다. 그런 다음, 유아의 한 단어 말하기와 처음 문법을 습득하기 위한 그들의 시도를 살펴볼 것이다. 마지막으로, 영어와 미국 수화의 습득을 비교하고 대조해 볼 것이다.

말하기 전의 의사소통

두 살이 되기까지 유아는 비언어적인 방식으로 세상과 소통한다. 그들은 사람들의 옷을 잡아당겨 그들이 원하는 물건을 가리키고, 손을 흔들어 작별 인사를 한다. 이러한 동작은 기본적으로 의사전달이 작용하는 방식을 유아가 어떻게 이해하는지에 대한 상당한 정보를 제공한다. 자신이 바라는 목적을 성취하기 위한 수단으로서 동작을 사용하는 법을 유아가 이해하면서 그러한 의사소통 기술의 등장이 시작될 것이다. 이러한 발달은 생애 첫 해에 일어나며, 유아의 의사소통 이해는 유아의 음운, 통사, 의미 습득 등의 많은 부분을 선도하고 촉진한다.

이 절에서는 최초의 의사전달 행동에서부터 언어 발달의 첫 단계에 이르는 유아의 발달과정을 살펴볼 것이다. 비록 유아의 언어 발달이 처음 몇 해 동안은 형식과 복잡성이라는 면에서 극적인 변화를 보이긴 하지만, 어린 유아와 나이 든 유아들의 의사전달 기술에는 기초가 되는 몇 가지 중요한 기능적 유사성이 있다. 이러한 의사전달 기술은 그것이 시작된 언어발달 이전의 유아에게서 가장 잘 볼 수 있다.

말하기 전 유아의 사회적 상황

말하기 전의 유아를 둘러싼 사회적 환경을 먼저 살펴보기로 하자. 아이들은 다른 사람들이 이해할 수 있는 말을 시작하기 훨씬 이전부터 자신을 돌보는 사람들이 언어를 사회적으로 사용되는 것에 노출된다(Sachs, 1997).

출생 이전의 태아에게 말하기 이러한 수업은 출생 이전부터 시작된다. 임산부들이 보여준 일화적 증거는 자궁 안의 태아가 엄마의 말을 듣고 그것에 반응함(예를 들어, 발로 차기)을 시사한다. 몇몇 실험적 증거들도 이런 견해를 지지한다. DeCasper와 Spence(1986)는 임산부들에게 출산 전 6주 동안 Seuss 박사의 책을 큰소리로 읽도록 요청하였다. 아기가 태어나자 몇 일 지나지 않아 그들은 특수한 젖꼭지를 사용하여 그것을 빠는 비율을 측정하는 실험을 하였다. 아기들 중 절반은 뱃속에 있을 때 엄마가 읽어 주었던 이야기를 들었고, 나머지는 새로운 이야기를 들었다. 친숙한 이야기를 들은 아기들은 Seuss 박사의 이야기를 들을 때 빨기 비율에 변화를 보였으나, 다른 집단의 아기들은 그렇지 않았다. 연구자들은 태아가 자궁 안에 있을 때 그들에게 제시되었던 이야기를 듣고 그것을 기억하고 있었다고 결론을 내렸다.

또한 신생아는 낯선 사람의 목소리보다는 엄마의 목소리를 선호한다(DeCasper & Fifer, 1980). 이러한 현상의 한계가 어디까지인지는 분명치 않다. 만약 아기가 다른 목소리를 들을 수 있다면 얼마나 잘 듣는지, 태아는 언제쯤 말소리를 지각할 수 있을 정도로 성숙하는지 우리는 알지 못한다. 그러나 최소한 이런 연구들은 신생아가 출생 때부터 말소리를 지각할 준비가 되어있다는 것을 시사한다.

생후 첫 해의 유아에게 말하기 출생 후, 양육자들은 유아에게 독특한 방식으로 말을 한다. **아동 지향어**[(child-directed speech), **아기말**(baby talk) 또는 **모성어**(motherese)라고도 함]는 여러 가지 면에서 성인에게 말하는 것과는 다르다. 생애 초기에 그와 같은 음운 차이는 매우 중요한 것 같다. 아동 지향어는 성인 지향어보다 음고가 높고 다양하며, 억양의 고저가 더 과장되는 경향이 있다. 이러한 특성들은 어린 유아들의 주의를 끌고 유지하는 데 유리할 것이다.

실제로, 일부 증거들은 유아들이 성인 지향어보다 아기말을 선호한다는 것을 시사한다. Fernald와 Kuhl(1987)은 4개월 된 유아를 엄마의 무릎에 앉히고 그들이 머리를 이쪽저쪽으로 돌리도록 강화하였다. 머리를 한쪽으로 돌리면 아동 지향어(높은 음)가 들렸고, 다른 쪽으로 돌리면 성인 지향어(낮은 음)가 들렸다. Fernald와 Kuhl은 유아들이 아동 지향어 듣기를 더 좋아한다는 것을 발견하였다. 아마 일상생활에서 성인들의 평범한 말소리에 대해 유아가 보인 무관심이 어른들로 하여금 그러한 음운적 적응을 하게 했을 것이다. 아기말의 통사적 측면은 12장에서 논의될 것이다.

또한 엄마들은 그들의 메시지 중에서 특정 측면에 관심을 끄는 말소리를 사용한다. 아동 지향어의 음운 특성은 엄마가 아기에게 어떤 단어를 처음으로 사용할 때 가장 잘 발음된다. 반면에, 반복된 단어는 처음 언급했던 단어보다 짧고, 조용하며, 음고가 낮아지고, 음고의 변화가 작은 경향이 있다(Fisher & Tokura, 1995). 즉, 엄마들은 오래된 단어 대신 새로운 단어에 주의를 강조하는 식으로 말하는 것 같다. 사실 이것은 7장에서 논의했던 신-구 계약(given-new contract)의 발달을 보여주는 예이다.

양육자들의 초기 말소리 행동의 또 다른 측면은 유아들이 대화에 참여하도록 격려한다는 사실이다. Snow(1977)는 엄마가 아기들과 말할 때, 유아의 발성과 소리를 대화를 위한 것으로 해석하는 경향이 있다는 데 주목하였다. 한 엄마와 3개월짜리 딸 사이에서 일어난 다음 장면을 살펴보라.

Ann: (smile)

Mom: Oh, what a nice little smile! Yes, isn' t that nice? There. There' s a nice little smile.

Ann: (burps)

Mom: What a nice wind as well! Yes, that' s better, isn' t it? Yes.

Ann: (vocalizes)

Mom: Yes! There' s a nice noise.

엄마가 대화에서 차례를 주고 받듯이 아이의 트림, 바람의 통과, 기타 등등 하는 식으로 세고 있음에 주목하라. 이런 의미에서 양육자는 아무런 의도도 가지지 않은 아이로부터 의도를 끌어내고 있다. 양육자는 아이에게 언어가 규칙을 가진 사회적 활동이며, 의도적인 소통을 위해 모두가 함께 참여하는 활동이라는 것을 알도록 가르친다. 이러한 초기의 대화적인 수업은 유아의 인지적 성숙과 함께, 나중에 유아가 목적을 가지고 의사소통할 수 있도록 해주는 것 같다(Rochat, Querido & Striano, 1999).

말하기 전의 몸짓들

태어난 첫 해에 유아들은 풍부한 언어를 받아들이지만, 그들이 스스로 말할 수 있기까지는 좀 더 시간이 걸린다. 의사소통을 하기 위해 언어를 사용하기에 앞서 그들은 몸짓으로 소통을 한다.

10개월이 되기 훨씬 이전부터 유아들은 약간의 의사소통적 가치를 가진 것으로 보이는 많은 발성 행동들을 보인다. 유아의 미소와(가장 확실한) 울음은 부모의 행동을 유발한다. 특히, 부모들은 울음의 차이를 구분할 줄 알며, 그에 따라 부모의 반응 유형이나 긴급성에서 차이가 난다. 그러나 여전히 그런 소리들은 진정한 형태의 의도적 의사소통은 아닌데, 왜냐하면 유아들이 유연하고 목표지향적인 행동을 보여주지 않기 때문이다. 예를 들어, 울음이 어른들의 주의를 끄는 데 효과가 없다 해도 어린 유아들은 요람의 한 쪽을 어떤 물건으로 두드리는 것과 같은 다른 행동으로 전환하지 않는다. 따라서 대개 유아의 울음이 부모의 반응을 유발하긴 하지만, 유아는 그럴 목적으로 울음을 사용하지는 않는다. 오히려 그것은 예측 가능한 결과를 가져오는 내장된(built-in) 반응일 뿐이다.

의사소통 의도의 발달 생후 8개월 정도가 되면 유아는 자신의 의사를 전달하기 위해 무언가를 가리키거나 보여주는 등의 몸짓을 사용하기 시작한다. 어떤 행동이 무엇인가를 전달하려고 하는 것인지 아니면 단순히 유아가 즐기는 행동인지를 판단하기란 쉽지 않다. 하지만 심리학자들은 어떤 행동이 의사소통 의도를 보이는지를 판단할 수 있는 준거를 개발하였다(Brunner, 1975; Harding, 1982). 주요 준거는 (1) 기다리기, (2) 고집하기 (3) 대안적인 계획의 발전이다. 예를 들어, 아이가 부모의 다리를 잡아당기며 부모가 내려다보기를 기다렸다가 어떤 장난감을 가리킨다고 가정해보라. 어른이 주의를 기울이기를 유아가 기다렸다는 사실은, 먼저 어른의 주의를 얻고 난 다음 원하는 것을 가리켜야 한다는 가정 위에서 유아가 행동하고 있음을 시사한다. 유아의 욕구는 다소 모호할 수도 있다. 때로는 유아들이 단순히 흥미를 끄는 대상을 가리키면서 어른에게 그것이 흥미로운 대상임을 알리려 했을 수도 있다. 그러나 만약 어른이 관심을 가져주었는데도 아이가 계속 그런다면, 대부분의 어른들은 아이가 그 장난감을 가지고 싶어 한다고 추론할 것이다. 양육자들은 항상 이러한 추론을 하며, 앞서 언급한 준거들은 우리가 그런 추론을 어떻게 하는지를 좀 더 체계적으로 기술하고자 하는 시도이다.

생후 8개월 정도가 되면 유아들에게 의사소통하려는 의도가 발달되는 것 같다고 앞에서 말한 바 있다. 그러한 능력이 이 시기에 발달되는 것은 아이들의 인지적 발달 때문일 것이다. 3장에서 논의했듯이, Piaget(1952)는 유아들이 2세가 되기까지 일련의 인지발달 단계를 거친다고 주장하였다. 그 중 Piaget의 3단계(대략 4~5개월)와 4단계(대략 8~12개월)가 이 시기에 해당한다. 3단계에 있는 유아들은 목표 지향적 행동을 거의 이해하지 못한다. 그들은 Piaget가 말한 것처럼 '흥미로운 표정과 소리를 계속 내는' 행동을 보인다. 유아가 딸랑이를 받아서 그것을 흔들다가 그 소리를 즐기게 되면, 아이는 그 딸랑이를 계속 흔들 것이다. 만일 아이가 우연히 딸랑이를 떨어뜨렸는데 그것이 흥미로운 소리를 냈다면, 아마도 아이는 그 행동을 반복할 것이다. 아이는 아무런 사전 계획도 보이지 않는다. 단지 흥미로운 무언가에 빠져서 그것을 반복할 뿐이다.

8개월 정도가 되면 유아는 그들의 행동에 더욱 목적을 가지게 된다. 그들은 문제해결 행동을 보이기 시작하는데, 어떤 문제를 경험하고 기다렸다가 그 문제를 해결하고자 한다. Piaget(1952)는 그의 아들 Laurent의 행동을 기술하였는데, Laurent는 방석으로 일부가 가려진 종을 보았다. Laurent는 한 손으로 방석을 치우고 다른 손으로 종을 움켜잡았다. 아이는 마음속에 어떤 목표를 가지고 있었고, 그 목표를 달성하기 위해 두 가지 존재하는 행동을 조합하였던 것이다.

이 시기가 되면 유아는 이전에는 보이지 않던 목표 감각과 약간의 유연성을 가지고 개별적인 목표에 접근할 수 있다. 하지만 지금까지 우리의 초점은 개별적 목표에만 있었고, 사회적 목표는 생각하지 않았다. 다음 단계는 유아들이 이렇게 새롭게 습득한 인지적 능력을 어떻게 다른 사람과 소통하는데 사용하는지를 살펴보는 것이다.

의도적 의사소통의 시작 진정한 의도적 의사소통은 유아가 수단-목표 관계(means-and-ends relationship)를 이해하고 그것을 사회적 목표에 적용할 때 일어난다. Bates, Camaioni, Volterra(1975)는 말하기 이전의 초기 몸짓들을 연구하였는데, 그들은 두 가지 의사소통 행동, 즉 성인의 주의를 끌기 위한 수단으로 물건을 사용하는 **단언(assertions** 또는 declaratives**)**과 물건을 얻기 위한 수단으로 성인을 이용하는 **요청(requests** 또는 imperatives**)**에 주목하였다.

Bates와 그녀의 동료들(1975)은 유아의 비언어적 행동이 의미하는 바를 판단하기 쉽도록 다음과 같은 의사소통 맥락을 사용하였다.

> Carlotta는 어른의 손에서 장난감 고양이를 빼낼 수 없자 똑바로 앉아서 어른의 얼굴을 빤히 쳐다본 다음, 다시 한 번 그 고양이를 잡아당겼다. 보고 있던 어른이 고양이를 주지 않자 그런 패턴을 세 번 반복하였고, 마침내 Carlotta는 어른으로부터 그 대상을 잡아당겨서 빼내었다. (p. 215)

이전부터 Carlotta는 엄마의 얼굴을 쳐다보지 않고서 엄마의 손에서 어떤 상자를 빼내려는 행동을 반복했다. 잠시 중단하고 어른의 얼굴을 쳐다본다는 것은 그녀가 대상을 얻는 데에 어른이 도움이 될 수 있다는 것을 이해하기 시작했음을 보여주는 것이다. 따라서 어른을 쳐다보는 행동은 일종의 요청으로 간주될 수 있다. 또한 아이들은 어른의 관심을 끌기 위해 대상을 사용한다.

> 9개월 6일째인 Carlotta는 엄마의 팔에 안겨 유리잔에 담긴 우유를 마시고 있었다. 우유를 다 마시자 Carlotta는 자신을 바라보고 있던 어른들을 둘러보고는 입으로 재미있는 소리(어떤 사투리에서 '라즈베리' 를 가리키는 말처럼)를 냈다. 어른들은 웃음을 터뜨렸고, Carlotta는 웃거나 주위를 둘러보는 행동을 여러 번 반복했다. 부모는 Carlotta가 그런 행동을 이번 주부터 하기 시작했으며, 지금은 먹거나 마실 때 규칙적으로 그런 행동을 하면서 어른들의 반응을 기다린다고 설명하였다. (p. 216)

이 단계의 아이들은 새로운 목표를 위해 익숙한 행동을 사용한다. 그들은 어른들의 관심을 얻고, 웃음을 유발하는 것 등을 목적으로 소리를 내거나 몸짓을 한다.

한 달이 채 되지 않아 Carlotta는 친숙한 목표를 달성하기 위해 새로운 방법을 사용하기 시작하였다.

> 10개월 18일이 되던 날, 우리는 Carlotta가 팔을 뻗어 어떤 물건을 어른에게 보여주는 것을 처음 보았다. Carlotta는 그 때 손에 있는 장난감을 가지고 놀고 있었는데, 갑자기 주위의 사람들을 쳐다보더니 장난감을 든 손을 뻗었다. 다음 2~3주 동안 그러한 행동은 증가하였고 안정되었으며, 우리는 Carlotta가 손에 없는 물건들을 찾아 그것들을 즉시 어른들에게 보여주면서 그들의 반응을 기다리는 것을 관찰하였다. 이 단계에서 '보여주기' 는 어떤 대상을 주려는 의도와는 상관없어 보인다. 사실, 보여주던 장난감을 어른이 가지려고 하자 Carlotta는 가져가는 것을 거부하면서 자신을 팔을 끌어당기곤 했다. (p. 216)

의사소통의 발달은 유아기 동안 인지의 근본적인 변화의 결과로 보인다. 비사회적 맥락에서 의도성을 이해하자마자 아이들은 말하기 전의 몸짓들을 사회적, 의사소통적 방식으로 사용한다.

무언가를 가리키는 몸짓(pointing gesture)은 맥락에 따라 단언이나 요청이 될 수 있는데, Carlotta에게도 몇 달 후에 나타났다. 의사소통을 목적으로 하는 가리키기 몸짓은 주로 유연성(flexibility)에서 비소통적인 목적의 가리키기 몸짓과는 다르다. 어른의 주의를 끌기 위한 단언으로서 가리키는 몸짓을 하는 유아는 이제 어른이 그것을 제대로 보고 있는지 확인하기 위해 그의 얼굴을 쳐다볼 것이다. 이전에는 확인을 위한 그러한 행동을 보이지 않았다. 다른 사람의 몸짓을 이해하는 것도 비슷한 패턴을 따른다. 다른 사람이 무언가를 가리킬 때 그들은 말하는 사람의 얼굴을 보는 것이 아니라 지적한 곳을 바라보게 된다(Clark & Clark, 1977).

부모가 이러한 과정에 얼마나 도움을 주고 영향을 미칠 수 있는가 하는 것은 아직 해결되지 않은 문제이다. 부모와 유아의 정상적인 상호작용을 위해서 부모들은 심한 울음과 같은 유아의 모호하고 막연한 메시지를 해석해야 하고, 실제로 부모는 일상적으로 그러한 메시지를 해석한다. 부모가 하는 말은 아마도 아이가 무엇을 '말하고' 싶은지를 알도록 도와주는 역할을 할 것이다. Bruner(1975)는 부모들이 유아의 행동이 있고 나서 단어나 구를 사용하여 그런 행동의 단편들을 표시하곤 한다는 것을 발견하였다. 아이가 숟가락으로 음식을 받아먹으면 엄마는 *'Good girl!'* 하고 소리친다. 이러한 양육 메시지는 아이들이 그들의 연속적 행동을 개별 단위로 나누도록 도와줌으로써 그것들이 나중에 다른 상황에서 반복되거나 사용되도록 해준다.

요약하자면, 말하기 전의 아이들은 듣는 사람의 주의를 끌고 의사를 전달하기 위해 몸짓을 사용한다. 그런 다음 말하기 행동으로 이행하는 것은 단어 없이 해왔던 것들을 단어를 가지고 어떻게 하는지 배우는 것으로 보인다. 공을 보며 *ba*라고 말하는 유아는 어른에게 공을 보라고 말하면서 단언을 하는 것인지도 모른다. 반면에 손에 닿지 않는 물건에 손을 뻗으면서 애처롭게 *Mama*라고 하는 말은 요청일 수 있다. 후자의 경우 아이는 더 끈질기게 반응을 요구한다.

의사소통 능력과 초기의 이해 지금까지의 논의는 간단한 종류의 **의사소통 능력(communicative competence)**－대상을 자랑하고, 단언하고, 요청하기 위해 몸짓이나 단어를 사용하는 법을 아는 것－이 어떻게 말하기 전 유아의 몸짓과 초기의 화행에 나타나는지에 초점을 맞추었다. 이러한 지식이 초기 이해 활동에 어떻게 영향을 미치는지에 관한 정보가 별로 없지만, 어린 아이들도 언어의 다양한 구조를 충분히 습득하기 전에 이해를 위한 의사소통 방략들을 사용한다는 주장이 조금은 있다. 아이들은 언어를 산출하는 것과 비슷한 방식으로, 주변에 있는 대상들에 대한 구체적인 조작에 주의를 기울이면서 언어를 이해하는 것 같다.

Shatz(1978)는 어린 아이들이 종종 행위에 기초한 단순한 이해 방략을 사용하여 복잡한 말소리에 반응한다는 것을 보여준 바 있다. 그것은 발화에 명시된 대상에게 어떤 행위(action)를 함으로써 발화에 단순히 반응하는 것이다. 예를 들어, 어떤 부모가 딸이 인형을 장난감 그네에 올려놓기를 바라면서, *인형을 그네에 놓는 게 어때?*하고 묻는다면, 그 유아는 이 복잡한 의문문에서 단지 한두 개의 핵심 단어를 파악한 다음 그 대상들로 할 수 있는 가장 분명한 일을 함으로써 정확하게 반응할 수 있을 것이다. 반면에 아이에게 *인형을 그네에 놓기 원하니?* 라고 물었다고 가정해 보자. 이 때의 문장은 행위 반응(action response)보다는 Shatz가 통지 반응(informing response)이라고 부른 반응을 요구한다. Shatz는 만약 유아가 간단한 행위 방략(action strategy)을 사용한다면, 적절한 반응을 명시하는 문장의 통사형은 유아의 반응에 거의 효과가 없을 것이라고 생각하였다. Shatz 연구에 참가한 아이들은 19개월에서 34개월 된 유아들이었는데, 장난감 대상에 관한 문장들에 대해 이런 형태의 반응을 보였다. 예를 들어, *개를 차에 넣어*라는 단순 명령문에 대한 반응의 70%가 행위 반응이었고, 그것은 명령문에 대한 정확한 반응이다. 하지만 *개를 차에 넣기 원하니?*라는 질문에 대한 반응의 64% 역시 행위 반응이었으나, 여기서는 통지 반응이 요구된다. Shatz는 광범위한 문장 유형에서 행동 반응에 대한 일관된 선호를 발견하였다.

우리는 이와 같은 방략들을 잘 알아차리지 못하기 때문에, 어린 아이들의 특정 언어 능력을 과대평가하기가 쉽다. 어린 아이들은 어른들이 말하고 있는 것을 파악하기 위해 상황이 가진 인지적 의미를 이해하고 그것을 사용하는 것 같다. 아이들이 의미를 언어에 대한 단서로 사용한다는 일반적인 가설은 다른 연구자들에 의해 강조되어 왔다. 예를 들어, Macnamara(1972)는 "유아는 처음에는 화자가 그들에게 전달하려고 의도한 의미를 언어와는 독립적으로 결정함으로써 언어를 배우고, 그 다음에는 의미와 언어 사이의 관계를 파악함으로써 언어를 배운다"고 주장하였다(p. 1). 여기에 제시된 증거들은 이러한 견해와 일치한다. 의미, 즉 의도의 원소 체계(primitive system)는 말의 이해와 산출 모두에 선행하고 이를 안내한다.

요약

아이들은 사회적 세계에 태어난다. 어른들은 어른에게 말할 때와는 다르게 아이들에게 말하고, 그러한 말소리 형태는 유아들이 언어를 사회적 도구로 사용하도록 가르쳐 준다. 유아들이 출생하기 이전에 어느 정도 말을 지각하는 능력을 가지고 있다는 점에서, 그들은 이러한 수업에서 유익을 얻을 수 있도록 잘 준비되어 있는 것 같다.

8개월 정도 되면 아이들은 의도를 가지고 의사소통할 수 있을 정도의 인지 능력을 갖는 것으로 보인다. 이 시기에 아이들의 말이 잘 발달되어 있지는 않지만, 양육자들에게 자신의 욕구를 전달하기 위해 몸짓들을 유연하게 활용한다. 더욱이 아이들의 의사소통 지식은 그들이 다른 사람의 말을 어떻게 해석하는지에 영향을 미친다. 이제 이러한 의사소통 기술이 어떻게 아이들의 음운 습득에 관여하는지를 살펴보자.

초기 음운

아이들이 언어의 소리 체계를 습득하는 일이 지금까지 논의했던 의사소통 과정과 별개로 일어나는 것은 아니다. 오히려 아이들은 비언어적 방식으로 어떻게 소통하는지에 관한 약간의 지식을 가지고 음운 학습이라는 과제를 맞이한다. 말하기 전의 유아들은 단언과 요청을 하기 위해 몸짓을 어떻게 사용해야 하는지를 알고 있다. 그리고 일단 말소리 음들을 익히고 나면 그들은 동일한 의사소통적 기능을 위해 재빨리 그것들을 사용한다. 그러나 아이들이 처음 말소리 음을 산출하려고 시도할 때는 다른 사람들과 의사소통을 하기 위해서라기보다는 소리 체계를 연습하기 위한 것에 가깝다. 그리고 마침내, 단어 없이 의사소통하는 능력과 의미 없이 발성하는 능력이 결합하여 생산적이고 소통적인 말소리가 된다.

유아들이 음운에 관해 얼마나 알고 있는지를 파악하기란 어려운 일인데, 이는 음운 지식을 표현하는 방식이 다소 간접적일 수 있기 때문이다. 본 장 서두에 제시되었던 예를 다시 생각해 보라. Lisa라는 아이는 자신의 이름을 *Litha*라고 발음하면서, 어른이 똑같이 발음하면 이의를 제기하였다. 분명한 것은 아이가 발음을 하지 못하면서도 그 차이를 지각할 수 있다는 것인데, 물고기를 *fis*라고 부른 아이의 예를 따라 이런 현상을 **fis 현상(fis phenomenon)**이라고 한다(Berko & Brown, 1960). 따라서 아이들의 모어 음운 지각을 제대로 평가하기 위해서는 단순히 그들이 말하는 것만을 지켜봐서는 안 된다. 음운 발달을 이해하기 위해 아이들의 말소리 지각을 먼저 살펴보고 그런 다음 말소리 산출을 보도록 하자.

말소리 지각의 발달

유아의 말소리 지각에 관한 연구는 그들의 지각 능력이 선천적인가 아니면 그들이 듣기 시작하면서 말소리의 영향을 받는가 하는 의문에서 시작되었다. 생득적 기제를 주장하는 사람들은 아주 어린 유아라도 성인이 지각하는 것과 유사한 방식으로 말소리를 지각한다고 본다. 그들은 특히, 유아들에게 말소리를 범주적으로(categorically) 지각하는 능력이 있음을 보여주었다.

유아의 범주적 지각 4장에서 우리는 범주적 지각이란 우리가 식별할 수 있는 것 이상으로 음들은 더 잘 지각할 수는 없음을 가리키는 것이라고 배웠다. 성인에게 있어서 이러한 현상은 청자에게 식별 검사에 이은 변별 검사를 실시함으로써 연구된다. 식별 검사에서는 일련의 음들이 제시되고, 청자는 그 음의 음소 범주를 파악해야만 한다. 예를 들어, /b/와 /p/는 성대진동 시작시간(voice onset time; VOT)−음이 입술에서 방출되는 시점과 성대가 진동하기 시작하는 시점 사이의 시간 간격−에서 다르다. 대개 영어를 사용하는 청자들은 25msec 이하의 VOT를 /b/로 듣고, 25msec 이상의 VOT는 /p/로 듣는다. 변별 검사에서는 청자들에게 두 개의 다른 음을 제시한 후 그 중 하나를 반복하는데, 청자는 세 번째 음이 앞의 두 음 중 어느 것과 일치하는지를 말해야 한다. 어떤 경우에는 앞의 두 음이 같은 음소 범주(예를 들어, 0msec와 20msec의 VOT)에 속하고, 어떤 경우에는 두 음이 다른 범주(예를 들어, 20msec와 40msec의 VOT)에 속한다. 성인 청자들은 음들이 서로 다른 범주에 속할 때는 수행을 잘 하지만, 음들이 같은 음소 범주에 속하면 수행이 매우 저조하다.

일련의 흥미로운 연구들이 말소리 음의 범주적 지각을 탐구하였다. 첫 번째 연구는 Eimas와 그의 동료들(1971)에 의해 수행되었다. 그들은 1개월과 4개월 된 유아들에게 짝지어진 말소리 음들을 제시하였다. 첫번째 쌍은 VOT가 20msec와 40msec인 음들로 구성되었고(성인들에게 각각 /ba/와 /pa/로 들린다), 두 번째 쌍은 VOT가 0msec와 20msec인 음들로 구성되어 있었으며(성인에게 /ba/로 들린다), 세 번째 쌍은 VOT가 60msec와 80msec인 음들로 이루어져 있었다(성인은 /pa/로 듣는다). 유아들이 물고 있는 고무젖꼭지의 빨기 반응이 기록되었다. 유아가 반응할 때마다 쌍을 이루는 두 음 중 하나가 제시되었다. 유아들이 동일한 자극에 대해 지루해할 때(즉 반응 수준이 정해진 수준 이하로 떨어질 때), 다른 음이 제시되었다. 뒤의 두 쌍의 경우에는 두 번째 음이 제시되었을 때 유아들의 빨기 비율에 변화가 없었고, 유아들은 그 차이를 인식하지 못하는 것 같았다. 그러나 두 번째 음이 다른 음소 범주에 속한 것일 때는 빨기 비율이 가파르게 증가하였고, 그것은 유아들이 변화를 지각하였음을 가리키는 것이었다. Eimas와 그의 동료들은 이러한 결과가 유아들이 말소리 범주에 조율된 지각 기제를 가지고 태어남을 보여주는 것이라고 주장하였다.

유아의 범주 지각을 연구하는 데 사용된 절차들이 성인의 연구에 사용된 것과 동일하지는 않다는 점에 유념하여야 한다. 성인 연구에서는 자극이 범주적으로 지각되었는지 판단하기 위해 식별과 변별 수행을 비교할 필요가 있다. 그러나 유아들의 경우 말소리 음의 식별을 평가할 만한 다른 방법이 없기 때문에, 변별 수행밖에 볼 수 없다. 일반적으로 유아들이 보이는 변별은 음소 범주 사이의 비교를 반영한다고 가정한다(이에 관한 논의를 보려면 Eimas, Miller & Jusczyk, 1987, p. 167과 Kuhl, 1987을 보라). 검증할 방법이 마땅치 않지만, 이것은 타당한 가정인 것으로 보인다.

어쨌든, 이러한 결과들은 Lasky, Syrdal-Lasky, Klein(1975)에 의해 확장되었는데, 그들은 스페인어를 사용하는 가정에서 태어난 과테말라 유아들을 대상으로 몇몇 음소 대비를 연구하였다. 유아들의 나이는 생후 4개월에서 6.5개월이었고, 세 개의 VOT 대비쌍들이 연구에 포함되었다. 첫 번째 쌍의 VOT는 20msec와 60msec이었는데, 그것은 영어에서 유성음과 무성음의 차이에 해당한다. 두 번째 쌍은 유성전음(prevoiced sounds; 성대 진동이 자음 방출보다 먼저 일어나는 음)과 유성음의 차이에 해당하였는데, VOT는 −60msec와 −20msec이었다. (유성전음/유성음 구분은 태국어가 가진 음소이며 영어나 스페인어에는 없다.) 세 번째 쌍의 음들은 −20msec와 20msec의 VOT를 가지고 있었는데, 성인 스페인어 화자들은 영어나 많은 다른 언어의 화자들과는 달리 그 두 값을 가진 음들을 유성음/무성음으로 지각한다. Lasky와 동료들은 과테말라 유아들이 처음 두 쌍에서의 차이는 지각하였으나 세 번째 쌍에서는 지각하지 못한다는 것을 발견하였다. 즉, 그들은 자신들의 언어에 속하지 않는 두 쌍에서의 차이는 지각하였으나, 자신들의 언어에 속하는 쌍에서는 지각하지 못하였다. 마찬가지로 영어를 사용하는 환경에서 자란 유아들도 유성전음과 유성음의 차이를 범주적으로 지각하였다(Aslin, Pisoni, Hennessy & Perey, 1981).

이러한 연구들과 다른 관련 연구들(Streeter, 1976)은 유아가 수많은 음소 차이를 지각할 수 있는 능력을 가지고 태어남을 시사한다. 이러한 연구들의 가장 흥미로운 면은 아마도 유아들이 그들의 모어에 있는 음소를 구별하는 것에만 제한되지 않음을 이 연구들이 분명하게 보여주었다는 점일 것이다. 반대로 유아들이 다른 언어의 음소 범주들은 지각하지만 자신의 언어가 가진 것들을 지각하지 못한다는 관찰은 범주적 지각이 생득적이라는 것을 시사한다.

몇 가지 점에서 이것은 의외의 발견이다. 이것은 유아들이 그들의 모어와 무관한 음성적 차이에 대한 지식을 가지고 태어난 후, 모어와 가장 관련성이 높은 음들로 좁혀나간다는 것을 시사한다. 이런 경우, 사실상 학습은 부정적인 용어들로 정의되는데, 즉, 아이들이 관련이 없는 음성적 차이는 무시하게 된다는 것이다. 하지만 그때까지는 유아들은 '세계의 시민' 이다(Kuhl & Meltzhoff, 1997, p. 11).

언어 경험의 역할 다른 언어가 가진 음소의 차이를 지각하는 능력은 생후 일 년 만에 급격히 감소한다. Werker, Gilbert, Humphrey, Tees(1981)는 영어권에 사는 6개월에서 8개월 된 유아들과 성인 영어 화자들 그리고 성인 힌두 사람들을 비교하였다. 세 집단 모두 유성음과 무성음을 구별하는 능력을 보여주었는데, 그 차이는 힌디어와 영어 모두에서 인식되는 것이었다. 그러나 성인 힌디어 화자들과 유아들만이 힌디어 음들의 쌍을 구별할 수 있었다. 시간이 지남에 따라 우리는 지각 능력 일부를 잃어버리는 것 같다.

Werker와 Tees(1984)는 이러한 발달적 쇠퇴가 1 년 이내에 일어난다는 것을 보여주었다. 그들은 영어를 사용하는 가정에서 자란 세 집단의 유아들을 대상으로, Salish/Thompson(British Columbia에서 사용되는 언어)의 음소 대비와 힌디어 대비의 식별을 조사하였다. 가장 어린 집단(6개월에서 8개월)은 그러한 대비음들의 차이에 매우 민감하게 반응하였으나, 중간 연령(8개월에서 10개월)에서는 상당한 쇠퇴가 일어났으며, 특히 나이든 집단(10개월에서 12개월)에서는 더 심했다. 가장 나이가 많은 집단의 유아들은 비모어의 대비음들에 대한 지각 능력을 전혀 보여주지 못했다.

Werker와 Pegg(1992)은 그들이 관찰한 이런 발달상의 변화가 초기 능력의 완전한 소실이라기보다는 지각적 재조직화라는 형식으로 가장 잘 기술된다고 주장하였다. Best, McRoberts, Sithole(1988)의 연구가 이러한 견해를 지지하였는데, 그들은 Zulu 흡착 자음(click consonants)과 다른 음들을 구별하는 능력에서 아무런 지각적 쇠퇴를 발견하지 못하였다. 영어에서 사용되는 음들과는 매우 다른 이들 자음들은, 성인 영어 화자들과 영어를 사용하는 가정의 12개월에서 14개월 사이의 유아들도 성공적으로 변별하였다. Best와 그녀의 동료들은 초기 연구들에서 발견된 그와 같은 쇠퇴가 단음들(phones)이 모어의 음소 범주들로 조직되는 음운 재조직화의 과정을 반영하는 것이라고 주장하였다. 그러한 범주 어디에도 속하지 못하는 음들(흡착 자음과 같은)은 아마도 재조직화 과정을 거치지 않을 것이고, 그 결과 그것들을 변별하는 데는 아무런 쇠퇴도 없다(Best, 1994를 보라).

유아들이 자신의 모어에 맞추어 지각 능력을 조직화하기 시작한다는 다른 징후들도 있다. 9개월 정도의 어린 유아들(6개월은 안 됨)이 자신의 모어와 아주 유사하게 들리는 단음절(즉, 빈도가 높은 음들의 연속으로 이루어진)과 모어에 가깝지 않은 단음절을 구별할 수 있음을 보여주는 증거들이 있다(Jusczyk, Luce & Charles-Luce, 1994). 또한, 유아들은 4.5개월이 되면 자신의 이름을 알아들을 수 있다(Mandel, Jusczyk & Pisoni, 1995).

그럴듯한 음들의 연속과 그렇지 않은 음들의 연속을 구별하는 능력은 말소리를 단어로 분절하는 능력에서 중요한 것으로 밝혀졌다. *pretty baby*라는 말소리 열을 생각해 보자. 경험이 많은 언어사용자는 이것을 두 개의 다른 단어로 듣지만, 사실 유아는 이것을 연속적인 말소리의 흐름으로 듣는다(성인들이 외국어를 들을 때와 비슷하다). 유아는 *pre*와 *ty*를 함께 분절하기 보다는 *ty*와 *ba*를 함께 분절할 가능성이 있다. 분명한 것은 단어를 분리하는 능력이 아동의 어휘 습득에서 중요한 단계라는 점이다.

최근의 연구들은 8개월 된 유아가 다양한 음들의 연속이 나올 확률에 주의함으로써 말소리를 단어로 분절할 수 있다는 것을 보여주었다(Jusczyk & Aslin, 1995; Saffran, Aslin & Newport, 1996). Saffran과 그녀의 동료들은 유아들에게 *bidakupadotigolabubidaku*같은 연속적인 음절들을 제시하였다. 자극들은 음절 쌍의 일부(예를 들어, *bida*)가 다른 것들(*kupa*같은)보다 더 잦도록 배열되었다. 학습을 평가하기 위하여 유아들에게 그들이 이미 들었던 3음절의 소리열과 새로운 유사 소리열을 제시하였다. 유아들은 새로운 소리열을 듣는 것을 선호하였고, 이것은 그들이 음절들 사이의 확률을 파지하고 있었다는 것을 시사한다. Saffran과 그녀의 동료들은 유아들이 말소리를 단어로 분절하기 위해 통계적인 정보를 사용한다고 주장하였다.

이러한 결과들은 Marcus, Vijayan, Bandi Rao, Vishton(1999)에 의해 확장되었는데, 그들은 ABA 또는 ABB 형식의 무의미 음절열을 생후 7개월 된 유아들에게 들려주었다. 여기서 세 번째 음절은 첫 번째 또는 두 번째 음절의 반복이었다. 먼저 첫 번째 음절열에 습관화된 후, 유아들에게는 ABA나 ABB 형식 중 하나에 맞는 새로운 음절열이 제시되었다. 여기서 새로운 음의 제시는 근본적인 변화이다. 만약 그 음이 실험의 첫 번째 회기와 두 번째 회기에서 다르다면, Saffran의 연구에서처럼 유아들이 새로운 음절열들을 구별하기 위해 통계적 확률을 사용하는 것은 불가능하다. 그럼에도 불구하고 유아는 친숙한 음절 형식보다 친숙하지 않은 음절 형식에 더 오래 주의를 기울였다. Marcus와 동료들은 유아들이 규칙을 추출하여 그것을 새로운 음절열에 일반화시켰다고 결론지었다.

최근에, 규칙이나 통계적 확률이 이러한 연구들뿐만 아니라 관련 연구 결과들도 잘 설명하는지를 검토한 상당한 논의들이 있었다(Jackendoff, 2002; Marcus, 2001; Peña, Bonatti, Nespor & Mehler, 2002; Saffran, 2002; Seidenberg, Elman, Negishi, Eimas & Marcus, 1999; Seidenberg, MacDonald & Saffran, 2002). 하지만 아직까지 이 문제에 대한 최종 결론을 내리지 못하고 있다.

그럼에도 불구하고 연속된 말소리를 개별 단어들로 분절하는 유아의 새로운 능력은 인상적이고 중요한 성취이며, 그것은 아이들이 모어의 심성 어휘집을 습득할 수 있는 토대가 된다.

운율 요인의 역할 지금까지의 논의는 유아의 말소리 분절 지각에 관한 것이었다. 그러나 그들이 초분절적인 또는 운율적인 요인들을 얼마나 잘 지각할 수 있는가 하는 것도 의문이다. Mehler와 그의 동료들(1988)의 연구는 유아들이 태어난 지 4일이 되면 그들의 모어와 다른 언어를 구분할 수 있다는 것을 발견하였다. 연구자들은 이러한 변별 능력이 억양의 변화와 같은 운율 단서에 근거한다고 주장하였다. 이런 점에 비추어, 아이들이 말할 때 억양을 사용하는 능력이 상당히 빠르게 발달된다는 것은 흥미로운 일이다.

Nazzi, Bertoncini, Mehler(1998)는 신생아가 두 개의 외국어를 구별할 수 있다는 것을 보여줌으로써 이러한 결과들을 확장시켰다. 그들의 프랑스 신생아들은 상이한 리듬 패턴을 가진 영어와 일본어는 구별할 수 있었으나, 유사한 리듬패턴을 가진 영어와 독일어는 구분하지 못하였다. 따라서 그들은 상이한 외국어들을 서로 다른 집단으로 분류할 수 있다. 연구자들은 유아가 처음에는 세상의 모든 언어에서 사용되는 리듬 패턴들을 표상할 수 있지만, 경험을 통해 그들의 모어와 연합된 패턴들만 사용하게 된다고 주장하였다.

다시 말해, 유아들은 태어날 때부터 언어의 운율적인 측면에 민감한 것으로 보인다. 본 장 앞부분에서 논의했던 Seuss 박사의 연구(DeCasper & Spence, 1986)에서처럼 운율에 대한 민감성은 아마도 자궁에서 언어를 들었던 것과 관련이 있을 것이다. 그것은 또한 유아들이 성인 지향어보다 아동 지향어를 선호하는 기초일 가능성도 크다(Fernald & Kuhl, 1987).

어쨌든, 언어의 운율 양상에 대한 유아들의 지각이 범주적 지각이나 통계적 학습보다 먼저 일어난다는 것은 분명하다. 그리고 운율을 처리하는 능력은 유아들이 모어를 습득하도록 도와줄 것이다. 예를 들어, 우리는 성인들이 말소리 분절을 위해 강세나 다른 운율 요인들을 사용한다는 것을 알고 있다(4장을 보라). 유아들도 연속적인 말소리 열을 음절 단위로 분절하기 위해 운율 요인, 통계적 요인, 규칙 학습을 어느 정도 결합하여 사용할 것이다.

말소리 산출의 발달

우리는 언어를 사용하기 전, 즉 생애 첫 해 동안 유아들이 다소 복잡한 말소리 지각 능력을 보여줄 수 있다는 것을 알게 되었다. 이제 그들의 말소리 산출을 살펴보도록 하자.

옹알이 아기들의 초기 발성은 일련의 단계들을 거친다(Oller, 1980; Stark, 1980). 생후 2개월 말에 이르면 유아들은 소리내기(cooing)[1]를 많이 하기 시작한다. 그것은 울음(cries)보다는 음향학적으로 훨씬 다양하며, 유아들이 매우 다양한 소리를 내기 위해 조음 기관들을 어느 정도 제어하는 연습을 하는 것이다. 그 소리는 주로 입 뒤쪽에서 만들어지므로 후설 모음과 연구개 자음과 유사하다.

그러다가 생후 6, 7개월 정도 되면 옹알이가 시작된다. 처음에는 **반복 옹알이(reduplicated babbling)**를 하는데, 그것은 *babababa* 하는 것처럼 자음과 모음으로 반복되는 소리열이다. 이와 유사한 경향이 다양한 언어들에서도 발견되었다(Oller, 1980; Stark, 1980). 11~12개월이 되면 유아는 **혼합 옹알이(variegated babbling)**를 하는데, 이것은 *bigodabu*처럼 다양한 자음과 모음으로 이루어진 음절열이다. 또한 이 시기의 유아들은 말할 때 문장과 같은 억양을 사용하기 시작하고, 모음들도 모어에 있는 것과 비슷해진다(Boysson-Bardies, Halle, Sagart & Durand, 1989). 이러한 발달은 모어가 아닌 대비음들에 대한 범주적 지각의 쇠퇴와 함께, 유아들이 태어나서 1년이 되기 전에 모어의 음운을 습득하기 시작함을 시사한다.

옹알이는 다양한 음들을 의사소통을 위해 사용하기 전에 그것들을 연습하고 숙달하는 놀이(play)의 한 형태라고 볼 수 있다. 처음에는 옹알이가 의사소통을 위한

1) 울음 외의 소리

것이 아니라고 보는 몇 가지 이유가 있다. 그 중 하나는 옹알이를 할 때 내는 소리가 나중에 내는 소리와 비슷하지만 음운적으로는 훨씬 엉성하다는 것이다. 7개월 된 유아와 18개월 된 유아가 내는 *ma* 소리가 비슷하게 들리지만, 두 소리를 스펙트로그램으로 검사해 보면 대체로 이전의 소리는 실제 말소리보다 훨씬 엉성하고 범위가 큰 음향 특성을 보인다. 또 다른 이유는 성인이 있을 때보다 없을 때 유아들이 더 자주 옹알이를 한다는 점이다(Nakazima, 1975). 예를 들어, 아기들은 잠에서 깨거나 잠이 들기 전에 요람에서 옹알이를 하곤 한다. 거기에는 아무도 없기 때문에 그것을 의사소통적 행위라고 보기는 어렵다.

말소리로의 이행 생후 1년쯤 되면 의미를 전달하기 위해 몸짓을 사용하고 비소통적인 상황에서 말소리에 숙달되는 유아 발달의 두 가지 측면이 합쳐지기 시작한다. 이때쯤 되면 아이는 의미를 전달하기 위해 말소리 음들을 사용하는 것이 가능해진다.

아이들은 몇몇 과정들로 인해 '진짜' 단어를 사용하게 된다. 말소리 기관에 대한 운동 통제가 확대되면서 유아는 더 정확하게 소리를 내게 된다. 또한 앞 절에서 보았듯이 인지적 성숙으로 인해 유아들은 자신의 의사를 표현할 수 있게 된다. 그리고 특정 대상을 언어가 가진 특정 기호로 표상하는 기초적인 인식이 생긴다. 사물들이 이름을 가지는 것이다!

이러한 일이 일어나기 전에, 아이들은 주변의 사물이나 사건들을 가리키는 자신들만의 기호를 만들어내기도 한다. 이러한 개인화된(personalized) 단어를 일컬어 **고유형(idiomorphs)**이라고 한다. 흥미롭게도 이와 같은 발달 단계에 있는 아이들은 그들만의 독특한 단어들을 매우 일관되게 사용한다. 나의 딸 Rachel은 한 살쯤 되었을 때, 우유를 *ca ca*라고 불렀다. 그 말을 알아듣기까지는 시간이 좀 걸렸지만, 일단 알아듣기 시작하자 아이가 우유를 가리킬 때마다 그러한 소리를 사용한다는 것이 분명해졌다.

고유형의 또 다른 예가 Reich(1986)에 의해 보고되었는데, 그녀는 아이스크림을 *ABCDE*라고 부르는 아이에 관해 이야기했다. 처음에 아이의 부모는 혼란스러웠지만, 곧 그것이 무엇을 뜻하는지 알게 되었다. 그들은 아이가 알아듣지 못하도록 어떤 단어를 철자로 말하는 버릇이 있었고, 그래서 서로에게 'I-C-E C-R-E-A-M 좀 먹을래?' 하고 묻곤 했던 것이다. 아이는 그것을 철자로 말할 수 없었기 때문에, 단순히 그가 아는 철자들만을 사용했던 것이다. 그러나 가장 좋은 예는, 자기 집에 오는 손님들에게 인사로 '휴!(Whew!)' 라고 말하는 아이를 보고한 Hakuta(1986)의 예다.

아이의 엄마가 아침에 자주 그런 식으로 "휴, 너 분명히 팬티가 가득 찼겠지."라며 아이에게 인사했던 것으로 드러났다. 이런 예들이 말해주듯이, 아이들은 자신의 언어 경험으로부터 이러한 고유형을 형성하는 것으로 보인다. 때때로 이 고유형들은 성인의 말소리를 단순화한 것이거나 그들이 가리키는 대상들의 소리(사물을 가리키는 데 사용되는 단어의 소리와는 반대되는)와 관련된 것으로 보인다.

고유형은 발달상의 몇 가지 중요한 측면들을 내재하고 있다. 첫째, 그것은 아이들의 언어가 창조적임을 시사한다. 아이들은 그들이 들은 언어를 단순히 모방하는 것이 아니라 오히려 그 언어를 새로운 방식으로 사용하곤 한다. 우리는 본 장과 다음 두 장을 통해 아이들의 언어적 창조성이 가진 몇몇 다른 측면들을 보게 될 것이다. 둘째, 고유형은 아이들이 대상을 가리킬 때 일관성이 중요하다는 사실을 배웠음을 시사한다. 불과 얼마 전만 하더라도 그들은 다양한 음들을 무선적으로 조합하여 사용하고서는 결과를 낙관했을 것이다. 고유형의 일관성은 유아들이 아직까지 대상들이 이름을 가진다는 사실은 깨닫지 못했다하더라도 일관성이 중요하다는 것을 안다는 것을 시사한다. 또는 그들이 이 사실은 알지만 그 이름들은 모를 수도 있다. 어떤 경우라 하더라도 고유형은 옹알이에서 진짜 단어로 가는 이행단계이고, 의사소통 과정에 대한 아이들의 의식이 언어 구조에 대한 그들의 지식보다 선행함을 시사한다.

초기 단어의 음운 과정 첫 번째 생일이 지나자마자 아이들은 알아들을 수 있을 정도의 단어들을 말하기 시작한다. 몇 개의 간단한 단어들은 처음부터 정확하게 발음하기도 한다. 그러나 이 절의 앞부분에서 보았듯이, 그 밖의 경우에는 아이들이 말하는 단어들과 성인들이 말하는 단어들이 다르다. 우리는 이러한 차이들을 살펴봄으로써 아이들의 음운 과정을 조금은 추론할 수 있다. 성인들이 사용하는 단어들을 아이들이 발음할 때 보이는 규칙성에 대해 살펴보자. 표 10.1은 일반적으로 일어나는 네 가지 과정을 나열한 것이다. **감소(reduction)**는 아이들이 음을 삭제하거나 생략할 때 발생한다. 이것은 취학 전 아동들에게서 흔한데, 그들은 자음군(consonant clusters; 두 개 이상의 연속적인 자음들의 무리)의 사용에 어려움을 보이며, 자음군이 단어 초두에 올 때 그것을 줄여 말한다. 예를 들자면 *store*를 *tore*라고 말하는 것이다. 또한 *bottle*을 *baw*라고 말하는 것처럼 단어의 후반부 분절음을 줄이기도 한다. **융합(coalescence)**은 상이한 음절에 포함된 음소들이 하나의 음절로 결합될 때 일어난다. 표 10.1의 예에서는 셋째 음절의 *f*가 첫 음절과 결합되었다. **동화(assimi-**

표 10.1 아이들이 사용하는 음운 과정

유형	예
감소	store 대신 tore
	bottle 대신 baw
융합	pacifier 대신 paf
동화	dance 대신 nance
	beans 대신 means
중복	kitty 대신 titty

출처: *Language Development and Language Disorders*, by L. Bloom and M. Lahey, p. 102, John Wiley & Sons. Inc., 1978.

lation)는 아이들이 하나의 음을 같은 단어의 다른 음과 비슷하게 바꾸는 것이다. 예를 들어, *dance*를 *nance*라고 하거나 *sweet*을 *fweet*라고 하는 것이다. 후자의 경우, *f*는 *s* 보다 입의 앞쪽에서 조음되므로 양순음인 *w*에 더 가깝다. **중복(reduplication)**은 다음절 단어의 한 음절이 반복되는 것으로, *daddy*가 *dada*로 바뀌는 것이다. 이러한 과정들이 아이들의 언어에서 흔하게 발생하지만 다 똑같은 것은 아니다. 아이들마다 그 정도를 달리하면서 상이한 과정들을 사용할 것이다.

아이들이 왜 이런 오류를 범하는가? 하나의 간단한 설명은 아이들이 혼동되는 음들을 제대로 변별하지 못한다는 것이다. 예를 들어, 아이들이 실제로 *stop*을 *top*이라고 듣기도 한다는 것이다. 하지만 성인이 아이들의 발화를 모방하면 그들이 '바보'라고 하면서 이의를 제기하는 것처럼, 많은 일화적 증거들은 이러한 견해에 반대한다. 또한 그러한 관점은 일반적으로 오류가 왜 한쪽 방향으로만 일어나는지를 설명하지 못한다. 두 음의 차이를 구분하지 못하는 아이는 두 음을 같은 비율로 대체해야 하는데, 대개는 그런 일이 일어나지 않는다. 이런 오류는 대부분 한쪽 방향으로만 일어난다.

또 다른 가능성은 단지 아이들이 생략된 음을 발음할 수 없다는 것이다. 어느 정도 그럴 듯하지만, 이러한 견해는 자발적인 말에서 일어나는 수많은 오류가 모방시에는 일어나지 않음을 보여주는 모방 연구의 결과들을 설명하지 못한다(Eilers & Oller, 1975, Dale, 1976에서 인용). 또한 그것은 Smith(1973)에 의해 기술된 것과 같은 상황을 설명하지 못하는데, 그는 한 아이가 *puzzle*을 *puddle*로, *puddle*을 *puggle*로 말하는 것을 들었다. 여기서 그 아이는 *puddle*을 발음할 수 있지만 그럼에도 불구하고 정확한 맥락에서 그렇게 말하는 데 실패한다. 그러므로 조음의 어려움 이상의 어떤 것이 관여한 것으로 보인다.

세 번째 가능성은 이러한 단순화 오류가 훨씬 일반적인 언어 과정의 일부라는 것이다(Dale, 1976; Oller, 1974). 음운 체계에 숙달 중인 아이들은 자신의 말소리가 가진 통사적, 의미적, 화용적 특징들에도 주의를 기울여야만 한다. 그러므로 복잡한 음운연속은 그들의 정보 처리 용량에 부담을 줄 것이다. 이런 입장에서는 아이들의 말소리가 특히 자발적인 말에서 성인의 말소리보다 좀 더 단순한 자음-모음 소리열의 형태로 벗어날 것이라고 예상한다. 하지만 아이들이 말소리만을 모방할 때는 그와 같은 언어의 다른 수준들이 많은 주의를 필요로 하지 않는다.

현재로선 이러한 설명들 중에서 어느 것이 옳다고 분명하게 결론내리기가 어렵다. 그럼에도 불구하고 이러한 각각의 생각들은 검증 가능한 함의를 가지며, 순전히 지각 또는 산출 한계에 근거한 설명들은 지나친 단순화일 수 있다고 믿을 만한 몇 가지 이유가 있다. 하지만 처리 부담에 기초한 설명을 지지하는 증거는 간접적이다.

요약

유아들은 태어나자마자 모어가 아닌 언어를 포함하여 다양한 말소리의 차이를 지각할 수 있는 능력을 보인다. 대부분의 비모어 대비음을 지각하는 능력은 생후 1년이 되면 쇠퇴한다. 유아들은 생후 첫 해 동안 일련의 단계를 거치면서 말소리 산출에서 발전을 보인다. 옹알이가 끝날 무렵의 형태는 초기의 형태보다 아이의 언어 경험을 더 잘 반영한다. 아이들이 음운 체계를 터득하는 과정은 의사소통 과정과 거의 독립적으로 진행된다. 한 살 정도가 되면 첫 단어의 발달과 함께 소리와 의미가 통합된다.

아이들이 성인의 단어를 따라 말할 때, 그것은 성인의 발음과는 체계적으로 다르다. 감소, 융합, 동화, 중복과 같은 몇몇의 음운 과정이 어린아이들의 말소리에서 흔하게 발견된다.

한 번에 한 단어

대개 생후 12개월 정도가 되면 아이들은 첫 단어를 말하고, 그 이후 몇 달 동안 대부분의 말들은 겨우 한 단어로 이루어져 있다. 생후 1년 6개월이 되기 전에 그들은 간단한 단어조합들을 말하기 시작한다. 생후 1년 6개월까지 이어지는 한 단어 단계의 말이 이 절에서의 초점이다.

이 시기에는 여러 가지 발달이 한꺼번에 이루어지기 시작한다. 아이들은 자주 접하는 장난감이나 가족 구성원들, 좋아하는 사건 등 자신을 둘러싼 환경의 규칙적인 특징들에 대한 꼬리표로서 단어들을 익히게 된다. 간단히 말해, 아이들은 자신이 사용하게 될 언어의 심성 어휘집을 습득하기 시작한다. 부모는 이제 직접 자녀들에게 어휘의 습득, 다양한 단어들의 적절한 사용 그리고 정확한 발음을 가르칠 수 있기 때문에, 주변의 구체적인 환경에 꼬리표를 붙이는 능력은 아이들이 사회적 세계와 접촉하며 상호작용할 수 있도록 해준다.

이와 동시에 아이들에게는 자신을 둘러싼 세계에 대해 자신의 생각을 말할 수 있는 능력이 발달된다. 하지만 아이들은 한 단어만을 가지고 말하기 때문에, 종종 아이들이 의미하는 것이 무엇인지 어른들은 분간하기 어렵다. 그러나 분명한 것은 어른들이 긴 문장으로 전달하는 의미를 한 단어 단계에 있는 아이들도 표현할 수 있다는 것이다. 아이들이 의미하는 것이 정확하게 무엇인지, 무엇이 그들로 하여금 그러한 생각들을 좀 더 완전하게 표현하지 못하도록 하는지가 아동 언어 연구자들이 풀고자하는 의문이다.

어휘 발달

아이들의 어휘 증가에 대한 추정치들은 대개 아이들이 6세가 되기까지 14,000단어를 습득함을 보여준다(Carey, 1978). 아이들이 대략 18개월 때부터 단어를 배운다고 가정하면, 이것은 하루에 평균 8개의 단어를 배우는 셈이다. 이것은 인상적인 성취이지만, 아이들을 포함하여 우리 모두는 단어를 상이한 방식으로 '알고 있다' 는 것을 기억할 필요가 있다. 5장에서 보았듯이, 단어는 많은 속성들을 가지고 있다. 단어는 의미뿐 아니라 지시를 가지고 있고, 명시적 의미뿐 아니라 암시적 의미도 가지고 있다. 우리의 심성 어휘집에 들어있는 단어에 대한 어휘 항목들은 의미, 통사, 음운, 철자 속성을 포함한다. 아이들이 이 모든 특징들을 터득하려면 몇 년이 걸릴 것이다. 사실 성인들도 단어에 대한 부분적인 지식만 가지고 있다는 증거가 있다(Whitmore, Shore & Smith, 2004).

초기의 단어들 아이들은 당장(here and now) 관련된 단어들에만 초점을 맞춤으로써 Piaget가 말하는 인지발달의 감각운동기에 부합하는 행동을 보이기 시작한다. 대부분의 초기 단어들은 주변에 있는 구체적인 양상들을 가리키는 명사들로 이루어져 있다. 아이들은 자신이 가지고 노는 장난감의 이름과 자신이 입는 옷, 자신이 먹는 음식의 이름 등을 익힌다. 이 때, 아이들은 자신의 행동에 반응하여 변화하거나 움직이는 대상을 더 좋아한다. 즉, 아이들이 *의자*라는 단어보다는 *공*이라는 단어를 배울 가능성이 높다.

하지만 그들의 초기 어휘가 명사어(nominals)에만 국한되는 것은 아니다. Nelson(1973)이 보여주었듯이, 아이들은 초기부터 다양한 문법 유목의 단어들을 사용한다. Nelson은 *공(ball)*이나 *차(car)* 같은 일반 명사어가 가장 우세하고, 특정 명사어(*Mommy*), 동작 단어(*up, go*), 수식어(*dirty, pretty*), 개인적이고 사회적인 단어(*please, want*), 기능어(*what, for*)가 그 뒤를 잇는다는 것을 확인하였다. Reich(1986)의 지적처럼, 특히 아동이 쉽게 조작할 수 없는 옷감 재료(*기저귀* 같은)와 주변 환경에서 움직이지 않는 대상(*나무*)에 대한 이름들은 이 목록에 없다.

신속 매핑 아이들은 상당히 신속하게 새로운 단어들을 습득할 수 있는 것으로 보이는데, Carey(1978)는 이를 **신속 매핑(fast mapping)**이라고 하였다. Carey와 Bartlett(1978)는 3, 4세 아동들에게 새로운 색이름을 가볍게 소개하였다. 연구자들은 아이들이 두 개의 접시(파란 색과 올리브색의 접시)쪽으로 걸어가도록 한 후, '*크롬 접시를 갖다 줘, 파란색 접시 말고 크롬 접시.*' 라고 요구하였다. 모든 아이들이 올리브색 접시를 가지고 왔는데, 이는 분명히 아이들이 새로운 단어가 다른 접시를 가리킨다는 것을 이해했음을 의미한다. 그들은 6주 후에도 그러한 맥락에서 *크롬*의 의미 중 일부를 기억하고 있었다(Markson & Bloom, 1997을 보라).

과잉 확장과 과소 확장 어휘 발달의 한 부분은 지시적 학습(referential learning)으로, 그것은 다양한 단어들이 세상의 어떤 대상들을 가리키는지를 학습하는 것이다. 아이들이 이러한 단어들을 학습하기 시작하면서, 단어 유목에 새로운 대상을 할당하는데 오류를 범하곤 한다. 때때로 그들은 너무 많은 항목들을 단어 유목에 포함시킨다. 이것을 **과잉 확장(overextensions)**이라고 한다. 아이들이 다리가 네 개인 모든 동물들을 *개*라고 하거나 모든 둥근 대상들을 *달*이라고 하는 것은 과잉 확장의 예이다. 대체로 이러한 오류는 아이들이 이름을 가진 복잡한 자극의 한 가지 속성만 파악하고, 그 이름을 동일한 속성을 가진 다른 대상에 적용할 때 일어난다. Rescorla(1980)는 아이들의 과잉 확장을 연구하여, 어떤 것들은 방금 든 예에서처럼 대상들 간의 지각적 유사성에 근거한다는 것을 발견하였다. 다른 과잉 확장들은 기능적

(아이들은 머리에 끼인 셔츠를 *모자*라 한다), 맥락적(요람의 담요를 *낮잠*이라고 한다), 정서적(금지된 대상을 *뜨겁다*고 한다)인 것과 같은 다른 종류의 유사성에 근거한다.

아이들은 **과소 확장(underextensions)**도 사용하는데, 이것은 성인이 사용하는 것보다 더 제한적으로 단어를 사용하는 것이다. Reich(1986)는 하나의 흥미로운 예를 제시하였다. 그의 아들 Quentin이 그들 부부의 침실에 있을 때 "신발이 어디 있지?"라고 물으면, 엄마의 옷장으로 기어가 그녀의 신발을 가지고 놀곤 했다. 다른 신발이 Quentin과 옷장 사이에 있더라도, 그는 엄마의 신발을 붙잡기 위해 그것들을 돌아갔다. 마찬가지로 아버지의 신발도 무시되었다. Reich는 Quentin이 가졌던 신발에 대한 개념이 점차 성인의 사용방식과 일치하는 쪽으로 확장된다는 것을 발견하였다.

아동이 과잉 확장과 과소 확장을 사용하는 데는 몇 가지 그럴만한 이유가 있다. 어떤 경우에는 그들의 개념 범주가 실제로 성인의 것과 다를 수도 있다. 예를 들어, 아이들이 처음에는 그렇지 않다고 말해주기 전까지는 젖소와 개를 같은 범주에 속하는 것으로 여길 수도 있다. 다른 경우에는, 그들이 젖소는 개가 아니라는 것을 분명히 알고 있지만, 그것을 뭐라고 부르는지 모르거나 그 이름이 생각나지 않았을 수도 있다. 이런 경우에 아이들은 일부러 어떤 대상에 잘못된 이름을 붙인 후, 적절한 이름을 듣고서 교정을 한다. 또 다른 경우, 아이들이 이름을 잘못 사용하는 것은 재미를 위한 것일 수도 있다.

성인 언어의 역할 아이들의 말이 부정확할 때 양육자는 정확한 이름을 가르쳐 줄 기회를 가진다. 이 과정에서 보이는 일반적인 특징을 Brown(1958)은 **최초 말놀이(original word game)**라고 불렀다. 게임에서, 아이는 어떤 대상을 가리키면서 "저게 뭐야?"라고 묻는다. 그러면 성인은 이름을 가르쳐 준다. 그러면 아이는 그 단어를 말하려고 시도하고, 성인은 필요한 경우 교정을 해준다. 아니면 성인이 어떤 대상을 가리키면서 이름을 가르쳐 주기도 한다. 두 경우 모두에서, 아이는 어떤 대상과 전형적으로 연합되는 이름을 배우게 된다.

이 게임이 간단한 것처럼 들릴지 모르겠지만, 그 과정은 여러모로 잘못 될 수 있다. 기본적인 문제는 어떤 단어와 그것이 가리키는 대상 사이에 일대일 연합이란 없다는 것이다. 예를 들어, 하나 이상의 단어가 같은 지시대상에 적용될 수도 있다. 다음 상황을 고려해 보자. 당신이 집에서 아이를 무릎위에 앉혀놓고 함께 앉아 책을 읽고 있다. 당신은 타조 그림을 보게 된다. 당신은 그것을 *타조*라고 할 것인가 *새*라고 할 것인가? 무엇이 가장 적절한가하는 것은 사람마다 다를 수 있다. 어떤 사람은 아이들이 복잡하고 세부적인 단어를 배울 필요가 없고, 지금은 아이가 그저 이것을 새의 한 종류라는 것만 알면 충분하다고 생각할 것이다. 다른 사람은 이것이 새라고 말했다가 나중에 타조라고 말하면 아이가 혼란스러워 할 것이라고 생각해서 처음부터 정확한 이름으로 불러야 한다고 생각할 것이다. 이런 딜레마는 많은 맥락에서 다시 나타난다. *바나나*라고 부를 것인가 *과일*이라고 부를 것인가? *페니*냐, 돈 이냐? *차*냐, *탈 것*이냐, 아니면 *토요타(Toyota)*냐?

이러한 문제들을 다룸에 있어 양육자들은 매우 체계적인 것으로 밝혀졌다 (Mervis & Mervis, 1982). 그들은 기본 수준의 용어를 선택하는 경향이 있었다. 5장에서 논의했듯이, 기본 수준의 용어들은 그 범주에 속하는 예들 전체에 걸쳐 폭넓은 유사성을 갖는 용어들이다(Rosch 등, 1976). 일반적으로 기본 수준 용어들은 위계에서 중간에 위치한다. 그러므로 아이들이 이러한 용어들을 익히고 나면, 양육자들은 위계에서 위나 아래로 움직일 수 있다. 궁극적으로 아이는 5장에서 논의되었던 것과 같은 의미망을 습득하게 된다.

아이들은 또 다른 관련된 문제에 직면하게 된다. 어떤 대상의 이름으로 여러 개의 단어가 사용될 수 있듯이, 어떤 단어가 하나 이상의 지시대상에 적용될 수도 있다. Bloom과 Lahey(1978)는 유리창을 *물*이라고 부르는 아이의 예를 소개했다. 무엇 때문에 그와 같은 오류가 생겼을까? Bloom과 Lahey의 주장에 따르면, 처음에 아이에게 잔에 든 물을 보여주고 그것을 *물*이라고 했다면, 아이는 양육자가 유리를 가리키고 있다고 생각했을 가능성이 충분히 있고, 결과적으로 그 개념을 유리창에 일반화시켰을 것으로 생각해 볼 수 있다.

아이들은 지시대상이 대상 전체라기보다는 단지 대상의 일부분이라고 생각할 가능성도 있다. 만약 성인이 개를 가리키면서 이름을 가르쳐 주었다면, 그것이 그 동물의 전체를 가리키는 것인지 아니면 개의 꼬리만을 가리키는 것인지 아이가 어떻게 알 수 있겠는가? 여기서도 양육자들이 어린 아이들에게 말할 때 사용하는 명명(naming) 연습이 그들을 돕는 것으로 보인다. Ninio(1980; Ninio & Bruner, 1978)는 양육자들이 유아들에게 제공하는 **즉물적 정의(ostensive definition)**의 유형들을 조사하였다. 즉물적 정의는 '*저것은 X다*' 라는 형식의 진술이다. 이것이 대상 전체 또는 대상의 일부분, 그 대상에 의해 수행되는 행위를 가리킬 수 있는 것처럼, 그와 같은 정의도 본래는 중의적이라는 것을 명심하라. 만약 양육자가 지시의 수준에서 일

책 읽기는 부모들이 아이들에게 대상의 이름을 가르쳐주는 기회를 제공한다.

관적이지 않다면, 분명히 그와 같은 정의는 교육적인 가치가 거의 없을 것이다. Ninio는 그녀가 관찰한 95%의 정의가 대상 전체를 가리켰고, 일부만을 가리키는 경우에는 곧 이어서 대상 전체가 명명된다는 것을 발견하였다. 더욱이 *이게 뭐야?* 라는 질문은 대체로 대상의 일부가 아니라 대상 전체의 이름을 끌어내는 데 사용되었다.

다른 연구들은 초기 어휘 발달에서 몸짓의 역할을 조사하였다. Murphy(1978) 그리고 Ninio와 Bruner(1978)는 책을 읽는 동안 엄마와 아이의 상호작용을 연구하여, 유아의 가리키기 몸짓 다음에는 대개 가리켰던 그림을 엄마가 명명한다는 것을 발견하였다. Masur(1982)는 대상을 가리키고, 손을 뻗고, 손을 벌려 갖다 대는 등의 동작들에 엄마들이 어떻게 반응하는지를 조사하였다. 엄마들은 아이의 가리키기 몸짓에 특히 민감하여, 대개는 단어 꼬리표를 붙이는 것으로 응하였다. 그러면 다시 아이는 다른 몸짓들보다도 가리키는 것에 대해 더 많은 대상 이름들로 반응하게 된다. 따라서 양육자들은 아이들이 나중에 그대로 따라할, 대상에 이름 붙이는 모형을 제공하는 것으로 보인다.

이러한 연구들은 성인의 명명 연습이 아이들의 어휘 발달을 유도한다는 것을 시사한다. 성인들은 학습 과정을 어디서부터 시작해야 하는지에 대해 분명한 선호를 가지고 있고, 과도한 혼란을 막기 위해 처음부터 이러한 측면들에 초점을 맞추는 경향이 있다. 나중에 성인들은 의미의 다른 측면까지 확장한다. 모든 것들을 고려할 때, 양육자들이 최초 말놀이를 하는 방식은 아이들의 어휘 발달을 촉진하는 데 더할 나위 없이 적합한 것으로 보인다.

일어문

앞서 언급했듯이, 성숙한 화자들이 훨씬 긴 말로 표현하는 의미들을 아이들은 한 단어 단계에서 전달하는 것으로 보인다. **일어문(holophrase)**[2]이란 '아이들이 하나의 단어를 사용하여 성인들이 생각하는 의미보다 많은 것을 표현하는 말'로 정의되어 왔다(Rodgon, 1976). 한 단어를 사용하여 넓은 의미를 표현하는 이러한 경향은 언어 발달 연구에서 오랫동안 주목을 받아왔는데, "아주 어린 아이가 '*물*'이라고 말할 때, 그 아이는 우리가 가리키는 대상의 이름으로서 그 단어를 사용하는 것이 아니라, '*물이 먹고 싶어요*'라든가, '*저기 물이 있어요*'와 같은 어떤 단언(assertion)의 의미로 그 단어를 사용하는 것이다."(Stevenson, 1893, p.120, Barrett, 1982에 인용). 일어문들이 완전한 단언을 '나타내는(stand for)' 하나의 단어들이라면, 그것들은 한편으론 언어 이전의 몸짓들과 함께 중요한 연속성의 의미를, 다른 한편으론 문법적으로 좀 더 복잡한(그리고 덜 중의적인) 말소리를 나타낸다. 일어문이 실제로 단일 어휘항목 이상을 의미한다는 점에 대해서는 연구자들이 대체로 동의하지만, 그것이 정확하게 무엇을 의미하는지에 대해서는 의견이 분분하다.

일어문에 관한 접근들 한 초기의 접근은 일어문을 함축적인 문장으로 보았다. McNeil(1970)은 일어문 단계의 아이들이 특정 통사적 관계에 대한 약간의 지식을 가지고 있지만, 그들의 말로는 그것들을 형식적으로 표현할 수 없다고 주장하였다. 이러한 견해에서는, *개*와 같은 하나의 단어는 *개가 물을 마시고 있다*와 같은 완전한 문장에서의 주어를 의미할 것이다.

만약 그렇다면, 이런 완전한 문법적 지식은 다른 상황, 그 중에서도 특히 언어 이해 상황에서 나타날 가능성이 있다. 실제로, 한 단어 화자가 그들이 말할 수 있는 것보다 더 복잡한 언어를 이해할 수 있다는 것을 여러 연구들이 보여주었다(예를 들어, Shipley, Smith & Gleitman, 1969를 보라). 그러나 어휘 지식을 비언어적 맥락에

---

2) '한 구절 말'이라고도 함.

표 10.2 한 단어 말에서의 의미 관계

관계	예
명명	*Dada,* 아빠를 보며
의지	*Mama,* 우유병을 보며, 칭얼거림
행위자	*Dada,* 누군가 들어오는 것을 들으며
행위	*Down,* 그가 앉아 있거나 아래로 내려갈 때
대상	*Ball,* 그것을 금방 던지고서
대상의 상태	*Down,* 무언가를 금방 아래로 던지고서
관련 대상	*Cracker,* 크래커가 보관되어 있는 방의 문을 가리키면서
소유자	*Lauren,* Lauren의 빈 침대를 올려다보며
위치	*Box,* 크레파스를 상자에 넣으며

출처: *The Structure of Communication in Early Language Development* by P. M. Greenfield and J. H. Smith, p. 70. Copyright © 1976 by Academic Press, 허락 후 재인쇄.

대한 주의와 결합함으로써 문장을 이해하는 것이 가능하므로, 이러한 연구들은 결정적인 것이 못된다. 사실, 어린 아이들이 간단한 말의 관계적 의미조차 이해하지 못한다는 것을 밝힌 연구들도 있다(Benedict, 1978, Barrett, 1982에서 인용). 예를 들어, 어떤 아이는 *엄마 신발을 가져와*라는 말에 장난감 신발을 가져와 그것을 엄마에게 건네주었다.

Greenfield와 Smith(1976)는 다소 다른 접근법을 제시하였다. 그들은 어린 아이들이 한 단어를 어른들이 문장을 사용하듯 사용하지만, 문장에 내재된 문법적 지식을 실제로 가지고 있지는 않다고 주장하였다. 그들은 아이들이 말하는 맥락을 주의깊게 살펴봄으로써 한 단어 발화에 표현된 상이한 의미 관계들을 파악할 수 있었다. 그런 관계들이 발생 순서에 따라 표 10.2에 제시되어 있다. 그러므로 *dada*라는 말이 아이의 아빠가 집에 막 도착한 맥락에서 사용되면, 그것은 행위자 관계를 표현할 것이다. 대신에 만일 아이가 아빠의 의자를 가리키면서 *dada*라고 말했다면 그것은 소유자 관계의 한 예일 것이다. Greenfield와 Smith는 사실상 아이가 환경을 이용하여 그들이 하는 말의 나머지를 표현한다고 결론내렸다.

이러한 훨씬 기능적인 견해는 한 단어 화자들이 단어와 함께 억양이나 몸짓을 사용할 수 있음을 보여준 연구들과 잘 맞아떨어진다(Barrett, 1982; Dore, 1975). 본질적으로 그러한 주장은 구조적 수준보다 기능적 수준에서의 발달에 더 큰 연속성이 있다는 것이다. 즉 아이가 문법 지식을 거의 가지고 있지 않더라도 아이는 완전한 생각들을 표현할 수 있으며, 그것들은 나중에 가장 유별나고, 흥미롭고, 정보가치가 있는 어떤 상황의 측면들을 선택적으로 표현함으로써, 문법적인 구나 문장으로 표현된다(Greenfield, 1982를 보라).

최근에 Iverson과 Goldin-Meadow(2005)는 아이들이 한 단어에서 두 단어 단계로 발달하는 과정을 살펴보았다. 그들은 아이들이 대응 단어(즉, 대상의 이름)를 발달시키기 전에 몸짓들(손가락으로 가리키기와 같은)을 사용하는 경향이 있다는 것을 발견하였다. 또한 아이들은 두 단어로 말하기 전에 몸짓과 단어의 조합(예들 들어, 컵을 가리키는 것과 *내꺼*라고 말하는 것)을 사용하였다. 어휘 항목들이 아이들의 레퍼토리에서 먼저는 몸짓에, 그 다음엔 말에 나타났다. 그러므로 몸짓은 후속되는 언어 발달을 위해 길을 닦아 주는 것으로 여겨진다.

요약

아이들은 생후 2년째가 되면서 어휘 발달에 급속한 진전을 보인다. 그들의 초기 단어들은 대부분 주변 환경의 구체적인 측면들을 가리킨다. 성인의 명명 연습은 가리키는 대상의 부분보다는 전체를, 좀 더 일반적이거나 구체적인 용어보다는 기본 수준의 용어를 강조함으로써 어휘 발달을 촉진하는 것으로 보인다. 또한 다양한 인지적 제약들은 아이들이 다른 중의적인 용어들을 중의적이지 않은 방식으로 이해할 수 있도록 한다.

이 단계의 아이들은 성숙한 화자들이 구나 문장으로 표현하는 큰 의미 덩이를 한 단어를 사용하여 표현하는 경향도 있다. 일어문은 다단어(多單語) 말하기의 전조로 보이지만, 일어문 단계에서 아이들이 어떤 문법적인 지식을 가지는지는 분명하지 않다.

초기 문법

두 살 정도가 되면 아이들은 단어를 조합하여 말하기 시작하고, 그 다음 몇 년 동안은 자신의 모어 문법을 터득하는 데 인상적인 진보를 보인다. 물론 이러한 양상은 언어에 따라 다르다. 영어를 배우는 아이들은 어순에 특별한 주의를 기울여야 하는데, 왜냐하면 그것이 의미를 나타내는 주된 방식이기 때문이다. 터키어처럼 굴절이 심한(어미 변화가 심한) 언어를 습득하는 아이들은 상이한 동사형과 동사 변화를 학습하는 데 상대적으로 더 많은 시간을 써야만 한다. 이러한 언어 차이는 분명히 언어 습득에서 중요한 역할을 한다.

하지만 초기 문법을 습득하기 위한 아이들의 노력에는 중요한 유사성이 있다. Slobin(1985a)은 적어도 문법 발달의 초기 단계에서는 전 세계의 언어들이 비슷하다고 주장하였다. 수십 개의 다른 언어를 가지고 연구가 수행되었고, 그러한 연구들은 모어를 배우는 아이들이 가진 보편적인 구조를 발견하였는데, Slobin은 그것을 **기본 아동 문법(basic child grammar)**이라고 불렀다. 본 절에서는 기본 아동 문법의 구조와 그것을 이루고 있는 규칙이 무엇인지에 관하여 아동 언어 연구자들이 발전시킨 몇몇 아이디어들을 살펴보고, 초기 언어 습득에서 개인차를 보여주는 증거들을 개관할 것이다.

통사 발달의 측정치

아이들의 통사 발달을 어떻게 측정할 것인가라는 문제부터 시작하자. 연구자들은 동일한 언어 발달 수준에 있는 아이들을 비교하려면 아동 언어 발달의 지표를 만들 필요가 있다는 점을 인식하게 되었다. 대개는 아이의 생활 연령이 적절한 지표라고 생각할지 모르지만, 아이들의 언어 발달 속도에는 상당한 차이가 있다(이것은 후기 언어 발달과 관련이 있을 수도 있고 없을 수도 있다). 사실, 같은 나이의 두 아이가 아주 다른 언어 기술을 보일 수 있다.

연구자들은 다양한 통사 발달의 측정치들을 개발하였다. 가장 잘 알려져 있고 널리 사용되는 것이 **평균 발화 길이(mean length of utterances in morphemes, MLU)**를 측정하는 것이다. Brown(1973a)이 논의하였듯이, 이 방법은 아이의 자발적 발화 100개를 모아서 발화 하나당 사용된 형태소(의미 있는 단위)의 수를 세는 것이다. MLU는 형태소를 생산적인 방식으로 결합하는 아이들의 능력을 보여주는 보수적인 지표이다. Brown은 *birthday* 같이 성인의 말에서 복합 형태소를 가진 단어들에 대해서 아이들이 성분 형태소인 *birth*와 *day*를 이해하고 그것들을 결합한다는 증거가 없는 경우, 그것을 하나의 형태소를 간주하였다.

Brown은 MLU를 사용하여 언어 발달을 MLU로 정의된 5단계로 구분하였다. 1단계는 주로 한 단어 말과 두 단어 말로 구성되어 1.75 MLU까지 지속된다. 2단계에서 5단계까지는 각각 상한계가 2.25, 2.75, 3.5, 4.0 MLU에 해당한다. 정상 범위에 속하

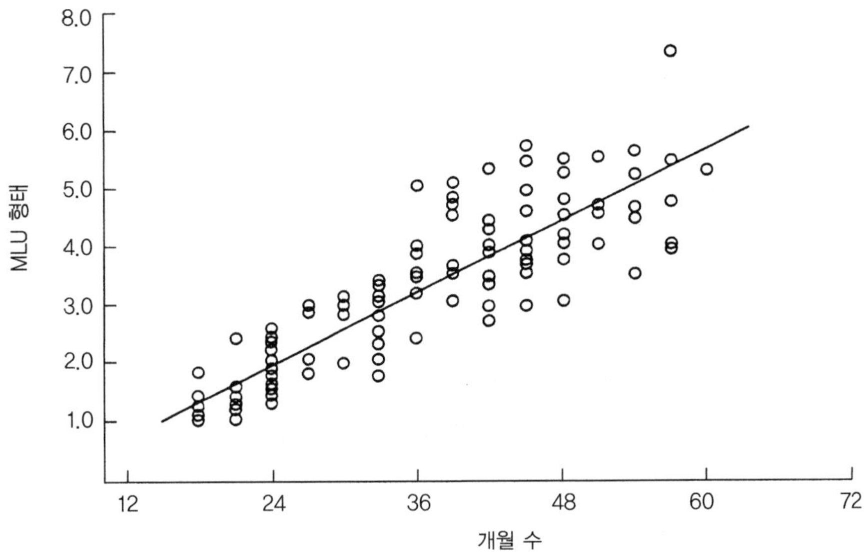

그림 10.1 123명의 아동이 사용한 형태소에서 나이(±1개월)와 평균 발화 길이(MLU) 간의 관계. (출처: "The Relationship Between Age and Mean Length of Utterance in Morphemes," 1981, *Journal of Speech and Hearing Research*, 24, 154–161. Copyright © 1981 American Speech–Language–Hearing Associates. 허락 후 재인쇄.)

는 아이들의 발달 속도가 다양하기 때문에, 아이의 나이보다 MLU가 더 유용한 아동 언어 성장의 지표이다. 예를 들어, 대부분의 아이들은 24개월 정도면 1단계에 속하지만, 드물지 않게 시간적인 편차가 있다. 그러므로 나이가 다르지만 MLU가 비슷한 두 아이를 비교하는 것이 그 반대의 경우보다 훨씬 도움이 된다. 그림 10.1은 Miller와 Chapman(1981)이 연구한 아이들의 표본에서 나이와 MLU 사이의 관계를 보여준다.

Brown(1973a)은 이러한 MLU로 정의된 단계들이 아이들이 현재 언어의 어떤 측면들을 터득하고 있는지에 관한 전체적인 시각을 제공한다고 지적하였다. 1단계에 있는 아이들은 단어들을 함께 사용한다. 2단계에 들어서면 아이들은 문법 형태소들을 사용하여 발화의 의미를 조절하는 것을 배운다. 3단계와 4단계에서는 의문문과 부정문 같은 좀 더 복잡한 구조를 배우는 데 몰두한다. 아이들의 문법 발달을 다룬 대부분의 연구들은 Brown의 첫 두 단계에 초점을 맞추었다. 사실, 언어 발달의 지표가 약 4.0 이상이면 MLU는 그 가치를 잃는다는 것이 대체적인 의견이다(Tager-Flusberg, 1993).

11장에서 복문의 습득에 대해 좀 더 자세하게 살펴보겠지만, 여기서는 우리의 초점이 아동의 첫 문법 습득에 있다. 핵심적인 의문은 아이들이 성인의 말에 포함된 주어와 술어 같은 문법적 범주들을 어떻게 습득하는가 하는 것이다.

문법적 범주의 출현

초기 발화의 구조 두 단어로 된 말도 문장처럼 문법적인 구조를 가진다고 말하면 좀 이상하게 들릴지 모르겠다. 결국, *allgone baby*나 *more crayon*과 같은 초기 발화가 성인의 기준에서는 거의 문법적이지 않고, 이전에 습득한 단어들을 무작위로 결합한 것으로밖에는 보이지 않을 것이다. 하지만 대부분의 아동 언어 연구자들은 "아이들이 말하는 두 단어 발화는 어른들의 말을 단순히 모방한 것이 아니며, 알고 있는 단어들을 무작위로 결합한 것도 아니다. 오히려 그것은 아이들이 그 시점에서 의미를 표현하기 위해 사용하는 체계를 따른다." (p. 156)라고 말한 Sachs(1976)의 견해에 동의한다.

여러 부류의 증거들이 이러한 견해를 지지한다. 첫째, 아이들은 처음 단어를 결합할 때, 내용어만 결합하고 기능어는 배제하는 경향이 있어서, *more milk*, *push truck* 등과 같은 말을 한다. 이것은 단어 수에 따라 비용이 늘어나는 전보를 보낼 때 어른들이 *lost money*, *send cash* 같은 구를 사용하는 것과 비슷하다. 이것은 아이들이 내용어가 기능어보다 더 정보가치가 있다는 것을 직관적으로 이해하고 있을 뿐만 아니라 문법적인 차이도 이해하고 있음을 시사한다.

둘째, 아이들이 단어들을 결합하면서 어떤 단어들은 문장 내에서 특정 위치에 오게 된다(Braine, 1976). 예를 들어, 어떤 아이가 *sock allgone*보다 *allgone sock*이라고 말할 가능성이 훨씬 높다. 따라서 아이는 자신이 아는 개별 단어를 단순히 함께 엮는 것이 아니라 체계적으로 그것들을 결합하는 것이다.

초기 다단어 발화의 해석 그렇다면 아이들이 가진 체계란 무엇인가? 몇 가지 다른 가능성들이 검토되었다. *baby cry* 같은 간단한 말을 살펴보자. 우리는 이것을 보고 '주어 다음에는 술어가 온다' 라고 통사 용어를 사용하여 기술할 수 있다. 또는 의미 용어를 사용하여 행위자(행동의 유발자로서의 생물)와 행위로 설명할 수도 있다. 또는 위치 용어로 *baby*는 대개 앞부분에 오는 단어고, *cry*는 뒷부분에 온다고 설명할 수도 있다. 이러한 설명들은 추상성의 정도에서 차이가 있는데, 통사적 기술이 가장 추상적이고 위치적 기술이 가장 덜 추상적이다.

통사적 기술은 적어도 가장 초기 단계에서는 아이들의 발화와 맞지 않는 것으로 보인다(Bowerman, 1973). 문장의 주어가 행위자일 수도 있지만, 그것은 어떤 대상일 수도 있고(*The book is on the table*), 도구(*The nail pierced the wood*), 장소(*Dallas is dull*)일 수도 있다. 만일 아이들이 주어의 통사 개념을 알고 있다고 우리가 생각한다면, 우리는 그 아이가 그런 다양한 문장의 주어들 간의 유사성을 알고 있다고 여기는 것인데, 실제로 그럴 가능성은 없다.

Brown(1973a)은 이러한 초기의 발화가 의미 관계를 표현하고 있다고 주장하였다. 그는 11개의 의미 관계 목록을 개발하였는데, 그의 말에 따르면 그것은 아이들이 말하는 두 단어 발화의 75%를 구성한다(표 10.3을 보라). 그 중 몇 개는 한 단어 발화에서 표현된 관계와 유사하지만(표 10.2와 비교하라), 한 단어 발화에서는 행위자, 행위, 어린 아이들의 위치가 개별적인 발화였다. 그러나 다단어 단계의 아이들은 그러한 요소들을 하나의 발화로 결합할 수 있다. 이런 의미 관계들은 러시아어, 핀란드어, 사모아어 등의 다른 언어에서도 나타난다(Slobin, 1970).

Braine(1976)은 위치에 기초한 접근을 옹호하였다. 그는 아이들의 초기 문장 중 일부가 행위자와 행위, 소유주와 소유물과 같은 의미적 속성들에 대응하지만, 아이들의 말에 사용된 대부분의 명사들은 성인의 말에서보다 더 좁은 범위의 의미 내용을 표현한다고 주장하였다. Braine이 말한 다른 규칙들은 어떤 단어를 문장의 특정

표 10.3 두 단어 말소리에서 의미 관계

관계	예
지명	That ball
재현	More ball
부재	Allgone ball
행위자와 행위	Daddy hit
행위와 대상	Hit ball
행위자와 대상	Daddy ball
행위와 장소	Go store
실체와 장소	Book table
소유주와 소유물	Daddy chair
실체와 속성	Big house
지시와 실체	That box

출처: *A First Language: The Early Stages*, by R. Brown, pp. 189~198, Harvard University Press, 1973.

위치에 넣는 아이들의 선호를 훨씬 더 제한적이고 단순하게 반영한다. 따라서 일반적인 규칙은 '*more* + 되풀이되는 요소' (*more car, more hot*, 등)와 '*want* + 원하는 실체' (*want car, want truck*, 등)이다.

위의 두 접근을 좀 더 직접적으로 비교해 보자. *want car*라는 문장을 보자. Brown은 이를 행위-목적 관계를 표현하는 것이라고 보았다. 반면에 Braine은 그것은 단지 첫 번째 위치에 있는 *want*라는 단어가 수많은 희망하는 대상에 붙은 것이라고 주장하였다. 즉, Braine의 견해에 따르면, 아이들은 동사의 통사 범주는 물론이고 행위에 대한 일반적인 개념도 아직 습득하지 못하였으며, 단지 문장의 특정 위치에서 특정 단어를 파악하는 규칙을 습득하였을 뿐이다.

문법적 범주의 습득 궁극적으로 아이들은 통사 용어로 정의된 범주를 이해해야만 하는데, 그들이 어떻게 그것을 달성하는지에 대해서 많은 논쟁이 있었다. 한 가지 제안은 그들이 통사 관계를 배우기 위해 의미 관계에 대한 지식을 사용한다는 것이었다. 이 과정은 **의미적 자가 습득(semantic bootstrapping)**으로 알려져 있다(Bowerman, 1973; Pinker, 1987). Bowerman(1973)은 다음과 같이 말한다.

> 통사에 대한 아이들의 이해는 행위자, 행위, 행위의 대상과 같은 의미적 기능이나 다른 덜 추상적인 의미적 기능을 수행하는 단어들을 결합하는 데 필요한 간단한 순서 규칙을 학습함으로써 시작된다. 추가적인 언어 경험을 통해, 아이는 상이한 의미적 개념들이 형식적으로 다루어지는 방식에서의 유사성을 인식하게 되고, 그가 배우고 있는 특정 언어에서 기능하는 좀 더 추상적인 문법 관계에 따라 자신의 지식을 점차 재조직하기 시작할 것이다. (p. 213)

예를 들어, 대체로 아이들은 문법적 주어가 의미적 행위자인 문장을 사용한다. 그런 다음 그들은 이러한 대응관계를 사용하면서 주어의 문법적 범주를 학습하기 시작한다. 더 많은 언어적인 경험을 하게 되면서, 아이들은 이미 습득한 의미적-위치적 구성으로부터 문법적 개념들을 유도해낸다. 이것이 정확히 어떻게 이루어지는 아직 잘 모르지만, Maratsos(1982; Maratsos & Chalkley, 1980)는 아이들이 취학 전에 일부 개념들을 습득한다는 증거를 제시하였다. Maratsos는 아이들이 특정 언어 형식들이 가지는 문법적 작용에 주의를 기울임으로서 그것을 습득한다고 주장하였다. 예를 들어, *like*와 *fond*는 의미적으로 유사하지만, *like*는 문법 형태소 *-ed*를 취하는 반면, *fond*는 조동사 *be*와 함께 *fond*의 과거시제를 형성한다(*was fond*). 이 둘의 현재 시제 역시 구분이 된다. *like*는 *-s* 형태소를 취하지만 *fond*는 조동사를 취한다. Maratsos에 따르면, 아이들은 언어 형식들이 문법적 작용에서 얼마나 상관되는지를 분석하고, 비슷한 작용을 하는 형식들을 좀 더 추상적이고 분화된 문법적 유목으로 재분류한다고 한다.

이해와 산출

여기서 강조되고 있는 것들은 대부분 아이들의 언어 산출에 관한 것이지만, 이러한 발달 시기에 보이는 아이들의 언어 이해도 연구되었다. 언어 발달에서 이해와 산출 사이의 관계는 종종 상당한 관심거리였다. 부모들에게는 아이들이 어떤 종류의 말을 스스로 할 수 있기 전에 먼저 그 말을 이해하는 것으로 보인다. 지금까지의 연구들은 이 문제에 대해 어떤 주장을 하는가?

본 장 앞부분에서 보았듯이, 아이들은 그들의 언어 이해를 안내하는 화용적, 어휘적 기술을 가지고 있다(Shatz, 1978). 아이는 *인형*과 *그네*이 무엇을 가리키는지 알뿐만 아니라 그 대상들이 어떻게 결합될 수 있는지를 알기 때문에 *인형을 그네에 놓는 게 어때?* 같은 말에 정확하게 반응할 것이다. 이런 기술들이 인상적인만큼, 아이들의 문장 이해능력을 평가하는 일은 더욱 도전적인 일인 것이다.

아이들의 언어 이해를 평가하기 위한 다양한 시도들이 있었다. 대부분의 연구들은 아이들에게 문장들을 제시한 다음, 그들에게 비언어적 행동으로 그것들을 이해했는지 표시하도록 했다. 어떤 경우에는 제시된 문장을 아이들이 행동으로 옮기도록 했고(예를 들어, *Make the doll kiss the duck*), 다른 경우에는 아이들에게 문장을 제시한 후 그 문장과 일치하는 그림을 선택하도록 하였다(예를 들어, *The dog is chasing the cat*).

대표적인 연구를 하나 살펴보기로 하자. Golinkoff, Hirsh-Pasek, Cauley, Gordon(1987)은 Sesame Street[3] 주인공들이 나오는 두 대의 비디오 화면 앞에 어린 유아들을 앉혀 놓았다. 한 화면에서는 Big Bird가 Cookie Monster의 머리를 빗기고 있었고, 다른 화면에서는 Cookie Monster가 Big Bird의 머리를 빗기고 있었다. 이 두 장면이 동시에 제시되고 있었고, 이 때 유아들은 *Big Bird is brushing Cookie Monster*라는 문장을 들었다. Golinkoff와 동료들은 유아들이 문장과 일치하는 장면을

3) 미국의 PBS사가 제작한 아동용 방송 프로그램

더 자주 쳐다본다는 것을 발견하였다.

이 연구의 설계는 어린 아이들이 그저 한 두 단어만 알고 그것으로 문장을 해석한다고 한 Shatz(1978)의 연구와 연결지어 앞서 논의했던 쟁점을 적절히 다루고 있다. 이 연구에서는 어느 쪽 행동도 다른 행동보다 일어날 가능성이 크지 않고, 따라서 유아가 문장의 통사를 정말로 이해해야지만 적절한 수행을 할 수 있다. 17개월밖에 되지 않은 유아들도 이 과제에 정확하게 반응할 수 있는데, 그 시기는 유아들이 그와 같은 문장들을 산출할 수 있게 되기 수개월 전이다. 따라서 유아의 이해는 실제로 그들의 언어 산출보다 앞서는 것으로 보인다.

개인차

한때 모든 아이들이 아주 비슷한 방식으로 언어를 습득한다고 생각한 적이 있었다(Lenneberg, 1964). 분명히 어떤 아이들은 다른 아이들보다 조금 빨리 발달할 수도 있지만, 발달의 단계나 언어를 습득하는 데 사용되는 방략은 비슷할 것으로 추측되었다. 하지만 지난 30년 간의 연구는 언어 양식과 방략에 개인차가 있다는 증거를 발견하였다. 이제 그러한 차이를 특징짓는 최선의 방법에 주의를 돌려보자.

한 살에서 두 살 사이의 아이들을 대상으로 한 종단적 연구에 기초하여, Nelson(1973)은 언어를 습득하는 두 가지 다른 방략을 제안하였다. Nelson이 연구한 대부분의 아이들은 **지시적 방략(referential strategy)**을 사용하여 언어에 접근하였는데, 그것은 주변 환경의 다양한 측면들을 가리키는 단어들—주로 명사들이지만 약간의 동사들, 고유 명사들, 형용사들—을 학습하고자 하는 것이다. 반면에 어떤 아이들은 사회적 상호작용을 강조하는 **표현적 방략(expressive strategy)**을 사용하였다. 표현적인 아이들은 *Stop it, I want it*과 같은 사회적인 일상 표현들을 포함하여 훨씬 다양한 어휘를 가지고 있었는데, 확실히 그것들은 분석되지 않은 완전한 단위로 학습된 것들이었다. 그들은 또한 지시적인 아이들보다 완전한 문장을 사용하는 경우가 많았다. 그들의 단어 조음은 서툴렀지만, 문장의 전반적인 억양 패턴은 의미를 분명하게 전달하였다(Peters, 1977). 더욱이 표현적인 아이들은 그들의 초기 문장들에서 '더미 단어(dummy terms)'를 더 많이 사용하였다(더미 단어란 의미는 없지만 전체 문장에서 어떤 역할을 하는 단어들이다). 지시적인 아이들은 언어가 대상들에게 이름을 붙이는 과정이라고 여기는 것 같고, 표현적인 아이들은 언어의 개인간 측면들에 더 관심이 있는 것 같다.

이러한 차이들은 나중에 발달에서의 상이한 과정들과 관련된다. 지시적인 아이들은 단어에서 시작하여 그것들을 결합하여 문장을 만드는 반면, 표현적인 아이들은 결국엔 긴 발화를 개별 단어들로 분리한다. 다시 말해, 지시적인 아이들은 부분에서 전체로 나아가고, 표현적인 아이들은 전체에서 부분으로 나아간다. 일단 표현적인 아이들이 그들의 말을 단어들로 분석하면, 그들은 단어들을 결합하여 새로운 말을 하게 된다(Lieven, Pine & Barnes, 1992). 이것은 두 양식의 언어 학습이 발달 과정에서 나중에 통합됨을 시사한다.

Nelson(1975)은 이 점에 대해 약간의 증거를 제시하였다. 그녀는 앞서 그녀의 연구에 참가했던 아이들의 언어 발달을 다시 조사하였다. 그녀는 지시적인 화자들이 초기 발화에서 명사를 높은 비율로 사용한 반면, 표현적인 화자들은 명사와 대명사를 섞어 사용한다는 것을 발견하였다. MLU가 증가함에 따라 지시적인 아이들은 명사를 더 적게 썼고, 표현적인 아이들은 더 많이 사용하였다. 따라서 시간이 지나면서 두 양식은 합쳐지기 시작하였다. Bloom, Lightbown, Hood(1975)도 유사한 결과를 얻었다.

이런 개인차는 몇 가지 의문을 제기하였다. 하나는 그러한 차이를 어떻게 가장 잘 특징지을 것인가 하는 것이다. 그것들이 다양한 언어 요소들에서의 상이한 능력을 나타내는지, 아니면 선호성으로 더 잘 기술될 수 있는지는 분명하지 않다. 예를 들어, 표현적인 아이들은 대상의 이름을 배우고 기억하는 것에 서투른 것인가, 아니면 그렇게 할 수 있지만 성인의 반응을 이끌어낼 가능성이 높은 양식을 선호하는 것인가?

다른 의문은 그러한 개인차의 원인이다. Nelson(1981)은 그러한 차이에 있어서 뇌 반구의 차이, 인지 양식, 환경적 요인들의 역할과 관계된 증거들을 개관하였다. 환경적 요인과 관련해서는, 엄마가 하는 말의 양(Huttenlocher, Haight, Bryk, Seltzer & Lyons, 1991)과 유형(Della Corte, Benedict & Klein, 1983) 모두가 아이들의 언어 양식에 영향을 미친다는 증거가 있다. Della Corte와 동료들은 지시적인 아이들의 엄마들은 표현적인 아이들의 엄마들보다 기술적인 말을 더 많이 하고 규범적인 말은 적게 한다는 것을 발견하였다. Goldfield(1987)는 아이들의 어휘 선호성이 아이와 양육자 변인 모두에 의해 영향을 받는다는 것을 보여줌으로써 그러한 결과를 확장하였다. 엄마의 주의를 끌기 위해 대상들을 더 자주 사용하는 아이들과 엄마들이 장난감에 이름을 더 자주 붙이고 설명했던 아이들은 지시적인 언어를 사용하는 경우가 많았다. 반면 두 변인 모두가 낮은 아이들은 표현적인 언어를 사용하는 경우가 많았다.

이러한 결과들은 언어라는 퍼즐을 맞추는 방법이 하나가 아니라는 것을 보여준다. 더구나 이러한 차이들은 우리가 분석하는 언어의 구성성분들—통사, 의미, 음운, 화용—이 아이들의 경험과 완전히 분리되지 않음을 상기시켜 주는 유용한 방편들이다. 반면에 적절한 화용적인 목적을 위해 새로 형성된 통사 구조들을 사용할 때처럼, 아이들은 어떤 것을 습득할 때 다른 것들과의 관계를 따져보아야 한다. 이러한 개인차가 시사하는 바는 그렇게 하는 데 많은 방법이 있다는 것이다.

요약

아이들은 어떤 단어나 순서를 다른 것들보다 선호하면서 체계적으로 단어들을 결합하기 시작한다. 상당히 많은 연구들이 아이들이 다단어 발화를 산출하기 시작할 때 그들이 가진 문법 체계의 본질을 밝히고자 하였다. 연구자들은 대체로 아이들이 표현할 수 있는 것보다 많은 것을 알고 있다는데 동의한다. 그러나 그 지식을 통사적, 의미적 또는 위치적인 것으로 가장 잘 특징지을 수 있는지에 대해서는 의견 차이가 있다.

초기 언어 습득에는 분명한 개인차가 있다. 어떤 아이들은 언어의 지시적 기능을 강조하고, 다른 아이들은 사회적 방식으로 언어를 사용한다. 이런 두 가지 양식의 학습은 나중에 통합되어, 지시적인 아이들은 전보다 대명사를 더 많이 사용하게 되고 표현적인 아동들은 명사를 더 많이 사용하게 된다. 이러한 양식들은 아이와 양육자 모두의 특징을 반영한 것으로 보인다.

수화의 습득

마지막으로 미국 수화(ASL)에 대한 연구를 살펴보자. 이 책 전체에서 우리는 수화와 입말의 유사성과 차이점을 이따금씩 살펴보았다. 이 절에서는 아이들이 미국 수화를 어떻게 배우는지에 대해 논의할 것이다.

2장에서 보았듯이, ASL과 영어 사이에는 유사성도 있고 차이점도 있다. 두 언어는 이중 형식과 언어 생산성과 같은 기본적인 문법 특징을 일부 공유한다. 동시에, 두 언어 사이에는 일부 뚜렷한 차이도 있다. 우리는 ASL이 영어보다 더 도상적

(iconic)이며, 풍부한 형태소를 가지고 있고, 영어보다 ASL에서 언어 정보가 더 자주 동시에 전달된다는 것을 보았다. 물론, 시각적 언어와 청각적 언어 사이에는 양식에서의 차이가 있다. 이러한 유사성과 차이점은 ASL과 말소리의 습득을 비교하는 것이 의미 있는 일이라는 것을 시사한다. 그것은 특히, 언어 습득의 어떤 측면이 보편적인지, 어떤 측면이 특정 유형의 언어에 특정적인지, 어떤 측면이 특정 양식에서 언어 특정적인지를 밝히는 데 도움을 줄 것이다.

우리는 청각장애를 가진 부모로 인해 생애 초기에 ASL에 노출된 아이들에게 초점을 맞출 것이다. 대부분의 경우, 이러한 아이들은 정상적인 청력을 가지고 있다. 이 아이들이 ASL을 습득하는 조건은 정상적인 아이들이 말소리를 습득하는 조건과 비슷하기 때문에 이들은 관심의 대상이다. 즉, 태어나면서부터 아이들과 정서적으로 밀착되어 있는 사람들이 일상적인 사건들의 맥락에서 아이들에게 언어를 제시한다. 그러므로 ASL과 영어 습득 사이에서 관찰될 수 있는 모든 차이는 두 언어나 양식에서의 차이에 기인한 것이지 노출 조건의 차이에 기인한 것은 아니다.

따라서 우리의 논의를 대부분의 청각장애아들에게 바로 적용할 수는 없다. 5~10%의 청각장애 아동들만이 청각장애 부모로부터 태어나는 것으로 추정된다(Meier & Newport, 1990). 나머지 90~95%의 청각장애아들은 대개 생애 초기에는 ASL에 노출되지 않는다. 더욱이 청각장애아들은 말소리에 노출됨으로써 오는 혜택을 받지 못할 수 있다. 이런 의미에서, Meadow(1980)는 중증 선천성 청각장애의 기본적인 박탈이 소리에 있는 것이 아니라 언어에 있다고 언급하였다. 정상적인 부모는 청각장애를 가진 그들의 자녀들에게 ASL을 가르칠 준비가 되어있지 않기 때문에, 많은 청각장애아들이 어릴 때부터 체계적으로 수화에 노출되지 못한다. 사실, 많은 청각 장애인들은 수화를 부모로부터 배우는 것이 아니라 훨씬 나중에 또래들에게서 배운다. 다른 청각장애나 청력 결함을 가진 사람들은 다른 의사소통 수단을 사용한다. 여기에는 구두 훈련(아이들에게 말하는 것과 입말을 이해하는 것을 가르치는)이나 **손가락 영어(manual English)** 훈련이 포함될 것이다. 손가락 영어의 다양한 형식들은 영어 문법을 ASL과는 다른 수화 형식으로 표현하는데, 그것은 영어와는 별개의 언어이다. 보통 이런 집단들에서의 언어 습득은 정상 아이들의 말소리 습득에 비하면 저조한 편이다(Quigley & King, 1982를 보라).

ASL로 돌아가서, 우리가 살펴보고자 하는 주된 의문은 입말에서 발견되는 발달상의 이정표들—옹알이, 한 단어 단계, 두 단어 단계—이 수화의 습득과 어떤 상관관계를 갖는가 하는 것이다. 옹알이와 관련해서 Petitto와 Marentette(1991)는 ASL을 일차언어로 습득한 청각장애 유아들을 연구하였다. 청각장애 부모들에게서 태어난 유아들이 10~14개월 사이에 연구에 참여하였다. Petitto와 Marentette는 청각장애 유아들이 몸짓과 음절 손가락 옹알이(syllabic manual babbling)라는 두 가지 유형의 손 움직임을 보인다는 것을 발견하였다. 안아달라고 자신의 팔을 드는 것과 같은 몸짓들은 의미가 있었고 말소리에 노출된 유아의 몸짓(본 장 앞부분에 논의하였던)과 유사하였다. 반면에 손가락 옹알이는 대개 의미가 없었고, 유아들은 ASL 매개변인들(손 모양, 손 위치, 손 움직임)의 값을 수화로 결합하였는데, 그것은 허용 가능하지만 ASL에는 존재하지 않는 형식이었다. 이러한 관찰과 다른 관찰들에 근거하여, Petitto와 Marentette는 손가락 옹알이가 목소리 옹알이와 유사하다고 결론지었다.

연구자들은 정상인 부모들에게서 태어난 정상 유아들이 보이는 손가락 움직임도 연구하였다. 흥미롭게도, 두 집단의 유아들 모두 몸짓과 손가락 옹알이를 사용하였다. 하지만 두 집단에서 몸짓의 양과 유형은 유사하였던 반면, 손가락 옹알이는 청각장애 유아들에서 훨씬 더 빈번하였다. 좀 더 최근에, Petitto, Holowka, Sergio, Levy, Ostry(2004)는 말소리나 수화 중 하나만을 배운 정상 아동들의 손가락 옹알이를 조사하였다. 수화에 노출된 아기들은 말소리에 노출된 아기들보다 훨씬 체계적인 손가락 옹알이를 사용하였다. 여기서도 몸짓과 손가락 옹알이 사이의 차이를 알 수 있다.

한 단어 단계로 돌아가서, Prinz와 Prinz(1979)는 정상적인 부모로부터는 영어를 배우고 청각장애인 부모로부터는 ASL을 배운, 2개의 언어에 노출된 한 아동을 관찰하였다. 이 아이는 생후 7개월이 되었을 때 처음 수화를 사용하였다. 12개월이 되기까지 아이는 다섯 개의 수화와 하나의 단어만을 사용하였다. 따라서 말소리보다는 수화의 습득이 더 빠른 것으로 보였다. Bonvillian, Orlansky, Novack(1983)은 더 큰 집단의 유아들을 데리고 이러한 결과를 반복하였다. 그들은 청각장애 부모를 가진 11명의 아이들(정상아 10명, 청각장애아 1명)의 수화를 16개월 동안 연구하여, 이 아이들이 평균적으로 생후 8.5개월에 처음 인식 가능한 수화를 산출한다는 것을 발견했는데, 이 시기는 그들이 처음 인식 가능한 단어들을 산출하기 약 2 내지 3개월 전이다.

이러한 맥락에서 제기되는 한 가지 의문은 ASL의 상대적 큰 도상성(iconicity)이 언어 습득을 도와주는가 하는 것이다. Orlansky와 Bonvillian(1984)은 청각장애 부모를 가진 정상아들의 초기 언어에서 도상적인 수화의 우세성을 조사하였다. 도상적인 수화란 수화와 지시대상 사이에 분명하고 투명한 관계가 존재하는 수화이다. 예를 들어, *먹다(eat)*에 해당하는 수화는 마치 자신을 먹이는 것처럼 자신의 벌린 입을 향해 손을 앞뒤로 움직이는 것이다. 한편, 환유적(metonymic) 수화는 수화와 지시대상 사이의 관계가 좀 더 모호한 것으로, 대부분의 관찰자들에게 분명하지 않을 수 있다. 자의적(arbitrary) 수화는 수화와 지시대상 사이에 아무런 식별가능한 관계도 보이지 않는다. Orlansky와 Bonvillian은 발달상의 두 지점, 즉 아이들이 10개의 수화를 습득하였을 때(약 13개월)와 18개월에 다시 한 번 아이들의 수화를 조사하였다. 앞선 시기에는 31%의 수화만이 도상적이었고, 34%가 환유적이었으며, 35%가 자의적이었다. 이러한 백분율은 18개월이 되었을 때에도 매우 비슷하였다. 만약 도상성이 초기의 습득을 돕는다면, 13개월에서 도상적 수화의 비율이 더 높을 것이라고 기대할 수 있다. Orlansky와 Bonvillian은 도상성이 수화의 조기 습득에 주요 요인이 아니라고 결론을 내렸다

Petitto(1988)와 Meier, Newport(1990)는 말소리에 비해 수화가 갖는 장점과 그 중요성을 논의하였다. Petitto는 초기 수화들이 실제로는 가리키기나 손을 뻗는 것처럼 모든 아이들이 사용하는 몸짓이거나 성인 모델을 모방한 것이라고 주장하였다. Folven과 Bonvillian(1991)은 이 문제를 다루었는데, 그들은 아이들이 처음 보여주는(인식 가능한 수화가) 생후 8.2개월에 나타남을 발견하였다(Bonvillian 등, 1983을 반복함). 하지만 아이들은 12.6개월이 되기 전까지는 수화를 지시적으로(즉, 대상에 이름을 붙이는) 사용하지 않았고, 그 이후에 의사소통적 가리키기를 보여주었다. 이 나이는 지시적 말소리의 첫 출현 시기에 해당한다. 초기의 수화는 성인의 수화를 모방하는 것으로, 일상적인 상호작용에서 사용되는 수화이고, 친숙한 항목들을 얻기 위한 요청이다.

Meier와 Newport(1990)는 수화의 장점이 초기 어휘 발달에만 있고, 통사 발달까지는 확대되지 않는다고 주장하였다. 또한, 그들은 두 양식에서의 감각기관의 차이가 수화의 빠른 출현을 설명할 것이라고 주장하였다. 즉, 생후 10개월 정도면 시각 체계가 청각 체계보다 더 발달될 수 있는데, 이러한 가설하에서는 그 시기가 아이들이 어휘 항목들을 인지적으로 습득할 수 있는 연령이다.

이제 후기 수화 발달을 살펴보자. 초기의 다중수화(multisign) 발화를 조사하여, Newport와 Ashbrook(1977)은 청각장애아들이 영어에서 볼 수 있는 것과 비슷한 의미 관계들을 사용한다는 것을 발견하였다(Bloom 등, 1975). 더구나 그 관계들은 기존의 영어 연구들에서 밝혀진 것과 거의 같은 순서로 수화에서도 나타났다. 두 단어

단계에 있는 아이들 역시 의미를 수화로 나타내기 위해 형태론이 아닌 수화의 순서를 사용한다(Newport & Ashbrook, 1977). 물론 이것은 어린 화자들의 첫 다단어 발화와 유사하다. 그러므로 ASL을 습득하는 아이들이 수화를 결합하기 시작할 때, ASL의 형태론을 처음부터 활용하는 것은 아니다. 대신 그들은 다양한 입말에서 아이들이 그렇게 하듯이, 의미를 전달하기 위해 주로 수화 순서를 사용한다.

결국, 이러한 연구들은 언어 발달 과정이 적어도 두 단어 단계를 거치는 동안 수화와 입말에서 유사함을 보여준다. 유일한 차이점은 한 단어 단계에서 수화가 더 빨리 습득된다는 것인데, 이는 언어가 아니라 감각양상(modality)의 차이를 반영하는 것으로 보인다. 더구나 초기 수화 습득을 유도할 가능성이 높은 언어적 특징인 도상성은 표면적으로는 거의 역할을 하지 않는다. 이러한 관찰들은 언어에서처럼 수화에서도 언어 발달의 초기 이정표들이 생물학적 통제하에 있다는 견해와 일치한다.

그렇다고 하여 후기 언어 습득에서 입말과 수화 사이에 아무런 차이가 없다고 말하는 것은 아니다. 아이들이 처음에는 그들의 말에 ASL의 형태론을 사용하지 않더라도, 결국에는 그것을 습득한다(Bellugi, 1988; Newport & Meier, 1985). 좀 더 일반적으로, 언어들은 점차 다른 방향으로 발달하게 되고, 아이들은 그들이 사용하는 특정 언어의 규칙 체계를 습득한다. 11장에서는 언어 습득의 후기 단계들에 대해 더 자세히 논의할 것이다.

요약

ASL이 도상성이나 형태소 구조와 같은 언어적 특징들에 있어서 영어와 다를지라도 ASL과 영어의 초기 습득 단계에는 차이점보다 유사성이 더 많다. 주된 차이는 유아들이 첫 수화를 습득하는 시기가 첫 단어를 습득하는 시기보다 2개월에서 3개월 정도 빠르다는 것이다.

복습 문제

1. 미국 수화와 영어의 습득을 비교하고 대조하라.
2. 언어 학습에 있어서 지시적 양식과 표현적 양식을 구별하라.
3. 아동의 초기 문법적 범주가 성인의 문법적 범주와 동등하지 않음을 시사하는

증거는 무엇인가?

4. 일어문(holophrase)이란 무엇인가?
5. 성인의 명명 연습이 아동의 어휘 발달에 어떤 도움을 주는가?
6. 아이들은 왜 모방적인 말에서는 하지 않는 음운적 오류를 자발적인 말에서 범하는가?
7. 다음의 예를 각각 들어보라: 융합, 동화, 감소, 중복
8. 유아의 말소리 지각이 대략 한 살이 되기까지 변화함을 시사하는 증거는 무엇인가?
9. 의사소통 능력을 정의하고, 그것이 아동의 초기 말소리 이해에 영향을 미치는 방식을 설명하라.
10. 가리키는 몸짓을 아이가 의도적으로 사용하는지 어떻게 말할 수 있는가? 어떤 행동을 의도적인 것이라고 간주하려면 어떤 준거들이 필요한가?

생각해 볼 문제

1. 당신은 아이가 하는 말을 못 알아듣는 척 함으로써 아이의 언어 발달을 향상시킬 수 있다고 생각하는가? 미숙한 형식의 말에 즉각적으로 반응함으로써 발달을 지연시킬 수 있는가? 설명하라.
2. 하나의 단어로 아이가 무엇을 의미하는지 당신은 어떻게 이해할 수 있는가? 당신은 어떤 절차를 사용할 것인가?
3. 아이들은 대개 그들이 산출할 수 있는 것보다 더 발전된 수준에서 언어를 이해한다. 어떻게 그럴 수 있는가? 산출이 이해보다 선행하는 경우들이 있는가?
4. 가정에서 두 언어에 노출된 아동의 언어 발달은 단일언어를 사용하는 아동과 어떻게 다를 수 있나? 어떤 식으로 그들의 발달이 유사할 수 있나?
5. 다양한 연구들은 아이들이 말로 소통하기 전에 몸짓으로 소통할 수 있음을 시사한다. 이런 결과가 언어 진화에 관해 우리에게 말해 줄 수 있는 것은 무엇인가?

Chapter 11

후기 언어 습득

Yara (4살): 저게 뭐야?
엄마: typewriter야.
Yara(찡그리며): 아냐, 엄마가 typewriter고, 저건 typewrite야.
–KYRA KARMILOFF AND ANNETTE KARMILOFF–SMITH(2001, p. 79)

처음에 나는 캐나다에 두 개의 언어가 있다는 것을 몰랐다.
나는 그저 아빠에게 말하는 방법이 하나 있고,
엄마랑 말하는 방법이 하나 있다고 생각했다.
–LOUIS ST. LAURENT(CRYSTAL & CRYSTAL, 2000, p. 69)

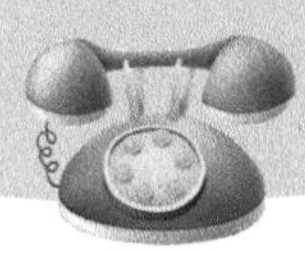

요점

- 취학 전 연령 후반기에 있는 아이들의 문법 발달에는 문법 형태소와 복잡한 통사 구조의 습득이 포함된다.
- 아이들은 점차 자신이 사용하고 있는 언어를 자각하게 된다.
- 아이들이 대화하고 이야기하는 데 필요한 기술들은 취학 전 시기에 발달하고, 학교에 들어가면서 원활한 의사소통을 할 수 있게 된다.
- 아이들은 정규 교육을 받기 시작하면서 그들의 언어 기술을 확장하고 수정한다. 교실에서의 담화는 학교 밖에서의 담화와는 차이가 있고, 글말은 입말과는 다른 새로운 도전을 가져다준다.
- 아이들은 두 개의 언어를 동시에 또는 연속적으로 습득할 수도 있다. 간혹 이중언어사용이 언어 발달에 지체를 가져오기도 하지만, 언어에 대한 자각과 인지적 유연성의 증가를 촉진하기도 한다.

서론

언어 습득에 대한 관심이 출생 후 처음 몇 년 동안에만 국한된 적이 있었다. 그러나 최근에는 아동의 후기 언어 습득과 사실상 전생애에 걸친 언어 발달이 점점 더 인기 있는 연구 주제가 되고 있다. 이 장에서는 대략 취학 전후의 발달시기에 해당하는 아이들의 후기 언어 습득에 관해 논의할 것이다.

이 시기의 발달에서 중요한 한 가지 주제는 아이들이 이전에 습득한 문법 구조를 정교화한다는 것이다. 그들은 간단한 발화를 기능어와 문법 형태소로 꾸미며, 좀 더 복잡한 문장 구성에 숙달되기 시작한다. 두 번째 주제는 아이들이 언어적 단위들과 과정들을 더욱 자각하기 시작한다는 것이다. 예를 들어, 어린 아이들이 단어들을 통사적으로 바른 순서로 배열했다고 해서 그들이 자신이 사용하고 있는 통사 규칙을 반드시 자각하고 있는 것은 아니다. 언어에 대한 자각은 취학 전 연령 전반에 걸쳐 점차적으로 생겨난다.

언어에 대한 자각의 발달은 언어의 다른 측면들에도 영향을 미친다. 아이들이 상이한 의사소통 상황을 판단할 수 있게 되고, 그리하여 그들의 언어 자원을 최대한 효과적으로 사용할 수 있게 되는 것도 바로 이 시기이다. 그리고 이러한 기술들은 아이들이 취학한 후 글말을 접하게 될 때에도 중요하다.

이런 다양한 성취들을 독립적인 발달 단계가 아니다. 설명상의 편의를 위해 개별적으로 따로 논의하겠지만, 그것들은 발달 과정에서 상호연결되어 있다. 표 11.1은

표 11.1 한 아동의 발화 예

1;9	He's in the house.
1;11	Will you help?
2;0	I'm coming.
2;0	Betty's soup.
2;1	I found it.
2;1	I find it.
2;1	I eating.
2;1	I "hi"-ed Daddy.
2;1	Is Betty here?
2;2	I doed it
2;2	I play in the tent awaile mom.
2;2	I blowed it.
2;4	I want to talk to you a bit.
2;4	You know what?
2;5	I'm just going to sit here and think.
2;5	I felled.
2;5	I camed here
2;5	I want to talk to her.
2;6	Where you going to?
2;6	He's not happier. He's saddier.
2;6	I want another clo'. (clothes에 대한 단수형으로)
2;7	what that is?
2;7	What I'm going to have?
2;8	Mom, let's just clean it up. (어질러 놓은 것에 대해 엄마가 꾸짖기 시작하자)
2;9	You guys are driving me crazy.
2;9	Daddy, don't drink me! (아빠의 유리잔에 비친 자신을 보고)
2;9	You say "I'm fine too." (아빠의 말을 가리켜)
2;10	Why I can't put it on?
2;10	Milk spills easily.
2;10	I'll be an adult someday.
2;11	Tell me what is it. Tell me what it is.
2;11	How I do it?
3;1	Does "popsing" look like "sucking?"
3;2	Daddy, I misted you.
3;2	I'll clean it up because I was the one who mested it up.

표 11.1 한 아동의 발화 예(계속)

3;2	I playded.
3;4	Mommy, you're cramping my style (엄마가 아이의 머리를 빗기고 있을 때)
3;5	"I'm sorry" isn't good enough. (아빠의 사과 이후에)
3;6	I bringed it over there.
3;7	Daddy, you forget to tell me not to sit down before I got a spoon.
3;9	Can you let it go by himself? (소형 트럭을 가리키며)
3;11	It ringed.
3;11	Do you have any idea where my fork might be?
4;0	Mommy closeded it.
4;3	I bited my tongue.
4;11	No, when I say "Are you going to wear that?" you have to say "this," not "that".

어떤 아이가 한 말들을 나열한 것인데, 습득 과정의 복잡성뿐만 아니라 속도도 볼 수 있다.

이 장은 다음과 같이 구성되어 있다. 우리는 복잡한 통사 및 의미 구조의 습득을 살펴보는 것에서 시작하여, 언어 구조에 대한 자각의 증가 그리고 이야기와 대화 기술을 포함하는 담화 처리의 발달을 살펴볼 것이다. 또한 학교에서 사용되는 특별한 종류의 언어를 살펴보고, 아이들이 어떻게 그러한 새로운 요구에 적응하는지 논의할 것이다. 마지막으로 이중언어사용 아동들의 언어 습득과 이차언어가 아동의 인지 발달에 미치는 효과에 대해 살펴볼 것이다.

후기 문법

앞 장에서 보았듯이, 아이들은 생후 2~3년 내에 문법 습득에서 인상적인 진보를 이룬다. 즉, 자신의 의도를 다소 직접적으로 표현하는, *Daddy chair* 같은 간단하면서도 기능적인 발화를 생성하는 능력이 발달된다. 이러한 초기 성취 위에서 후기 문법 습득이 이루어진다. 이 절에서는 문법 형태소와 좀 더 복잡한 문장 구성이라는 두 가지 습득을 살펴보고자 한다.

형태론의 습득

문법 형태소 아이들의 초기 단어 조합에서는 문법 형태소가 눈에 띄지 않는다. 처음에 아이들은 의미를 전달하기 위해 어순을 사용하는데, 굴절이 심한 언어를 습득하는 아이들도 마찬가지다. 그러나 평균 발화 길이(MLU)가 2.5에 이르면, 과거시제나 복수형 같은 형태소들과 *in*이나 *on* 같은 전치사들이 나타나기 시작한다. Brown(1973a)은 그러한 형태소들이 "주요 구조물인 명사와 동사 사이와 위로, 마치 얽힌 담쟁이덩굴같이 자라기 시작한다."고 하였다(p. 249). 그러나 아이들이 자기가 사용하는 언어의 형태론을 완전히 습득하는 데는 몇 년이 걸린다.

문법 형태소의 습득에 관한 첫 번째 주요 연구는 Brown과 Cazden(Brown, 1973a; Cazden, 1968)에 의해 수행되었는데, 그것은 세 명의 아이들을 대상으로 한 광범위한 종단 연구의 일부였다. 그들은 영어에서 사용되는 14개의 형태소를 조사하였는데, 표 11.2에 그것들이 출현 순서대로 제시되어 있다. 연구 절차는 다음과 같다. 그들은 아이의 발화가 지닌 언어적, 비언어적 맥락을 자세히 살펴봄으로써 문법 형태소가 그러한 맥락에 필수적인지 아닌지를 결정하였다. 예를 들어, 어떤 성인이 책을 한 권 집어 들면서 아이에게 *What is this?*라고 물었더니, 아이가 *That book*이라고 대답했다고 가정해 보자. 우리는 그 아이가 *That is a book*이라고 말하려 했고, **계사(copula)**[1] *is*와 관사 *a*라는 두 개의 필수 문법 형태소를 빠뜨렸다는 것을 추론할 수 있다. Brown과 Cazden은 아이가 어떤 형태소를 습득했다고 간주하기 위해서는 그와 같은 형태소가 필수적인 맥락의 90%에서 그것이 사용해야 한다고 하는 엄격한 준거를 적용하였다. Brown(1973a)은 아이들이 그러한 문법 형태소를 습득하는 순서가 다른 아이들 사이에서도 비슷하다고 결론지었다. de Villiers와 de Villiers(1973)는 16~40개월 사이의 아이들 21명을 대상으로 형태소 습득 순서를 조사함으로써 그 연구를 반복하였다. 그들의 결과도 Brown이 얻는 것과 상당히 비슷하였다.

Brown(1973a)은 이러한 발달 순서에 관한 몇 가지 가능한 설명들을 검토하였다. 그 중 하나는 아이가 성인의 말에서 형태소를 들었던 빈도이다. 노출의 빈도가 습득의 용이성과 상관될 것이라고 예상할 수 있지만, Brown은 둘 사이의 상관관계를 찾지 못하였다. 예를 들어, 세 아이를 가진 부모가 하는 말에서 가장 빈도가 높았

---

1) 또는 '연결사'

표 11.2 문법 형태소들의 평균적인 습득 순서

순서	형태소	예
1	현재 진행형	I driving
2~3	전치사	in, on
4	복수형	balls
5	불규칙 과거 시제	broke, fell, threw
6	소유형	Daddy's chair
7	비축약성 연결사	This is hot
8	관사	a, the
9	규칙 과거 시제	She walked
10	3인칭 현재 시제, 규칙	He works
11	3인칭 현재 시제, 불규칙	She does
12	비축약성 조동사	The horse is winning
13	축약성 연결사	He's a clown
14	축약성 조동사	She's drinking

출처: *A First Language: The Early Stages*, by R. Brown, p. 275, Harvard University Press, 1973; and *Language Acquisition*, by J. G. de Villiers and P. A. de Villiers, pp. 86~88, Harvard University Press, 1978.

던 것은 정관사와 부정관사였지만, 아이들이 그것들을 습득한 순서는 8번째였던 것이다. 반대로 아이들이 가장 빨리 습득한 현재 진행형은 세 집단의 부모들에서 그 빈도가 세 번째, 네 번째, 여섯 번째였다. 따라서 Brown은 빈도가 문법 형태소의 습득을 설명할 수 있다는 생각을 거부하였다.

Moerk(1980, 1981)는 하나의 대안적인 견해를 제시하였다. 부모의 말—아이가 형태소를 습득하기 직전에 부모들이 형태소를 사용한 빈도—을 좀 더 정교하게 측정하여, 빈도와 습득 순서 사이의 관계를 발견하였다. Moerk는 노출 빈도와 형태소 습득 사이의 관계가 Brown에 의해 성급하게 거부되었다고 결론내렸다. 그러나 Moerk의 연구는 Pinker(1981)에 의해 비판받았는데, 그는 Moerk이 자신의 가설에 유리한 형태소들만 분석했다고 주장하였다. Pinker는 형태소들의 상이한 하위집합들을 고려할 경우, 빈도와 습득 순서 사이의 상관관계는 급격하게 감소한다는 것을 발견하였다. 쟁점이 해결될 기미가 아직은 보이지 않지만, 부모의 형태소 빈도는 아이의 형태소 습득과 어느 정도 관계있는 것으로 보인다.

Brown(1973a)은 언어적 복잡성과 습득 순서 사이의 관계도 연구하였다. 그는 언어적 복잡성을 두 가지로 정의하였다. **의미적 복잡성**[semantic complexity, **개념**

적 복잡성(conceptual complexity)이라고도 불린다]은 표현된 생각의 복잡성을 의미하고, **통사적 복잡성**[syntactic complexity, **형식적 복잡성**(formal complexity)이라고도 불린다]은 그 생각을 전달하기 위해 사용된 표현의 복잡성을 의미한다. 의미적 복잡성의 역할을 측정하기 위해 Brown은 다양한 형태소들에 의해 한정되는(entailed) 몇 가지 의미들을 확인하였다. 예를 들어, 복수 형태소는 수의 개념을 한정하므로, 이 형태소를 정확하게 사용하기 위해서 화자는 가리키는 대상이 하나인지 아니면 그 이상인지에 주의하여야 한다. 3인칭 규칙은 수(형태소가 단수 주어에는 사용되고 복수에는 사용되지 않으므로)와 시간(현재형에만 사용되고 과거형에는 사용되지 않으므로) 둘 다를 한정한다. 결국, 조동사의 두 형식은 모두 이러한 두 가지 의미적 개념에 더하여 세 번째 개념, 즉 시간적인 지속 또는 어떤 것이 현재 일어나고 있다는 개념(조동사는 항상 *-ing*를 동반한다)을 포함한다. 누적된 의미적 복잡성에 기초하여 Brown은 복수형이 3인칭 규칙보다 먼저 습득되고, 그것은 또 조동사보다도 먼저 습득될 것이라고 예상하였다. 표 11.2에서 보듯이, 이러한 예상과 결과들이 일치한다. 불행히도 통사적 분석 역시 동일한 예측을 하였다. Brown은 통사적 복잡성의 측정치로서 변형 문법 형식을 사용하였고, 복수형, 3인칭 규칙, 조동사가 각각 파생과정에서 두 번, 세 번, 네 번의 변형을 필요로 한다고 결론지었다. 일반적으로 두 형식의 복잡성 모두 형태소의 순서와 관계있는 것으로 보이나, Brown은 그것들을 따로 분리할 수가 없었다.

하지만 형식적 복잡성과 개념적 복잡성 사이의 구분은 유용하다. 한편으로 이것은 문법 형태소뿐만 아니라 언어에서의 상이한 문법적 구조에도 적용될 수 있다. 또한 언어마다 다양한 개념들을 나타내기 위해 사용하는 형식적 복잡성에서 차이를 보인다. 따라서 뒤에서 보게 되겠지만 이러한 구분은 상이한 언어에 속한 아이들이 형태론과 통사론을 습득하는 과정에서 보이는 차이를 이해하는데 도움이 된다.

형태론에서의 생산성 일단 아이들이 형태소를 습득하면, 그들은 그것을 생산적으로 사용하기 시작한다. 이것은 Berko(1958)의 유명한 연구에 의해 증명되었다. Berko는 아이들에게 임의의 이름을 붙인 새로운 생물과 행위를 보여주었다. 그런 다음 아이들에게 임의의 단어에 적합한 형태소를 붙일 수 있는 기회를 주었다(그림 11.1을 보라). Berko는 취학 전인 아이들과 1학년인 아이들이 여러 문법 형태소들(명사의 복수형과 소유형 굴절, 동사의 진행형, 과거 시제, 3인칭 현재 시제)을 생산적으로 통제한다는 것을 발견하였다. 그의 연구는 아이들이 이러한 형태소들을 단순히 암

그림 11.1 Berko의 연구에서 복수형태소 검사에 사용된 항목들. (출처: "The Child's Learning of English Morphology," by J. Berko, 1958, *Word, 14*, p. 154, International Linguistic Association.)

기하는 방식으로 학습하는 것이 아니라 형태소 규칙을 습득함을 시사한다.

아이들의 형태론적 생산성에서 집중적으로 연구되어 온 측면은 아이들의 말에서 볼 수 있는 과잉규칙화이다(Cazden, 1968; Ervin, 1964; Slobin, 1973). **과잉규칙화(overregularization)**란 *breaked*와 *goed*에 사용된 과거 시제 형태소처럼 아이들이 불규칙 단어에 규칙 형태소를 사용하는 것이다. 불규칙 동사의 습득은 대체로 세 단계를 거친다. 첫째, 아이는 단어를 정확하게 사용한다. 둘째, 그 단어를 과잉규칙화한다. 마지막으로, 불규칙 형식이 다시 나타난다. 아이들은 이전에는 분석하지 않았던 언어 형식을 분석하는 것 같다. 즉, 처음에 *broke*는 불규칙 과거 시제 동사의 예로서가 아니라 단순히 단일 어휘 항목으로서 기계적으로 학습된다. 그러다 나중에 아이가 규칙적인 과거 시제 형태소를 더 잘 이해하게 되면서 그것이 불규칙한 경우로 과잉 적용되는 것이다. 그런 다음 불규칙 형식이 다시 나타날 때, 그것은 일반 규칙에서 예외적인, 새로운 지위를 갖게 되는 것이다.

아이들이 어떻게 과잉규칙화를 습득하는지에 대해서는 두 가지 이론이 있다. 규칙 기억 모형(rule-and-memory model; Marcus, 1996)은 아이들이 "과거 시제를 만들려면 동사에 *-ed*를 붙여라"라고 하는 규칙에 접근한다고 가정한다. 또한 아이들은 불규칙 동사의 과거 시제형(예를 들어, *rang*)도 기억에 저장한다. 모든 기억과 마찬가지로 이러한 형식들의 인출에는 오류가 일어나기 쉽다. 결국 이 모형은 저장된 불규칙형이 규칙보다 우선한다고 가정한다. 그러므로 *rang*은 *ringed*를 차단한다. 다시 말해, 저장된 불규칙형을 찾을 수 없을 때에만 과잉규칙화가 일어난다.

Rumelhart와 McClelland(1986)는 아이들이 영어의 과거 시제를 어떻게 습득하는지에 관해 대안적인 견해를 제시하였다. 그들의 접근은 우리가 4장에서 논의하였던 병렬 분산 처리 모형(parallel distributed processing model)에 근거하고 있다. 그들은 동사의 심적 표상이 과거 시제 규칙과 같은 규칙보다는 망으로 연결된 집합이라고 주장하였다. 즉, 아이들이 문법 규칙을 외현적으로 학습한다고 가정하는 대신, 연구자들은 아이들이 복잡한 망조직 내에서 소리열 사이의 연합을 형성한다고 주장한다. 더욱이, 상이한 소리열들은 어떤 시점에서 경쟁한다. 즉, 동일한 단어의 상이한 형식들이 아이들의 언어에서 서로 경쟁하는 것으로 보인다. 예를 들어, 아이들은 경우에 따라 정확한 형식(*went*), 과잉규칙화된 형식(*goed*) 그리고 혼합된 형식(*wented*)으로 바꾸곤 한다. Rumelhart와 McClelland 모형의 핵심은 이러한 연결의 강도가 시간이 지남에 따라, 부분적으로는 아이들이 노출된 언어 모델에 대한 반응으로 점차 바뀐다는 것이다. 따라서 정확한 형식이 점차 다른 것들을 능가하게 된다.

Marcus와 동료들이 수행한 몇몇 연구들은 규칙 기억 모형을 지지한다(Marcus 등, 1992). Marcus와 동료들은 규칙 기억 모형이 예상한대로 과잉규칙화가 부모의 불규칙형 사용빈도와 관련이 있음을 발견하였다. 이 모형은 불규칙형이 과잉규칙화를 저지한다고 가정하므로, 아이가 불규칙형을 인출하는데 영향을 미치는 변인들, 예를 들어 부모의 사용 빈도 같은 것이 아이의 과잉규칙화 사용과 관련이 있을 것이라고 생각하는 것은 타당하다. 또한, 병렬 분산 처리 모형은 규칙 동사의 강한 우세성이 부정확한 과잉규칙화와의 연결을 강화한다는 가정하에, 과잉규칙화가 아이의 어휘 목록에서 규칙 동사가 차지하는 비율과 관련이 있을 것으로 예상한다(Pinker & Prince, 1988을 보라). 하지만 Marcus와 동료들은 아이의 어휘 목록에서 규칙 동사가 차지하는 비율이나 수가 과잉규칙화를 사용하는 아이의 경향성과 아무런 상관이 없음을 발견하였다. 결국 규칙 기억 모형이 예상한 것처럼, 과잉규칙화는 취학 직전이나 취학 초기에 천천히 감소한다. 이러한 관찰은 불규칙형을 자주 사용함에 따라 그것의 인출이 더 강해진다는 생각과 일치한다.

이상과 같은 관찰 결과들은 아이들이 서로 경쟁하는 두 개의 심적 구조를 조작하고 있음을 시사한다. 즉, 일반 규칙과 구체적인 예외에 대한 기억이다. 아이들이 동사형을 사용하는 데서 보이는 변이는 일차적으로 불규칙형에 대한 기억 강도의 변이와 관련이 있는 것으로 보인다. 일반 규칙이 시간에 따라 약화된다는 증거는 없다. 그것은 단지 불규칙형에 의해 차단될 뿐이다.

후기 통사 발달

아이들은 여러 해에 걸쳐 점차 문법 형태소들을 습득해 나간다. 이 기간 동안 그들이 사용하는 문장은 점점 더 길어지고 복잡해진다. 문장 길이에서의 변화는 이제 아이들이 행위자, 행위, 대상을 하나의 문장으로 표현할 수 있게 되었다는 사실을 반영한다. 예를 들어, 나이가 어린 아이들은 행위자와 행위 또는 행위자와 대상을 한 문장으로 표현하는 반면, 좀 더 나이든 아이들은 *Daddy throw ball*과 같이 세 가지 모두를 한 문장으로 표현할 수 있는 것이다.

또한 다른 유형의 문장들을 사용하는 능력도 발달된다. 부정문, 의문문, 수동문, 복문 등의 여러 가지 새로운 문장 구조들을 살펴보도록 하자.

부정문 비록 어린 아이들이 부정의 개념을 명확히 이해한다고 해도(예를 들어, Bloom, 1970을 보라), 부정문 구조의 숙달은 대부분의 아동들에게 있어 비교적 늦게 이루어진다. 그 주된 이유는 습득해야 할 통사 구조가 다소 복잡하기 때문이다. 예를 들어, 부정문 (1)을 살펴보라.

(1) I won' t be coming for dinner on Friday.

긍정문과 비교했을 때, 이 부정문은 *will not*에서 *not*과 같은 새로운 요소의 삽입뿐만 아니라 *won' t* 같은 구의 축약을 포함한다.

Klima와 Bellugi(1966)는 부정문이 일련의 단계를 거친다는 것을 발견하였다. 그 첫 단계는 문장 (2)와 (3)에서처럼 단순히 긍정문에 부정어를 붙이는 것이다. 두 번째 단계는 아이들이 (4)와 같은 긍정문에 부정어를 통합하기 시작할 때 일어난다. 흥미롭게도 이때는 아이들이 (5)에서처럼 축약을 처음 사용하기 시작하는 때이다. 하지만 그들은 *does not*과 같이 축약되지 않은 표현을 사용하지는 않는데, 이것은 이 시기에 *doesn' t*가 개별적으로 습득되었을 뿐 동사의 축약을 생성할 수 있는 일반 능력과는 관련이 없음을 시사한다. 세 번째 단계는 (6)의 긍정형과 함께 (5)에서처럼 내부 부정이 발생할 때 일어난다.

(2) No wipe finger.

(3) No doggie bite.

(4) Doggie no bite.

(5) Doggie doesn' t bite.

(6) Doggie does bite.

Lois Bloom(1970)은 이들 단계 중 첫 번째 단계에 대해 의문을 제기했다. 그녀는 어떤 문장에서는 부정 요소가 발화의 첫머리에 적절하게 위치하기도 한다는 것을 관찰하였다. 예를 들어 (7)과 같은 발화를 살펴보라.

(7) No Mommy do it.

이것은 *Mommy won't do it*을 의미하는 발화에 부정 형태소가 붙은 하나의 예이다. 아니면 *no*가 선행하는 발화에 대한 전방 조응으로서, *No, let Mommy do it*을 의미할 수도 있다. Bloom의 연구와 다른 보고들에 근거하여, de Villiers와 de Villiers(1985)는 어떤 아이들은 이러한 접근법을 채택하지만, 외부 부정의 사용이 보편적인 단계는 아니라고 결론지었다.

의문문 영어에는 몇 가지 유형의 의문문이 있다. 하나는 yes/no 의문문으로, yes 또는 no로 대답할 수 있는 질문이다. 한 예가 문장 (8)이다.

(8) Can your baby walk?

yes/no 의문문은 주어와 조동사의 위치를 바꿈으로써 만들어진다. 아이들은 이러한 규칙에 상당한 어려움을 겪으며, 따라서 문장 (9)에서처럼 간단히 의문문의 억양을 가진 평서문을 사용하곤 한다.

(9) Your baby can walk?

또 다른 유형의 의문문은 wh-의문문으로, 그것은 *wh*-단어(*who*, *what*, *where*, *when*, *why*) 중 하나로 시작하는 의문문이다. 문장 (10)이 그러한 예이다.

(10) Why won't you let me go?

변형 문법(2장을 보라)에 따르면, *wh*-선행, 명사구-조동사 도치, 부정이라는 세 개의 통사적 조작이 이런 문장에서 사용된다. *You will let me go*라는 문장을 출발점으로 삼아, 이러한 세 개의 변형은 문장 시작부에 *wh*-단어를 추가하고, 명사구(*you*)와 조동사(*will*)를 도치시키며 그리고 부정 요소를 첨가한다(*not*이 *will*에 첨가된 다음 *won't*로 축약된다).

또 다시, 아이들이 이러한 문장들을 일련의 단계를 거쳐 습득한다는 주장이 제기되었다(Klima & Bellugi, 1966). 대략 3세 전반부에 일어나는 첫 단계에서 아이들은 도치 없이 *wh*-선행 조작을 완전히 익힌다. 이것은 (11)과 같은 의문문을 만들어낸다.

(11) Where I should put it?

이 문장은 대개 끝부분에서 억양이 올라가므로 맥락과 함께 질문으로 이해되기 쉽다. 다음 단계(약 3.5~4세)는 *wh*-선행과 도치를 포함하지만 긍정문에 한해서 일어난다. 따라서 아이들이 긍정의문문인 (12)는 정확하게 사용하지만, 부정문인 (13)에서는 명사구와 조동사를 정확하게 도치하는데 실패한다.

(12) What will you do now?

(13) Why you can' t sit down?

Klima와 Bellugi는 이 시기의 발달 과정에 있는 아이들의 처리 용량이 매우 제한적이어서 세 가지 조작을 한 번에 통제하거나 그 중 하나가 매우 큰 노력을 요할 때 두 가지 조작조차 통제하기 어렵다고 주장하였다. 따라서 이전에 습득된 *wh*-선행을 가진 도치에서는 숙달되었음을 보여주면서도 나중에 습득하는 부정을 가진 도치에서는 실패하는 것이다. 마지막 단계(4~4.5세)에서는 아이들이 긍정문뿐만 아니라 (14)와 같은 부정문도 도치한다.

(14) Why won' t you let me go?

부정에서와 같은 그런 규칙적인 발달 패턴이 개별 아동들에게서 일어나지만, 영어를 말하는 아이들이 모두 그런 발달을 보이는 것은 아니다. 도치 조작의 습득에는 개인차가 있는 것으로 보인다(de Villiers & de Villiers, 1985). 또한 Kuczaj과 Brannick(1979)은 조동사의 위치와 관련된 규칙에 대한 지식이 *wh*-단어의 종류에 따라 상이한 시점에 습득된다는 것을 발견하였다.

수동문 수동문은 행위의 주체가 문장 (15)에서처럼 문장의 통사적 목적어인 문장이다.

(15) The cat was chased by the dog.

영어에서 수동태는 능동태 문장보다 훨씬 드물지만, 수취자를 강조하거나 수취자에 초점을 맞추기 위해 자주 사용된다. 변형 문법에서 수동태의 습득은 그 중요성 때문에 상당한 관심을 받았다.

취학 전의 아이들은 수동태 사용에 어려움을 겪는다. Bever(1970)는 2~5세 사이의 아이들이 보이는 수동태의 이해를 연구하였다. 3.5~4세 사이의 아이들은 우연 수준 이상으로 잘 수행하였는데, 오히려 이들보다 약간 나이가 많은 아이들이 더 서툴렀다. 이러한 결과를 반복하여, Maratsos(1974)는 3~3.5세의 아이들은 수동태를 이해하지만 3.5~4세의 아이들은 어려워한다는 것을 발견하였다.

발달에서의 이러한 뚜렷한 퇴보는 분명히 흥미로운 것으로, 이것은 처음에는 수동문을 정확하게 분석했던 아이들이 나중에 그것을 잘못 해석함을 시사한다. 특히, Bever(1970)는 나이가 더 많은 아이들이 명사, 동사, 명사로 이어지는 연결을 행위자와 행위 그리고 대상으로 해석하는 경향이 있다고 주장하였다. 그러한 방략이 능동문에서는 통하지만 수동문에서는 통하지 않는다. 이렇게 이해 방략을 과도하게 적용하는 경향은 앞서 언급했던 형태소 규칙의 과잉규칙화 과정을 연상시킨다.

복문 하나 이상의 명제를 표현하는 문장을 **복문(complex sentence)**이라고 한다. 수동문은 하나의 생각을 언어적으로 복잡한 형식으로 전달한다. 그러나 등위, 보문, 관계절과 같은 문장들은 하나 이상의 생각을 표현한다.

등위(coordination)는 문장 (16), (17)에서처럼 두 개의 단문이 연결된 구조이다.

(16) Jill loved rock and Sally loved Jazz.

(17) Hal will bring his wife or she will come in a separate car.

아이들은 *and*와 *or* 뿐만 아니라 *but, because, then, so, if* 등의 다양한 접속사를 사용하여 문장들을 결합한다. Bloom, Lahey, Hood, Lifter, Fiess(1980)는 아이들의 *and* 습득을 연구하여, 그것이 의미적 요인들과 관계가 있음을 발견하였다. 초기에 아이들은 문장 (18)에서처럼, 구들 사이에 아무런 의존 관계가 없이 한 구가 다른 구에 더해지는 추가적인 방식으로 *and*를 사용하였다. 나중에 그들은 시간적 관계(문장 [19])를 표현하기 위해 사용하였고, 그 이후에는 인과관계(문장 [20])를 나타내기 위하여 사용하였다.

(18) Maybe you can carry that and I can carry this.

(19) Jocelyn' s going home and take her sweater off.

(20) She put a Band-Aid on her shoe and it maked it feel better.

보문(complement)는 동사를 포함하는 명사구이다. 문장 (21)에서 *to go home*은 보문이다.

(21) I want to go home.

또 하나의 예는 *I see you sat down*에서 *you sat down*은 보문이다. 이러한 문장들은 하나 이상의 생각이나 명제를 표현하기 때문에 문장 (22)처럼 보문이 없는 비슷한 문장들에 비해 의미적으로 더 복잡하다.

(22) I want ice cream.

아이들은 대략 3세 정도에 해당하는 3.5~4.0 MLU 사이에 보문 구조를 습득하는 경향이 있다(Reich, 1986). 그들은 문장 (21)에서처럼 보문을 문장에서 목적어로 처음 사용한다. 문장 (23)과 같은 주격 보문은 나중에 등장한다.

(23) That she likes him surprises me. (Reich, 1986, p. 129에서)

마지막으로, **관계절(relative clause)**은 명사를 수식하는 *wh*-절이다. *wh*-절이 문장의 목적어를 수식할 때, 이것을 **목적격 관계절(object relative clause)**이라고 부른다. 내 딸아이가 처음 보여준 예들 중의 하나가 문장 (24)인데, 여기서 *what you just did*는 *the thing*을 수식한다(나는 내 팔을 뻗었고 그러자 아이는 나를 따라했다). 문장 (25)처럼 **주격 관계절(subject relative clause)**도 있다. 여기서는 *who was lost*가 *the boy*를 수식한다.

(24) I did the thing what you just did.
(25) The boy who was lost was found unharmed.

아이들이 처음 사용하는 관계절은 목적격 관계절인 경우가 많다(Limber, 1973). 주격 관계절은 처리 한계 때문에 좀 더 어려울 수 있다(Goodluck & Tavakolian, 1982; Kidd & Bavin, 2002). 주격 관계절에서는 화자가 주어를 수식하기 위해 절을 중단했다가 다시 절을 완성하러 되돌아가야 할 필요가 있다는 것에 주목하라. 그러한 구조는 어린 아이들의 작업 기억에 부담을 줄 가능성이 높다.

후기 문법에서 언어간 차이

지금까지의 논의는 영어 문장구조의 습득에 관한 것이었다. 많은 아동 언어 연구자들이 영어의 습득이 다른 언어의 습득과 비교했을 때 어떤지를 살펴보았다. 이러한 연구들은 그저 많은 언어들을 대상으로 한 것이라기보다는 여러 유형의 언어들을 가지고 한 것들이다. Dan Slobin의 연구가 많은 부분을 차지하고 있는데, 그의 많은 연구 업적에는 언어 간 연구들이 포함되어 있다(Slobin, 1985a, 1985b, 1992, 1997a, 1997b).

Slobin(1982, 1985c)은 언어 간 연구를 통해 우리가 언어의 보편적인 측면과 특정적인 측면을 모두 탐구할 수 있다고 주장하였다. 언어 습득의 어떤 측면들이 보편적으로 보이는 것은 그것들이 언어를 배우는 아이들의 인지 기능이나 모든 아이들이 사용하는 언어 방략을 반영하기 때문이다. 예를 들어, 영어를 사용하는 아이들이 부정 표지들을 구의 처음이나 끝에 놓는 경향은 광범위한 속성으로 보인다. 아이들은 동사형과 어순을 그대로 유지하면서 부정 요소를 가능한 위치로 이동시킨다. 이런 방략은 터키어(Aksu-Koç & Slobin, 1985)와 일본어(Clancy, 1985), 폴란드어(Smoczyńska, 1985) 그리고 드물기는 하지만 스칸디나비아 언어들(Plunkett & Strömqvist, 1992)에서도 발견된다.

마찬가지로, 장소(location)와 관련된 특정 표현들의 습득도 보편적인 것 같다. Johnston과 Slobin(1979)은 2~5세 사이의 아이들이 *in*, *on*, *under*, *beside*, *between*, *front*, *back* 등의 장소 표현을 어떻게 습득하는지 조사하였다. 영어에서 이들 용어는 위에 나온 순서대로 습득된다. 표현적 장소 관계를 나타내기 위한 수단들이 언어마다 다르다는 사실에도 불구하고, 이태리어, 세르보-크로아티아어, 터키어에서도 비슷한 순서로 습득되는 것이 관찰되었다. Johnston과 Slobin은 습득 순서가 개념적 복잡성을 반영하며, 간단한 공간 관계로부터 좀 더 복잡한 관계로 발달이 이루어진다고 주장하였다.

대체로 10장에서 기본 아동 문법으로 기술된 대부분의 사건들—초기 다단어 발화와 함께 음운론과 어휘집의 초기 습득—은 언어 간에 유사하다. 예를 들어, 매우 다양한 언어들에서 아이들은 8~10개월 정도에 단어들을 이해하기 시작하고, 약 3개월 후면 그것들을 말하기 시작한다(Bates, Devescovi & Wulfeck, 2001). 하지만 여기에도 약간의 차이는 있다. Caselli, Bates, Casadio, Fenson, Fenson, Sanderl, Weir(1995)는 이탈리아 아이들이 미국 아이들보다 고유명사와 사회적 일상 표현들을 포함하는 훨씬 많은 수의 사회적 단어를 가지고 있음을 발견하였다. 이들 연구자들은 이러한 차이가 이탈리아 유아들이 대가족과 더 가까이 사는 경향이 있기 때문이라고 주장한다. 평균적으로 *grandma*는 미국 아이들이 열세 번째로 말하는 단어인데 반해, 이탈리아 아이들에게는 다섯 번째 단어이다.

일반적으로, 언어 간의 큰 차이는 후기 문법에서 발견된다. 예를 들어, 관계절의 습득은 언어마다 상당히 다르다. 영어를 사용하는 아이들이 2세 정도면 간단한 관계절을 사용하지만, 5세가 되기 전에는 목적격 관계절과 주격 관계절을 완전히 익히지 못하는 것으로 보인다(de Villiers & de Villiers, 1985). 터키어에서 관계절의 습득은 상당히 느리다(Aksu-Koç & Slobin, 1985). 반면에 히브리어(Berman, 1985)와 스웨덴어(Plunkett & Strömqvist, 1992)에서는 3세면 아이들이 관계절을 상당히 자유롭게 사용한다.

마찬가지로, Berman(1985)은 히브리어를 사용하는 아이들이 1.2~2.6 MLU 사이의 잘 구조화된 의문문을 사용한다는 것에 주목하였다(대략 21개월에서 30개월 사이에). 이에 비해, 영어를 말하는 아이들은 약 3.5 MLU(대략 38개월)에서야 겨우 의문문을 터득하기 시작한다. Berman은 히브리어의 의문문 구조가 상대적으로 단순하여 이러한 차이가 생긴다고 주장한다. 히브리어에서 yes/no 의문문을 만들려면 간단히 평서문의 억양을 올리기만 하면 된다. 반면에 영어를 말하는 아이들의 경우에는 주어-동사구를 도치해야 하기 때문에 어려움을 겪는다. 북경어(Mandarin)와 같이 의문을 표현하는 수단이 상대적으로 간단한 다른 언어들도 조숙한 발달을 보여준다(Erbaugh, 1992).

언어간 연구들은 앞서 보았던 개념적 복잡성과 형식적 복잡성 간의 구분을 지지한다. 그러한 많은 연구들은 상이한 언어들에서 부정과 같은 특정 개념의 발달을 조사하였다. 부정의 형식적 복잡성—부정을 언어적으로 표시하는 방식—이 두 언어 사이에 다르지 않다면, 우리는 두 언어를 습득하는 나이가 비슷하리라고 기대한다. 즉, 한 언어에서 부정문을 완전히 익히는 것이 다른 언어에서보다 어렵지 않다면, 우리는 아이들이 부정을 개념화할 수 있다면 언제든지 그것들을 습득하리라고 기대한다. 반면에, 특정 개념과 관련하여 한 언어가 다른 언어보다 형식적으로 더 복잡하다면, 언어의 그러한 측면은 늦게 습득되는 경향이 있다. 이러한 가설을 검증하는 데는 약간의 어려움이 있다. 예를 들어, 구조의 복잡성은 종종 그것의 사용 빈도와 상관이 있는데, 이것은 발달에도 영향을 미친다(예를 들어, Demuth, 1990을 보라). 하지만 모든 것을 고려할 때, 언어간 연구들은 이러한 생각을 지지한다.

요약

아이들은 학령 전 연령 전반에 걸쳐 점차 문법 형태소들을 습득한다. 아이들이 형태소를 습득함에 따라 그들은 생산적인 방식으로 그것들을 사용하고, 때로는 과잉규칙화와 같은 오류를 범하기도 한다. 부정, 의문, 관계절과 같은 복잡한 통사적 구성 역시 학령 전 연령 동안 발달한다. 습득의 용이성은 아동의 처리 한계와 함께 그러한 구성의 형식적, 개념적 복잡성과 관련이 있는 것으로 보인다.

메타언어학과 담화

언어적 자각의 출현

이 책 전반에 걸쳐 얼마나 많은 언어 지식과 언어 처리가 우리의 의식적 자각 아래의 어떤 수준에 존재하는가 하는 점이 강조되었다. 우리는 말소리를 이해하고 산출하기 위해 우리가 사용하는 언어의 문법 규칙들과 처리 방략들을 대부분 제대로 자각하지 못한다. 하지만 언어적 단위들에 대한 약간의 자각은 가지고 있는데, 그것은 우리가 언어를 분석하고 쪼개고, 그것에 대해 숙고할 때—간단히 말해, 우리가 단지 언어를 사용하기보다는 그것에 관해 생각할 때—드러난다. 언어를 사용하는 능력과 분석하는 능력을 구분하는 것은 중요한데, Cazden(1976)이 그것을 잘 기술하였다.

> 우리가 행동할 수 있을 뿐만 아니라 우리의 행동에 대해 반성해 볼 수 있다는 것, 언어를 배우거나 사용할 뿐만 아니라 스스로 그것을 분석과 평가의 대상으로 취급한다는 것은 인간으로서 우리가 가진 고유한 능력의 중요한 측면이다. 메타언어적 자각, 즉 언어 형식들을 불투명하게 만들고, 스스로 그것들에 주목하는 능력은 특별한 인지적 요구를 필요로 하는 언어 수행이며, 말하기와 듣기 같은 언어 수행만큼 쉽고, 보편적으로 습득되는 것 같지 않다. (p. 603).

메타언어적 자각(metalinguistic awareness) 기술의 발달 과정은 Cazden이 말한 마지막 문장이 의미하듯이, 말하기와 듣기 같은 '일차적인' 언어 기술들의 발달과는 매우 다를 것이다. 메타언어적 기술은 언어 분석을 위한 원 자료를 제공하는 '일차적인' 기술들보다는 확실히 늦게 습득된다. 먼저 이러한 영역에서 아이들이 보이는 약간의 성취를 살펴보고, 다음으로 언어 발달에서 그것이 갖는 중요성을 평가하도록 하자.

앞서 보았듯이, 연구자들은 다양한 연령의 아이들이 하는 발화의 유형을 조사함으로써, 의미를 표현하는 데 필요한 아동의 문법 체계를 확인하고자 하였다. 이러한 방법의 근본적인 한계는 특정 연령에서 아이들이 어떤 유형의 발화를 비문법적이라고 생각하는지를 판단할 직접적인 방법이 없다는 것이다. 성인들을 대상으로 하면 우리는 성인들이 말하는 것에 주목할 수 있을 뿐만 아니라, 그들이 말하지 않았거나 하려고 하지 않는 발화에 관해 그들에게 물어볼 수도 있다. 말하자면 그들에게 *The firefighter ankle broke the while saving the young child*라는 문장이 문법적인지 아닌지를 물어보는 것이다. 아동들의 경우는 그러한 메타언어적 판단을 확신하기가 훨씬 어렵다. 다음과 같은 초기의 관찰을 보라.

실험자: Adam, Which is right, "two shoes" or "two shoe"?
아담: Pop goes the weasel! (Brown & Bellugi, 1964, p. 134)

마찬가지로, *de Villiers*와 *de Villiers*(1978)는 메타언어적 발달에 관한 연구를 녹화하는 동안 이루어진 다음과 같은 관찰을 보고하였다. 아이가 메타언어적 과제에 익숙해지도록 하기 위해, 그들은 어린 여자아이에게 항상 말을 거꾸로(backward) 하는 꼭두각시 인형을 자기들이 가지고 있다고 했다. 그러자 그 아이는 자기도 항상 말을 뒤집어(upside down) 하는 꼭두각시 인형을 가지고 있다고 아주 기뻐했고, 그녀의 꼭두각시 인형을 카메라에 보여준 다음에야 그들은 실험을 계속할 수 있었다.

그럼에도 불구하고, 지난 20년 동안 수많은 뛰어난 연구들이 어린 아이들의 언어적 자각을 탐구할 수 있는 방법들을 찾아 내었다. 어린 아이들로부터 문법성에 관한 판단을 이끌어낼 수 있었던 첫 연구는 Gleitman, Gleitman, Shipley(1972)에 의해 수행되었다. 그들은 먼저 두 살 먹은 아이들로 하여금 그들의 어머니가 실험자에게 문법적으로 수용 가능하거나 불가능한 문장들을 읽어주면 실험자가 *good*이라고 말하면서 문장을 반복하거나 *silly*라고 말하면서 문장을 고쳐주는 것을 듣도록 했다. 잠시 후에 아이들은 심판 역할을 하길 원했다. 이들은 수용 가능한 문장과 수용 불가능한 문장들을 변별할 수 있는 능력을 보여주었다(비록 수용 불가능한 문장의 약 50%를 수용하긴 했지만). 그러나 대개의 아이들은 비정상적인 문장들을 의미론에 의지하여 수정하였다. 예를 들어, 그들은 *box the open*을 통사만 따로 다루어서 *open the box*로 바꾸기보다는 *get in the box*로 바꾸었다.

이러한 연구의 중요성은 그것이 처음으로 어린 아이들도 약간의 메타언어적 기술을 가지고 있음을 보여주었다는 점이다. 후속 연구들은 그들이 가진 언어 자각의 다른 측면들을 조사하였고, 아이들의 언어 자각이 보이는 발달상의 진보를 개략적으로 기술하고자 하였다.

어떤 연구들은 단어의 자의성에 대한 아이들의 자각을 탐구하였다. 대상의 크기와 그것을 가리키는 단어의 길이 사이에는 아무런 본질적인 관계가 없다는 것을 아이들은 언제 이해하는가? Berthoud(Sinclair, 1982에 인용)는 4세 내지 5세 된 아이들에게 긴 단어의 예를 제시하라고 하면 *기차(train)*와 같은 단어를 대답한다는 것을 발견하였다. 마찬가지로, Osherson과 Markman(1975)은 취학 전 아동들이 대상의 이름이 바뀔 수 있다는 것은 이해하지만, 이름이 변할 때 대상의 속성들도 함께 변한다고 믿는다는 것을 발견하였다. 그래서 아이들은 개를 *고양이*라고 부를 수 있다는 것에 동의하지만, 그럴 경우 개는 야옹~이라고 할 것이라 생각한다. 마찬가지로 개를 소라고 부르게 되면, 그 개는 뿔을 가질 것이라고 생각한다. 따라서 단어에 대한 어린 아이들의 개념은 아직 단어의 지시대상과 분리되어 있지 않다.

또 다른 질문 주제는 음운 단위에 대한 아이들의 자각이다. Bruce(1964)는 아이들에게 하나의 단어*(snail)*를 준 다음, *n*을 떼면 어떤 단어가 남는지 말해 보라고 하였다. 6세 미만의 아이들은 이 과제에 당황했다. 비슷한 맥락에서 Zhurova(1973)는 동물 장난감이 지나가야만 하는 다리 위에 보초를 세워두었다. 연구자가 보초였고, 아이들은 다양한 동물 장난감들을 집어 들고 다리를 건너려고 하였다. 다리를 건너기 위해서는 그 장난감 이름의 첫 철자(*bear*의 *b*)를 말해야만 했다. 아이들이 5세 내지 6세가 되기 전까지는 이 게임을 성공적으로 수행할 수 없었다.

음운에 대한 자각은 실무율적인 사건이 아니다. 오히려 어떤 측면은 다른 것들보다 더 빨리 발달하여, 3세 정도의 어린 나이에도 습득된다(Chaney, 1992; Smith & Tager-Flusberg, 1982). Stanovich, Cunningham, Cramer(1984)는 몇 가지 음운 자각 과제를 연구하였는데, 그 중 일부가 표 11.3에 제시되어 있다. 그들은 이러한 과제들을 유치원생들에게 제시하고 각 과제의 상대적 난이도를 확인하였다. 과제들 중에서 가장 쉬운 것부터 가장 어려운 것까지 순위를 매겨보라. 이러한 판단을 하는 능력은 그 자체가 메타언어학적 능력이며, 따라서 어린 아이들이 숙달중인 기술들이 어떤 것인지에 대한 약간의 아이디어를 제공할 것이다.[2)]

2) 가장 쉬운 과제에서부터 가장 어려운 과제까지는 각운 말하기, 다른 초두자음 찾기, 초두음소 말하기, 다른 말미자음 찾기, 초두 자음 떼어내기 순이다.

표 11.3 다섯 가지 음운 자각 과제

과제	지시
각운 말하기	주어진 단어(예, fish)에서 각운을 말하라.
초두자음 떼어내기	주어진 단어(예, task)에서 초두자음이 제거될 때 남는 것을 말하라.
다른 초두자음 찾기	주어진 네 단어(예, bag, nine, beach, bike)에서 초두자음이 다른 단어를 선택하라.
다른 말미자음 찾기	주어진 네 단어(예, rat, dime, boat, mitt)에서 말미자음이 다른 단어를 선택하라.
초두자음 말하기	주어진 두 단어(예, cat, at)에서 하나에는 있는데 다른 것에는 없는 소리를 말하라.

출처: "Assessing Phonological Awareness in Kindergarten Children: Issues of Task comparability," by K. E. Stanovich, A. E. Cunningham, B. B. Cramer, 1984, *Journal of Experimental Child Psychology*, 38, pp. 179~182. Copyright © 1984 Academic Press. 허락 후 재인쇄.

언어적 자각을 일으키는 요인들과는 무관하게, 그것의 출현은 우리가 이 장 뒷부분에서 논의하게 될 언어의 몇몇 측면들에 중요한 영향을 미친다. 그 중 하나가 아이들의 의사소통 기술이다. 다양한 집단의 사람들과 효과적으로 의사소통을 하기 위해서 화자는 반드시 그 상황과 청자에게 적합한 단어들을 선택하는 것을 배워야만 한다. 이런 능력은 단어들과 그것의 의사소통적 효과를 분석하는 화자의 메타언어적 능력과 관계가 있다. 또한 우리는 아이들의 읽기 능력이 언어적 자각, 특히 음운적 자각과 밀접한 관련이 있음을 발견하게 될 것이다. 다음 절에서는 어린 아이들의 담화와 의사소통 기술을 논의할 것이다.

아동의 담화 처리

이 절에서 우리는 아이들이 갖고 있는 담화 기술의 두 가지 측면을 살펴볼 것이다. 첫째, 우리는 아이들의 대화 기술과 자신의 언어적 목표를 대화 참여자들의 언어적 목표와 관련시키는 기술을 살펴볼 것이다. 그런 다음 우리는 그들의 말하기 기술, 즉 이야기를 일관성 있게 하는 능력을 살펴볼 것이다.

대화의 기술 9장에서 보았듯이, 대화적 담화는 말할 차례 갖기, 대화 주제 공유하기, 청자의 욕구 고려하기, 사회적으로 적절한 방식으로 요청하기 등과 관련된 수많은 암묵적인 규칙들을 포함한다. 아이들이 이런 규칙들을 어떻게 익히는지 살펴보자.

가장 기본적인 대화의 규칙은 말할 차례를 갖는 것이다. 말할 차례를 갖는 것의 원형은 부모-아동 간의 상호작용을 통해 학습될 것이다. 10장에서 알 수 있었듯이, 엄마들은 트림이나 다른 소리를 대화를 위한 반응으로 해석함으로써 어린 유아들을 능동적인 대화 상대자로 취급한다(Snow, 1977).

어떤 의미에서 대화는 폭넓은 규칙을 가진 게임이다. Fillmore(Bloom, Rocissano & Hood, 1076에 인용됨)는 두 가지 형태의 대화 게임으로 묘사하였다. 첫 번째 형태에서는 A라는 사람이 공을 집어 들어 공중에 던진다. B라는 사람은 그것을 잡아서 되던진다. 두 번째 형태에서는 A가 공을 집어 들고 던진다. B는 A가 끝내기를 기다렸다가 자신의 공을 집어 들어 A에게 던진다. 두 형태 모두 두 가지 개념을 포함하고 있다. 말하자면, 한 번에 하나의 공(화제)만 공중에 있어야 하고, 다른 사람이 공 던지기를 마친 후에 공을 던져야만 한다. 첫 번째 형태는 두 번째에는 없는 세 번째의 개념을 가지고 있는데, 그것은 공들이 공유되어야 한다는, 다시 말해 상호간에 대화의 주제가 비슷해야 한다는 것이다.

그렇다면 아이들은 두 번째 게임에서 첫 번째로 어떻게 이행하는가? Keenan (1974)은 아이들이 말하는 사람의 발화 형식에 주목함으로써 이행하기 시작한다는 증거를 제시하였다. 어느 날 그녀의 아이들(두 살과 생후 9개월 된)이 소리 놀이(sound play)를 하고 있었는데, 그들은 다른 사람이 하는 말의 음운 특성에 열심히 주의를 기울였다. 이 나이의 아이들은 선행 발화의 일부나 전부를 반복하거나(*flower broken*을 *flower*로), 그것을 확장하거나(*big one*을 *I got big one*으로), 한두 항목을 대체하는(*two months*를 *many months*로) 경향이 있다. 이것들은 극히 간단한 수정이긴 하지만, Keenan의 관찰들은 아이들이 다른 사람의 말로 뭔가를 할 수 있기 전에, 누군가의 말을 관련이 있게 만드는 대화의 요건이 무엇인지를 알고 있는 것처럼 행동한다는 것을 보여 주었다.

Bloom과 그녀의 동료들(1976)은 성인-아동 담화의 본질을 탐구하여 몇 가지 흥미로운 결론에 도달하였다. 첫째, 그들은 아이들의 모든 발화를 다섯 가지 범주 중 하나로 분류하였다(표 11.4를 보라). 우선 이것들은 크게 인접 발화(adjacent utterances)와 비인접 발화(nonadjacent utterances)로 분류되며, 인접 발화에는 세 가지의 발화, 즉 비수반적(noncontingent) 발화, 모방적(imitative) 발화, 수반적(contingent) 발화가 있다는 점에 주목하라. Bloom과 그녀의 동료들은 아이들이 19개월일 때 시작하여 38개월이 될 때까지 일정한 시간 간격을 두고 연구하였다. 아이들이 19

표 11.4 아동 발화의 범주들

범주	정의
비인접	성인의 선행 발화가 없거나, 선행 발화 다음에 분명한 휴지가 있을 때 일어나는 발화들
인접	성인의 발화 바로 다음에 일어나는 발화들
비수반적	선행하는 성인의 발화와 같은 화제를 공유하지 않는 발화들
모방적	선행 발화와 같은 주제를 공유하지만 정보를 추가하지 않는, 즉 선행 발화의 일부나 전부가 바뀌지 않고 반복되는 발화들
수반적	선행 발화와 같은 주제를 공유하면서 정보가 추가되는 발화들

출처: "Adult-Child Discourse: Developmental Interaction Between Information Processing and Linguistic Knowledge," by L. Bloom, L. Rocissano, L. Hood, 1976, *Cognitive Psychology, 8*, pp. 524~528, Academic Press.

개월에서 23개월 사이일 때, 그들은 Fillmore의 두 번째 형태와 유사한 게임을 하였다. 아이들이의 발화 중 상당 부분(69%)이 인접 발화였지만 수반적 발화는 거의 없었다. 이 연령대에서는 인접 발화 중 비수반적 발화(31%)가 가장 흔하였고, 그 다음이 수반적 발화(21%)였으며, 마지막이 모방적 발화(17%)였다.

아이들이 35개월에서 38개월에 이를 때쯤에는 몇 가지 발달 추세가 현저해졌다. 인접 발화의 전반적인 비율은 감소하였으나(64%로), 수반적 발화의 비율은 두 배 이상 증가하였다(64%까지). 비수반적 발화와 모방적 발화의 비율은 각각 16%와 2%로 급격히 떨어졌다. 아이들이 2세에서 3세 사이일 때 다른 사람의 대화 주제에 적절하게 반응하는 능력(즉, 수반적 발화)과 자신의 대화 주제를 선택하는 능력(즉, 비인접 발화)이 모두 발달하는 것으로 보인다.

이러한 연구들은 아이들이 상이한 형식의 언어 지식들을 어떻게 통합하는가라는 질문과 관계가 있다. 두 살이 되면 아이들은 어느 정도 의미적 지식과 통사적 지식을 갖게 된다. 하지만 그러한 지식을 대화에 바로 적용하지는 못한다. 오히려 아이들은 선행 발화와 별로 관련이 없는 어떤 종류의 코멘트를 함으로써 '자신이 들어갈 자리(slot)를 채우는' 듯하다. 세 살이 되면 아이들의 언어 지식과 화용 지식이 통합되는 긴 여정이 시작되고, 아이들도 의미적으로 적절한 방식으로 대화를 주고받기 시작한다.

또 하나의 중요한 대화 기술은 자신의 말을 청자에게 맞추는 능력이다. 특히, 언어 발달이 덜 이루어져 보이는 사람에게 말을 할 때 우리는 좀 더 단순한 형태로 말하는 경향이 있다.

지시적 의사소통 과제(referential communication task)는 화자가 대상이나 그림을 가리키는 어떤 메시지를 만들어야 하는 과제로, 화자의 생각이나 욕구, 감정을 전달하는 것과는 반대된다. 발달적인 측면에서 이 과제가 흥미로운 것은 화자로 하여금 상황적 맥락과(또는) 지각된 청자의 수용능력에 맞는 메시지를 준비하도록 한다는 것이다. Piaget의 업적에 오랫동안 영향을 받은 언어심리학자들은 어린 아이들이 그들의 말을 사회적으로 적절한 방식으로 바꾸지 못한다고 믿어왔다. Piaget에 따르면, 아이들이 구체적 조작기(약 7세)로 알려진 인지 단계에 이르기 전까지는 다른 사람의 조망점(vantage point)을 수용하지 못한다. 몇몇 초기 연구들이 Piaget의 주장을 지지하는 경향이 있었지만(Glucksberg, Krauss & Weisberg, 1966; Piaget & Inhelder, 1948/1967), 이후의 연구들(Borke, 1975; Maratsos, 1973; Shatz & Gelman, 1973)은 아주 어린 아이들도 어떤 조건하에서는 자신의 말을 수정할 수 있다는 것을 보여주었다.

특히 Shatz와 Gelman(1973)은 매우 설득력이 있는 증거를 제시하였다. 그들은 네 살짜리 아이들이 성인들과는 반대로 두 살짜리 아이들에게 말을 할 때, 부호 전환(code switch)을 할 수 있는지를 조사하였다. 네 살짜리 아이들은 짝에게 장난감

의사소통 학습의 일부는 자신의 말을 서로 다른 청자들에게 맞추어 주는 것이다.

에 대해 이야기하라는 요구를 받았다. 짝이 두 살짜리 아이일 때, 나이가 많은 아이는 더 짧고 간단한 문장을 사용하였다. 하지만 또래나 성인들에게는 더 길고 복잡한 문장을 사용하였다. 이런 결과는 그들의 가정에 어린 동생이 있거나 없거나에 상관없이 얻어졌다. 다시 말해, 부호 전환은 단지 부모의 행동을 모방한 것이 아니며, 아이들이 대화의 상황을 이해하고 그것에 따라 적응한 것으로 보였다.

지시적 의사소통 기술에서 이러한 향상의 중요성은 어린 화자가 이제는 청자를 더 고려할 수 있게 되었다는 것이다. 아이들은 이제 훨씬 넓은 범위의 청자들과 효과적으로 의사소통할 수 있는 능력을 갖게 되면서, 지각된 청자의 이해 수준에 따라 자신의 말을 조절할 수 있게 된 것이다.

이야기 기술 아이들이 대화를 유지하는 기술을 갖게 되면서 그들에겐 그럴듯한 이야기를 말하는 능력도 발달된다. 이야기들(narratives)이 대화에 등장하게 되고(Polanyi, 1989), 그러면서 차례를 주고받으며 대화하던 일상적인 규칙은 한동안 중단된다.

7장에서 살펴보았듯이, 담화의 일관성은 두 수준에서 작용한다. 국소적 수준에서는 담화 내의 연속적인 문장들 간에 응집적인 결속이 있고(Halliday & Hasan, 1976), 전역적 수준에서는 담화 전체가 특정 장르에 맞추어진다. 이들 두 가지 형식의 일관성 모두 아이들의 이야기 산출에서 연구되어 왔다.

아이들의 이야기 기술을 조사하는 가장 흔한 방법은 그들에게 개인적인 이야기를 하게 하는 것이다(Peterson & McCabe, 1983; Sutton-Smith, 1981). 어린 아이들은 종종 어떤 이야기를 이해하기 쉽게 말하는 데 상당한 어려움을 보인다. 그들은 간혹 대명사를 모호하게 사용하는데, 예를 들어 *she*가 여러 인물들을 가리킬 수 있는 경우에도 특정 인물에게 *she*를 사용하는 것이다. 아이들의 이야기에서는 담화 내의 연속적인 문장들 사이의 연결 역시 약한 편이다. 이러한 기술들과 다른 관련 기술들은 취학 전 연령기간 동안 차츰 발달한다.

하지만 아주 어린 아이들도 자신의 이야기에 들어 있는 연속적인 문장을 연결시키기 위해 응집 장치들(cohesive devices)을 사용할 수 있다(Bennett-Kastor, 1983; Peterson, 1993; Peterson & Dodsworth, 1991). Peterson과 Dodsworth는 2세에서 3.5세의 아이들을 대상으로 한 종단적 연구에서 응집 장치들의 습득을 조사하였다. 아이들은 개인적인 경험을 이야기하라는 요구를 받았으며, 연구자들은 조응, 생략, 대체, 접속, 어휘 일관성과 같은 응집 장치들(7장의 표 7.1을 보라)의 존재를 확인하기 위해 그들의 이야기들을 조사하였다. 결과, 그렇게 어린 아이들도 Halliday와 Hasan에 의해 확인된 모든 형식의 응집성을 사용한다는 것이 밝혀졌다. 그들이 연구한 아홉 개의 장치들 중 여섯 개(대명사 조응, 지시사 조응, 동사 생략, 절의 생략, 접속사, 어휘 응집성)가 연구 시작부터 있었으며, 이것은 그와 같은 것들이 두 살 이전에 습득됨을 나타낸다. 나머지 장치들(비교 조응, 명사 생략, 대체)은 나이와 MLU가 증가함에 따라 나타났다.

또한 Peterson과 Dodsworth(1991)는 시간이 흐르면서 응집 장치의 사용에 약간의 변화가 있음을 발견하였다. 나이와 MLU가 증가함에 따라 전체 응집 결속(cohesive ties)의 수가 증가하였고, 상이한 응집 장치들의 상대적 비율이 바뀌었다. 대명사 조응과 접속사는 증가한 반면, 절과 동사의 생략은 감소하였다. 전반적으로, 아이들이 가장 자주 사용하는 응집 장치는 어휘 응집성으로, 가장 간단한 형식은 단순히 어휘 항목을 반복하는 것이다. 어휘 응집성은 어린아이들이 가진 응집성 연결 중 42%를 차지한다. 이러한 비율은 성인의 말에서 발견되는 비율(30%)보다 높은 것이다(Rochester & Martin, 1979). 반면에, 성인들은 아이들보다 상대적으로 높은 비율의 조응 결속(referential ties)을 사용한다.

Pratt와 Mackenzie-Keating(1985)은 네 살과 여섯 살 된 아이들의 조응 응집성을 연구하였다. 그들은 아이들에게 어떤 이야기를 들려주고 그 이야기를 친구에게 다시 이야기해 주도록 하였다. 취학 전 아이들은 새로운 참조 대상을 소개할 때 훨씬 더 많은 오류를 범하였다. 그들은 간혹 새로운 참조 대상을 이미 주어진 정보처럼 다루었는데, 그것은 1학년 아이들에게는 매우 드문 오류였다. 하지만 일단 참조 대상이 담화 내에 소개되었다면, 아주 어린 아이들도 그것을 다시 소개하는 것이 아니라, 정확하게 다시 참조하였다. 6세 정도의 아이들은 구정보나 신정보 중 어느 것에 대해서도 거의 오류를 범하지 않았다.

어떤 연구들은 전역적 수준에서 이루어지기도 했다. Peterson과 McCabe(1983)은 3.5세에서 9.5세 사이의 아이들로부터 1,124개의 개인적인 이야기를 수집하였다. 그들은 전반적인 이야기 구조가 나이에 따라 변한다는 것을 발견하였다. 가장 어린 아이들은 서로 관련이 없는 문장들을 많이 말하였으나, 대부분의 아이들은 6세가 되기 전에 그럴듯한 이야기를 만들 수 있었다. 그들은 청자에게 배경을 제공하였고, 문제나 곤란한 점을 확인시켜 주었으며, 문제가 어떻게 해결되었는지 설명하였다. 어떤 아이들은 여러 개의 일화나 삽입된 일화를 가진 복잡한 이야기들을 만들 수도 있었다. 또한 아이들은 이야기의 요점을 구체화하는 말들이나 이야기 속 사건들에 대한 자신의 평가도 제시하였다.

물론 이러한 아이들의 이야기 기술에는 조금씩 차이가 있다. 또 다른 연구에서 McCabe와 Peterson(1991)은 그러한 개인차가 가정에서 부모들이 아이들에게 이야기를 하도록 유도하는 방략과 관계가 있다고 주장하였다. 그들은 특히 개방적이고 명료화하는 질문의 사용과 같은, 아이들이 이야기를 확장하고 정교화하도록 격려하는 부모의 방략에 관심을 가졌다. McCabe와 Peterson은 그러한 방략들과 나중에 아이들이 실험자들에게 들려준 이야기의 길이 사이에 정적 상관관계가 있다는 것을 발견하였다. 반대로 부모들이 주제를 바꾸는 경우, 이어지는 아이들의 이야기는 훨씬 짧았다. McCabe와 Peterson은 "우리는 두 살짜리 '타고난 이야기꾼' 은 보지 못했다. 우리는 단지 자녀들의 이야기를 들으려고 노력하는 정도와 그렇게 협력하는 방식에서 차이를 보이는 부모들을 보았을 뿐이다"라는 말로 결론지었다(p. 250).

상이한 장르 간의 구분을 아이들이 어떻게 이해하는지에 관해서는 상대적으로 연구가 거의 이루어지지 않았다. 그러나 개인적인 사건을 이야기하는 것과 허구적인 이야기를 하는 것 사이의 차이점에 관해서는 어느 정도 주목해왔다(Allen, Kertoy, Sherblom & Pettit, 1994). 두 종류의 이야기가 7장에서 논의했던 이야기 문법과 유사하지만, 개인적인 사건은 하나의 완전한 일화를 포함하는 반면 허구적인 이야기는 여러 개의 일화를 포함하는 경향이 있다.

Hicks(1990, 1991)는 아이들이 이야기와 다른 장르 사이의 차이점을 어떻게 습득하는지를 조사한 몇 안 되는 연구자 중 한 사람이다. Hicks는 1학년 아동들이 세 개의 다른 과제를 얼마나 잘 수행하는지를 연구하였다. 아이들은 *빨간색 풍선(The Red Balloon)*이라는 짧은 무성 영화를 보았고, (1) 영화의 일부를 다시 보면서 사건을 설명하거나(스포츠 중계자가 사건이 일어나는 대로 묘사하는 것과 유사), (2) 사실적 뉴스를 보고하거나, (3) 영화 속 사건들을 이야기로 말하도록 요구받았다. 아이들은 장르에 맞춰 언어를 바꾸었다. 첫 번째 과제를 수행할 때는 현재 시제를 사용하였으나 나머지 두 과제에서는 과거 시제를 사용하였다. 뉴스를 보고하는 과제에서 아이들은 영화 속 사건들을 사실적이고 상세하게 해석하는 방식을 고수하였다. 하지만 이야기하기 과제에서는 평가하는 말을 더 많이 하였고, 간혹 시간적인 순서를 벗어나면서 인물들의 내적 동기에 더 집중하였다. 이러한 결과들은 아이들이 사실을 기술하는 것과 좋은 이야기를 말하는 것 사이의 차이점을 파악하기 시작했음을 시사한다.

요약

우리의 언어 지식이 많은 부분 암묵적인 것이지만, 언어적 단위와 처리 과정에 관한 외현적인 자각은 쓰기와 읽기 그리고 언어의 다른 측면들에서 필수적이다. 언어적 자각의 출현은 취학 전후의 시기에 아이들의 기본 문법 체계가 조직화된 다음 이루어진다.

두세 살 정도의 어린 아이들은 제한적이지만 대화에 참여할 수 있다. 이후 취학 전 연령에 이르게 되면 좀 더 유연하고 능숙한 대화자나 이야기꾼이 된다. 그들은 매우 다양한 응집 장치들을 사용하고, 새로운 장르들을 배우며, 자신의 말을 상이한 청자들에게 맞추며, 다른 사람들의 요청을 형식화하고 정당화한다. 아이들은 학교에 들어가면서 다양한 레퍼토리의 의사소통 기술들을 갖게 된다.

학교에서의 언어

아이들이 학교 장면으로 가져가는 언어 기술이 중요한 것은 언어가 다양한 교과목을 가르치는 중요한 수단이 되기 때문이다. 그러나 학교에서 사용하는 언어는 가정이나 놀이터에서 사용하는 언어와는 다르고, 따라서 아이들은 학교에 들어가면서 그러한 차이에 적응해야만 한다. 교실에서 말로 의사소통하는 것에 대해 먼저 논의하고, 그런 다음 읽기와 언어 발달 사이의 관계에 대해 논의할 것이다.

교실에서의 의사소통

교실 환경은 언어사회학자, 언어심리학자, 교육연구가들이 연구해 온 언어적 상호작용을 풍부하게 가지고 있다(Cazden, 1986; Mehan, 1979; Wilkinson, 1982). 다른 의사소통 상황들처럼 교실에는 입말 담화가 어떻게 이루어져야 하는지에 대한 암묵적인 관습들이 있고, 어떤 아이들은 다른 아이들보다 그러한 '게임의 규칙'을 더 잘 분별할 것이다. 그러한 개인차의 원인과 결과들이 그간 많은 연구들의 초점이었다.

교실 담화 교실 담화에는 몇 가지 뚜렷한 특징들이 있다. 하나는 교실에서 사용되는 언어가 **탈맥락화된(decontextualized)** 것이라는 점이다(Cook-Gumperz & Gumperz, 1982). 정규 교육을 벗어난 대부분의 의사소통 상황에서는 대화 참가자들의 말과 주변 맥락이 밀접하게 관련되어 있다. 이것을 **맥락화된 언어(contextualized language)**라고 한다. 그러나 정규 교육에서 아이들은 *"누가 미국을 발견했니?"*라던가 *"5 곱하기 5는 뭐지?"*와 같은 주위 환경과는 무관한 질문들을 흔하게 받는다.

교사들이 사용하는 질문은 또 다른 면에서 일상 담화와는 차이가 난다. 교사들은 질문에 대한 답을 알기 위해서가 아니라 학생들이 배운 것을 확인하기 위한 수단으로 빈번하게 아이들에게 질문을 한다. 이러한 질문들은 진정한 질문이라기보다는 시험과 같은 기능을 한다(Searle, 1969). 교사가 학생들의 학습을 평가하는 담화의 한 형식은 **시작-응답-평가 계열(initiation-reply-evaluation sequence)**로, 이것은 교사가 학생에게 질문하고, 답을 들은 다음, 그것을 평가하는 것이다(Mehan, 1979). 학교 밖에서는 아이들이 이런 유형의 경험을 할 가능성이 낮다.

학생들을 대하는 교사들의 언어 역시 아이들에게 익숙한 대부분의 언어보다는 형식적이다. 학급 교사와 그들의 언어 행동에 관한 연구에서, Feldman과 Wertsch (1976)는 교실과 식당에서 사용하는 말의 양식이 다르다는 것을 발견하였다. 아이들과 함께 있지 않을 때 교사들은 *It seems to me*…, *I certainly expect*…과 같은 표현들과, 누군가의 말을 수식하는 다른 방법들을 사용하였다. 이러한 장치들은 사실 내용과 개인적인 의견을 구분하기 위해 사용된다. 교실에서는 이러한 수식어들(qualifiers)이 사용되지 않는다. 그러므로 교실에서 사용되는 교사들의 언어는 매일 접하는 일상적인 회화보다는 좀 더 형식적이다.

교실 담화의 마지막 측면은 교사가 모든 아이들에게 동시에 주의를 기울일 수 없다는 점이다. Merritt(1982)가 말했듯이, 교사의 주의 자원은 충분하지 않다. 그렇다면, 주의는 어떻게 분배되는가? 교실에서의 상호작용에 관한 여러 연구 결과에 따르면, 권위적인 인물로서 교사의 근본적인 역할은 말할 순서를 어떻게 할당할 것인지를 결정하는 것이다. 이것은 대개 교사가 학급의 한 구성원을 구체적으로 호명함으로써 이루어진다. 일반적으로 학생들이 하는 말의 대부분은 질문에 대한 직접적인 반응이다. 자발적으로 자신의 생각을 말하는 학생들은 비교적 드물다(DeStefano, Pepinsky & Sanders, 1982; Mehan, 1979).

한 가지 중요한 쟁점은 이러한 의사소통 규칙이 교실에서의 상호작용과 궁극적으로 학습에서 하는 역할이다. 어떤 관찰자들은 학업 성취가 지적 능력만큼이나 의사소통 능력에 달려있다는 데 동의한다.

Mehan(1979)은 그 점을 잘 지적하였다.

교사의 주의 자원은 충분하지 않다. 아이들은 말할 차례를 얻기 위해 반드시 교실의 규칙을 배워야만 한다.

> 학생들은 반드시 교과 내용을 알아야 할 뿐만 아니라, 그들이 배운 지식을 수용하기에 적절한 형식을 배우지 않으면 안 된다. 그들은 누구와, 언제, 어디서 말하고 행동할 수 있는지 알아야 하고, 주어진 교실 상황에 적합한 말과 행동을 해야만 한다. 학생들은 암묵적인 교실 규칙을 해석함으로써 학문적, 사회적 행동 모두를 변화하는 학급 상황에 맞출 수 있어야 한다(p. 133).

교실 기술의 습득 독서 과제를 수행하는 동안 필요한 정보와 행동을 아동들이 어떻게 요청하는지를 살펴본 연구들이 있었다(Wilkinson & Calculator, 1982; Wilkinson, Clevenge & Dollaghan, 1981). 이러한 연구에서 1학년 아동들은 집단 내에서 음독(read aloud)을 하거나 묵독(read silently)을 한 다음 학습장을 끝내거나, 그림을 그리거나, 어떤 식으로든 그들이 읽은 것을 얼마나 이해했는지 보여주었다. 교사가 집단들 사이를 오가는 동안에 학생들은 서로 도움을 요청할 기회가 있었다. Wilkinson과 동료들은 이러한 요청에는 왜 요청을 하게 되었는지에 대한 정당화(예를 들어, *Sandy, 네 지우개 좀 써도 돼? 내가 실수를 했어*)와 요청이 정확하게 무엇인지에 대한 구체화가 자주 수반된다는 것을 발견하였다. 더욱이 질문으로 원하는 응답을 얻지 못했을 때 아이들은 종종 자신의 질문을 자발적으로 수정하였다. 이러한 결과들은 취학 전 아동들을 대상으로 Garvey(1975)가 발견한 것과 매우 유사하다.

Wilkinson과 Calculator(1982)는 또래 집단 상호작용에서의 개인차도 발견하였다. 가장 효과적인 화자로 밝혀진 아이들의 경우는 반응이 직접적이고, 진지하며, 당면한 과제에 적절히 반응하고, 구체적인 청자에게 말을 거는 아이들이었다. 이런 형식의 말을 사용하는 아이들은 그렇지 않은 아이들보다 더 많은 응낙을 얻어내었다. 다른 연구들은 성인들처럼 아이들도 메시지가 유익하고 분명한 사람들에게 긍정적으로 반응한다는 것을 보여준다. Pratt, Scribner, Cole(1977)은 다른 아이들로부터 장차 교사가 될 것이라는 선택을 가장 많이 받은 아이들은 효과적인 화자인 아이들이라는 것을 확인하였다.

더욱이 교사와 학생 간의 상호작용은 학생의 의사소통 기술에 대한 교사의 지각과 관련이 있다. 몇몇 연구들은 의사소통 능력이 뛰어난 것으로 지각된 학생들이 발언권을 더 많이 얻는다는 것을 보여주었다(Cherry, 1978; Michaels, 1981). Cherry (1978)는 교사들이 의사소통 기술이 뛰어나다고 여기는 학생들에게 더 많은 정보를 요청하는 경향이 있음을 발견하였다.

의사소통 기술이 아이들로 하여금 더 많은 발언권을 얻게 해준다는 생각은 소수집단의 아이들이 보이는 교실 수행을 이해하는 것과 특별히 관련이 있다. Michaels (1981)는 학생들이 집에서 가져온 물건을 전체 학급에게 설명하거나, 과거의 어떤 사건에 대한 이야기를 들려주는 '나눔 시간' (때로는 '보여주고 말하기' 라고 불림) 동안의 학생들의 이야기를 연구하였다. Michaels는 저소득층 흑인 아이들과 중산층 백인 아이들이 서로 다른 이야기 스타일을 사용한다는 것을 발견하였다. 백인 아이들은 하나의 주제나 일련의 관련 주제에 초점을 맞추는 주제중심적인 접근을 사용하였고, 흑인 아이들은 주제연합적인 스타일, 즉 일련의 암묵적으로 연합된 일화들로 이루어진 담화를 사용하였다. Gee(1989)는 백인 교사들이 후자의 스타일을 평가하는 것과 그들에게 말하는 스타일을 바꾸도록 요구하는 것이 갖는 의미를 이해하는 데서 어려움을 겪을 수도 있다고 주장하였다. 좀 더 일반적으로, 일부 아이들의 가정적인 배경은 그들이 다른 스타일의 담화를 강조하는 교실에 참여할 수 있도록 충분히 준비시키지 못할 수도 있다(Michaels, 1991).

읽기와 언어 발달

학교에서 사용하는 언어와 취학 전에 사용하는 언어 사이에는 또 다른 중요한 차이가 있다. 학교 언어는 글말에 가깝고, 글말을 사용한다는 것은 정규 교육을 시작하는 대부분의 아이들에겐 상당한 도전이다.

읽기가 서툴어도 그들은 이미 유창한 언어 사용자이다. 입말을 처리하기 위해 습득해 온 많은 이해 기술들이 읽기에도 적용될 수 있다. 여기에는 문장의 의미를 추출하고, 주어진 의사소통 맥락에서 문장을 해석하고, 각각의 진술에서 추론을 도출하고, 자신의 해석을 확인하는 능력이 포함된다. 이러한 것들을 일반 이해 기술이라고 할 수 있을 것이다.

또한, 읽기 학습에는 글말에 특정적인 다른 기술들을 익히는 것도 포함된다. 여기에는 글 속의 문장들을 훑어보기 위한 안구 운동, 글자와 단어의 시각적 세부특징들을 추출하는 것, 페이지 왼쪽에서 오른쪽으로 읽는 것(대부분의 언어에서), 인쇄된 언어를 어떤 방식으로든 입말과 연결시키는 것이 포함된다. 아마도 이러한 기술들 중 일부는 다소 쉽게 습득되겠지만, 다른 것들은 상당한 시간과 노력을 필요로 할 것이다.

이것이 시사하는 바는 읽기에는 성숙한 독자들만이 잘 협응할 수 있는 다양한 기술들이 관여한다는 것이다. 즉, 초보 독자는 친숙한 단어들조차 새롭고 친숙하지 않은 방식으로 식별해야 하는 과제로 어려움을 겪는다. 따라서 초보 독자는 글의 전반적인 의미에 주의를 기울이지 못하거나 입말 습득에서 얻은 이해 방략들을 잘 적용하지 못한다. 아이들이 읽기-특정적 기술들을 완전히 익히게 됨에 따라 그들이 가진 근본적인 언어 기술들은 차츰 읽기 과제를 수행하는 데 사용될 수 있게 된다.

음운 자각과 읽기 읽기에 특정적인 한 가지 기술은 인쇄된 글자[종종 자소(graphemes)라고 부름]를 음소와 연결시키는 과제이다. 몇 가지 이유들로 인해 이것은 어린 아이들에게 어려운 과제이다. 그 중 하나는 음소와 자소 사이에 일대일 대응이 없다는 점이다. 자소 *c*는 *coffee*에서처럼 /k/로 발음되기도 하고, *circus*의 첫 음소에서처럼 /s/로 소리나기도 한다. 또한 *phoneme*의 *ph*처럼 어떤 자소들은 예측하기 어려운 방식으로 발음된다는 것을 아이들은 학습해야만 한다. 더욱이, 어린 독자는 *house*처럼 묵음 철자를 가진 단어들도 직면해야만 할 것이다.

음소-자소 연결이 어려운 것은 아이들의 음소에 대한 메타언어적 자각이 약하기 때문이기도 하다. 어린 독자의 메타언어적 기술들은 이러한 유형의 언어 분석에 충분한 것 같지 않다. 몇몇 연구자들(예를 들어, Mattingly, 1972)은 읽기가 문학 분석처럼 이차적인 언어 기술이고, 언어적 단위에 대한 의식적 자각을 필요로 하기 때문에 본질적으로 입말보다 어렵다고 주장하였다. Rozin, Bressman, Taft(1974)가 수행한 놀라운 연구는 이러한 점에서 어린 아이들이 얼마나 무지한지를 보여주었다. 아이들에게 *mow*와 *motorcycle* 같은 단어 쌍을 보여준 뒤, 하나는 *mow*이고 나머지는 *motorcycle*이라고 말해 주었다. 그런 다음, 그들에게 어느 것이 *mow*인지 물었다. 도시거주 유치원생의 10%만이 준거(여덟 개 중 일곱 개의 정답)에 맞게 수행하였다. 이러한 결과는 아이들이 소리와 쓰기 사이의 근본적인 관계—말하는 데 오래 걸리는 단어는 더 많은 글자들을 가진다—를 자각하지 못함을 보여준다.

소리 체계에 대한 자각이 생기면서 어떤 수준들은 다른 수준들보다 훨씬 접근하기가 쉽다. 특히 일부 연구들은 음소 수준에서 자각을 습득하기가 유난히 어렵다는 것을 보여준다. Liberman, Shankweiler, Fischer, Carter(1974)는 4, 5, 6세 아이들이 가진 음소 자각과 음절 자각을 조사하였다. 연구자들은 한 집단의 아이들에게 단어를 듣고 단어에 들어있는 음절의 수(하나, 둘, 셋)를 책상에 놓인 나무못을 두드려 표시하라고 요구하였다. 다른 집단에게는 단어에 들어있는 음소의 수를 확인하게 하였다. 그러므로 첫 번째 집단은 *hospital*을 듣고 세 번 두드릴 것이고, 두 번째 집단은 *bag*을 듣고 세 번 두드릴 것이다. 음소 분절 과제는 이들 세 연령집단 모두에서 음절 분절 과제보다 어려운 것으로 밝혀졌다. 실제로, 4세 아동들은 아무도 하지 못했고, 5세 아동들의 17%만이 음소를 분절할 수 있었다. 반면에 6세 아동들의 거의 절반(48%)이 단어를 음절로 분절할 수 있었다.

음소가 특별히 어려운 것은 아마도 음소가 음절로 부호화되는 방식과 관련이 있을 것이다(4장을 보라). *ball*과 같은 단어에서 초성 /b/에 속한 정보는 음절 전체에 분포한다. 따라서 음절은 어떤 의미에서 음소보다 좀 더 자연스러운(즉, 접근하기 쉬운) 언어적 단위이다. 그 결과, 어떤 연구자들은 아이들이 단어를 음절로 분석함으로써 읽기를 시작하고, 나중에 음절을 음소로 쪼개는 것이 훨씬 쉬울 것이라고 주장하였다(Gleitman & Rozin, 1977).

어떤 경우에는 음운 자각이 읽기 기술의 발달과 인과적으로 관련되어 있음이 분명하다(Bradley & Bryant, 1983; Gibb & Randall, 1988; Stanovich, Cunningham & Cramer, 1984; 그러나 Dale, Crain-Thoreson & Robinson, 1995도 보라). 그리고 만약 그렇다면, 메타언어적 기술의 훈련은 읽기 향상을 가져와야만 하는데, 몇몇 연구들이 그러한 주장을 지지한다(Ball & Blachman, 1991; Byrne & Fielding-Barnsley,

1993; Foorman, Francis, Fletcher, Schatschneider & Mehta, 1998; Lundberg, Frost & Petersen, 1988).

Lundberg와 동료들은 음운 자각의 향상을 목적으로 고안된 메타언어적 게임과 연습용 훈련 프로그램을 개발하였다. 연구자들은 8개월 동안 155명의 덴마크 유치원생들에게 매일 훈련회기를 실시하였다. 이 프로그램은 음소 분절을 포함하는 몇몇 메타언어적 과제에서 상당한 성과를 거두었다. 더욱이, 메타언어적 성과는 오랜 시간에 걸쳐 유지되는 읽기 향상을 가져왔다.

이러한 연구결과들은 언어심리학적 연구가 읽기 학습을 어떻게 도와줄 수 있는지를 잘 보여주는 예이다(Rayner, Foorman, Perfetti, Pesetsky & Seidenberg, 2001). 아이들은 인쇄된 단어와 그것에 대응하는 소리 사이의 연결을 배울 필요가 있고, 이 기술은 특히 읽기 장애의 위험에 놓인 아이들에게 중요하다. 가장 좋은 읽기 교육 방법이 무엇인가 하는 것이 교육자들 사이에서 오랜 논쟁거리였지만, 지금은 음운 자각에 대한 구체적인 교육이 읽기 학습의 핵심 요소라는 근본적인 합의가 읽기 연구자들 사이에서 이루어져 있다(Rayner 등, 2001).

하향 처리와 상향 처리 이러한 메타언어적 문제로 인해 아이들은 인쇄된 단어를 인식하는 것이 어렵다고 느끼곤 한다. 이 문제를 극복하는 하나의 방법은 아이들에게 의미를 파악하는 데 도움이 되는 맥락을 사용하도록 격려하는 것이다. 예를 들어, 문장의 마지막 단어에서 막힌 아이에게는 가능한 단어들을 떠올림으로써 문장이 어떻게 끝날 것인지 생각해 보라고 요청할 수 있다. 일단 단어 집합이 구성되면, 아이는 더 풍부한 의미적 지지를 받으며 문제가 된 항목으로 돌아갈 수 있고, 의미와 표기 단서(철자법)를 조합함으로써 이제 그 단어를 인식할 수 있게 된다.

비록 단기적으로는 이것이 유용한 접근일지라도, 대부분의 능숙한 독자들은 결국 '암호를 깨고' 맥락 요인이 아닌 철자법에 기초하여 단어들을 식별하는 것을 배운다. Allington과 Strange(1977)의 연구가 그 점을 잘 보여준다. 표준화된 읽기 검사에서 능숙한 독자와 미숙한 독자로 확인된 4학년 아이들에게 다양한 문장을 소리내어 읽어야 하는 과제가 주어졌다. 문장들 중 5%는 *The frog hopped oven the snow*와 같이 오류를 포함하고 있었다. 여기서 관심사는 학생들이 *oven*을 인쇄된 대로 읽을 것인가 아니면 자발적으로 *over*로 수정해서 읽을 것인가 그리고 만약 수정을 한다면 어느 집단이 더 많이 할 것인가 하는 것이었다. 실험 결과, 미숙한 독자들이 능숙한 독자들보다 더 자주 *over*라고 말하는 것으로 밝혀졌다. 이러한 결과들은 능숙한 독자들이 개별 단어들을 재인하는 과정에서 하향 처리에 덜 의존한다는 것을 시사한다(이와 관련 있는 연구들을 개관하려면 Stanovich, 1980을 보라).

이러한 결과들은 직관에 반하는 것으로 들릴 수 있다. 우리는 때때로 훌륭한 독자는 의미에 주의를 기울이는 반면, 덜 성공적인 독자들은 단어 하나하나에 집착한다고 생각한다. 물론 읽기의 궁극적인 목표는 인쇄된 글의 의미를 이해하는 것이다. 그러나 여기서는 우리의 직관이 틀릴 수도 있는데, 왜냐하면 많은 읽기 과정들이 성숙한 독자들에게는 이미 오래 전에 자동화된 것이기 때문이다. 우리는 그와 같은 결과를 얻기 위해 우리가 사용하는 과정들보다는 수고해서 읽은 결과를 더 자각할지도 모른다.

정보처리라는 관점에서 보면, 능숙한 독자들이 상향 처리에 의존하여 단어를 재인한다는 생각은 말이 된다. 단어 재인이 성숙한 독자들에게는 자동적인 과정이라고 종종 간주되어 왔다(5장을 보라). 반면에 읽기에서 중요한 다른 많은 과정들—문장 간의 응집성에 주목하는 것, 추론을 끌어내는 것, 단락을 요약하는 것과 같은—은 우리 모두에게 통제적인 과정이다. 전체 처리 자원이 제한되어 있으므로, 하위 수준의 처리과정이 더 자동적일수록 상위 수준의 처리과정은 더 많은 처리 용량을 사용할 수 있다. 최종적인 결과는 더 나은 이해이어야 한다.

이러한 결과들은 취학 전에 더 자주 읽기를 해야 했던 아이들이 마침내 더 나은 독자가 된다는 관찰과 관계가 있을 것이다(Snow, Barnes, Chandler, Goodman & Hemphill, 1991). 이러한 관계에는 몇 가지 이유가 있을 것이다. 이야기를 듣는 것은 어린 아이들에게 종종 즐거운 경험이고, 그것은 읽기에 대한 긍정적인 태도를 키워줄 것이다. 또 다른 이유는 인쇄된 단어들에 일찍 노출되는 것은 나중에 아이들이 단어를 자동적으로 인식하는 것을 촉진한다는 점이다. 이러한 생각들은 상호 배타적이지 않으며, 양쪽 모두 나름대로의 역할을 할 것이다. 어떤 경우에는 인쇄된 언어에 대한 노출이 성인들의 읽기 기술을 향상시키기도 한다.

요약

정규 교육을 잘 받는 데 필요한 언어 기술들은 취학 전에 습득했던 것과는 다르다. 교실 담화는 학생들에게 '게임의 규칙'을 배울 것을 요구하고, 아이들의 성공적인 학업수행은 그들이 이러한 의사소통 수업을 얼마나 잘 배웠는가 하는 것과 관련이 있다. 특히 아이들은 분명하게 요청하는 법과 교실에서 인정되는 공식적인 담화 양식으로 자신을 표현하는 법을 배워야 한다.

아이들이 입말과 관련된 기술들을 가지고 학교에 들어가 인쇄물들을 경험하더라도, 성공적인 읽기를 하려면 표기된 단어들을 신속하게 식별하는 것, 즉 메타언어적 과정들에 의존하는 읽기-특정적 기술을 필요로 한다. 성공적인 읽기는 하향 처리와 상향 처리의 결합을 요구한다. 단어를 자동적으로 식별하는 능력은 읽기에서 중요한 자산이고, 독자들이 상위 수준의 처리과정에 자원을 투입할 수 있도록 해주며, 결국 이해를 촉진시킨다.

이중언어사용과 이차언어 습득

지금까지는 아이들이 모어를 어떻게 습득하는지에 관하여 논의하였다. 하지만 지구촌 어딜 가든지 이중언어사용은 이제 하나의 표준이 되었다. 이중언어사용은 언어발달에 관해 많은 의문들을 제기한다. 이중언어를 사용하는 아이들은 두 언어 사이에서 혼란스러워 하는가? 두 개의 언어를 배워야하는 것 때문에 언어발달이 지체되는가? 아니면 이중언어사용자가 된다는 것이 어떤 유리한 점을 제공하는가?

이 절에서는 아이들이 어떤 상황에서 하나 이상의 언어를 습득하는지 논의하는 것에서 시작하여, 두 개의 언어를 동시에 그리고 연속적으로 습득하는 것에 관해 살펴볼 것이다. 마지막으로, 이중언어사용이 인지적으로 어떤 결과를 가져오는지에 대해 알아볼 것이다.

아동기 이중언어사용의 맥락

이중언어사용의 의미와 정의는 상황에 따라 매우 다르다(Matlin, 2000; Snow, 1998). 어떤 이들은 이중언어를 사용하는 지역에 살기 때문에, 어떤 이들은 모어가 그들의 학교나 직장에서 사용하는 언어와 같지 않기 때문에, 어떤 이들은 식민지에 살기 때문에 이중언어사용자가 된다. 또한 어떤 이들은 학교에서 다른 언어를 배웠거나, 두 개의 언어를 사용하는 가정에서 자랐기 때문에 이중언어사용자가 되기도 한다.

이중언어사용은 동시적 이중언어사용과 연속적 이중언어사용으로 구분된다(Bhatia & Ritchie, 1999; Reich, 1986). 아이들이 동시에 두 개의 언어를 습득할 때,

그들의 이중언어사용을 **동시적 이중언어사용**(simultaneous bilingualism)이라고 한다. **연속적 이중언어사용**(sequential bilingualism)은 한 개인이 (아동이던 성인이던) 모어를 먼저 습득한 다음 두 번째 언어를 습득하는 것이다. 이런 유형의 이중언어사용을 **이차언어 습득**(second-language acquisition)이라고 한다.

가장 흔한 경우는 아이들이 이중언어를 사용하는 공동체(community)에서 태어나 두 개의 언어를 동시에 배우는 것이다. 어떤 공동체에서는 이중언어사용이 당연시되기도 한다(Bialystok, 2001). 예를 들어, De Houwer(1995)는 벨기에의 Flanders 지역에 사는 한 아동의 이중언어 환경을 기술하였는데, 네덜란드어가 공식 언어였지만, 여전히 많은 곳에서는 프랑스어가 사용되고 있었다. 학교에서는 네덜란드어로만 수업을 받지만, 아이는 외할아버지와 외할머니 그리고 프랑스어로 방영되는 TV로부터 프랑스어를 접한다. 간단히 말해, 그 공동체에서는 네덜란드어가 지배적인 언어였지만, 아이들이 직면하는 매일의 현실은 대부분 프랑스어에 노출되어 있었다.

동시적 이중언어사용에 이르게 되는 또 다른 상황은 아이의 가족들이 가정에서 두 개의 언어를 사용할 때이다. 한 예가 Nair 부족의 경우인데(Hoff, 2001에서 인용), 아버지가 벵갈어를 사용하고 어머니는 말레이어를 사용하는 한 인도 아동에 관한 것이다. 부모들은 모두 자신의 모어와 함께 영어로 아이에게 말하였고, 힌디어도 사용하였다.

연속적 이중언어사용 역시 다양한 상황에서 발생한다. 아이는 가정에서 한 언어에 노출되고, 그런 다음 학교에 가서 또 다른 언어에 노출된다. 예를 들어, 파푸아뉴기니아에 사는 대부분의 아이들은 학교에 들어가기 전, 자신이 사는 지역의 언어와 함께 표준 방언인 Tok Pisin을 습득하고, 학교에 들어가서는 영어로 수업을 받는다. 필리핀의 아이들은 학교에서 영어와 필리핀어로 교육을 받기 전에 가정에서 70개의 방언 중 하나를 배운다(Bialystok, 2001). 퀘벡의 아이들은 영어와 프랑스어를 모두 말하도록 교육을 받고, 미국 남서부의 많은 아이들은 스페인어와 영어를 말하는 이중언어사용자이다.

두 가지 형태의 이중언어사용을 구분하는 것이 조금은 자의적이지만, 둘 사이에 어떤 엄격한 기준이 있는 것은 아니다(Hoff, 2001). 그럼에도 불구하고 이러한 구분이 유용한 이유는 조금은 다른 쟁점들이 두 경우에서 제기되기 때문이다. 먼저 동시적 이중언어사용을 살펴보자.

이중적 일차언어 습득

이중적 언어 발달에 관한 인기 있는 아이디어들은 재미있게 얽혀있다(Elgin, 2000; Petitto, Katerelos, Levy, Gauna, Tétrault & Ferraro, 2001). 이중언어사용이 이미 많은 나라에서 표준이 되었고, 나이가 어릴수록 나이든 아이들이나 성인들보다 우수한 언어학습자로 간주되기에, 어떤 사람들은 어린 아이들이 별다른 노력 없이 두 개 이상의 언어를 동시에 습득할 수 있다고 믿는다. 마찬가지로 어떤 부모들과 교육자들은 이중언어에 대한 노출이 아이들의 언어발달을 지체시키고, 심지어 언어들을 뒤섞고 혼란시킬 수 있다고 염려한다.

이 절에서는 그러한 생각들을 검토해 볼 것이다. 이중언어사용 아동들은 각각의 언어를 비슷한 방식으로 배우는가, 아니면 단일언어사용 아동들이 자신의 모어를 습득하는 것과 비슷한 방식으로 배우는가? 이중언어사용 아동들은 단일언어사용 아동들이 언어를 배우는 것과 같은 속도로 두 개의 언어를 배울 수 있는가, 아니면 이차언어의 존재가 그들의 발달을 지체시키는가? 그리고 언어들 사이의 혼합이나 간섭은 불가피한가?

이중적 언어 습득에 관해 우리가 알고 있는 많은 것들은 일찍이 부모들이 써왔던 일기에 근거한 사례 연구들에서 나왔다(McLaughlin, 1984; Reich, 1986의 개관을 보라). 사례 연구를 사용하는 것은 몇 가지 우려되는 문제가 있다. 하나는 사례 연구의 맥락에서는 어떠한 주변여건이 특정 발달의 결과를 가져왔는지를 정확하게 알기 어렵다는 점이다. 예를 들어, 아이가 두 살이고 한참 말을 배우는 시기에 가족이 이사를 한다면, 그것이 어떤 변화를 가져올지를 알기란 거의 불가능하다. 또 다른 문제는 부모들이 아이들의 언어발달을 객관적으로 기록하기 어렵다는 점이다. 훌륭한 발화들은 실수보다 더 잘 기억될 것이다. 그럼에도 불구하고, 이러한 연구들에서 많은 것들이 밝혀졌고, 특히 주의 깊게 자료를 기록했을 때 좋은 결과들이 얻어졌다. 많은 경우에서 사례 연구들은 상세한 자료를 제공함으로써 이중언어 습득과 관련된 후속연구들에 영감을 주었다.

발달 과정 De Houwer(1990)는 동시적 이중언어 습득을 아이들이 태어난 후 규칙적으로(매일 두 언어를 듣는 것처럼) 두 언어에 노출되는 것이라고 정의하였다. McLaughlin(1984)은 세 살까지 두 언어를 습득하는 것을 준거로 삼아야 한다고 제안한다. 이 절에서 논의되는 연구들에서는 아이들이 세 살이 되기 전에 가정에서 두 언어를 규칙적으로 습득하고 있었다.

발달 과정과 관련하여, De Houwer(1995)는 매우 유사한 발달을 보인다고 결론지었다. 통사에 관해서 Meisel(1993)은 "이중언어사용자들이 보이는 각 언어에서의 문법 발달의 순서는 단일언어사용 아동들의 개별 언어 습득에서와 같고, 동일한 기저 논리를 따른다."(p. 371)라고 결론지었다. Bialystok(2001)은 이 말이 조금은 강한 주장일지 모른다고 말하면서도 동의하였다. 종합하면, 이중언어사용자의 언어 습득 과정이 단일언어사용자의 언어 습득과 유사하다는 점에 연구자들이 대체로 동의하는 것 같다.

발달 속도 단일언어 발달과 이중적 언어 발달의 속도에 관한 연구들은 다소 혼재되어 있다. 일부 연구들은 비슷한 발달 속도를 보여주었고, 다른 연구들은 이중언어사용 아동들이 언어의 다양한 측면에서 단일언어사용 아동들에 비해 느리다는 것을 발견하였다.

Pearson과 동료들(Pearson & Fernández, 1994; Pearson, Fernández & Oller, 1993)은 발달 속도에 관한 몇몇 연구들을 수행한 후, 이중언어의 습득이 반드시 언어 지체를 야기하지는 않는다고 결론지었다. 이들 연구자들은 부모들에게 어휘 체크리스트를 작성해 줄 것을 요청했고(Dale, Bates, Reznick & Morisset, 1989), 영어와 스페인어 이중언어사용 아동들의 언어 발달이 단일언어사용 아동들과 매우 유사하다는 것을 발견하였다. 예를 들어, 그들은 단일언어사용 아동들과 거의 같은 시기에 단어 폭발(word spurt)을 보였다.

한 흥미로운 연구에서 Petitto와 동료들(2001)은 입말과 수화를 동시에 습득하고 있던 아이들을 조사하였다. 어떤 아이들은 프랑스어와 Langues des Signes Québécoise(퀘벡에서 사용되는 수화)에 노출되었고, 다른 아이들은 프랑스어와 영어에 노출되었다. Petitto와 동료들은 이들 이중언어사용 아동들의 발달을 단일언어사용 아동을 위해 만들어진 기준과 비교하였다. 그들은 양 집단의 아동들이 단일언어사용 아동들과 거의 동일한 시기에 두 언어를 모두 습득하였음을 확인하였다. 예를 들어, 아이들은 한 살 정도가 되면서 첫 단어를, 18개월 정도 되었을 때는 두 단어(또는 두 개의 기호)로 된 발화를 하였다. 이중언어사용으로 인한 지체의 증거는 없었다.

이와는 반대로, 일련의 연구에서 Gathercole(2002a, 2002b)은 물질/가산 명사의 구분과 문법적 성별을 포함하여, 다양한 통사적 측정치에서 이중언어사용 아동들이 단일언어사용 아동들보다 지체됨을 발견하였다. **가산 명사(count nouns)**는 단수형과 복수형(예를 들어, *candle, candels*)을 구분한다. 더욱이 가산명사는 셀 수도 있다(예를 들어, *one candle, two candles,* 등). 반면에, *공기, 물, 진흙*과 같은 명사들을 **물질 명사(mass nouns)**라고 한다. 그것들은 복수형 형태소를 취할 수 없고, 직접 셀 수도 없다. 하지만, *two buckets of mud*나 *three gallons of water*와 같은 표현을 사용함으로써 물질 명사를 셀 수도 있다.

Gathercole(2002a)은 이중언어사용 아동들이 물질/가산 명사 구분의 습득에서 단일언어사용 영어화자들에 비해 뒤쳐진다는 것을 발견하였다. 양방향(two-way)[3] 학교 장면에서 영어를 습득하던 아이들은 영어 몰입 장면에서 이중언어를 사용하는 또래들만큼 잘 하지 못했고, 몰입 장면 아이들 역시 단일언어사용 영어화자들에 비해서는 지체되었다. Gathercole은 이중언어사용자들의 발달 과정이나 순서가 다르다는 증거를 별로 찾지 못했다. 단지 이중언어사용자의 발달이 조금 느렸을 뿐이었다.

두 번째 연구에서 Gathercole(2002b)은 영어-스페인어 이중언어사용 아동들의 문법적 성별의 습득을 조사하였다. **문법적 성별(grammatical gender)**이란 언어가 사물들을 남성, 여성, 중성으로 취급하는 것이다. 스페인어는 명사에 성별을 표시하지만 영어는 그렇지 않다. Gathercole은 스페인어를 배우는 이중언어사용 아동들이 단일언어(스페인어)를 사용하는 또래들에 비해 지체된다는 것을 발견하였다.

Hoff(2001)는 아이들이 두 개의 언어를 동시에 배우는 것은 분명히 가능하지만, 그것이 단일언어를 습득하는 것만큼 쉬운 일이라고 말하는 것은 과장된 것이라고 결론지었다. 두 개의 언어를 습득하는 아이들이 단일언어사용 아동들보다 많은 것을 습득한다는 것과 그 언어들을 접하는 상황이 두 언어의 습득 수준에 영향을 미칠 것이라는 점은 인정되어야 한다. 예를 들어, Pearson, Fernández, Lewedeg, Oller (1997)는 대부분이 쿠바인들로 이루어진 플로리다 남부의 한 공동체에서 스페인어와 영어에 노출된 아이들을 연구하였다. 연구 결과, 아이들이 접하는 언어들 중에서 스페인어가 적어도 25%를 넘지 못하면 유능한 스페인어 사용자가 되지 못하는 것 같았다. 두 개의 언어를 배우려면 더 많은 노력을 기울여야 하고, 이중언어사용을 달성하는 데 필요한 환경적인 지지가 있어야 한다.

Oller와 Eilers(2002)는 다음과 같은 관점에서 그 문제를 바라보았다.

여러 개의 언어를 말함으로써 갖는 분명한 이점에도 불구하고, 그것들을 습득하

---

3) 학급에서 두 개의 언어를 사용하는 이중언어 교육방식

는 데는 어느 정도의 필요비용이 들어간다는 것을 유념할 필요가 있다.

한계가 있다고 보는 것이 얼마나 중요한지는 보는 사람의 관점에 달려있는 것 같다. 미국의 사회 균일론자(social uniformist)는 그러한 한계를 매우 중요한 것으로 보는데, 이중언어 화자가 영어의 약점을 보여주는 어떤 상황하에 있을지 모르기 때문이다. 반면에 사회 다양론자(social pluralist)는 영어에서의 그러한 한계를 최소한으로 보는데, 이차언어를 습득하는 데 드는 비용을 두 개의 언어를 아는 데서 오는 유익으로 보전할 수 있기 때문이다. (pp. 288~289)

간섭 또 다른 쟁점은 동시에 습득된 두 언어가 서로를 얼마나 간섭하는 경향이 있는가 하는 것이다. 아이들은 스페인어와 이탈리아어가 반반씩 섞인 혼란스런 문장을 산출하는가, 아니면 영어 강세를 가진 독일어를 말하는가?

아동의 이중언어를 상세히 보고한 최초의 사례는 Louis Ronjat의 경우이다(McLaughlin, 1984에 인용됨). Louis의 아버지는 프랑스인이었고 어머니는 독일인이었다. Ronjat과 그의 부인은 '한 사람, 한 언어(one person, one language)' 라는 계획을 세웠는데, 부모가 Louis에게 각자의 언어로만 말하는 것이었다. 이 방법은 엄격하게 지켜졌고, 그 결과는 매우 성공적이었다. Louis는 두 살이 되자 두 언어를 구분할 수 있게 되었다. 그는 단어들을 '엄마의 상자와 아빠의 상자' 에 넣기 전에 독일어와 프랑스어로 발음해 봄으로써 새로운 단어를 검사하는 절차를 개발하였다.

비슷한 결과가 Pavlovitch(Reich, 1986에 인용됨)에 의해 보고되었다. 세르비아의 언어학자인 Pavlovitch와 그의 프랑스인 아내는 그들의 아들에게 각각 자신의 언어로만 말하였다. 여기서도 아이는 두 언어 사이에서 간섭을 거의 받지 않았다. 그는 두 살 이후에도 아무런 혼란을 겪지 않았다.

Reich(1986)는 간섭이나 언어 혼합의 정도가 양육자들이 두 언어를 엄격하게 분리하여 유지하지 않을 때는 매우 크다고 주장하였다. Genesee(1989)는 여기에 동의하면서, 이중언어사용 아동들이 받아들이는 언어들이 혼합되면 아이들은 단순히 그들의 양육자들을 따라 혼합된 말을 따라한다고 주장하였다.

사례 연구들은 이러한 가설을 지지하는 것으로 보인다. Smith(McLaughlin, 1984에 인용됨)는 영어와 다른 언어(중국어)의 동시 습득을 조사한 소수의 연구들 중 하나에서, 영어를 사용하는 선교사의 자녀로 중국에서 태어난 여덟 명의 아이들을 연구하였다. 부모들은 아이들에게 두 언어를 다 사용하였다.

Smith는 상당히 많은 언어 혼합을 발견하였는데, 평균적으로 생후 3년 3개월이 되어서야 더 이상 혼합된 언어로 된 문장을 산출하지 않았다. 따라서 '한 사람, 한 언어' 규칙은 아이들이 두 개의 언어를 분리하는 것을 촉진하는 것으로 보인다.

입력 조건의 변화 역시 이중언어사용자의 언어 습득에 영향을 줄 수 있다. Werner Leopold (McLaughlin, 1984에 인용됨)는 그의 딸인 Hildegard의 언어 발달을 기록한 네 권의 책을 출판하였다. Hildegard의 아버지는 독일어로, 어머니는 영어로 말하였고, 영어를 사용하는 환경에서 더 많이 살았다. 사실상, 독일어는 Hildegard와 Werner Leopold만의 사적인 언어였다. 시간이 지날수록 그녀의 주변에는 영어를 사용하는 사람들의 수가 늘어났고, 아버지의 독일어는 Hildegard의 말에서 점점 힘을 잃게 되었다.

모든 연구들이 간섭을 발견한 것은 아니다. 앞서 논의했던 연구에서 Petitto와 동료들(2001)은 그들이 수집한 수화-말 이중언어 표본에서 간섭이나 언어 혼합을 거의 발견하지 못하였다. 언어 혼합을 보여주는 약간의 증거가 있었으나, 그것은 혼란을 반영하는 것이라기보다는 체계적인 것으로 보였다. Petitto와 동료들은 태어날 때부터 두 개의 언어에 노출되는 것이 반드시 두 언어 사이의 간섭이나 혼란을 가져오지는 않는다고 결론지었다.

간섭이 일어날 때 그것은 음운적, 통사적, 어휘집 수준에서 발견되었다(Genesee, 1989; Reich, 1986). 가장 빈번한 혼합은 어휘 수준에서 일어나는 것으로 보이는데, 모든 단어들이 한 언어에서 다른 언어로 '차용된다(borrowed)' (Genesee, 1989; Reich, 1986). 어휘 혼합은 내용어, 특히 명사에서 빈번하게 발견되었지만, 어떤 연구들은 기능어에서도 상당한 혼합을 발견하였다(Redlinger & Park, 1980; Vihman, 1985).

Genesee(1989)는 언어 혼합에 대해 몇 가지 가능한 설명들을 검토하였다. 하나는 단순히 아이들이 한 언어 내에 적절한 어휘 항목들을 가지고 있지 않아서 다른 언어에서 '차용' 한다는 것이다. 이것은 단일언어사용 아동들이 때로 채택하는 방략과 크게 다르지 않은데, 이들은 정확한 단어를 배우기 위해 틀린 단어를 고의로 사용한다(Reich, 1986). 또 다른 가능한 설명은 자기가 자신 있는 언어의 어휘 항목과 지시대상을 동일시하고, 그 단어를 일관되게 사용한다는 것이다. 예를 들어, Volterra와 Taeschner(1978)는 한 독일계 이탈리아인 소녀를 보고하였는데, 그녀는 독일어를 사용하는 어머니에게 말할 때조차도 이탈리아어인 *occhiali*를-이탈리아어를 사용하는 아버지의 안경을 가리키면서-고집스럽게 사용했다. 따라서 두 언어의 상대적인 강도 역시 발달에 미치는 하나의 요인인 것으로 보인다.

이차언어 습득

많은 아이들은 모어를 유창하게 말할 수 있게 된 다음 이차언어를 배운다. 편의상, 일차언어를 L1이라 하고, 이차언어를 L2라고 한다. Gass와 Selinker(2001)가 지적했듯이, 아이들의 이차언어 습득의 경계는 다소 자의적이다. 한쪽에서는, 우리가 방금 살펴보았던 두 개 이상의 언어를 동시에 습득하는 아이들을 배제한다. 다른 쪽에서는, 아이들의 이차언어 습득을 말할 때 대충 열두 살을 넘겨 L2를 습득하는 사람들은 제외한다. 그렇게 제외하는 이유는 L2 습득을 위한 결정적 시기가 있고, 일반적으로 사춘기 이후에는 이차언어를(일차언어도 마찬가지로) 습득하기가 훨씬 더 어렵다고 생각되기 때문이다. 이러한 가설에 대해서는 12장에서 논의할 것이다. 일반적으로, 아이들이 이차언어를 습득하는 시기가 약 5세에서 9세까지에 해당하거나, 일차언어가 완전히 습득된 다음부터 결정적 시기와 관련된 어떤 효과가 나타나기 전까지라는 점에 대해서는 대부분 동의하고 있다(Gass & Selinker, 2001).

언어 전이(language transfer)라는 개념은 아이의 일차언어가 이차언어 습득에 영향을 준다는 것이다. 이런 생각은 몇 가지 검증 가능한 시사점을 갖는다. 하나는, L2의 특징을 쉽게 습득하려면 그것이 L1과 비슷해야 한다는 것이다. 이차언어 학습자가 L1과 비슷한 L2의 측면들은 쉽게 배우지만 L1과 다른 L2의 측면들은 훨씬 어려운 것으로 받아들이리라고 예상할 수 있다. 또한 오류를 범했을 때, L2에는 적절하지 않는 L1의 특징을 사용하는 경향을 보일 것이라고 예상할 수 있다.

일부 L2 연구자들은 전이 가설에 대해 회의적인 입장을 보였다. 영향력 있는 연구자인 McLaughlin(1984)은 아이가 표적 언어의 또래들로부터 고립되지 않는 한, L2에서 언어 전이는 없다고 주장한다. 즉, 아이가 L2에 몰입한다면 전이는 일어나지 않는다는 것이다. McLaughlin은 또한 모든 언어 습득에는 동일한 과정이 관여한다고 단언하는데, "모든 연령에서 그것이 일차언어이건 이차언어이건 언어 습득을 특징짓는 통일된 과정이 있을 뿐"이라고 했다(p. 220) 여전히 언어 전이라는 개념과 관련된 회의론을 볼 수 있는데, 그것은 L2 습득이 L1-L2의 유사성과는 무관하게 동일하다는 것이다. 물론 L1과 L2 학습자들 사이에는 중요한 차이가 있다. 즉, L2 학습자들이 좀 더 나이가 많고, 더 많은 세상 지식을 갖고 있으며, 더 넓은 의미 개념들을 갖고 있다(Grosjean, 1982). 그럼에도 불구하고, McLaughlin은 L2 학습자들이 L2를 습득할 때 매우 유사한 방략들을 적용할 것이라고 주장한다.

Dulay와 Burt(1974)는 한 중요한 초기 연구에서 아이들이 이차언어의 문법 형태소들을 어떻게 습득하는지 조사하였다. 우리는 이 장 앞부분에서 영어를 사용하는 아이들이 상이한 문법 형태소들을 습득하는 순서에서 상당한 유사성을 보인다는 것을 확인하였다(표 11.1을 보라). 몇몇 연구들이 영어를 이차언어로 배우는 아동들에게서도 이러한 경향이 나타나는지를 조사하였다. 여기에는 사실(적어도) 두 가지 의문이 있다. 즉 다른 언어 환경에서 자란 L2 학습자들이 일관된 패턴을 보이는가 그리고 그것이 L1 학습자들과 동일한 패턴인가 하는 점이다.

단일언어사용 아동들에 관한 연구와 유사한 절차를 사용하여 Dulay와 Burt는 5세에서 8세 사이의 스페인어 및 중국어를 사용하는 아이들이 영어 형태소들을 어떻게 습득하는지 조사하였다. 연구자들은 두 집단에서 상당한 유사성을 발견하였다. 복수형(*-s*)이 먼저 습득되었고, 진행형(*-ing*), 축약된 계사(contractible copula), 축약 조동사, 관사(*a, the*), 불규칙 과거형, 3인칭 단수(*-s*) 그리고 소유형(*'s*)이 그 뒤를 따랐다. 이러한 패턴은 Brown이 발견한 패턴과 비슷하지만 똑같지는 않다.

흥미롭게도, 나이든 L2 학습자들에게서도 비슷한 결과가 발견되었다. Bailey, Madden, Krashen(1974)은 17세에서 55세 사이의 L2 학습자들을 대상으로 영어 형태소의 습득을 조사하였다. 조사대상자들은 그리스어, 페르시아어, 이탈리아어, 터키어, 일본어, 중국어, 태국어, 아프간어, 히브리어, 아랍어, 베트남어를 포함하는 다양한 모어를 가진 사람들이었다. 연구자들은 Dulay와 Burt(1974)의 연구와 비슷한 결과를 얻었다. 따라서 이러한 연구들은 언어 전이가 아이들이나 성인들의 L2 문법 형태소 습득에 중요한 역할을 한다는 증거를 제시하지 못하는 것으로 보인다.

하지만 몇몇 논평가들은 우리가 가진 언어 전이라는 개념을 재고해 볼 필요가 있다고 제안하였다(Gass & Selinker, 2001; Hakuta, 1986). 초기 전이 가설들은 행동주의적 관점에서 해석되었는데, 거기서는 전이를 한 언어에서 다른 언어로 일반화된 습관들로 보았다. 많은 L2 연구자들이 자신을 행동주의와 조금 거리를 두길 원하면서, 그것에 상응하여 전이 가설을 열심히 반박하였다. 그러나 적절히 검토되지 못한 좀 더 미묘한 언어 전이들이 있다. 예를 들어, 최근 연구들은 적어도 성인에 있어서는 담화 처리 방략들이 L1에서 L2로 전이됨을 시사한다(Tao & Healy, 1998).

또한, 전이가 일어나는 조건들을 검토해 볼 필요가 있다. Selinker, Swain, Dumas(1975)는 토론토의 프랑스어 몰입 프로그램에 참가했던 일곱 살짜리 영어 사용 아동들을 연구하였다. 그들은 영어 구조에 기인할 가능성이 있는 상당히 많은 전이 오류를 발견하였다. Selinker와 동료들은 아이들이 사용하는 방략에 결정적으로 영향을 미치는 것은 L2를 습득하는 장면이라고 주장했다. 특히, L2를 모어로 사용하는 또래가 없다는 것이 아이들로 하여금 L1에 좀 더 편하게 다가가도록 한다고 주장하면서 McLaughlin(1984)의 주장을 지지한다고 하였다.

언어 전이에 대한 분명한 증거를 제공하는 것으로 보이는 언어 영역 중 하나는 음운이다. 앞서 보았듯이, 언어마다 음소의 구분이 다르다. Williams(1980)의 연구는 L2 학습자들이 자신의 모어가 가진 범주에 따라 이차언어의 말소리를 지각하기 시작한다는 것을 보여주었다. Williams는 영어를 이차언어로 배우고 있는 스페인어 모어화자 집단을 대상으로 영어 음소 /p/와 /b/의 습득을 조사하였다. 영어와 스페인어는 성대진동 시작시간(VOT)의 연속적인 변화에서 두 음소의 경계가 위치하는 곳이 다르다. Williams의 실험참가자들은 영어에 노출된 기간이 달랐으며(6개월까지, 11.2개월에서 2세까지, 3세에서 31.2세까지), 미국으로 이사를 온 시기도 달랐다(8세에서 10세, 14세에서 16세).

Williams는 영어를 배우는 과정에 있던 어린 스페인어 모어화자들이 스페인어의 VOT 경계에서 점차 영어의 VOT 경계로 이동한다는 것을 발견하였다. 통계적으로 신뢰롭지는 않았지만, 이러한 이동이 어린 실험참가자들에게서 더 빨리 일어나는 경향이 있었다. 따라서 모어에서의 음소 범주의 지각이 L2의 음소 범주를 발달시키는 데 필요한 기초를 제공하는 것으로 보인다.

Flege(1987, 1991)는 L2 학습자들이 어떤 음들을 가장 쉽고 어렵게 발음하는지를 조사함으로써 이러한 결과들을 확장하였다. Flege는 L2 학습자들이 자신의 모어에 있는 음들과 아주 다른 음들은 잘 발음하는 반면, 적당히 비슷한 음들에는 어려움을 겪는다는 것을 발견하였다. 이러한 결과가 직관에 반하는 것처럼 들리지만, L2 학습자들이 L2를 학습하는 안내자로서 L1의 음운을 사용한다는 것을 가정하면 이해가 된다. 따라서 L1과 L2의 음들이 동일하면 (예를 들어, 일본어와 스페인어의 일부 음운에서처럼) 아무런 어려움이 없다. 그리고 L2가 L1의 음운과 완전히 무관하다면 사람들은 L2를 새로운 현상으로써 상대적으로 쉽게 배우게 된다. 문제는 L2의 음이 L1의 음을 생각나게 할만큼 충분히 유사하면서 동시에, 간섭을 일으킬 만큼 충분히 다를 때 발생한다.

이러한 결과들은 10장에서 논의한 음운 발달의 관점에서 이해될 수 있다. 유아들이 처음에는 자신의 모어에 없는 차이들을 들을 수 있도록 준비되어 있지만, 그러한 능력이 한 살 정도 되면 사라진다는 점을 회상하라. 이러한 경향으로 인해 연구자들은 유아들이 한 살이 될 때까지 자신의 음성 경계를 재조직한다고 결론지었다. 그러나 한 살이 넘은 유아들이라도 자신의 모어와는 전적으로 무관한 음들을 제시받으면, 그들은 계속해서 범주적 지각을 보인다. 우리는 Williams와 Flege의 연구들에서 L2 습득에서 일어나는 유사한 재조직화 과정을 보고 있는지도 모르지만, 똑같은 예외가 있다. 즉, 재조직화는 두 언어가 유사할수록 더 광범위하다는 것이다.

이상과 같은 점들을 고려할 때, 모어가 이차언어 학습을 위한 맥락을 제공한다고 결론짓는 것은 타당한 것처럼 보인다. 최근의 증거는 능숙한 이중언어사용자들도 L1 표상에 따라 L2 음들을 범주화함을 시사하지만(Navarra, Sebastian-Galles & Soto-Faraco, 2005), 전이의 정도는 언어의 다른 측면들보다 음운에서 더 클 것이다. 어떤 경우에도 전이라는 것이 '언어 습관' 이 L1에서 L2로 자동적으로 전이되는 것을 의미하지는 않는다. 오히려 어떤 조건에서는 L2가 기존 언어 지식의 재조직화를 자극하는 것으로 보인다.

이중언어사용의 인지적 결과

메타언어적 자각 아이들이 두 개의 언어를 배우면, 그들은 자신을 둘러싼 환경 속의 대상들을 두 가지 방식으로 지시하는 것을 배우게 된다. *the cat*과 *el gato*가 동일한 동물을 가리킨다는 것을 배운 이중언어사용 아동은 언어가 자의적이라는, 즉 단어와 그것의 지시대상 사이에는 (일반적으로) 아무런 관계가 없다는 원리를 더 잘 이해하는가? Leopold(1961)는 그렇게 생각했는데, 그는 "이중언어사용의 가장 두드러진 효과는 음성 단어와 그것의 의미 사이의 연결이 눈에 띌 정도로 느슨하다는 점이다"라고 말하였다(p. 358).

이러한 현상은 단어의 의미보다도 더 광범위할 것이다. 이중언어사용 아동들은 대체로 단일언어사용 아동들보다 언어에 더 많은 주의를 기울일 것이다. Vygotsky (1934/1986)가 주장했듯이, 이중언어사용 아동은 "언어를 많은 체계들 중에서 하나의 특별한 것으로 보고, 좀 더 일반적인 범주들 아래서 언어 현상들을 바라보며, 이것은 언어 작용에 대한 자각으로 이어진다."라고 주장했다. 이 절에서 우리는 이중언어사용이 통사, 단어, 음운에 대한 자각에 어떤 이점을 가져다주는지 살펴볼 것이다.

Ricciardelli(1992)는 이탈리아어-영어 이중언어사용자이거나 영어 단일언어사용자인 1학년 아이들의 통사 자각을 연구하였다. 통사 자각 과제에서 아이들은 Miss B라는 이름의 인형을 보았고, Miss B가 항상 말을 틀리게 한다는(*예를 들어, I like days hot, Dad the car washes*) 말을 들었다. 아이들은 Miss B가 말을 정확하게 하도록 도와줄 것을 요청받았다. Ricciardelli는 두 언어 모두에서 높은 수준에 도달한 아이들이 한 언어에서만 높은 수준에 도달한 이중언어사용자나 단일언어사용자들보다 유의미하게 나은 수행을 보일 것이라는 가설을 세웠다. 결과는 그러한 가설을 지지하였는데, 이탈리아어와 영어 모두에서 높은 수준에 도달한 이중언어사용자들만이 단일언어사용자들의 수행을 능가했다.

Galambos와 Hakuta(1988)도 비슷한 결과를 얻었다. 그들은 푸에르토리코의 스페인어-영어 이중언어사용자들을 연구하여, 스페인어의 유창성 정도가 스페인어 문장에 대한 통사 자각을 예측한다는 것을 발견하였다.

단어 자각에 대한 연구들도 이중언어사용 아동들이 유리하다는 것을 발견하였다. Bialystok(1988)은 일련의 단어 자각 과제를 사용하여 1학년 아동 세 집단(단일언어사용자, 부분적인 프랑스어-영어 이중언어사용자, 완전한 프랑스어-영어 이중언어사용자)을 비교하였다. 한 집단에 속한 아이들에게 "네가 물건들에 이름을 지어준다고 해 봐. 그럼 넌 해를 '달' 이라고 부르고, 달을 '해' 라고 부를 수 있어?" 라고 물었다(Ianco-Worrall, 1972). 부분적인 이중언어사용 또는 완전 이중언어사용 아동들 모두 이 과제에서 단일언어사용 아동들보다 나은 수행을 보였다. 아이들에게 단어를 정의하라고 요구한 또 다른 과제에서는, 완전 이중언어사용 아동들이 부분 이중언어사용 아동들과 단일언어사용 아동들의 수행을 능가하였다. 모든 연구들이 그렇진 않지만, 많은 연구들이 유사한 결과를 내놓았다(Ben-Zeev, 1977; Cummins, 1978; Edwards & Christopherson, 1988; 그러나 Rosenblum & Pinker, 1983도 보라).

Yelland, Pollard, Mercuri(1993)는 호주의 유치원과 초등학교 1학년 아동들의 단어 자각을 연구하였다. 아이들에게 단어의 자의성, 즉 때론 작은 대상이 긴 단어를 갖고(예를 들어, *caterpillar*) 큰 대상이 짧은 단어를 갖는다는(예를 들어, *whale*) 것을 이해하는 능력을 평가하였다. 영어-이탈리아어 이중언어사용 아동들이 단일언어사용 아동들보다 높은 단어 자각을 보여주었다. 흥미롭게도, 이탈리아어에 매우 제한적으로(6개월 동안 1주일에 1시간의 학습) 노출되었던 아이들에서조차 그러한 경향이 발견되었다.

이중언어사용이 음운 자각을 촉진하고, 앞에서 본 것처럼 음운 자각이 읽기를 촉진한다면, 우리는 이중언어사용이 초기의 읽기 기술도 촉진하리라고 예상할 수 있다. Durgunoğlu, Nagy, Hancin-Bhatt(1993)는 스페인어를 말하면서 영어를 L2로 배우고 있는 한 집단의 아이들을 조사하였다. 그들은 스페인어의 음운 자각과 단어 재인이 영어의 단어 재인을 예측하고, 따라서 언어간 전이를 보여준다는 것을 발견하였다.

몇몇 다른 연구들도 비슷한 결과를 얻었다. Gomez와 Reason(2002)은 Bahasa Malaysia[4]의 음운 자각이 영어에서의 관련 기술들로 전이된다는 것을 발견하였다. Wade-Woolley와 Geva(2000)는 음운 자각의 전이가 영어에서 히브리어로, 특히 비교적 큰 소리 단위에서 이루어진다는 것을 발견하였다. Comeau, Cormier, Grandmaison, Lacroix(1999)는 프랑스어 몰입 학급에서 영어를 말하는 아동들을 연구하여, 프랑스어 음운 자각이 영어 읽기 능력과 관련이 있음을 발견하였다.

Bialystok, Majumder, Martin(2003)은 이러한 결과들이 일반적이라는데 의문을 제기하면서 음운 자각과 읽기 기술의 전이 정도가 두 언어의 유사성에 달려있다고 주장하였다. Bialystok과 동료들은 일차언어가 스페인어인 아동들에게서는 영어 음운 자각의 촉진을 발견하였으나, 중국어가 일차언어일 때는 발견하지 못하였다. 마찬가지로, Bialystok, Luk, Kwan(2005)은 영어로부터 스페인어나 히브리어로 전이되는 정도는 컸으나 중국어로 전이되는 정도는 크지 않다는 것을 발견하였다. 따라서 언어 간 전이는 양 언어가 동일한 표기체계(예를 들어, 알파벳)를 사용하는 경우로 제한되는 듯하다.

대체로 이중언어사용과 음운 자각(그에 따른 읽기와 쓰기) 간의 연결은 중요한 연구 분야이다. 음운 자각의 언어 간 전이는 이중언어 교육에 시사하는 바가 크다. 전이를 보여주는 연구들은 그간 종종 주장되었던, L1의 유지가 학교에서 아이들이 L2의 읽고 쓰기를 배우는 것을 간섭할 것이라는 견해를 지지하지 않는다. 오히려 그러한 결과들은 L1의 음운 자각 훈련이 L2의 읽기를 실제로 향상시킬 수 있음을 시사한다. 따라서 이와 같은 교육적인 중요성 때문에, 언어간 전이가 일어나는 정확한 조건들에 대한 논의는 계속되고 있다(Bialystok, 2001; Bialystok 등, 2005; Bialystok & Herman, 1999; Durgunoğlu, 1998).

인지적 통제 이중언어사용의 또 다른 인지적 결과는 인지적 통제, 즉 어떤 자극들에는 선택적으로 주의를 기울이고 다른 자극들은 무시하는 능력이다. 관심을 끄는 Bialystok, Craik, Klein, Viswanathan(2004)의 최근 보고는 이중언어사용이 인지적 통제나 실행 통제에서 나이와 관련된 손실을 보충하는 데 도움을 줄 수 있음을 시사

4) 바하사 말레이시아(말레이시아의 공용어)

한다.

Bialystok 등(2004)은 Simon 과제(Lu & Proctor, 1995)로 알려진 한 과제를 사용하였다. 이 과제는 자극 반응 합치성(stimulus-response compatibility)에 기초하고 있고, 사람들이 무관련된 공간 정보를 무시할 수 있는 정도를 평가한다. Bialystok 등의 연구에서, 연구자들은 색채 자극을 컴퓨터 화면의 좌측 또는 우측에 제시하였다. 두 색은 각각 키보드의 좌우측에 위치한 반응키와 연합되었다. 일치 시행에서는 자극과 키가 같은 쪽에 있었고, 불일치 시행에서는 둘이 반대쪽에 있었다.

대체로 사람들은 불일치 시행보다 일치 시행에서 더 빠르게 반응하였다. 더욱이, 반응시간의 차이－Simon 효과－는 젊은 성인들보다 나이든 성인들에게서 훨씬 컸다. 확실히, 가장 많이 관련된 자극들에 선택적으로 주의를 기울이는 능력은 나이와 함께 어느 정도 감소하는 능력이다.

흥미롭게도 Bialystok 등(2004)은 이중언어사용이 중년과 노년 성인들 모두에게서 관찰되는 작은 Simon 효과의 감소와 관련이 있음을 발견하였다. 연구자들은 두 개의 언어를 사용하는 것이 다른 언어를 위해 한 언어의 단어를 억제해야 할 때와 같은, 인지적 통제 기제의 발달을 촉진한다고 주장하였다.

문제해결과 창의성 한때 학자들 사이에서 이중언어사용이 인지적 결함을 가져온다는 생각이 널리 받아들여졌다. 예를 들어, 저명한 언어학자인 Otto Jesperson(1992)은 "하나가 아니라 두 개의 언어를 통달하는 데 요구되는 두뇌의 노력은 분명히 다른 것들을 배워야 하는 아이들의 학습능력을 떨어뜨린다."고 하였다(p. 148). 초기의 많은 심리학자들도 이중언어사용이 아이들의 지적 발달과 학업 수행에 유해한 효과를 갖는다고 결론지었다.

하지만 Hakuta(1986; Hakuta & Diaz, 1985)가 지적했듯이, 그러한 많은 연구들은 심각한 방법론적 결함을 갖고 있었다. 많은 연구들은 단일언어사용자와 이중언어사용자 표본들이 지닌 사회경제적 수준에서의 집단 차이를 통제하는데 실패했다. 따라서 이중언어사용과 관련하여 드러난 문제는 낮은 사회경제적 상태에 기인했을 수도 있다. 말하자면 이중언어사용 아동들은 대개 열악한 출신 배경을 가지고 있었던 것이다. 또한 이러한 연구들은 이중언어사용자들이 두 언어 모두를 정말 유창하게 말하는 사람이라는 것을 항상 보장하지 못했다. 일부 초기 연구들은 가족의 이름으로 이중언어사용을 '평가하였다'. 분명한 것은 이러한 절차가 '이중언어사용' 아동들이 정말 이중언어사용자였는지에 대한 상당한 의문을 남긴다는 것이다.

이중언어사용에 대해 좀 더 긍정적인 견해를 제시한 첫 번째 연구가 1962년에 Peal과 Lambert에 의해 수행되었다. 연구자들은 Montreal에 있는, 프랑스어를 공통으로 사용하는 학교체계에서 10세의 이중언어사용 아동들과 단일언어사용 아동들을 선택하였고, 그들이 '균형 잡힌 이중언어사용자(balanced bilinguals)'—즉 프랑스어와 영어의 유창성이 거의 같은 수준인—임을 보장하기 위해 그들에게 일련의 검사를 실시하였다.

이전 결과들과는 반대로, 이중언어사용 아동들은 언어성 및 비언어성 측정치 모두에서 단일언어사용 아동들보다 우수한 수행을 보였다. 특히, 이중언어사용자들은 심적 또는 상징적 유연성을 요구하는 과제들에서 우월하였다. Peal과 Lambert는 이중언어사용자들이 단일언어사용자들에 비해 상대적으로 큰 인지적 유연성을 갖고 있다고 결론지었다.

후속연구들은 Peal과 Lambert의 결과를 확증하고 확장하였다. 하지만 몇몇 연구자들은 Peal과 Lambert가 균형 잡힌 이중언어사용자를 사용했는지에 대해 의문을 제기하였다. Macnamara(1966)은 두 언어 모두에서 높은 수준의 능력을 획득한 아동들은 아마도 언어학습영역에 타고난 재능이 있는 아이들일 것이라고 하였다. 따라서 균형잡힌 이중언어사용자와 단일언어사용자 사이의 비교는 아마도 전자에게 편향되었을지도 모른다.

이러한 문제를 다루는 한 가지 방법은 유창하거나 유창하지 못한 이중언어사용자 모두를 단일언어사용자들과 비교하는 것이다. 이와 같은 논리를 따라 Ricciardelli(1992)는 앞서 논의한 연구에서, 이탈리아어와 영어가 둘 다 유창한 이중언어사용자들이 단일언어사용자들보다 몇 가지 창의성 검사에서 더 높은 점수를 얻었다는 것을 발견하였다. 반면에 한 언어에만 유창한 이중언어사용 아동들은 단일언어사용 아동들보다 높은 창의성을 보여주지 못하였다.

마찬가지로, Lemmon과 Goggin(1989)은 스페인어-영어 이중언어사용자들과 단일언어사용자들에게 다양한 창의성 검사뿐 아니라 두 개의 대상이(책이나 영화와 같은) 얼마나 비슷한지를 물어보는 Wechsler 지능검사의 유사성 검사를 실시하였다. 단일언어사용자들이 대부분의 인지적 측정치에서 이중언어사용자들보다 높은 점수를 받았으나, 연구자들은 이러한 결과를 이중언어사용자 집단 내에서의 언어 유창성의 변이 때문으로 보았다. 이중언어사용자들을 높은 유창성 집단과 낮은 유창성 집단으로 나누었을 때는, 높은 유창성 집단이 낮은 유창성 집단보다 인지적 측정치에서 나은 수행을 보였고, 단일언어사용자들과는 거의 비슷한 수행을 보였다.

Hakuta와 Diaz(1985)는 이중언어사용자 집단 내에서 이중언어사용의 효과를 조사함으로써 다르게 접근하였다. 그들의 표본은 Connecticut주 New Haven에 사는 300명 이상의 푸에르토리코 초등학생들로 이루어졌다. 또한 그들의 연구는 종단적인 것이어서 일정한 기간에 걸쳐 아이들을 연구할 수 있었다. 모든 아이들은 가난한 가정 출신들이었고, 영어보다는 스페인어를 더 유창하게 하였다(이것은 이중언어 프로그램에 포함시킬 것인지를 결정하는 준거였다). 아이들에게는 메타언어적 자각 검사와 함께 비언어적 지능검사도 실시되었다. Hakuta와 Diaz는 비언어적 지능이 이중언어사용의 정도와 정적으로 상관된다는 것을 발견하였다. 반면에 메타언어적 자각은 모어에서의 기술과는 관련이 있었지만 이중언어사용과는 약한 관련성을 보여주었다.

방법론적인 관점에서 볼 때, Hakuta와 Diaz의 설계는 이중언어사용의 이점이 단순히 표집 편향으로부터 나온 것이라는 염려를 제거하였다. 이 연구에서는 동일한 이중언어사용 집단이 일정한 시간에 걸쳐 조사를 받았다. 아이들이 이차언어(영어)를 유창하게 말하게 되자 그들의 비언어적 지능검사 점수도 향상되었다. 더욱이 유창성의 향상이 지능의 향상보다 앞섰는데, 이는 인지적 향상이 언어 유창성을 야기한다기보다는 언어 유창성이 인지적 향상을 야기함을 시사한다. 따라서 이중언어사용이 적어도 어떤 인지 과제들에서는 유리하게 작용하는 것으로 보인다.

이중언어사용의 인지적 결과에 관한 이러한 연구들은 언어와 인지 사이의 밀접한 관계를 잘 보여준다. 14장에서 우리는 언어와 인지 사이의 연결에 관해 좀 더 다루게 될 것이다.

요약

어떤 사람들은 어린아이들이 별다른 노력도 없이 둘 이상의 언어를 동시에 배울 수 있다고 믿으며, 다른 사람들은 아이들의 언어 발달이 여러 언어를 습득하는 것에 의해 방해를 받는다고 믿는다. 어떤 극단적인 입장도 연구에 의해 지지를 받지 못하고 있는데, 그것은 언어 발달 단계가 단일언어사용 아동들과 이중언어사용 아동들에서 매우 유사함을 가리킨다. 언어 습득의 속도가 이중언어사용 아동들에서 다소 느리다는 일부 증거가 있다. 언어 사이의 간섭이 흔하긴 하지만, 이중언어 습득에서 불가피한 것은 아니다.

상당히 많은 연구들에서 이중언어사용 아동들이 단일언어사용 아동들보다 훨씬 많은 메타언어적 자각을 보인다는 것이 밝혀졌다. 이중언어사용이 인지적 결함을 가져온다고 생각한 적이 있었지만, 현재는 이중언어사용 아동들이 단일언어사용 아동들보다 어떤 문제해결이나 창의성 과제에서 훨씬 나은 수행을 보인다는 증거가 있다.

복습 문제

1. 과잉규칙화를 설명하는 두 가지 이론을 말해 보라.
2. 아이들의 문법 형태소 습득과 관련된 요인들을 말해 보라.
3. 아이들의 담화에서 수반적, 비수반적, 모방적 말소리의 상대적인 빈도를 논하라.
4. 어떤 증거가 메타언어학적 기술들이 갑자기 발달하지는 않음을 시사하는가?
5. 의사소통 기술에서의 차이가 어떻게 상이한 아동들의 교실 학습에 영향을 미치는가?
6. 지시적 의사소통 과제란 무엇이며, 왜 어린 아이들은 이런 과제들에서 저조한 수행을 보이는가?
7. 이중적 일차언어 습득과 이차언어 습득을 구분하라.
8. 음운 자각과 초기 읽기 사이의 관계를 논의하라.
9. 이중언어사용의 몇 가지 인지적 결과를 말해 보라.
10. 이중적 언어 발달이 단일언어 발달보다 반드시 느린지를 논의하라.

생각해 볼 문제

1. 메타언어적 기술을 촉진할 수 있는 양육자의 활동 몇 가지를 말하고, 왜 그것들이 효과적인지를 설명하라.
2. 아이들의 글쓰기 학습에 관해서는 상대적으로 거의 연구가 이루어지지 않았다. 아이들이 읽기를 어떻게 배우는지에 관한 교재의 논의에 기초하여, 글쓰기 학습이 말소리 산출과 어떻게 관련될 수 있는지, 비슷한 단계들이 관여하는지 설명하라.

3. 여러 번 한 학교에서 다른 학교로 옮겼던 아이는 특정 교실에서의 '게임의 법칙' 을 어느 정도 배울 수 있을 것인가? 그 이유를 설명하라.
4. de Villiers와 de Villiers(1978)는 아이의 메타언어적 기술에 관한 한 가지 지표가 거짓말을 하는 능력이라고 주장하였다. 이러한 '성취' 가 언어 자각과 어떻게 관련되는가?
5. 이중언어사용자들에서 발견된 억제효과가 유창한 이중언어사용자들과는 반대로 어떤 언어를 막 시작한 사람들에게는 더 클 것이라고 생각하는가 아니면 더 적을 것이라고 생각하는가?

Chapter 12

언어 습득 과정

아기들의 옹알이에서 볼 수 있듯이 사람에게는 말을 하려는 본능적인 경향이 있다.
반면에 차를 끓이거나, 빵을 굽거나, 글을 쓰는 경향성을 가진 아이는 없다.
-CHARLES DARWIN(1981, p. 87)

단원(modules)은 타고난 것이 아니라 만들어지는 것이다.
-ELIZABETH BATES, INGE BRETHERTON, AND LYNN SNYDER(1988, P. 284)

요점

- 언어 습득은 환경적 요인, 인지 과정, 선천적 언어 기제라는 세 가지 변인과 관련하여 연구되어 왔다.
- 야생 아동과 격리 아동에 관한 연구는 총체적으로 방치된 환경이나 학대가 아동의 언어 습득을 지체시킬 수 있음을 보여준다. 그러나 환경의 어떤 측면이 정상적인 언어 성장에 필수적인지는 분명하지 않다.
- 비언어적 인지 과정은 발달상의 다양한 시점에서 중대한 언어적 사건들과 상관이 있다. 몇몇 증거들은 인지적인 성취가 언어 발달을 촉진함을 보여준다.
- 빈약한 언어 정보를 받은 아이들도 초기 아동 언어와 유사한 의사소통 체계를 생성할 수 있는데, 이것은 초기 언어 습득에 어떤 생득적인 안내자가 있음을 시사한다.

서론

10장과 11장에서 우리는 언어 발달에 관한 좀 더 중요한 사실들을 살펴보았다. 정상적인 아이들은 몇 년 안 되는 짧은 기간에 언어를 완전히 습득하지만, 우리는 그것이 그렇게 간단한 일이 아니란 것을 보았다.

이 장에서는 언어가 어떻게 습득되는가라는 문제를 다룰 것이다. 언어 습득에 관여하는 요인들을 고려하는 한 가지 방법은 필요 조건과 충분 조건을 따져보는 것이다. **필요 조건**(necessary condition)이란, 언어가 정상적으로 발생하기 위해서 반드시 존재해야 하는 조건이다. **충분 조건**(sufficient condition)이란, 그것이 존재하면 언어가 정상적으로 발달할 것임을 보장하는 조건이다. 어떤 복잡한 행동이 하나의 충분 조건만 갖는 경우는 드물다. 반대로 여러 개의 필요 조건을 가질 수 있고, 그 중 어느 것도 그 자체로서 긍정적인 결과를 보장하기에 충분하지는 않다. 예를 들어, 건강한 자아개념을 가진 아동이나 시간이 흘러도 안정적인 결혼을 보장하기 위해 존재해야만 하는 조건들을 생각해 보라.

언어 습득을 위한 필요 또는 충분 조건으로는 세 부류의 변인이 제안되어 왔다. 그것은 환경적, 인지적, 생득적 요인이다. 각각의 요인들이 간혹 다른 두 요인을 배제한 채 논의되기도 하지만, 언어 습득을 완전하게 설명하기 위해서는 세 변인이 모두 필요할 것이다. 그럴 경우, 성공적인 언어 습득 이론은 그러한 요인들 사이에 존재하는 상호작용을 설명하는 것이 될 것이다.

이 장은 다음과 같이 구성되어 있다. 첫 번째 절은 언어 습득에서 환경의 역할을 다룬다. 우리는 언어에 거의 또는 전혀 노출된 적이 없는 아동들에 대해서뿐만 아니라 어른들이 언어를 습득하고 있는 아이들에게 말할 때 사용하는 특별한 수정에 대해서도 살펴볼 것이다. 두 번째 절에서는 인지가 언어 습득에 얼마나 기여하는지를 논의할 것이다. 예를 들어, 언어 발달에서 지능의 역할을 검토할 것이다. 세 번째 절은 환경적, 인지적 요인에 더하여, 아이들의 언어 숙달 과정을 안내하는 생득적 제약들이 존재하는가 하는 문제를 다룰 것이다. 즉, 환경적 또는 인지적 요인들이 언어 발달을 충분히 설명할 수 있는가 하는 것을 묻는다. 만약 충분하지 않다면, 생득적 언어 기제 역시 어떤 역할을 할 것이다.

언어 환경

인간 본성에 대한 경험의 효과는 수세기 동안 철학자, 심리학자 그리고 일반인들에게 매력적인 주제였다. 그것은 오늘날 '유전 대 환경(heredity-versus-environment)' 또는 '천성 대 양육(nature-versus-nurture)' 논증이라는 친숙한 말로 가장 잘 표현된다. 우리의 지식과 행동을 결정하는 것이 우리의 생물학적 성향인가, 아니면 환경에 의한 조성인가? 이러한 논쟁은 대개 열정적 반응과 빈번하게 극단적인 입장을 불러일으키는데, 행동의 다른 측면 못지않게 언어에 있어서도 그러하다.

그러나 천성과 양육을 대비시키는 것보다는 아이들이 태어난 언어 환경을 살펴보는 것에서 시작하여, 우리가 앞의 두 장에서 논의했던 습득이 얼마나 환경적인 면에서 설명될 수 있는지를 검토해 보는 것이 더욱 생산적일 것이다. 언어 습득에 있어서 환경의 역할과 관련된 많은 의문들이 있다. 언어에 노출되는 것이 언어 습득에 필요한가? 그러한 노출이 특정 시간 틀 내에서 이루어져야만 하는가? 어떤 유형의 언어 입력이 가장 유용한가?

야생 아동과 격리 아동

첫 번째 의문은 야생에서 자랐거나 격리 성장된 아이들에 관한 연구들에서 다루어졌다. **야생 아동(feral children)**이란 야생에서 자란 아이들을 말한다. Lane(1976)은

1797년에 프랑스의 숲에서 발견된 Victor라는 남자 아이를 상세히 기록하고 분석하였다. 감자와 견과류를 찾고 있던 농부들은 벌거벗은 채 숲 속을 달리던 소년을 발견하였고, 얼마 되지 않아 그 소년은 사냥꾼들에 의해 붙잡혀 문명사회로 인도되었다. 사람들은 소년이 발견된 지방의 이름을 따서 그를 아베롱의 야생 소년(Wild Boy of Aveyron)이라고 불렀다.

이 야생 소년은 젊은 의사였던 Jean-Marc-Gaspard Itard의 주목을 받게 되었다. 붙잡힐 당시, Victor의 나이는 약 12 내지 13세 정도였다. 청력은 정상이었지만 그는 말을 하지 못했고, 그저 몇 가지 소리만 낼 수 있는 정도였다. 다른 의사들은 Victor가 귀머거리에 지체아라고 생각했지만, Itard는 그가 훈련을 받으면 사회화되고 언어를 사용할 수 있을 것으로 낙관하였다. Itard는 현대의 연구자들이 사용하는 방법과 유사한 언어 훈련과 행동 수정 기법을 사용하여 5년간 Victor를 집중적으로 훈련시켰다(Skinner, 1957). 예를 들어, 그는 Victor에게 우유와 같은 어떤 대상과 그것을 나타내는 프랑스어 단어를 제시하여 그것에 이름을 붙이도록 가르쳤다. Victor는 제시된 대상들의 이름을 말하였지만, 그것들을 요구할 때 그 이름을 사용하지는 않았다.

Victor에게는 언어와 관련된 다른 문제들도 있었다. 하나는 그가 언어 훈련을 간섭하는, 몸짓에 의한 의사소통 체계를 발달시켰다는 것이다. Lane(1976)은 그러한 신호들이 입말을 습득하려는 그의 욕구를 대체하였을 것이라고 주장하였다. 또 다른 문제는 Victor의 단어 이해였다. 그는 어떤 특정한 이름을 그 대상의 유목과 연결시키지 않고 특정 대상과만 연결시켰다. 예를 들어, 책이라는 말을 가르쳐주면, 그는 처음에는 그것을 하나의 책에만 적용하였다. 상당한 노력을 기울인 후에야 Itard는 Victor에게 이름을 대상의 유목에 일반화시키도록 가르칠 수 있었다.

대체로 Victor의 언어 발달은 저조하였다. 이러한 사실에 관해서는 몇 가지 경쟁적인 설명들이 있다. 어떤 관찰자들은 Itard의 기법에 문제가 있었고, 더 나은 지시가 주어졌다면 Victor가 더 많은 언어를 습득하였을 것이라고 믿었다. 다른 사람들은 Victor가 언어 습득에 필요한 결정적 시기를 지났다는 가설을 받아들였다. 이러한 관점에서는 언어가 정상적으로 습득되려면 반드시 정해진 기간 내(예를 들어, 사춘기가 되기까지)에 언어에 노출되어야만 한다고 주장한다. 확실하지는 않지만, Itard가 훈련을 시작했을 때 Victor의 나이는 대략 16세였을 것이라고 믿고 있다. 마지막으로, 어떤 학자들은 본래 Victor가 정신 지체나 자폐아였고, 아마 그러한 이유로 숲에 버려졌을 것이라고 믿었다. Lane(1976)은 Victor가 태어났을 때는 정상이었고 그가 보인 증상들은 야생에 격리된 결과라는 Itard의 분석에 동의하면서, 그러한 주장을 반박하였다.

격리 아동(isolated children)은 사람들과 극히 제한적인 접촉을 하면서 자란 아이들이다. 가장 잘 기록된 사례는 20개월부터 약 13.5세까지 극도의 사회적, 신체적 고립을 경험한 한 아이의 사례이다(Curtiss, 1977, 1981; Curtiss, Fromkin, Krashen, Rigler & Rigler, 1974; Rymer, 1993도 보라). 이 아이는 과학 문헌에서 Genie라고 불린다.

Genie의 가족 배경을 약간 이해하는 것이 도움이 될 것이다. 그녀의 아버지는 자녀를 가질 생각이 전혀 없었음에도 불구하고, Genie의 어머니가 결혼 5개월만에 임신을 하게 되었다. 임신 말기에 Genie의 아버지는 부인을 심하게 때리고 죽이려고까지 했다. 나중에 아기가 태어난 후, 아버지는 아기 울음소리가 듣기 싫어 아기를 계속 차고에 두었다. 아기는 2.5개월만에 폐렴과 노출과다로 죽고 말았다. 두 번째 아기인 아들이 이듬해에 태어났지만, 이틀만에 죽어버렸다. 3년 뒤에 또 다른 아들이 태어났다. 아기의 발달은 느렸고, 결국 친할머니가 아기를 그녀의 집으로 데려갔다.

3년 후 Genie가 태어났다. 출생 시 그녀의 몸무게는 정상이었으나, 부목이 필요한 선천성 둔부 탈골 장애가 있었다. 몇 달간의 소아과 검진에서는 정상적인 발달을 보였지만, 마지막 검진이 있은 지 6개월 후인 생후 11개월에 그녀의 몸무게는 7.7kg 밖에 나가지 않았다. 얼마 지나지 않아, 그녀는 다른 소아과 의사의 진료가 필요한 급성 질병에 걸렸고, 거기서 의사는 그녀가 지체일 가능성이 있는 증상을 보인다는 진단을 내렸다. 이 진단은 비극적인 결과를 초래하였다. Genie의 아버지는 아이가 심각하게 지체되었다고 믿고서 그 진단을 극도의 방치와 격리를 정당화하는 근거로 사용하였다.

Curtiss(1977)는 Genie가 자랐던 환경을 다음과 같이 보고하였다.

> Genie는 작은 침실에 감금되어 유아용 변기에 매여 있었다. Genie의 아버지는 직접 구금장치(harness)를 만들었고, Genie는 그 구금장치 외에는 아무것도 입지 않은 채 의자에 앉아 있었다. 손발 외에는 아무것도 움직일 수가 없는 상태로 Genie는 몇 시간이고, 때로는 한밤중까지, 몇 일, 몇 개월, 몇 년을 묶인 채로 앉아 있었다. 밤중에라도 Genie가 생각났을 때는, 구금장치에서 풀려나 또 다른 감금용 옷—Genie가 팔을 움직이지 못하게 고정할 수 있도록 그녀의 아버지가 고

> 안한(아마도 스스로 벗을 수 없도록 만들었을) 침낭–에 갇혔다. 사실상 그것은 구속복(straitjacket)이었다. 감금상태로 Genie는 철사가 양 옆과 머리 위를 덮고 있는 유아용 침대에 넣어졌다. 밤에는 침대에 갇히고, 낮에는 구금장치에 매여 Genie는 어린 시절의 대부분을 어떻게든 견디도록 내버려졌다. (p. 5)

Genie는 감금된 동안 언어에 거의 노출되지 못했다. Genie의 아버지가 그녀에게 아무 말도 하지 않았음이 분명하고, 그는 다른 가족들이 방에 들어가는 것을 금지하였다. 방에는 TV나 라디오도 없었다. Genie의 방은 집 뒤편에 있어서 아마도 Genie는 길에서 들려오는 말소리이나 소음조차 거의 듣지 못했을 것이다. Genie의 아버지는 조금이라도 소리를 내면 그녀를 구타하였다. 마침내 그녀는 모든 발성을 억제하도록 학습되었다.

결국 Genie는 13.5세가 되었을 때 우연히 구조되었다. 남편과 심하게 다툰 후, Genie의 어머니는 Genie를 데리고 친정으로 피했다. 얼마 지나지 않아, 거의 앞을 볼 수 없었던 Genie의 어머니는 맹인을 위한 서비스를 확인하러 가족 지원 센터에 갔다. 그녀는 Genie를 데리고 갔는데, 한 근무자가 허약한 아이의 상태를 알아보고는 상급자에게 알렸던 것이다. 어머니에게 캐물은 후, 그들은 경찰을 불렀고, Genie는 보호소로 옮겨졌다. 가족에 대한 혐의가 제기되자 Genie의 아버지는 자살하고 말았다.

그 당시 Genie는 심각한 영양실조 상태였고, 사회적 기술을 전혀 보이지 못했다. 그녀는 언어 기술을 전혀 갖고 있지 않았다. 언어치료 프로그램을 받은 후 Genie는 약간의 언어 습득을 보여주었으나, 그녀의 발달은 고르지 못했다. 음운에 있어서 그녀는 억양을 적절히 사용한다는 신호를 보여주었지만, 말소리를 대체하는 경우가 많았다. 그녀의 의미 발달은 빠르고 광범위했다. 그녀는 병원에 들어간 지 2개월만에 어휘를 습득하기 시작했고, 그녀의 첫 단어는 언어 발달 초기에 전형적으로 발견되는 것보다 훨씬 더 다양한 개념들을 포함했다(예를 들어, 색과 수를 나타내는 단어). 일단 그녀가 단어들을 조합하기 시작하자, 그녀는 정상 아동들이 보이는 것과 유사한 의미적 관계를 사용하였다. 하지만 그녀의 통사 발달은 느렸다. 그녀는 문법 형태소를 거의 사용하지 못했고, 그녀의 말에는 복잡한 통사적 장치들(예, 관계절)이 보이지 않았다. 그녀가 보인 것은 문장 (1)에서처럼 비교적 분명한 의미를 가짐에도 불구하고 문법 구조를 제대로 갖추지 못한 상태로 내용어들을 나열하는 것이었다.

(1) I like hear music ice cream truck. (Curtiss, 1981, p. 21)

Genie의 인지 발달은 그녀의 언어 발달을 상당히 앞서는 것처럼 보였는데, 때때로 미묘하거나 복잡한 생각을 문장 (2)에서처럼 기초적인 통사를 가지고 표현했기 때문이다.

(2) Think about Mama love Genie. (Curtiss, 1981, p. 21)

Genie의 언어 발달에서 이해하기 힘든 부분은, 그녀가 오른손잡이였고 좌반구에 뚜렷한 손상이 없었음에도 불구하고, 우반구에서 언어를 처리하는 것처럼 보였다는 점이다. 대개 오른손잡이들은 좌반구에서 언어를 처리한다(13장을 보라). Curtiss와 그녀의 동료들(1974)은 Genie의 좌반구가 '기능적 위축(functional atrophy)' 장애를 가지고 있었고, 따라서 우반구로 언어를 습득할 수밖에 없었을 것이라고 추측했다.

야생 아동과 격리 아동에 관한 다른 보고들도 많이 있지만(Candland, 1993; Reich, 1986; Schaller, 1991을 보라), Genie와 Victor의 경우가 대표적이라 할 수 있다. 이 두 사례로부터 분명히 알 수 있는 것은, 사람들로부터 오래 격리된 후에는 언어 습득에 대한 전반적인 예후가 상당히 어둡다는 사실이다. 생애 초기에 그들이 처했던 극한 환경을 고려할 때, 그들이 습득했던 것뿐만 아니라 습득할 수 있었다는 것 자체만으로도 대단한 일인 것이다.

결정적 시기 가설

이러한 보고들이 많은 의문들에 답을 하지는 못했지만, 아이들이 제대로 발달하기 위해서는 생애 초기에 반드시 언어에 노출되어야 한다는 생각과는 일치한다. 생애 초기에 우리가 언어를 습득하도록 특별히 준비된 시기가 있다고 보는 견해를 **결정적 시기 가설(critical period hypothesis)**이라고 한다. 결정적 시기 가설을 찬성하는 많은 연구자들은 이 시기가 지나면 더 이상 언어를 습득하기 어렵게 만드는 신경학적 변화들이 뇌에서 일어난다고 주장하지만, 그러한 변화의 본질은 아직까지 잘 알려지지 않고 있다. 대체로 그러한 변화가 사춘기 무렵에 일어나는 것으로 보고 있다.

놀라운 것은 결정적 시기 가설이 많은 논의를 불러일으켰음에도, 그러한 가설을 검증한 경험적인 연구는 별로 없었다는 점이다. 한 획기적인 연구가 Johnson과 Newport(1989)에 의해 보고되었는데, 그들은 3세에서 39세 사이의 다양한 연령에 미국으로 이민 온 한국어와 중국어 모어화자들을 조사하였다. 평균적으로, 일찍(사

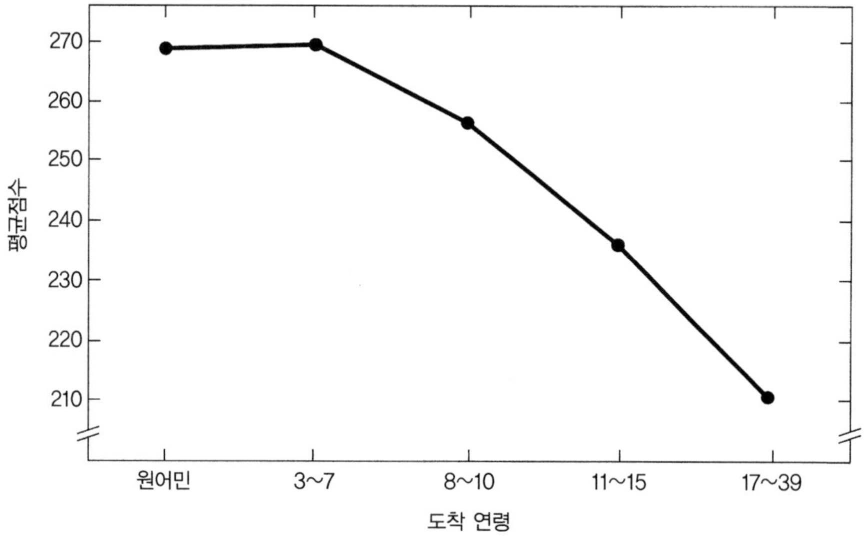

그림 12.1 미국에 도착한 연령과 영어 문법 검사에서의 총점 간의 관계. (출처: "Critical Period Effects in Second Language Learning: The Influence of maturational State on the Acquisition of English as a Second Language," by J. S. Johnson & E. L. Newport, 1989, *Cognitive psychology, 21*, p. 79.)

춘기 이전) 이민 온 사람들과 나이 들어 이민 온 사람들의 미국 거주 기간은 거의 비슷하였다. 연구자들은 비교를 위해 원어민 집단도 연구에 포함시켰다.

Johnson과 Newport는 참가자들에게 일련의 문법적, 비문법적 영어 문장들을 제시하고, 각 문장이 문법적인지 아닌지를 판단하도록 요구하였다. 그 결과는 일찍 이민 온 사람들이 늦게 이민 온 사람들보다 유리함을 보여주었다(그림 12.1을 보라). 3~7세 사이에 미국에 도착한 사람들은 그 이후에 도착한 사람들보다 우수했고, 사실상 원어민과도 차이가 없었다. Johnson과 Newport는 도착한 연령과 문법검사 점수 사이의 상관관계를 조사하였다. 0~16세에 도착한 참가자들에서는 도착 연령과 문법점수 사이에 강한 부적 상관관계가 있었다($r = -.87$). 즉, 0~16세 사이의 집단에서는 늦게 도착할수록 점수가 낮았던 것이다. 16~40세 사이에 도착한 사람들은 도착 연령과 문법적 판단 사이에 상관관계가 없었다. 두 집단 사이의 결과가 매우 달랐기 때문에, Johnson과 Newport는 어린 학습자들과 나이든 학습자들 사이에는 근본적으로 다른 처리 과정이 관여한다고 결론지었다.

그러나 모든 연구자들이 언어 습득에 결정적 시기가 존재한다고 확신하는 것은 아니다. 한 가지 쟁점은 이차언어 습득에서 연령과 관련된 쇠퇴가 점진적인가 아니면 갑작스러운가 하는 것이다. 결정적 시기 가설에 따르면, 쇠퇴는 갑작스러워야 한다. 왜냐하면, 뇌의 근본적인 재조직화가 이차언어 습득이 어려운 쪽으로 이루어지기 때문이다. Johnson과 Newport(1989)의 연구가 그러한 쟁점에 대해 답을 제시할 것처럼 보이지만, 몇몇 연구자들은 그들의 자료를 다시 검토하여 그러한 쇠퇴가 Johnson과 Newport의 결론처럼 급격하지 않을 수 있음을 발견하였다(Bialystok & Hakuta, 1994; Elman 등, 1996). 예를 들어, Bialystok과 Hakuta는 나이 어린 집단과 나이 든 집단의 경계를 16세에서 20세로 간단히 이동시킴으로써, 각 집단에서 유의미한 부적 상관관계를 발견하였던 것이다.

좀 더 최근의 연구에서 Hakuta, Bialystok, Wiley(2003)는 스페인어와 중국어 배경을 가진 이민자 230만 명에 대한 1990년도 미국 인구조사 자료를 조사하였다. Hakuta와 동료들은 자기보고식 언어 유창성을 조사하였는데, 응답자들은 조사양식에다 자신의 영어 실력을, '전혀 못함', '잘하지 못함', '잘함', '매우 잘함', '영어만 말함' 중 하나의 범주로 표시하였다. 출생 후부터 약 60세까지, 도착 연령이 증가함에 따라 영어 실력이 급격하게 감소하긴 했지만, 15세 전후에 급격한 단절은 없었다. 연령에 따른 쇠퇴는 오히려 점진적이었다. 따라서 그들의 연구는 결정적 시기 가설을 지지하는 증거를 찾는데 실패하였다. 그러나 그 연구의 한 가지 제한점은 언어 유창성을 스스로 평정했다는 점이다. 응답자들이 자신의 영어 유창성을 정확하게 보고하지 않았거나, 위의 범주들을 연구자들과 같은 방식으로 이해하지 않았을 수도 있다.

Bialystok과 Hakuta(1994; Bialystok, 2001)는 갑작스런 쇠퇴가 반드시 결정적 시기에 대한 증거를 제공하는 것은 아니라고 주장한다. 어리거나 나이든 학습자는 인지발달 수준에서 차이가 나고, 이차언어 습득 과제를 수행함에 있어 다른 인지 방략을 동원할 수도 있다. 나이든 학습자들은 자신의 일차언어에 대해 더 많은 것을 알고 있고, 따라서 어린 학습자들보다 더 많은 양의 간섭을 받을 것이다. 그리고 이차언어를 학습하기 시작한 나이에 따라 아동들과 성인들의 순수한 연습량도 여기에 유의미한 효과를 보일 것이다. 취학 전 아동이 L2에 몰입하는 과정과 학교에 들어가 L2를 학습하는 과정을 비교하면, 입력량에서 분명히 차이가 있다.

Snow와 Hoefnagel-Hohle(1978)가 수행한 연구 역시 이와 관련이 있다. 그들은 네덜란드에 이주한 지 1년 정도 되어 네덜란드어를 학습중이던 영어 사용자 가족들을 연구하였다. 이 연구에서 흥미로운 것은 Snow와 Hoefnagel-Hohle가 모든 가족 구성원들을 대상으로 1년 동안 수차례에 걸쳐 검사를 실시했다는 점이다. 사실상 이것은 상이한 연령의 가족 구성원들이 새로운 언어에 몰입할 때 어떻게 반응하는지를 지켜봄으로써 공정한 경쟁을 하도록 했던 것이다. 연구자들은 청소년들이 가장 우수했고, 그 다음은 성인들 그리고 마지막이 아이들이라는 것을 발견하였다. 여기에는 '토끼와 거북이 효과' 같은 것이 있을 수 있다. 나이가 많은 학습자들이 처음에는 더 잘 하는 것 같지만, 곧 정체상태에 도달한다. 반면에 어린 학습자들은 마침내 그들을 따라잡고 앞지른다. Bialystok과 Hakuta(1994)가 말했듯이, "이차언어를 배우는 어른은 이차언어를 배우는 아이와 똑같이 행동한다: 그는 오리처럼 걷고 오리처럼 말하는데, 유일한 차이점은 보통 그렇게 많이 뒤뚱거리며 걷지 않는다는 점이다"(p. 86). 여기서도, 연령과 L2라는 문제에 답하기가 간단치 않다. 그것은 우리가 L2의 유창성을 어떻게 측정하는가에 달려있다.

따라서 현재로서는 이차언어 습득 연구에서 나온 증거들이 결정적 시기 가설에 대한 확실한 증거를 제시하지 못하고 있다. 우리가 말할 수 있는 최선의 답은 어린 아이들이 대체로, 적어도 장기적으로 봤을 때, 나이든 아동들이나 성인들보다 L2를 더 잘 배운다는 것이다. 또한, 어린 학습자들이 일부 연구들에서 보여준 이점은 생물학적 변화(결정적 시기 가설에서 가정하듯), 환경적 요인, 인지적 변화, 또는 이들 요인들의 결합에 기인할 수도 있다. 분명한 것은 언어습득을 위한 능력이 일생 동안 어떻게 변화하는지에 대해 아직까지 우리가 알아야 할 것이 더 많다는 점이다.

모성어

언어 환경이 언어 발달을 어떻게 돕는지를 조사해 온 또 다른 연구 노선은 성인들이 어린 아이들에게 말하는 방식을 다루고 있다. 성인 대 아동 언어는 **모성어(motherese)**라고 불리는데, 성인 대 성인 언어와는 많은 차이를 보인다(표 12.1을 보라). 대체로 언어를 배우고 있는 아이들에게 하는 말은 성인에게 하는 말보다는 짧고, 구체적이며, 직접적이고, 억양이 과장되어 있다.

물론 우리가 그런 식으로 아이들에게 말한다고 해서, 반드시 그 말이 아이들의 언어습득을 도와줄 것이라는 의미는 아니다. 사실, 성인 대 아동 언어의 어떤 특징들은 성인들이 개나 심지어 식물에게 말할 때도 볼 수 있다. 그러한 형식의 말이 개나 식물에게 미치는 효과는 아직까지 알려져 있지 않다.

이러한 특징들이 아이들의 언어 발달을 돕는 것처럼 보이지만, 그와 같은 기본적인 의문에 대한 자료가 상대적으로 부족하며, 이 문제와 관련하여 상당히 다른 견해들이 존재한다(DePaulo & Bonvillian, 1978; Hoff-Ginsburg & Shatz, 1982; Mar-

표 12.1 성인들이 아동들에게 하는 말이 보이는 특징들

언어 수준	특징
음운	과장된 억양
	분명한 조음
통사	짧은 문장
의미	축소형의 사용(예, doggie)
	구체적인 지시대상
화용	지시어와 질문의 우세

shall, 1980; Snow, 1979).

모성어 가설(Gleitman, Newport & Gleitman, 1984)에서는 성인들의 말소리 조절과 아이들의 언어 발달 사이에 어떤 관계가 있다고 본다. 강한 가설은 그러한 특징들이 언어가 적절히 발달하는 데 필수적이며, 만약 그렇다면, 그런 특징들이 없을 경우에는 아이의 언어발달에 어려움이 있을 것이라고 주장한다. 약한 가설은 그러한 언어적 특징들이 아이의 발달을 도와준다고 본다.

연구자들은 이러한 가설을 검증하기 위해 두 가지의 접근을 시도하였다. 하나는 상관적 접근이다. 자연히 엄마들은 표 12.1에 제시된 특징들을 사용함에 있어 차이를 보이고, 따라서 그러한 언어적 측면들을 사용하는 엄마들의 경향과 아이들의 언어발달 측정치를 상관시킴으로써 그와 같은 정상 범위 내에서의 변이를 살펴볼 수 있다.

대체로 상관 연구들은 부모의 말과 아이의 언어 사이에서 제한적인 관계성을 발견하였다. Newport, Gleitman, Gleitman(1977)은 6개월 간격을 두고 실시된 두 번의 회기에서, 12개월에서 17개월 된 여아 15명과 엄마의 말을 녹음하였다. 아이들의 언어가 가진 대부분의 양상들은 엄마의 말이 가진 그 어떤 특징과도 관련이 없었다. 그러나 어떤 것들은 엄마의 말이 가진 특정 양상들과 관련이 있었다. 가장 분명한 예는 조동사였는데, 그것은 *Did you eat?*과 같은 yes/no 의문문을 엄마가 말한 빈도와 관련이 있었다. 즉, yes/no 의문문을 많이 사용하는 엄마들의 자녀들이 더 많은 조동사를 사용하였다. 이런 결과는 Furrow, Nelson, Benedict(1979) 그리고 Gleitman과 동료들(1984)에 의해 재확인되었다. Gleitman과 그녀의 동료들이 말했듯이, 가장 뚜렷한 상관관계가 복잡한 언어의 양상에서 관찰된다는 것은, 성인의 말을 '단순화하는' 것이 아이의 언어를 촉진한다는 생각과 맞지 않는다. 이 경우, 언

어의 복잡한 양상이 존재함으로써 아동의 언어발달이 촉진되는 것이다.

물론 상관 연구 결과들을 해석하는 데에는 문제가 있다. 부모의 말과 아이의 말 사이에 정적인 상관이 있다는 것이 부모의 말이 아이의 말을 유발한다는 것을 의미하지는 않는다. 또한 부모의 말은 아이가 이해하지 못하거나 흥미를 잃고 있음을 나타내는 신호들과 같은, 아이의 행동에 수반될 수도 있다. Bohannon과 Marquis(1977)는 아이들에게 하는 성인의 말이 아이의 반응과 관계가 있다는 것을 입증하였다.

상관적 접근에 대한 대안은 실험적 접근을 사용하는 것으로, 여기서는 상이한 아동 집단들이 상이한 유형의 성인의 말에 무선적으로 할당된다. 초기의 실험들은 성공적이지 못했지만(Cazden, 1965), 현재는 그러한 성인의 말이 발달에 영향을 준다는 분명한 증거가 있다.

Nelson, Carskaddon, Bonvillian(1973)은 아이들이 이전에 말했던 문장과 관련된 새로운 통사적 정보를 아이들에게 제공하면, 언어 발달이 촉진될 수 있음을 확인하였다. 이 아이들의 나이는 30에서 40개월 사이로, 13주 동안 정기적으로 만났고, 세 집단 중 하나에 할당되었다. 고친 문장(recast-sentence) 집단은 자신의 문장과 관계 있는 새로운 문장을 받았는데, 예를 들어 만약 아동이 *Allgone truck*이라고 말하면 실험자가 그것을 *Yes, the truck is all gone*과 같은 문법적인 문장으로 확장하였다. 새로운 문장(new-sentence) 집단은 아이의 선행 발화에서 내용어를 제외한 비교적 짧은 문법적인 문장을 제시받았다. 통제 집단은 별다른 처치를 받지 않았다. 언어의 다섯 가지 양상(MLU, 문장 모방, 명사구, 동사구, 조동사)에서 아이의 발달이 측정되었다. 실험결과, 고친 문장 집단이 동사 발달의 두 측정치에서 새로운 문장 집단보다 약간 앞서는 언어 발달을 보였지만, 다른 세 측정치에서는 두 집단이 동일한 수행을 보여주었다. 고친 문장 집단은 두 가지 동사 측정치뿐만 아니라 모방 검사에서도 통제 집단을 능가하였다.

Nelson(1976)의 후속 연구는 언어적 입력의 효과가 상당히 특정적일 수 있음을 보여주었다. 그는 한 집단의 아이들은 부정 *wh*-의문문(*Why don' t you play on the swing?*)으로 된 고친 문장을 듣고, 다른 집단의 아이들은 복잡한 동사 구조로 된 고친 문장을 듣도록 배치하였다. 그 결과, 각 집단은 그들이 들었던 유형의 말에서만 진보를 보여주었다.

이러한 연구들은 상관 연구에서보다 성인의 말과 아이의 언어 발달 사이에 훨씬 직접적인 연결고리가 있음을 보여준다. 그러나 그러한 연구에는 몇 가지 제한점이 있다. 첫째, 그러한 연구들은 성인의 말이 아동의 말에 영향을 미칠 수 있음을 보여주지만, 그러한 말의 수정이 정상적인 언어 습득에 필수적이라는 것을 증명하지는 못한다. 따라서 그것들은 단지 약한 모성어 가설을 지지할 뿐이다. 둘째, 그러한 연구들은 사용된 문법적 구조의 수에서 제한된다. 앞에서 보았듯이, Newport와 동료들(1977)은 수많은 모성어 특징들을 조사하여, 대부분이 아이의 말과 상관되지 않음을 발견하였다.

이와 같은 결과들은 언어의 보편적 특징과 특정적 특징 간의 구분이라는 점에서 해석될 수 있다. 행위자, 행위, 대상 등의 의미 범주들과 같은 언어의 어떤 측면들은 보편적인 것으로 보이지만, 조동사나 *wh*-의문문과 같은 다른 것들은 언어에 따라 다르다. 이러한 구분은 어떤 문법적 속성이 발생 빈도와 같은 환경적 변인들에 민감하게 반응하는 정도에 영향을 미칠 것이다. 몇몇 상관 연구들에서 아이들의 조동사 습득이 엄마의 yes/no 의문문 사용과 관계가 있었다는 것을 상기하라. 영어에서 yes/no 의문문의 한 가지 특징은 주어와 조동사가 도치됨으로써 조동사가 문장 첫머리에 위치한다는 것이다. 이러한 위치는 아이들의 눈에 더 잘 띌 것이며, 따라서 그것이 받는 주의 때문에 조동사에 대한 수행이 향상되었을 것이다. 반면에 보편적인 특징들은 전혀 학습되지 않고, 오히려 아이들의 생득적 능력의 일부일 것이다.

어쨌든 보편적 언어 특징과 특정적 언어 특징 사이의 구분은 언어학적으로나 심리학적으로 모두 타당하다. 이것은 언어의 일부 취약한 면들이 환경적 변이에 민감하고, 좀 더 견고한 면들은 지지가 덜 필요함을 시사한다. Goldin-Meadow(1982)는 이것을 정원 가꾸기에 비유하였다. 즉, 언어의 일부 특징들은 어떤 조건에서도 자라는 잡초와 같고, 다른 특징들은 좀 더 특별한 조건을 필요로 하는 온실의 난초와 같다는 것이다.

우리는 이 절에서 다양한 종류의 연구들을 논의하였는데, 그것들은 모두 언어 환경이 아이들의 언어 발달과 관련이 있다는 생각과 연결되어 있다. 이러한 연구들로부터 우리는 어떤 결론을 이끌어낼 수 있는가? 이 장을 시작하면서 언급했던, 필요 조건과 충분 조건 사이의 구분을 떠올려 보라. 언어에 노출되는 것이 정상적인 언어 습득에 필요하다는 점을 증명함에 있어 어떤 증거가 필요하다면, 야생에서 자라거나 격리된 아이들에 관한 연구들이 설득력이 있다. 그리스어나 북경어, 나바호어를 배우기 위해서 아이들은 반드시 그리스어, 북경어, 나바호어에 노출되어야만 한다.

하지만 환경의 역할에 관한 진정한 논증은, 그것이 정상적인 언어 습득을 위해 필요한가가 아니라 그것이 충분한가 하는 것이다. 1장에서 보았듯이, Chomsky는 아이들이 받아들이는 언어는 본래 언어를 습득하기에 충분하지 않다고 주장했다(이것이 자극의 '빈곤 논증' 이다). 생득적 요인에 반대하는 사람들은 우리가 방금 살펴보았던 몇몇 모성어 연구들을 주도하면서, Chomsky가 아이들이 받아들이는 증거의 종류들을 과소평가했다고 주장한다. 실제로 아이들은 성인들과는 상당히 다른 방식으로 말을 듣는다. 그러나 우리가 10장과 11장에서 논의했던 언어의 복잡성을 아이들이 모성어만으로 학습할 수 있는지는 아직까지 확실하지 않다. 모성어에 관한 연구들은 그것이 아이들의 습득에 어떤 영향을 미친다고 주장하지만, 발달의 모든 측면을 설명하기에는 아직까지 충분치 않다.

이 시점에서 내릴 수 있는 가장 합리적인 결론은 언어에 노출되는 것이 언어 습득에 필요하지만 충분치는 않다는 것이다. 즉, 노출은 필수적이고 발달에 영향을 미치지만, 다른 요인들 역시 중요하고 아이들의 언어 발달이 적절히 이루어지기 위해서 존재할 필요가 있다는 것이다. 그러한 요인들 중 하나가 아이들의 인지적 기술이며, 다음 절에서는 그것을 다룰 것이다.

요약

다양한 방법론을 사용한 연구들이 아동의 언어 습득에서 환경의 역할을 다루었다. 심각한 고립을 경험한 아이들에 관한 사례 연구들은 총제적인 언어의 지체를 보여주며, 언어에 노출되는 것이 정상적인 언어 성장을 위한 전제 조건임을 시사한다. 결정적 시기 가설에 관한 연구들은 언어에 노출되어야 하는 결정적인 시기가 있는지 여부를 아직 확정짓지 못하고 있다. 모성어에 관한 상관 연구들과 실험 연구들은 적어도 성인들이 아이들에게 말할 때 말소리를 조절하는 어떤 측면들이 아동의 언어 발달에 영향을 미칠 것이라고 주장한다. 하지만 언어의 다른 측면들은 엄마의 언어가 가진 변이에 둔감한 것으로 보인다.

인지 과정

우리는 앞 절에서 부모들이 언어를 습득하고 있는 아이들을 위해 구조화된 환경을 제공한다는 것을 보았다. 이러한 말소리 적응의 일부가 발달을 촉진하기는 하지만, 언어 습득을 설명하기에는 충분치 않다. 그러한 언어 수업으로부터 도움을 받기 위해 아이들은 어떤 인지적인 전제 조건들을 가지고 있어야 한다. 거기에는 언어적 정보를 기록하고, 저장하며, 분석하기 위한 절차들이 포함된다.

간단한 비유가 여기서 도움이 될 것이다. 당신이 철학 과목을 수강하고 있다고 가정해 보라. 강사는 준비를 잘하여 강의를 하고 있고, 학생들은 질문이 있을 때 언제든지 강사와 만날 수 있다. 비록 이 모든 특징들이 유익한 것이기는 하지만, 그것들이 원하는 학습 결과를 보장하는 것은 아니다. 철학 과목은 대개 학생들이 추상적으로 생각하고, 분석적인 글을 쓸 것을 요구한다. 수업 자료들이 구조화된 방식으로 제시된다 하더라도 그러한 기술이 부족한 학생들은 상당한 어려움을 겪을 것이다.

아이들이 언어를 배우는 것도 마찬가지이다. 구조화된 환경은 아이가 자신에게 제공되는 구조를 이용할 수 있는 능력이 있을 때만 도움이 된다. 이 절에서는 아이들이 언어학습과제에 동원하는 인지적 기술들을 살펴볼 것이다.

조작 원리

이러한 의문에 대한 가장 생산적인 접근들 중의 하나가 조작 원리에 관한 Slobin의 연구이다(Slobin, 1973, 1985a). **조작 원리(operating principles)**란 아이들이 정보를 선택함에 있어 (또는 조작함에 있어) 선호하는 방식이라고 할 수 있다. 발달 초기의 조작 원리들이 표 12.2에 제시되어 있다.

이러한 원리들은 초기 아동 문법에서 볼 수 있는 어떤 형태들을 설명하는 데 유용한 것으로 입증되었다. 예를 들어, 어떤 언어들은 다른 언어들에 비해 훨씬 자유로운 어순을 가지지만, 사실상 모든 언어권의 아이들은 고정된 어순을 사용하여 의

표 12.2 어린 아이들이 사용하는 조작 원리들

A	단어의 끝에 주의를 기울여라.
B	단어의 음운 형태는 체계적으로 수정될 수 있다.
C	단어와 형태소의 순서에 주의를 기울여라.
D	언어적 단위의 중단이나 재배열을 피하라.
E	기저의 의미 관계는 분명하고 구체적으로 표시되어야 한다.
F	예외를 피하라.
G	문법적 표지의 사용은 의미적으로 도움이 되어야 한다.

출처: "Cognitive Prerequisites for the Development of Grammar," by D. I. Slobin. In C. A. Ferguson and D. I. Slobin (Eds.), *Studies of Child Language Development*, pp. 175~208. Copyright © 1973 Holt, Rinehart & Winston, 허락 후 재인쇄.

미를 생성한다. 이런 초기의 두드러진 경향성은 Slobin의 원리 C와 관련이 있는 것 같다. 우리는 이미 문법 형태소의 습득에서 몇 가지 중요한 발달들을 보았었다. 아이들은 먼저 단어들을 자유 형태소와 의존 형태소로 분절해야만 한다. 이것은 아마도 동일한 단어의 상이한 형태들에 주목하고(원리 B) 의존 형태소로 기능할 수 있는 언어 요소들을 알아차림으로써(원리 A) 가능할 것이다. 그리고 우리는 아이들이 문법 형태소를 학습하기 시작할 때, 그들이 종종 그것을 과잉 규칙화한다는(원리 F) 것을 안다.

몇 가지 원리들은 아이들의 복문 습득을 이해하는 데도 유용하다. 처음 부정문과 의문문을 만들려고 할 때, 아이들은 단순 평서문 앞에다 간단히 부정 또는 의문 표지를 갖다붙이곤 한다. 이것은 원래의 언어적 단위를 깨뜨리지 않으려는 욕구를 반영하는 것으로 보인다(원리 D). 마찬가지로, 아이들은 관계절을 만들 때, 처음에는 간단히 절을 문장의 끝에 붙여서 만들려는 경향이 있다. 나중에야 그들은 절을 문장 안에 포함시키게 된다.

이러한 조작 원리들은 아이들이 언어 경험으로부터 유익을 얻기 위해 반드시 가지고 있어야 하는 인지적 전제 조건에 가까운 것들이다. Slobin은 후속된 연구에서 개정된 원리들의 목록을 제시함으로써 그것들을 더욱 구체적이고 다양하게 만들었다.

조작 원리라는 개념이 가진 한 가지 문제는 그것이 순환론적일 가능성이 있다는 점이다. 아이들의 언어 형식에서 조작 원리에 대한 증거가 발견되고, 그 원리들은 다시 언어 형식들을 설명하는 것으로 추정된다(Karmiloff & Karmiloff-Smith, 2001). 그러므로 이러한 조작 원리들에 대한 독립적인 증거가 도움이 될 것이다. 이러한 원리들에 대한 증거를 언어가 아닌 다른 인지 영역(domain)에서도 찾을 수 있을 것이다. 그러나 문헌들에 적혀 있듯이 그것들은 언어에 매우 특정적인 경향이 있다. Slobin은 이러한 과정이 언어(단원)에 특정적인지 아니면 그것들이 일반적인 인지 과정으로 이해될 수 있는지에 대해서는 답하지 않았다. 다음으로, 언어와는 확실히 좀 더 독립적인 인지 과정들을 살펴보도록 하자.

감각운동 도식

3장에서 우리는 아동의 인지체계를 특징짓는 또 다른 방법이 Piaget의 연구에서 유래하였고, 그가 믿었던 것은 아이들이 발달과정을 거치면서 몇 차례 사고의 질적 변화를 겪는다는 것이었음을 알았다. Piaget(1952)는 생후 첫 2년을 감각운동기라고 했는데, 왜냐하면 아이들이 경험을 조직화하기 위해 사용하는 도식이 감각 정보를 받아들이고 그것에 근거하여 행동하는 것과 직접적으로 관련되어 있기 때문이다. 감각운동 도식은 두드리고, 빨고, 던지는 것을 포함한다. 감각운동기가 끝날 무렵에 최고조에 달하는 주요 발달은 대상 영속성의 습득인데, 이것은 아이들이 대상을 지각할 수 없을 때에도 그것이 계속해서 존재한다는 것을 아는 것이다. 일단 대상 영속성이 습득되면 아이는 더 이상 즉각적인 자극에 좌우되지 않고, 더 이상 존재하지 않는 자극에 근거하여 반응할 수 있다.

우리는 이렇게 중대한 발달이 아이의 언어 발달과 관련이 있을 것이라고 확실히 예상할 수 있다. 좀 더 구체적으로 말해, 우리는 아이의 언어에 대해 두 가지 예상을 할 수 있다. 하나는 아직까지 대상 영속성을 습득하지 못한 매우 어린 유아는 주변 환경에서 구체적인 대상, 특히 아이가 쉽게 조작할 수 있는 것들을 가리키는 단어를 사용할 것이라는 것이다. 실제로 그런 것처럼 보이는데, 초기 아동의 언어는 수많은 '현재형(here and now)' 단어들로 이루어져 있기 때문이다.

두 번째 예상은 대상 영속성을 습득한 유아는 당장에 존재하지 않는 대상이나 사건을 가리키는 단어들을 사용하기 시작할 것이라는 것이다. 그러한 단어에 해당하는 것이 *gone truck*에서의 *allgone*과 *more milk*에서의 *more*(더 이상 존재하지 않는 우유를 가리킬 때)이다. 이러한 예측에 깔린 생각을 표현하는 한 가지 방법은 대기실(waiting room) 은유를 사용하는 것이다(Johnston & Slobin, 1979). 두 개의 문이 있는 방을 상상해 보라. 하나는 들어가는 문이고, 다른 하나는 나가는 문이다. 들어가는 문은 인지적 전제 조건의 획득을 의미한다. 이곳을 통해 아이들은 대기실에 들어간다. 나가는 문의 개방은 언어 항목에 노출된 양과 그 항목의 언어적 복잡성과 같은 비인지적 요인들에 달려있다. 이러한 요인과 다른 요인들에 따라, 대기실에 머무는 기간(인지적 성취와 그것에 상응하는 언어적 성취 사이의 시간)은 달라질 것이다.

이러한 가설은 많은 실험에서 검증되었다. 대부분의 연구는 대상 영속성과 *more*, *allgone*의 습득 사이의 예상된 지연이 몇몇 사례에서 일어났지만, 모두 그런 것은 아니라는 것을 발견하였다(Corrigan, 1979; Gopnik, 1984; Tomasello & Farrar, 1984). 예를 들어, Tomasello와 Farrar는 대상 영속성에 사용된 준거와 아이에 따라서 0에서 8개월까지 지연기간이 다르다고 보고하였다.

Gopnik은 대상 영속성이 이러한 단어들과 동시에 발달한다고 주장한다. 기본적인 생각은 아이들이 자신에게 어려운 개념을 습득할 때, 그 개념을 가리키는 언어적 표현을 알아차리기 시작한다는 것이다. 그러한 표현들이 아이들에게는 쉽게 눈에 띄는데, 왜냐하면 그 시기의 아이들이 학습하고 있는 것과 관련이 있기 때문이다. 따라서 단어들은 아주 짧은 인지적-언어적 지연과 함께 습득되거나 아니면 아무런 지연 없이 습득된다. 유사한 연구들은 성공과 실패를 부호화하는 단어들(*there*, *uh-oh*)이 어떤 문제들을 해결하는 능력의 발달과 관계가 있음을 발견하였다(Gopnik & Meltzoff, 1986). 더 나아가 명명 폭발(naming spurt)과 아이의 자발적 분류 기술 사이에도 어떤 관계가 있다(Gopnik & Meltzoff, 1987; Mervis & Bertrand, 1994).

이러한 연구들은 인지와 언어 사이에 꽤 구체적인 상관이 있음을 시사하지만, 그 시간 간격이 유의미할 정도로 인지가 언어에 선행한다는 생각을 지지하지는 못한다. 오히려 그러한 연구들은 몇몇 분야에서 특정 언어와 인지적 성취가 매우 짧은 시간 지연과 함께 또는 거의 동시에 일어남을 시사한다. 아이들이 대기실에 아주 오래 머무르는 것 같지는 않다. Gopnik(2001, p. 55)의 결론처럼, "아이들의 선택은 그들의 인지적 발달의 최전선에 있는 개념들을 부호화하는 것이다."

인지적 제약

10장에서 우리는 성인의 명명 연습을 다루었다. 분명히 성인들은 어휘 발달을 촉진할 것으로 보이는 단순화되고 규칙적인 패턴의 자료를 아이들에게 제공한다. 여기서 다루고자 하는 의문은 그러한 적응들이 정상적인 언어 발달에 필수적인지 아닌지가 아니라 그것들이 충분한지의 여부이다.

성인들이 대상에 대해 사용하는 단어들에 아이들이 노출되면, 많은 지시대상들이 그런 단어에 해당될 수 있다(Quine, 1960). 어휘 습득의 속도에 관해 우리가 배운 것을 고려하면, 아이들이 주어진 단어의 모든 가능한 의미를 검토하는 것 같지는 않다. 성인의 명명 연습은 아이를 도와주지만, 몇몇 이론가들은 아이가 그러한 가르침으로부터 최대한 이득을 얻기 위해서는 단어 학습에 대한 어떤 기대를 가져야만 한다고 믿는다. **인지적 제약(cognitive constraint)**이란 개념은 아이들이 그러한 가능성들 중 일부만을 고려하거나, 적어도 다른 것들보다 그것에 우선권을 부여하도록 제한되어 있다는 것이다(Markman, 1989).

아이들을 대상으로 한 연구는 몇 가지 가능성 있는 제약들을 제안하였다. 하나는 **전체 대상 편향(whole object bias)**이라고 하는 것으로, 아이들은 새로운 이름을 접하게 될 때, 그것을 대상의 일부보다는 대상 전체에 붙이는 것을 선호한다. 앞에서 든 예로 돌아가서, 누군가가 어떤 대상을 가리키며 *개*라고 말할 때, 아이는 그 단어가 개의 꼬리가 아니라 대상 전체에 해당하는 이름이라고 추측한다. 또한, 아이들은 **분류학적 편향**(taxonomic bias)을 사용하는 것으로 보인다. 그들은 대상의 이름이 개별적인 개에 대한 이름이라기보다는 분류학적 범주라고 추측할 것이다(Markman & Hutchinson, 1984). 예를 들어, 그들은 *개*가 단지 Fido가 아니라 하나의 동물 집단에 대한 이름이라고 추측할 것이다.

세 번째 제약은 **상호배타성 편향**(mutual exclusivity bias)이라고 한다. 이것은 특정 대상의 이름을 알고 있는 아이는 대체로 그 대상에 두 번째 이름을 적용하는 것을 거부할 것이라는 사실을 가리킨다. Markman과 Wachtel(1988)이 수행한 몇몇 실험 연구들은 아이들이 새로운 단어를 습득함에 있어 상호 배타성을 사용한다는 생각을 지지하였다. 한 실험에서, 3세 아동들에게 쌍으로 된 물건들을 제시하였다. 각 쌍의 한 구성원은 아이가 이미 이름을 가진 대상(바나나, 장난감 소, 숟가락 같은)이었고, 나머지는 아이가 이름을 가지고 있지 않은 대상(레몬 조각 압착기, 집게 같은) 이었다. 그런 다음, 인형이 *x를 보여줘*(x는 무의미 음절이었다)라고 아이에게 요구하였다. 아이들은 새로운 대상을 선택할 가능성이 훨씬 높았다. 후속 연구에서는 아이들에게 그들이 이미 이름을 가지고 있는 대상에 대해 새로운 이름, 예를 들어 망치에 대해 *못뽑이(claw)*라는 이름을 제시하였다. 이 경우에 아이들은 새로운 용어가 그 대상의 일부에만 적용되는 것으로 해석하였다.

아이들의 사고를 재구성해 보자. 첫 번째 연구에서, 전체 대상 편향은 아이로 하여금 무의미 용어에 대한 지시대상으로서 전체 대상을 찾게 만든다. 상호 배타성 편향은 친숙한 항목에 대해 사용되는 용어를 차단할 것이다. 따라서 아이는 새로운 이름이 다른 대상을 명명한 것이라고 추측할 것이다. 두 번째 연구에서, 전체 대상 편향은 아이로 하여금 명명되는 대상을 찾게 하지만, 이미 그 대상은 이름을 가지고 있다. 거기에 두 번째 이름을 붙이는 것은 상호 배타성을 위반하는 것이 되고 다른 대상 또한 존재하지 않기 때문에, 아이는 새로운 용어를 대상의 일부에 적용하게 된다.

이러한 결과들은 아이들이 새로운 단어를 학습함에 있어 조금 분명한 편향이나 선호성을 가지고 있음을 시사한다. 하지만 이러한 원리들을 위반하는 경우가 없는 것은 아니다. 이미 하나의 예를 보았는데, 우리는 *개*, *콜리(collie)*, *포유류*를 같은 동물을 가리키는 데 사용한다. 이러한 용어들을 습득하기 위해서 아이들은 상호 배타성의 원리를 위반해야만 한다. 따라서 아이들은 이러한 제약들을 사용하여 자신의 어휘 습득을 안내하는 것으로 보이는데, 그러한 편향들은 마치 그 과정에서 작용하는 가정과도 같다(Liittschwager & Markman, 1994; Merriman & Bowman, 1989). 즉, 아이들은 반대되는 증거가 있기 전까지는 그 편향들을 계속 사용한다.

양육자들이 어떻게 고유 말놀이를 하는지에 관한 연구와 함께, 인지적 제약들에 관한 이러한 연구들은 아이들이 취학 전 시기 동안 단어들을 아주 빨리 배우지만, 오류를 범할 가능성이 많다는 것을 보여준다. 그럼에도 아이들이 그렇게 적은 오류를 범하는 것은 그들의 학습 환경의 구조와 학습 접근의 구조가 어느 정도 결합되어 있다는 증거이다.

이런 식의 연구는 몇 가지 쟁점을 불러 일으켰는데, 그것들은 모두 이런 제약들을 어떻게 가장 잘 특징지을 것인가의 문제를 다룬다. 한 가지 쟁점은 그 제약들이 생득적으로 정해진 것인지, 아니면 경험으로 습득되는가 하는 것이다. Markman은 이 문제에 대해 명확한 입장을 밝히지 않았지만, 다른 연구자들(Nelson, 1988; Tomasello, 2001)은 이러한 제약들(또는 그것과 같은 어떤 것들)이 경험에서 비롯되었을 것이라고 주장하였다. 또 다른 쟁점은 이러한 제약들이 영역 특정적(언어에 특정적)인지, 아니면 몇몇 이론가들(Bloom, 2001; Smith, 2001)이 주장하듯이 좀 더 일반적인 인지 기술인가 하는 것이다. 하지만 이러한 쟁점들은 해소되었는데, 분명한 것은 어휘적 가능성의 수를 줄이는 과정이 아이들의 단어 학습을 크게 촉진한다는 것이다.

언어와 인지의 손상

언어와 인지의 관계에 대한 우리의 지식은 인지나 언어가 손상된 아이들과 청소년들에 관한 연구들에 의해서도 발전되었다. 언어와 인지 사이에 밀접한 관계가 있다는 생각은 대개 다운 증후군을 가진 사람들에 관한 연구들에 의해 지지를 받아왔다(Rosenberg, 1982에 의해 개관됨, 그러나 Rondal, 1993을 보라). 이런 사람들은 인지적인 장애가 심각한 정도에 비례하여 언어가 지체되는 경향을 보인다. 그러나 어떤 사람들은 인지 기능의 수준과 언어 기능의 수준 사이에 뚜렷한 불일치를 보이기도 한다.

일부 사람들은 언어 기술에 비해 발달된 인지 기술을 보여준다. Curtiss(1981)는 정신 지체를 가진 아이들의 언어 발달과 이 장 앞부분에서 다루었던 Genie의 언어 발달을 비교하였다. 정신 지체 아동들은 (3)에서처럼 적절하고 때로는 복잡한 통사를 가지지만 비교적 초보적인 의미를 지닌 문장을 만드는 경향이 있었다. 반면에 Genie는 종종 (4)에서처럼 문법적으로는 초보적이지만 의미적으로나 개념적으로는 훨씬 발달된 문장으로 자신을 표현했다.

(3) *어른* : Does your Daddy stay home all day and cook?
아이 : Nope, he was not comin' home.

(4) *어른* : why aren't you singing?
Genie : very sad.
어른 : why are you feeling sad?
Genie : Lisa sick.

Genie의 언어 기술이 초보적이긴 했지만 그녀의 인지 발달은 좀 더 나이에 맞는 것 같았다. 만일 그렇다면, 이것은 인지가 언어를 위해 충분하다는 가설에 반하는 증거를 제공할 것이다.

인지가 언어를 위해 필요하다는 가설도 별로 나을 바가 없다. Bellugi, Bihrle, Jernigan, Trauner, Doherty(1990)는 윌리엄스 증후군을 가진 사람들을 연구하였는데, 이 병은 '요정 같은' 얼굴 모습과 정신 지체, 심장 결함으로 특징지어지는 흔치 않은 장애이다. 인지적 손상에도 불구하고 이들의 통사적 기술은 거의 온전한 것으로 밝혀졌다. 예를 들어, 그들은 수동문을 잘 이해하고, MLU도 그들의 정신 연령에서 기대되는 것보다 높다(Bellugi, Wang & Jernigan, 1994). 윌리엄스 증후군을 가진 사람들에게서 통사적 지체를 발견하지 못하는 것은 인지가 언어에 필수적이라는 생각과 일치하지 않는다(다른 견해를 보려면 Karmiloff-Smith 등, 1997; Levy, 1996을 보라).

뚜렷한 인지 손상을 가진 사람들이 예상 밖의 언어 능력을 보여주는 다른 사례연구들도 있었다. 예를 들어, Cromer(1993)는 일명 수다쟁이 증후군(chatterbox syndrome)을 가진 한 청년의 사례에 대해 논의하였는데, 이 병을 가진 사람은 끊임없이 이야기를 한다. 표준화된 지능 검사에서 상당히 낮은 점수를 보였음에도 불구하고, 이 젊은 여성은 수동태와 관계절과 같은 다양한 문법적 구조들을 잘 이해하면서 유창한 언어 능력을 보여주었다. Cromer는 비슷한 형태의 기술을 보이는 척추 피열(spina bifida), 터너 증후군, 뇌수종(hydrocephalus)과 같은 몇몇 의학적 증상에 대해 논의하였다. 마찬가지로 Breedin과 Saffran(1999)은 의미 지식의 뚜렷한 상실에도 불구하고 온전한 통사 기술을 가진 환자의 사례를 보고하였다.

어떤 사람들은 인지적 결함이 있는 데도 통사에는 문제가 없는 이런 상황이 드물다고 반발할지도 모른다. 그러나 정상적인 인지 발달이 정상적인 언어 발달에 필수적이라면, 이런 일은 결코 일어날 수 없다. 이러한 결과들은 우리가 언어 발달 과정을 설명하려고 할 때 인지적인 요인 그 이상을 살펴볼 필요가 있음을 시사한다. 특히, 우리가 가진 일반적인 인지 기술의 일부가 아니라 언어에 특정적인 요인들을 살펴야 할 것이다.

요약

언어 발달을 위한 인지적 전제 조건들에 관한 연구들은 아이들이 구조화된 언어 수업으로부터 유익을 얻기 위해서는 어떤 인지 과정이 반드시 있어야 한다는 가정 위에서 진행되었다. 우리는 언어 발달을 돕거나 안내하는 두 유형의 인지 과정을 살펴보았다. 조작 원리들은 언어 정보를 받아들이는데 선호되는 방식들이다. 감각운동 도식은 생애 첫 2년 내에 나타나는, 세상을 조직하는 방식이다. 인지적 입장에서 하는 일반적인 예측은 인지적 전제 조건을 가진 아이들이 그런 전제 조건을 가지고 있지 않은 아이들보다 그것에 대응하는 언어 양상들을 더 빨리 습득해야 한다는 것이다. 하지만 감각운동 도식은 인지 과정이 언어보다 먼저 나타나지 않고 오히려 언어와 동시에 나타남을 시사한다.

또한, 우리는 아이들의 어휘 습득에서 인지적 제약들의 역할을 논의하였다. 상당한 증거가 제약들이 아이들의 어휘 항목 습득을 안내함을 시사한다. 이러한 제약들을 특징짓는 최선의 방법과 관련된 논쟁이 계속되고 있다.

마지막으로, 우리는 어떤 개인에게서 언어와 인지 사이의 해리, 즉 상대적으로 강한 인지적 기술과 약한 언어적 기술을 가지거나 상대적으로 강한 언어적 기술과 약한 인지적 기술을 가지는 것을 보았다. 이러한 관찰들은 일반적으로 인지 발달이 언어 발달과 연합되어 있지만, 그것이 언어 발달에 필요하지도 충분하지도 않음을 시사한다.

생득적 기제

마지막 절에서는 언어 습득에 있어서 생득적 기제의 역할을 살펴보고자 한다. 이것은 어쩌면 우리가 이 장에서 다루고 있는 과정들 중 가장 논란의 여지가 많은 것일 것이다. 환경과 인지가 발달을 충분히 설명함에 있어 어떤 역할을 한다는 것에는 대체로 동의하지만, 그러한 과정들이 인간 마음의 생득적인 속성들에 의해 제약을 받는다는 생각에 대해서는 반응들이 다양하다. 어떤 사람들은 그것이 필수적인 가정이라고 생각하고, 어떤 사람들은 이에 회의적이거나 적개심을 솔직히 드러내기도 한다. 이 절에서 우리는 몇몇 이론가들이 생득적 제약들을 가정하는 이유를 알아보고, 그들의 주장들이 가진 장점들을 평가할 것이다.

언어 바이오프로그램 가설

생득적 과정들이 아이들의 언어에 어떻게 작용하는지에 관한 한 가지 설명은 Bickerton(1981, 1983, 1984, 1999)의 **언어 바이오프로그램 가설(language bioprogram hypothesis)**이다. 한 마디로 Bickerton의 주장은 입력되는 언어 정보가 공동체의 언어를 습득하기에 충분하지 못하더라도 아이들은 생물학적으로 이용 가능한 생득적인 문법을 가지고 있다는 것이다. 그것은 언어적 지원 체계(linguistic backcup system) 같은 것이다.

피진과 크리올 이러한 생각을 좀 더 완전히 이해하기 위해서는 약간의 구분이 필요하다. **피진(pidgin)**은 "서로 알아들을 수 없는 여러 언어의 화자들이 가까이 접촉할 때 발생하는 보조 언어"이다(Bickerton, 1984, p. 173). 전형적으로 이것은 다양한 나라 출신의 노동자들이 농업지역의 값싼 노동력으로 유입될 때 발생한다. 이민 온 노동자들은 그 지역의 지배적 언어를 그럭저럭 지낼 수 있을 정도의 간단한 형식으로 말하기 시작한다. **크리올(creole)**은 이러한 이민자들의 자녀들이 피진을 자신의 모어로 습득했을 때 발생한다. 지배 언어의 모어 화자와 접촉하는 것은 대개 제한적이기 때문에 아이들은 빈약한 피진 형식을 일차적인 언어 입력 정보로 받아들인다.

Bickerton(1983)의 관찰에 따르면, 1500~1900년대에 여러 유럽 국가들이 전 세계의 고립되고 인구가 적은 열대 섬들에서 노동 집약적인 농업 경제를 발전시켰을 때 크리올 생성에 필요한 조건들이 많이 만들어졌다고 한다. Bickerton의 연구는 하와이의 크리올에 초점을 맞추었다. 하와이 원주민들이 유럽인들과 접촉한 것은 18세기까지 거슬러 올라가지만, 1876년에야 미국 관세법이 개정되면서 하와이산 설탕을 수확하기 위해 엄청난 수의 기간제 계약 노동자들이 유입되기 시작했다. 하와이 크리올은 1900년에서 1920년 사이에 발달되었기 때문에, Bickerton은 여전히 거기에 살고 있는 사람들의 말을 연구함으로써 크리올의 발달을 연구할 수 있었다. 특히 그는 하와이에 이주한 이민자들의 말과 20세기의 첫 20년간 태어난 그들의 자녀들의 말을 조사하였다.

피진 화자들의 말은 초보적인 형태이다. 많은 경우 동사로 인정할 만한 것이 없고, 누구나 할 수 있는 그런 언어였다. 화자에 따라 어순도 달랐는데, 어순은 말하는 사람의 모어와 관계가 있었다. 더욱이 피진에는 복문이 없었다. 즉, 피진 문장에는 종속절도 없고, 심지어 하나의 절로 된 발화에서조차 동사가 생략되곤 했다. 또한 일관된 대용어(anaphora) 체계도 없었다(표 12.3을 보라).

언어 바이오프로그램 이런 빈약한 언어 입력 정보에도 불구하고, 이민자들의 아이들은 비교적 정교한 크리올을 발전시켰다(Roberts, 1998). 어순도 일관성이 있었고,

표 12.3 하와이 피진과 하와이 크리올 영어의 예

피진	하와이 크리올 영어
Building – high place – wall part – time – nowtime – and then – now temperature – every time give you	Get one [There is an] electric sigh high up on da wall of da building show you what time an' temperature get [it is] right now.
Now days, ah, house, ah, inside, washi clothes machines get, no? Before time, ah, no more, see? And then pipe no more, water pipe no more	Those days bin get [there were] no more washing machine, no more pipe water like get [there is] inside house nowadays, ah?
No, the men, ah – pau [finished] work – they go, make garden. Plant this, ah, cabbage, like that. Plant potato, like that. And then – all that one – all right, sit down. Make lilly bit story.	When work pau [is finished] da guys they stay go make [are going to make] garden for plant potato an' cabbage an' after little while they go sit down talk story ["shoot the breeze"].
Good, this one. Kaukau [food] any kind this one. Pilipin island no good. No more money.	Hawaii more better than philippines, over here get [there is] plenty kaukau [food], over there no can, bra [brother], you no more money for buy kaukau [food], 'a'swhy [that's why].

출처: "Creole Languages," by D. Bickerton, in S.-Y. Wang(Ed.), *The Emergence of Language: Development and Evolution*, p. 63, W. H. Freeman, 1983.

복문과 관계절을 사용했으며, 정관사와 부정관사의 구분도 있었다. 피진과는 달리 크리올은 다른 언어들의 구조적인 규칙을 닮아 있었다. 이러한 관찰들로부터 Bickerton(1983, 1984)은 적절한 환경적 입력 정보가 존재하지 않는 상황에서 아이들은 그들의 언어 체계로 작용하는 생득적인 문법을 가지고 있다고 결론지었다. 그는 이 체계를 **언어 바이오프로그램(language bioprogram)**이라고 불렀다.

Bickerton(1984)은 그의 연구가 다르게 해석될 가능성들에 대해 다음과 같이 답하였다. 하나는 아이들의 크리올에서 발견되는 정교화가 농장 소유주의 언어인 영어와의 접촉에 기초한다는 것이다. 하지만 Bickerton은 이민자 가정과 소유주 간의 접촉은 제한적이었고, 하와이 크리올은 여러 가지 점에서 영어와 다르다고 지적하였다. 또 다른 가능성은 영어에 기인하지 않은 언어적 특징들은 부모의 모어에서 유래했을 수 있다는 것이다. 예를 들어, 부모가 포르투갈인인 아이들은 그들의 크리올에 일부 포르투갈어의 요소들을 통합하였을 것이라는 것이다. 여기에 대해서도 Bickerton이 제시한 증거는 다른 주장을 하는데, 그는 하와이 크리올이 지구상의 아주 다른 지역에 사는 아이들이 만든 크리올과 놀라울 정도로 비슷하다는 것을 발견하였다.

언어 바이오프로그램 가설은 Goldin-Meadow와 그녀의 동료들이 수행한 선천성 청각장애 아동들의 언어 발달 연구에 의해 더욱 지지를 받았다(Feldman, Goldin-Meadow & Gleitman, 1978; Goldin-Meadow, 1982; Goldin-Meadow & Mylander, 1990; Morford & Goldin-Meadow, 1997). 연구를 시작할 때 아이들의 나이는 13개월에서 4세 사이였고, 약 일 년 반 동안 2개월에서 4개월마다 연구에 참여하였다. 아이들은 아무도 전통적인 수화에 노출된 적이 없었고 대부분 입술 읽기(lipreading)를 강조한 구두 교수법으로 교육받았는데, 일부는 어떠한 교육 프로그램에도 참가하지 않았다. 그럼에도 불구하고 아이들은 **가정 수화(homesign)**라고 부르는 몸짓 언어의 한 형식을 개발해 내었는데, 그것은 정상 청각을 가진 아이들의 언어와 많은 점에서 유사하였다. 그들은 정상적인 아이들과 거의 비슷한 연령에 같은 순서로 언어의 다양한 측면들을 습득하였다. 하나의 손짓으로 말하기가 약 18개월이 되어서 나타났고, 이어서 두 개의 손짓으로 말하기와 세 개의 손짓으로 말하기가 나타났다. 더구나 그들은 두 단어와 세 단어 단계에 있는 아이들이 사용하는 것과 유사한 의미적 관계를 표현하였다. 또한 그들은 수화와 형태적으로 유사한 몸짓들과 화자와 청자로부터 공간적, 시간적으로 떨어져 있는 정보를 가리키는 손짓들도 사용하였다. 따라서 언어적인 정보가 최소한 일 때 청각장애 아동들은 정상 아동들의 언어와 여러모로 유사한 몸짓 언어를 생성해 낼 것이다.

니카라과에서 수행된 몇몇 훌륭한 수화 연구들도 이러한 견해를 지지한다. 산디니스타 민족해방전선(the Sandinistas)[1]이 정권을 잡은 1979년까지 니카라과에서는 청각장애 아동들을 위한 정규 교육이 없었다. 그들이 개발한 프로그램이 특별히 효과적인 것은 아니었지만, 그로 인해 많은 청각장애 아동들이 한 군데로 모이게 되었다. 아이들은 서로 의사소통을 하기 위해 초보적인 손짓을 사용하기 시작하였고, 이때 등장한 것이 Lenguaje de Señas Nicaragüense(LSN)이라는 의사소통 체계였다. 그것은 일종의 피진이었다(Kegl, Senghas & Coppola, 1999). 이런 피진 수화에 노출된 아이들은 뭔가 매우 다른 것을 개발했는데, 그것은 독자적인 이름을 가질 정도로 LSN과는 완전히 다르고 발전된 형태의 수화인 Idioma de Señas Nicaragüense(ISN)이었다. ISN은 크리올처럼 보인다. LSN이 수화 사용자마다 상당한 변이를 보이는 반면, ISN은 훨씬 일관성이 있는 체계였다.

지금까지는 정상적인 언어 자극이 없는 상황에서 연구자들이 제안한 바이오프로그램이 어떻게 작동할 것인지에 대해 논의하였다. 만일 아이들에게 적절한 언어적 입력 정보가 주어진다면 어떤 일이 일어날 것인가? Bickerton(1984)은 이런 상황에서는 바이오프로그램이 억제되고 아이들이 모어를 배운다고 주장한다, 특히, 그가 **선점 원리(preemption principle)**라고 부르는 것을 아이들이 사용한다고 주장한다. "만약 사람들이 당신이 사용하는 것과는 다른 형식을 사용하는 것을 듣거나 아무도 당신의 형식을 사용하는 것을 듣지 못한다면, 당신이 사용하던 것을 포기하고 그들이 사용하는 것을 사용하라" (Bickerton, 1984, p. 186). 이 원리는 언어 발달 어디서나 발견되는 가정들, 즉 어떤 기능을 위한 고유한 형식이 있다는 가정(Pinker, 1984)과 그 형식에 대한 대안적인 후보들이 서로 경쟁한다는 가정(Rumelhart & McClelland, 1986)에 기초한다.

Bickerton의 연구는 언어 학습에서의 생물학적 한계의 본질에 관한 흥미로운 관점을 제공한다. 우리는 이 책을 통해 Chomsky와 **생득설(nativism)**의 다른 지지자들이 우리가 가진 언어 능력의 과제 특정적이거나 단원적인 본질을 강조했음을 보았는데, Bickerton의 가설은 바로 그러한 강조와 일치하는 것이다. 그러나 그의 가설은 그 이상이다. **과제 특수성(task specificity)**이란 언어 사용과 관련된 인지 과정이 일반목적 문제해결 과정이 아니라 언어에 제한된 것이라는 생각이다. Bickerton

1) 1979년에 혁명정부를 세워 1990년까지 니카라과를 지배한 사회주의 정당

은 한 걸음 더 나아가, 언어 바이오프로그램이 언어에 특정적일뿐만 아니라 그 자체로서 매우 특정적인, 즉 미리 포장되어 있는 준비된(ready-to-go) 언어 체계라고 보았다.

매개변인 설정

Bickerton의 언어 바이오프로그램은 **매개변인 설정(parameter setting)**이라는 일반적인 생득 기제의 구체적인 예로 생각할 수 있다. 매개변인이라는 개념은 보편 문법에서 핵심적인 역할을 한다(Chomsky, 1981). 이러한 견해에서 문법은 언어의 각 하위 체계에 대응하는 매개변인들의 집합이라고 정의할 수 있고, 각각의 매개변인은 유한한(대체로 적은) 수의 그럴듯한 설정을 가진다. 이러한 매개변인들의 다양한 조합이 세상의 모든 언어들을 만들어 내는 것이다. Chomsky(1981)에 따르면, 아이들은 매개변인들과 그것들의 가능한 설정에 대한 지식을 갖고 태어난다. 결국 언어 습득이라는 과제는 자신의 모어에 적용되는 매개변인 설정이 무엇인지를 파악하는 것이다.

핵 매개변인(head parameter)이라는 것도 그 중 하나인데, Cook(1988)에 의해 논의되어 왔다. 각각의 구는 가장 핵심적인 요소를 하나 가지고 있는데, 이것을 핵(head)이라고 한다. 명사구에서는 명사가, 동사구에서는 동사가 핵이다. 핵 매개변인은 구 안에서 핵의 위치를 명시한다. 영어의 명사구에서는 핵 명사가 처음에 나온다. 예를 들어, 문장 (5)에서 핵인 *the man*은 *with the bow tie*라는 구의 왼쪽 끝에 위치한다. 문장 (6)에서 보듯이 동사구에서도 핵은 처음에 나타나는데, 여기서 핵인 *liked*는 *him* 앞에 위치한다. 문장 (7)에서처럼 형용사구의 형용사와 문장 (8)에서처럼 전치사구의 전치사의 경우에도 마찬가지이다.

(5) the man with the bow tie.

(6) liked him.

(7) nice to see.

(8) to the bank.

일단 영어가 핵-선치(head-first)[2] 언어임을 알게 되면, 우리는 이 원리가 영어가 가

---

2) 즉, 핵이 앞에 오는

진 모든 유형의 구에 적용된다는 것을 안다. 반대로 일본어에서는 핵이 마지막에 온다. 그러므로 문장 (9)에서처럼 동사는 문장의 끝에 나타나는데, 그것은 *I Japanese am*을 의미한다.

(9) 와타시 와 니혼진 데스(Watashi wa nihonjin desu).

이것은 일본어의 일반적인 특징이다. 예를 들어, 일본어는 문장 (10)에서처럼 전치사 대신 후치사를 가지며, 이는 *Japan in*을 의미한다.

(10) 니혼 니(Nihon ni)

또 다른 매개변인은 영주어의 매개변인(null-subject parameter 때로는 prodrop parameter라고도 한다)이다. 2장에서 보았듯이, 이탈리아어와 스페인어 같은 언어에서는 문장의 주어가 생략되는 것이 문법적으로 허용된다. 영어 같은 언어들은 이것이 허용되지 않는다. 그러면 이 매개변인은 주어와 영주어라는 두 가지 값을 가진다. Hyams(1986)는 아이들이 태어날 때 그 매개변인 설정이 영주어값으로 맞추어져 있다고 주장한다. 이러한 초기 설정을 **기정치(default value)**라고 한다. 아이들은 반대되는 증거가 주어지지 않는 한 이 값이 옳다는 가정을 이어간다. 만약 영주어가 기정치라면 영어를 배우는 아이들이 이탈리아나 스페인 아이들이 (바르게) 하는 것처럼 처음부터 주어를 생략할 것이라고 기대할 수 있다. Hyams는 L. Bloom(1970)의 예들을 인용하여 문장 (11)에서 (14)까지와 같은 오류들이 일어남을 보여주었다.

(11) Play it.
(12) Eating cereal.
(13) Shake hands.
(14) See window.

Hyams는 아이들이 규칙에 맞는(well-formed) 영어 예문들에 노출되면서 이 매개변인을 주어 설정에 맞춘다고 가정한다.

이러한 문장들에 대한 대안적인 해석은 어린 아이들이 완전한 문장을 생성하는데 어려움을 겪는다는 것이다(L. Bloom, 1970; P. Bloom, 1990). P. Bloom(1990)은 아이들이 주어뿐만 아니라 모든 구성요소들을 생략한다고 주장한다. 그는 또한, 아이들이 그들의 말에 주어를 포함하지 않을 때보다 주어를 포함할 때 더 짧은 동사구를 사용할 가능성이 있다는 것을 발견하였다. 이것은 아이들이 문장의 모든 구성요소들을 표현하는 데 어려움을 보이며, 따라서 그 구성요소들이 제한된 처리 용량으로 인해 경쟁한다는 것을 시사한다. Hyams의 견해는 Valian(1990)에 의해 비판을 받았는데, 그는 아이들이 영주어 매개변인의 두 값을 모두 가지고 태어난다고 주장한다.

이러한 점들은 분명 Hyams의 모형에 몇 가지 문제를 제기한다. 하지만 이러한 비판들에도 불구하고 매개변인들이 습득 과정의 근본적인 양상, 즉 아이들이 언어 간의 차이에도 불구하고 그들의 모어를 빠르게 습득하는 것을 다루기 때문에 매개변인 설정 모형들은 여전히 매력적이다. 매개변인 설정 모형이 제시한 일반적인 해답, 즉 아이들이 그러한 설정을 가지고 태어나고, 따라서 그들의 언어가 어떤 설정인지만 학습하면 된다는 것은 아이들의 언어학습과정을 크게 단순화시키는 것이다. 아이들이 어떻게 그렇게 많은 것을 그토록 빨리 학습하는지를 설명할 수 있는 모형이라면 그것은 진지하게 받아들일 가치가 있다. 하지만 Hyams 모형의 상세한 내용들(아이들이 태어날 때 하나의 값을 가지고 있는지 두 개의 값을 가지고 있는지, 두 값에 다른 가중치가 할당되어 있는지 등)은 후속 연구가 필요할 것이다.

하위집합 원리 이러한 매개변인 설정이 어떻게 이루어지는지에 대해 생각해 볼 수 있는 다른 방법은 Berwick과 Weinberg(1984)가 **하위집합 원리(subset principle)**라고 부르는 것을 통해서이다. 먼저, 언어들을 서로의 하위집합들로 생각해 보라. 어순을 살펴보자. 영어는 어순이 매우 엄격한 언어이고, 러시아어는 소수의 인정 가능한 순서들을 허용하며, 토착어인 Warlpiri[3]는 절 내에서 어순이 자유롭게 바뀌는 것을 허용한다. 하위집합이라는 개념은 러시아어가 Warlpiri의 하위집합으로서 좀 더 제한적인 어순을 가진 것으로 생각할 수 있다는 것이다. 마찬가지로 어순에서 영어는 러시아어의 하위집합으로 생각될 수 있다.

여기서 생기는 의문은 아이들이 자신의 모어에 적용되는 체계를 어떻게 구분하느냐 하는 것이다. 아이들은 그들에게 제시된 증거로부터 이 체계를 귀납해야만 한다. 하지만 대단히 많은 가능성들이 있고, 따라서 분명히 어떤 식으로든 그러한 **귀납(induction)** 과정을 제한할 필요가 있다. Pinker(1990)는 문법적 수준에서 이러한 제약들이 언어 자체에 의해 제공된다고 주장한다. 하위집합 원리는 사용가능한 가장 작은 하위집합, 즉 가장 제한적인 언어에서 시작하여, 아이들이 가능한 언어들을

3) 오스트레일리아 북부지역에 사는 원주민들의 언어

표 12.4 어순 자유에 대한 아이들의 기정치 가정에 관한 두 가설의 예측

	고정 구성성분 순서 언어	자유 구성성분 순서 언어
고정 순서가 기정치일 때	과잉 생성 없음	과소 생성 가능
자유 순서가 기정치일 때	과잉 생성 가능	과소 생성 없음

출처: "Language Acquisition," by S. Pinker. In D. N. Osherson & H. Lasnik (Eds.), *Invitation to Cognitive Science, Vol. 1: Language*, p. 232. Copyright © 1990 MIT Press. 허락 후 재인쇄.

탐색하기 시작한다는 것이다. 그들이 받아들이는 언어 정보에서 이것이 그들의 모어라는 증거가 없으면, 그들은 일치하는 것을 찾을 때까지 다음 가장 큰 하위집합으로 진행하게 된다.

이 원리는 몇 가지 검증 가능한 발달적 예측을 허용한다. 고정된 어순이 기정치라면, 전세계의 아이들은 엄격한 어순을 고집하는 말을 산출함으로써 그들의 언어 경력을 시작해야만 할 것이다. 만일 그들의 모어가 영어라면, 그것은 영어와 유사한 어순을 만들어낼 것이다. 그러나 그들의 모어가 좀 더 자유로운 어순을 가진다면, 그것은 과소 생성(그 언어에서 허용가능한 모든 순서를 사용하는데 실패)을 가져올 것이다. 대신에 만약 아이들이 자유로운 어순을 기정치로 사용한다면, 영어에서 과잉 생성(허용가능하지 않은 어순의 생성)이 일어날 것이지만, 자유어순 언어에서는 그렇지 않을 것이다. 이러한 예상들이 표 12.4에 제시되어 있다.

Pinker(1990)에 따르면, 증거들은 아이들이 고정된 어순을 기정치로 사용한다는 생각과 일치하고, 따라서 하위집합 원리와도 일치한다. 고정된 어순의 언어를 학습하는 아이들은 대체로 그들의 부모들이 사용하는 순서를 고수한다. 자유 어순 언어를 배우고 있는 아이들은 적어도 어떤 상황에서는 그들의 언어가 허용하는 순서의 일부만을 사용하는 것으로 보인다. 더 많은 연구가 이루어져야 하겠지만, 하위집합 원리는 고려해야 할 엄청난 수의 언어들을 아이들이 어떻게 다루는지에 관한 그럴듯한 설명을 제공한다.

부적 증거의 문제

하위집합 원리가 형성되는 방식이 보이는 한 가지 중요한 특징은 정적 증거와 부적 증거 사이의 구분과 관계 있다. 문법적 수준에서 **정적 증거**(**positive evidence**)란 특정 발화가 아이들이 배우고 있는 언어에서 문법적이라는 증거이다. 반면에 **부적 증**

거(negative evidence)란 특정 발화가 비문법적이라는 증거이다. 아이들이 정적 증거를 받아들이는 것은 교정되지 않거나 부적절하다는 지적을 받지 않는 발화에 노출될 때이다. 반면에 그들이 부적 증거를 받아들이는 것은 특정 발화가 비문법적이거나 부적절하다고 누군가가 지적할 때이다.

Pinker(1990)는 정적 증거만으로는 언어를 습득하기 매우 힘들다고 주장한다. 이러한 생각은 언어 학습에 관한 몇몇 컴퓨터 시뮬레이션 연구들에 어느 정도 근거하고 있다(Gold, 1967을 보라). 이 연구는 언어학자들이 낯선 나라의 언어를 배우기 위해 언어적인 증거를 사용하는 것처럼 아이들도 그들이 배우고 있는 언어에 대한 가설을 세우기 위해 그러한 증거를 사용한다고 가정한다. Gold는 컴퓨터가 정적 증거만 받아들이도록 프로그램을 작성했을 때는 언어를 제대로 습득하지 못한다는 것을 발견하였다. 이것은 아마도 정적 증거가 대단히 많은 수의 다른 문법들과 일치하기 때문일 것이다. 어떤 언어에서 무엇이 비문법적인지를 알지 못하고는 여러 경쟁하는 문법들 중 일부를 제외시키기란 불가능하다.

대체로 Pinker(1990)는 아이가 언어를 학습하기에 충분할 정도의 부적 증거를 부모가 제공하지 못한다고 주장한다. 그는 부적 증거가 때로 존재하더라도 언어를 습득하는 모든 아이들이 그것을 체계적이고 일관되게 사용할 수 있는 것은 아니지만, 그래도 정상적인 아이들은 모두 언어를 습득한다고 주장한다. 그러므로 하위집합 원리같은 생득적 언어기제가 아이의 탐색 과정을 제한하는 데 필요하다. Pinker의 논증은 다음과 같다.

A: 정적 증거만 있을 때 그것은 너무 많은 경쟁 문법들과 일치한다.
B: 문제 공간을 제한할 수 있는 부적 증거는 대개 가용하지 않다.
C: 그러므로, 일부 제약들은 생득적이어야만 한다.

이것은 또 다른 형식의 자극빈곤 논증으로, 우리가 1장에서 처음 보았던 것이다. 만약 우리가 A를 받아들인다면, 논증은 B에 의존한다. 그러면 부적 증거에 대한 연구를 살펴보도록 하자.

이 문제와 관련하여 자주 인용되는 한 연구가 Brown과 Hanlon(1970)에 의해 수행되었는데, 그들은 아이들이 잘 만들었거나 잘못 만든 다양한 발화들에 대한 부모들의 반응을 조사하였다. 연구자들은 특히 아이의 발화에 대해 부모가 분명하게 승인하거나 승인하지 않는 말을 하는 것에 관심을 가졌다. 이 연구에서 부모들은 때때로 자녀들이 범하는 의미에서의 오류는 교정해 주었지만(즉, 아이의 말이 사실이 아닐 때), 통사에서의 오류는 거의 교정해 주지 않았다. Brown과 Hanlon은 "승인과 비승인(거절)이 통사적 정확성에 수반된다는 증거는 그 어디에도 없다"고 결론지었다(p. 47).

이러한 결과들은 Hirsh-Pasek, Treiman, Schneiderman(1984)에 의해 반복되고 확장되었는데, 이들은 40쌍의 엄마와 아이들(나이가 2~5세인)를 연구하였다. 그들은 아이들의 발화에 대한 분명한 승인과 비승인(거절)이 별로 없었다는 점에서 Brown과 Hanlon의 결과들을 재확인하였다. 하지만 그들은 엄마가 교정된 통사로 아이의 말을 반복하는 것과 같은 암묵적인 부모의 반응도 조사하였다. Hirsh-Pasek과 그녀의 동료들은 적어도 두 살짜리에게는 이러한 반응들이 규칙에 맞는 발화보다 그렇지 않은 발화 다음에 오기가 쉽다는 것을 발견하였다. 그러므로 아이의 말에 대한 부모의 반응에는 아이들의 언어 습득을 도와주는 약간의 미묘한 단서들이 있다고 할 수 있다.

하지만 이 연구의 결과에는 몇 가지 제한점이 있다. 첫째, 부모의 언어로부터 영향을 받는다고 볼 수 있는 많은 복잡한 구조들을 습득하는 3~5세에는 유의미한 효과가 없었다는 점이다. 또한 Hirsh-Pasek과 그녀의 동료들은 비록 그들의 결과가 미묘한 단서가 때로 존재한다는 것을 보여준다고 해도, 아이들이 실제로 그러한 단서를 포착한다는 증거는 (아직) 없다는 것을 조심스럽게 지적하였다. 우리는 다른 연구들로부터(예를 들어, McNeill, 1966) 아이들이 그들의 문법에 대한 성인의 관찰에 대해 늘 수용적이지는 않다는 것을 알고 있다.

결국, 이러한 결과들은 생득론자들의 논증을 거의 그대로 남겨두었다. 비록 부적 증거가 존재하고 언어 발달을 돕는다 하더라도, 연구들은 그것이 필수적이라는 것을 보여주지 못했다. 정상적인 양육조건하에서 언어는 상당히 견고하다. 심지어 열악한 환경에서 자란 아이들도 그들의 모어를 완전히 습득한다. 자극의 빈곤과 아동 언어의 견고함 사이의 대비는 생득적 기제에 대한 가장 확실한 정당화를 제공한다.

생득적 기제에 대한 반론들

지금까지 이 절에서 다룬 내용들을 정리해 보자면, 피진과 크리올에 관한 연구들은 생득적 지원 문법(backup grammar), 언어 바이오프로그램의 존재를 시사한다. 매개변인 연구자들은 아이들이 환경으로부터 받아들이는 언어를 이용할 수 있기 전에 어떤 종류의 언어 정보가 생득적으로 존재해야만 하는지를 설명하고자 하였다. 부적 증거에 대한 연구들은 그러한 증거가 언어 습득에 대한 완전한 설명을 제시할 만큼 충분하지 않음을 시사한다. 이 모든 연구들은 아이들이 성공적으로 언어를 습득하려면 환경적, 인지적인 요인과 함께 일부 생득적인 언어 기제가 있어야 한다는 결론으로 수렴된다.

이러한 결론은 Elman, Bates, Johnson, Karmiloff-Smith, Parisi, Plunkett(1966)에 의해 도전받았는데, 그들은 생득적 언어 기제에 대한 수많은 반론을 제기하였다. 그러한 반론들 몇 가지를 살펴보고, 그것들에 대해 우리가 무엇을 말할 수 있는 지 생각해 보도록 하자.

이 장 앞부분에 나왔던 니카라과 수화에 대한 연구들을 논의하면서, Elman과 그 외 동료들은 다음과 같은 점을 지적하였다.

> 우리는 이러한 현상들이 매우 홍미롭고, 자신의 생각을 가능한 한 빠르고 효율적으로 소통하려는 사람들 사이에서 강한 추동(robust drive)을 보여주는 증거라는 데 동의한다. 그러나 이러한 현상들은 전성설의(preformationist) 시나리오(즉, 생득적으로 명시되어 있기 때문에 문법이 나타나는 상황)를 필요로 하지 않는다. 만일 아이들이 이 문제를 해결하기 위해 강한 추동을 발전시키고 해결에 필요한 처리 도구를 가지고 태어난다면, 나머지는 간단히 따라올 것인데, 왜냐하면 그것이 자연스런 해답이기 때문이다. (p. 390)

Jackendoff(2002)는 성인들 역시 언어를 습득하기 위한 '강한 추동'을 가지고 있지만, 그들은 크리올보다는 피진을 습득한다고 응수하였다. 따라서 '강한 추동' 이상의 그 무엇이 필요한 듯하다. Jackendoff와 다른 연구자들에 의하면, 그 무엇이 바로 언어습득에 필요한 생득적 기제이다.

Elman과 동료들은 언어학자인 Myrna Gopnik과 그녀의 동료들이 가족 구성원의 절반이 선천적으로 말과 언어에 어려움을 겪고 있는 영어 대가족을 대상으로 수행한 매우 흥미로운 연구도 논의하였다(Gopnik, 1990; Gopnik & Crago, 1991). Gopnik(1990)은 언어 장애가 단일 우성 유전자에 근거함을 보여주는 한 가족의 증거를 처음으로 보고하였다. 그 가족 구성원들은 복수형이나 과거시제 같은 굴절 형태소에 기저하는 문법적 규칙에서 어려움을 보였다. 그들은 개별 사례들(*paint*와 *painted* 같은)은 기억할 수 있었지만, 그 사례들을 규칙으로 일반화하지는 못하는 것 같았다. 그 결과, 새로운 사례들을 만날 때마다 다시금 학습해야만 했다. 반면에 불규칙한 사례들(*went* 같은)을 암기하는 데는 어려움을 보이지 않았다.

유전적 결함에 대한 증거는 강력하다. 3세대로 이루어진 서른 한 가족 중 대략 절반이 형태소의 손상을 가지고 있었고, 이것은 단일 우성 유전자를 강하게 시사한다. 더구나 일단의 유전학자들이 27명의 가족 구성원에게서 혈액을 채취하여, 7번 염색체의 일부가 언어 손상과 관련됨을 발견하였다(Fisher, Vargha-Khadem, Watkins, Monaco & Pembrey, 1998). 그것은 언어 기능과 직접적으로 관련된 첫번째 염색체였다.

Elman과 동료들은 이 장애가 유전적인 것에 기초한다는 것에는 동의하였지만, 그것이 언어에 특정적인지에 대해서는 의문을 품었다. 그들은 Vargha-Khadem, Watkins, Alcock, Fletcher, Passingham(1995)의 연구를 인용하였는데, 그 연구에서 가족 중 병에 걸린 구성원들은 그렇지 않은 구성원들보다 일련의 언어검사뿐만 아니라 비언어적 지능검사에서도 유의미하게 저조한 수행을 보이는 것으로 나타났다. 그들은 또한 입이나 얼굴 움직임을 차례로 수행하는 데도 어려움을 보였다. 이런 결과들은 그러한 장애가 일차적으로 언어 장애인지, 아니면 그러한 언어 결함이 좀 더 일반적인 신경 손상의 결과인지에 대해 의문을 불러일으킨다.

이와 같은 맥락에서, Pinker(1999)는 장애를 가진 가족 구성원들의 뇌가 한 영역 이상에서 비정상적이라는 것을 인정하였지만, 그들 중 일부는 정상 범위의 지능점수를 가지고 있다고 덧붙였다. 더구나 어떤 사람들은 장애가 없는 친척들보다도 검사 점수가 높았다. 이러한 관찰들은 언어 장애가 단순히 좀 더 일반적인 인지 장애의 결과가 아니라 염색체 손상으로 야기되는 몇 가지 능력들 중의 하나임을 시사하는 것이다.

한 가족 이상으로 옮겨가서, 연구자들은 특정 언어 장애(specific language impairment, SLI), 즉 비언어적 인지 기술은 거의 정상인 언어 장애에 관심을 가졌다. 예를 들어, Tallal(1998)은 언어 장애를 가진 어떤 아이들이 말뿐만 아니라 빠르게 연속되는 청각 자극들을 처리하는 데 결함을 보인다는 것을 발견하였다. 이런 아이들에게 음소 전이가 길어진 말소리를 제시하였을 때, 그들의 수행은 극적으로 향상되었다(Tallal 등, 1995). 어느 정도로 SLI가 실제로 언어에 특정적인지를 밝히기 위해서는 분명히 더 많은 연구가 필요하다.

쌍생아와 입양아들에 대한 연구도 이와 관련이 있다. Stromswold(2001; Stromswold, 2005도 보라)는 백 편 이상의 그와 같은 연구들을 검토하여 언어를 위한 유전적 성향에 대한 강력한 증거를 발견하였다. 일란성(똑같은) 쌍생아들은 이란성(형제인) 쌍생아들보다 입말과 글말 기술 모두에서 서로 더 비슷하다. 더구나 장애를 가진 생물학적 친척들이 있는 입양아들은 언어 장애를 가진 친척이 없는 입양아들보다 언어 장애를 겪을 확률이 거의 세 배나 높았다. 우리가 아직까지는 특정 유전자 또는 유전자들(Plomin & Dale, 2000)을 정확하게 모르긴 하지만, 이런 연구들은 생득적인 유전적 성향에 대한 강력한 증거를 제공한다.

Elman과 동료들이 제기한 또 다른 의문은 언어의 단원성 개념과 관계가 있다. 3장에서 보았듯이, Fodor(1983)는 특별한 종류의 정보를 다루는 특수화된 체계를 단원이라고 하였다. 그 다음 장에서 우리는 몇몇 이론가들이 언어가 단원성의 준거에 적합하다고 주장하는 것을 보았다. 이러한 준거들에는 자동성, 영역 특이성, 정보 분리성(다른 체계로부터의 분리), 보편적 발달 순서, 대뇌 국재화(局在化, localization) 등이 포함된다. 4장에서는 말소리 지각이 영역 특정적(즉, 우리는 말소리를 음악과는 다르게 지각한다)임을 시사하는 증거들을 보았다. 5장에서는 말소리와 단어 재인의 어떤 측면들이 자동적이라는 것을 알았다. 6장에서는 적어도 문장 이해에 관한 일부 연구들은 구문 분석 기제가 처음에는 의미적, 화용적 요인들이 개입하지 않는(정보 분리성), 단순히 통사에 근거한다는 것을 시사하였다.

Elman과 동료들은 단원성이 읽기나 운전과 같은 인간의 다른 활동들에도 적용되는지에 대한 의문을 제기하였다. 우리는 이러한 활동들이 생득적이란 주장을 듣지 못했으며, 따라서 왜 언어만 예외인가? Fodor(1983)조차 준거들 중 일부는 우리가 보통 생득적이라고 취급하지 않는 행동들과 함께 일어날 것이라는 점을 인정하였다. 예를 들어, 거의 모든 기술이 충분한 연습으로 자동화될 수 있다(Shiffrin & Schneider, 1977). 연습으로 그 기술은 매우 빨라지고, 효율적이며, 생각하기가 어려워진다. Bates, Bretherton, Snyder(1988)는 "단원성은 태어나는 것이 아니라 만들어진다"고 결론지었다 (p. 284).

Elman과 동료들은 여기서 좋은 지적을 하였다. Fodor가 나열한 단원성의 준거들이 하나의 집합으로서 변함없이 존재하거나 존재하지 않는 것은 아닐 것이다. 만약 그렇다면, 우리는 단원성의 정도나 적어도 단원성의 종류가 있음을 발견할 것이다. 어쨌든 자동성은 그 자체로 언어를 고유한 것으로 만들지는 않는다. 언어가 단원적인 정도는 다른 준거들에 대한 주장의 강도에 달려 있을 것이다.

우리가 지금까지 논의하지 않았던 단원성에 대한 한 가지 중요한 준거는 뇌에서의 언어의 국재화이다. 우리는 13장에서 언어와 뇌 사이의 관계를 다룰 것이다.

요약

여러 노선의 증거들이 언어 습득에서 생득적 기제의 가정을 지지하기 위해 제시되었다. 크리올 언어에 관한 연구들은 우리가 언어적 지원 체계인 언어 바이오프로그램을 가지고 있음을 보여주었는데, 그것은 언어 입력이 제한될 때 활동을 시작한다. 바이오프로그램은 매개변인 설정이라는 일반적인 개념의 구체적인 예라고 생각할 수 있다. 적지 않는 반론이 있었지만, 어린 학습자들이 매개변인 설정에서 초기 선호를 가지고 있다는 몇몇 증거들이 제시되었다. 또한, 아이들이 모어의 문법을 귀납하는 데 필요한 부적 증거가 불충분하고 그러므로 약간의 생득적 제약들이 그 과정을 안내하여야만 한다는 주장들이 제기되었다. 마지막으로, 생득적 기제에 대한 일부 반론들이 논의되었다. 이러한 반론들은 생득적 기제를 가정하기 위해 반드시 충족시켜야 하는 준거들을 명료화하는 데 도움을 주었다.

복습 문제

1. 상호 배타성은 무엇이며, 아이들의 단어 습득에서 그것이 하는 역할은 무엇인가?
2. 감각운동 도식과 언어 발달에 관한 연구를 요약하라.
3. 크리올과 피진을 구분하라.
4. 매개변인 설정의 한 가지 예를 들어보라.
5. 생득적 기제에 대한 일부 반론을 논의하라.
6. 필요 조건과 충분 조건을 구분하라.
7. Genie에 대한 사례 연구를 기술하고 그녀의 언어 진보를 요약하라.
8. 결정적 시기 가설을 정의하고, 그것을 검증하고자 했던 연구들을 논의하라.
9. 모성어의 음운적, 통사적, 의미적 그리고 화용적 특성을 말해 보라.
10. 어머니의 yes/no 의문문이 왜 아이의 조동사 습득과 관련되는가?

생각해 볼 문제

1. Victor가 정신적으로 지체되고 자폐적이었기 때문에 버려졌다는 견해를 비판적으로 평가하라.
2. Slobin의 조작 원리를 논의할 때, 나는 그것들이 언어와 독립적인지 아니면 다른 인지 영역에 적용되는지가 분명치 않다는 점을 언급하였다. 이러한 원리들이 적용될 만한 영역을 생각해 볼 수 있는가?
3. 이 장에서 논의했던 모든 연구들에 근거하여, 환경적, 인지적, 생득적 요인들이 필요한지 아니면 충분한지에 관해 어떤 결론을 내릴 수 있겠는가? 당신의 답을 설명해 보라.

PART V

언어를 보는 다양한 조망

Chapter 13

언어의 생물학적 기초

말소리 산출과 통사를 조절하는 인간의 혀, 입 그리고 뇌 기제는 인간과 비슷한 오랜 동물들–지금의 원숭이를 닮은 유인원들–의 혀, 입, 두뇌에서 진화하였다. 원래는 공기를 들이마시고, 음식물과 물을 들이키기 쉽도록 설계된 기관들이 말소리를 산출하도록 적응된 것이다. 인간의 빠른 말소리는 말소리 산출에 필요한 매우 정확하고 복잡한 근육 조작을 가능케 하는 뇌 기제의 진화를 가져왔다.

–PHILLIP LIEBERMAN(1991, pp. 3~4)

아무리 열심히 짖는다 해도 [개]는 당신에게 자신의 부모가 가난했지만 정직했다고 말할 수 없다.

–BERTRAND RUSSELL(1948, p. 60)

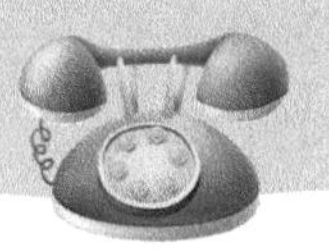

요점

- 상이한 언어 기술들이 뇌의 여러 다른 부위들과 관련되어 있다. 지속적인 뇌 손상을 입은 사람들은 언어의 여러 측면들 중에서 선택적인 결함을 보이곤 한다.
- 분할뇌 환자와 정상인에 대한 연구들은 좌반구가 언어, 특히 대부분의 경우에 통사 처리와 언어 산출을 통제함을 보여준다. 우반구는 본래 산출과는 무관하지만, 언어 이해나 화용적인 측면에서 어떤 역할을 한다.
- 침팬지들은 자연 환경에서 언어를 사용하지 않지만, 수화를 배울 수는 있다. 침팬지의 언어와 아이들의 언어가 얼마나 유사한가 하는 점은 상당한 논쟁거리이다.
- 언어의 진화에 관한 연구들은 영장류의 몸짓, 대뇌 특수성, 성도(聲道)의 특수성을 조사하였다. 성도의 해부에 관한 화석 기록들은 말소리에 필요한 능력이 진화과정상 최근에 발달된 것임을 시사한다.

서론

이 책을 통해 우리는 언어심리학적 관점에서 언어를—사람들이 언어를 어떻게 이해하고, 산출하며, 습득하는지를—살펴보았다. 마지막 두 장에서는 좀 더 넓은 시야에서 이 과정들을 고찰하려고 한다. 이 장에서는 생물학적인 관점에서 언어 처리 과정들을 검토할 것이다. 14장에서는 문화 현상으로서의 언어를 살펴볼 것이다.

생물학적 관점에서 볼 때, 언어는 인간과 다른 종을 구분하는 경계로서 특별한 의미를 지닌다. 언어의 출현은 인간의 진화사에서 비교적 최근에 일어난 일이고, 그런 특이한 발달을 가져온 힘이 무엇인지는 아직까지 분명하지 않다. 우리가 아는 바는 그러한 이야기의 일부가 언어 기능을 위해 특수화된 뇌 기제의 진화와 관련이 있다는 것이다. 모든 행동과 마찬가지로 언어 행동도 뇌구조에 의해 이루어지지만, 언어라는 것은 지극히 난해하고 다양한 측면을 갖고 있으므로, 그것은 뇌에서 매우 복잡한 표상을 갖는다. 뇌에 관한 탐구가 수세기 동안 진행되어 왔지만, 뇌와 언어에 관한 과학적인 지식은 지난 세기에 들어와서야 겨우 축적되기 시작했다.

언어의 생물학에 관해 아는 것은 두 가지 이유에서 중요하다. 첫 번째는, 언어와 관련된 뇌 영역에 관한 연구는 앞서 우리의 언어 이해와 산출에 관한 논의를 명료화시켜준다. 우리는 언어 능력의 다양한 측면들이 추상적인 것만은 아니며 그것들은 뇌 속에 분리하고 명시할 수 있는 표상들을 갖고 있음을 알게 될 것이다. 두 번째로, 언어의 생물학적 기초에 관한 연구는 언어 습득에 관한 논의를 확장시켜 준다. 특수화된 뇌 기제가 아이들의 언어 습득을 가능하게 한다면, 그러한 기제를 갖고 있지 않은 영장류와 같은 종들에서는 언어 습득이 얼마나 가능할 것인가?

이 장은 세 개의 절로 구성되어 있다. 첫 번째 절에서는 뇌의 언어 영역이 손상된 사람들의 사례를 살펴볼 것이다. 두 번째 절은 언어와 다른 기능들 사이의 반구 차이를 다룰 것인데, 먼저는 인간의 뇌를, 다음으로 동물들의 뇌를 살펴볼 것이다. 마지막 절에서는 지금의 인간 언어가 있기까지 작용했던 진화의 압력에 대해 생각해 보고, 침팬지에게 언어를 가르치려고 시도했던 연구들을 평가함으로써 결론을 맺을 것이다.

뇌 기제와 언어

언어의 생물학적 기초에 관한 가장 중요한 통찰들 중 일부는 언어 기능과 관련된 뇌 영역에 손상을 입은 사람들로부터 얻어졌다. 불행한 삶을 살았던 그들은 대체로 불규칙적인 언어 행동을 보였는데, 어떤 기능은 정상적으로 남아있었지만 다른 기능들은 심각하게 저하되거나 심지어 상실되기도 하였다. 이와 같이 뇌 손상에서 비롯된 언어 장애를 **실어증**(aphasia)이라 한다. 그러한 '자연의 실험' 으로 인해, 손상된 정확한 뇌 부위와 그에 따른 행동패턴은 장애의 유형에 따라 큰 차이를 보인다. 그럼에도 불구하고, 우리는 좀 더 일반적인 유형의 실어증들을 살펴봄으로써 논의를 시작하고자 한다.

실어증에 대한 임상적 기술

브로카 실어증 **브로카 실어증**(Broca's aphasia)이라는 장애는 **표현성 실어증**(expressive aphasia)으로도 알려져 있다. 프랑스 외과의사인 Paul Broca에 의해 발견되었기에 그의 이름을 따랐다. 브로카는 발작이나 사고를 당한 사람들을 주로 연구하였는데, 그들은 자신의 생각을 표현할 때 한 단어 이상의 단어들을 사용할 수가 없었다. 대체로 명사나 동사는 잘 유지되었지만, 관사, 접속사, 문법적 굴절은 생략되는 경향이 있었다. 5장에서 논의했듯이, 이러한 형태의 말을 실문법증(agrammatism)

이라고 하며, 다음의 인용문은 치과수술을 받으러 병원에 왔다는 것을 설명하려고 애쓰는 한 환자의 사례이다.

> Yes...ah...Monday...er...Dad and Peter H...(his own name), and Dad...er... hospital...and ah...Wednesday...Wednesday, nine o' clock...and oh...Thurday...ten...o' clock, ah doctors...two...an' doctors...and er...teeth...yah. (Goodglass & Geschwind, 1976, p. 408)

반면에, 그들의 언어 이해 능력은 산출 능력에 비해 덜 손상된 것으로 보인다.

브로카 실어증 환자들이 말소리를 조음하는 데서 뚜렷한 어려움을 보인다고 하여 그러한 실문법적 특징이 일부러 노력을 하지 않기 때문이라고 생각할 수도 있다. 즉, 조음하기가 매우 힘들기 때문에—그들은 천천히 말하고 종종 비슷한 음들을 혼동한다—브로카 실어증환자들은 가장 중요한 단어들만 표현함으로써 수고를 줄이고자 하는지도 모른다. 이러한 요인이 장애에 어떤 역할을 할 수도 있지만, 그것이 가장 중요한 요소는 아니다. 왜냐하면 많은 브로카 실어증 환자들의 경우, 자기 수정을 위해 반복적으로 노력한 이후에도 나아지지 않기 때문이다. 더욱이, 그러한 환자들은 글도 그들의 말만큼이나 손상되어 있으며, 문법적인 맥락에서 벗어난 개별 단어들은 대체로 온전한 편이다. 이러한 점들은 장애의 주요 특징이 말이나 글에서 문법적인 관계를 표현하는 능력의 상실임을 시사한다.

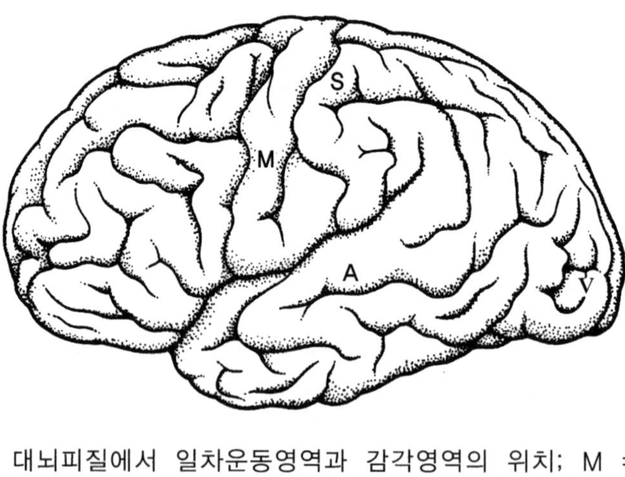

그림 13.1 대뇌피질에서 일차운동영역과 감각영역의 위치; M = motor, S = somatosensory, V = visual, A = auditory. (출처: "Language Disorders[Aphasia]", by H. Goodglass and N. Geschwind. In E. C. Carterette and M. P. Friedman [Eds.], *Handbook of Perception. Vol. 7: Language and Speech*, p. 392, Academic Press, 1976.)

대체로 이러한 유형의 결함은 좌반구의 전두영역에 심각한 손상을 입은 사람들에게서 발견된다. 그림 13.1은 대뇌 반구의 영역별 주요 기능 중 일부(좌반구의 모습)를 보여준다. 보다시피, 시각 중추는 **후두엽**(occipital lobe)이라고 부르는 뇌의 뒷부분에 있다. 청각 영역은 **측두엽**(temporal lobe)으로 알려진 뇌의 측면에 위치한다. 안면 근육과 말소리 근육을 통제하는 운동 중추는 **두정엽**(parietal lobe)이라고 부르는 뇌의 중간 영역에 위치하는데, 이곳의 서로 다른 지점들은 상이한 근육 집단들과 대응하고 있다. 우리의 촉각을 담당하는 **체감각 영역**(somatosensory region)도 두정엽에 위치하는데, 그것은 운동 영역 바로 뒤에 있다.

그림 13.2는 언어 기능과 관련된 주요 영역들을 보여준다. **브로카 영역**(Broca' s area)은 운동 피질에 인접해 있고, 전두엽의 일부로서 사고, 추리, 판단, 창의성과 같은 과정에 깊이 관여한다. 최근에 브로카 실어증에 관여하는 뇌 영역들이 당초 Broca가 확인하였고 그 후 오랫동안 받아들여졌던 것보다 약간 크다는 것이 알려졌다(Naeser, Palumbo, Helm-Estabrooks, Stiassny-Eder & Albert, 1989). 하지만, 중요한 점은 그렇게 조금 더 큰 브로카 영역이 다른 언어 기능을 담당하는 뇌 영역들과 구분된다는 것이다.

베르니케 실어증 브로카의 발견이 있은 후 몇 년이 지나지 않아 Carl Wernicke라는 한 젊은 외과의가 다른 유형의 실어증을 발견하였다. 그것은 청각피질 근처의 좌측

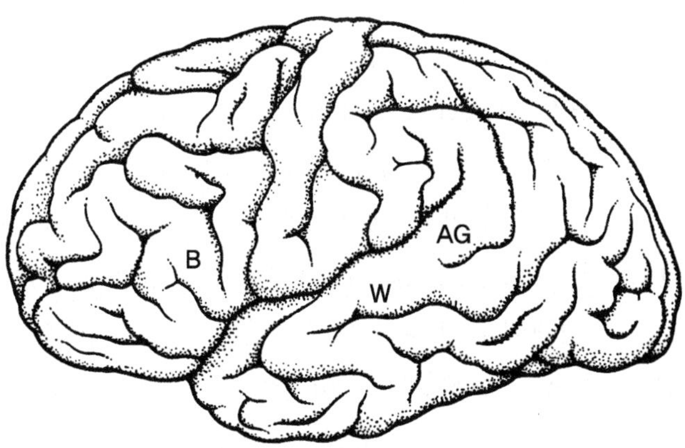

그림 13.2 대뇌피질에서 주요 언어영역들의 위치; B = Broca' s area, W = Wernicke' s area, and AG = angular gyrus. (출처: "Language Disorders[Aphasia]", by H. Goodglass and N. Geschwind. In E. C. Carterette and M. P. Friedman [Eds.], *Handbook of Perception. Vol. 7: Language and Speech*, p. 393, Academic Press, 1976.)

측두엽 영역의 손상에 기인한 것이었다. 이 영역을 지금은 **베르니케 영역(Wernicke' s area)** (그림 13.2)이라고 부른다. 가끔은 **수용성 실어증(receptive aphasia)**으로도 불리는 **베르니케 실어증(Wernicke' s aphasia)**은 유창하지만 거의 정보가가 없는 말과 관련이 있으며, 그것은 **의사문법적 발화(paragrammatic speech)**로 알려져 있다. 다음의 예를 보라.

> Well this is... mother is away here working her work out o' here to get her better, but when she' s looking, the two boys looking in the other part. One their small tile into her time here. She' s working another time because she' s getting, too. (Goodglass & Geshwind, 1976, p. 410).

그들은 이해에서도 손상을 보인다. 하지만 베르니케 실어증 환자들이 정상인과 유사한 방식으로 음소를 지각하는 것처럼 보이고(Blumstein, Baker & Goodglass, 1977), 의미 점화의 증거도 보인다는(Blumstein, Milberg & Shrier, 1982; Milberg & Blumstein, 1981) 점은 흥미롭다. 이는 베르니케 실어증 환자들이 보이는 이해 문제의 원인이 문장 또는 담화 수준 처리의 결함에 있을 가능성을 시사한다.

브로카 실어증과 베르니케 실어증 모두 대개 말소리와 동반하는 손짓에서의 결함과 관련되는데, 그 방식은 조금 다르다. 정상적인 말에서는 두 종류의 손짓이 나타나는데, 그것은 대화 내용의 어떤 측면을 가리키는 것과 좀 더 상호작용적 속성을 가진 것으로 구분된다(Bavelas 등, 1992; McNeill, 1985). 전자의 예로, **지시적 몸짓(referential gesture)**은 한 손을 들어 올려 위쪽을 가리키며 위쪽으로 움직이는 것을 표시한다. **상호작용적 몸짓(interactive gesture)**의 예는 자신의 말이 끝나지 않았음을 나타내는 수단으로써 손을 드는 것이다. 브로카 실어증환자들은 두 번째 유형의 손짓에서 손상을 보이는 경향이 있고, 베르니케 실어증환자들은 첫 번째 유형에서 더 많은 문제를 보인다(Ciccone, Wapner, Foldi, Zurif & Gardner, 1979).

언어에 관여하는 뇌 기제에 관해 우리가 알고 있는 많은 지식들은 실어증 환자들의 뇌를 사후 부검한 결과에서 얻어졌다. 실어증에 관한 그러한 최근의 임상적 기술들은 정상인을 포함하여, 살아있는 사람들의 뇌 활동 영상을 볼 수 있는 기법들에 의해 보완되었다. 그러한 영상 기법 중의 하나가 **기능적 자기공명영상(functional magnetic resonance imaging, fMRI)**으로, 뇌의 구조뿐 아니라 활동까지 보여주기 때문에 '기능적(functional)' 이라고 부른다.

그림 13.3은 fMRI 영상들의 예이다. 좌측 상단 fMRI 영상 (a)은 대상-명명과제를

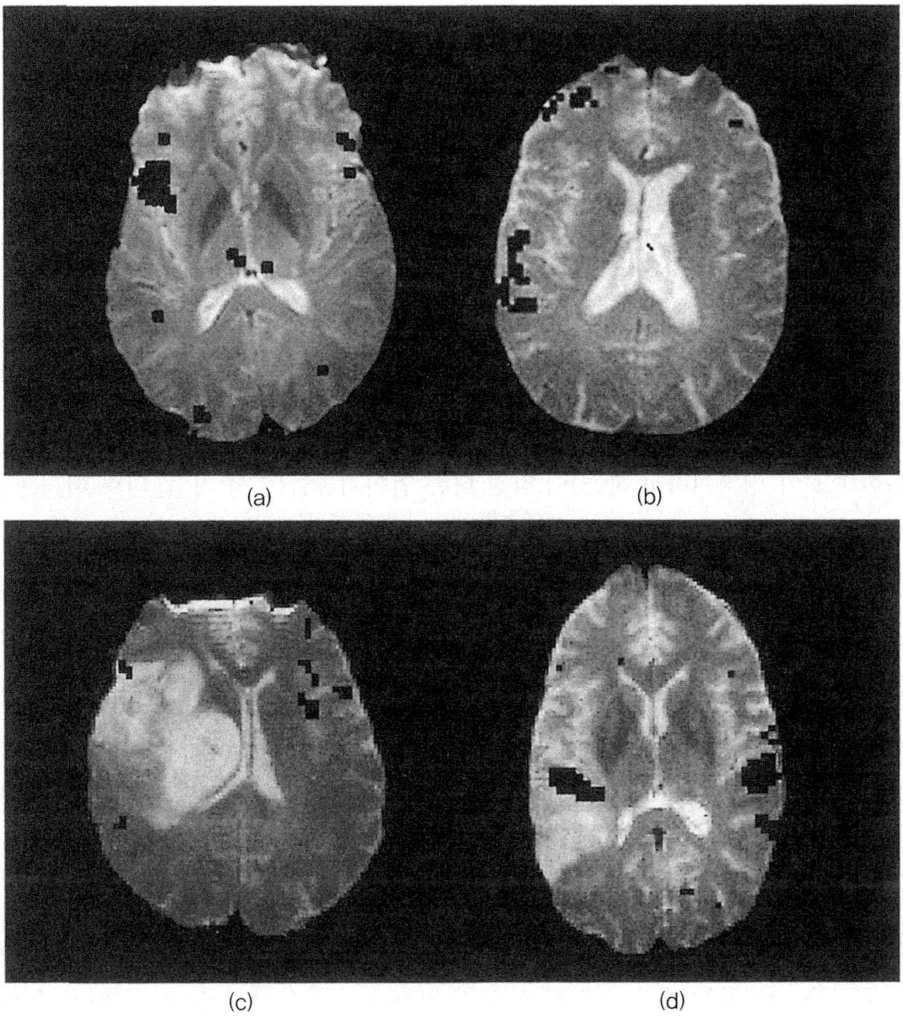

Photos courtesy of Dr. Susan Bookheimer

그림 13.3 정상인과 종양을 가진 환자의 기능적 자기공명영상(fMRI) 사진들 (제공: Dr. Susan Bookheimer, UCLA School of Medicine, Brain Mapping Division.)

수행하고 있는 정상인의 뇌를 보여주는데, 실험참가자는 집과 같은 어떤 대상의 그림을 보고 그것의 이름을 말해야만 한다. 뇌의 왼편 위쪽 부근에 커다란 검은 점으로 표시된 활성화 영역이 브로카 영역이다. 영상 (b)는 문장이해과제, 즉 한 쌍의 문장을 듣고 그것들이 같은 의미를 갖는지를 판단할 때 보이는 정상인의 fMRI 영상이다. 베르니케 영역은 브로카 영역보다는 좀 더 아래쪽에 위치하며, 좌측 뇌에서 검은 점으로 표시되어 있다.

그림 13.3의 아래쪽 사진들은 브로카 영역에 종양을 가진 환자 (c)와 베르니케 영역에 종양을 가진 다른 환자 (d)의 fMRI 영상이다. 둘 다 종양이 자라면서 급격한

언어능력의 상실을 겪었다. 정상인에 비해 뇌 활동이 어떻게 다른지 주목하라. 좌뇌의 브로카 영역과 베르니케 영역에서의 뇌 활동은 저하된 반면, 우뇌의 베르니케 영역에 대응하는 영역에서는 증가된 것을 볼 수 있다. 따라서 일차언어 영역이 손상되면서 뇌의 다른 영역들이 언어기능을 일부 떠맡는 것으로 보이며, 그 성공 가능성은 사람마다 차이가 있다.

fMRI와 PET(양전자 방출 단층촬영) 영상과 같은 최근의 영상 기법들은 손상 연구에서 얻은 결론들을 검증하는 것 이상의 성과를 거두었다. 새로운 기법들 덕분에 연구자들은 좀 더 정교한 방법으로 언어 기능과 관련된 뇌 영역을 확인할 수 있게 되었다. Bookheimer(2002)는 많은 수의 fMRI 연구들을 개관한 후, 좌측 하측두엽(흔히 브로카 영역이라고 하는)이 약간 다른 언어기능들(통사 처리, 의미 처리, 실행 통제와 같은)과 관련된 수많은 개별 영역들을 가지고 있다고 결론지었다. 겉으로 드러난 그림은, 고유하지만 상호작용적인 수많은 단원들 중 하나에 불과하다. Bookheimer은 서로 물리적으로 근접한 이러한 단원들이 신속하고 효율적인 언어 처리를 가능하게 하지만, 한편으론 우리의 언어 기술이 심각하게 상실될 수 있음을 의미한다고 주장한다. 이러한 견해에 따르면, 브로카 실어증은 뇌 영역 중 한 곳의 손상 때문이라기보다는 밀접하게 관련된 작은 영역들로 이루어진 집단이 손상된 결과이다. Gernsbacher와 Kaschak(2003)도 비슷한 결론을 제시했다.

최근의 뇌 영상 기법들이 뇌의 신경적 기초에 관심을 가진 인지과학자들이나 언어심리학자들에게만 유용한 도구는 아니다. 그것들은 신경외과의들에게도 유용하다. 종양을 제거하는 수술 절차들은 인지 기능을 손상시킬 수도 있다. 따라서 신경외과의들은 수술에 앞서 언어나 인지 기능과 관련된 뇌 영역들을 확인하고 그 영역들의 손상을 막을 수 있는 수단을 필요로 한다. 최근의 뇌 영상 기법들, 특히 fMRI는 신경외과수술을 시행하는 데 큰 도움이 되고 있다(McDermott, Watson & Ojemann, 2005).

전도성 실어증 세 번째 유형의 실어증은 **전도성 실어증(conduction aphasia)**으로, 반복(repetition)을 전혀 하지 못하는 경우이다. 전도성 실어증을 가진 사람들은 말소리를 이해하고 산출할 수는 있지만, 들은 것을 따라 말하는 데에 어려움을 겪는다. Geschwind(1965)는 이러한 형태의 실어증이 브로카 영역과 베르니케 영역 간의 단절 때문이라고 보았는데, 다른 해석들도 가능하다(Damasio & Damasio, 1989).

기타 실어증 이상과 같은 사례들을 읽으면서 우리가 받는 인상은 우리의 언어 기능들이 상당히 선택적으로 와해될 수 있다는, 즉 이해는 손상되고 산출은 손상되지 않거나 또는 그 반대가 될 수 있다는 것이다. 실어증에 관한 문헌들은 우리가 다루기 어려운 매우 다양한 사례들을 포함하고 있지만, 그 대부분은 분리되고 독립적인 언어 기능이라는 우리의 인상에 부합된다. 드물긴 하지만 이런 언어 장애들 중 일부는 정상적인 언어 기능에 관한 모형을 구성하는데 매우 중요한 역할을 한다.

한 가지 드문 형태의 실어증으로 **순수 단어 농(pure word deafness)**이라는 것이 있다. 이러한 실어증을 가진 사람들은 겉으로 봤을 때는 청각적 양상으로 제시되는 언어는 이해할 수 없지만, 시각적 언어를 이해하는 것과 두 양상으로 언어를 산출하는 데 있어서는 문제가 없다. 이들은 해부학적으로 좌반구의 청각중추로 메시지를 보내는 청신경에 손상이 있다. 또한 우반구의 청각 영역으로부터 좌반구의 언어 영역, 특히 베르니케 영역으로 메시지를 보내는 **뇌량(corpus callosum)** (두 반구를 연결하는 두꺼운 신경섬유 띠)의 일부가 손상되어 있다. 그 결과, 좌측과 우측 청각중추 모두 정보를 뇌로 전달할 수 없고, 따라서 환자들은 일부 단어들을 들을 수는 있지만 그것들을 이해하지는 못한다.

또 다른 흥미로운 형태의 실어증은 **실독증(alexia)**으로, 언어 영역과 시각 영역 사이의 해리(단절)에서 비롯된다. 가장 심한 경우, 실독증 환자는 개별 문자의 재인이나 필기체와 인쇄체를 일치시키는 데에 어려움을 보인다(Goodglass & Geschwind, 1976). 각회의 손상은 실독증과 함께 글을 쓰지 못하는 **실서증(agraphia)**을 야기한다. **각회(angular gyrus)**는 뇌의 한 영역과 다른 영역을 연결해 주는 연합 영역으로 간주된다. 특히, 시각적 자극과 언어적 상징 간의 연합은 중요한데, 그것이 읽기와 쓰기 모두에 영향을 미치기 때문이다. 실독증은 실서증과 무관하게 발생하기도 하는데, 한 사례에서(Dejerine, 1892, Geschwind, 1965에서 인용) 좌측 시각 피질의 손상이 정상적인 우측 시각 영역과 좌반구의 언어 영역을 연결하는 뇌량의 일부 손상과 동반되었다(그림 13.4). 따라서 시각적 자극들은 베르니케 영역으로부터 고립되며, 그러한 환자들은 쓸 수는 있지만 그들이 쓴 것을 읽을 수는 없다(Benson & Geschwind, 1969).

방금 기술한 실어증들은 흔치 않은 것들이다. 주요 유형들은 표 13.1에 나와 있다. 이러한 실어증들에 대해서는 대체로 일치된 견해가 존재하지만, 실어증의 분류 기준에 관해서는 여전히 논란이 계속되고 있다(예를 들어, Caramazza, 1984를 보라). Goodglass(1993)가 지적했듯이, 대부분의 실어증 환자들은 언어의 여러 측면

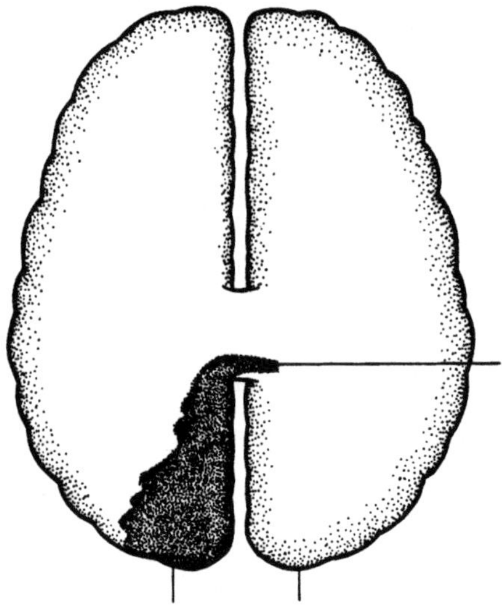

그림 13.4 실어증이 없는 실독증을 가진 환자가 보이는 뇌손상의 형태. (출처: *Physiological Psychology*, by T. S. Brown and P. M. Wallace, p. 535, Academic Press, 1980.)

에서 결함을 보이고, 따라서 다양한 언어적 기능들에서의 상대적인 결함 정도에 따라 실어증의 유형을 구분한다.

표 13.1 주요 실어증 증후군

증후군	행동적 결함	손상 부위
브로카 실어증	말 산출의 혼란; 실문법적인 말; 상대적으로 양호한 이해와 명명	일차 운동 피질에 인접한 전두엽
베르니케 실어증	청각적 이해의 혼란; 유창한 말	제 1 측두회의 후측 부위
전도성 실어증	반복과 자발적 말에서의 혼란	궁상속과/또는 전두엽과 측두엽 사이의 다른 연결의 손상
초피질성 감각 실어증	상대적으로 정확한 반복, 한 단어 이해의 혼란	두정엽과 측두엽 사이의 연결
초피질성 운동 실어증	정상적인 명명, 자발적인 말에서의 혼란	운동 피질 아래 영역에서의 피질하 손상
명칭성 실어증	한 단어의 산출에서의 혼란	두정엽과 측두엽의 다양한 부위
전역 실어증	모든 언어 기능에서의 뚜렷한 혼란	연합피질의 큰 부위들

출처: "Language and the Brain," by D. Caplan. In M. A. Gernsbacher (Ed.), Handbook of Psycholinguistics, pp. 1023–1053, Academic Press, 1994; and *Understanding Aphasia*, by H. Goodglass, Academic Press, 1993.

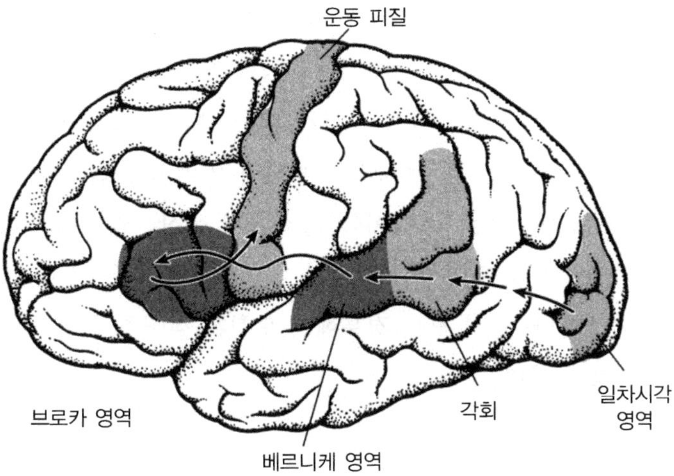

그림 13.5 Geschwind의 언어 처리 모형. (출처: *Images of Mind*, by M. I. Posner & M. E. Raichle, p. 108. Copyright © Scientific American Library. 허락 후 재인쇄.)

Geschwind의 언어 처리 모형

브로카와 베르니케의 발견이 있은 후 곧이어 Ludwig Lichtheim(Goodglass, 1993의 논의를 보라)과 같은 새로운 세기의 신경학자들이 뇌에서의 정보 흐름을 보여주는 도식들을 발전시키기 시작했다. 이러한 접근의 한 형태가 Geschwind(1972)에 의해 제시되었는데, 그는 실어증에 관한 기존의 많은 사실들을 조직화하여, 정상적인 언어기능에 관한 일반 모형을 형식화하였다. 그가 제안한 모형이 그림 13.5에 제시되어 있다.

우리가 무엇인가를 보고 그것에 대해 간단한 평을 하는 상황을 생각해 보자. 이 모형에 따르면, 시각적 정보는 먼저 뇌의 시각 영역으로 보내지고, 그 다음 각회로 전달된다. 그리고나서 메시지는 베르니케 영역으로 가서, 의미 있는 언어학적 단위들의 연속을 생성하고, 베르니케 영역과 브로카 영역 사이의 주요 경로인 **궁상속(arcuate fasciculus)**을 통해 브로카 영역으로 전달된다. 메시지는 브로카 영역에서 운동 명령으로 해석된 후 말소리 근육으로 보내지고, 최종적으로 조음된다. 자극을 보는 대신 그것을 느꼈다면, 그 연쇄는 감각 영역에서 시작하여, 각회로 전해지고, 다시 베르니케와 브로카 영역으로 전달될 것이다. 대화를 하는 경우, 청각적 입력은 청각 영역으로 전해진 다음, 베르니케 영역과 브로카 영역으로 전달될 것이다.

이 모형이 실어증 환자의 언어를 이해하는 데 도움을 주는지 살펴보도록 하자.

브로카 영역의 손상은 아마도 더듬거리고 실문법적인 말소리 특징을 야기할 것인데, 왜냐하면 이해는 정상적으로 이루어지지만 연속적인 언어학적 단위들을 운동명령으로 변환하는 과정은 와해되어질 것이기 때문이다. 베르니케 영역의 손상은 주로 이해에 문제를 가져오겠지만, 궁상속과 브로카 영역이 온전하다면, 환자는 전달되는 정보가 없는 유창한 말을 할 것이다. 궁상속만 손상되었다면 환자는 자신이 들은 것과 말해야 하는 것을 관련시킴에 있어 행동상의 결함을 보일 것인데, 이는 전도성 실어증으로 나타난다. 이 모든 경우에서 모형은 실어증의 언어가 갖는 주요 임상적 인상들을 잘 설명한다.

실어증에 관한 실험 연구들

다양한 실어증에서 통사와 의미 과정의 역할을 밝혀왔던 언어심리학적 연구들을 살펴보기로 하자. 전통적인 견해는 브로카 또는 실문법적 실어증이 산출에 결함을 보이고, 베르니케 실어증은 이해에 결함을 보인다는 것이었다. 암묵적인 가정은 브로카 실어증 환자들이 기저 언어 표상은 온전하지만, 형식화된 언어적 메시지를 단어로 적절히 나열하는 데 어려움을 겪는다는 것이다. 즉, 그들은 문장을 정상적으로 개념화하지만 그것들을 말소리로 변환하는 데 어려움을 겪는 것이다.

브로카 실어증 환자의 이해 능력에 관한 자료가 여기서 큰 도움이 될 것이다. 흔히 브로카 실어증 환자들은 정상적인 이해를 하는 것으로 간주되어 왔지만, 이러한 가정에 대해 의문을 제기할 만한 몇 가지 이유들이 있다. 하나는 많은 이해검사들이 지극히 광범위하여 이해에서 통사적, 의미적 과정이 담당하는 각각의 역할을 분명히 보여주지 못한다는 점이다. 다른 하나는 이해에서의 결함이 산출에서의 결함만큼 잘 드러나지 않는다는 점이다.

후자의 생각이 Caramazza와 Zurif(1976)의 연구에서 다루어졌는데, 연구자들은 브로카, 베르니케, 전도성 실어증 환자들의 이해 능력을 조사하였다. 환자들은 문장을 듣고 나서 두 개의 그림 중 문장과 일치하는 것을 선택해야 했다. 문장들 중 일부는 (1)과 비슷하였다.

(1) The book that the girl is reading is yellow.

여기서, 소녀가 책을 읽지만 그 반대는 불가능하다는 것을 아는 것은 문장을 정확하게 이해하기 위한 필요조건이다. 반면에, (2)와 같은 문장에서는 말과 곰이 발로 찬다는 것 모두 의미적으로 가능하다.

(2) The horse that the bear is kicking is brown.

역전 가능한(reversible) 문장들에서는 정확한 해석에 이르기 위해서 통사 구조를 조심스럽게 처리해야만 한다.

세 집단의 실어증 환자들이 이 검사에서 어떤 수행을 보였을까? 베르니케 실어증 환자들은 두 유형의 문장 모두에서 저조하였는데, 이는 알려진대로 그들이 보여주는 이해의 어려움과 일치하는 것이다. 이보다 흥미로운 것은, 브로카 실어증 환자들과 전도성 실어증 환자들 모두 역전 불가능한 문장에서는 우수한 수행을 보이지만, 역전 가능한 문장에서는 우연 수준으로 떨어진다는 점이다. 이러한 결과는 세 집단 모두 일단 의미적 단서들이 제거되면, 미세한 통사적 결함으로 인해 이해에 어려움을 겪는다는 것을 시사한다. Caramazza와 Zurif는 브로카 영역이 어떤 통사적 기능을 수행하는 데 필수적이며, 따라서 전도성 실어증 환자들에게서는 베르니케 영역과 브로카 영역의 해리로 인해 통사적 결함이 나타날 수 있다고 주장하였다.

브로카 실어증 환자들이 보이는 통사적 능력에 대한 우리의 이해는 Linebarger, Schwartz, Saffran(1983)의 보고에 의해 좀 더 분명해졌다. 그들은 네 명의 브로카 실어증 환자들에게 일련의 문장들을 제시하고, 그들에게 문장들이 문법적인지 아닌지 판단하라고 요구하였다. 전반적으로, 환자들은 놀라울 정도로 잘 하였다. 특히 그들의 수행은 (3)과 같이 구조적으로 변형된 문장들에서 우수하였다. 하지만, (4)처럼 부적절한 대명사를 가진 문장들이 수용될 수 없다는 것을 인식하는 데는 능숙하지 못하였다.

(3) How many did you see birds in the park?

(4) The little boy fell down, didn' t it?

이러한 결과들은 브로카 실어증 환자들이 우리가 믿는 것보다 더 많은 통사 지식을 가질 수 있음을 시사한다. 그렇다면 브로카 실어증 환자들이 Caramazza-Zurif 과제에서는 왜 그렇게 저조하였는가? 아마도 그들은 수용가능성 과제에서 충분한 시간적 여유가 있을 때에만 그러한 통사적 이해의 수준에 도달할 수 있고, 정상적인 이해에 도움이 될 정도로 충분히 빠르게 통사적 표상을 계산할 수는 없을 것이다.

이러한 가설은 Swinney, Zurif 및 그들의 동료들이 보고한 몇몇 흥미로운 연구에서 지지되었다. Zurif, Swinney, Prather, Solomon, Bushell(1993)은 브로카와 베르니케 실어증 환자들이 문장 (5)와 같은 주격 관계절을 이해하는 능력을 연구하였다. 언어학 이론(Chomsky, 1981; Grodzinsky, 1990)에 따르면, 이러한 문장은 이동 변형이 적용된, 좀 더 단순한 두 개의 문장(*The gymnast loved the professor from the northwestern city, The professor complained about the bad coffee*)에서 도출된 것이다. 단어 *professor*는 이동하였고, 그 흔적으로 *who*가 따라온다. 문장 처리라는 점에서 *who*가 *professor*를 암묵적으로 참조하므로, 글을 읽는 사람은 *who*와 완전한 문장을 이해하기 위해서 *professor*를 재활성화시켜야만 한다.

(5) The gymnast loved the professor from the northwestern city who complained about the bad coffee.

이러한 문장의 이해를 연구하기 위해 Zurif와 동료들은, 이어폰으로 문장을 들으면서 동시에 시각적으로 제시된 글자열에 대한 어휘 판단 과제를 수행하는, 교차양상 어휘점화과제(5장에서 논의된 바 있는)를 사용하였다. 어휘 판단 과제에서 어떤 단어들(예를 들어, *teacher*)은 이동한 명사와 의미적으로 관련이 있고, 어떤 단어들은 관련이 없다. 흔적이 글을 이해하는 사람으로 하여금 선행 명사(*professor*)를 재활성화하도록 한다면, 의미적으로 관련된 단어(*teacher*)는 점화되어야 하고, 따라서 빠른 어휘판단시간을 보여야만 한다. 그리고 이것은 베르니케 환자들에게서 정확하게 일어났다. 그러나 브로카 환자들은 점화효과를 보이지 않았다.

Zurif와 동료들(1993)은 브로카 환자들의 문제가 정상적인 이해과정에서 그들이 신속하게 단어들을 활성화하여 사용할 수 없다는 데 있다고 주장한다. 실제로, 브로카 환자들은 뇌 손상이 없는 사람들이 보이는 것과 비슷한 자동적인 활성화 확산을 보이지만, 그 활성화는 정상인보다 느리다(Prather, Zurif, Stern & Rosen, 1992). 따라서 (5)와 같은 문장에서 겪는 브로카 환자들의 어려움은, 그들이 후속되는 대명사를 적절히 해석하기에 충분하리만큼 신속하게 이동한 명사를 활성화할 수 없다는 것이다. 결과적으로, 그들의 전반적인 이해는 떨어질 수밖에 없다.

이러한 예민한 통사적 결함이 브로카 환자들이 사용하는 처리 방략 중 일부에 영향을 미치는 것으로 보인다. 문장 (6)과 (7)을 살펴보자. 브로카 환자들은 (6)은 이해하지만 (7)은 이해하지 못한다. 하지만 브로카 환자들이 (7)과 같은 문장을 이해하는 데 실패할 때, 그들의 오류가 무선적인 것은 아니다. 오히려 그들은 첫 번째 명사가 문장의 행위자로 취급되는 방략을 적용한다(Zurif, 1995). 이러한 방략은 학령전 아동들이 수동문을 이해하는 방식과 유사하다(12장에서 논의했듯이). 그 방략은 (6)

에는 들어맞지만, (7)에는 맞지 않을 것이다. 따라서 브로카 환자들은 그러한 문장들에 대한 저조한 수행을 이끄는 단순한 방략에 의지하는데, 아마도 문장의 통사적 구조를 신속하게 분석하는 능력이 없기 때문일 것이다.

(6) It was the girl who chased the boy.

(7) It was the boy whom the girl chased.

정상 언어 처리의 이해에 대한 함의

실어증 환자들의 언어가 정상적인 언어를 이해하는 데 얼마나 도움이 되는가? 이러한 문제에 접근하는 한 가지 방법은 우리가 정상적인 언어를 논할 때 적용해야 했던 구분이 실어증 사례에서 관찰하는 것과 동일한 것인지를 검토하는 것이다.

예를 들어, 정상적인 언어 처리 연구에 적용되는 주요 구분은 언어를 이해하는 것과 산출하는 것 사이의 구분이다. 그것이 개념적인 구분일 뿐만 아니라 생물학적인 기초를 가지고 있다면, 이해는 손상되었지만 산출에는 문제가 없는, 또는 그 반대의 경우를 보이는 실어증 사례들을 기대할 수 있을 것이다. 브로카와 베르니케 실어증에 관한 초기의 기술들은 이러한 구분을 지지한다. 두 사례들 간에 좀 더 미묘한 차이가 있지만, 이해-산출 구분에는 논쟁의 여지가 없는 것 같다. 따라서 이 경우에 실어증 연구는 우리의 구분을 지지한다.

우리가 5장에서 처음 다루었던 개방 유목어(open-class words)와 폐쇄 유목어(closed-class words) 사이의 구분에 대한 신경학적 증거들도 있다. 정상적인 화자에서 개방 유목어(명사와 동사와 같은)의 인출 속도는 그것들의 빈도와 관련이 있지만, 폐쇄 유목어(문법 형태소와 기능어와 같은)의 인출은 빈도의 영향을 받지 않는다. 반면에, 실문법증 환자들은 두 유목의 단어들 모두에 대해 빈도 민감성을 보인다(Bradley, Garrett & Zurif, 1980). 따라서 실문법증 환자들은 폐쇄 유목어에 접속하는데 선택적인 결함을 가진다.

더욱이, 신경영상 연구들은 아직도 진행중인 언어심리학적 쟁점들에 대해 새로운 정보를 제공할 수 있는 잠재력을 갖고 있다. 여러분은 6장에서 구문 분석의 계열 모형과 병렬 모형이 모두 제안되었고 기존의 행동 자료들이 하나의 모형만을 확고하게 지지하지는 못한다는 점에 대해 논의했던 것을 기억할 것이다. 최근에, Mason, Just, Keller, Carpenter (2003)는 (8)과 (9)와 같은 중의적인 문장들을 통사적으로 이해하고 있는 실험참가자들의 fMRI를 조사하였다. 6장에서 논의했던 것처럼, (9)와 같은 문장은 문장의 구조가 생략된 관계절이기 때문에 구문 분석에 걸리는 시간이 더 길다. 반면에 (8)은 훨씬 쉽게 이해된다.

(8) The experienced soldiers warned about the dangers before the midnight raid.

(9) The experienced soldiers warned about the dangers conducted the midnight raid.

Mason 등은 (9)와 같은 문장들에 대한 처리 시간이 증가함을 보여주는 증거를 발견하였다. 더욱 흥미로운 것은 (8)과 같은 문장들에 대한 대뇌 활성화 역시 증가했다는 점인데, 증가된 구문 분석 시간에 대한 행동적 증거가 없는 비중의적인 문장들에 비해 상대적으로 그렇다는 것이다. 따라서 fMRI 결과는 행동적 자료에서는 관찰되지 않는 증가된 처리활동을 보여준다. 연구자들은 그러한 결과가 병렬적인 구문 분석 모형으로 가장 쉽게 설명된다고 주장한다.

실어증 환자의 언어는 다른 몇 가지 점에서 우리가 가지고 있는 언어 개념에 도전이 된다. 그 중 하나가 어떤 실어증 환자들의 경우, **범주 특정적 해리(category-specific dissociations)**를 보이는 것이다. 그들은 특정 유형의 단어들을 이해하는 능력에서는 선택적인 상실을 보이지만, 다른 범주의 단어들은 정상적으로 이해하고 사용할 수 있다. 예를 들어, 어떤 환자들은 색채나 신체부위를 명명하는 데 거의 어려움이 없지만, 과일이나 채소를 명명하는 데는 상당한 어려움을 겪는다(Hart, Berndt & Caramazza, 1985; Goodglass, Klein, Carey & Jones, 1966도 보라). 어떤 환자들은 한 양상(예를 들어, 청각)에서만 특정 범주에 어려움을 겪고, 다른 양상(시각 같은)에서는 그 범주에 접속할 수 있다(Goodglass, 1993). 이러한 구분이 전적으로 심성 어휘집의 개념화에서 이루어지는 것은 아니다(5장에서 논의되었듯이). 그럼에도 불구하고, 뇌손상이 어떤 범주의 단어들을 선택적으로 와해시킬 수 있다면, 이는 그러한 구분에 신경학적 타당성이 있음을 시사한다.

실어증 환자의 언어가 가진 또 다른 흥미로운 측면은 베르니케 실어증을 가진 사람들이 축 명령(axial commands)은 여전히 이해할 수 있다는 점이다. 베르니케 실어증 환자들이 언어 이해에 많은 문제를 보이지만, 그들은 *stand up*, *turn around*, *take a bow*, *look up*과 같은 정중선 또는 축 구조를 포함하는 명령들에는 정확하게 반응한다(Geschwind, 1965). 예를 들어, 환자들에게 *Stand like a boxer*, *Take two* *steps backward, turn around, sit down again*와 같은 것을 요구하면, 그들은 정확하게 수행을 한다. 특히, 놀라운 것은 축 명령에는 때때로 이들 환자들이 일상적으로는 이해하지 못하는 특정 명사나 동사들을 포함된다는 점이다.

분명한 것은 다양한 형태의 실어증을 가진 사람들의 언어에 관해 우리가 알아야 할 것이 많다는 점이다. 지금까지 우리가 알고 있던 것들이 어떤 사례에서는 우리가 사용해 온 구분들과 딱 맞아떨어진다. 하지만, 실어증 언어의 어떤 측면들은 현재의 언어심리학적 이론들과 잘 맞지 않는다.

요약

실어증 사례들에서 나온 자료들이 언어심리학에서 중요한 이유는 그것들이 다른 방식으로는 찾기 어려운, 다양한 언어적 기능들 사이의 해리들을 보여주기 때문이다. 이러한 사례들이 보고되기 전에는, 어떤 사람이 글을 쓸 수는 있지만 읽을 수 없거나, 동물 단어는 이해하지만 음식 단어는 이해하지 못할 것이라는 생각을 감히 하지 못했다.

현재의 연구는 적어도 세 종류의 주요 실어증을 보여준다. 브로카 실어증은 운동피질부근의 좌반구 영역의 손상에 따른 결과로, 언어 산출과 통사적 분석에 결함을 가져온다. 베르니케 실어증은 좌반구의 청각 피질에 인접한 영역의 손상에 기인한 것으로, 이해와 의미적 조직화의 결함과 관련이 있다. 전도성 실어증은 베르니케 영역과 브로카 영역의 해리에서 비롯되며, 반복(따라 말하기)에서의 결함을 야기한다. 따라서 이 책 전반에 걸쳐 적시된 이해와 산출, 통사론과 의미론의 구분은 단지 개념적인 구분이 아니라 대뇌의 조직화와 구체적으로 관련되어 있다.

언어 처리의 편재화

최근 수십 년간 대뇌 좌우반구의 기능에 대한 관심이 크게 증가하였고, 그 중 일부는 언어 기능의 편재화로 확장되었다. **편재화**(lateralization)란 용어는 대뇌의 어느 한 쪽 반구가 어떤 심리적 기능을 담당하는 반면 다른 쪽 반구는 그 기능을 갖고 있지 않거나 열등한 수행을 보이는 경향을 가리킨다. 먼저 '분할뇌' 수술을 받은 사람들의 사례를 살펴보고, 그런 다음 정상인과 동물들의 편재화에 대해 알아보기로 하자.

분할뇌 연구

실어증에 관한 연구에서 나온 일관된 결과는 언어의 결함이 뇌의 우반구보다는 좌반구의 손상과 훨씬 더 관련이 있다는 것이다. 더욱이, 동물 연구로부터 우리가 알고 있는 바는, 반구간의 의사소통이 뇌량의 절단에 의해 와해될 수 있다는 것이다. 그러한 동물 연구에서는 한쪽 반구에 특정 과제를 가르친 다음, 다른 쪽 반구로 검사를 한다. 대개는 다른 쪽 반구에서 학습 효과가 거의(또는 전혀) 나타나지 않는데, 이는 뇌량 절단에 의해 반구간에 정보 이동이 거의(또는 전혀) 일어나지 않음을 의미한다.

1940년대에 들어와 그와 같은 두 연구 노선은 분할뇌 수술의 등장과 함께 극적으로 융합되었다. 이러한 수술에서는 뇌의 한쪽 반구에서 다른쪽 반구로 간질이 확산되는 것을 막기 위해 환자들의 뇌량을 전달하였다. 초기의 보고들(Springer & Deutsch, 1998을 보라)은 수술 결과에 대한 아무런 언급이 없었다. 환자들의 일상 행동은 사실상 영향을 받지 않았고, 수술후 검사는 뚜렷한 결함을 전혀 보여주지 않았다. 그런데 수술 후 어떤 환자들은 간질 발작으로부터 안심할 수 있었지만 다른 환자들은 그렇지 않았다.

그 후 20여 년 동안 이전보다 훨씬 정교하고 구체적인 연구 방법들이 개발되면서 상당히 다른 이야기를 하기 시작하였다. 이러한 연구들을 이해하기 위해서는 두 반구의 해부학적 구조를 조금 알 필요가 있다. 그림 13.6은 대뇌의 시각경로를 보여준다. 좌측 시야가 각 망막의 일부에 정보를 보내고, 그 정보가 결국 우반구에 도달한다는 데 주목하라. 정상적인 뇌량을 가진 경우, 그 정보는 다시 좌반구로 건너간다. 마찬가지로 우측 시야의 정보는 좌반구에 들어간다. 시야의 중앙에 있는 정보는 양 반구로 들어간다.

유사한 배열이 청각 체계와 촉각 체계에도 존재한다. 인간의 신경 체계는 뚜렷한 **대측성(contralateral)**을 띄는데, 이것은 뇌의 한쪽이 신체의 반대쪽을 통제함을 의미한다. 이러한 대측성 구조로 인해 연구자들은 분할뇌 환자의 한쪽 뇌에 자극을 제시한 후 행동을 관찰함으로써 두 반구의 기능을 좀 더 정확하게 검사할 수 있다. 이러한 연구의 목표는 어떤 기술이 뇌의 한쪽 또는 다른 쪽에 편재화되어 있는지를 밝히는 것이다.

여기서 분할뇌 환자들의 사례를 좀 더 살펴보도록 하자. 한 사례에서, 환자의 좌측 시야에 숟가락 그림을 제시한 후 그것이 무엇인지를 물었다. 그녀는 "아무것도

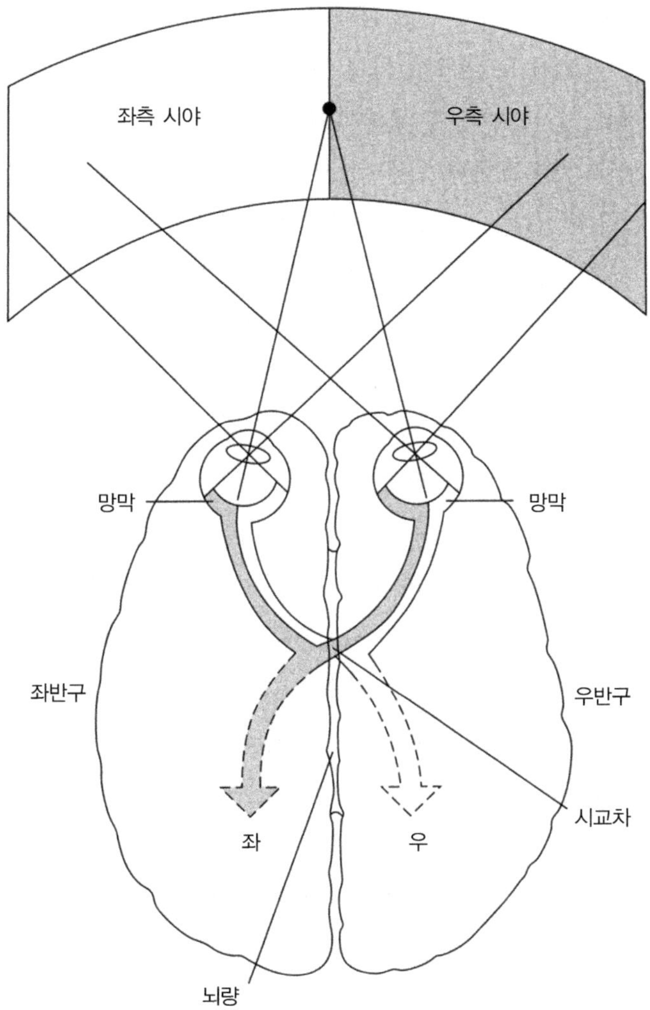

그림 13.6 양쪽 반구로 가는 시각경로. 시선을 어떤 지점에 고정할 때, 각각의 눈은 양쪽 시야를 모두 보지만 우측 시야의 정보는 좌반구로, 좌측 시야의 정보는 우반구로 보내어진다. 이와 같은 교차와 분할은 망막에서 나온 신경섬유들이 각 눈의 뒤편에서 분리되는 방식에서 비롯된다. 정상적인 경우, 좌우반구의 시각 영역은 뇌량을 통해 서로 의사소통한다. 뇌량이 절단되고 눈과 머리가 고정될 경우, 각각의 반구는 시각 세계의 절반밖에 볼 수 없다. (출처: *Left Brain, Right Brain: Perspectives from Cognitive Neuroscience*, by S. P. Springer & G. Deutsch, p. 38, Freeman, 1998.)

없어요"라고 대답했다. 그런 다음, 왼손을 사용하여 시야 밖에 정렬된 물건들 중에서 그것을 선택하라고 요구하였고, 그녀는 흔히 접하는 물건들로 이루어진 그 집단으로부터 숟가락을 정확하게 집었다. 무엇을 집었냐고 물었을 때 그녀는 "아무것도요"라고 대답했다. 오른손을 그 대상에 가져가 보라고 요구했을 때, 그녀는 우연 수준의 수행을 보였는데, 숟가락과 함께 빨대나 연필을 집기도 하였다(Sperry, 1968).

이러한 결과는 정보가 두 반구에 의해 처리된다는 것으로 해석될 수 있다. 어떤 자극이 좌측 시야에 제시되면 분할뇌 환자의 우반구는 자극을 인식하게 되고, 인식한 내용을 우반구에 의해 통제되는 왼손으로 대상을 잡는 것과 같은 비언어적인 방식으로 의사소통할 수 있다. 그러나 말소리는 좌반구에서 주로 통제되기 때문에, 환자는 자신이 본 것을 기술할 수 없다. 더욱이, 오른손은 정확한 대상을 찾지 못하는데, 이는 좌반구가 그것이 무엇인지를 '모르기' 때문이다.

우반구도 제한적인 언어수행 능력을 갖고 있지만, 공간적인 분석을 요하는 과제에서 훨씬 능숙하다. 한 연구에서, 환자들은 조각난 삼각형이나 사각형과 같은, 선으로 그려진 도형을 보았다. 그들은 스크린 뒤로 손을 뻗어 세 개의 딱딱한 물체를 만지고 나서, 조각들이 재결합될 경우 조각난 그림을 완성시킬 수 있는지를 판단해야 했다. 왼손은 이 과제를 매우 정확하게 수행하는 것으로 판명되었지만, 오른손의 수행은 저조했다(Nebes, 1972). 이 과제는 환자들에게 각 부분들로부터 전체 자극을 구성하는 기술, 즉 우반구가 잘하는 기술을 요구한다. 관련된 연구들은 공간적인 관계를 이해하고 조작하는 과제, 즉 그림 그리기(Gazzaniga & LeDoux, 1978)와 기하학적 배열 다루기(Franco & Sperry, 1977)를 요구하는 과제에서 우반구가 좌반구보다 우수함을 보여주었다. 하지만 방략적인 주의를 요구하는 일부 복잡한 시각과제에서는 좌반구가 우수하였다(Kingstone, Enns, Mangun & Gazzaniga, 1995).

우반구에서의 언어 처리와 관련하여, 몇몇 연구들은 우반구가 가진 언어 기술의 본질을 규명하였다. 언어의 어떤 측면은 다른 곳에서보다 우반구에서 더 잘 표상됨이 분명하다. Gazzaniga와 Hillyard(1971)는 분할뇌 환자들에게 시각 장면을 묘사하는 간단한 그림을 제시하였다. 장면을 보여준 후, 실험참가자들에게 두 개의 문장을 청각적으로 제시하여 어느 것이 그림을 정확하게 묘사하는지를 물었다. 이 검사에서 환자들은 문장 (8)과 (9)를 구분하지 못하는 것으로 판명되었다. 후속 검사에서는 이들 실험참가자들이 문장 (10)과 (11)를 구분하는 미래시제나 문장 (12)와 (13)의 단수와 복수의 차이를 적절히 다루지 못하는 것으로 드러났다. 그들이 적절히 다루었던 유일한 문법적 특징은 문장 (14)와 (15)에서처럼 긍정문과 부정문의 차이였다.

(8) The boy kisses the girl.

(9) The girl kisses the boy.

(10) The girl is drinking.

(11) The girl will drink.

(12) The dog jumps over the fence.

(13) The dogs jump over the fence.

(14) The girl is sitting.

(15) The girl is not sitting.

이러한 결과들은 일반적으로 참가자들이 단일 명사의 이해만을 요구하는 검사에서 보이는 성공적인 수행과 비교했을 때 훨씬 인상적이다. 즉, 그들은 *boy*와 *girl*에서만 정확하게 반응했다. 반면에 참가자들이 동사에 적절하게 반응할 수 있음을 보여주는 증거는 거의(또는 전혀) 없었다. *tap, smile, frown*과 같은 동사 명령형이 제시되었을 때 환자들은 아무 말도 하지 못했다. 우반구가 매우 초보적인 통사적 기제를 가지고 있지만, 거기에는 의미 기억으로부터 개별 단어들을 인출하는 데 필요한 기제가 훨씬 더 잘 발달되어 있는 것으로 보인다.

좌반구와 비교했을 때의 상대적인 통사적 결함에 덧붙여, 우반구는 음성적 결함도 보인다. 우반구는 완전한 청각적 이미지로서 단어의 음과 의미를 일치시킬 수는 있지만 그 음들에 대한 음성적 분석은 하지 못한다. 예를 들어, 우반구는 *ache*와 *lake*의 각운은 모르면서 그것들의 의미를 이해할 수는 있다(Levy, 1974).

또한 분할뇌 환자들에 관한 보고들은 우반구가 언어를 이해하는 약간의 능력은 갖고 있을지 모르지만 언어 산출에는 심각한 결함이 있음을 보여준다(Gazzaniga & Sperry, 1967). 하지만 좌반구가 손상된 실어증 환자들 역시 입술 당기기, 이빨 물기, 입술 내밀기와 같은 비언어적인 입의 움직임에 어려움을 겪는다(Mateer & Kimura, 1977). 좌반구가 연속적인 운동 행동들, 특히 혀와 턱이 관여하는 행동을 수행하는 데 특수화되어 있을지 모르지만, 그러한 운동 특수화가 언어 산출에 특정적이지는 않다(Corballis, 1980; Sussman & MacNeilage, 1975).

우반구의 언어에서 드러난 그림은 그것이 좌반구의 언어와는 다른 인지적 노선을 따라 조직화되었다는 것이다. 우반구는 통사적이고 표현적인 기술에서는 취약하지만, 의미적 처리와 이해라는 점에서는 덜 취약한 편이다. Zaidel(1978)은 다음과 같이 말했다.

> Chomsky의 견해처럼, 좌반구는 생득적이고 매우 특수화된 언어기제를 갖는 것으로 보이며, 그 대표적인 기능은 음성적이고 통사적인 부호화와 분석이다. 한편

> 우반구는 좀 더 일반적인 목적의 (비언어적인) 인지적 도구에 의해 습득될 수 있는 제한적인 언어 능력을 나타내는데, 그것은 경험에 대한 반복된 노출과 연합의 형성을 통해 이루어진다. (p. 196)

정상적인 뇌의 편재화

정상적인 뇌의 언어 표상과 비언어적 기능에 관한 연구는 정상 뇌를 연구하는 기법들이 발전되고 다듬어지면서 지난 수십 년 동안 극적으로 증가하였다. 분할뇌 환자들에게 사용된 **시각 장 과제(visual field task)**도 정상인들에게 빈번히 사용되어 왔다. 흔히 사용되는 또 다른 기법으로는 **양이 청취 과제(dichotic listening task)**라는 것이 있는데, 이것은 상이한 자극을 두 귀에 동시에 제시하는 것이다. 주의 연구를 목적으로 Broadbent(1954)가 개발한 이 기법은 귀와 반구의 차이를 알아보고자 했던 Kimura(1961)에 의해 처음 사용되었다. Kimura(1964)는 숫자와 같은 언어적으로 제시된 실험 자극의 회상은 우측 귀에서 더 우세하고, 선율과 같은 비언어적 자극들의 재인은 좌측 귀에서 더 우수하다는 것을 발견하였다.

청각 체계의 해부학적 구조가 시각 체계보다는 조금 더 복잡하지만 대체로 거의 비슷하다. 구체적으로, 우측 귀로 입력된 소리는 좌반구(대측 경로)뿐만 아니라 우반구(동측 경로)로도 투사된다. 양이 청취의 결과를 설명하기 위해 Kimura는 대측 경로가 동측 경로보다 강하며, 자극이 양쪽 귀에 제시되는 경쟁 조건에서는 전자가 후자를 '차단' 한다고 주장하였다. 분할뇌 환자들에 대한 양이 연구들은 말소리 자극에 대한 우측 귀의 우세가 매우 과장되어 있음을 가리키는데, 즉 우측 귀는 정상적인 수행을, 좌측 귀는 우연 수준의 수행을 보인다는 것이다. 좌측 귀의 실패는 두 가지 요인에서 비롯된다. 첫째는 대측 경로(좌측 귀에서 우반구로)가 별 도움이 되지 않는다는 점인데, 뇌량이 좌반구로의 전달을 촉진하지 않기 때문이다. 둘째는 동측 경로(좌측 귀에서 좌반구로)가 대측 경로에 의해 차단되거나 억제된다는 점이다. 따라서 좌측 귀는 이 과제를 잘 수행하지 못하는 것이다. 말소리와 비언어적 자극을 사용한 양이 청취 조건하에서 Kimura의 수행 모형은 정상적인 데이터와 분할뇌 데이터 모두에 적합한 것으로 보인다.

그럼에도 불구하고 언어적 자극과 비언어적 자극의 구분은, 어느 반구가 언어 처리를 통제할 것인지를 예측하기 위한 기초로서 만족스럽지 못하다. 한 가지 이유는 그 용어들이 모호하고 정확하지 않다는 점이다. 즉, 언어적 또는 비언어적 자극의 어떤 특징이 반구의 통제에 영향을 미치는지가 분명하지 않다는 것이다. 한 예로, 양이청취 연구들은 어떤 중요한 방법을 통해 의미가 없는 말소리로 확장되었는데, Shankweiler와 Studdert-Kennedy(1967)는 거꾸로 재생된 *ba*와 *pa* 같은 무의미 음절에서 우측 귀의 우세를 발견하였다. 마찬가지로 Zurif와 Sait(1970)도 무의미 단어에 대한 우측 귀의 우세를 발견하였지만, 그것은 *The wak jug shendily*에서처럼 단어들이 통사적으로 허용 가능한 방식으로 배열되었을 때만 그러했다. 말소리 자극의 좌반구 처리를 이끌어 내는 데에 반드시 의미가 필요한 것 같지는 않다.

반대로, 양이과제의 말소리 자극에 대해 우측 귀의 우세가 나타나지 않는 경우도 있다. 가장 두드러진 사례는, 자음에 대한 우측 귀의 우세는 일관되게 발견된 반면, 모음에 대해서는 우측 귀의 우세가 나타나지 않은 경우이다(예를 들어, Shankweiler & Studdert-Kennedy, 1967을 보라). 이러한 차이에 대해 자음보다도 모음의 길이가 길기 때문이라는 주장이 있었는데(Darwin, 1973), 장음보다 단음에서 동측 억제의 정도가 더 큰 것으로 알려져 있기 때문이다.

훨씬 더 인상적인 사례들은 전형적으로 우측 귀의 우세를 유발하는 언어적 자극들이 간혹 좌측 귀의 우세를 야기하는 경우이다. 한 사례가 Darwin(1969, Darwin, 1973에 인용됨)에 의해 연구되었는데, 참가자는 양쪽 귀로 제시되는 음고 윤곽(pitch contours)에 대해 판단을 해야 했다. 그들은 제시된 두 개의 자극이 네 개의 형태—상승, 하강, 상승 후 하강, 하강 후 상승—중 어떤 것이었는지 보고해야 했다. 참가자들은 이 자극들에 대해 좌측 귀 우세를 보여주었는데, 윤곽의 길이가 단어에 상당할 때도 그러했다. Darwin은 우측 귀 우세가 늘 언어적 자극과 관련되는 것은 아니라고 결론지었다. 구체적으로 말해, 과제가 언어적으로 중요한 것이 아니면 그것은 나타나지 않는다.

Wood(1975)는 반응 시간과 **유발 전위(evoked potentials)**, 즉 자극 제시 직후의 대뇌 전기 활동을 모두 측정하여 이러한 결과를 반복하고 확장하였다. 과제가 비언어적인 것일 때(참가자들은 말소리음의 음고에 대해 판단해야했다) 우반구의 활동이 더 컸다. 하지만, 과제가 언어적인 것일 때(음을 재인하는), 유발 전위는 좌반구에서 더 컸다. 더욱이, 언어적인 과제에서는 반응 시간이 길었다. 자극들은 두 조건에서 동일했기 때문에, 이러한 결과는 자극 요인만으로는 반구 처리를 결정하는 데 충분하지 않다는 것을 분명히 보여준다.

Bever(1980)는 좌반구가 관계적인 방식으로 정보를 처리하는 것을 선호하는 반면, 우반구는 총체적인 처리 양식을 사용한다고 주장했다. **총체적 처리(holistic pro-**

cessing)는 자극에 대한 단일 심적 표상의 활성화를 필요로 하고, **관계적 처리(relational processing)**는 적어도 두 개의 다른 표상들 간의 어떤 관계와 함께 활성화를 포함한다. 하나의 예가 음악을 듣는 것이다. 우리는 고전음악 한 곡을 전체적으로 들으면서 감동을 받을 수 있다. 아니면, 곡의 상이한 부분과 그것들 간의 관계를 파악하면서 좀 더 관계적인(분석적인) 방식으로 같은 곡에 주의를 기울일 수도 있다.

이러한 견해가 옳다면, 비언어 자극들이 관계적인 방식으로 처리될 때에 우측 귀의 우세성이 나타나야만 한다. 실제로 Bever와 Chiarello(1974)는 경험이 풍부한 음악가들을 대상으로 실시한 음악적 과제에서 우측 귀의 우세성을 발견하였고, 비음악가들로부터는 발견하지 못하였다. Bever에 따르면, 경험이 풍부한 음악가들은 초보자들에게는 없는, 음악적 자극들을 조직화하는 관계적 처리 방략들을 발전시켰던 것이다. 이러한 해석과 일치하여, 음악가와 비음악가의 좌측 귀 사이에서는 아무런 차이도 발견되지 않았다. 그러므로 음악가들이 음악적 자극에 대해서 우측 귀 우세를 보이는 것은 우측 귀의 수행이 향상된 것에 기인한 것이다.

반구 간의 처리 차이에 대한 추가적인 지지는 발작으로 인해 청력이 손상된 사람들을 대상으로 한 연구에서 얻어졌다. Poizner, Klima, Bellugi(1987)는 좌반구나 우반구에서 발생한 발작으로 인해 듣지 못하게 된 사람들을 연구했다. 이들 개인들의 사례는 한 가지 흥미로운 의문을 제기한다. 좌반구가 언어에 전문화되어 있고 우반구가 공간 기술에 전문화되어 있는 것으로 여긴다면, 공간적인 언어인 미국 수화를 위한 뇌 기제는 어디에서 찾아야 할 것인가? Poizner와 동료들에 따르면, 듣지 못하는 수화사용자들도 좌반구에 언어기술을 가지고 있다고 한다. 좌반구가 발작에 의해 손상되면, 이 사람들은 실어증 환자들과 비슷한 언어 기능의 상실을 보이지만, 그들의 비언어적 공간 기술(그림 그리기, 물감 칠하기 등)은 그대로 남는다. 우반구가 손상되면 비언어적 공간 기술들은 와해되지만 ASL은 정상적으로 유지된다.

더욱이, Poizner와 동료들(1987)은 ASL에서의 언어 사용과 관련된 좌반구의 영역들이 말소리를 위한 영역들에 가깝다는(동일하지는 않지만) 것을 발견하였다. 브로카 영역을 포함하는 발작을 겪은 한 환자는 멈춤과 실문법적 수화를 보여주었다. 베르니케 영역에 손상을 입은 또 다른 환자는 이해에 어려움을 겪었고 의사문법적인 언어를 보여주었다.

이러한 결과들은 Hickock, Love-Geffen, Klima(2002)에 의해 확장되었는데, 그들은 좌반구나 우반구 중 어느 한쪽 뇌가 손상되어 평생 수화를 사용하는 사람들의 언어 이해를 연구하였다. 참가자들은 세 개의 과제를 수행하였는데, 그것은 단일 수화의 이해, 한 단계 명령을 가진 문장들의 이해, 좀 더 복잡한 문장들의 이해였다. 좌반구가 손상된 환자들은 세 과제 모두에서 저조한 수행을 보였다. 연구자들은 입말처럼 수화의 이해도 주로 좌반구의 통합에 의존한다고 결론지었다.

Petitto와 동료들(2000)은 태어나면서부터 전혀 듣지 못하는 건강한 성인들을 조사한 연구에서 일부 수렴적인 증거를 얻었다. 참가자들은 의미 있는 수화를 산출하거나 보는 것과 같은 일련의 과제를 수행하였다. 참가자들이 수화를 산출하고 있을 때, 뇌의 혈류활동은 좌측 전두피질이 활성화됨을 보여주었다. 수화를 보고 있을 때는 **측두 평면(planum temporale)**, 즉 언어 기능과 관련된 것으로 알려진 측두엽이 양쪽 반구 모두에서 활성화되었다. 이러한 결과들은 Poizner와 동료들의 연구 결과와 일치하며, 다시금 비슷한 뇌 영역들이 말소리와 수화를 다 통제함을 시사한다.

관계적 처리와 총체적 처리의 구분은 이 모든 결과들에 대한 훌륭한 설명을 제공한다. 자극들이 관계적으로 처리될 때는 좌반구가 통제하는 것으로 보인다. 이것은 대체로 언어 처리(공간적인 언어의 처리를 포함하는)에서 그러하며, 음악과 같은 비언어적인 자극을 듣는 일부 사람들에게서도 나타난다. 반면에, 자극들이 총체적으로 처리될 때는 우반구가 우세하다. 이것은 대개 비언어적인 공간 자극들에 대해서, 그리고 대부분의 사람들이 음악적 자극을 들을 때 그러하다.

우반구의 기여

지금까지 우리는 좌반구의 재능만을 강조하였다. 하지만 우반구도 언어 영역에 조금은 재능을 가지고 있다. 정상적인 사람들은 언어를 이해하고 산출하는 데 두 반구의 기술을 모두 사용하며, 따라서 언어를 사용하는 동안 두 반구가 어떻게 상호작용하는지를 살펴볼 필요가 있다.

우반구는 좌반구보다 언어의 화용적 측면을 더 잘 이해하도록 준비된 듯하다. Kaplan, Brownell, Jacobs, Gardner(1990)는 우반구 뇌 손상을 입은 사람들이 대화에서 사용되는 말을 해석하는 능력을 조사하였다. 실험참가자들은 한 인물의 행위와 두 인물 간의 관계를 묘사한 짧은 글을 듣고 나서 인물들 중 한 사람의 말을 해석하였다. 들려준 말들 중 일부는 문자적으로 사실이었고, 일부는 거짓이었다. 예를 들어, 하나의 짧은 글에서 Mark는 골프 치는 것이 서툴렀는데, Hal이 문자적으로는 거짓이지만 *You sure are a good golfer*라고 말했다. 이 말에 대한 해석은 부분적으로 두 사람 사이의 관계에 기초한다. 두 사람이 친할 때는 그러한 말이 친구를 격려하기 위한 악의 없는 거짓으로 간주될 수 있지만, 관계가 적대적이라면 비꼬는 말로 들릴 수도 있다. Kaplan과 동료들은 우반구가 손상된 사람들이 문자적으로 사실인 문장을 해석함에 있어서는 통제 집단만큼이나 잘 하지만, 문자적으로 거짓인 말의 화용적 의도를 파악하는 데 있어서는 그들보다 훨씬 저조하다는 것을 발견하였다. 특히 그들은 행위에 관한 정보와 인물들의 관계에 관한 정보를 통합하는 데 어려움을 겪었다.

Bihrle, Brownell, Powelson, Gardner(1986)는 우반구나 좌반구 손상을 가진 사람들이 익살스러운 그림을 어떻게 이해하는지를 조사하였다. 그들에게 세 장의 만화를 제시하였고, 가장 우습게 보일 수 있는 마지막 그림을 선택하게 하였다. 이 과제에서 우반구 환자들은 좌반구 환자들보다 훨씬 저조한 수행을 보였다. 더 중요한 것은 그들이 상이한 종류의 오류들을 범했다는 점이다. 우반구 환자들은 웃기기는 하지만 앞의 그림들과는 무관한 그림을 선택하는 오류를 보였다. 반면에 좌반구 환자들이 선택한 마지막 그림은 내용은 적절했지만 웃기지 않는 그림이었다. 만화 과제를 말로 옮겼을 때도 비슷한 결과를 보였다. Bihrle과 그녀의 동료들은 우반구가 놀라움을 탐지하는데 능숙한 반면, 좌반구는 일관성을 유지하는 데 우수하다고 결론지었다. 결국 유머의 이해는 양 반구에 다 의존하는 것이다.

비슷한 결론이 심성 어휘집에 관한 연구로부터 나왔다. 5장에서 우리는 중의적인 단어의 모든 의미가 순식간에 떠오르지만, 부적절한 의미는 신속하게 억제된다는 것을 알았다. Burgess와 Simpson(1988)은 이러한 유형의 수행이 우반구보다는 좌반구의 특징이라는 것을 발견하였다. 그들은 정상인들을 대상으로 어휘 판단 과제를 실시하였는데, 어휘적으로 중의적인 점화어에 이어 글자열이 주어졌으며, 그것은 좌반구와 우반구에 모두 제시되었다. 표적 단어들은 중의적 단어의 우세 의미와 하위 의미 중 하나와 관련되었다. 연구자들은 자극들이 우측 시야에 제시되었을 때, 점화어에 의해 우세 의미가 즉각적으로 촉진됨을 발견하였다. 반면에, 하위 의미에 대한 촉진은 약하였는데, 특히 점화어와 표적어 사이의 간격이 증가될수록 더 약하였다. 한편, 자극들이 좌측 시야에 제시되었을 때도 우세 의미는 즉각적인 촉진을 보였지만, 부적절한 의미는 억제되지 않았고 실제로는 시간이 지남에 따라 활성화가 증가하였다. Burgess와 Simpson은 자동적인 활성화 확산이 양쪽 반구에서 일어나지만 좌반구만 통제 처리에 관여한다고(즉, 부적절한 의미가 억제되는) 결론지었다.

두 반구 모두 단어 의미를 해석함에 있어 어떤 역할을 하는 것으로 보인다

(Chiarello, 1991, 1998; Jung-Beeman, 2005). Chiarello는 우리가 언어적인 의미를 해석하는 데 사용하는 두 개의 의미 체계를 각 반구에 하나씩 가지고 있다고 주장한다. 어휘 중의성이라는 점에서 좌반구는 특정 의미에 신속하게 관여하는 반면, 우반구는 좀 더 오랫동안 대안적인 의미들을 유지하는 듯하다. 만약 그렇다면, 두 반구는 어휘적으로 중의적인 단어들을 이해함에 있어 상호보완적인 역할을 할지도 모른다. 좌반구의 효율성은 대부분의 상황에 이로운 것이지만, 잘못된 의미가 선택되었을 때는(오도 문장에서처럼) 우반구에서 정확한 의미가 더 쉽게 접속될 것이다.

넓게 보면 언어 처리 과정은 두 대뇌 반구의 기능적 결합에 의존한다고 할 수 있다. Chiarello(1991)는 "신경심리학적 자료들을 살펴본 사람이라면, 두 대뇌 반구가 각각 담당하는 과정이 단어를 맥락 내에서 적절히 해석하는 데 필수적이라는 견해를 갖게 된다. 하나로는 충분치 않다."고 결론지었다(p. 274).

편재화의 발달

반구 차이는 언제 나타나는가? 1967년에 출판된 한 영향력 있는 책에서, Eric Lenneberg는 출생 시에는 반구 차이가 없으나 아동기를 지나면서 발달하여, 사춘기가 되면 성인의 형태를 갖게 된다고 주장하였다. 그는 또한 사춘기가 지나기 전에는 우반구가 좌반구의 손상을 보충할 수 있으나 그 이후에는 불가능하다고 주장하였다.

아동의 실어증 Lenneberg의 가설은 주로 뇌 손상에서 회복된 아동들에 관한 연구에 근거하고 있다. 그는 Basser(1962)의 연구를 인용하고 있는데, 그에 따르면 말을 시작하기 전에 뇌손상이 발생하면 간혹 말하는 시기가 조금 지체되긴 하지만 정상적인 패턴을 보인다고 한다. 다시 말해, 정상적인 언어발달 단계를 거치지만 그 진행은 좀 더 느리다는 것이다. Basser는 또한 2세 미만에 입은 우반구의 손상은 좌반구의 손상만큼이나 언어 발달에서 큰 문제를 야기한다고 보고하였다.

Basser(1962)는 말을 시작한 후에 입은 뇌 손상은 이와는 다른 결과를 초래한다고 보고하였다. 두 살에서 열 살 사이에 뇌에 부상을 당한 아동 집단에서, 언어 장애는 우반구보다 좌반구가 손상되었을 때 훨씬 더 흔하였던 것이다. 좌반구의 부상이 언어 장애를 가져온 비율은 우반구에 비해 거의 두 배나 높았다.

이러한 결과들은 편재화가 출생시에는 존재하지 않는다는 견해를 지지하는 것 같다. 하지만 나중에 학자들은 몇 가지 이유로 인해 생각을 바꾸게 되었다. 한 가지 문제는 유아기에 우반구가 손상된 몇몇 사례들이 좌반구의 손상도 포함한다는 것이다(Kinsbourne, 1976). 이러한 사실을 고려할 때, 아동에게서 얻은 결과의 패턴은 성인에게서 얻은 결과, 즉 좌반구 손상에 따른 언어 결함이 더 크다는 것에 훨씬 가깝다(성인에 비해서는 그 패턴이 그렇게 분명하지 않을 수도 있다; Witelson, 1987을 보라).

더욱이, 실어증의 회복에 관한 연구들은 반구 차이의 발달에 관한 것보다는 뇌의 재조직화 능력에 관한 것들을 더 많이 이야기해 준다. 말을 하기 전의 좌반구 손상이 언어의 결함을 가져오지 않는다 하더라도, 두 반구가 출생 시에 동등하다고 결론지을 수는 없다. 출생시에는 반구 차이가 존재하였지만 유아의 뇌가 성인은 말할 것도 없고 나이든 아이들의 뇌보다 훨씬 큰 재조직화 능력을 가질 수도 있다. 한 마디로, 편재화의 발달을 제대로 알기 위해서는 더 많은 것을 살펴보아야만 한다(Hellige, 1993).

반구 절제술 연구 **반구 절제술(hemispherectomy)**로 알려진 외과적 수술의 결과를 살펴봄으로써 편재화의 발달에 관해 더 많은 것을 알 수 있다. 이 수술법은 대개 치료가 불가능하고 치명적인 종양이 발견되었을 때 사용되며, 좌반구나 우반구를 제거한다. 성인들의 경우, 우반구의 제거는 거의 또는 전혀 언어 장애를 야기하지 않는 반면, 좌반구의 제거는 심각한 언어의 문제를 가져온다(Springer & Deutsch, 1998).

말을 시작하기 전인 어린 시기에 좌반구가 제거되었을 때는 언어에 큰 문제가 없는 것 같다. 하지만, 아동의 언어 기술을 좀 더 자세한 방법으로 검사했을 때는 문제들이 발견되었다. Dennis와 Whitaker(1976)는 생후 5개월이 되기 전에 반구 절제술을 받았던 세 명(한 명은 우반구, 두 명은 좌반구)의 아동을 연구하였다. 연구 당시 아이들의 나이는 9세에서 10세 사이였다. 세 아이들 모두 비슷한 언어 기술을 가지고 있었지만, 좌반구 절제술을 받은 두 아이에게서 미묘한 문제가 발견되었다. 예를 들어, (16)에서 (18)까지의 문장들을 판단하라고 했을 때, 우반구 절제술 환자는 문장 (16)과 (17)이 문법적으로 틀리고 (18)은 맞다는 것을 정확하게 표시하였지만, 좌반구 절제술 환자들은 이러한 구분을 하지 못하였다. 연구자들은 우반구가 좌반구보다 통사적 분석에 서툴다는, 성인 분할뇌 환자들의 연구와 일치하는 결론을 내렸다. 좀 더 큰 표본을 대상으로 한 최근의 연구도 거의 비슷한 결과를 얻었다(Stark, Bleile, Brandt, Freeman & Vining, 1995).

(16) *I paid the money by the man.

(17) *I was paid the money to the lady.

(18) I was paid the money by the boy.

말을 하기 시작한 후의 좌반구 절제술은 좀 더 심각한 언어의 문제를 가져온다고 오랫동안 믿어졌다(예를 들어, Gott, 1973을 보라). 하지만 좀 더 최근에는 9세에 좌반구 절제술을 받은 후에도 아동들이 비교적 언어를 잘 습득한다는 보고가 있었다(Vargha-Khadem 등, 1997). 이런 연구는 좌반구의 상실을 보충하는 우반구의 능력이 지금까지 믿었던 것보다는 훨씬 늦은 발달시기에도 계속될 수 있음을 시사한다. 손상된 좌반구를 우반구가 보충할 수 있는 정확한 상황에 대해서는 현재 연구가 진행되고 있다(Thiel 등, 2006).

행동적 및 생리적 연구 어떤 연구들은 정상적인 발달을 하고 있는 아동들에게 양이 청취와 같은 행동적 기법들을 적용하였다. 지금까지는 이러한 연구들이 편재화의 발달에 관한 가장 선명한 그림을 제공해 주고 있다. Kimura는 4세에서 6세까지의 어린 아동들이 양이 청취 과제에서 성인과 같은 우측 귀 우세성을 보인다는 것을 최초로 보고한 연구자 중의 한 사람이다(Kimura, 1963). 후속연구들은 2세 정도의 어린 아이들도 말소리에 대해 전형적인 우측 귀 우세성을 보인다는 것을 발견하였다(Springer & Deutsch, 1998).

또한 아주 어린 유아들에 관한 연구들도 말소리에 대한 우측 귀 우세성을 발견하였다(Bertoncini, Morais, Bijeljac-Babic, McAdams, Peretz & Mehler, 1989). 연구자들은 3장에서 논의했던 고폭 빨기 절차(high-amplitude sucking procedure)를 사용하여 유아들의 지각을 연구하였다. 연구에서 유아들이 특정 음에 습관화되었을 때(즉, 빨기 비율이 감소되었을 때)는 다른 음으로 대체하였다. 연구자들은 우측 귀가 말소리의 변화에 더 잘 반응하는 반면, 좌측 귀는 음악적 자극의 변화에 더 잘 반응함을 확인하였다.

유아들을 대상으로 한 유발 전위(evoked potentials) 연구도 있었다. Molfese와 Betz(1988)는 생후 일주에서 한 달 사이의 유아들이 말소리 자극에 대해 우반구에서 더 큰 폭의 유발 전위 반응을 보인다는 것을 확인시켜 주었다. 유아들은 비언어 자극(음악이나 소음)에 대해서도 우반구에서 더 큰 반응을 보였다. 더욱이 몇몇 해부학적 연구들은 성인의 언어 기능과 관련된 측두엽 부위인 측두 평면(planum temporale)이 성인들에서(Geschwind & Levitsky, 1968)뿐 아니라 유아들에서(Wada,

Clarke & Hamm, 1975)도 우반구보다 좌반구에서 더 크다는 것을 발견하였다. 결국, 편재화는 출생시부터 존재하지만 어린 아동들은 양이 청취와 시각장 과제를 적절하게 수행하기 위해서 그들의 언어 기술을 어떻게 사용할 것인지 배울 필요가 있는 것이다.

결과적으로, 양이 청취, 유발 전위, 해부학적 연구에서 나온 결과들은 편재화가 출생시부터 존재한다는 결론으로 수렴된다. 아동들의 반구 절제술과 뇌손상에 관한 연구들도 해석하기는 어렵지만, 반구비대칭이 출생시부터 존재한다는 가설과 일치한다. 후자의 연구들은 뇌의 재조직화 능력이 시간이 지남에 따라 감소할 가능성을 시사하지만, 그와 같은 재조직화의 정확한 시간한계는 알려져 있지 않다.

다른 종에서의 편재화

한때는 편재성이 인간에게만 있는 것으로 생각되었지만, 지금에 와서는 종-특정적 발성의 편재화와 관련된 여러 사례들이 기록되어 있다. 한 연구(Petersen, Beecher, Zoloth, Moody & Stebbins, 1978)에서는 일본 짧은꼬리원숭이들의 발성 지각이 조사되었다. 연구자들은 좌측 귀와 우측 귀에 발성 자극을 제시하였다. 다섯 마리의 원숭이 모두 발성 자극이 우측 귀에 주어졌을 때 우수한 수행을 보였다. 다른 종에 속한 원숭이들의 경우는 다섯 마리 중 한 마리만이 짧은꼬리원숭이의 소리에 대해 우측 귀 우세를 보였다. 이러한 결과들은 인간의 말소리 편재화가, 중요한 종-특정적 소리에 대해서 다수의 종들이 좌반구 편재화를 보이는 것과 같은 훨씬 큰 패턴의 일부일 가능성을 시사하는 흥미로운 것이다.

새 울음소리에 관한 몇몇 인상적인 연구들이 이러한 견해를 뒷받침한다. Nottebohm(1970)은 어린 새들에게서 세 가지 유형의 기본적인 발달 과정이 관찰된다고 지적하였다. 첫 번째 유형의 새들은 태어날 때 완전히 고립되어 있고, 알에서 깨어날 때는 귀머거리지만 정상적인 울음을 배운다. 이러한 유형의 예로는 닭과 나무비둘기(ring doves)가 있다. 두 번째 유형의 새들은 고립되어 있더라도 귀머거리가 아니면 정상적인 울음을 배운다. 멧종다리(노리참새, song sparrows)가 그런 예이다. 마지막 세 번째 유형의 새들은 어린 시기에 고립되거나 귀머거리여서 비정상적인 울음소리를 내는 새들로, 푸른머리되새(chaffinches), 흰머리참새(white-crowned sparrows)가 여기에 해당한다.

Nottebohm(1970)은 세 번째 유형의 울음새에서 인간의 말소리와 유사한 많은 소리들을 발견하였다. 첫째, 이들 새는 인간의 옹알이와 비슷한 '연습울음(subsong)'을 하는 시기를 거치는데, 그 노래는 여러모로 어미 새의 울음과는 구분된다. 둘째, 다른 지역에 사는 새들은 같은 울음의 상이한 방언을 배운다. 셋째, 귀가 멀게 됨으로써 나타나는 결과는 나이에 따라 다르다. 울음을 배우기 전에 귀가 멀게 되면, 아주 비정상적인 울음을 배운다. 하지만 울음을 배운 다음에 귀가 멀게 되면, 운동 출력에 전혀 영향을 미치지 않는다.

결국, Nottebohm(1970)은 푸른머리되새의 울음에 우반구보다 좌반구가 더 깊이 관여한다는 것을 발견하였다. 푸른머리되새의 발성 체계에서 중요한 구조는 울대(syrinx)인데, 좌우측이 각각 설하신경을 통해 뇌의 대응측(여기서는 동측, 즉 좌측 설하신경은 좌반구에 연결됨)에 연결되어 있다. Nottebohm은 좌측 설하신경을 절단하였을 때 울음이 심각하게 와해된다는, 즉 어떤 부분은 상실되고 어떤 부분은 무질서한 소음들로 대체된다는 것을 발견하였다. 동일한 수술을 우측 설하신경에 시행하였을 때는 울음이 정상이었다.

짧은꼬리원숭이와 울음새에 관한 연구를 통해 우리는 인간 언어에 대해 무엇을 배울 수 있는가? 확실히 그러한 동물들이 반응하는 소리들은 인간의 소리가 그들과 무관한 것처럼, 인간과 직접적인 관련은 없다. 그러나 그들은 인간의 말소리 편재화가 동물 왕국에서 유일한 사건이 아니며, 말소리와 관련된 인간의 뇌 기제가 다른 종들이 가진 유사한 구조들이 진화해온 방식을 닮아 진화되어 왔을 가능성을 시사한다. 마지막 절에서 편재화와 언어의 진화를 좀 더 자세히 살펴볼 것이다.

요약

분할뇌 환자 연구들은 언어 사용에 있어 좌반구와 우반구 각각의 역할을 분명하게 보여준다. 좌반구는 우반구보다 언어적으로 훨씬 복잡한데, 특히 통사적, 음성적 처리 과정에서 그렇다. 우반구는 중의적인 단어의 다중 의미를 이해하고 간접 화행과 같은 언어의 화용적인 측면을 파악하는 데 훨씬 익숙하다.

정상인들을 대상으로 한 양이청취 연구들은 대개 우측 귀가 말소리 자극에 우세하고 좌측 귀는 비언어적 자극에 우세함을 보여준다. 그럼에도 불구하고 말소리가 때로는 좌측 귀 우세를 유발하기도 하며, 음악적인 자극에 대한 우측 귀의 우세도 발견되었다. 총체적 처리와 관계적 처리 사이의 구분은 두 반구가 담당하는 역할에서의 뚜렷한 차이를 잘 반영하는 것 같다.

편재화는 인간이나 영장류에게만 국한된 것이 아니다. 일본 짧은꼬리원숭이는 종-특정적 발성의 편재화를 보이고, 울음새의 해부학적 구조는 인간의 것과 유사하다. 이러한 증거들은 인간의 말소리 편재화가 커다란 진화론적 패턴의 일부임을 시사한다.

언어의 진화

오랫동안 언어는 인간과 다른 동물들을 구분시켜 주는 선이라고 주장되어왔다. 수세기에 걸쳐, 인간이 가진 언어의 기원에 관한 많은 추측들이 난무했었다(Aitchison, 1998). 유별나고도 입증할 수 없는 많은 생각들이 제시되었는데, 언어가 동물들의 짖는 소리, 물리적인 소리의 모방 그리고 힘쓰는 소리에서 나왔다는 주장, 즉 '멍멍(bowwow)', '딩동(ding-dong)', '영차(heave-ho)' 이론이 제기되기도 했다(Pinker & Bloom, 1990). 이러한 이상한 생각들로 인해, 1863년 당시로서는 가장 선도적인 언어학회였던 파리 언어학회가 언어의 기원에 관한 학술논문을 금지하기도 하였다. 그 이후로 언어의 진화에 관한 이야기는 과학적으로 좋은 평판을 받지 못하였다. 그러다 최근에 다양한 분야－언어학, 인류학, 심리학 및 관련 학문－의 학자들이 언어의 진화에 다시 관심을 갖게 되면서 이 인류 역사에서 가장 중요한 사건의 조각들을 맞추기 시작하였다.

이 일을 시작하는 좋은 방법은 아마도 계통발생학 도표, 즉 현생 인류에 이르는 진화상의 조상들에 관한 도표를 살펴보는 것일 것이다. 간혹 사람들은 진화론이 인간이 침팬지에서 진화했다고 주장한다고 말하지만, 인간과 침팬지가 진화상에서 공통의 조상을 가졌다고 말하는 편이 더 정확할 것이다(그림 13.7을 보라). 약 6백만 년 전에, 지금의 침팬지와 인간의 공통 조상인 하나의 종이 존재했었다. 이 종은 두 갈래로 나뉘었는데, 하나는 나중에 침팬지와 보노보(bonobo) 종으로 분리되었고, 다른 하나는 현생 인류로 진화하였다(Corballis, 2002; Wood & Collard, 1999). 나중에 인간이 된 종들이 속했던 과(family)를 **원시 인류(hominids 또는 hominins)**라고 한다. 생물학적으로 우리는 영장목(primate order), 인과(hominin family), 인속(genus *Homo*), 사피엔스 종(species *sapiens*)에 속한다. 원시 인류는 약 6백만 년 전에 침팬지와 보노보에서 갈라졌다. 인속은 약 200만 년 전에 출현했으며, 호모 사피엔스(인간)는 겨우 15만 년 전에 등장했다.

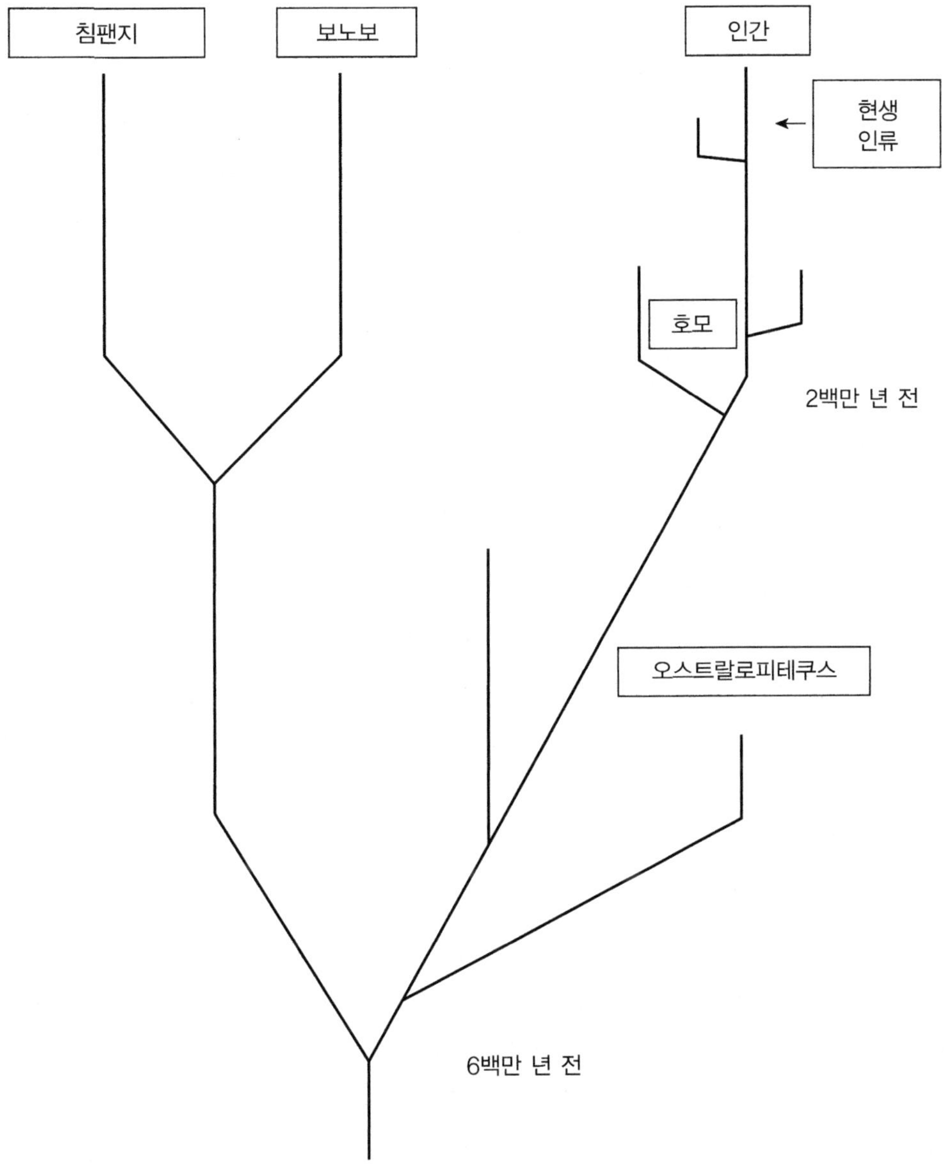

그림 13.7 단순화한 인간 진화의 시간 척도. (출처: *The Cultural Origins of Human Cognition*, by M. Tomasello, p. 3, Harvard, 1999.)

언어의 진화와 관련하여 우리가 물을 수 있는 몇 가지 다른 질문들이 있다. 하나는 언제 언어가 출현했는가—언제 우리 조상들은 언어와 같은 체계를 사용하기 시작했는가 하는 것이다. 다른 의문은 왜 언어가 진화했는가 하는 것이다. 다윈주의 진화론은 종들이 적자생존을 위해 행동과 신체 구조를 발달시켰다고 가정한다. 간단히 말해, 진화 역사의 어느 시점에서 적어도 약간의 언어 형식을 가지고 있던 조상들은 살아남았고, 언어가 없던 동물들은 멸종했다는 것이다. 그렇다면 언어의 어떤 면이 우리의 조상들이 살아남는 데 도움을 주었을까?

이러한 의문을 풀 수 있는 두 가지 중요한 수단이 있다. 하나는 화석 기록을 검토하는 것으로, 그것은 진화상의 조상들이 보였던 행동에 관한 단서를 제공한다. 다른 하나는 인간은 아니지만 영장류와 같은 다른 동물들의 행동을 연구하는 것이다. 여기서의 목표는 의사소통 기술과 뇌의 편재화라는 영역에서 동물들 간의 유사성과 차이점을 확인하는 것이다. 의사소통 기술부터 살펴보도록 하자.

현생 영장류들의 의사소통

동물의 의사소통 행동에 관한 야외 조사들은 진화선상에서 우리와 가장 가까운 이웃들이 자연서식 상태에서 언어와 닮은 그 어떤 것도 사용하고 있지 않음을 보여준다. 대부분의 영장류가 가진 의사소통 체계는 발성 또는 몸짓 표시로 구성된 비교적 적은 수의 고정된 신호들을 포함한다. 대체로 각각의 신호들은 다른 기능을 한다. 가장 흔한 것은 경고 울음소리, 짝짓기 표시, 복종적 몸짓, 먹이와 관련된 울음소리이다(Altmann, 1967; Seyfarth & Cheney, 2003을 보라). 이러한 의사소통 체계가 자의성과 이중 형식과 같은, 일반적으로 인간 언어와 관련된 속성들을 갖고 있지 않다는 것은 의심할 여지가 없다.

자세히 연구된 영장류의 의사소통 체계 중 하나가 긴꼬리원숭이(vervet monkeys)의 것이다(Cheney & Seyfarth, 1990). 긴꼬리원숭이는 뱀, 매, 표범, 고양이, 비비원숭이 등과 같은 다양한 포식자의 존재를 알리기 위해 끊어지는 울음소리를 내며, 이런 신호를 들을 때는 적절한 방식의 행동을 취한다. 이런 신호들이 기능적이긴 하지만, 인간 언어가 가진 몇몇 특징들을 갖고 있지는 않다. 이런 신호들에서는 **전위(displacement)**, 즉 물리적으로 존재하지 않는 것을 가리키는 능력을 찾아볼 수 없다. 또한 그 신호들은 더 작은 요소들의 조합으로 구성되어 있지 않다. 따라서 무한한 수의 메시지를 만들 수 있는 생성 체계라기보다는 제한된 수의 메시지를 가진 고정된 체계이다.

간단히 말해, 이런 동물들이 인간의 언어에 좀 더 가까운 체계를 사용하는 능력을 가지고 있다면, 확실히 그들은 지금과 같은 자연 서식지에서 그렇게 살지는 않을 것이다. 다음으로, 인간이 아닌 영장류에게 언어를 가르치려는 시도에 대해 살펴보자.

영장류에게 언어 가르치기

다른 영장류에게 언어(또는 언어와 비슷한 의사소통 체계)를 가르치려는 시도들을 세 개의 집단으로 나누어 볼 수 있다. 첫 번째 집단에서는 침팬지에게 말을 가르치려고 시도했다(Hayes & Hayes, 1952; Kellogg & Kellogg, 1993). 그러나 침팬지의 발성 기관은 말소리 음을 산출하기에 적합하지 않다(이 문제는 나중에 다시 다루겠다). 결국, 그 연구들은 아무것도 입증하지 못하였다. Hayes의 연구에 참가한 침팬지는 2년간의 훈련으로 겨우 두 단어를 배울 수 있었다.

두 번째 집단에서 사용한 프로그램은 그 의사소통 체계가 언어학적 용어로 명확하게 정의되지 않는 것이었다. Premack(1971)은 Sarah라는 이름을 가진 침팬지에게 약간의 논리적 개념들을 가르치기 위해 상징적인 기호를 가진 토큰들을 사용하였다. Sarah가 복잡한 인지의 많은 측면들을 보여줄 수 있었지만 그러한 결과들은 원숭이가 언어를 배울 수 있는가라는 쟁점의 해결에 그다지 도움이 되지 못하였다. 왜냐하면 그런 상징들이 인간 언어의 힘과 유연성을 가진다는 것을 보여주지 못했기 때문이다. 이러한 사정은 Rumbaugh(1977)와 그의 동료들의 연구에도 비슷하게 적용되는데, 그들은 Lana라는 침팬지에게 메시지를 생성하고 그것에 반응하는 것을 가르치기 위해 컴퓨터를 사용하였다. 여전히 '언어'의 언어적인 지위를 찾아보기 어렵다.

세 번째 프로그램 집단은 이들 동물들이 가진 뛰어난 손재주를 활용하여 미국수화를 가르쳤다. 이 분야를 개척한 연구자는 Gardner와 Gardner(1969, 1975; Gardner, Gardner & Van Cantfort, 1989)로, 그들은 Washoe라는 침팬지를 연구하였다. 비슷한 연구가 침팬지, 고릴라, 오랑우탄을 대상으로 다른 실험실에서도 수행되었다. Gardner 부부는 태어나면서부터 그들이 길러왔던 Moja, Pili, Tatu, Dar라는 네 마리의 침팬지를 데리고 Washoe의 연구를 반복하였다. 비록 영어와는 다른 문법을 가지고 있지만 ASL는 완전한 언어로 간주되며(2장을 보라), 대부분의 다른 프로그램들과는 달리 Gardner의 프로그램은 아동이 언어에 자연스럽게 노출되는 상황과 유사하기 때문에, 여기서는 그들의 연구에 초점을 맞추고자 한다.

Washoe가 ASL을 사용하기 위해 훈련받은 조건은 언어를 배우는 아동들의 조건과 유사하다. 미국수화는 식사하기, 놀기 등과 같은 다양한 맥락에서 사용되거나 고안되었다. 성인 모델들이 Washoe와 정확한 ASL을 사용했을지는 몰라도, 그들은 Washoe에게 ASL의 규칙을 가르치려는 구체적인 시도는 하지 않았다. 오히려 그들은 Washoe와 의사소통하기 위하여 수화를 사용하였다.

Washoe의 언어발달에 관한 증거는 많은 점에서 주목할 만하다. Washoe는 많은 수화를 빠르게 습득하여, 그것을 정확하게 사용하는 법을 배웠다. 더욱이 Washoe는 수화를 사용함에 있어 생산적이었다. 옮기려는 물건의 이름을 모를 때는 이름을 만들어 내기도 했다. 예를 들어, 백조를 나타내기 위해 앞서 배웠던 두 개의 수화인 *물(water)*과 *새(bird)*를 결합하여, *물새(waterbird)*에 해당하는 수화를 만들어냈다(Linden, 1974). 또한, Washoe는 다양한 수화의 학습에서 적절한 일반성을 보여주었다. *열다(open)*라는 말을 완전히 배웠을 때, 그것을 다른 많은 맥락에 자발적으로 적용하였다(문, 창문 등을 열다). 엄격한 검사들에서 Gardner의 실험실에서 자란 Washoe와 그 자손들은 흔한 사물들의 이름을 수화로 나타내는 능력을 우연 수준보다 훨씬 높게 보여주었다(그림 13.8을 보라).

Washoe는 적어도 개별 어휘항목의 의미를 초보적인 수준에서 완전히 이해한 것 같다. 대체로 Washoe는 수화들을 상이한 순서로 매우 다양하게 결합하는 경향이 있었는데, (19)와 (20)과 같은 문장들을 상호교환적으로 사용하였다(Brown, 1970).

(19) Roger tickle Washoe.

(20) Washoe tickle Roger.

물론 개별 단어들의 사용은 여기까지였다. 우리가 실로 생산적인 언어 체계를 습득하는 것은 무엇보다도 통사를 사용하기 때문이다. 이러한 관찰은 Washoe가 영어나 다른 많은 언어에서 중요한 통사적 장치인 어순을 완전히 이해하지 못하였음을 시사한다.

Washoe에게 *Wh-* 의문문에 대답해야 하는 과제를 제시했을 때, Gardner 부부는 훨씬 나은 통사적 수행을 발견하였다(Gardner & Gardner, 1975). 문장 (21)에서 (23)까지의 의문문들은 특정 통사 유목으로부터의 반응을 요구한다. 예를 들어, (21)은 명사를, (22)는 장소를 나타내는 명사를 필요로 한다.

(21) Who are you?

(22) Where is the box?

(23) When is dinner?

Washoe는 이 과제에서 84%에 이르는 정확한 문법적 유목반응을 보였는데, 그것은 이제 막 두 단어 발화(그 당시 Washoe의 발달 단계)를 말하기 시작한 아이들의 수행 수준을 넘어서는 것이었다. 이러한 결과는 Washoe가 겉으로 보여준 언어보다 더 많은 통사 지식을 가지고 있었음을 시사한다(그림 13.8을 보라).

(a) Susan N.:이게 뭐지?
Washoe: 더러워

(b) Susan N.: 이게 뭐지?
Washoe: 사탕

(c) Greg G.: 이게 뭐지?
Washoe: 망치

(d) Susan N.: 누구 거지?
Washoe: 내꺼

(e) Tom T.: 이게 뭐지?
Washoe: 나무

(f) Washoe: 주세요

Photos courtesy of R. A. Gardner.

그림 13.8 수화로 대상들을 표시하는 침팬지들. (a)~(c): 상이한 대상들, "이게 뭐지?"라는 질문에 대한 대답들 (d)~(f): 동일한 대상들, 순서대로 (d) "누구 거지?" (e) "이게 뭐지?"에 대한 대답, (f) 일어서며 대상을 "주세요"라고 수화를 함. (출처: "Categorical Replies to Categorical Questions by Cross-Fostered Chimpanzees", by R. A. Gardner, T. E. Van Cantfort, and B. T. Gardner, 1992. *American Journal of Psychology, 105*, p. 34. Copyright © 1992 University of Illinois Press. 허락 후 재인쇄.)

침팬지의 언어 기술에 관한 이러한 연구들과 관련하여 약간의 비판들이 제기되었다. 예를 들어, Terrace, Petitto, Sanders, Bever(1979)는 Washoe와 다른 침팬지들의 문장이 창조적인지, 아니면 단지 인간 훈련자에 의해 촉발되었는지에 대해 의문을 던졌다. Terrace와 동료들은 Washoe와 함께, 그들이 연구했던 Neam Chimpsky(또는 짧게 Nim)라는 침팬지의 비디오테이프를 면밀히 조사하였다. 연구자들은 Nim의 발화 중 39%가 옆에 있던 사람의 말을 모방하거나 줄인 것임을 발견하였다. 많은 경우에서, Nim은 교사들이 수화를 하고 있는 동안 그들을 방해하였다. 따라서 Nim이 단어들을 새로운 규칙-지배적인 방식으로 결합하고 있었는지, 아니면 단지 주위에 있던 사람들의 말을 모방하고 있었는지에 관한 약간의 의문이 있는 것 같다. Seidenberg와 Petitto(1979)도 비슷한 문제점들을 지적하였다.

한편, O' Sullivan과 Yeager(1989)는 Nim의 의사소통 기술과 언어 기술이 Nim이 받았던 훈련의 유형에 제한된다고 주장한다. 사람들이 Washoe에게 ASL을 가르쳤던 자연스런 상황과는 달리, Terrace는 실험실 장면에서 Nim을 훈련시켰다. O' Sullivan과 Yeager는 두 가지 조건, 즉 훈련 조건과 대화 조건에서 Nim의 수행을 검사하였다. Terrace가 사용했던 조건을 반복하기 위해 설계된 훈련 조건에서는 Nim이 사물들을 명명하는 훈련을 받았다. Gardner 부부가 따라했던 절차와 비슷한 대화 조건에서, Nim은 덜 구조화된 상호작용 속에서 관찰되었다. 연구자들은 자발적인(즉, 모방이 아닌) 발화의 수가 훈련 회기(14%)보다는 대화 회기(60%)에서 훨씬 더 많다는 것을 발견하였다. 또한 Nim의 방해가 훈련 조건에서 세 배나 더 많았다. 이러한 결과들이 O' Sullivan과 Yeager의 주장을 뒷받침하지만, 그들의 훈련 결과들이 단 8분간의 회기에 기초한 것이라는 점에 주의해야 한다.

좀 더 최근의 연구들은 인간이 개입하지 않는 상태에서 침팬지들이 어린 침팬지들에게 ASL을 가르치는 것을 포함하였다(Fouts, Fouts & Van Cantfort, 1989). Fouts와 그의 동료들은 Washoe가 그녀의 노래 기술을 입양한 아들인 Loulis에게 전할 수 있는지를 조사하였는데, Loulis는 생후 10개월일 때 Washoe의 집에 왔다. Loulis는 조금은 이상한 환경에서 자랐는데, Washoe와 다른 침팬지들이 그에게 수화를 하는 것은 허용되었지만 거기 있던 사람들은 허락되지 않았다. 어떤 의미에서 Loulis는 인간의 수화를 박탈당하였던 것이다. 그럼에도 불구하고, Loulis는 29개월이 될 때까지 17개의 상이한 수화를 습득하였고, 63개월이 되었을 때 그의 어휘는 47개로 늘어났다.

이런 연구들로부터 어떤 결론을 끌어낼 수 있을 것인가? 확실히 침팬지들은 인간 언어의 어떤 측면을 습득할 수 있고, 인간의 개입 없이 수화를 한 세대에서 다음 세대로 전달할 수 있다. 더욱이 훈련 회기가 좀 더 이완된 분위기에서 대화로 이루어지면, 언어 기술은 더욱 인상적인 것 같다. 하지만 문제를 좀 다른 관점에서 보자면, Loulis가 생후 63개월에 47개의 수화 어휘를 사용한 반면, 정상적인 아동들은 생후 72개월까지 약 14,000단어를 습득한다는 것을 기억해야만 한다(Carey, 1978). 따라서 최근의 연구가 침팬지의 언어 기술에 대해 좀 더 긍정적인 입장을 취하고 있지만, 그들의 기술과 정상 아동들의 기술 사이에는 분명한 차이가 존재한다.

이러한 차이는 적어도 두 가지로 해석될 수 있다. 침팬지를 데리고 한 연구가 발전할수록 침팬지와 아동 언어간의 간격은 근본적으로 감소될 것이다. 또 다른 가능성은 지금까지 침팬지의 언어에서 발견된 강점과 약점의 패턴이 그들의 언어 능력을 보여주는 정확한 지표라는 것이다. 우리는 특수화된 좌반구가 인간의 언어 사용과 습득에서 중요한 역할을 한다는 것을 보았다. 온전한 좌반구를 사용할 수 없을 때는—Genie, 실어증 환자들 그리고 우반구를 검사받은 분할뇌 환자들—언어 습득이 느리고, 특히 통사적 기술이 약하다. 이러한 관찰에 기초하여, 우리는 그러한 신경 기제의 혜택없이 언어를 습득하고자 하는 침팬지는 상대적으로 통사 구조를 느리게 습득하고 어려움을 보일 것이라고 예측할 수 있다.

마지막으로, 보노보(피그미 침팬지 또는 *Pan paniscus*)를 대상으로 한 연구를 언급할 필요가 있겠다. 보노보는 지금까지 논의해 온 침팬지(*Pan troglodytes*)보다 자연 서식지에서 더 자주 몸짓과 발성음을 사용한다. 보노보는 또한 침팬지보다 더 지능이 높고 언어 습득을 위한 준비가 더 잘 되어 있는 것으로 생각된다. Savage-Rumbaugh, McDonald, Sevcik, Hopkins, Rubert(1986)는 두 보노보의 상징적 의사소통을 연구하여, 그들이 상징과 대상 간의 연합을 습득하는 데 명시적인 훈련이 필요하지 않음을 발견하였다.

Kanzi라는 한 피그미 침팬지에 대한 연구가 자세히 이루어졌는데(Greenfield & Savage-Rumbaugh, 1991; Savage-Rumbaugh, Shanker & Taylor, 1998), 어떤 점에서 그의 언어는 매우 인상적으로 발전하였다. Kanzi는 메시지를 생성하고 다른 침팬지의 메시지에 반응하기 위해 특별히 고안된 판을 사용하였다. 이 상징들은 어떤 것을 형상화한 것이라기보다는 자의적인 것이었고, Kanzi의 어휘가 증가함에 따라 키보드는 256개의 상징으로 늘어났다. 분명한 것은 Kanzi가 특별한 자극이 없이 새로운 발화를 산출할 수 있었다는 것이다.

또다시 중요한 관심사는 Kanzi의 발화가 얼마나 문법적인가 하는 것이다. Savage-Rumbaugh와 동료들(1998)은 Kanzi의 두 단어 발화가 일종의 문법을 보여준다고 주장하는데, 왜냐하면 그가 어떤 단순한 순서 규칙을 따르는 것 같았기 때문이다. 그러나 Pinker(1994)는 Kanzi가 '그것을 이해하는' 것이 아니라고 말하면서 이에 동의하지 않는다. 즉, Kanzi가 어떤 단순한 순서 규칙들을 따르기는 하지만, 기능어, 굴절, 시제를 사용하지 않고, 긍정문, 의문문, 명령문을 구분하는 것 같지도 않다는 것이다.

침팬지를 대상으로 한 앞으로의 연구는 인간이 아닌 영장류의 통사 기술에 관해 더 많은 것을 알려줄 것이다. 현재로서는, 피그미 침팬지들이 똑똑하고 어쩌면 인간이 아닌 영장류로서는 가장 높은 수준의 언어 기술을 가지고 있을지 모르지만, 현재까지 그들의 언어적 성취는 우리가 일상적으로 사용하는 언어에는 크게 못 미치는 것 같다.

연속성 논쟁

우리가 어디에 있는지 한번 살펴보자. 야생이나 실험실에서 연구된 인간이 아닌 영장류들의 의사소통 기술은 전반적인 인간 언어에는 한참 미치지 못하는 듯하다. 야생에서 인간이 아닌 영장류들은 의미를 가진 신호들을 보여주지만, 그 신호들이 언어를 정의하는 특징들을 담아내지는 못한다. 그 신호들은 자의적이기보다는 도상적인 경향이 있다. 더욱이, 의사소통 체계가 매우 제한되어 있다. 인간의 언어에서 이중 형식은 우리가 적은 집합의 의미 없는 요소들로부터 무한한 집합의 메시지를 구성할 수 있도록 해준다. 반면에, 긴꼬리원숭이의 경고 부름은 하나의 전체적인 신호로, 상이한 방식으로 결합되고 재결합될 수 있는 요소들로 구성되어 있지 않다.

ASL이나 다른 언어 체계들을 배웠던 침팬지와 보노보의 언어 기술은 의미 수준에서 좀 더 인상적이다. 하지만 그런 실험실 동물들은 모든 정상적인 아동들이 몇 년 내에 별다른 가르침 없이 도달하는 통사의 뉘앙스를 쉽게 파악하는 것 같지 않다. 따라서 인간의 언어는 다른 영장류와 넓게는 인간, 침팬지, 보노보가 진화되어 온 공통된 종들의 의사소통 체계와 질적으로 다르다는 결론을 내릴 수밖에 없다.

그러나 이러한 관찰은 딜레마를 낳는다. 즉, 다윈의 이론은 연속성의 개념, 즉 진화상의 변화가 질적이기보다는 양적이라는 개념에 기초하고 있다(Hill, 1974를 보라). Darwin(1971)이 말했듯이, "가장 열등한 인간의 마음과 가장 뛰어난 동물의 마음 사이에 거대한 차이가 있다는 것에는 의심의 여지가 없다… 그럼에도 불구하고 그 차이가 크다고는 하지만, 확실한 것은 그것이 종류의 차이가 아니라 정도의 차이라는 것이다"(pp. 127~128). Darwin(1871)은 또 이러한 결론의 존재가 언어를 고려함으로써 변화되지 않는다는 점을 강조했다. "인간에게 말소리 조음 기관이 있다고 해서 그것이 인간이 어떤 열등한 형태로부터 발전되었다는 신념을 거부할 만큼 강력한 반대를 제공하는 것은 아니다" (p. 93).

그러나 언어는 동물의 의사소통 체계와는 질적으로 다른 것 같다. 그렇게 강력한 의사소통 체계가 어떻게 그보다 훨씬 단순한 체계로부터 점진적으로 진화될 수 있었는지를 알기란 여간 어렵지 않다. 그 결과, 일부 뛰어난 이론가들은 언어가 매우 신속하게, 단번에 진화했다고 주장하였다. 예를 들어, Chomsky(1972)는 "동물세계 어디선가 발견되는 좀 더 복잡한 어떤 예가 아니라 [언어]는 진정한 '출현' —조직화가 보여주는 복잡성의 특정 단계에서, 질적으로 다른 어떤 현상의 등장—의 한 예" (p. 70)라고 말했다. 그는 계속해서 말하길, "그렇다면 진화되어 온 [언어의] 구조가 가진 모든 속성들 또는 흥미로운 속성들이 자연 선택에 의해 '설명될' 수 있다고 가정하는 것은... 오류일 것이다."라고 하였다(Chomsky, 1975, p. 59). Chomsky의 입장에 대한 논평과 비판을 보려면 Newmeyer(1998)을 보라.

그렇다면, 딜레마는 Darwin의 자연 선택이론과 언어가 다른 의사소통 과정들과는 질적으로 다르다는 결론 모두를 우리가 수용할 수는 없다는 것이다. Pinker와 Bloom(1990)의 한 연구논문은 이러한 딜레마로부터 벗어날 수 있는 길을 제안하였다. Pinker와 Bloom은 동물의 의사소통과 질적으로 다른 언어가 자연 선택과정에 의해 진화되었을 것이라고 주장하였다(Newmeyer, 1991도 보라). 그들은 언어가 우리의 선조들에게는 상당한 생존가를 지닌 것이었다고 주장한다. 예를 들어, 언어는 한 사람이 다른 사람들로부터 배울 수 있는 능력을 부여한다. 포식자에 대해 직접 배우는 것(그리하여 자신을 위험에 빠뜨리는 것)보다는, 다른 사람과의 의사소통을 통해 포식자에 관한 이야기를 들을 수 있다. 이런 종류의 간접적인(secondhand) 학습은 직접적인(firsthand) 학습보다 더 빠르고 안전하다. 또한, 상호의존적인 개인들이 모인 집단에서는 집단에 속한 다른 구성원들의 내적 상태를 아는 데도 유리하다.

언어가 생존가를 가질 수 있다는 주장에 추가하여, Pinker와 Bloom은 언어 진화의 자연 선택이라는 견해에 대해 공통적으로 제기되었던 몇몇 비판들에도 대응하였다. 비판들 중 하나는 언어가 유전적 변이를 보이지 않는다는 것이다. 진화론은 한 종 내에서 개체들 사이에 유전적 변이가 존재하고—예를 들어, 어떤 기린들은 좀 더 긴 목을 가진다—어떤 변이들은 다른 변이들보다 더 큰 생존가를 가진다고 가정한다. 그러한 변이가 없다면 자연 선택은 불가능하다. 그러나 Pinker와 Bloom은 변태능력에 가족 형태의 결함이 있음을 발견한 Gopnik과 Crago(1991)의 연구들을 보고하였는데, 그것은 유전적인 설명을 강력하게 시사하는 것이었다.

또 다른 비판은 언어의 진화로 이어지는 중간 단계들이 분명한 생존가를 갖지 않는다는 것이다. 연속성 견해가 옳다면 이러한 단계들은 세대를 거치면서 계속적으로 선택되었어야 하고, 이는 어떤 의미에서 각각의 연속적인 언어 형식이 생존가에서 앞선 세대의 언어 형식보다 나음을 의미한다. 그러나 현재의 언어는 생존에 필요한 것을 훨씬 넘어서는 특징들을 가지고 있는 듯하다. Premack(1986)은 이 문제에 대해 다음과 같이 말하였다.

> 특별히 통사 유목들과 구조-의존적 규칙들에 선택적 적합성을 부여하는 시나리오를 그린다는 것은 쉽지 않다. … 나는 독자들이 귀환성에 대해 선택적 적합성을 부여하는 시나리오를 재구성할 것을 요구한다. … 인간의 언어가 진화론에게는 당혹스러운 것인데, 그것은 선택적 적합성으로 설명할 수 있는 것보다 훨씬 강력하기 때문이다.

Pinker와 Bloom은 사실상 많은 중간 형식의 언어가 있다고 답했는데, 그 중 일부인 피진어, 실어증과 같은 것을 우리는 이미 논의하였다. 더욱이, 그들은 언어에서의 미세한 변화라도 시간에 걸쳐 형성되는 작은 선택적 이점을 가져올지 모른다고 지적한다. 하나의 예로, 인간의 눈은 믿을 수 없을 정도로 복잡한데, 많은 상이한 부분들을 가지고 있다. 양적인 변화(또는 점진적 변화)라는 개념은 눈의 복잡성이 갑자기 나타나는 것이 아니라 수백만 년에 걸쳐 서서히 진화되었다는 것이다. 어떤 사람들은 눈의 어떤 부분이 그리고 부분적인 눈이 어떻게 유기체의 생존을 도울 수 있는지에 의문을 제기하지만, Dawkins(1986)는 다음과 같이 답한다.

> 눈의 5%만을 가진 고대의 동물은 사실 보는 것 외에 다른 무언가를 위해 눈을 사용했을 것이다. 하지만 내가 보기에는 그 동물이 5%의 시각을 위해 그것을 사용했던 것 같다. … 당신이나 나의 시각만큼 좋은 5%의 시각은 시각이 완전히 없는 것과 비교했을 때 가질 만한 가치가 있는 것이다. 그러므로 1%의 시각은 전혀 보지 못하는 것보다 낫다. 6%는 5%보다 낫고, 7%는 5%보다 나으며, 그런 식으로 계속해서 점점 발달했을 것이다.

언어가 어떻게 진화되었는지를 정확히 안다는 것은 불가능하고, 확실히 우리는 자연 선택 설명의 많은 측면들을 좀 더 검토할 필요가 있다. 그러나 일부 연구자들이 주장했듯이 자연 선택이 언어를 설명할 수 없다고 결론내리는 것은 시기상조인 것 같고, 그렇게 하는 것은 이러한 중요한 주제에 대한 추가적인 탐구를 제한할지도 모른다.

가능한 진화의 연속

그렇다면, Pinker와 Bloom이 주장했듯이 자연 언어가 다윈의 자연 선택 개념과 모순되지 않는다는 생각을 우리가 받아들인다고 가정해 보자. 여전히 우리는 언어를 오늘날 우리가 알고 있는 형태로 만든 사건들의 연속을 확인할 필요가 있다. 정확하게 무슨 일이 있었는지 확신하는 사람은 아무도 없지만, 검증 가능한 예언을 하도록 하는 약간의 흥미로운 추측들이 있었다.

다음에 나오는 다양한 이론적 견해들에 깔린 가정은 언어가 생존 적합성에 기여하고 적응적인 가치를 가진다는 것이다. 그런데 여기서 조심할 것이 있다. 근래에 많은 학자들은 행동의 어떤 측면이 진화나 적응적 가치에 의해 선택된다는 성급한 결론을 내렸다. 하지만, 무언가가 유전적 기초를 가진다고 하여 그것이 적합성에 기여한다는 의미는 아니다. 예를 들어, 낭포성 섬유증(cystic fibrosis)은 유전적 질병이지만 확실히 적응적이진 않다(de Waal, 2002). 또한 어떤 발달들은 선택되는 것이 아니라 다른 진화적 발달의 부산물이다. Gould와 Lewontin(1979)이 제시한 고전적인 예가 스팬드럴(아치 사이의 공간)[1]이다. 이 예에서 그 공간은 돔 지붕의 부산물일 뿐이다. Gould와 Lewontin은 일부 행동들이 바로 그런 공간과 같다고 주장한다.

이런 점들이 언어의 진화를 이해하는 것과 관련이 있는데, 원시 인류가 진화하는 동안 수많은 발달이 이루어졌기 때문이다. 여기에는 뇌의 확대, 대뇌 편재화, 증가된 언어 용량, 커다란 사회적 복잡성이 포함된다. 이러한 사건들 중 어느 것이 먼저 일어났고 어느 것이 뒤에 나타났는지에 관해서는 학자들마다 의견이 다르다.

몸짓과 말 한 가지 분명한 것이 있다. 그것은 입말이 우리의 진화 역사에서 상당히

---

1) 성당 내부의 기둥과 천장이 만나는 부분으로, 역삼각형 구조로 되어 있으며 성화나 타일, 장식용 부조에 의해 종교적인 상징들이 표현되어 있다.

최근에 발달했다는 것이다. 4장에서 보았듯이, 소리를 산출할 때 공기는 폐에서 나와 성도의 각 구조들을 통과한다(그림 4.1을 보라). 우리는 입술, 턱, 혀, 후두의 위치를 바꿈으로써 성도의 모양을 변화시킬 수 있다. 성도의 모양과 유연성은 지금의 언어에서 발견되는 다양한 음들을 위해 요구되는 것들이다.

결정적으로 중요한 진화상의 발달은 후두와 입 사이에 위치한 인두 영역의 확대이다. 신생아와 어른 침팬지의 경우 후두가 입으로 바로 연결되어 있지만, 사람의 경우 인두로 연결된다. 이러한 해부학적인 차이는 산출할 수 있는 소리의 수에 크게 영향을 미친다. 예를 들어, 신생아와 침팬지들은 광범위한 언어에서 사용되는 [a], [i], [u] 모음을 소리낼 수가 없다.

진화는 인색하다는 말을 하곤 한다. 인간의 입, 목, 후두는 말을 하기 위한 것이 아니라 음식물을 삼키고 숨을 쉬기 위해 '설계' 되었다. 진화적인 측면에서 말소리는 **외적응(exaptation)**[2](Gould, 1980; Gould & Vrba, 1982)의 한 예일지 모른다. 왜냐하면 그것은 새로운 기능들을 위해 기존의 신체적 구조들을 활용하기 때문이다. 이러한 맥락에서 인두 영역의 확대는 매우 중요한 의미를 가진다. 성인의 경우 그 통로는 말하기, 먹기, 숨쉬기를 위해 공유되기 때문에, 성인에 비해 작은 인두 영역을 가진 유아들이나 침팬지들보다 음식물에 의해 막힐 가능성이 훨씬 크다(Lieberman, 1991). 그런 구조가 왜 진화된 것일까? 언어가 지극히 중요하므로 생산적인 말을 사용하기 위해서 공기 흡입을 차단하는 능력을 증가시킨 말소리 장치가 진화했을 것으로 보는 시각이 있다.

Lieberman(1973, 1991, 1998)은 현생 인류를 포함하는 진화상의 가족인 다양한 원시 인류들의 성도를 재구성해 보았다. 특히, 네안데르탈인의 화석을 조사한 후, 그는 네안데르탈인들이 인간 신생아들과 매우 유사한 성도를 가지고 있었다고 결론지었다. 그들은 분명히 약간의 말소리를 산출할 수 있었지만, 아마도 현대 언어에서 발견되는 모음의 범위를 산출할 만큼 유동성을 가지고 있지는 않았을 것이다. 다양한 화석 분석 결과에 기초하여, Lieberman(1991, 1998)은 기능적으로 현대적인 인간의 성도는 겨우 12만 5천 년에서 15만 년 전에 출현했을 것이라고 주장한다. 이러한 연구결과들은 말소리가 비교적 최근에 진화한 것임을 의미한다.

반면에, 우리의 뇌는 훨씬 더 오래전으로 거슬러 올라가 2~3백만 년 전에 이미 그 크기가 실질적으로 증가했다는 증거들이 있다. 표 13.2는 원시 인류(인간) 계통

---

2) 또는 '굴절적응'

표 13.2 다양한 유인원과 원시 인류의 평균 뇌 크기의 추정치

종	체중(kg)	뇌 용량(cc)
인간	67.7	1,355
네안데르탈인	76.0	1,512
호모 하이델베르그	62.0	1,198
호모 에렉투스	57.0	1,016
호모 에르가스터	58.0	854
호모 하빌리스	34.0	552
호모 루돌프	모름	752
침팬지	55.4	337
보노보(피그미 침팬지)	45.5	311
고릴라	61.7	397
오랑우탄	73.5	407

출처: *Hand to Mouth: The Origins of Language*, by M. C. Corballis, p. 89, Princeton, 2002.

내의 다양한 진화상의 선조들뿐만 아니라 현생 인류와 영장류들의 뇌-신체 비율을 보여준다. 이러한 비교는 뇌 크기의 증가가 지금의 성도가 진화되기 전보다 훨씬 빠른 시기인 수백만 년 전에 일어났음을 시사한다.

지금까지의 내용을 두 가지로 정리해 볼 수 있다. Chomsky의 주장을 따라 언어는 상당히 최근의 진화 사건이고 매우 빠르게 일어났다고 결론지을 수 있다. 대안적인 견해는 언어가 몸짓 양식에서 진화되었고 말소리는 훨씬 최근에 발달했다는 것이다. Condillac(1746/2002)과 Hewes(1973)에 이어 Corballis(2002)는 후자의 견해를 내놓았다. 뇌 크기에 관한 증거 외에 Corballis는 2백만 년 전에 브로카 영역과 베르니케 영역이 존재했다는 증거도 인용하고 있다. 이 장의 앞부분에서 보았듯이, 브로카 영역은 입말을 통제하는 식으로 수화를 통제한다. 따라서 화석 증거들은 언어를 통제하는 뇌 영역이 말을 할 수 있는 능력이 있기 오래 전부터 존재했음을 시사한다.

일부 추가적인 관찰들은 몸짓 가설과 일치한다. 10장에서 보았듯이, 아이들의 수화 습득은 입말의 습득보다 빠르다. 우리는 언어를 박탈당한 아이들이 새로운 수화 변이들을 만들어 내는 능력을 가지고 있음을 보여준, Susan Goldin-Meadow와 그녀의 동료들의 주목할 만한 관찰도 보았다(12장). 또한, 앞에서 논의했듯이 침팬지들이 말은 할 수 없지만 적어도 초보적인 ASL은 습득할 수 있다. 모든 관찰들은

몸짓 언어가 입말보다 쉽게 습득될 수 있고, 따라서 언어의 기원에 더 가까움을 시사한다. 그리하여 Gorballis(2002)는 언어가 수백만 년 전에 몸짓 형식으로 먼저 발달되었고, Lieberman의 연구들과 마찬가지로 말소리가 15만 년밖에 안된 훨씬 더 최근의 진화 사건이라고 주장한다.

몸짓 이론이 매력적이긴 하지만 여기에도 몇 가지 쟁점이 있다. 하나는 말소리가 왜 결과적으로 우리의 일차적인 의사소통 수단인 몸짓을 대신하여 진화되었는지를 설명하는 것이다. 말소리에는 그렇게 진화하도록 만드는 특징들이 있음을 쉽게 볼 수 있다. 말소리는 수화보다 자의적이어서 사용자들이 더 많은 수의 메시지를 전달할 수 있게 해준다. 우리는 어두운 곳에서나 모퉁이를 돌아서서도 말할 수 있다. 말소리는 손이 다른 것들을 할 수 있게 해준다. 문제는 말소리가 몸짓보다 더 유리한 적응이라면 그것이 왜 먼저 진화하지 않았는지를 설명하는 것이다.

또 다른 쟁점(MacNeilage, 1988에서 논의된)은 번역의 문제로, 수화가 어떻게 말소리로 번역되는가 하는 것이다. 2장에서 보았듯이, 수화는 손의 위치, 손의 모양, 손의 움직임과 같은 매개변인들에 기초하는 반면, 말소리의 매개변인들은 조음 위치, 조음 방식, 유성음 여부로 둘은 조금 다르다(4장). 하나의 의사소통 체계가 어떻게 다른 의사소통 체계로 진화할 수 있었는지가 분명하지 않다.

뇌 크기와 사회 인지 성도의 변화에 앞서 뇌의 크기가 증가했다는 연구 결과들은 우리가 진화 사건의 고리를 풀어나가는 데 도움을 줌과 동시에 쟁점도 야기한다. 왜 뇌의 크기가 증가하였나? 즉, 어떤 선택 압력이 이러한 발달을 이끌었나? Dunbar(1993, 1998)가 지적했듯이, 뇌의 크기 변화와 함께 얻는 것도 있지만 잃는 것도 있다. 그 중 한 가지는 그런 큰 뇌를 지니고 다닐수록 포식자들로부터 도망가기가 더 어렵다는 것이다. Dunbar(1998)은 "선택 압력이 없다면 큰 뇌는 진화하지 않을 것이다" (p. 93)라고 주장했다.

Dunbar(1998)는 뇌의 크기가 집단의 크기와 비례하여 커졌을 것이라고 보고 있다. 우리의 진화상의 조상들이 더 큰 집단으로 모이기 시작하면서, 집단의 응집과 규율에 관한 기제들이 변하기 시작했다. 즉, 더 큰 사회적 집단을 결속할 수 있는 기제가 필요했던 것이다. 작은 집단들에서는 치장하기(grooming)[3)]가 이런 본질적인 기능을 담당하는데, 치장하기는 침팬지를 포함한 몇몇 영장류들에서 흔히 볼 수 있

---

3) 또는 '몸 손질하기'

는 특징이다. 큰 집단에서는 몇 가지 형태의 의사소통이 그러한 역할을 하기 위해 진화하였을 것이다. Dunbar는 언어가 이러한 필요를 충족시키기 위해 진화하였고, 그것은 어떤 종의 한 구성원이 집단 내의 다른 많은 구성원들과 동시다발적으로 의사소통할 수 있게 해주었다고 주장한다.

이러한 견해를 지지하는 일부 증거들이 있다. 사회적 집단의 크기는 영장류의 신피질 크기와 매우 밀접하게 상관된다(Dunbar, 1992). 사실, Dunbar는 인간의 신피질 크기에 기초하여, 인간의 집단 크기를 약 150명으로 예측하였다. 우리는 이 숫자를 인간사에서 아주 흔하게 볼 수 있다. 예를 들어, 결혼식이나 장례식에 참석하는 사람들의 수를 세어 평균한다면 그 숫자는 150에 가까울 것이다(Dunbar, 1996).

이러한 숫자의 이면에 숨겨진 사실은 집단의 크기가 커질수록 사회적 인지－다른 사람들을 이해하는 능력－는 더 중요해진다는 것이다. 최근 들어 집중적으로 연구되고 있는 사회적 인지의 한 가지 특징적인 측면은 **마음 이론(theory of mind)**으로, 그것은 다른 사람을 의도를 가진 존재로 보는 능력을 말한다. 예를 들어, 만약 내가 당신에게 불쑥 선물을 주면, 당신은 기뻐하면서도 나의 의도를 의심할 것이다. 당신이 맞던 틀리던 다른 사람의 행위를 의도적인 행위로 해석하는 능력은 우리가 인간이 되어가는 과정의 일부이다. 많은 연구자들은 마음 이론을 발달시키는 능력의 부재가 자폐증의 두드러진 특징이라고 보고 있다. 더욱이, 영장류들에게 그와 같은 마음 이론이 결여되어 있다는 주장이 있다(Dunbar, 1998; Tomasello, 1999).

사회적 인지 가설에서는, 우리의 진화상의 조상들의 경우, 언어가 결속장치로서 진화했다고 본다. 불어난 집단 크기는 다른 사람들의 의도를 더 잘 추론할 수 있는 큰 뇌의 진화를 가져왔고, 큰 뇌는 결국 언어의 진화로 이어졌다(Dunbar, 1998). 이 모든 견해에도 불구하고, 여전히 논의가 필요한 쟁점들이 있다(Power, 1998). 그러나 Dunbar의 견해는 언어가 왜 진화했는지에 관한 흥미로우면서도 타당한 설명을 제공한다. 이 견해가 맞다면, 사회적 압력은 언어의 진화를 밀어온 추진력일 것이다.

요약

분명한 것은 아직까지 우리가 언어의 진화에 관해 모르는 것이 훨씬 많다는 것이다. 그러나 학자들은 화석 증거, 영장류의 행동 연구 및 다른 증거들을 한데 묶어 일관되면서도 검증 가능한 설명을 완성해 나가고 있다. 지금까지의 증거들은 언어의 출현이 적응적 가치를 가진다는—즉, 다윈의 자연 선택설의 핵심 주장과 일치하는 가설에 부합한다. 말소리 그 자체가 비교적 최근의 진화 사건이지만 뇌의 크기는 그보다 수백만 년 전에 증가하였고, 따라서 언어의 몸짓 기원의 가능성이 증가하고 있다는 것은 분명한 사실이다. 뇌의 크기 증가는 다시 집단의 크기 증가와 그리고 집단의 응집을 위해 우리의 조상들이 서로를 더 잘 이해해야 할 필요성과 관련되었을 것이다.

복습 문제

1. Geschwind의 모형에 따르면, 당신이 (a) 문장을 듣고 말로 대답하거나 (b) 문장을 보고 말한다면, 뇌의 어떤 영역들이 관여할 것인가?
2. 브로카 실어증, 베르니케 실어증, 전도성 실어증을 그것에 관여하는 뇌 영역들과 관찰되는 언어 수행의 측면에서 구분하라.
3. 언어 기술의 편재화를 분할뇌 환자와 정상인에게서 어떻게 확인할 수 있는지 설명하라.
4. 뇌 영상연구에서 언어 기능과 관련하여 나온 결론은 무엇인가?
5. 어떤 조건하에서 언어 자극이 정상적인 오른손잡이의 우측 귀 우세를 유발할 수 있는가?
6. 언어와 우반구에 관해 수행된 연구들을 요약하라.
7. Gardner 부부는 Washoe을 데리고 한 연구에서 왜 미국 수화를 사용하였는가?
8. 인간 이외의 동물에서 얻어진 소리의 편재화에 관한 증거들을 요약하라.
9. 몸짓 언어가 입말 이전에 진화했음을 시사하는 증거는 무엇인가?
10. 언어 진화에서의 연속성과 관련된 쟁점을 설명하라.

생각해 볼 문제

1. 스페인어와 영어의 이중언어사용자가 브로카 영역에 손상을 입는다면, 어떤 일이 일어날 것인가? 두 언어 모두 영향을 받을 것인가 아니면 한 언어만 영

향을 받을 것인가? 언어의 어떤 측면이 영향을 받을 것인가?

2. 당신의 할아버지가 뇌졸중으로 인해 말하는 능력을 크게 제한받고 있다고 가정해 보라. 이해 기술을 어떻게 판단할 것인가?

3. 어떤 과제에서 한쪽 반구가 다른 쪽 반구보다 훨씬 더 잘 수행한다면, 이것은 그 반구가 자신의 능력과 무능력을 '아는' 것이라고 볼 수 있는가? 어떻게 생각하는가?

4. 침팬지나 다른 동물들이 언어를 습득할 수 있음을 입증하려는 시도들은 불가피하게 언어를 정의하는 것과 관련된 어려움을 겪는다. 당신이 이 점을 입증(또는 반증)하고자 한다면, 당신은 어떻게 할 것인가? 언어의 어떤 측면을 선택하여 가르칠 것인가?

5. 신경과학자는 손상 연구와 뇌 영상 연구들로부터 뇌에서의 언어 기능의 편재화에 대한 결론을 이끌어냈지만, 두 연구 진영의 결론들이 정확하게 일치하는 것은 아니다. 왜 그렇다고 생각하는가?

Chapter 14

언어, 문화 그리고 인지

내가 사용하는 언어의 한계는 내가 경험하는 세계의 한계를 의미한다.

–LUDWIG WITTGENSTEIN(1921, 1961, p.115)

새로운 언어를 배우라. 그리고 새로운 영혼을 가져라.

–CZECH PROVERB

요점

- Whorf 가설은 언어의 구조가 모어 화자의 세계관을 결정한다고 말한다. 언어가 다르면 세계관도 다르다고 가정한다.
- Whorf 가설에 대한 심리학적 연구들은 언어간의 어휘적, 문법적 차이가 다양한 비언어적 인지과정에 영향을 미치는지를 검토하였다.
- 색채어 연구는 Whorf 가설을 강하게 지지하지는 못했다. 어휘집에 관한 다른 연구들이 이 가설에 좀 더 일치하였다.
- 언어에서 볼 수 있는 문법적인 구분은 일부 인지과정의 용이성을 증가시킨다. 하지만 그러한 구분이 없다고 하여 그 과정에 문제가 있는 것은 아니다.

서론

이 장에서는 언어, 문화 및 인지 사이의 상호관계를 고찰할 것이다. 상이한 언어와 문화적 배경을 가진 사람들이 서로 다르게 생각한다는 중심 개념은 우리의 일상적인 경험으로부터 벗어나 있지 않다. 당신과는 다른 모어를 사용하는 사람과 대화를 할 기회가 있었다면, 이따금씩 의사소통에 문제가 발생하고 어떤 개념들은 다른 언어로 쉽게 번역되지 않는다는 것을 발견하였을 것이다. 혹시라도 당신이 유창한 이중언어사용자(또는 다중언어사용자)라면, 자신의 언어에 따라 다르게 생각한다고 주장하는 이중언어사용자나 다중언어사용자들의 말에 동의할지도 모른다.

여기에는 많은 흥미로운 질문들이 있다. 각 언어의 화자들에게 '자연스러운', 특정 양식의 사고가 있는가? 있다면, 그들이 자신에게 '자연스럽지' 못한 다른 방식으로 생각하는 것이 가능한가? 이러한 사고 양식은 언어나 문화에 의해, 아니면 둘 다에 의해 전해지는가? 언어와 문화 사이의 차이를 우리는 과대평가하지 않았는가? 좀 더 깊이 있는 조사를 통해, 다양한 언어적, 문화적 배경을 가진 사람들의 사고 과정에서 근본적인 유사성을 발견할 수 있을 것인가?

이러한 질문들은 인류학자, 언어학자 그리고 심리학자들로부터 주목을 받아왔다. 먼저 이러한 쟁점들을 연구했던 학자들의 아이디어를 검토한 다음, 이상의 질문들과 관련된 실험연구들을 살펴보도록 하자.

Whorf 가설

언어가 사고를 형성한다는 견해는 Benjamin Lee Whorf의 연구와 매우 밀접한 관련이 있다. Whorf는 매사추세츠 공대에서 화학공학 학위를 받은 후, 평생 소방 엔지니어로서 한 보험회사에서 일하였다. 하지만 그는 많은 부업을 가지고 있었다. 그는 과학과 종교 사이의 관계에 매우 흥미가 있었고, 결국 종교는 그를 언어로 이끌었다. 처음에는 언어학을 독학했지만, 결국 그는 예일대의 저명한 언어학자 Edward Sapir와 함께 아메리카 인디언의 언어를 연구하였다.

Sapir(1921)는 일찍이 언어가 실재(reality)를 구조화하는 방식이 다양하다고 주장하였으나, 언어의 차이가 특정 사고 양식을 촉진할 수 있다는 가설을 충분히 발전시키지는 못했다. 그것을 Whorf가 1925년에서 1941년 사이에 저술한 일련의 논문들에서 발전시켰는데, 그 대부분은 Carroll(1956)의 책에 포함되어 있다. 언어가 사고 유형을 형성한다는 생각을 흔히 **Whorf 가설(Whorf hypothesis)**이라고 하며, Whorf의 스승인 Sapir의 역할을 인정하여 **Sapir-Whorf 가설(Sapir-Whorf hypothesis)**이라고도 부른다.

언어 결정론과 언어 상대성

Whorf 가설은 두 부분으로 구성되는데, 그것은 언어 결정론과 언어 상대성이다. **언어 결정론(linguistic determinism)**이란 언어가 어떤 비언어적인 인지과정들을 결정한다는 생각을 일컫는다. 즉, 언어를 학습하는 것이 생각하는 방식을 변화시킨다는 것이다(Bloom & Keil, 2001을 보라). **언어 상대성(linguistic relativity)**은 언어에 의해 결정되는 인지과정들이 언어에 따라 다르다는 주장을 가리킨다. 따라서 상이한 언어의 화자들은 다른 방식으로 생각한다는 것이다.

이러한 문제들에 대한 Whorf의 생각을 한 유명한 인용문에서 볼 수 있다.

> 우리는 모어가 정해 놓은 선을 따라 세상을 구분 짓는다. 우리가 경험하는 현상 세계로부터 분리해 낸 범주들을 우리는 거기서 찾지 못하는데, 왜냐하면 그것들은 너무 분명하게 구분되기 때문이다. 그와는 반대로, 세상은 혼란스럽고 중첩되는 인상들(감각들)로 가득 차 있어서, 그것들을 이해하려면 우리의 마음, 즉 마음 속에 있는 언어 체계로 조직해야 한다. 우리는 세상을 구분 짓고, 그것들을 개념

과 범주들로 조직하며, 거기에 의미를 부여하는데, 왜냐하면 그렇게 조직하기로 우리의 언어 공동체가 합의하였기 때문이다. 그 합의는 공동체내의 모든 화자들에게 적용되며, 우리가 사용하는 언어 형식으로 부호화된다. 물론 합의는 암묵적이며 따로 논의된 바도 없지만, 성공적인 의사소통을 위해서는 반드시 지켜야만 한다. 세상에 대한 감각과 경험을 조직하고 분류하는 합의된 방식을 따르지 않고서는 우리는 결코 서로의 말을 이해할 수 없다. (Carroll, 1956, pp. 213~214)

여기에는 몇 가지 개념들이 있다. 하나는 언어가 실재를 상이한 방식으로 '구분짓는' 것이다. 다른 하나는 이러한 언어의 차이가 암묵적 내지 무의식적이라는 것이다. 즉, 우리는 자신이 사물들을 분류하는 방식을 의식적으로 자각하지 못한다. 셋째는 이러한 언어 차이가 우리의 세계관에 영향을 준다는 것이다. 이런 것들은 난해한 아이디어들이어서 쉽게 실험으로 검증해 볼 수 있는 것들이 아니다. Whorf가 그랬듯이 그의 주장과 관계있어 보이는 다양한 언어들에서 나온 예들을 살펴보도록 하자.

Whorf 가설의 예들

Whorf는 언어 결정론과 언어 상대성이 유효한 개념이라는 것을 보여주기 위하여 많은 예를 제시하였다. 그것은 크게 어휘적인 예와 문법적인 예로 나누어진다.

어휘적인 예 먼저 분화라는 개념을 살펴보도록 하자. **분화(differentiation)**란 어휘집 내의 어떤 영역(예를 들어, 색채, 조류, 과일 등)에 포함된 많은 단어들을 가리킨다. 더 많이 분화된 영역일수록 더 많은 단어들을 가지고 있고, 어떤 것들은 미묘한 색조의 변화처럼 아주 자세하게 구분되기도 한다. Whorf는 언어마다 가장 잘 분화된 영역이 다르다고 주장했다. 즉, 모든 언어는 어떤 영역에서는 분화의 정도가 높고, 다른 영역에서는 분화의 정도가 낮다는 것이다. 이것이 함의하는 바는 분화의 정도가 클수록 문화적으로 유의미한 개념들과 더 많이 관련된다는 것이다.

예를 들어, Whorf는 아메리카 인디언인 Hopi족의 언어에서는 새를 제외한 모든 나는 것들을 가리키는데 하나의 단어가 사용된다는 점에 주목했다(예를 들어, 곤충, 비행기, 비행사 등에 대해 동일한 단어를 사용). Hopi 화자는 어떤 어려움도 보이지 않으면서 이 모든 별개의 대상들을 동일한 단어로 부른다. Whorf는 이런 유목이 우리들에게는 매우 넓은 것처럼 보일지 모르지만, 우리가 사용하는 눈(snow)도 에스키모인들에게는 마찬가지라고 주장했다.

> 우리는 떨어지는 눈, 땅 위의 눈, 얼음처럼 딱딱하게 굳은 눈, 녹기 시작한 눈, 바람에 날리는 눈 등 어떤 상황에서든지 같은 단어를 사용한다. 에스키모인에게 이 모든 것을 포함하는 단어란 생각할 수조차 없다. 그들은 떨어지는 눈, 녹기 시작한 눈이 감각적으로나 기능적으로 다르고, 그것들과 경쟁하는 다른 눈들이 있다고 말할 것이다. 그들은 그것들과 그리고 다른 종류의 눈들에 대해 상이한 단어들을 사용한다.(Carroll, 1956, p. 216)

Whorf는 실재를 분할하는 '자연스런' 방식은 없다고 주장하는데, 즉 언어가 다르면 매우 다른 방식으로 분할한다는 것이다.

눈을 나타내는 에스키모 단어들에 관한 Whorf의 관찰은 Martin(1986; Pullum, 1991도 보라)으로부터 비판을 받았다. Martin은 Whorf와 다른 저자들(예를 들어, Brown, 1958)이 에스키모어와 영어 간의 어휘 차이를 크게 과장했다고 주장한다. 어휘집에 들어있는 단어의 수는 단어를 어떻게 정의하느냐에 따라 다르다는 것이다. 단어의 어근(자유 형태소)만을 센다면 그 수는 하나가 되겠지만, 접미사가 붙은 어근까지 다 센다면 그 수는 엄청나게 늘어날 것이다. Martin은 에스키모 언어의 풍부한 형태소 체계에 주목하지 못한 것이 Whorf와 다른 이들로 하여금 에스키모인들이 영어 화자들에 비해 눈에 대한 단어를 대단히 많이 가지고 있다는 미신으로 이끌었다고 보았다. 형태소를 고려했을 때 에스키모인들은 눈에 대해 열 개 정도의 단어를 가진 것으로 보인다(Pullum, 1991). 그러나 영어도 *slush(진창눈)*, *avalanche(눈사태)*, *blizzard(눈보라)*, *powder(가랑눈)*를 포함하여 여러 개를 가지고 있다. 따라서 에스키모인들이 영어 화자들보다 더 자세하게 분화된 눈 영역을 가지고 있는지는 분명하지 않다.

에스키모 눈 단어들에 대해 어떤 최종적인 합의가 이루어지든지, 다양한 어휘 영역에서 언어마다 분화되는 정도가 다르다는 좀 더 일반적인 생각이 문제가 되지는 않는 것 같다. 궁금한 것은 이러한 차이가 사고에서의 차이를 가져오는가 하는 것이다. Whorf는 우리가 규칙적으로 특정 단어와 마주칠 때 그것이 우리의 습관적인 사고 패턴(즉, 각 사람에게 쉽게 또는 자연스럽게 일어나는 종류의 사고 과정)에 영향을 미칠 수 있다는 의미에서 그렇다고 주장하였다.

Whorf는 화재 발생을 설명하고자 했던 자신의 연구 경험에 기초하여 하나의 예를 제시하였다. 처음에 그는 배선 결함과 같은 물리적인 원인만을 고려하였다. 시간이 지나면서, 그는 심리적인 원인이 중요하다고 생각하게 되었다. 즉, 어떤 개인에 대한 상황의 의미는 화재의 발발과 직접적인 관계가 있었다. 그리고 그 의미는 종종 특정 단어들이 전형적으로 전달하는 의미와 같은 언어적 의미의 형식으로 되어 있었다.

> 따라서 '휘발유 통' 이라고 불리는 저장고 주변에서는 어떤 특정 유형의 행동, 즉 매우 조심하는 행동을 하는 경향이 있는 반면, '빈 휘발유 통' 이라고 불리는 저장고 주변에서는 이와 다르게, 조심하지 않고, 담배를 피우거나 담뱃재를 터는 것과 같은 행동을 하는 경향이 있다. 하지만 오히려 '빈' 통이 가장 위험할 수 있는데, 왜냐면 그것은 폭발성 기체를 담고 있기 때문이다. 물리적으로는 그 상황이 위험하지만, 규칙적인 유추에 따른 언어적 분석은 어쩔 수 없이 위험의 부재를 암시하는 '빈' 이란 단어를 사용해야만 한다. (Carroll, 1956, p. 135)

Whorf는 이것을 언어 결정론, 즉 단어의 힘이 사고 과정에 영향을 미치는 증거로 제시하였다. 우리는 *빈(empty)*이라는 단어 때문에 부주의할 수 있다. Whorf가 '규칙적인(regular)' 유추를 강조했다는 점에도 주목할 필요가 있다. 왜냐하면 우리는 단어에 대한 습관적인 경험에 기초하여 그와 같은 경험을 (불확실하게) 해석하기 때문이다. 그것은 천천히 시간을 두고 우리의 심적 구조로 스며드는 그 무엇이다. Whorf는 우리가 이러한 사고 패턴을 피하여, 적절한 주의를 기울이며(분명히 그는 그랬다) 빈 통을 취급할 수는 없을 것이라고 말하지 않았다. 그러나 이것은 더 적극적인 다른 패턴의 사고이다.

문법적인 예 에스키모에 관한 그의 논평과 같이 Whorf의 어휘적인 예들 중 일부는 상당한 양의 논의를 불러일으켰지만, 그는 언어들 사이의 문법적인 차이에 더 관심이 있었던 것으로 보인다.

영어에서는 명사와 동사의 차이를 기본적인 구분으로 본다. 명사는 *말(horse)*이나 *남자(man)*와 같은, 오래 지속되는 안정된 사건들을 가리키는 반면, 동사는 *치다(hit)*와 *달리다(run)*와 같은 순간적인 행동들을 나타낸다. 그러나 Whorf는 우리가 왜 *번개(lightning)*와 *불꽃(spark)*과 같은 순간적인 사건들을 명사로 분류하는가 라고 묻는다. 그리고 *거주하다(dwell)*, *지속하다(persist)*, *계속하다(continue)*는 왜 동사인가? Hopi어에서 *번개*는 동사인데, 왜냐하면 잠시라도 지속되는 사건은 동사이기 때문이다. Whorf는 또한 Vancouver 섬에서 사용되는 언어인 Nootka를 언급하였는데, 거기에서는 모든 단어들이 동사로 취급되는 듯하다. 이것은 문법적인 특성들이 언어에 따라 어떻게 다른지를 보여주는 하나의 예이다.

문법적 다양성을 보여주는 또 다른 예는 의미를 나타내기 위해 어순이나 형태소를 사용하는 정도와 관계가 있다. 영어에서 대부분의 문장들은 주어-동사-목적어(SVO) 어순을 사용하며, 대부분 이런 경우 첫 번째 명사는 행위자이고 두 번째 명사는 피행위자이다. 이러한 어순은 다소 엄격하게 지켜진다. 동사가 자동사이면(목적어를 갖지 않는 경우), 문장의 나머지 부분은 중단된다. 마찬가지로 첫 번째 명사가 삭제될 때, 그것은 종종 대명사에 의해 대체된다. 다른 언어들은 주어의 삭제를 훨씬 자주 허용한다. 표준 어순에서 벗어나는 중요한 예외가 의문형이다. 영어에서 어순의 일관성은 문장해석을 위한 확실한 단서이다(MacWhinney, Bates & Kliegl, 1984). 영어 화자들에게 SVO 어순을 어기는 언어들은 부자연스럽게 보일 수 있다.

다른 많은 언어들은 의미를 나타내기 위해 어순보다 형태소를 더 광범위하게 사용한다. 2장에서 보았듯이, 영어의 주요 문법 형태소들은 수, 시제, 인칭, 상이다. 스페인어에서 명사는 문법적 성별로 표시된다. 이런 구분은 의미적 구분(즉, 남성 대 여성 목적어)과 대응하지 않지만, 단순히 언어 사용자들이 습득해야만 하는 언어의 형식적 속성이다.

한편, 다른 언어들에서 발견되는 일부 문법적 구분은 의미적으로 중요한 것 같다. 몇몇 인디언 언어들은 분명한 근거를 대기 위해 동사를 활용한다. 예를 들어, 문장 (1)을 살펴보자.

(1) John is chopping wood.

Wintu어에서는 이러한 사실에 대해서 눈에 보이는 직접적인 증거가 있다면 동사에 어떤 굴절이 붙고, 만약 그것이 소문이라면 다른 종류의 굴절이 그리고 그것이 규칙적인 사건이라면 또 다른 종류의 굴절이 붙는다(Lee, 1944, 1987). 이것은 Brown(1958, p. 254)이 말했듯이, Wintu어 화자들은 자기가 한 말에 대해 '계속해서 증거를 붙잡고 있어야' 함을 시사한다.

마찬가지로, 누구도 *I was riding a horse*라는 영어 문장을 나바호(Navaho)어로 바로 번역할 수는 없다. 문장의 구조가 *I was pounding a nail*과 비슷함에 주목하라. *I*는 행위자이고 *the nail*은 행위의 대상이다. Navaho어에서, (말을) 타는 행위는 타는 사람과 말 사이에서 공유된다. 자신이나 말에게 무언가를 한 사람이나 동물은 없다. 인정하기 어렵겠지만, 최상의 번역은 *I was animaling-about with the horse*이다

(Elgin, 2000). 못을 치는 것보다 다른 사람과 함께 춤을 추는 것에 더 가깝다.

Whorf는 이와 같은 문법적 구분이 사람들이 생각하는 방식뿐만 아니라 그들의 전반적인 세계관에 영향을 끼친다고 믿었다. 영어에서는 Whorf가 개별 명사(흔히 가산명사로 알려진)라고 한 것과 물질명사 사이에 구분이 있다. 11장에서 논의했듯이, 가산명사는 뚜렷한 윤곽을 가진 물체(예를 들어, tree, stick, hill)를 가리키는 반면, 물질명사는 분명한 경계가 없는 대상들(예를 들어, air, water, rain)을 가리킨다. 언어학적으로 가산명사는 복수형태소를 가지지만 물질명사는 가질 수 없다는 차이가 있다. 따라서 우리는 *trees, sticks, hills*라고는 하지만, *airs, waters, rains*라고 말하지는 않는다. 또한 가산명사는 단수 부정관사 *a*를 가지지만, 물질명사는 가지지 않는다. 반면에 Hopi어에는 물질명사가 없다.

영어 물질명사를 직접 복수로 만들 수 없지만, 가산명사+*of*+물질명사 형식의 구를 사용함으로써 그렇게 할 수 있다. 그러므로 *waters*나 *sands*라고 말할 수는 없더라도 *bodies of water*나 *buckets of sand*라고 말할 수 있다. 그러나 이러한 표현 형식은 Whorf에 따르면 인지적인 결과물인데, 왜냐하면 그것은 우리로 하여금 '내용물' (물질)을 담고 있는 '용기' (형식)인 대상들을 생각하게끔 만들기 때문이다. 형식과 물질 사이의 이러한 구분은 객관적인 실재의 필수적인 특징은 아니다. 예를 들어, 버터와 고기와 같은 어떤 대상들은 분명한 경계를 가지지만, 문법적으로는 물질명사로 취급된다(예를 들어, *two butters*가 아니라 *two sticks of butter*로). 따라서 Whorf는 영어 화자들이 이러한 문법적인 구분 때문에 사물들이 형식과 물질로 구성되어 있는 것으로 생각한다고 주장했다.

이 시점에서 던질 수 있는 근본적인 질문은 Whorf의 주장이 설득력이 있는가 하는 것이다. 대부분의 심리학자들은 몇 가지 이유로 인해 확신하지 못하고 있다. A. H. Bloom(1981)은 Whorf의 견해가 인지 구조를 강조했기 때문에 Whorf가 저술하던 당시에 팽배했던 행동주의적 심리학의 전통과 잘 맞지 않았다고 주장했다. Whorf가 강조했던 상대주의는 언어의 보편성을 강조하였으며 뒤에 Chomsky에 의해 옹호되었던, 언어에 대한 합리주의적 접근과도 잘 맞지 않았다. 세 번째 이유는 좀 더 방법론적인 것이었다. Whorf의 가설을 검증하기 위해서는 언어와 인지를 각각 독립적으로 평가할 필요가 있다. 특히 (비언어적인) 인지 과정과 그것에 영향을 미친다고 Whorf 가설에서 가정되는 언어적인 특징들은 독립적으로 평가될 필요가 있다. Whorf는 많은 언어적인 구분들에 관해서는 논의했지만, 그것들의 인지적인 결과들에 대한 증거는 아무것도 제공하지 못했다. 이 장의 나머지 부분에서는

Whorf 가설에 관한 다양한 실험적인 검증들을 살펴볼 것이다.

요약

Whorf 가설은 우리의 언어가 세상에 대해 우리가 생각하는 방식을 형성한다고 주장한다. 그 가설은 두 부분으로 이루어져 있다. 언어 결정론은 언어가 (비언어적인) 인지과정을 결정한다고 주장하고, 언어 상대성은 그 결과에 의한 사고과정이 언어마다 다르다고 주장한다. Whorf는 언어가 어떻게 인지에 영향을 미칠 수 있는지에 관한 많은 어휘적, 문법적인 예들을 제시했지만, 그의 가설을 지지하는 설득력 있는 증거를 보여주지는 못했다.

인지에 대한 어휘의 영향

Whorf 가설에 대한 실험적 검증에서는 두 집단, 즉 어휘 수준을 검토하는 집단과 문법 수준을 검증하는 집단으로 나누어진다. 하지만 이들 연구를 살펴보기 전에 언어 상대성 가설을 검증하기 위해 무엇이 필요한지를 먼저 살펴보도록 하자.

Whorf 가설의 검증

언어의 차이가 사고의 차이를 결정한다는 가설을 검증하고자 하는 연구라면 먼저 세 가지 핵심 용어를 정의해야 한다. 첫째, '언어의 차이'가 무엇을 의미하는지를 정의할 필요가 있다. 이것은 두 가지 방식으로 이루어져 왔는데, 그 중 하나는 특정 개념의 구분을 언어적으로 표시하는 언어와 그렇지 않은 언어를 비교하는 것이다. 따라서 명시적인 언어적 표지의 유무가 여기서 관심의 대상이 되는 언어의 차이이다. 많은 연구들이 이런 식으로 문제에 접근해 왔지만, 또 다른 가능성은 동일한 구분을 다른 식으로 표시하는 두 언어를 비교하는 것이다. 이러한 비교는 한 언어가 개념을 표시하는지가 아니라 그 언어가 그것을 어떻게 표시하는가에 초점을 둔다. 앞서 보았듯이, 영어는 복수형태소를 사용하여 수를 표시한다. 이 때 하나의 비교 대상은 수를 표시하지 않는 언어가 될 것이고, 또 다른 비교의 대상은 다른 방식으로 수를 표시하는 언어가 될 것이다.

둘째, 우리는 '사고의 차이'를 만족스러운 방식으로 정의할 필요가 있다. 한 사람의 세계관을 측정한다는 것은 분명히 어려운 일이다. 그러나 Whorf가 습관적인 사고양식을 드러내는 사고의 측면들에 특별한 관심을 가졌다는 것을 기억해야만 한다. Lucy(1992b)는 습관적 사고를 '사물과 사건에 주목하고, 그것들을 범주화하고, 기억하고, 그것들에 대해 반성하기도 하는 일상적인 방식'으로 정의했다(p. 7). 그 양식은 특수한 사고, 즉 한 문화 내에서의 특정 하위집단(기술전문가와 같은)이나 특정 영역(혈연이나 질병과 같은)에 제한되는 인지적인 절차나 구조들로 이루어진다. 뒤에서 보겠지만, 심리학자들과 인류학자들은 형태지각, 색채지각, 수학적 사고, 논리적 추론을 포함하여 광범위한 인지과정을 연구해왔다. 우리는 이러한 연구들을 논의하면서 그것들이 사고의 습관적인 양식이나 특수화된 양식을 잘 나타내는지를 살펴볼 것이다.

마지막으로, 우리는 언어가 사고를 '결정한다'라고 말하는 것이 무엇을 의미하는지를 명확하게 할 필요가 있다. 언어 결정론 가설은 최소한 두 가지로 다르게 해석될 수 있다. 강한 가설은 언어가 인지를 결정한다는, 즉 언어 범주의 존재가 인지 범주를 생성한다고 주장한다. 이런 견해에 따르면, 공중에서 움직이는 상이한 대상들을 가르키는 용어가 있다는 것이 새와 비행기를 변별하는 인지 능력을 만들어낸다. Whorf가 한 말들 중 일부는 그가 강한 언어 결정론을 믿었다는 것을 시사하지만, 최근에 그의 연구를 해석한 사람들은 그렇지 않다고 주장한다(예를 들어, Schwanenflugel, Blount & Lin, 1991의 논의를 보라). 어쨌든, 강한 가설에 대한 증거는 없다. 오히려 이러한 견해를 직접적으로 반박하는 것으로 보이는 일부 증거들이 있다(Romanowkski & Siegal, 2005).

대신 약한 가설은 언어적 범주의 존재가 다양한 인지적 조작이 수행되는 용이성에 영향을 미친다고 주장한다. 어떤 사고 과정들은 다른 언어 공동체의 구성원들에 비해 특정 언어 공동체의 구성원들이 훨씬 접근하기가 쉽고 수행하기도 쉬울 수 있다. Hockett(1954)의 표현처럼, "언어간의 차이는 그것으로 무엇을 말할 수 있는가 없는가의 차이라기보다는 그것으로 무엇을 얼마나 상대적으로 쉽게 말할 수 있는가 하는 차이이다"(p. 122). 이러한 가설이 바로 우리가 논의하게 될 대부분의 연구들을 이끌었던 가설이다.

색채어

어휘 수준에서 색채 단어들에 관한 많은 연구들이 이루어졌다. 이것은 부분적으로 각 언어들이 색채 영역의 분화에서 큰 차이를 보인다는 사실에 기인한다. 영어 같은 언어는 많은 색채어를 가지고 있지만, 어떤 언어는 겨우 두 개밖에 갖고 있지 않다. 따라서 그와 같이 다른 언어의 화자들이 근본적으로 비슷하거나 다른 방식으로 색채를 지각하고 생각하는지를 묻는 것은 자연스러운 일이다.

부호화 용이성 색채 인지에 관한 많은 연구들에서 볼 수 있는 하나의 개념은 **부호화 용이성(codability)**이다. Brown(1958; Lenneberg, 1953도 보라)은 부호화 용이성을 언어 표현의 길이로 정의하였다. 분화에 관한 논의에서 보았듯이, 어떤 언어는 특정 사물이나 사건을 가리키는 데 사용하는 단어가 하나밖에 없는 반면, 어떤 언어는 그렇지가 않다. 어떤 언어가 그런 경우를 가르키는 특정 단어를 가지고 있지 않더라도 그 언어의 화자는 여전히 그것을 가리킬 수 있지만, 그렇게 하려면 단어들을 조합해야 할 것이다. Brown의 말에 의하자면, 그와 같은 목적으로 하나의 단어가 사용되는 것에 비해 구(절)가 사용될 경우, 부호화 용이성은 낮다고 할 수 있다.

Brown(1958)은 언어 표현의 사용 빈도, 그것의 길이(부호화 용이성) 그리고 그것이 사용되기 쉬운 정도 사이의 관계를 제안하였다. 빈도와 길이 사이의 관계는 **Zipf의 법칙(Zipf' s law)**이라는 것으로 표현된다. 오래 전에 Zipf(1935)는 중국어, 라틴어, 영어를 조사하여, 단어의 길이가 단어의 사용빈도와 부적으로 상관된다는 것을 발견하였다. 즉, 어떤 단어가 그 언어에서 사용되는 빈도가 높을수록, 그 길이는 짧다는 것이다(음소나 음절로 측정하였을 때). 영어는 Zipf의 법칙에 맞는 많은 예들을 가지고 있다. 대량생산된 신기술이 사회에 소개될 때, 처음에 사용했던 길고 성가신 이름들은 부르기 쉽도록 짧아진다(예를 들어, *videocamera-videocassette recorder*는 *camcorder*가 되었다). Whorf가 관찰했던 영역들에서의 분화 차이는 Zipf의 법칙을 보이는 특별한 예일 것이다.

예를 들어, 어떤 대상을 매우 빈번하게 가리키는 문화에서는 그 대상을 하나의 짧은 이름으로 나타낼 것이다. 그것이 적당한 빈도이면 좀 더 긴 이름으로 그리고 낮은 빈도이면 구로 나타낼 것이다. 부호화 용이성과 표현의 용이성 간의 관계는 여러 실험에서 연구되었다. Brown과 Lenneberg(1954)는 24개의 다른 색에 대한 대학생들의 반응을 조사하였다. 사전에 전문가들에게 일련의 색편들을 보여주고 어느 것이 질문에 포함된 색의 가장 좋은 예인지를 판단하도록 요청하였다. 전문가들은

8개의 중심색과 비교를 목적으로 포함된 16개의 다른 색들로 이루어진 목록을 만들었다. 그런 다음, 대학생들은 24개의 색을 한번에 하나씩 보면서 각 색의 이름을 명명해야 했고, 그것에 걸린 반응시간이 측정되었다. Brown과 Lenneberg는 대학생들이 긴 이름(즉, 부호화 용이성이 낮은)을 사용하여 색을 명명할 때는 더듬거렸고, 사람마다 일치하지 않았으며, 반응에 일관성이 없다는 것을 발견하였다.

언어간 연구 이러한 결과들은 한 언어가 가진 짧은 언어 표현의 존재가 특정 인지과정에 영향을 미친다는 것을 시사한다. 하지만 언어 결정론의 주장을 평가하기 위해서는 상이한 언어에서 색채어의 효과를 연구해 볼 필요가 있다. Berlin과 Kay(1969)는 다양한 언어의 색채어를 조사하였다. 그들은 색채어의 수가 언어에 따라 상당한 차이를 보이며, 그것들이 사용되는 데 어떤 순서가 있음을 발견하였다. 그들은 모든 언어가 소수의 **기본 색채어(basic color terms)**를 가지고 있다는 것을 발견하였다. 그것들은 하나의 형태소로 이루어져 있고(예를 들어, *blue*), 다른 색에 포함되지 않으며(예를 들어, *crimson*은 *red*의 범주에 포함된다), 적은 수의 대상에 국한되지 않는다(예를 들어, *blond*는 주로 머리카락의 색에 제한된다). 더욱이, 각 언어는 11개의 색이름 목록, 즉 *하양(white)*, *검정(black)*, *빨강(red)*, *노랑(yellow)*, *초록(green)*, *파랑(blue)*, *갈색(brown)*, *보라(purple)*, *분홍(pink)*, *주황(orange)*, *회색(gray)*으로부터 기본 색채어를 가져온다. 또한 Berlin과 Kay는 11개의 색이름이 위계를 갖는다는 것을 발견하였다. 영어와 같은 일부 언어들은 11 개를 모두 사용하는 반면, 다른 언어들은 겨우 2개밖에 사용하지 않는다. 어떤 언어가 2개의 색이름만을 사용할 때도 그 선택이 무선적인 것은 아니며, 항상 *검정*과 *하양*이 먼저 출현한다(가끔 dark와 light로 번역된다). 세 번째 색채어로는 항상 *빨강*이 온다. 전체 위계는 다음과 같다.

										보라
검정	→	빨강	→	노랑	→	파랑	→	갈색	→	분홍
하양				초록						주황
										회색

따라서, 네 개의 색채어를 가진 언어는 *검정*, *하양*, *빨강* 그리고 *노랑* 또는 *초록*이다. 일곱 개의 색채어를 가진 언어는 여기에 *파랑*과 *갈색*이 추가된다. 말하자면, Berlin과 Kay는 색채어에서 어떤 보편 구조를 발견하였던 것이다.

Berlin과 Kay의 연구에 기초하여, Rosch(원래 이름은 Heider)는 검정과 흰색에 해당하는 두 개의 색채어만을 가진 New Guinea 원주민인, Dani족을 대상으로 일련의 연구를 수행하였다. 특히 Rosch는 Berlin과 Kay가 **초점색(focal colors)**이라고 불렀던 것에 관심을 가졌는데, 그것은 다양한 기본색을 가장 잘 나타내는 예(가장 파란빛의 파랑과 같은)이다. Rosch는 초점색이 비초점색보다 지각적으로 더 현저하고(salient), 그 현저성이 색에 대한 부호화 용이성과 기억 용이성에 영향을 미친다고 주장했다. Rosch(Heider, 1972)는 Dani 원주민과 미국인을 상대로 색편들을 제시한 다음, 그것들의 색이름을 묻는 과제를 실시하였다. Rosch는 미국인들이 대체로 나은 수행을 보였지만, 초점색에 대한 기억은 두 집단 모두 비초점색에 대한 기억보다 우월하다는 것을 발견하였다. 후속된 연구에서 Rosch(1973)는 초점색들이 범주의 중앙에 있을 때 Dani 원주민들도 색채 범주의 이름을 배울 수 있음을 보여주었다. 분명한 것은 Dani 원주민들이 색채 어휘수의 큰 차이에도 불구하고 미국인들과 마찬가지로 많은 색을 배우고 기억할 수 있다는 것이다.

이러한 연구의 아이러니는 색채어 연구가 Whorf 가설의 타당성을 보여주기 위한 시도로 시작되었다는 점이다. 그러나 Rosch의 연구들은 언어 상대성 가설을 지지하지 않았으며, 오히려 그것을 혼란에 빠뜨렸다. “간단히 말해, 사고에 미치는 언어의 효과를 알아보고자 하는 연구에는 잘 맞지 않고, 대신 색채 공간은 언어 범주의 형성과 지시에 미치는 지각적-인지적 기저 요인들의 영향을 보여주는 중요한 예가 될 것이다” (Heider, 1972, p. 20).

이러한 연구들로 인해 몇몇 연구자들(예를 들어, Clark & Clark, 1977)은 아무것도 Whorf 가설을 지지하지 않는다고 결론지었다. 하지만 다른 연구자들은 색채 영역의 일반성뿐만 아니라 색채 인지와 관련된 Rosch의 결론에 의문을 던졌다. Lucy와 Shweder(1979)는 Heider가 사용한 초점색이 비초점색보다 지각적으로 더 변별하기 쉬웠다고 주장한다. 초점 여부가 색의 내적인 속성인 반면, 변별 용이성은 주변 색들에 상대적인 것이다. 그들이 변별 용이성을 위해 실험을 통제했을 때, Lucy와 Wchweder는 장기기억 재인에서는 차이를 보이지만 단기기억 재인실험에서는 초점색과 비초점색 사이에 아무런 차이가 없다는 것을 발견하였다.

Kay와 Kempton(1984)은 파랑-초록에 대해 하나의 색채어만 가지고 있을 뿐 각각에 대한 개별 색채어를 가지고 있지 않는 멕시코 인디언어인 Tarahumara어 화자들과 영어 화자들의 수행을 비교하였다. 그들은 실험참가자들에게 세 개의(triads) 색을 제시하였는데, 그 중 두 개의 자극은 확실히 파랑과 초록의 사례였지만 세 번째 자극은 그 둘 사이에 위치하는 색이었다. 그런 다음, 실험참가자들에게 세 번째 색편이 첫 번째와 두 번째 색편 중 어느 것에 더 가까운지를 판단하라고 요구하였다. 영어 화자들은 파랑-초록 경계의 한쪽과 다른 한쪽에 있는 색편들로 분명하게 구분하였지만, Tarahumara 화자들은 그렇게 하지 못했다. 두 번째 연구에서 Kay와 Kempton은, 영어 화자들에게 중간에 위치한 색편을 파랑과 초록으로 모두 부르도록 유도했을 때는 그 효과가 사라진다는 것을 확인하였다. 따라서 색채 지각은 우리가 그것을 가리키기 위해 사용하는 용어들에 좌우되는 것으로 보인다.

최근에 Roberson, Davies, Davidoff(2000)는 영국 화자들과 다섯 개의 기본 색채어만을 가진 Papua New Guinea 언어인 Berinmo어 화자들을 대상으로 지각적 판단과 기억 수행을 조사하였다. 연구자들은 언어 범주가 색채에 대한 지각과 기억에서 유의미한 효과를 가진다는 것을 발견하였다. 하지만 이 (흥미로운) 연구의 한 가지 제한점은 실험참가자들이 오지의 매우 작은 공동체에 속한 사람들이라는 점이다. 따라서 후속연구는 Namibia에서 사용되는 Herero어의 한 방언인 Himba어 화자들을 조사하였는데, 그들의 인구는 훨씬 많았다(Roberson, Davidoff, Davies & Shapiro, 2005). 두 번째 연구에서도 비슷한 결과를 얻었다.

Kay와 Regier(2006)는 최근에 이러한 논쟁의 방향이 잘못된 길로 가고 있다고 주장했다. 색채 영역에서의 논쟁은 대개 두 가지 질문에 초점을 두었다.

- 언어간 색채 명명이 주로 자의적인 언어 관습의 문제인가?
- 색채 명명의 언어간 차이가 그것에 상응하는 색채 인지의 차이를 야기하는가?

'상대주의자'는 대개 두 질문에 대해 모두 예라고 대답하고, '보편주의자'는 둘 다 아니오라고 대답한다. Kay와 Regier는 정확한 대답은 각각 아니오와 예가 될 것이라고 주장한다. 즉, 색채 범주에 관한 보편적인 제약이 있지만(Kay & Regier, 2003), 그러한 제약 내에서의 언어적 차이는 색채 인지와 지각에 영향을 미친다(Roberson, Davies & Davidoff, 2000).

결론적으로, 이러한 결과들은 어떤 조건하에서 우리가 색을 지각하고 기억하는 방식이 우리가 그것을 가리키기 위해 사용하는 언어와 관계가 있다는 것을 시사한다. 따라서 색채 영역은 언어 상대성이라는 약한 가설을 지지하는 것으로 보인다.

숫자어

또 다른 연구들은 어휘집이 사고 과정에 어떻게 영향을 미치는지와 관련이 있다. 이러한 연구들은 아시아 언어들(중국어, 한국어, 일본어)과 영어가 보이는 숫자이름에서의 형태소 차이가 아동들의 숫자 개념과 궁극적으로 그들의 수학적 성취에 어떤 영향을 미치는지를 조사하였다.

여기에서 언어적 구분은 상이한 언어들이 명명하는 숫자에 있는 것이 아니라 그 언어들이 그것을 어떻게 명명하는가에 있다. 영어의 숫자명명체계는 비교적 복잡하다. 예를 들어, 숫자 11과 12의 이름은 1과 2의 이름과는 무관하다. 13에서 19까지의 이름들은 일자리 이름 다음에 십자리 이름이 온다(예를 들어, *seventeen*). 하지만 20과 99 사이의 숫자 이름들에서는 십자리 이름 다음에 일자리 이름이 온다(예를 들어, *thirty-three*). 반면에, 중국어와 같은 아시아 언어들은 훨씬 규칙적이다. 11과 99 사이의 숫자 이름들은 십자리 이름 다음에 일자리 이름이 따라온다. 예를 들어, 18에 해당하는 중국어 단어는 *십 팔*이고 35에 해당하는 단어는 *삼십 오*이다. 10 이하와 100 이상의 숫자들에서는 영어와 중국어 명명체계가 비슷하다(Hurford, 1987).

아시아 언어들이 보이는 큰 규칙성은 아동들이 숫자들의 이름을 습득함에 있어 같은 나이의 영어 화자들보다 훨씬 쉽게 배울 것이라는 점을 시사한다. 몇몇 증거들은 그것이 사실임을 보여준다. Miura(1987)는 미국과 일본의 초등학교 1학년 아동들을 연구하였다. 아동들에게 십진수(base-ten) 블록 세트를 사용하여 숫자를 나타내는 것을 보여주었다. 그 세트는 흰색 일자리 블록들과 열 개의 일자리 블록에 해당하는 값을 가진 보라색 십자리 블록들로 이루어져 있었다. 첫 시행에서 아동들에게 카드에 적힌 숫자를 자신의 모어로 읽은 다음 블록으로 그것을 보여줄 것을 요구했다. 5분 동안 그렇게 한 다음, 두 번째 시행이 주어졌다. 열 개의 일자리 블록들과 하나의 십 자리 블록이 같은 값이라는 것을 상기시킨 다음, 각 숫자를 다른 방식으로 보여줄 것을 요구하였다.

Miura는 과제에 대한 세 가지 접근을 구분하였다. 표준적인 접근(canonical approach)은 숫자 42에 대해 네 개의 십자리 블록과 두 개의 일자리 블록을 사용하는 것처럼 일자리 블록 자리에 아홉 개 이상의 일자리 블록을 놓지 않는 것이다. 비표준적인 접근(noncanonical approach)은 숫자 42에 대해 세 개의 십자리 블록과 열두 개의 일자리 블록을 사용하는 것처럼, 십자리 블록과 아홉 개 이상의 일자리 블록을 조합하는 것이다. 마지막으로, 일대일 모으기(one-to-one collection)는 마흔

두 개의 일자리 블록을 사용하는 것처럼 일자리 블록만을 사용하는 것이다.

결과는 첫 시행에서 일본 아동들이 미국 아동들보다 표준적인 접근을 두 배나 많이 사용하는 것으로 나타났다. 미국 아동들은 첫 시행에서 일대일 모으기를 사용하는 경향이 있었다. 다른 접근방식을 만들어 보라고 하자 미국 아동들은 두 번째 시행에서 표준적인 접근을 사용하였다. Miura는 또한 두 번째 시행에서는 일본 아동들이 미국 아동들보다 비표준적인 접근을 더 많이 사용한다는 것도 발견하였다. Miura는 한국과 중국의 초등학교 1학년생들을 대상으로 비슷한 결과를 얻었다(Miura, Kim, Chang & Okamoto, 1988).

더욱이, 명명체계에 대한 분석에서 예상되었듯이 11과 99 사이의 숫자 범위는 가장 큰 차이를 보여준다. 1에서 10까지나 99 이상의 숫자를 세는 데 있어서 중국의 학령전 아동들은 미국의 학령전 아동들과 별 차이가 없었다(99 이상을 셀 수 있는 아동들이 거의 없었지만). 그러나 11에서 99까지의 숫자를 세는 데 있어서는 중국 아동들이 같은 또래의 영어를 사용하는 아동들보다 월등했다(Miller, Smith, Zhu & Zhang, 1995).

추가적인 연구들은 중국어 화자들이 영어 화자들보다 숫자를 훨씬 빨리 발음하며(Hoosain, 1986; Hoosain & Salili, 1987), 숫자 발음의 속도와 수학 성적 사이에 상관이 있음을 시사한다(Ellis & Hennelly, 1980). 마찬가지로, Miura와 Okamoto(1989)는 중국 아동들이 영어를 사용하는 아동들보다 자리값(place value)을 더 잘 이해하고 수학 성적도 높다는 것을 발견하였다. 이러한 연구결과는 자리값을 가르치는 방략이 수학 성적을 향상시킬 수 있음을 시사하며, 그와 같은 생각을 지지하는 일부 증거들이 있다. Fuson, Smith, Lo Cicero(1997)는 십진수 개념을 구체적으로 가르치는 것이 성적이 저조한 초등학교 1학년생인 라틴계 미국인 아동들의 계산 능력을 향상시킨다는 것을 발견하였다.

지금까지의 연구들은 언어를 사용하여 숫자를 나타내는 방식이 수학적 사고에 영향을 미친다는 결론으로 수렴된다. 아시아권 아동들과 미국 아동들 사이의 수학 성적 차이를 보여주는 증거들이 많이 보고되었고(Stevenson, Lee & Stigler, 1986), 그러한 차이에는 분명히 부모들의 관심, 교수법, 폭넓은 문화적 차이 등 많은 기여 요인들이 있을 것이다. 그럼에도 불구하고, 한 사람이 배우는 언어는 수학 교육에서 어떠한 역할을 한다. Miura는 숫자에 관해 생각하는 방식이 중국어와 영어에서 근본적으로 다르다는 점을 강조한다. 즉, 아시아권 아동들은 단순히 수학적인 과제에서만 우수한 것이 아니다. 그들은 과제에 다르게 접근하는 것으로 보인다.

대상어

유아들이 대상들과 관련된 이름을 어떻게 배우는지에 관한 최근의 연구들도 여기에서 관계가 있다. 여러분은 대상 영속성과 언어 습득 간의 관계를 논의했던 10장의 연구를 기억할 것이다. 몇몇 연구자들(예를 들어, Gopnik, 2001)이 내린 결론은 대상의 이름과 관련된 개념 범주는 우리가 언어를 배우기 전에 구성되는 것이 아니라 배우는 시점에서 구성된다는 것이었다. 그렇다면 우리는 상이한 언어를 습득하는 아동들에게서 다른 종류의 초기 대상어를 볼 수 있을지도 모른다.

Gopnik과 Choi(1990)는 한국어 화자 아동들의 언어 및 인지 발달을 조사하였다. 영어와 비교했을 때 한국어는 사용되는 명사의 수가 적고, 가리키고 있는 것이 무엇인지 맥락적으로 분명할 때 명사의 생략을 허용한다(Clancy, 1985). Gopnik과 Choi는 영어사용 아동들과 비교하여 한국어사용 아동들이 범주화 과제와 명명 폭발(naming explosion)에서 늦다는 것을 발견하였다.

후속연구(Gopnik & Choi, 1995; Gopnik, Choi & Baumberger, 1996)에서는 한국어사용 아동들이 수단-목표 능력과 성공/실패 단어에서 영어사용 아동들보다 우월하다는 것을 발견하였다. 반면에, 영어 화자들은 범주화와 어휘 폭발에서 우월하였다. 이러한 형태의 자료는 한국어를 사용하는 엄마들이 영어를 사용하는 엄마들보다 동사는 많이 사용하고 명사는 적게 사용한다는 관찰과 관련이 있는 것으로 보인다(Gopnik, Choi & Baumberger, 1996). 따라서 아이들에게 들려준 말에서 명사와 동사의 우세성은(그것들이 사용되는 방식뿐만 아니라; Gopnik, 2001을 보라) 특정 인지의 성취시기에 영향을 미치는 것으로 보인다.

공간어

Bowerman과 Choi(2001)는 이 장의 도입부에서 던졌던 질문—인지와 언어 중 어느 것이 먼저인가—을 논의하면서 상호작용적 입장을 취하였다. 아동들의 초기 단어 의미는 이미 존재하는 개념들을 위한 꼬리표(인지적 입장)도 아니고, 전적으로 언어가 그것을 필요로 하기 때문에 구성된(Whorf 가설) 것도 아니다. 오히려 그것들은 기존의 인지적 발달과 입력되는 언어가 가진 의미적 범주와의 상호작용의 결과이다.

Bowerman와 Choi(2001)는 공간어(spatial terms)의 습득에 관한 증거들을 개관한 다음, 언어들 사이에 본질적인 유사성이 있다고 결론지었다. 공간어의 습득 순서에는 비교적 일관성이 있다. 어떤 단어들(*뒤*나 *앞*과 같은)은 과소 확장되는 경향이 있고, 다른 단어들(*열린*과 같은)은 과잉 확장되는 경향이 있으며, 이러한 패턴 역시 언어간에 일관성이 있다. 또한 어떤 공간어들은 다소 빠르게 일반화된다. 이 모든 결과들은 아동들이 자신의 모어가 부호화하는 특정 공간어를 배우기 전부터 풍부한 공간 지식을 가지고 있음을 시사한다.

동시에 Bowerman과 Choi(2001)는 공간어에 상당히 심한 언어간 변이가 있음을 확인하였다. 예를 들어, 영어와 한국어는 상당히 다르다. 영어에서는 놓는 것(putting on)과 넣는 것(putting in)을 기본적으로 구분한다. 한국어는 영어에서는 친숙하지 않는 속성을 표시하는 단어(*끼다*)를 사용하는데, 서로 보완적인 형태의 두 대상이 맞물려 꼭 끼는 경우에 사용된다. 이것은 비디오테이프를 케이스에 넣거나, 퍼즐 조각을 맞추거나, LEGO를 쌓거나, 반지를 손가락에 끼우는 것과 같은 다양한 경우에 적용된다. 영어에서는 앞의 두 경우는 *넣은 것*으로 간주되고, 뒤의 두 경우는 *놓은 것*으로 여겨진다는 데 주목하라. 사실, 한국어는 입구가 좁은 용기에 물건을 넣는 것과 그릇에 사과를 담을 때처럼, 넓은 용기에 넣는 것을 구분한다(그림 14.1을 보라).

Choi와 Bowerman(1991; Bowerman, 1996)은 한국어와 영어에서의 초기 공간어 습득을 비교하여 유의미한 차이를 발견하였다. 두 집단의 아동들 모두 생후 14개월에서 16개월 정도가 되어 공간어를 사용하기 시작했지만, 그것을 사용하는 방식에서는 차이가 있었다. 영어를 말하는 아동들은 물건을 용기에 넣는 것과 그것을 표면에 놓는 것을 구분하였지만, 대상이 입구가 좁거나 넓은 용기에 맞는지는 주목하지 않았다. 반면에 한국어를 배우는 아동들은 용기의 입구가 좁은 것과 넓은 것을 구분하였다.

또 다른 언어간 연구는 Golinkoff와 Hirsh-Pasek이 선도했던 이해 시간 패러다임(10장에서 논의된 바 있는)을 사용하였다. 이 연구에서 18개월에서 23개월 사이의 아동들은 이미 *안(in)*과 *끼다(kkita)*를 이해하는 것으로 보인다. 대부분의 아동들이 아직 그러한 단어들을 말하지는 못하므로, 언어-특정적인 문법 속성에 대한 민감성은 말을 하기 이전에도 작동하는 것 같다(Choi, McDonough, Bowerman & Mandler, 1999).

이러한 연구들에 따르면, 한국어의 의미 습득은 한국어를 배우는 유아들의 세상에 대한 개념화에 영향을 미치는 것이 분명하다. 그러나 그 영향의 본질이 완전히 밝혀진 것은 아니다. Whorf 가설의 강한 주장이 가정하는 것처럼, 해당 용어들이 있

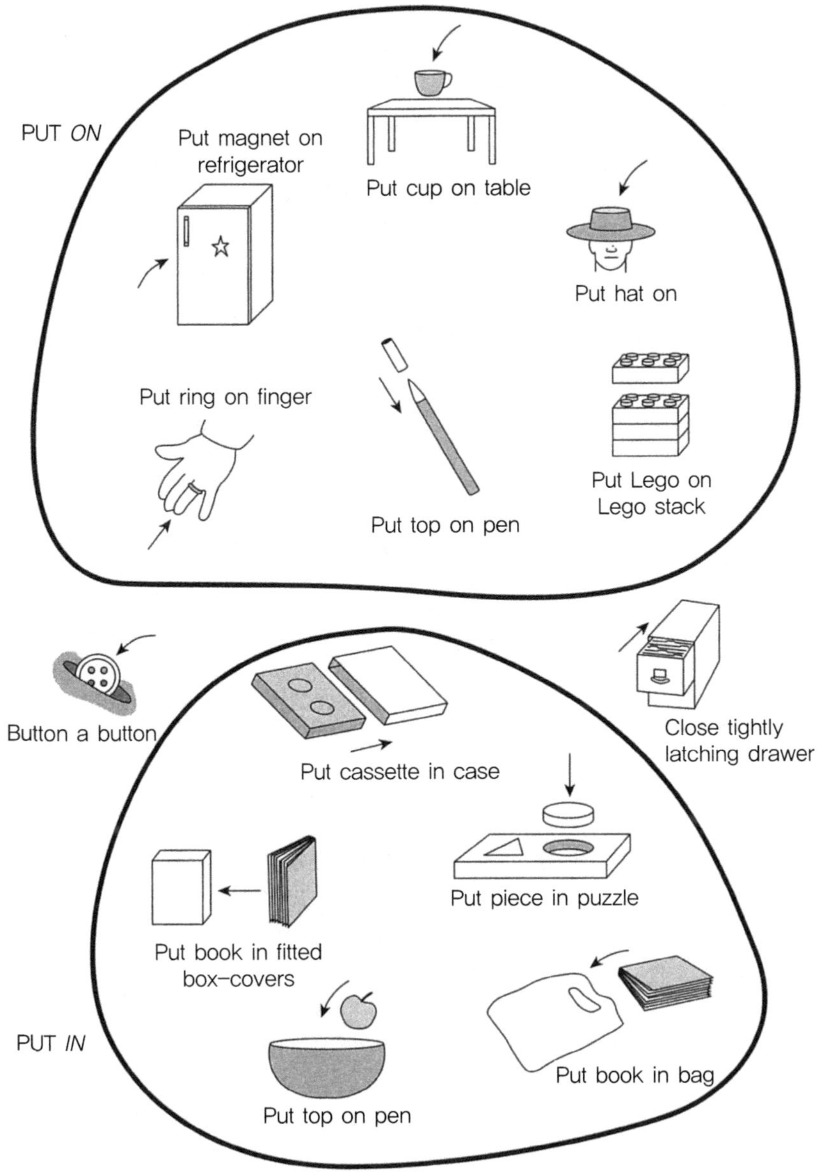

a. 영어

그림 14.1 영어와 한국어에서 대상 배치의 범주화. (출처: "Shaping Meanings for Language: Universal and Language-Specific in the Acquisition of Spatial Semantic Categories," by M. Bowerman & S. Choi, in M. Bowerman & S. C. Levinson (Eds.), *Language Acquisition and Conceptual Development*, pp. 482–483, Cambridge, U.K.: Cambridge University Press, 2001.)

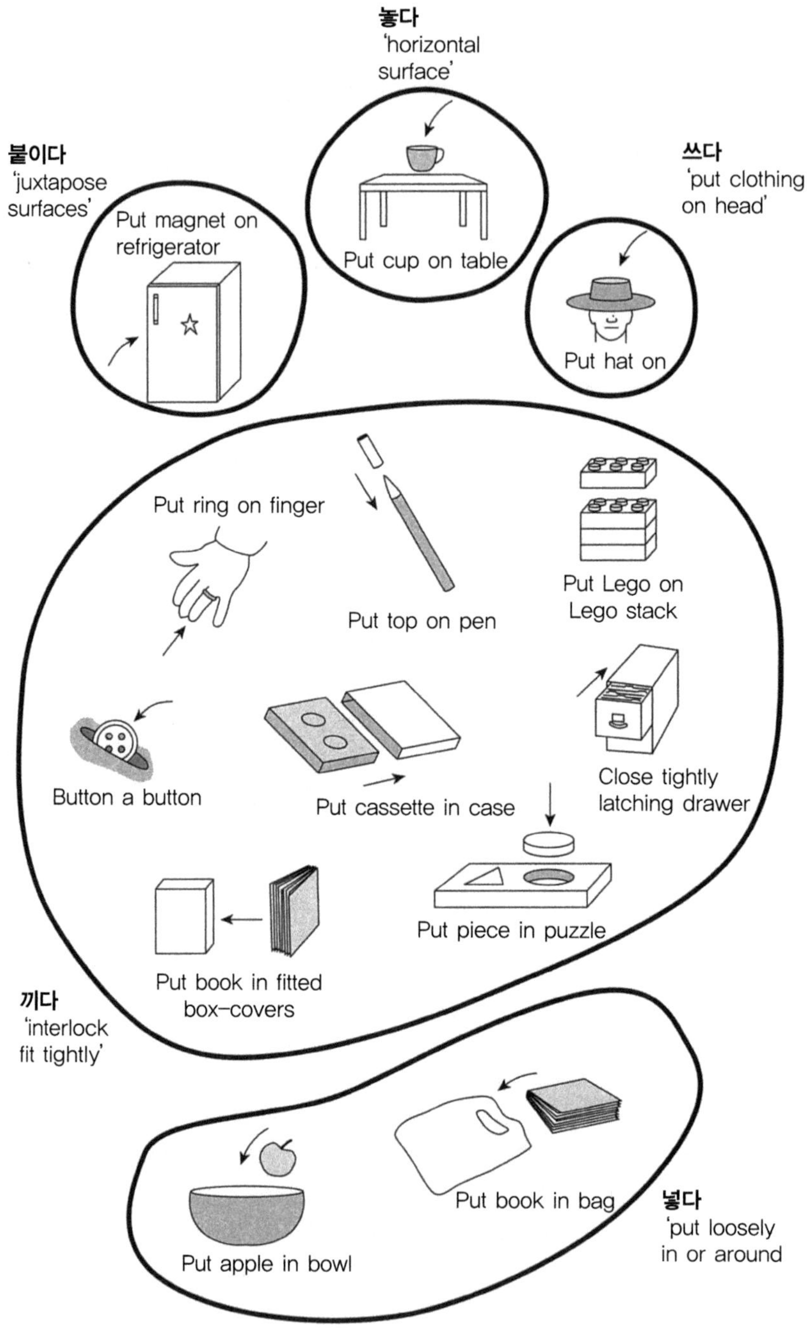

b. 한국어

다는 것이 인지적 범주들의 생성을 가져오는가? 아니면 그와 같은 범주들은 언어를 경험하기 이전에 이미 존재하며, 이후 언어 경험에 의해 증가하거나 감소되는 것인가? Hespos와 Spelke(2004)는 후자의 견해가 맞다고 주장한다. 그들은 영어를 사용하는 환경에서 자라는 5개월 된 유아들이 '끼는(tight)'과 '느슨한(loose)'의 구분에 어떻게 반응하는지를 조사하였다. 유아들은 성인 한국어 화자들과는 같지만 성인 영어 화자들과는 다르게 그러한 구분을 인지하였다. 이러한 흥미로운 결과들은 10장에서 보았던 내용과 비슷한데, 즉 유아들이 처음에는 자신의 모어에는 없는 음소 구분을 들을 수 있다는 것이다. 음소의 경우에서처럼 누군가의 모어에 존재하지 않는 의미 구분은 시간이 지남에 따라 사라지는 것 같다. 따라서 언어 경험의 효과는 개념 범주들을 강화하거나 약화시키기는 하지만 그것들을 생성하지는 않는 것으로 보인다.

Bowerman과 Choi(2001)가 지적했듯이, 이러한 연구들이 흥미로운 것은 공간이란 것이 보편적인 것으로 간주되기 때문이다. 이러한 결과들이 시사하는 바가 크다고 하여 반드시 결정적이라고 볼 수는 없는데, 그 이유는 이미 확립된 비언어적인 인지와는 상관이 없기 때문이다. 어떤 언어의 공간어 체계가 아이들이 공간에 대해 생각하는 방식에 영향을 미친다는 증거가 있는가?

Levinson(2001)은 공간에 대해 말할 때 사용하는 세 가지 다른 참조틀, 즉 절대적, 상대적, 내재적 참조틀을 비교하였다. **절대적 용어(absolute terms)**는 사람의 위치와는 무관하게 공간 내에서 대상의 위치를 가리킨다(예를 들어, *북쪽/남쪽*). **상대적 용어(relative terms)**는 공간 내에서 대상과 사람 사이의 관계를 나타낸다(예를 들어, *내 앞에, 그녀 왼편에*). **내재적 용어(intrinsic terms)**는 다양한 대상들과의 관계 속에서 대상을 나타낸다(예를 들어, *집 뒤에, 기둥 끝에*). 세 가지 모두 영어 화자들에게는 친숙하지만, Levinson은 모든 언어들이 세 가지 참조틀을 사용하는 것은 아니라고 지적한다. 어떤 언어들은 내재적 용어만 거의 사용하고, 어떤 언어들은 절대적 용어만 지나치게 사용하는 것처럼, 많은 언어들이 다른 것보다 하나의 용어를 강조하는 경향이 있다.

Levinson(1996)은 절대적 공간어(*북쪽/남쪽*과 비슷한)를 많이 사용하는 언어인 Tzeltal어[1] 화자들이 비언어적인 공간 과제에서 *오른쪽/왼쪽/앞/뒤*를 포함하는 화자-상대적인 체계를 사용하는 독일어 화자들과는 다르게 행동한다는 것을 발견하였다. 어떤 장면을 주고 뒤에 있는 테이블 위에 그것을 재구성해 보라고 요구했을 때, 독일어 화자들은 대상들의 왼쪽-오른쪽 순서를 유지하지만, Tzeltal 화자들은 북쪽-남쪽 순서를 유지한다. Levinson(2001)은 "참가자들이 자신이 사용하는 언어와 같

1) 멕시코 동남부 치아파스 주에 사는 마야 인디언 첼탈족의 언어

은 구조의 부호 체계를 사용하여 공간 배열을 기억하는 것으로 보인다" (p. 578)고 결론지었다.

이와 유사한 연구들이 다른 많은 언어들에서도 이루어졌다(Pederson 등, 1998). 주로 절대적 참조틀에 의존하는 언어들에서는 그 결과가 Tzeltal어와 비슷했지만, 상대적인 참조틀에 많이 의존하는 언어들에서 얻어진 결과들은 독일어와 일치하였다. 마찬가지로 Levinson(1996)은 관찰자들이 두 개의 대상을 보고 난 후 180도 몸을 돌렸을 때, 상대적인 언어와 절대적인 언어의 화자들이 다르게 반응한다고 보고하였다. 다시 말해, 인지에서의 그러한 차이가 상이한 많은 과제들에서 나타나는 것이다(Levinson, 2001).

시간 지각에 관한 몇몇 연구들도 이와 관련이 있는데, 왜냐하면 시간 지각과 공간 지각은 밀접하게 관련되어 있기 때문이다. 영어에서는 *ahead of schedule*나 *behind of schedule*, *looking forward to the future* 등의 말을 한다. 영어에서는 시간을 이야기할 때 *front/back*이란 말을 두드러지게 사용한다. *앞/뒤* 비유에 더하여, 북경어는 수직 비유(*위*와 *아래*)를 사용한다. 따라서 북경어에서 다음달은 *달력 아래(down the calendar)*이고 지난달은 *달력 위(up the calendar)*이다.

이러한 언어적인 차이는 인지적인 차이와 관련이 있는 것으로 보인다(Boroditsky, 2001). 북경어 화자들은 수평적 배열로 볼 때보다 수직적 배열로 볼 때 3월이 4월 앞에 온다는 것을 더 빠르게 파악하였다. 영어 화자들은 그것과 반대이다. 그리고 수직 비유를 사용하여 시간에 대해 말하도록 훈련을 잠시 받은 영어 화자들은 훨씬 더 북경어 화자들과 비슷한 결과를 보여주었다.

전반적으로, 어휘집에 관한 이러한 결과는 기본적으로 Whorf 가설을 지지한다. Levinson(2001)은 다음과 같이 말한다.

> 어린아이가 언어를 배울 때 그는 새로운 거시개념을 구성하는 것을 배우면서 인지 혁명을 겪고 있는 것이다. 그러한 거시개념들은 우리가 가진 문화적 인습의 일부로, 그것은 정확하게 언어가 우리의 사고에 기여한 결과이다. 언어가 생각하는 데 도움이 되므로 그것은 우리의 사고를 침범하는 것이다. (p. 584)

요약

어휘 수준에서 Whorf 가설을 지지하는 일부 증거들이 있다. 언어마다 사용되는 색채어의 수가 다르고, 색채어의 표현 용이성도 다르다. Rosch의 연구는 어떤 초점색들이 Dani어 화자와 영어 화자에게서 지각적으로 훨씬 현저하다는 것을 보여주지만, 그녀의 연구결과가 언어의 효과 역시 존재한다는 것을 배제하지는 못한다. 후속 연구들은 언어가 색채에 대한 지각과 기억에 영향을 미친다는 것을 시사한다.

아시아권 언어들은 영어와는 다르게 숫자들을 나타낸다. 일본어와 중국어를 습득하고 있는 아동들은 11과 99 사이의 숫자들을 세는 데 있어서 영어를 말하는 아동들보다 우수한데, 그 범위에서 언어들은 가장 큰 차이를 보인다. 광범위한 문화적 요인들도 수학적 성취에 영향을 미치지만, 아시아권 언어들은 숫자 세기와 초기 수학적 사고와 관련하여 이점을 제공하는 것으로 보인다.

한국어와 영어는 공간어에서 차이를 보이는데, 이들 언어를 습득하는 아동들은 실재를 다른 방식으로 구분한다. 또한 언어들은 공간적인 참조틀에서도 차이를 보인다. 이러한 참조틀은 비언어적인 공간 과제의 수행에 영향을 미친다.

인지에 대한 문법의 영향

우리는 지금까지 어휘 수준에서 Whorf 가설을 지지하는 증거가 일부 존재한다는 것을 보았다. 그렇다면 문법적 범주들도 언어에 따라 차이를 보이는가? 그런 것들이 우리가 세상을 지각하는 데에 어떻게 영향을 미치는가?

가정법 연구

A. H. Bloom(1981)은 중국어 화자와 영어 화자들이 어떻게 다르게 추론하는지에 관한, 몇 가지 흥미로우면서도 논란의 소지가 있는 연구를 수행하였다. 그는 특히 **반사실적 추론(counterfactual reasoning)**에 흥미를 가졌는데, 그것은 사실과 반대되는 사건에 관해 추론할 수 있는 능력을 말한다. 예를 들어, 몇 사람이 존을 기다리고 있는 상황을 상상해 보라. 그가 늦는 바람에 사람들은 시간에 맞춰 영화관에 가지 못하고 있다. 영어는 문장 (2)에서 볼 수 있는 가정법을 사용하며, 따라서 우리는 사실이 아니란 것을 알면서 다양한 일의 상태를 논할 수 있다.

(2) If Jone had come earlier, they would have arrived at the movies on time.(Bloom, 1981, p. 19에서 인용)

반대로 중국어는 반대 의미를 표현하기 위해 사용할 수 있는, 가정법과 같은 특별한 형식을 가지고 있지 않다. Bloom의 가설도 중국어가 반대사실을 명시적으로 표시하지 않기 때문에 중국어 화자들은 반사실적 추론에 큰 어려움을 겪을 것이라는 것이다. 그러한 주장을 뒷받침하기 위해 그는 중국어 화자들과 대화를 나눴던 자신의 일화 몇 개를 제시했다. 예를 들어, 중국어 화자들에게 문장 (3)과 같은 질문을 했을 때, 그들은 정부가 그렇게 하지 않았다고 말하면서 질문에 답하기를 거절하였다.

(3) 홍콩 정부가 홍콩 태생이 아닌 시민들에게 자신들의 활동을 매주 경찰에 보고하도록 하는 법률을 통과시킨다면, 당신은 어떻게 반응하겠습니까? (Bloom, 1981, p. 13)

정부가 그렇게 하고 그것에 반응하는 것을 상상해 보라고 요구했을 때, 중국어 화자들은 그러한 사고방식이 '자연스럽지 못하고' '비중국적' 이거나 '서양적' 이라고 거절하였다.

Bloom의 가설을 좀 더 자세히 살펴보자. Bloom은 중국어 화자들이 반대사실을 추론할 수 없다고 주장하지 않는다. 그는 단지 그와 같은 추론이 그들에게는 좀 더 어렵다고 말하는 것이다. Bloom에 따르면, 영어의 가정법은 반대사실의 영역으로 직접 들어감을 표시한다. 반면에 중국어에서 반대사실을 표현하기 위해 사용하는 문장은 잠재적으로 훨씬 모호하여 그것들을 말할 때의 맥락에 의존한다. 문장 (4)는 반대사실을 나타내는 중국어 표현 중 하나이다.

(4) If I am the U.S. president, then I will think before I speak.(Au, 1983, p. 157)

이 문장이 암시(if/then)나 반대사실로 해석될 수 있다는 점에 주목하라. 화자가 미국 대통령이 아니라는 것을 청자가 안다면, 반사실적 해석은 겨우 유지된다. Bloom에 따르면, 문장 (4)를 들을 때, 중국어 화자들은 그들이 가진 사전 지식을 앞의 전제(나는 미국 대통령이다)와 통합해야 하고, 그런 다음 그것을 if/then문과 관련짓기 전에 그 전제를 부정한다. 사실, 추론이라는 것은 이것과 같은 것이어야 한다. 즉, A이면, B이다. 마찬가지로, A가 사실이 아니란 것을 내가 알지만, 만약 그것이 사실이라면 B는 사실일 수 있다. 따라서 중국어와 영어에 관한 이와 같은 분석에 기초하여 Bloom은 중국어 화자들이 영어 화자들보다 반사실적 추론에서 더 많은 오류를 범할 것이라고 예상했다.

Bloom은 그러한 예측을 검증하기 위해 몇 개의 연구를 수행하였다. 한 연구에서 중국과 미국의 대학생들에게 한 그리스 철학자에 관한 이야기를 하였는데, 그는 중국어를 몰랐지만 만약 알았다면 중국의 문화와 논리학으로부터 영향을 받았을 사람이었다. 첫 번째 이야기는 반사실적(즉, 그가 중국어를 알았다면 그리스어와 중국어 체계의 가장 좋은 특징들을 통합했을 것이다)으로 해석되거나 반사실적이 아닌 방식으로(즉, 그는 중국어 작품들을 읽지 못하였지만 그것들은 그를 위해 번역되었다) 해석될 수 있었다. 이야기에 대한 이해도를 측정하기 위하여 참가자들에게 일련의 질문을 하였다. Bloom은 98%의 미국 대학생들이 그 이야기를 반사실적으로 해석하였지만 중국 대학생들은 6%만이 그렇게 해석하였다는 것을 발견하였다. 반사실적으로 해석을 하지 않으면 이야기에 일관성이 없는, 두 번째 이야기가 주어졌을 때, 59%의 중국 대학생들과 96%의 미국 대학생들은 그 이야기를 반사실적으로 해석하였다. Bloom은 어떤 사람이 사용하는 언어에 반사실적인 것에 대한 명시적인 표지가 있느냐 없느냐 하는 것이 그러한 사고 양식을 사용하는 능력에 영향을 미친다고 결론지었다.

Bloom의 결론에 대해 Au(1983, 1984)와 Liu(1985)는 의문을 제기하였다. 중국어 모어화자였던 Au는 Bloom의 이야기들이 중국어 화자에 의해 씌어졌고(Bloom의 감독하에) 영어로 번역되었지만, 중국어답지 않다고 주장한다. Au는 Bloom의 연구를 수정하여 중국 대학생들에게 검사를 실시하였다. Au는 Bloom의 연구들이 Whorf 가설에 대한 아무런 지지도 제공하지 않는다고 결론지었다.

Bloom(1984)도 Au의 연구에 참가한 대학생들과 사용된 이야기들에 대해 문제를 제기했다. Au의 참가자들이 중국어 모어화자들이었지만, 그들은 12년 동안 영어를 이차언어로 배웠던 자들이었다. Bloom은 그 대학생들이 사실상 이중언어사용자들이었고, 따라서 그들이 그 쟁점과는 무관할 수 있다는 점에 주목했다. 그는 또한 Au의 이야기들이 너무 구체적이고 간단했다고 주장했다. Bloom은 처리의 차이가 추상적이고 복잡한 이야기들과 함께 나타나기 쉽다고 주장했기 때문에, 구체적인 이야기들에 대한 중국 대학생들의 높은 수행은 또다시 Bloom의 가설과는 직접적으로 관련이 없는 것이 되었다. 간단히 말해, Bloom은 Au가 발견한 다른 결과역시 여전히 자신의 가설에 가까운 방향으로 해석될 수 있다고 주장한다.

결국, Liu(1985)는 Bloom(1984)이 제시한 두 가지 주장을 평가해 보았다. Liu는

Au가 연구했던 이중언어사용자들 대신 영어에 거의 노출되지 않았거나 영어를 잘 하지 못하는 중국 학생들을 표본으로 사용하였다. 또한 Liu는 Bloom이 구성했던 추상적인 이야기뿐만 아니라 Au가 사용했던 구체적인 이야기도 사용했다. 그녀는 반사실적 추론을 하는 능력에 강한 발달적인 경향을 발견하였다. 그녀의 표본에서 가장 어렸던 4학년생들의 수행은 매우 저조했던 반면(20% 이하의 정확도), 가장 나이가 많았던 11학년생들은 상당히 우수했다(약 80%의 정확도). 또한 대부분의 학생들은 구체적인 이야기에서 훨씬 나은 수행을 보였다. Liu는 나이와 이야기의 차이가 가정법과 같은 언어적 표지의 사용 때문이라고 볼 수 없으며, 구분 표지가 없다는 것이 중국 학생들의 반사실적 추론능력을 방해하지는 않는다고 결론지었다.

Liu의 연구가 잘 설계된 것이기는 하지만 그것이 Bloom이 했던 원래의 주장을 반박하지는 못한다. Liu는 영어를 사용하는 학생들을 표본에 포함시키지 않았고, 따라서 영어 화자들이 중국어 화자들보다 우수한 수행을 할 것이라는 Bloom의 가설을 직접 검증하지 못했다. Liu는 발달상의 성숙도와 이야기의 복잡성이 중국인 학생들의 반사실적 추론에 영향을 미치고, 어떤 조건하에서 중국인 학생들이 Bloom의 중국인 표본보다 나은 수행을 할 수 있음을 보여주었다. 그러나 Bloom의 주장은 영어 화자들이 반사실적 추론을 더 쉽게 할 것이며, 중국어 화자들은 그렇지 않으리라는 것이었다. 적당히 복잡하지만 관용적인 실험재료들을 이용하여 중국어와 영어 단일화자들을 직접 비교하는 것이 바람직할 것이다.

이러한 연구들로부터 우리는 무엇을 알 수 있는가? 불행하게도 반사실적 추론에서 중국어와 영어의 차이라는 구체적인 문제에 관해 우리는 아무런 분명한 결론도 도출할 수 없다. 추론에 영향을 주는 몇몇 변인들이 밝혀졌지만, 그것들이 지금까지 주장된 언어 차이에 정확히 어떻게 영향을 미치는지는 분명하지 않다.

하지만, 우리는 Whorf 가설을 검증하는 방법에 관한 좀 더 일반적인 관심을 알 수 있다. 하나는 언어를 연구할 때 적절하고 비교 가능한 재료들을 확보하는 것이 사실상 어렵다는 것이다. 이것이 Bloom-Au 논쟁에서 문제가 되는 부분이다. Au는 Bloom이 사용했던 글 재료들이 그녀의 모어에서 관용적(idiomatic)이지 않았던 반면, Bloom이 조사했던 모어화자들은 그 재료들을 적절한 것으로 믿었다고 주장한다. 아마도 Bloom의 연구에 참가했던 사람들은 Au의 연구에 참가했던 사람들과는 언어적 또는 문화적 배경에서 달랐을 것이다. 어떤 경우에라도 재료의 적절성에 관한 동의가 없으면 결과를 해석하기란 어려운 것이다(언어와 문화를 분리하려는 최근의 노력을 Ji, Zhang & Nisbett, 2004에서 볼 수 있다).

우리는 또한 인지적인 측면에서 문제들을 고려할 필요가 있다. 앞서 지적했듯이, Whorf는 원칙적으로 습관적인 사고 양식에 관심이 있었다. Lucy(1992b)는 반사실적 추론이 습관적인 추론보다 훨씬 전문화되어 있다고 주장하는데, 왜냐하면 그것은 높은 교육수준을 지닌 사람들이 훨씬 사용하기 쉬울 것이기 때문이다. 따라서 좀 더 습관적인 사고 형식을 평가할 때 Whorf가 주장하는 효과가 관찰되는지를 살펴볼 필요가 있다.

형태의 문법적 표지

Carroll과 Casagrande(1958)의 연구는 Navaho어와 영어를 비교하였다. 그들은 Navaho어에서 어떤 대상을 손으로 다루는 것을 나타내는 동사의 형태가 그 대상의 형태나 모양과 함께 달라진다는 것을 관찰하였다. 대상이 길고 유연한 것(줄과 같은)인지, 길고 딱딱한 것(막대기와 같은)인지, 납작하고 유연한 것(옷과 같은)인지에 따라 동사는 달라진다. 이러한 문법적인 구분에 기초하여, Carroll과 Casagrande는 Navaho어를 말하는 아동들이 영어를 사용하는 동년배의 아동들보다 어린 나이에 사물의 형태를 변별하는 것을 배울 것이라고 주장했다.

Carroll과 Casagrande(1958)는 3자극 대상 분류 검사(object triads test)를 사용하였는데, 아동은 제시된 세 개의 대상 중에서 함께 묶일 수 있는 두 개의 대상을 집어야 했다. 예를 들어, 아동은 노란 막대기 한 개와 같은 길이의 파란 색 끈 하나를 제시받는다. 그런 다음, 노란 끈 하나를 보여주고 처음에 보여주었던 두 대상 중 어느 것과 함께 묶일 수 있는지를 묻는다. 따라서 아동들이 색상과 형태 중 어느 것에 더 초점을 맞추는지를 알아 볼 수 있다. Carroll과 Casagrande는 Navaho어나 영어를 사용하지만 똑같은 인디언 보호구역 출신이면서 비슷한 환경에서 자란 아동들을 비교하였다. 흥미로운 결과는 Navaho 아동들이 영어를 사용하는 아동들보다 어린 나이에 사물들을 형태에 기초하여 집단화하였다는 점이다.

그러나 이것이 전부는 아니다. Carroll과 Casagrade(1958)는 Boston 근교에 사는 영어사용 아동들을 검사하여, 그들이 Navaho 아동들과 비슷한 수행을 보인다는 것을 발견하였다. 그들은 퍼즐이나 장난감을 가지고 노는 것과 같은 도시 근교에 사는 아동들의 환경 중 일부가 영어를 사용하는 아동으로 하여금 어린 나이에 형태에 주의를 기울이도록 했을 것이라고 보았다. 이러한 결과들은 대체로 한 언어에서의 문법적인 구분이 어떤 인지과정에 영향을 주거나 그것을 결정할 수 있다는 Whorf의 견해를 지지하는 듯하다. 그러나 도시 근교의 아동들로부터 얻은 관찰들은 문법적 범주가 사고의 질을 결정한다하더라도 그것들이 유일한 결정요인은 아님을 시사한다. 아동이 속한 환경의 다른 속성들도 같은 기능을 할 수 있다.

물체와 물질의 문법적 표지

언어에 따라 물체와 물질에 대한 문법적인 구분도 다르다. 앞서 보았듯이, 영어에서 *candle*이나 *chair*와 같은 대상들은 가산명사로 나타낸다. 가산명사는 단수형과 복수형을 가진다(예를 들어, *candle*, *candles*). 또한 가산명사는 셀 수가 있다(*one candle*, *two candles* 등). 반면에 *air*, *water*, *mud* 같은 명사들은 물질명사로 나타낸다. 그것들은 복수 형태소를 가질 수 없으며, 직접 셀 수도 없다. 하지만 *two buckets of mud*나 *three gallons of water*와 같은 표현을 사용함으로써 물질명사도 셀 수는 있다. 한편, 일본어에서 모든 무생물 명사는 영어의 물질명사처럼 취급된다(Gentner & Boroditsky, 2001). 그러한 명사들은 복수 형태소를 가질 수 없으며, 영어의 물질명사와 같이 간접적인 방식으로만 셀 수 있다.

그렇다면, 말을 모르는 유아들은 바위와 흙더미를 어떻게 보는 것일까? 바위와 막대기를 비교하듯이 그것들을 근본적으로 다른 것으로 보는가? Whorf 가설이 맞다면, 아이들은 그들의 주의를 끄는 (물질명사와 가산명사의) 언어적인 구분을 습득하기 전에는 그러한 유사성과 차이점을 인식하지 못할 것이다. 더욱이 그의 가설은 영어와 일본어를 배우는 아동들이 세상의 이런 측면들을 매우 다르게 볼 것이라고 주장할 것이다.

Soja, Carey, Spelke(1991; Carey, 2001도 보라)는 한 흥미로운 연구에서, 말을 모르는 아이들이 형태와는 다른 방식으로 사물들을 볼 것이라는 가설을 검증하였다. 그들은 2세 아동들에게 단단한 물체나 단단하지 않은 물질을 가리키는 새로운 단어들을 가르쳤다. 그런 다음, 그들이 두 개의 새로운 사례에 그것들을 어떻게 일반화하는지를 검사하였다. 하나의 예는 원래의 것과 형태나 수가 같았지만 재질이 달랐다. 다른 예는 원래의 예와 재질은 같았지만 형태나 수가 달랐다. 예를 들어, 물체 시행에서는 실험자가 아이들에게 구리나 흰 플라스틱으로 만들어진 T자 모양의 배관 파이프를 제시하면서, *"이건 내 블리켓이야. 네 블리켓을 보여줄래?"* 라고 말했다. 아이들은 다른 재질로 만들어진 하나의 T와 구리나 흰 플라스틱으로 만들어진 조그만 물체들을 선택할 수 있었다. 물질 시행에서는 실험자가 아동들에게 Dippity-do(헤어 젤) 더미를 보여주면서 "*이건 내 stad야. stad를 가리켜 볼래?*"라고 말했다. 다른 재질로 된 하나의 더미나 같은 재질로 된 세 개의 더미를 선택할 수 있었다.

결과는 아이들이 물체와 물질을 잘 구분할 수 있음을 보여주었다. *blicket*을 보여주었을 때, 그들은 또 다른 *blicket*으로 다른 재질로 만들어진 T를 압도적으로 선택하였다. *stad*를 보여줬을 때는 형태는 다르지만 동일한 재질로 된 것을 선택하였다. Soja와 동료들은 어린 아동들이 아직은 물질명사와 가산명사에 대한 문법적 구분—2.5세쯤에 나타난다—을 완전히 배우지 못했지만, 그럼에도 불구하고 물체와 물질의 구분을 이해할 수 있다고 결론지었다.

Imai와 Gentner(1997)는 이러한 결과들을 중요한 방식으로 확장하였다. 그들은 Soja와 동료들이 내린 결론이 언어가 언제 영향을 미치기 시작하는가 라는 문제와 관련이 있다고 보았다. 즉, Soja와 동료들의 연구에 참가했던 아동들은 아직 가산-물질명사 구분을 하지 못하고 있었지만, 그들은 그러한 구분의 영향을 받았을지도 모른다. Imai와 Gentner는 단일 언어를 사용하는, 도쿄에 살고 있는 일본 아동들과 시카고 인근에 살고 있는 미국 아동들을 비교하였다. 그들에게 세 가지 유형의 재료를 제시했는데, 그것은 물질, 간단한 대상(파라핀으로 된 강낭콩 모양의 조각처럼 간단하고 단단한 물체) 그리고 복잡한 대상(철사로 된 거품기[2] 같은)였다. 두 집단 모두 복잡한 대상을 물체로 취급하였다. 일본 아동들은 물질을 재료로 취급하였고, 미국 아동들도 비슷한 반응을 보였지만 그 경향성은 약했다. 가장 큰 차이는 그들이 간단한 물체를 어떻게 취급하는가에 있었다. 즉 영어를 사용하는 2세 아동들 중 93%가 그것을 물체로 취급하였던 반면, 일본 아동들의 반응은 우연 수준에 가까웠다.

이러한 결과들은 영어를 말하는 아동들이 물질-가산명사 구분을 완전히 배우지 않았음에도 불구하고 그것의 영향을 받는다는 것을 시사한다. 자신의 언어를 통해 간단한 대상들이 물체인지 물질인지에 대한 분명한 안내를 제공받지 못한 일본 아동들은 어느 것도 선호하지 않았다. Imai와 Gentner는 아동들이 언어를 배우기 전에 물체-물질 구분을 부분적으로 습득한다고 주장하면서 Soja와 동료들의 연구를 지지한다. 그러나 그들도 또한 그러한 개념적 구분이 가산-물질이라는 문법적 구분의 존재에 의해 지지된다고 주장함으로써 Whorf 가설도 지지한다.

Lucy는 성인 영어 화자들과 멕시코 남동부에서 사용되는 토착어인 유카텍 마야

---

2) 요리할 때 달걀, 크림 등을 휘젓는 기구

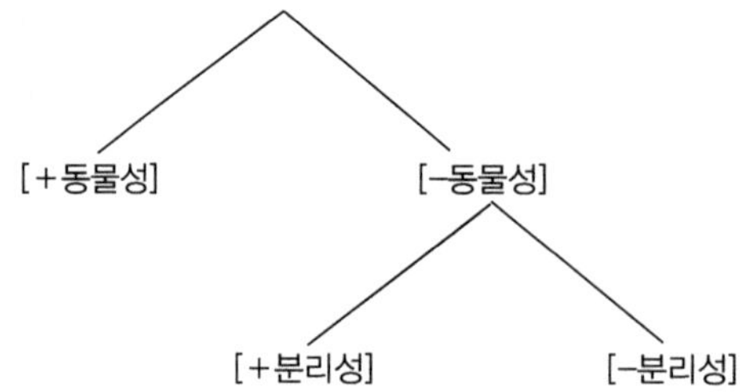

그림 14.2 유카텍 마야어와 영어에서 복수 표지와 관련된 의미 세부특징들. (출처. *Grammatical Categories and Cognition: A Case Study of the Linguistic Relativity Hypothesis*, by J. A. Lucy, p. 60, Cambridge University Press, 1992.)

어(Yucatec Mayan) 사용자들의 물체-물질 구분을 연구하였다. 명사구는 생물성과 분리성이라는 의미 세부특징의 유무에 의해 구분된다(그림 14.2를 보라). 생물성(animacy)이란 명사구가 가리키는 대상이 살아있는 것인지 아닌지를 의미한다. 분리성(discreteness)은 그 대상이 분명한 윤곽이나 경계를 가지고 있는 것인지 아닌지를 가리킨다. 이러한 세부특징들을 이용하면, 개는 +생물, +분리; 삽은 −생물, +분리; 흙은 −생물, −분리로 나타낼 수 있다(분리성이 −생물에 포함되기 때문에 +생물, −분리는 존재하지 않는다).

영어에서 복수형은 앞의 두 집단(가산명사)에 필수적으로 적용되지만, 세 번째 집단(물질명사)에는 적용되지 않는다. 따라서 *dogs*와 *shovels*라고 하지 *muds*라고는 하지 않는다. 유카텍어에서는 복수형이 +생물 명사구에 (선택적으로) 적용되지만 다른 두 집단에는 적용되지 않는다. 따라서 영어에서 복수형의 표시와 관련된 중요한 구분이 대상의 분리성 여부에 달려 있는 것에 반해 유카텍어에서는 대상의 생물성 여부에 달려 있다.

또한 유카텍어 어휘집은 영어에서는 그 의미 범위가 하위 어휘 항목들로 구분될 수 있는 단어들을 가지고 있다. 예를 들어, *che*라는 단어는 나무로 만들어진(나무, 막대기, 판자 등) 다양한 모양의 여러 대상들을 가리키는 데 사용된다. 마찬가지로 *hu' un*는 나무, 나무껍질, 종이 그리고 심지어 책처럼 종이로 만들어진 물건들을 가리킬 수 있다.

Lucy(1992a)는 그러한 언어적인 차이가 가져오는 두 가지 인지적 결과에 관한 가설을 세웠다. 첫째로, 영어에서는 복수형이 매우 규칙적으로 그리고 폭넓은 지시대상들에서 사용되므로, 영어 화자들이 유카텍어 화자들보다 많은 수의 다양한 지시대상들에 습관적으로 주의를 기울일 것이라고 그는 가정했다. 둘째로, 그는 영어 화자들이 물질보다는 형태에 더 민감한 반면, 유카텍어 화자들은 그것과는 반대일 것이라고 가정했다. 영어 화자들은 분리되는 대상과 분리되지 않는 대상을 형태가 구분해 주기 때문에 형태에 더 주의를 기울일 것이다. 유카텍어 화자들은 자신들의 언어가 분리성-비분리성 구분을 표시하지 않기 때문에 형태에 덜 주의를 기울일 것이고, 어휘 항목들이 물질이나 재질에 기초하므로 물질에 더 주의를 기울일 것이다.

Lucy(1992a)는 12개의 실험과제로 이루어진 일련의 연구를 통해 인지과정을 평가하였다. 몇몇 과제에서 실험참가자들은 유카텍의 다양한 일상생활장면들을 묘사한 그림들(선 그림)을 제시받았다. 그림은 다양한 수의 상이한 대상들을 포함하였다(예를 들어, 돼지 세 마리, 암탉 한 마리 등). 참가자들(18세에서 45세 사이의 성인 마야인과 대학생 연령의 미국 남성들)은 그림들을 말로 기술하고 그것들을 회상하는 등의 과제를 요구받았다. 예상했던 대로, 영어 화자들은 유카텍어 화자들보다 무생물 대상들의 수를 훨씬 많이 열거하였다. 생물이나 분리되지 않는 물질의 수를 열거하는 빈도에 있어서는 두 집단 사이에 차이가 없었다.

Lucy(1992a)는 또한 참가자들에게 세 개의 대상을 제시하고 가장 비슷한 두 개를 판단하라고 요구하는 일련의 과제를 실시하였다. 한 연구에서 원래의 대상은 마분지 상자였고, 참가자들은 두 개의 다른 대상, 즉 플라스틱 박스(형태 선택지)와 마분지 조각(재질 선택지)을 준 다음, 어느 것이 원래의 것과 가장 유사한지를 물었다. 그들의 판단은 각 언어의 언어적인 분류를 따르는 경향이 있었다. 영어 화자들은 두 개의 박스를 가장 비슷한 것으로 여겼던 반면 유카텍어 화자들은 마분지 조각을 마분지 상자와 가장 비슷한 것으로 보았다. 영어 화자들은 언어적으로 동일한 방식으로 취급되는(즉, 복수 형태소를 가진) 선택지들을 한데 묶었다. 반면에 유카텍어 화자들은 형태보다 재질에 더 주목하였다.

성별의 문법적 표지

영어는 단수 인칭대명사(예를 들어, *he*, *she*, *it*)에서만 문법적 성별을 표시한다. 반면에 다른 언어들은 훨씬 더 넓은 성별 체계를 가진다. 남성을 가리키는 스페인어 명사들은 *-o*로 끝나고(형제를 뜻하는 *hermano*나 고양이를 뜻하는 *gato*에서처럼), 여성을 나타내는 단어들은 *-a*로 끝난다(*hermana*, *gata*). 또한 많은 스페인어 명사들은 분명한 의미적 기초가 없음에도 성별 표시를 하고 있다. 예를 들어, 스페인어에서 *열쇠*, *포도*, *탁자*는 여성이고, *비행기*, *전화기*, *양동이*는 남성이다. 분명히 영어와 스페인의 성별 체계는 매우 다르고, 따라서 그러한 체계들이 언어 학습자들에게 어떤 영향을 미치는지를 연구하는 것은 자연스러운 일이다.

Martinez와 Shatz(1996)는 3세에서 4세 사이의 아동들의 범주화에서 문법적 성별의 효과를 살펴보았다. 그들은 스페인어를 사용하는 아동들과 영어를 사용하는 아동들에게 생물 및 무생물 대상들의 그림을 제시한 다음, 그것들을 함께 소속되는 집단별로 넣을 것을 요구하였다. 두 집단이 사용한 방략에는 약간의 유사성이 있었다. 각 언어 집단에서 대충 절반가량의 아동들이 그림들을 생물 집단과 무생물 집단으로 분류하였다. 그러나 차이점도 있었는데, 스페인어를 사용하는 아동들의 3분의 1이 문법적 성별에 따라 분류한 반면, 영어를 사용하는 아동들은 아무도 그렇게 하지 않았다. Martinez와 Shatz는 어린 아동들도 때로는 문법적 성별을 분류의 기초로 사용할 수 있다고 결론지었다. Sera, Berge, del Castillo Pintado(1994)도 비슷한 결과를 얻었다.

Sera와 동료들(2002)은 이러한 결과를 프랑스어와 독일어로 확장하였다. 프랑스어의 성별 체계는 스페인어와 유사하다. 하지만 독일어에는 세 개의 성별 범주, 즉 남성, 여성, 중성이 있다. 독일어의 관사는 성별뿐 아니라 격도 표시하기 때문에 독일어는 프랑스어나 스페인어와도 다르다. 즉, 관사의 형태는 문장 내에서 그것의 통사적 또는 문법적 역할에 의존한다. *남자가 고양이를 긁었다(Der Mann kratzt die Karze)*와 *고양이가 남자를 긁었다(Die Katze kratzt den Mann)*라는 문장에서 *남자(the man)*의 독일어 번역을 살펴보라. 프랑스어와 스페인어에서는 남자의 성별만 표시될 것이고, 영어에서 *the man*은 성별이나 격 어느 것으로도 표시되지 않는다.

그 연구에서 실험자들은 아동들에게 자신들은 영화를 만들 생각을 하고 있다고 말하면서 그들에게 물건들을 제시한 다음, 그것들이 영화 속에서 남자의 목소리를 가져야 하는지 여자의 목소리를 가져야 하는지를 물었다. 스페인어와 프랑스어를 사용하는 아동들은 영어를 사용하는 아동들보다 문법적 성별에 기초하여 목소리를 부여하는 경우가 더 많았다. 반면에 독일어를 말하는 아동들은 문법적 성별의 영향을 받지 않았다. 연구자들은 두 개의 범주로 이루어진 스페인어와 프랑스어의 성별 체계를 아동들이 습득하기가 더 쉽고, 무생물 대상들에게 확대되기도 쉽다고 주장하였다.

앞서 논의했던 연구들에서는, 상이한 언어 집단들이 그들의 언어로 번역된 똑같은 검사를 받았다. 한 가지 방법론적인 문제는 어떤 검사가 다른 언어로 번역된 후에도 정확하게 같은 것인지를 알 수 없다는 점이다. 이러한 문제를 인식하면서

Boroditsky, Schmidt, Phillips(2003)는 스페인어나 독일어가 모어이지만 영어도 사용하는 사람들을 연구하였다. 참가자들은 자신의 모어에서 문법적으로 남성이거나 여성인 대상들을 영어로 기술하도록 요구받았다. 예를 들어, *열쇠*는 독일어에서는 남성이고 스페인어에서는 여성이다. 독일어 모어 화자들은 열쇠를 *hard, heavy, jagged, useful* 것이라고 말한 반면, 스페인어 화자들은 *little, lovely, shiny, tiny* 같은 단어를 사용하였다. 반대로 다리(독일어에서는 여성이고 스페인어에서는 남성인 단어)를 기술하기 위해 독일어 화자들은 *beautiful, elegant, peaceful* 같은 단어들을 사용한 반면, 스페인어 화자들은 *big, dangerous, strong, sturdy* 같은 단어들을 사용했다. 이러한 결과들은 대상들에 대한 사람들의 생각이 자신의 모어에서 명사를 남성이나 여성에 자의적으로 할당하는 것에 의해 영향을 받는다는 것을 시사한다.

분류에서의 문법적 성별의 효과는 무생물 대상에도 적용된다. Guiora, Beit-Halachmi, Fried, Yoder(1982)는 아동들이 자신의 성별을 정확하게 구분할 수 있는지를 조사하였다. 아동들은 자신의 사진을 남성이나 여성으로 분류하였다. 문법적인 성별 체계를 가진 또 다른 언어인 히브리어를 습득하는 아동들은 성 정체성을 습득함에 있어 비슷한 나이의 미국 아동들이나 핀란드 아동들보다 일시적이긴 하지만 뚜렷한 우위를 보인다.

최종 의견

이러한 결과들을 어떻게 볼 것인가? 확실히 Whorf 가설은 부활을 만끽하고 있다. 초기의 연구들은 부정적이거나 결정적이지 못한 결과들을 발견하였지만, 훨씬 최근의 연구들은 언어 상대성의 개념을 대체로 지지하고 있다. 여기에는 몇 가지 가능한 이유들이 있다. 하나는 Hunt와 Agnoli(1991), Hardin과 Banaji(1993)가 주장하듯이, 연구자들이 훨씬 정교한 측정치들을 사용하고 있다는 것이다. 또 다른 이유는 언어 자극들이 훨씬 명료하다(clear-cut)는 점이다. 마지막 이유는 이들 많은 연구들이 자연스럽게 발전해왔다는 점이다. 언어 상대성의 효과들이 출현하고 있다고 보는 편이 쉬울 것이다.

다른 방식으로는 달성할 수 없는 사고 양식을 언어가 결정한다는 Whorf 가설의 강한 주장을 심각하게 받아들이는 사람은 없다. 언어는 아동들과 성인들이 생각하는 방식에 영향을 미치는 많은 요인들 중의 하나이다. 그럼에도 불구하도, 이 장에서 논의한 기존 연구들은 한 사람의 언어가 세상을 보고 생각하는 방법을 알려준다는 생각을 우리가 심각하게 받아들여야 할 필요가 있음을 시사한다.

요약

문법적인 수준에서 한 언어가 사용하는 구분은 화자가 받아들이는 특정 사고 양식에 영향을 미칠 수 있다. 다른 언어의 화자들은 결코 도달할 수 없지만, 어떤 언어 화자들은 특정 사고 양식에 도달하기가 훨씬 쉽거나 자연스러울 수 있다. 결국 이러한 연구들은 Whorf 가설의 약한 주장을 어느 정도 지지한다.

복습 문제

1. 언어결정론의 강한 견해와 약한 견해를 구분하라.
2. 색채 인지에 관한 최근의 연구들은 무엇을 보여주는가?
3. Whorf 가설의 두 부분은 무엇인가?
4. 분화를 정의하라.
5. 반사실적 추론에 관한 연구들을 논의하라.
6. Carroll과 Casagrade의 연구에서 어떤 결론을 도출할 수 있는가?
7. Miura는 언어와 수학적 기술 사이의 어떤 관계를 발견하였나?
8. 공간어가 우리의 사고에 영향을 미친다는 것을 시사하는 증거는 무엇인가?
9. 문법적 성별이 인지에 영향을 미치는 것과 관련하여 어떤 결론을 도출할 수 있는가?
10. 물체와 물질의 문법적 표지에 관한 연구들을 기술하라.

생각해 볼 문제

1. 미국심리학회의 출판 매뉴얼과 다른 양식의 매뉴얼들은 성차별적 언어를 제거하라고 권고한다. 이 장에서 논의된 내용들에 기초하여, 성차별적 언어의 감소가 그러한 표준을 따르는 사람들의 사고나 태도에 영향을 미칠 것이라고 생각하는가?

2. 자동적인 과정과 통제적인 과정(3장을 보라) 간의 구분이 Whorf 가설을 검증하는 데 어떻게 사용될 수 있는가?
3. Whorf 가설을 검증하도록 설계된 연구들을 하나 이상 선택하여 비판적으로 평가하라. 그 연구는 가설을 공정하게 검증하는가? 왜 그런지 또는 왜 그렇지 않은지를 설명하라.

용어 해설

가산 명사(count noun) 복수를 표시하는 형태소를 취할 수 있으며 분명한 경계를 갖는 사물을 가리키는 명사. 예를 들면, 막대기(stick)와 같은 단어. 개별 명사(individual noun)라고도 한다.

가외 청자(overhearers) 대화에 참여하지 않는 사람들. 방관자(bystander)이거나 도청자(eavesdroppers)일 가능성이 있다.

가장 놀이(pretend play) 장난감 포크로 인형의 머리를 빗기는 것처럼 어떤 대상을 원래의 용도나 관습과는 다른 방식으로 사용하는 것

가정 수화(homesign) 수화에 노출되지 않은 청각장애 아동들이 만들어 낸 수화로, 몸짓 의사소통의 한 형태

각회(angular gyrus) 대뇌 영역들을 서로 연결시켜 주는 연합영역 중 하나로서, 특히 시각적 자극과 언어적 상징의 연합에 중요한 것으로 알려져 있다. 각회의 손상은 실독증(alexia)과 실서증(agraphia)을 모두 동반한다.

간접 화행(indirect speech act) 발화의 문자적인 의미와 발화하는 사람이 의도한 의미가 동일하지 않는 화행

감각 운동기(sensorimotor period) 피아제의 인지 발달 이론에서 첫 번째 단계. 감각과 운동의 발달을 보이지만 대상들을 상징적으로 충분히 표상할 수 없다. 대상 영속성을 보라.

감각 저장소(sensory stores) 감각 자극을 위한 초기 기억 체계. 감각마다 별도의 저장소가 있다(시각, 청각 등).

감소(reduction) 아동 언어에서 하나 또는 그 이상의 음소가 삭제되는 음운 과정. 종종 자음군이 감소되므로, 군집 감소(cluster reduction)라고도 부른다.

강세(stress) 문장을 조음하는 동안 단어나 음절에 주어지는 강조(예를 들어, black-BIRD 대 BLACK-bird)

개념적 복잡성(conceptual complexity) 의미적 복잡성을 보라.

개념적 은유 이론(conceptual metaphor theory) 비유 언어를 이해할 때 기저에 있는 개념적 은유를 사용한다는 입장. 예를 들어, 우리는 핸들을 돌리고 있다[We' re spinning our wheels]라는 비유적 표현을 이해하기 위하여 사랑은 여행이다[LOVE IS A JOURNEY]라는 개념적 은유를 사용한다.

개방 유목어(open-class word) 내용어를 보라.

거시 구조(macrostructure) 담화에서 전역적인 응집성 관계

격리 아동(isolated children) 타인과의 정상적인 상호작용 없이 자란 아동들

결정적 시기 가설(critical period hypothesis) 언어 습득을 위해 특별하게 준비된 일정한 시기가 생애 초기에 존재한다고 보는 견해

경험주의(empiricism) 통제된 관찰의 사용을 강조하고, 경험이 인간의 행동을 형성한다는 믿음을 강조하는 철학의 분파

계사(copula) Miguel is wonderful 같은 문장에서 본동사로 사용되는 be 동사

계열 처리(serial processing) 한 번에 하나씩 일어나는 처리과정

고유형(idiomorph) 어떤 언어에서 관습적으로 사용되는 말소리의 연속은 아니지만 아이들이 어떤 사람이나 대상을 가리키기 위해 일관되게 사용하는 말소리나 말소리의 연속

공동 행동(joint action) 상호간의 조화와 일치에 의해 이루어지는 행동. 춤이나 대화가 그러한 예에 포함된다.

공적 장면(institutional setting) 일상적인 대화와 비슷하지만 제도적인 규칙에 의해 제한을 받으면서 참여자들이 말을 주고받는 대화 장면

공통 기반(common ground) 대화에 포함된 것들에 대한 공유된 이해

과소 확장(underextension) 아이가 성인들보다 훨씬 제한된 방식으로 단어를 사용하는 것(예를 들어, 택시를 car라고 부르는 것을 거부함)

과잉 규칙화(overregularization) 아이가 어떤 언어 규칙을 그 규칙에 예외적인 예들에 적용하는 것. 예를 들어, went 대신 goed라고 말하는 것

과잉 확장(overextension) 아이가 하나의 단어를 사용하여 어른들보다 더 많은 지시 대상들의 집합을 가리키는 것. 예를 들어, 둥근 시계를 달이라고 부르는 경우

과제 특수성(task specificity) 어떤 인지적 과정들은 언어에만 국한되고 다른 지적 영역에는 관여하지 않는다는 생각

관계적 처리(relational processing) 전체 단위를 부분으로 분석하는 것을 강조하는, 좌반구와 관련된 처리 양식

관계절(relative clause) 명사를 수식하는 wh-절. 예를 들어, Show me the book that you found에서 that you found

관습(convention) 의사소통에 관해 공유된 가정

관찰적 타당성(observational adequacy) 허용가능한 단어열과 허용 불가능한 단어열을 어떤 문법이 구별하는 정도. 기술적 타당성과 설명적 타당성도 보라.

교차 탐색(intersection search) 의미망으로부터 정보를 인출하는 과정

교환(exchange) 두 음이나 단어가 서로의 위치를 교환하는 발화 실수

구 구조(phrase structure) 구들로 이루어진 문장의 위계적인 조직화

구 구조 규칙(phrase-structure rule) 하나의 구성 성분을 하나 또는 그 이상의 구성 성분들로 다시 쓰는 규칙. 예를 들어, 동사구는 동사와 명사구로 다시 쓸 수 있다.

구 구조 중의성(phrase-structure ambiguity) 문장 구성 성분들을 재집단화함으로써 문장이 다수의 의미를 가지게 되는 경우

구문 분석(parsing) 단어에 문법 범주를 할당하는 과정

구성성분(constituent) 명사나 동사구 같은 문법

단위

구정보(given information) 듣는 사람이 이미 알고 있다고 말하는 사람이 가정하는 정보

구조 의존성(structure dependence) 언어 규칙들이 개별 단어들보다 문법적인 구조들(또는 구성성분들)에 적용된다는 사실

구 표지(phrase marker) 문장을 구 구조로 나타내는 나무 그림

국소 구조(local structure) 미시구조를 보라.

군집화(chunking) 개별 정보 조각들을 더 큰 단위로 묶는 것. 단기 기억 방략의 하나

굴절 형태소(inflectional morpheme) 문장에서 문법적 대비를 표현하기 위해 자유 형태소에 첨가되는 의존 형태소. 영어에서 복수형을 나타내는 형태소와 과거 시제를 나타내는 형태소들이 여기에 포함된다.

궁상속(arcuate fasciculus) 베르니케 영역과 브로카 영역 사이에 있는 주요 경로

귀납(induction) 구체적인 것에서 일반적인 것을 추론하는 과정. 예를 들어, 우리가 본 적이 있는 개개의 말들이 모두 갈색이었다면 우리는 모든 말은 갈색이라고 귀납한다.

귀환 규칙(recursive rule) 자기 내포문(self-embedded sentence)에서처럼 자기 자신의 결과에 다시 적용되는 규칙

글자 수준(letter level) 시각적 자극이 알파벳의 낱자로 표상되는 글말 지각의 수준

기능어(function word) 관사, 전치사, 접속사처럼 문장 의미의 구성에서 이차적인 역할을 담당하는 단어. 내용어도 보라.

기능적 관계(functional relations) 단어의 지시 대상으로 무엇을 할 수 있는지를 나타내는 단어들 사이의 관계. 예를 들어, 앉기(sitting), 쉬기(rest), 흔들기(rocking) 같은 단어들은 의자로 할 수 있는 것들을 나타낸다.

기능적 자기 공명 영상(functional magnetic resonance imaging) 뇌 구조와 활동을 영상화하는 방법 중 하나

기본 색 용어(basic color term) 색을 가리키는 단어로서, 단일 형태소로 구성되며, 다른 색 이름으로 표현되지 않는 단어. 소수의 지시대상에만 국한적으로 사용되는 단어가 아니다.

기본 수준 용어(basic-level term) 범주 사례들 사이에 광범위한 유사성이 있는 범주를 가리키는 단어

기본 아동 문법(basic child grammar) 전보식 문장처럼, 많은 언어에서 발견되는 초기 아동 언어의 문법적 특징들

기술적 타당성(descriptive adequacy) 문법이 문장의 구조를 잘 기술하는 정도. 설명적 타당성과 관찰적 타당성도 보라.

기시감(Deja vu) 어떤 특정 사건을 이전에 경험한 적이 있다고 잘못 느끼는 것

기식성(aspiration) 어떤 말소리의 산출에 동반하여 나타나는 공기의 방출. 기식성은 영어 이외의 여러 언어들에서는 음소를 구분하는 특징 중 하나로 취급된다.

기정치(default value) 아이가 가지고 태어난다고 가정되는 매개변인의 값

내용어(content word) 문장의 의미를 결정하는 데 일차적 역할을 하는 단어(명사, 동사, 형용사처럼). 기능어도 보라.

내재적 용어(intrinsic terms) 공간 관계를 기술하는 단어로서, 여러 다른 대상들의 위치와 관련하여 어떤 대상을 언급할 때 사용된다. 예를 들어, behind the house, at the tip of the post

뇌량(corpus callosum) 두 대뇌 반구를 연결하는 신경 다발

눈-음성 폭(eye-voice span) 글을 소리내어 읽을 때 눈의 위치와 목소리 사이에 생기는 약 6~7 단어 정도의 지연

능동적 처리(active processing) 새로운 정보를 영구적 기억에 있는 정보와 관련짓거나, 자료에 대해 질문하거나, 자료의 요약 또는 개요를 작성하는 것 등과 같은 활동들의 집합

능동태(active voice) '그 여자는 아이를 꾸짖었다.(The woman scolded the child)' 처럼, 표면 구조의 주어가 심층 구조의 주어 또는 논리적 주어와 일치하는 문장

단기 기억(short-term memory) 약 30초 동안 정보를 유지하는 기억 체계. 작업 기억도 보라.

단어 수준(word level) 시각적 자극이 친숙한 단어로 표상되는 글말 지각의 한 수준

단어 연상 검사(word association test) 어떤 단어를 제시하고서 가장 먼저 떠오르는 단어를 말하라고 요구하는 검사

단어 우월 효과(word-superiority effect) 홀로 있는 글자보다 단어 맥락 속에 있는 글자가 더 지각하기 쉽다는 연구 결과

단어 초두 코호트(word initial cohort) 청각적 단어 재인에서, 청자에 의해 활성화된 어휘 후보들의 초기 집합. 단어 초두의 정보를 이용하여 만들어진다.

단언(assertion) 다른 사람의 주의를 특정 대상으로 향하게 하는 의사소통적 행위. 예를 들어, 어떤 아이가 어른에게 장난감을 보여주며 내꺼[This is mine]라고 말하는 경우. 단언은 말이나 몸짓을 사용하여 수행될 수 있다.

단원성(modularity) 언어 처리가 기억과 추론과 같은 일반 인지 과정으로부터 독립적인 정도. 또한 언어의 어떤 측면이 다른 측면들로부터 독립적인 정도를 가리킨다. 예를 들어, 의미나 담화 과정과 독립적으로 작동하는 통사 처리가 있다면, 문장 분석은 단원적이라고 볼 수 있다.

단음(phone) 말소리의 최소 단위

담화(discourse) 의미 있는 방식으로 결합된 문장들의 집합

대명사 삭제 매개변인(pro-drop parameter) 영주어의 매개변인을 보라.

대상 영속성(object permanence) 더 이상 볼 수 없는 대상이 여전히 존재한다는 신념

대용어(anaphor) 담화에서 선행 정보를 참조하는 언어적 표현

대체(substitution) 어떤 단어가 반복되는 대신 다른 단어에 의해 교체되는 응집성의 한 형태. 또한 하나의 음이나 단어가 다른 것을 교체하는 발화 실수나 음운 과정

대측(contralateral) 신경계 배열의 특징 중 하나로서, 대뇌의 한쪽 절반이 신체의 다른 쪽 절반을 통제하는 것

도상성(iconicity) 단어가 그것이 지시하는 대상과 닮아 있는 경우를 가리킴.

도식(schema) (복수형은 schemata) 기대되는 사건들의 연속에 대한 자세한 정보를 가지고 있는 의미 기억의 구조

도약안구운동(saccade) 글을 읽는 동안 일어나는 안구 운동

도청자(eavesdroppers) 대화의 참여자들이 알아채지 못하게 대화를 엿듣는 사람

동시 조음(coarticulation) 한 번에 하나 이상의

언어음을 발음하는 과정

동시적 이중언어 습득(simultaneous bilingualism) 이중적 일차언어 습득을 보라.

동음어(homophone) to와 two처럼, 발음은 같지만 뜻이 다른 단어

동의어(synonymy) 둘 이상의 단어들이 유사한 의미를 갖는 의미 관계

동측(ipsalateral) 대뇌의 한쪽 반구가 신체의 같은 면을 통제하는 신경계의 배치

동화(assimilation) 어떤 말소리가 주변의 다른 유사한 말소리에 의해 대체되는 음운 과정

두정엽(parietal lobe) 얼굴 근육과 말소리 근육들을 통제하는 운동 중추를 포함하는 대뇌의 중간 영역

등위(coordination) 둘 또는 그 이상의 단문들이 그리고(and), 또는(or), 그러나(but) 같은 등위 표현에 의해 연결된 문장, 즉 등위문. 예를 들어, Lake Superior is beautiful, but it is cold. 또는 참새(sparrow)와 울새(robin)처럼 심성 어휘집에서 위계상 같은 수준에 있는 단어, 즉 등위어를 가리키기도 한다.

따라 말하기(shadowing) 피험자들이 자신이 들은 것을 반복해서 말하는 실험 과제

로고젠(Logogen) 단어의 다양한 속성들(의미, 철자 등)을 기술하고 있는 심성 어휘집 내의 구조물. 단어에 대응한다.

마음 이론(theory of mind) 다른 사람을 의도적인 존재로서 볼 수 있는 능력. 어떤 사람이 당신에게 부딪힌 것을 우연한 행동이 아닌 의도적인 것으로 해석하는 것은 마음 이론의 한 예이다.

마찰음(fricative) fat의 f처럼 조음할 때 성도가 부분적으로 닫힌 상태에서 소리나는 자음

말소리 지각(speech perception) 메시지 속에 들어있는 말소리 음을 재인하기 위하여 음향 정보를 사용하는 과정

매개변인(parameter) (1) 문법 이론에서, 언어에 따라 다른 방식으로 설정된 문법 자질. 핵 매개변인과 영주어의 매개변인도 보라. (2) 미국 수화에서 손의 모양, 움직임, 위치에 따라 달라지는 차원

매개변인 설정(parameter setting) 문법 이론에서, 아이들이 미리 정해진 어떤 값을 가진 문법적 매개변인들을 가지고 태어난다는 생각. 언어 습득은 이러한 매개변인들을 자신의 모어의 값들로 재설정하는 문제로 본다.

맥락 조건적 변이(context-conditioned variation) 어떤 말소리를 특징짓는 음향적 매개변인이 음성적 맥락에 따라 달라지는 것

맥락화된 언어(contextualized language) 주변 맥락과 직접적으로 관련된 방식으로 언어를 사용하는 것

메타언어적 자각(metalinguistic awareness) 언어를 하나의 대상으로 생각하는 능력

명시적 의미(denotation) 어떤 단어의 사전적 정의. 암시적 의미(connotation)도 보라.

명제 표상(propositional representation) 문장이나 담화의 의미에 대한 기억으로, 사용된 정확한 단어에 대한 기억과는 다르다.

명제(proposition) 하나의 술어(동사, 형용사, 접속사)와 둘 이상의 논항(명사나 대명사)으로 구성된 의미 단위. 단문은 단일 명제로 표현되지만, 복문은 하나 이상의 명제로 표현된다.

모성어(motherese) 어른이 아이에게 사용하는 말로서, 비교적 단순한 발화, 구체적인 지시 대상, 과장된 억양 패턴, 높은 비율의 지시적

인 발화 등을 특징으로 한다.

모음(vowel) 성대가 개방된 상태로 산출되는 말소리 음

목적 관계절(object relative clause) wh-절이 문장의 목적어를 수식하는 관계절

무성음(voiceless) 음을 산출하는 동안 성대가 진동하지 않은 음

문법(grammar) 언어학에서, 언어에 관한 이론 또는 언어가 어떻게 구조화되어 있는지 관한 가설들의 집합

문법적 성별(grammatical gender) 사물을 남성, 여성 또는 중성으로 구분하는 언어의 문법적 속성

문법 형태소(grammatical morpheme) 의존 형태소를 보라.

물질 명사(mass noun) 공기(air)처럼 복수 형태소를 취하지 않고 분명한 경계가 없는 대상들을 가리키는 명사

미국 수화(American Sign Language, ASL) 미국에서 사용되는 수화 형식. 입말과는 구분되는 하나의 완전한 언어이다.

미달(undershooting) 말소리 산출에서, 말하는 사람이 동시 조음으로 인해 어떤 말소리의 조음을 위한 표적 위치에 충분히 도달하지 못하는 경향

미시 구조(microstructure) 담화에서 국소적인 응집성 관계

반구 절제술(hemispherectomy) 대뇌 반구의 한 쪽을 제거하는 수술 절차

반복 옹알이(reduplicated babbling) 유아들이 gagagaga하는 것처럼 똑같은 음을 계속 반복해서 사용하는 옹알이의 한 형태

반사실적 추론(counterfactual reasoning) 사실에 반하는 현상 또는 사건에 관한 추론 능력

발화율(rate) 말소리를 발음하는 속도

발화율 정규화(rate normalization) 말소리 지각에서 음향 단서를 이용할 때 말소리의 발화율을 고려하는 과정

방관자(bystander) 함께 있지만 대화의 상대가 아닌 사람들

배경(background) 담화 처리에서, 앞서 도입 또는 논의되었으므로 더 이상 논의의 초점이 되지 않는 정보

배경(ground) 은유에서 원관념과 보조관념 사이에서 암시된 유사성

범주적 지각(categorical perception) 하나의 음소 범주 내에 있는 음들을 변별하지 못하는 것

범주 크기 효과(category-size effect) B가 A보다 큰 의미 범주일 경우, A는 B이다(An A is a B). 같은 형식의 진술에 대한 의미 진위판단이 더 오래 걸리는 것

범주 특정적 해리(category-specific dissociations) 실어증에서 특정 범주의 단어들을 인출하지 못하는 것. 예를 들면, 과일이나 채소와 같은 단어 범주들을 인출하는 능력이 선택적으로 손상된 반면, 다른 단어 범주들을 인식하고 사용할 수 있는 능력은 보존되어 있는 것

베르니케 실어증(Wernicke's aphasia) 유창하지만 정보가 없는 말을 하며 이해의 장애가 있는 실어증. 수용성 실어증이라고도 한다.

베르니케 영역(Wernicke's area) 좌반구의 측두엽에 위치한 영역. 이 영역의 손상은 베르니케 실어증을 가져온다.

변별 세부특징(distinctive feature) 말소리들 사

이의 차이를 개별적 대비를 사용하여 명세화 한 것

변형 규칙(transformational rule) 문법적 구성 성분을 추가, 삭제, 이동함으로써 하나의 구 구조를 다른 구 구조로 변형시키는 규칙. 변형이라고도 한다.

병렬 분산 처리(parallel distributed processing) 연결주의 모형을 보라.

병렬 전달(parallel transmission) 동일 음절 내의 상이한 음소들이 동시에 말소리 신호 속에 부호화된다는 생각

병렬 처리(parallel processing) 둘 이상의 과정이 동시에 일어나는 것

보문(complement) 동사를 포함하는 명사구. 예를 들어, I see you sat down에서 you sat down은 보문이다.

보조 관념(vehicle) 은유에서 주제를 서술하는 것

복구(reinstatement) 현재의 문장을 이해하기 위하여 선행사들을 영구적 기억으로부터 작업기억으로 인출하는, 비교적 시간이 많이 소모되는 과정

복문(complex sentence) 하나 이상의 명제를 표현하는 문장

복잡성의 파생 이론(derivational theory of complexity) 문장의 심리적 복잡성은 파생이 일어난 횟수에 직접적으로 비례한다고 주장하는 이론

부가 의문문(tag question) It sure is cold in here, isn' t it?에서 isn' t처럼 평서문에 '부가된' 의문문

부분 보고 기법(partial report technique) 감각 저장소를 연구하기 위한 방법. 피험자들은 여러 줄의 자극들을 순간적으로 제시받은 후 그 중 한 줄을 보고해야 한다.

부분어(meronymy) 어떤 단어가 다른 단어가 가리키는 대상의 특정 부분을 가리킬 때 그 관계를 분의라 한다. 예를 들면, 자동차(car)라는 단어에 대해 기관(engine)과 바퀴(wheels)는 둘 다 자동차의 부분들을 가리키는 부분어이다.

부수(radical) 한자와 같은 표어 문자에서 의미와 관련된 획의 집합

부적 증거(negative evidence) 특정 언어 표현(단어나 문장)이 부적절하거나 수용불가능하다는 증거. 부적 증거는 외현적으로(No, that' s not a cow; that' s a dog) 또는 암묵적으로(어른들이 아이의 말을 수정하여 반복하는 것처럼) 제시될 수 있다.

부호화 용이성(codability) 색채 인지와 관련된 용어로서 언어 표현의 길이를 의미함.

분류학적 관계(taxonomic relations) 분류에서 단어의 위치를 가리키는 단어들 사이의 관계. 예를 들어, 개라는 단어에 대해 포유류(mammal)는 상위수준 단어이고, 고양이(cat)는 동위수준 단어, 콜리(collie)는 하위수준 단어이다.

분류학적 편향(taxonomic bias) 어떤 단어가 개개의 사람이나 동물이 아니라 한 부류의 사람이나 동물들을 가리킨다고 아이들이 가정하는 인지적 제약

분리성(discreteness) 어떤 대상이 뚜렷한 윤곽 또는 경계를 가지고 있는지를 표시하는 의미 자질. 예를 들어, 나무(tree)는 +분리성을, 공기(air)는 −분리성을 갖는다.

분화(differentiation) 의미 영역에서 단어의 수

불변성의 결여(lack of invariance) 말소리 단서

와 지각 사이에 아무런 일대일 대응이 존재하지 않는다는 사실

불변화사 이동 변형(particle-movement transformation) 불변화사(예를 들면, up과 같은 단어)가 명사구의 앞뒤로 이동하는 것을 설명하는 변형규칙

불연속적 구성 성분(discontinuous constituent) George picked the baby up에서 picked up처럼 일부 요소들이 분리되어 있는 문법적 구성성분

브로카 실어증(Broca's aphasia) 언어 산출에서 결함을 보이는 실어증. 표현성 실어증이라고도 한다.

브로카 영역(Broca's area) 좌반구의 전두엽에 위치한 뇌 영역. 이 영역의 손상은 브로카 실어증을 야기한다.

비영양성 빨기(nonnutritive sucking) 고무젖꼭지를 빠는 것을 기록하는, 유아 연구에 사용되는 절차

비유 언어(figurative language) 문자적으로 어떤 의미를 가지고 있으면서 다른 무엇인가를 의미하는 언어

비음(nasal) nail의 n 발음처럼 공기가 비강을 지나가는 자음

비정상적 긴장(anomalous suspense) 이야기 이해에서, 글을 읽는 사람이 이야기가 어떻게 전개될 것인지를 이미 알고 있을 때 경험하는 긴장

사운드스펙트로그램(sound spectrogram) 말소리 신호를 시각적으로 나타낸 그림

사운드스펙트로그래프(sound spectrograph) 사운드스펙트로그램을 만드는 데 사용되는 장치

사적 장면(personal settings) 두 명 이상의 참여자들이 자유롭게 말을 주고받는 대화 장면

사피어-워프 가설(Sapir-Whorf hypothesis) 워프 가설을 보라.

사회언어학(sociolinguistics) 언어가 사회적 상황에서 어떤 기능을 하는지를 연구하는 학문

삭제(deletion) 어떤 음을 빠뜨리는 발화 실수

상대적 용어(relative terms) 공간 속에서 어떤 대상과 사람 사이의 관계를 나타내는 공간적 용어들(예를 들어, in front of me, to the left of her)

상위어(hypernymy) 어떤 단어가 다른 단어의 상위에 있는 의미 관계. 예를 들어, 동물(animal)은 개(dog)의 상위어이다.

상향 처리(bottom-up processing) 상위 수준의 과정으로부터 영향을 받지 않는 하위 수준 과정에서의 처리(예를 들어, 단어 속에 들어있지만 단어에 의해 영향을 받지 않는 음소의 지각)

상호배타성 편향(mutual exclusivity bias) 어떤 대상이 일반적으로 두 개의 다른 이름을 갖지 않는다고 아이들이 가정하는 인지적 제약

상호성(reciprocity) 미국 수화에서, 주어가 행위자이고 목적어가 수취자인지(they pinched them), 주어와 목적어가 상호 교환적인지(they pinched each other) 사이의 구분

상호작용적 내용(interactional content) 듣는 사람에 대한 말하는 사람의 태도를 전달하는 문장 내용. 상호작용성이 높은 발화에는 농담, 모욕, 과도하게 공손한 말 등이 포함된다.

상호작용적 몸짓(interactive gesture) 상호작용적인 내용을 전달하기 위해 대화에서 사용되는 몸짓의 한 형태로서, 예를 들면, 말이 끝나

지 않았음을 표시하기 위해 손을 드는 것.

상황 모형(situational model) 담화의 심성 모형을 보라.

상후두계(supralaryngeal system) 성도의 크기와 모양을 조절하는 근육 체계

새로운 시작(fresh start) 말하는 사람이 원래의 통사 구조를 새로운 것으로 대체하는 자기 수정의 한 형태. 예기적 복귀와 즉각적 수정도 보라.

생득설(nativism) 언어의 생득적인 체제를 강조하는 언어 습득에 대한 접근

생략(illipsis) 응집성의 한 형태로서, 이전의 항목이 후속되는 문장에서는 생략되어 있지만 그 존재가 여전히 가정되는 경우

생물성(animacy) 어떤 대상이 살아있는지를 표시하는 의미 자질

선점 원리(preemption principle) 아동의 언어 환경이 언어 바이오프로그램의 역할을 선점하거나 억제한다는 원리

선행사(antecedent) 담화에서 선행 정보

설단 현상(tip-of-the-tongue (TOT) phenomenon) 어떤 단어를 알고 있지만 일시적으로 그것을 인출할 수 없는 상태

설명적 담화(expository discourse) 주제에 관한 정보를 전달하는 것이 글쓴이의 목표인 담화의 한 형태

설명적 타당성(explanatory adequacy) 문법이 언어 습득과 관련된 사실들을 설명할 수 있는 정도. 기술적 타당성(descriptive adequacy)과 관찰적 타당성도 보라.

성대(vocal cords) 후두에 위치한 두 개의 띠 모양의 근육 조직으로, 말소리 음이 산출되는 동안 진동한다. vocal folds라고도 한다.

성대진동 시작 시간(voice onset time) 자음이 방출된 후 성대가 진동하기까지의 시간 간격

성도(vocal tract) 말소리 산출에 관여하는 후두 상부 구조. 특히 입(구강)과 코(비강) 영역.

성문(glottis) 성대 사이의 열린 틈

세부특징 수준(feature level) 시각적 자극이 수직선, 곡선 등과 같은 알파벳의 낱자를 구성하는 물리적 세부특징들로 표상되는 글말 처리의 한 수준

속성 관계(attributive relations) 어떤 단어의 속성을 나타내는 단어들 간의 관계. 예를 들어 둥근(round)은 공(ball)의 속성을 나타내는 단어다.

손가락 영어(Manual English) 손을 사용하는 영어 표현. 예를 들어, 영어 알파벳을 손가락으로 나타낸다. 미국 수화(American Sign Language)도 보라.

수동 변형(passive transformation) 능동문의 심층 구조를 수동태로 바꾸는 변형 규칙

수동태(passive voice) The child was scolded by the mother에서처럼 표층 구조의 주어가 심층 구조의 목적어이거나 행동의 논리적 대상인 문장

수용성 실어증(receptive aphasia) 베르니케 실어증을 보라.

수취자(recipient) 의미적 또는 주제적 역할 중 하나로 무엇인가를 받는 사람을 가리킨다. 예를 들어, John gave the flower to Susan에서 Susan은 수취자이다.

순간 노출기(tachistoscope) 매우 짧은 시간 동안 시각적 자극을 제시하는 기계

순수 단어 농(pure word deafness) 청각적 양상의 언어를 이해하지 못하는 실어증. 시각적인

언어의 이해와 두 양상에서의 산출은 정상이다.

순차적 이중언어 습득(sequential bilingualism) 이차언어 습득을 보라.

습관화(habituation) 자극을 반복적으로 제시한 결과 자극에 대한 반응이 감소하는 것

시각 장 과제(visual field task) 시각 자극이 우측 시야나 좌측 시야에 제시되는 실험 과제

시도 억제 신호(attempt-suppressing signal) 자신의 말이 끝나지 않았음을 듣는 사람에게 알리기 위해 말하는 사람이 사용하는 단서

시작-응답-평가 계열(initiation-reply-evaluation sequence) 교실에서 사용되는 담화의 한 형태로, 교사가 학생에게 질문을 하면 학생은 대답을 하고, 교사는 다시 그 대답을 평가한다.

신/구 방략(new/given strategy) 발화가 기존 구성성분과 새로운 구성성분으로 분석되고, 새로운 정보는 이전에 받아들였던 정보와 함께 기억에 저장되는 이해 방략

신경언어학(neurolinguistics) 언어 정보가 대뇌에서 어떻게 처리되는지를 연구하는 분야

신속 매핑(fast mapping) 새로운 단어들을 신속하게 습득하는 과정

신정보(new information) 글을 읽거나 말을 듣는 사람이 모르는 것으로 가정되는 정보

실독증(alexia) 실어증의 한 유형으로 수기된 또는 인쇄된 단어를 읽지 못한다.

실문법적 발화(agrammatic speech) 문법 형태소나 기능어를 포함하지 않는 발화, 즉 문법적 구조가 결여되어 있는 발화

실문법증(agrammatism) 실문법적 발화를 보라.

실서증(agraphia) 실어증의 한 유형으로 글을 쓰지 못한다.

실어증(aphasia) 뇌 손상으로 야기되는 언어나 말소리의 장애

심성 모형(mental model) 세상의 어떤 측면에 대한 심적 표상

심성 어휘집(internal lexicon) 기억에 저장되어 있는 어휘 정보

심층 구조(deep structure) 변형 문법에서 가정되는 언어 구조의 수준. 문장의 기저 의미를 표현한다.

심층 구조 중의성(deep-structure ambiguity) 중의성의 한 형태로서, 어떤 하나의 문장이 두 개의 상이한 심층 구조에서 도출될 수 있는 경우

아기 말(baby talk) 모성어(motherese)를 보라.

아동기 기억상실증(childhood amnesia) 성인들이 생애 첫 몇 년에 대한 기억을 하지 못하는 것. 유아기 기억상실증이라고도 한다.

아동지향어(child-directed speech) 아이들에게 하는 말. 모성어(motherese)도 보라.

안정 상태(steady state) 비교적 일정한 주파수를 가진 포만트 영역

암묵 지식(tacit knowledge) 어떤 행위를 어떻게 수행하는지에 관한 지식. 외현 지식도 보라.

암시적 의미(connotation) 단어 의미의 사전적 정의와는 다른 것으로서 단어에 의해 암시되는 의미의 측면. 명시적 의미(denotation)도 보라.

야생 아동(feral children) 인간과의 접촉 없이 야생에서 자란 아동

양순음(bilabial) big에서 b처럼 입술에서 조음되는 자음

양이 지각(binaural perception) 동일한 자극이

양쪽 귀에 모두 제시되는 절차

양이 청취 과제(dichotic listening task) 서로 다른 자극을 동시에 양쪽 귀에 제시하는 실험 과제

어의(sense) 어휘집 내에서 한 단어가 다른 단어들과 갖는 관계

어휘 기능 문법(lexical-functional grammar) 구조적 관계에 관한 정보들이 변형 규칙보다는 오히려 어휘 항목들에 들어있다고 보는 문법 이론

어휘 삽입 규칙(lexical-insertion rule) 문장 파생 과정에서 어휘 항목이 가지(tree) 구조에 어떻게 삽입되는지를 결정하는 규칙

어휘 응집성(lexical cohesion) 담화에서 인접하는 문장들을 연결하기 위해 반복, 동의어, 하위어 및 다른 의미관계를 사용하는 것

어휘 접속(lexical access) 심성어휘집으로부터 어휘 항목들을 활성화시키는 과정

어휘 중의성(lexical ambiguity) 중의성의 한 유형으로, 어떤 단어가 두 개 이상의 의미를 갖고 있는 경우가 여기에 해당한다.

어휘 판단 과제(lexical decision task) 피험자들이 글자열을 보고 그것이 단어인지 아닌지를 신속하게 판단해야 하는 실험 과제

어휘 편향 효과(lexical bias effect) 말실수가 우연에 의해 기대되는 것 이상으로 진짜 단어들에서 흔하게 일어나는 것

어휘소(lexeme) 단어 지각의 음운적인 측면

어휘집(lexicon) 어떤 언어가 가지고 있는 단어의 집합. 심성 어휘집(internal lexicon)도 보라.

억양(intonation) 의미를 표시하기 위해 음고를 사용하는 것

억양 윤곽(intonational contour) 전체적인 발화의 특징을 변화시키는 음고의 변화 패턴으로서 의문문에서 볼 수 있는 상승 억양 등

억제적 상호작용(inhibitory interaction) 연결주의 모형에서, 하나의 단위에서의 활성화가 다른 단위들의 활성화를 감소시키는 경향

언어(language) 언어학 이론에서는 문법적으로 적합한 무한한 수의 문장들의 집합을 가리킨다.

언어 결정론(linguistic determinism) 언어가 형태 지각과 같은 비언어적 인지 과정을 결정한다는 가설

언어 바이오프로그램(language bioprogram) 언어 환경에 대한 노출을 제한당한 아이들에 의해서 사용되는 생득적 문법. 언어 바이오프로그램은 언어 환경이 정상적인 아동들에서는 억제된다고 가정한다.

언어 바이오프로그램 가설(language bioprogram hypothesis) 생득적 문법을 가리키는 말로서, 언어 환경에 대한 노출이 제한된 아동들에 의해서 사용된다. 바이오프로그램은 정상적인 언어 환경에서 자란 아이들에 의해서는 억제된다.

언어 상대성(linguistic relativity) 언어에 의해 결정되는 인지 과정이 언어에 따라 다르다는 가설

언어 생산성(linguistic productivity) 문법적으로 정확한 새로운 문장들을 무한히 만들어 내거나 이해할 수 있는 능력. 언어 창조성이라고도 한다.

언어심리학(psycholinguistics) 언어의 이해, 산출, 습득을 연구하는 학문

언어심리학적으로 실재적인 문법(psycholinguistically realistic grammar) 심리적인 처리과

정을 고려한 문법이나 언어 이론

언어 전이(language transfer) 이차언어 습득에서, 일차언어가 이차언어의 습득에 영향을 미치는 과정

언어 창조성(linguistic creativity) 언어 생산성을 보라.

언어학(linguistics) 언어의 기원, 구조, 사용을 연구하는 과학의 한 분야

언표내적 힘(illocutionary force) 화행 이론에서, 문장을 말하면서 화자가 하는 행위

언표적 행위(locutionary act) 화행 이론에서, 무언가를 말하는 행위

언향적 효과(perlocutionary effect) 화행 이론에서, 듣는 사람에 대해 갖는 효과

연결된 담화(connected discourse) 담화를 보라.

연결주의 모형(connectionist model) 인지적/언어적 처리과정에 관한 모형으로, 각 마디는 다수의 인접한 마디들과 영향을 주고받는 거대한 상호 연결된 정보망을 이루고, 정보 처리는 병렬적이라고 가정한다. 병렬 분산 처리라고도 한다.

연결 추론(bridging) 말을 듣는 사람이나 글을 읽는 사람이 현재의 발화와 선행 발화를 연결하기 위하여 추론을 이끌어내는 과정

연구개음(velar) collar의 c처럼 연구개에서 조음되는 자음

연합 연쇄 이론(associative chain theory) 행동주의자들이 옹호하는 이론으로, 문장의 생성을 문장 내 개별 단어들 사이의 연합에 의한 연쇄로 설명한다.

영구 기억(permanent memory) 본질적으로 영구적인 기억(장기 기억이라고도 함). 의미 기억과 일화 기억을 포함한다.

영주어의 매개변인(null-subject parameter) 어떤 언어가 주어 없는 문장을 허용하는지를 말해주는 문법 자질. 대명사 삭제(pro-drop) 매개변인이라고도 함.

예/아니오 질문(yes/no question) '예' 또는 '아니오'로 대답을 해야 하는 의문문

예기(anticipation) 뒤에 오는 단어나 음이 앞의 단어나 음을 대신하는 발화 실수

예기적 동시 조음(anticipatory coarticulation) 어떤 말소리를 위한 성도의 모양이 뒤따르는 음에 의해 영향을 받는 동시조음 유형

예기적 복귀(anticipatory retracing) 자기 수정을 위해서 말하는 사람이 실수 이전의 어떤 지점으로 되돌아가는 것. 앞서 정확하게 말했던 내용도 수정된 내용과 함께 반복된다. 새로운 시작(fresh start)과 즉각적 수정(instant repair)도 보라.

예시화(instantiation) 구체적인 의미를 가진 일반 용어를 예로 드는 것

오도 문장(garden path sentence) 글 읽는 사람이 단어나 구의 특정 의미를 가정하였다가 나중에 그 가정이 틀린 것임을 발견하고 앞으로 되돌아가 재해석해야만 하는 문장

오발음 탐지(mispronunciation detection) 피험자들에게 이따금씩 발음이 잘못된 단어들을 포함하는 테이프를 청각적으로 제시하는 실험 과제. 피험자의 과제는 오발음을 탐지하는 것이다.

오재인 실수(false recognition error) 어떤 항목이 제시되지 않았음에도 그것이 제시되었다고 피험자가 믿는 것

외적응(exaptation) 이미 존재하는 신체 구조가

새로운 기능을 위해 사용되는 진화 과정

외현 지식(explicit knowledge) 다양한 행위들을 어떻게 수행하는지에 관한 지식. 암묵 지식(tacit knowledge)도 보라.

요청(request) 다른 사람의 행동에 영향을 미치고자 시도하는 의사소통 행위. 예를 들어, 아이가 우유가 먹고 싶어 우유병을 손으로 가리키는 것. 요청은 단어나 동작들로 이루어진다.

운동감각 영역(somatosensory regions) 촉각을 통제하는 대뇌의 두정엽에 있는 영역

운율 요인(prosodic factors) 말소리 분절음 위에 더해진 억양이나 강세와 같은 요인들. 초분절음도 보라.

울대(syrinx) 되새의 발성체계에 있는 주요 구조

워프 가설(Whorf hypothesis) 언어가 사고 과정을 제약한다는 가설: Sapir-Whorf 가설이라고도 한다. 언어 결정론과 언어 상대성도 보라.

원관념(tenor) 은유의 주제

원시 인류(hominids) 현생 인류를 포함하는 종들의 집합. hominins라고도 한다.

유발 전위(evoked potential) 어떤 자극을 제시한 후 대뇌의 특정 영역에서 전기적 활동을 측정하는 것

유성음(voiced) 음을 산출하는 동안 성대가 진동하는 음

유성화(voicing) 폐에서 나온 공기가 성대를 지날 때 성대가 진동하는지 안하는지 여부. 성대가 진동할 때의 말소리 음을 유성음이라고 한다. 그렇지 않으면 무성음이다.

융합(coalescence) 상이한 음절에 속한 음소들이 하나의 음절로 결합되는 음운 과정

은유(metaphor) 문자적으로 하나의 의미를 나타내는 단어나 구가 다른 의미를 나타내는 것으로 해석되고, 둘 사이에서 어떤 유사성이 인정되는 언어 형식. 예를 들어, My hand is an apple without a core.

음성 교환 관계(phonetic trading relations) 상이한 음향 단서들이 말소리 지각에 대해 교환(trade-off) 효과를 미치는 것

음성 수준(phonetic level) 말소리 신호가 포만트 전이 같은 음향 단서로 표상되는 수준

음성학(phonetics) 말소리에 관해 연구하는 학문

음소(phoneme) 의미에 관여하는 말소리의 최소 단위

음소 복원(phonemic restoration) 청자가 맥락을 사용하여 말소리 신호에서 누락된 음소를 복원하는 하향(top-down) 처리과정

음소 유사성 효과(phonemic similarity effect) 발음할 때 실수한 음소와 표적 음소가 유사한 것

음소 탐지(phoneme monitoring) 실험 참가자들이 청각적으로 제시되는 일련의 말소리 자극으로부터 특정 음소를 탐지하는 과제

음운 난독증(phonological dyslexia) 단어를 소리내어 읽는 능력이 손상된 읽기 장애의 한 형태

음운 수준(phonological level) 말소리 지각에서, 말소리 신호가 음소로 전환되고 음운 규칙들이 적용되는 수준

음운 편향 기법(phonological bias technique) 피험자들에게 비슷한 음운 패턴을 가진 일련의 단어들을 읽게 함으로써 발화 실수를 유도하는 방법

음운론(phonology) 한 언어의 소리 체계로서, 여기에는 상이한 음소들이 한 단어 내에서 어떻

게 배열되는지를 결정하는 규칙들도 포함된다.

음절 문자(syllabary) 음절이 시각적 상징으로 표상되는 표기법

음향 음성학(acoustic phonetics) 각각의 말소리가 가진 음향적인 특징들을 밝히는 음성학의 한 분야

응시(fixation) 글을 읽는 동안 어떤 위치에 시선이 고정된 시간. 안구 운동 사이의 시간

응집성(cohesion) 담화 내에서 인접한 문장들 사이의 국소적 일관성 관계

의미 검증 과제(semantic verification task) 피험자들이 An A is a B와 같은 형식의 문장을 보고, 그것이 참인지 거짓인지 신속하게 판단하는 실험 절차

의미 기억(semantic memory) 단어, 개념, 상징 및 대상들에 관한 조직화된 지식을 포함하는 영구적 기억의 일부. 심성 어휘집도 보라.

의미론(semantics) 단어와 문장의 의미와 관련된 언어의 영역

의미망(semantic network) 단어들이 마디들로 표상되고, 다양한 의미 관계에 의해 다른 마디들과 연결되어 있는 의미 기억 모형

의사문법적 발화(paragrammatic speech) 유창하지만 일관되지 못하고 많은 무관련 연상어들을 포함하는 발화

의미 미분(semantic differential) '좋은/나쁜' 또는 '강한/약한' 과 같은 차원에서 단어들을 평가하게 함으로써 단어의 연상 의미를 측정하는 방법

의미적 복잡성(semantic complexity) 문장이나 구로 표현된 아이디어의 복잡성(개념적 복잡성이라고도 함). 통사적 복잡성도 보라.

의미적 자가 습득(semantic bootstrapping) 통사 지식을 습득하기 위해 의미 지식을 사용하는 과정

의미 점화(semantic priming) 하나의 단어가 표적 단어에 앞서 제시됨으로써 그것이 표적 단어를 인출하거나 활성화하는 데 필요한 시간을 감소시키는 실험 절차

의사소통 능력(communicative competence) 다양한 사회적 상황에서 언어를 적절하고 효과적으로 사용하는 것과 관련된 기술

의존 형태소(bound morpheme) 자유 형태소와 결합하거나 자유 형태소에 의지할 때에만 존재하는 의미 단위

이동(shift) 말소리 음이나 단어가 어떤 위치에서 다른 위치로 이동하는 발화 실수

이야기 담화(narrative discourse) 장면, 인물, 줄거리가 중심적인 역할을 하는 담화의 한 형태

이야기 문법(story grammar) 이야기에 들어 있는 일련의 기대되는 사건들에 대한 심적 표상(스키마)

이중적 일차언어 습득(bilingual first-language acquisition) 아이들이 동시에 두 개의 언어를 모어로 습득하는 것

이중 지각(duplex perception) 한 쪽 귀에는 포만트의 변이 부위를 다른 쪽 귀에는 포만트의 안정 상태 부위를 제시하는 실험 기법

이중 형식(duality of patterning) 의사소통 체계의 특징 중 하나로, 소수의 무의미한 단위들이 결합되어 다수의 의미 있는 단위를 만드는 것

이차언어 습득(second-language acquisition) 한 개인(아동이나 성인)이 모어를 이미 습득한 다음 두 번째 언어를 습득하는 것. 순차적

이중언어 습득이라고도 한다.

인지 과학(cognitive science) 마음에 관해 연구하는 과학의 한 분야. 심리학, 인공 지능, 신경과학, 언어학, 철학 및 인접 학문들로 구성되어 있다.

인지적 경제성(cognitive economy) 의미 기억의 특징 중 하나로서 의미망 내에서 정보는 한번만 표상된다.

인지적 제약(cognitive constraint) 단어의 의미를 추론할 때 아이들이 사용하는 것으로 가정되는 편향

일관성(coherence) 텍스트의 서로 다른 부분들이 연결되는 정도. 일관성은 담화의 국소적 수준과 전역적 수준에 모두 존재한다.

일어문(holophrase) 아이들이 사용하는 한 단어로 된 말로, 어른들이 그 단어를 사용하여 의미하는 것보다 훨씬 많은 것을 표현한다.

일화(episode) 이야기 문법의 한 구성성분

일화 기억(episodic memory) 영구 기억의 일종

읽기 폭 과제(reading span task) 글을 읽는 동안 작업 기억의 용량을 측정하는 과제. 피험자들은 일련의 문장들을 소리내어 읽은 다음, 각 문장의 마지막 단어를 회상해 내야 한다. 회상해 낸 단어의 수가 피험자의 읽기 폭 측정치이다.

자가 인지적 의식(autonoetic consciousness) 시간을 과거, 현재, 미래로 경험하는 의식의 한 형태

자극의 빈곤(poverty of stimulus) 어린아이들에게 주어지는 환경 입력이 그들의 언어 습득을 설명하기에는 너무 빈약하고 부족하다는 생득론자들의 주장

자기수정(self-repairs) 말실수를 스스로 고치는 것

자기참조 효과(self-reference effect) 자기 자신과 관련된 정보를 더 잘 기억하는 경향성

자동성(automaticity) 인지 과정의 특성 중 하나로서 어떠한 처리 용량도 필요로 하지 않는 경우를 가리킨다.

자동적 처리(automatic process) 어떠한 처리 용량도 필요로 하지 않는 활동

자모문자(alphabet) 각각의 글자가 하나의 음소를 표상하는 표기 체계

자소(grapheme) 자모 문자의 각 문자

자유 형태소(free morpheme) 독자적으로 문장에 나타날 수 있는 의미 단위

자음(consonant) 말소리를 산출하는 동안 성도가 부분적으로 또는 완전하게 닫힌다.

자의성(arbitrariness) 언어의 중요한 특징 중 하나로, 단어와 그것의 지시대상 사이에 아무런 직접적인 유사성이 없음을 가리킨다.

작업 기억(working memory) 저장소와 처리 기능을 모두 가진 기억 형식. 작업 기억은 잠시 정보를 유지할 뿐 아니라 저장된 정보에 다양한 조작을 가하는 데도 사용된다.

장기 기억(long-term memory) 영구 기억을 보라.

장르(genre) 동화처럼 특정 형식이나 내용으로 특징지어지는 담화의 범주

재인 지점(recognition point) 청각적 단어 재인에서 어떤 단어가 다른 가능한 단어들과 구분되는 지점

적정 조건(felicity condition) 어떤 화행이 진실하거나 타당한 것으로 이해되기 위해 반드시 존재해야 하는 조건

전경(foreground) 담화 처리에서, 현재 논의되거

나 설명되고 있는 정보

전도성 실어증(conductive aphasia) 다른 사람의 말을 듣고 따라하지 못하는 실어증

전방 조응(anaphoric reference) 참조 응집성의 한 형태로서, 어떤 언어 표현이 담화의 선행하는 정보를 참조할 때

전역 구조(global structure) 거시 구조를 보라.

전위(displacement) 언어가 가진 특징으로, 단어들이 공간적으로나 시간적으로 그것들의 지시 대상들과 분리되어 있는 것

전조작기(preoperational period) 피아제의 인지 발달 이론에서 두 번째 발달 시기

전체 대상 편향(whole object bias) 하나의 단어가 부분이 아닌 전체 대상을 가리킨다고 아이들이 가정하는 인지적 제약

전형성 효과(typicality effect) A가 B의 전형적인 예나 특징이 아닐 때, A는 B이다(An A is a B) 형식의 진술을 검증하는 데 훨씬 오랜 시간이 걸린다는 사실

절대적 용어(absolute terms) 사람의 위치와 관계없이 공간 내에서 대상의 위치를 가리키는 용어(예를 들어, 북쪽/남쪽)

점진적 처리(incremental processing) 우리는 발화의 일부를 조음하면서 동시에 발화의 다른 부분도 계획한다는 주장

접속 응집성(conjunctive cohesion) 응집성의 한 유형으로 그리고(and), 또는(or), 그러나(but) 같은 접속어를 사용하여 문장이나 구 사이의 관계를 표현한다.

정교화(elaboration) 입력되는 정보를 영구 기억에 이미 저장된 정보와 연결시키는 과정

정적 증거(positive evidence) 특정 언어 표현(단어 또는 문장)이 적절하거나 수용가능하다는 증거. 정적 증거는 명시적으로 표현되거나(예를 들어, 누군가가 다른 사람의 단어나 발화에 찬성할 때) 암묵적으로 표현된다(예를 들어, 한 사람이 다른 사람의 말에 대하여 적절성에 대한 분명한 언급 없이 반응할 때).

제약 기반 모형(constraint-based model) 초기 문장 분석에서 가용한 모든 정보(의미, 통사, 맥락 정보 등)를 동시에 사용한다고 보는 문장 이해 모형

조동사(auxiliary verb) '돕는 동사', 즉 Kim is gardening this afternoon 같은 문장에서 본동사와 연결되어 사용되는 is, do, can 등과 같은 동사

조음 방식(manner of articulation) 말소리 음이 조음되는 방식(예를 들어, 파열음, 마찰음 등등)

조음 위치(place of articulation) 조음이 이루어지는 성도 내의 위치(예를 들어, 양순, 치경, 등등)

조음 음성학(articulatory phonetics) 각각의 말소리와 관련된 조음 동작들을 명세화하는 음성학의 한 분야

조응 응집성(reference cohesion) 어떤 언어 표현을 해석하는 데 필요한 정보가 텍스트 내 어딘가에서 발견되는 응집성의 형태. 전방 조응과 후방 조응도 보라.

조작 원리(operating principle) 정보를 선택하거나 조작하는 데 선호되는 방식

조절(accommodation) 이동 또는 삭제된 요소들이 그런 오류를 유도한 환경에 적응되는 음운 과정

종단적 연구(longitudinal investigation) 소수의 아동들을 일정한 기간에 걸쳐 연구하는 아동

발달 연구의 한 방법

주변 참여자(side participants) 대화에는 참여하고 있지만 지금 당장 말하고 있지는 않는 사람

중복(reduplication) 다음절 단어를 표시하는 데 하나의 음절이 반복 사용되는 음운 과정(예를 들어, daddy 를 dada 라고 하는 것)

중의성(ambiguity) 언어가 가진 속성 중 하나로, 한 단어나 문장은 한 가지 이상의 방식으로 해석될 수 있다. 심층 구조 중의성, 어휘 중의성, 구 중의성도 보라.

중첩(overlap) 앞서 말하던 사람이 마지막 단어를 말하는 동안에 자발적인 말을 하는 기간. 차단도 보라.

즉각적 수정(instant repair) 화자가 자신이 실수했던 곳으로 돌아가 정확한 단어로 실수를 교체하는 자기수정의 한 형태. 예기적 복귀와 새로운 시작도 보라.

즉물적 정의(ostensive definition) 단어의 지시대상을 손가락으로 가리킴으로써 단어를 정의하는 과정

즉시성 원리(immediacy principle) 단어가 입력되면 우리는 그것을 즉시 해석한다는 원리

지각 폭(perceptual span) 글을 읽는 사람이 시각 정보를 받아들일 수 있는 영역의 크기

지속(perseveration) 앞서 나온 단어나 음이 뒤따르는 단어나 음을 침해하는 발화 실수

지속형 동시조음(perseveratory coarticulation) 어떤 말소리를 내는 데 필요한 성도의 모양이 선행하는 음들의 영향을 받는 형태의 동시 조음

지시(reference) 언어적인 표현과 세상 속의 사람, 대상, 사건 사이의 관계

지시 대상(referent) 언어적 표현이 가리키는 사람, 대상, 사건

지시적 몸짓(referential gesture) 대화 내용의 어떤 측면을 가리키기 위해 대화에서 사용되는 몸짓의 한 형태

지시적 방략(referential strategy) 대명사에 비해 높은 명사의 사용 비율, 분명한 조음, 명명하기 등을 강조하는 아동 언어의 양식

지시적 의사소통 과제(referential communication task) 실험참가자가 자신의 생각이나 감정이 아니라 주위 환경 내의 어떤 대상에 대해 메시지를 구성하는 실험 과제

지연 모방(deferred imitation) 이전에 보았던 행동을 모방하는 것

지프의 법칙(Zipf's law) 단어의 길이는 단어의 사용 빈도와 부적으로 상관되어 있다는 사실

진리 조건(truth conditions) 어떤 문장이 참이기 위해서(세상에) 존재해야 하는 조건

차단(interruption) 말하는 사람이 말을 끝내기 직전에 다른 사람이 한 단어 이상 동시에 말하는 기간. 중첩도 보라.

차례 양보 신호(turn-yielding signal) 발언권을 양보할 준비가 되었음을 표시하기 위해 화자가 제시하는 단서들의 집합

참여자(participants) 대화에 참여하고 있는 사람

처리 용량(processing capacity) 다양한 과제나 활동에 사용할 수 있는 심적 처리용량의 총합

청각 수준(auditory level) 말소리 지각을 위한 여러 수준의 처리 중 하나. 말소리 신호가 주파수, 강도, 시간적 속성 등의 측면에서 표상된다.

초분절음(suprasegmentals) 말소리 분절 '위에' 놓인 강세나 억양 패턴과 같은 운율 요인들

초점색(focal color) 어떤 기본색의 가장 전형적인 예

총체적 처리(holistic processing) 오른쪽 대뇌 반구와 관련된, 전역적인 처리 양식

최소 반응(minimal response) 대화중에 청자가 내는 uh-huh나 um-hum 같은 발화. 일상적인 최소 반응들은 화자의 주제에 관심을 보이는 것으로 간주된다.

최소 부착 방략(minimal attachment strategy) 문장 분석에 사용되는 원리 중의 하나. 우리는 언어 규칙과 일치하는 최소한의 통사 마디를 사용하여, 현재 구성중인 구 표지에 새로운 항목을 부착하는 것을 선호한다.

최초 말놀이(original word game) 어른들이 아이들에게 단어의 이름을 가르치는 게임. 아이들이 어떤 대상을 가리키며 "저게 뭐야?(What' s that?)"라고 물으면, 어른들은 이름을 알려준다.

추가(addition) I didn' t explain this clarefully enough[carefully enough]에서처럼 언어 요소가 추가된 발화 실수

추론(inference) 듣는 사람이나 읽는 사람이 끌어낸 명제

충분 조건(sufficient condition) 이것이 존재한다면 특정 사건이 일어날 것을 보장하는 조건

측두엽(temporal lobes) 대뇌 양측에 위치한 청각 영역

측두 평면(planum temporale) 언어 기능과 관련된 것으로 알려진 측두엽의 한 영역

치경음(alveolar) dog에서 d처럼 치조 마루에서 조음되는 자음

치음(dental) thin의 th처럼 치아에서 조음되는 자음

카나(Kana) 일본어의 문자로서 음절을 상징함.

칸지(Kanji) 중국어에서 차용하여 일본어의 표기에 사용되는 표어 문자. 한자

코호트 모형(cohort model) 청각적 단어 재인에 대한 모형으로, 듣는 사람이 단어 초두 코호트라는 후보 집단을 생성한 다음, 어떤 코호트 구성원이 제시된 단어와 일치하는지를 결정한다.

크리올(creole) 피진(pidgin)을 모어로 하여 자라난 아이들이 발전시킨 언어

탈맥락화된 언어(decontextualized language) 어떤 언어가 그것이 가리키는 지시 대상과 시간과 장소에서 분리된 경우

탈습관화(dishabituation) 습관화된 반응이 새로운 자극에 의해서 원래의 강도를 회복하는 것

통사론(syntax) 문장에서 단어들의 문법적 배열을 다루는 언어학의 영역

통사적 범주(syntactic category) 명사, 동사 등과 같은 품사를 가리키는 다른 용어

통사적 복잡성(syntactic complexity) 어떤 언어에서 생각을 표현하는 데 요구되는 문법 작용의 복잡성. 형식적 복잡성이라고도 한다. 의미적 복잡성도 보라.

통제적 과정(controlled process) 처리 용량을 필요로 하는 활동

파생(derivation) 문장을 생성하는 데 필요한 일련의 언어 규칙들

파생 형태소(derivational morpheme) 새로운 단어를 만들기 위해 자유 형태소에 추가되는 의존 형태소. 예를 들어, good(형용사)에 파생 형태소 -ness가 붙으면 goodness(명사)가 된다.

파지 간격(retention interval) 정보가 제시된 시

점과 그것이 회상된 시점 사이의 시간

파찰음(affricate) church의 ch 발음처럼 처음에는 성도(vocal tract)가 완전히 닫혔다가 서서히 열리면서 나는 자음

편재화(lateralization) 어떤 심리적 기능이 대뇌의 한쪽 반구에 의해서 담당되는 정도. 일차적으로 한쪽 반구에 의해서 담당되는 기능들은 그 반구에 편재화되어 있다고 말한다.

평균 발화 길이(mean length of utterance in morphemes; MLU) 아동 언어 성장의 지표. 하나의 발화에 포함된 형태소의 수로 계산된다.

폐쇄 유목 단어(closed-class words) 기능어를 보라.

폐쇄음(stop) bat에서의 b처럼 성도를 완전히 닫아 기압을 높였다가 급하게 방출하여 소리내는 자음

포만트(formant) 음소의 사운드스펙트로그램에서 발견되는 집중된 에너지의 띠

포만트 전이(formant transition) 포만트의 시작부에서 보이는 주파수의 빠른 증가나 감소

표기법(orthography) 말소리를 글로 적거나 인쇄된 상징으로 표시하는 것

표어 문자(logography) 시각적 상징들이 음소나 음절이 아니라 단어를 나타내는 표기

표제어(lemma) 단어 지식의 통사적 측면

표층 구조(surface structure) 발화의 음성 명세에 좀 더 가까운, 변형 문법에서 가정하는 통사 구조의 수준

표층 난독증(surface dyslexia) 비단어는 명명할 수 있지만 단어를 명명하지는 못하는, 읽기 장애의 한 형태

표층 표상(surface representation) 문장이나 담화 기억에서, 제시된 정확한 단어들에 대한 표상

표현 방략(expressive strategy) 아동 언어의 한 양식으로, 대명사의 사용 비율이 명사에 비해 높고, 발음은 조잡하고, 억양은 분명하고, 발화는 비교적 길다.

표현성 실어증(expressive aphasia) 브로카 실어증을 보라.

피진(Pidgin) 서로 모르는 언어를 사용하는 사람들이 접촉할 때 만들어지는 보조 언어

피행위자(patient) The neighborhood frightened the elderly man에서 the elderly man처럼 행위의 대상인 개인에 해당하는 주제적 또는 의미적 역할

필요 조건(necessary condition) 어떤 구체적인 사건이 발생하기 위해 존재해야 하는 조건

하위어(hyponymy) 어떤 단어가 다른 단어의 하위에 있는 의미 관계. 예를 들어, 콜리(collie)는 개(dog)의 하위어이다.

하위집합 원리(subset principle) 언어들이 서로의 하위 집합으로 고려될 수 있다는 생각

하향 처리(top-down processing) 상위 수준이 하위 수준의 처리에 영향을 미치는 과정. 예를 들어, 음소의 지각은 그것이 들어있는 단어에 의해 영향을 받을 수 있다.

한정사(determiner) The cat ate the plant에서 the처럼 가산 명사를 정량화하거나 특정화하는 품사

합리주의(rationalism) 생득적 지식이 인간의 행동을 인도한다고 주장하는 철학적 전통

핵 매개변인(head parameter) 어떤 구에서 핵(head)의 위치(명사구에서 명사의 위치 또는 동사구에서 동사의 위치 등)를 명시하는 문법

적 장치

행동주의(behaviorism) 심리학의 관심은 마음에 관한 연구가 아니라 행동에 대한 객관적인 연구에 두어야 한다는 주장

행위자(agent) The manager opened the store에서 the manager가 담당하는 역할처럼 어떤 행동을 수행하는 개인에 대응하는 주제적 내지 의미적 역할

형식적 복잡성(formal complexity) 통사적 복잡성을 보라.

형태론(morphology) 어떤 언어에서 단어를 구성하는 요소들과 과정들의 체계

형태소(morpheme) 어떤 언어에서 의미의 최소 단위

형태 재인(pattern recognition) 감각 저장소의 정보를 영구 기억으로부터 인출한 정보와 맞추어보는 과정

호흡계(respiratory system) 폐에서 성도에 이르는 공기의 흐름을 조절하는 근육 체계

혼합(blend) 두 개 이상의 단어가 조합되어 나타나는 발화 실수

혼합 옹알이(variegated babbling) 다양한 자음과 모음을 가진 음절열로 이루어진, 옹알이의 한 형태

화용론(pragmatics) 언어 사용에 기저하는 사회적 규칙들

화용 이론(pragmatic theory) 비유 언어 이해에서, 우리가 문자적 의미를 고려하고 나서 그것을 기각함으로써 비유 언어를 이해한다는 입장

화자 정규화(speaker normalization) 말소리 지각 시 음향 단서를 사용할 때 화자의 음고를 고려하는 과정

화행(speech act) 언표내적 힘을 가진 발화

활성화 확산(spreading activation) 의미망 내에서 하나의 마디가 활성화될 때 그것이 관련된 다른 마디들을 활성화시키는 과정

회귀(regression) 글을 읽는 동안 일어나는 역행 안구 운동

후기 종결 방략(late closure strategy) 구문 분석에 사용되는 방략으로, 우리는 새로운 항목을 가능한 한 현재의 구성 성분에 부착하기를 선호한다고 본다.

후두계(laryngeal system) 말소리 음이 유성인지 무성인지를 결정하는 근육 체계

후두엽(occipital lobe) 대뇌 뒤쪽 영역에 있는 시각 중추

후방조응(cataphoric reference) 참조 응집성의 한 형태로서, 담화에서 아직 도입되지 않은 정보를 현재의 어떤 언어적 표현이 참조하는 경우

후천성 난독증(acquired dyslexia) 이전에 글을 읽을 수 있었던 사람이 뇌 손상을 입은 후 글을 읽지 못하는 증상

흥분성 상호작용(excitatory interaction) 연결주의 모형에서, 한 단위의 활성화가 다른 단위들의 활성화를 증가시키는 경향

fis 현상(Fis phenomenon) 아이들이 어떤 단어를 제대로 발음하지 못하면서도 자신의 발음과 어른의 발음을 정확하게 구분하는 것

TRACE 모형(TRACE model) 말소리 지각에 관한 연결주의 모형

Wh-의문문(Wh-question) who, what, where, when처럼 wh-단어로 시작하는 의문문

참고문헌

Adler, M. J., & Van Doren, C. (1972). *How to read a book*. New York: Simon & Schuster. (Originally pub1940).

Aitchison, J. (1998). On discontinuing the continuity- discontinuity debate. In J. R. Hurford, M. Studdert-Kennedy,, & C. Knight (Eds.), *Approaches to the evolution of language* (pp. 17-29). Cambridge, U. K.:Cambridge University Press.

Aksu-Koç, A. A., & Slobin, D. I. (1985). The acquisition of Turkish. In D. I. Slobin (Ed.), *The crosslinguistic study of language acquisition: Vol. 1. The data* (pp. 839- 878). Hillsdale, NJ: Erlbaum.

Albert, S., & Kessler, S. (1978). Ending social encounters. *Journal of Experimental Social Psychology*, *14*, 54 1-553.

Allbritton, D. W., & Gerrig, R. J. (1991). Participatory responses in text understanding. *Journal of Memory and Language*, 30, 603-626.

Allen, M. S., Kertoy, M. K., Sherblom, J. C., & Pettit,J. M. (1994). Children's narrative productions: A comparison of personal event and fictional stories. *Applied Psycholinguistics*, 15, 149-176.

Allington, R. L., & Strange, M. (1977). Effects of grapheme substitutions in connected text upon reading behaviors. *Visible Language*, 11, 285-297.

Altmann, S. A. (1967). The structure of primate social communication. In S. A. Altmann (Ed.), *Social communication among primates* (pp. 325-362). Chicago: University of Chicago Press.

Anderson, J. R. (1976). *Language, memory, and thought*. *Hillsdale*, NJ: Erlbaum.

Anderson, R. C., & Ortony, A. (1975). On putting apples into bottles-A problem of polysemy. *Cognitive Psychology*, 7, 167-180.

Ashcraft, M. H., & Kirk, E. P. (2001). The relationships among working memory, math anxiety, and performance. *Journal of Experimental Psychology: General*, *130*, 224-237.

Aslin, R. N., Pisoni, D. B., Hennessy, B. L., & Perey, A. J. (1981). Discrimination of voice onset time by human infants: New findings and implications for the effects of early experience. *Child Development*, 52, 1135-1145.

Au, T. K. (1983). Chinese and English counterfactuals: The Sapir-Whorf hypothesis revisited. *Cognition*,15, 155-187.

Au, T. K. (1984). Counterfactuals: In reply to Alfred Bloom. *Cognition*, 17, 289-302.

Austin, J. L. (1962). *How to do things with words*. New York: Oxford University Press.

Baars, B. J. (1980). On eliciting predictable speech errors in the laboratory. In V. A. Fromkin (Ed.), *Errors in linguistic performance* (pp. 307-3 18). New York: Academic Press.

Baars, B. J., Motley, M. T., & MacKay, D. G. (1975). Output editing for lexical status in artificially elicited slips of the tongue. *Journal of Verbal Learning and Verbal Behavior*, *14*, 382-391.

Bach, K., & Harnish, R. M. (1979). *Linguistic communication and speech acts*. Cambridge, MA: MIT Press.

Baddeley, A. (1986). . New York: Oxford University Press.

Baddeley, A. D. (2002). Is working memory still working? *European Psychologist*, *7*, 85-97.

Baddeley, A. D., & Hitch, G. (1974). Working memory. In G. H. Bower (Ed.), *The psychology of learning and motivation* (Vol. 8, pp. 47-89). New York: Academic Press.

Baddeley, A., Gathercole, S., & Papagno, C. (1998). The phonological loop as a language learning device. *Psychological Review*,105, 158-173.

Baddeley, A. D., & Wilson, B. A. (1985). Phonological coding and short-term memory in patients without speech. *Journal of Memory and Language*, *24*, 490-502.

Bailey, N., Madden, C., & Krashen, S. D. (1974). Is there a "natural sequence" in adult second language learning? *Language Learning*, *24*, 235-243.

Baillargeon, R. (1987). Object permanence in three and one half and four and one half month old infants. *Developmental Psychology*, *23*, 655-664.

Ball, E. W, & Blachman, B. A. (1991). Does phoneme awareness training in kindergarten make a difference in early word recognition and developmental spelling? *Reading Research Quarterly*, *25*, 49-66.

Baron, J., & Thurston, I. (1973). An analysis of the word-superiority effect. *Cognitive Psychology*, *4*, 207-228.

Barrett, M. D. (1982). The holophrastic hypothesis: Conceptual and empirical issues. *Cognition*, *11*,47-76.

Bartlett, F. C. (1932). *Remembering: A study in experimental and social psychology*. Cambridge, U. K.: Cambridge University Press.

Basser, L. S. (1962). Hemiplegia of early onset and the faculty of speech with special reference to the effects of hemispherectomy. *Brain*, *85*, 427-460.

Bates, E., Bretherton, I., & Snyder, L. (1988). *From first words to grammar: Individual differences and dissociable mechanisms*. New York: Cambridge University Press.

Bates, E., Camaioni, L., & Volterra, V. (1975). The acquisition of performatives prior to speech. *Merrill-Palmer Quarterly*, *21*, 205-226.

Bates, E., Devescovi, A., & Wulfeck, B. (2001). Psycholingustics: A cross-language perspective. *Annual Review of Psychology*, *52*, 369-396.

Bates, E., Masling, M., & Kintsch, W. (1978). Recognition memory for aspects of dialogue. *Journal of Experimental Psychology: Human Learning and Memory*, *4*, 187-197.

Bavelas, J. B., Chovil, N., Lawrie, D. A., & Wade, A. (1992). Interactive gestures. *Discourse Processes*, *15*, 469-489.

Bayliss, D. M., Jarrold, C., Gunn, D. M., & Baddeley, A. D. (2003). The complexity of complex span: Explaining individual differences in working memory in children and adults. *Journal of Experimental Psychology: General*, *132*, 71-92.

Beattie, C. (1983). *Talk: An analysis of speech and nonverbal behaviour in conversation*. Milton Keynes, U. K.: Open University Press.

Beattie, G. W, Cutler, A., & Pearson, M. (1982). Why is Mrs. Thatcher interrupted so often? *Nature*, *301*, 744-747.

Becker, C. A. (1979). Semantic context effects in visual word recognition: An analysis of semantic strategies. *Memory & Cognition*, *8*, 493-512.

Bellugi, U. (1988). The acquisition of a spatial language. In F. S. Kessel (Ed.), *The development of language and language researchers: Essays in honor of Roger Brown* (pp. 153-185). Hillsdale, NJ: Erlbaum.

Bellugi, U., Bihrle, A., Jernigan, T., Trauner, D., & Doherty, S. (1990). Neuropsychological, neurological, and neuroanatomical profile of Williams syndrome. *American Journal of Medical Genetics Supplement*, *6*, 115-125.

Bellugi, U., & Fischer, 5. (1972). A comparison of sign language and spoken language. *Cognition*, *1*,173-200.

Bellugi, U., & Studdert-Kennedy, M. (Eds.). (1980). *Signed and spoken language: Biological constraints on linguistic form*. Weinheim, Germany: Chemie.

Bellugi, U., Wang, P. P., & Jernigan, T. L. (1994). Williams syndrome: An unusual neuropsychological profile. In S. H. Froman & J. Grafinan (Eds.), *Atypical cognitive deficits in developmental disorders: Implications for brain function* (pp. 23-56). Hillsdale, NJ: Erlbaum.

Bennett-Kastor, T. (1983). Noun phrases and coherence in child narratives. *Journal of Child Language*, *10*, 135-149.

Benson, D. F, & Geschwind, N. (1969). The alexias. In P J. Vinken & G. W Bruyn (Eds.), *Handbook of clinical neurology* (Vol. 4, pp. 112-140). Amsterdam: North-Holland.

Ben-Zeev, S. (1977). The influence of bilingualism on cognitive strategy and cognitive development. *Child Development*, *48*, 1009-1018.

Berko, J. (1958). The child's learning of English morphology. *Word*, *14*, 150-177.

Berko, J., & Brown, R. (1960). Psycholinguistics research methods. In P H. Mussen (Ed.), *Handbook of research methods in child development* (pp. 517-557). New York: Wiley.

Berlin, B., & Kay, P (1969). *Basic color terms: Their universality and evolution*. Berkeley: University of California Press.

Berman, R. A. (1985). The acquisition of Hebrew. In D. I. Slobin (Ed.), *The crosslinguistic study of language acquisition: Vol. 1. The data* (pp. 255-371). Hillsdale, NJ: Erlbaum.

Bertoncini, J., Morais, Bijeljac-Babic, R., McAdams, S., Peretz, I., & Mehler, J. (1989). Dichotic perception and laterality in neonates. *Brain and Language*, *37*, 591-605.

Berwick, R. C., & Weinberg, A. S. (1983). The role of grammars in models of language use. *Cognition*, *13*, 1-61.

Berwick, R. C., & Weinberg, A. S. (1984). *The grammatical basis of linguistic performance*. Cambridge, MA: MIT Press.

Best, C. T. (1994). The emergence of native-language phonological influences in infants: A perceptual assimilation model. In J. C. Goodman & H. C. Nusbaum (Eds.), The development of speech perception: *The transition from speech sounds to spoken words* (pp. 167-224). Cambridge, MA: MIT Press.

Best, C. T., McRoberts, G. W, & Sithole, N. M. (1988). Examination of perceptual reorganization for non-native speech contrasts: Zulu click discrimination by English-speaking adults and infants. *Journal of Experimental Psychology: Human Perception and Performance*,*14*, 345-360.

Bever, T. G. (1970). The cognitive basis for linguistic structures. In J. R. Hayes (Ed.), *Cognition and the development of language* (pp. 279-362). New York: Wiley.

Bever, T. G. (1980). Broca and Lasbley were right: Cerebral dominance is an accident of growth. In D. Caplan (Ed.), *Biological studies of mental processes* (pp. 186-230). Cambridge, MA: MIT Press.

Bever, T. G., & Chiarello, R. J. (1974). Cerebral

dominance in musicians and nonmusicians. *Science*, *185*, 537-539.

Bhatia, T. K., & Ritchie, W. C. (1999). The bilingual child: Some issues and perspectives. In W. C. Ritchie & T. K. Bhatia (Eds.), *Handbook of child language acquisition* (pp. 569-643). San Diego, CA: Academic Press.

Bialystok, E. (1988). Levels of bilingualism and levels of linguistic awareness. *Developmental Psychology*, *24*, 560-567.

Bialystok, E. (2001). Bilingualism in development: *Landuade, literacy, and cognition. Cambridge*, U. K.: Cambridge University Press.

Bialystok, E., Craik, F. I. M., Klein, R., & Viswanathan, M. (2004). Bilingualism, aging, and cognitive control: Evidence from the Simon task. *Psychology and Aging*, *19*, 290-303.

Bialystok, E., & Hakuta, K. (1994). *In other words: The science and psychology of second language acquisition*. New York: Basic Books.

Bialystok, E., & Herman, J. (1999). Does bilingualism matter for early literacy? *Bilingualism: Language and Cognition*, *2*, 35-44.

Bialystok, E., Luk, G., & Kwan, E. (2005). Bilingualism, biliteracy, and learning to read: Interactions among languages and writing systems. *Scientgic Studies of Reading*, *9*, 43-61.

Bialystok, E., Majumder, S., & Martin, M. M. (2003). Developing phonological awareness: Is there a bilingual advantage? *Applied Psycholinguistics*, *24*, 27-44.

Bickerton, D. (1981). *Roots of language*. Ann Arbor, MI: Karoma.

Bickerton, D. (1983). Creole languages. In S-Y. Wang (Ed.), *The emergence of language: Development and evolution* (pp. 59-69). New York: Freeman.

Bickerton, D. (1984). The language bioprogram hypothesis. *Behavioral and Brain Sciences*, *7*, 173-221.

Bickerton, D. (1999). How to acquire language without positive evidence: What acquisitionists can learn from creoles. In M. DeGraff (Ed.), *Language creation, and language change: Creolization, diachrony and development*, (pp. 50-74). Cambridge, MA: MIT Press.

Bihrle, A. M., Brownell, H. H., Powelson, J. A., & Gardner, H. (1986). Comprehension of humorous and nonhumorous materials by left and right brain-damaged patients. *Brain and Cognition*, 5, 399-411.

Bijeljac-Babic, R., McAdam, S., Peretz, I., & Mehler, J. (1989). Dichotic perception and laterality in neonaters. *Brain and Language*, *37*, 591-605.

Binet, A., & Simon, T. (1980). *The development of intelligence in children*. Nashville, TN: Williams. (Original work published 1911)

Black, J. B., & Bower, G. H. (1979). Episodes as chunks in narrative memory. *Journal of Verbal Learning and Verbal Behavior 18*, 309-318.

Bloom, A. H. (1981). *The linguistic shaping of thought: A study in the impact of language on thinking in China and the West*. Hillsdale, NJ: Erlbaum.

Bloom, A. H. (1984). Caution-The words you use may affect what you say: A response to Au. *Cognition*, *17*, 275-287.

Bloom, L. (1970). *Language development: Form and function in emerging grammars*. Cambridge, MA: MIT Press.

Bloom, L. (1973). *One word at a time: The use of single word utterances before syntax*. The Hague: Mouton.

Bloom, L., & Lahey, M. (1978). *Language development and language disorders*. New York: Wiley.

Bloom, L., Lahey, M., Hood, L., Lifter, K., &

Fiess, K. (1980). Complex sentences: Acquisition of syntactic connectives and the semantic relations they encode. *Journal of Child Language*, *7*, 235-261.

Bloom, L., Lightbown P., & Hood, L. (1975). Structure and variation in child language. *Monographs of the Society for Research in Child Development*, *40*(2, Serial No. 160).

Bloom, L., Rocissano, L., & Hood, L. (1976). Adult-child discourse: Developmental interaction between information processing and linguistic knowledge. *Cognitive Psychology*, *8*, 521-552.

Bloom, P. (1990). Subjectless sentences in child language. *Linguistic Inquiry*, *21*, 491-504.

Bloom, P. (2001). Roots of word meaning. In M. Bowerman & S. C. Levinson (Eds.), *Language acquisition and conceptual development* (pp. 159-181). Cambridge, U. K.: Cambridge University Press.

Bloom, P, & Keil, F. C. (2001). Thinking through language, *Mind & Language*, *16*, 35 1-367.

Bloomfield, L. (1914). *An introduction to the study of language*, New York: Holt.

Bloomfield, L. (1933). *Language*. New York: Holt.

Blumenthal, A. L. (1970). *Language and psychology: Historical aspectsof psycholinguistics*. New York: Wiley.

Blumenthal, A. L. (1987). The emergence of psycholinguistics. *Synthese*, *72*, 3 13-323.

Blumstein, S. E., Baker, E., & Goodglass, H. (1977). Phonological factors in auditory comprehension in aphasia. *Neuropsychologia*, *15*, 19-30.

Blumstein, S. E., Milberg, W., & Shrier, R. (1982). Semantic processing in aphasia: Evidence from an auditory lexical decision task. *Brain and Language*, *17*, 301-315.

Blumstein, S. E., & Stevens, K. N. (1979). Acoustic invariance in speech production: Evidence from measurements of the spectral characteristics of stop consonants. *Journal of the Acoustical Society of America*, *66*, 1001-1017.

Bock, J. K. (1982). Toward a cognitive psychology of syntax: Information processing contributions to sentence formulation. *Psychological Review*, *89*, 1-47.

Bock, J. K., & Cutting, J. C. (1992). Regulating mental energy: Performance units in language production. *Journal of Memory and Language*, *31*, 99-127.

Bock, K., & Levelt, W. (1994). Language production: Grammatical encoding. In M. A. Gernsbacher (Ed.), *Handbook of psycholinguistics* (pp. 945-984). San Diego, CA: Academic Press.

Bohannon, J. N., & Marquis, A. L. (1977). Children's control of adult speech. *Child Development*, *48*,1002-1008.

Bolinger, D. (1975). *Aspects of language* (2nd ed). New York: Harcourt Brace Jovanovich.

Bolinger, D. L., & Gerstman, L. J. (1957). Disjuncture as a cue to constructs. *Word*, *13*, 246-255.

Bonvillian, J. D., Orlansky, M. D., & Novack, L. L. (1983). Developmental milestones: Sign language acquisition and motor development. *Child Development*, *54*, 1435-1445.

Bookheimer, S. (2002). Functional MRI of language: New approaches to understanding the cortical organization of semantic processing. *Annual Review of Neurosciences*, *25*, 151-188.

Borke, H. (1975). Piaget's mountains revisited: Changes in the egocentric landscape. *Developmental Psychology*, *11*, 240-243.

Boroditsky, L. (2001). Does language shape thought? Mandarin and English speakers' conceptions of time. *Cognitive Psychology*, *43*, 1-22.

Boroditsky, L. (2003). Linguistic relativity. In L. Nadel (Ed.), *Encyclopedia of cognitive sci-*

ence (pp. 917-921). London: Macmillan.

Boroditsky, L., Schmidt, L. A., & Phillips, W (2003). Sex, syntax, and semantics. In D. Gentner & S. Goldin-Meadow (Eds.), *Language in mind: Advances in the study of language and cognition* (pp. 61-79). Cambridge, MA: MIT Press.

Bortfield, H., Leon, S. D., Bloom, J. E., Schober, M. F, & Brennan, S. E. (2001). Disfluency rates in conversation: Effects of age, relationship, topic, role, and gender. *Language and Speech*, *44*, 123-147.

Bowdle, B. F, & Gentner, D. (2005). The career of metaphor. *Psychological Review*, *112*, 193-2 16.

Bowerman, M. (1973). Structural relationship in children's utterances: Syntactic or semantic? In T. E. Moore (Ed.), *Cognitive development and the acquisition of language* (pp. 197-213). New York: Academic Press.

Bowerman, M. (1996). Learning how to structure space for language: A crosslinguistic perspective. In P Bloom, M. A. Petersen, L. Nadel, & M. F Garrett (Eds.), *Language and space* (pp. 385-436). Cambridge, MA: MIT Press.

Bowerman, M., & Choi, S. (2001). Shaping meanings for language: Universal and language-specific in the acquisition of spatial semantic categories. In M. Bowerman & S. C. Levinson (Eds.), *Language acquisition and conceptual development* (pp. 475-511). Cambridge, U. K.: Cambridge University Press.

Boysson-Bardies, B. de, Halle, P, Sagart, L., & Durand, C. (1989). A crosslinguistic investigation of vowel formants in babbling. *Journal of Child Language*, *6*, 1-17.

Bradley, D. C., Garrett, M. F, & Zurif E. B. (1980). Syntactic deficits in Broca's aphasia. In D. Caplan (Ed.), *Biological studies of mental processes* (pp. 269-286). Cambridge, MA: MIT Press.

Bradley, L., & Bryant, P. E. (1983). Categorizing sounds and learning to read: A causal connection. *Nature*, *301*, 419-421.

Braine, M. D. S. (1963). The ontogeny of English phrase structure: The first phase. *Language*, *39*, 1-13.

Braine, M. D. S. (1976). Children's first word combinations. *Monographs of the Society for Research in Child Development*, *41*(1, Serial No. 164).

Bransford, J. D. (1979). *Human cognition: Learning, understanding, and remembering*. Belmont, CA: Wadsworth.

Bransford, J. D., Barclay, J. R., & Franks, J. J. (1972). Sentence memory: A constructive versus interpretive approach. *Cognitive Psychology*, *3*, 193-209.

Bransford,J. D., &Johnson, M. K. (1973). Consideration of some problems of comprehension. In W. G. Chase (Ed.), *Visual information processing* (pp. 383- 438). New York: Academic Press.

Breedin, S. D., & Saffran, E. M. (1999). Sentence processing in the face of semantic loss: A case study. *Journal of Experimental Psychology: General*, *128*, 547-562.

Brennan, S. E., & Schober, M. F. (2001). How listeners compensate for disfluencies in spontaneous speech. *Journal of Memory and Language*, *44*, 274-296.

Bresnan, J. (1978). A realistic transformational grammar. In J. Bresnan, M. Halle, & G. A. Miller (Eds.), *Linguistic theory and psychological reality* (pp. 1-59). Cambridge, MA: MIT Press.

Bresnan, J. (2001). *Lexical-functional syntax*. Oxford: Blackwell.

Broadbent, D. E. (1954). The role of auditory localization in attention and memory span. *Journal of Experimental Psychology*, *47*, 191-196.

Brooks, L. W, Dansereau, D. F, Spurlin,J. E., & Holley, C. D. (1983). Effects of headings on text processing. *Journal of Educational Psychology, 75*, 292-302.

Brown, R. (1958). *Words and things*. Glencoe, IL: Free Press.

Brown, R. (1970). The first sentences of child and chimpanzee. In R. Brown, *Psycholinguistics* (pp. 208-231). New York: Free Press.

Brown, R. (1973a). *A first language: The early stages*. Cambridge, MA: Harvard University Press.

Brown, R. (1973b). The development of language in children. In G. A. Miller (Ed.), *Communication, language, and meaning* (pp. 107-116). New York: Basic Books.

Brown, R., & Bellugi, U. (1964). Three processes in the child's acquisition of syntax. In E. H. Lenneberg (Ed.), *New directions in the study of language* (pp. 131-161). Cambridge, MA: MIT Press.

Brown, R., & Hanlon, C. (1970). Derivational complexity and the order of acquisition in child speech. In J. R. Hayes (Ed.), *Cognition and the development of language* (pp. 11-53). New York: Wiley.

Brown, R., & McNeill, D. (1966). The "tip of the tongue" phenomenon. *Journal of Verbal Learning and Verbal Behavior 5*, 325-337.

Brown, R. W, & Lenneberg, E. H. (1954). A study in language and cognition. *Journal of Abnormal and Social Psychology, 49*, 454-462.

Brown, T. S., & Wallace, P M. (1980). *Physiological psychology*. New York: Academic Press.

Bruce, D. J. (1964). The analysis of word sounds by young children. *British Journal of Educational Psychology, 34*, 158-170.

Bruner, J. S. (1975). The ontogenesis of speech acts. *Journal of Child Language*, 2, 1-19.

Bruner, J. (1986). *Actual minds, possible worlds*. Cambridge, MA: Harvard University Press.

Burgess, C., & Simpson, CG. B. (1988). Cerebral hemispheric mechanisms in the retrieval of ambiguous word meanings. *Brain and Language, 33*, 86-103.

Buswell, G. T. (1922). *Fundamental reading habits: A study of their development*. Chicago: University of Chicago Press.

Byrne, B., & Fielding-Barnsley, R. (1993). Evaluation of a program to teach phonemic awareness to young children: A 1-year follow-up. *Journal of Educational Psychology, 85*, 104-111.

Byrne, P. S., & Long, B. E. L. (1976). *Doctors talking to patients: A study of the verbal behaviour of general practitioners consulting in their surgeries*. London: Her Majesty's Stationery Office.

Cacciari, C., & Clucksberg, S. (1994). Understanding figurative language. In M. A. Cernsbacher (Ed.), *Handbook of psycholinguistics* (pp. 447-477). San Diego, CA: Academic Press.

Cairns, H. S., & Cairns, C. E. (1976). *Psycholinguistics: A cognitive view of language*. New York: Holt, Rinehart & Winston.

Cairns, H. S., & Kamerman, J. (1975). Lexical information processing during sentence comprehension. *Journal of Verbal Learning and Verbal Behavio, 14*, 170-179.

Cameron, D., McAlinden, F, & O'Leary, K. (1988). Lakoff in context: The social and linguistic functions of tag questions. In J. Coates & D. Cameron (Eds.), *Women in their speech communities: New perspectives on language and sex* (pp. 74-93). London: Longman.

Candland, D. K. (1993). *Feral children and clever animals: Reflections on human nature*. New York: Oxford University Press.

Caplan, D. (1994). Language and the brain. In M. A. Gernsbacher (Ed.), *Handbook of psycholinguistics* (pp. 1023-1053). San Diego,

CA: Academic Press.

Caplan, D., & Chomsky, N. (1980). Linguistic perspectives on language development. In D. Caplan (Ed.), *Biological studies of mental processes* (pp. 97-105). Cambridge, MA: MIT Press.

Caplan, D., & Waters, G. S. (1995). On the nature of the phonological output planning processes involved in verbal rehearsal: Evidence from aphasia. *Brain and Language, 48*, 19 1-220.

Caramazza, A. (1984). The logic of neuropsychological research and the problem of patient classification in aphasia. *Brain and Language, 21*, 9-20.

Caramazza, A., & Zurif, E. B. (1976). Dissociation of algorithmic and heuristic processes in language comprehension: Evidence from aphasia. *Brain and Language, 3*, 572-582.

Carey, S. (1978). The child as word learner. In M. Halle, J. Bresnan, & C. A. Miller (Eds.), *Linguistic theory and psychological reality* (pp. 264-293). Cambridge, MA: MIT Press.

Carey, S. (2001). Whorf versus continuity theorists: Bringing data to bear on the debate. In M. Bowerman & S. C. Levinson (Eds.), *Language acquisition and conceptual development* (pp. 185-214). Cambridge, U. K.: Cambridge University Press.

Carey, S., & Bartlett, E. (1978). Acquiring a single new word. *Papers and Reports on Child Language Development, 15*, 17-29.

Carli, L. L. (1990). Gender, language, and influence. *Journal of Personality and Social Psychology 59*, 941-951.

Carpenter, P. A., & Just, M. A. (1989). The role of working memory in language comprehension. In D. Klahr & K. Kotovsky (Eds.), *Complex information processing: The impact of Herbert A. Simon* (pp. 3 1-68). Hillsdale, NJ: Erlbaum.

Carpenter, P A., Miyake, A., & Just, M. A. (1994). Working memory constraints in comprehension: Evidence from individual differences, aphasia, and aging. In M. A. Gernsbacher (Ed.), *Handbook of psycholinguistics* (pp. 1075-1122). San Diego, CA: Academic Press.

Carroll, J. B. (Ed.). (1956). *Language, thought, and reality: Selected writings of Benjamin Lee Whorf*. Cambridge, MA: MIT Press.

Carroll, J. B., & Casagrande, J. B. (1958). The function of language classifications in behavior. In E. E. Maccoby, T. M. Newcomb, & E. L. Hartley (Eds.), *Readings in social psychology* (pp. 18-3 1). New York: Holt, Rinehart & Winston.

Carroll, J. B., & White, M. N. (1973). Age-of-acquisition norms for 220 pictureable nouns. *Journal of Verbal Learning and Verbal Behavior, 12*, 563-576.

Carroll, L. (1946). *Alice's adventures in Wonderland*. New York: Macmillan. (Original work published 1865)

Case, R., Kurland, M., & Goldberg, J. (1982). Operational efficiency and the growth of short-term memory span. *Journal of Experimental Child Psychology, 33*, 386-404.

Caselli, M. C., Bates, E., Casadio, P, Fenson, J., Fenson, L., Sanderl, L., & Weir, J. (1995). A cross-linguistic study of early lexical development. *Cognitive Development, 10*, 159-199.

Catford, J. C., Jusczyk, P. W., Klatt, D. H., Liberman, A. M., Remez, R. E., & Stevens, K. N. (1991). Panel discussion: The motor theory and alternative accounts. In I. C. Mattingly & M. Studdert-Kermedy (Eds.), *Modularity and the motor theory of speech perception*(pp. 175-195). Hillsdale, NJ: Erlbaum.

Cattell, J. M. (1886). The time taken up by cerebral operations. *Mind, 11*, 220-242, 377-392, 524-538.

Cazden, C. B. (1965). *Environmental assistance*

to the child's acquisition of grammar. Unpublished doctoral dissertion, Harvard University, Cambridge, MA.

Cazden, C. B. (1968). The acquisition of noun and verb inflections. *Child Development*, *39*, 433-448.

Cazden, C. B. (1976). Play with language and metalinguistic awareness: One dimension of language experience. In J. S. Bruner, A. Jolly, & K. Sylva (Eds.), *Play: Its role in development and evolution* (pp. 603-608). New York: Basic Books.

Cazden, C. B. (1986). Classroom discourse. In M. C. Wittrock (Ed.), *Handbook of research on teaching* (3rd ed., pp. 432-463). New York: Macmillan.

Chafe, W. L. (1972). Discourse structure and human knowledge. In R. O. Freedle &J. B. Carroll (Eds.), *Language comprehension and the acquisition of knowledge* (pp. 41-69). Washington, DC: Winston.

Chaney, C. (1992). Language development, metalinguistic skills, and print awareness in 3-year-old children. *Applied Psycholinguistics*, *13*, 485-514.

Charness, N. (1976). Memory for chess positions: Resistance to interference. *Journal of Experimental Psychology: Human Learning and Memory*, *2*, 641-653.

Chase, W. G., & Simon, H. A. (1973). The mind's eye in chess. In W. G. Chase (Ed.), *Visual information processing*(pp. 215-281). New York: Academic Press.

Chawla, P, & Krauss, R. M. (1994). Gesture and speech in spontaneous and rehearsed narratives. *Journal of Experimental Social Psychology*, *30*, 580-601.

Chen, H-C. (1986). Component detection in reading Chinese characters. In H. S. R. Kao & R. Hoosain (Eds.), *Linguistics, psychology, and the Chinese language* (pp. 1-10). Hong Kong: University of Hong Kong.

Chen, Y. P, Allport, P. A., & Marshall, J. C. (1986). What are the functional orthographic units in Chinese word recognition: The stroke or the stroke pattern? *Quarterly Journal of Experimental Psychology 49A*, 1024-1043.

Cheney, D. L., & Seyfarth, R, M. (1990). *How monkeys see the world: Inside the mind of another species*. Chicago: University of Chicago Press.

Cherry, L. J. (1978). A sociolinguistic approach to the study of teacher expectations. *Discourse Processes*, 1, 373-394.

Chiarello, C. (1991). Interpretation of word meanings by the cerebral hemispheres: One is not enough. In P. J. Schwanenflugel (Ed.), *The psychology of word meaning* (pp. 25 1-278). Hillsdale, NJ: Erlbaum.

Chiarello, C. (1998). On codes of meaning and the meaning of codes: Semantic access and retrieval within and between hemispheres. In M. Beeman & C. Chiarello (Eds.), *Right hemisphere language comprehension: Perspectives from cognitive neuroscience* (pp. 141-160). Mahwah, NJ: Erlbaum.

Choi, S., & Bowerman, M. (1991). Learning to express motion events in English and Korean: The influence of language-specific lexicalization patterns. *Cognition*, 41, 83-121.

Choi, S., McDonough, L., Bowerman, M., & Mandler, J. M. (1999). Early sensitivity to language specific spatial categories in English and Korean. *Cognitive Development*, 14, 241-268.

Chomsky, N. (1957). *Syntactic structures*. The Hague: Mouton.

Chomsky, N. (1959). Review of *Verbal Behavior* by B. F. Skinner. *Language*, 35, 26-58.

Chomsky, N. (1965). *Aspects of the theory of syntax*. Cambridge, MA: MIT Press.

Chomsky, N. (1966). *Cartesian linguistics: A chapter in the history of rationalist thought*. New York: Harper & Row

Chomsky, N. (1968). *Language and mind*. New York: Harcourt Brace Jovanovich.

Chomsky, N. (1972). *Language and mind* (enlarged ed). New York: Harcourt Brace Jovanovich.

Chomsky, N. (1975). *Reflections on language*. New York: Pantheon.

Chomsky, N. (1980). *Rules and representations*. New York: Columbia University Press.

Chomsky, N. (1981). *Lectures on government and binding*. Dordrecht, Holland: Foris.

Chomsky, N. (1995). *The minimalist program*. Cambridge, MA: MIT Press.

Christianson, K., Hollingworth, A., Halliwell, J. F, & Ferreira, F (2001). Thematic roles assigned along the garden path linger. *Cognitive Psychology*, *42*, 368-407.

Ciccone, M., Wapner, W, Foldi, N., Zurif, E., & Gardner, H. (1979). The relation between gesture and language in aphasic communication. *Brain and Language*, *8*, 324-349.

Clancy, P M. (1985). The acquisition of Japanese. In D. I. Slobin (Ed.), *The crosslinguistic study of language acquisition: Vol. 1. The data* (pp. 373-524). Hillsdale, NJ: Erlbaum.

Clark, H. H. (1973). Space, time, semantics, and the child. In T. E. Moore (Ed.), *Cognitive development and the acquisition of language* (pp. 27-63). New York: Academic Press.

Clark, H. H. (1977). Bridging. In P N. Johnson-Laird & P. C. Wason (Eds.), *Thinking: Readings in cognitive science* (pp. 411-420). Cambridge, U. K.: Cambridge University Press.

Clark, H. H. (1994). Discourse in production. In M. A. Gernsbacher (Ed.), *Handbook of psycholinguistics* (pp. 985-1021). San Diego, CA: Academic Press.

Clark, H. H. (1996). *Using language*. Cambridge, U. K.:Cambridge University Press.

Clark, H. H. (2002). Conversation, structure of. In L. Nadel (Ed.), *Encyclopedia of cognitive science* (pp. 820-823). Basingstoke, U. K.: Macmillan.

Clark, H. H., & Clark, E. V (1977). *Psychology and language: An introduction to psycholinguistics*. New York: Harcourt Brace Jovanovich.

Clark, H. H., & Haviland, S. E. (1977). Comprehension and the given-new contract. In R. O. Freedle (Ed.), *Discourse production and comprehension* (pp. 1-40). Norwood, NJ: Ablex.

Clark, H. H., & Krych, M. A. (2004). Speaking while monitoring addresses for understanding. *Journal of Memory and Language*, *50*, 62-81.

Clark, H. H., & Lucy, P (1975). Understanding what is meant from what is said: A study in conversationally conveyed requests. *Journal of Verbal Learning and Verbal Behavior*, *14*, 56-72.

Clark, H. H., & Schaefer, E. F. (1987). Collaborating on contributions to conversations. *Language and Cognitive, Processes*, *2*, 19-41.

Clark, H. H., & Schaefer, E. F. (1992). Dealing with overhearers. In H. H. Clark (Ed.), *Arenas of language use* (pp. 248-297). Chicago: University of Chicago Press.

Clark, H. H., & Sengul, C. J. (1979). In search of referents for nouns and pronouns. *Memory & Cognition*, *7*, 35-41.

Clayton, N. S., & Dickerson, A. (1998). Episodic-like memory during cache recovery by scrub jays. *Nature*, *395*, 272-274.

Cole, R. A. (1973). Listening for mispronunciations: A measure of what we hear during speech. *Perception & Psychophysics*, *13*, 153-156.

Cole, R. A., & Scott, B. (1974). Toward a theory of speech perception. *Psychological Review*, *81*, 348-374.

Collins, A., Warnock, E. H., & Passafiume, J. J. (1975). Analysis and synthesis of tutorial dialogues. In G. H. Bower (Ed.), *The psychology of learning and motivation: Advances in research and theory* (Vol. 9, pp. 49-87). New York: Academic Press.

Collins, A. M., & Loftus, E. F. (1975). A spreading activation theory of semantic processing. *Psychologcal Review, 82*, 407-428.

Collins, A. M., & Quillian, M. R. (1969). Retrieval time from semantic memory. *Journal of Verbal Learning and Verbal Behavior, 8*, 240-247.

Collins, A. M., & Quillian, M. R. (1970). Does category size affect categorization time? *Journal of Verbal Learning and Verbal Behavior, 9*, 432-438.

Collins, A. M., & Quillian, M. R. (1972). Experiments on semantic memory and language comprehension. In L. W Gregg (Ed.), *Cognition in learning and memory* (pp. 117-137). New York: Wiley.

Coltheart, M. N., Curtis, B., Atkins, P, & Haller, M. (1993). Models of reading aloud: Dual-route and parallel-distributed-processing approaches. *Psychologcal Review, 100*, 589-608.

Coltheart, M., Rastle, K., Perry, C., Langdon, R., & Ziegler, J. (2001). DRC: A dual route cascaded model of visual word recognition and reading aloud. *Psychological Review, 108*, 204-256.

Comeau, L., Cormier, P, Grandmaison, E., & Lacroix, D. (1999). A longitudinal study of phonological processing skills in children learning to read in a second language. *Journal of Educational Psychology, 91*, 29-43.

Comrie, B. (1987). Russian. In B. Comrie (Ed.), *The world's major languages* (pp. 329-347). New York: OxfordUniversity Press.

Condillac, E. B. de. (2002). *Essay on the origin of human knowledge* (H. Aarsleff, Trans.). Cambridge, U. K.: Cambridge University Press. (Original work pub1746)

Connine, C. M. (1987). Constraints on interactive processes in auditory word recognition: The role of sentence context. *Journal of Memory and Language, 26*, 527-538.

Connine, C. M., & Clifton, C., Jr. (1987). Interactive use of lexical information in speech perception. *Journal of Experimental Psychology: Human Perception and Performance, 13*, 291-299.

Conrad, R. (1964). Acoustic confusion in immediate memory. *British Journal of Psychology, 55*, 75-84.

Cook, M. (1977). Gaze and mutual gaze in social encounters. *American Scientist, 65*, 328-333.

Cook, V. J. (1988). *Chomsky's universal grammar: An introduction*. Cambridge, MA: Blackwell.

Cook-Cumperz, J., & Cumperz, J. J. (1982). Communicative competence in educational perperstive. In L. C. Wilkinson (Ed.), *Communicating in the classroom* (pp. 13-24). New York: Academic Press.

Corballis, M. C. (1980). Laterality and myth. *American Psychologist, 35*, 284-295.

Corballis, M. C. (2002). *From hand to mouth: The origins of language*. Princeton, NJ: Princeton University Press.

Corrigan, R. (1979). Cognitive correlates of language: Differential criteria yield differential results. *Child Development, 50*, 617-631.

Courage, M. L., & Howe, M. L. (2002). From infant to child: The dynamics of cognitive change in the second year of life. *Psychological Bulletin, 128*, 250-277.

Cowan, N., Saults, J. S., & Elliott, E. M. (2002). The search for what is fundamental in the development of working memory. *Advances in Child Development and Behavior, 29*, 1-49.

Cowan, N., Towse, J. N., Hamilton, Z., Saults, J. S., Elliott, E. M., Lacey, J. F, Moreno, M. V, & Hitch, G. J. (2003). Children's working memory processes: A response-timing analysis. *Journal of Experimental Psychology: General, 132*, 113-132.

Craik, F. I. M., & Lockhart, R. S. (1972). Levels of processing: A framework for memory research. *Journal of Verbal Learning and Verbal Behavior, 11*, 671-684.

Cram, S., & Steedman, M. (1985). On not being led up the garden path: The use of context by the psychological syntax processor. In D. R. Dowty, L. Kartunnen, & A. M. Zwicky (Eds.), *Natural language parsing: Psychological, computational, and theoretical perspectives* (pp. 320-358). Cambridge, U. K.: Cambridge University Press.

Cromer, R. (1993). A case study of dissociations between language and cognition. In H. Tager-Flusberg (Ed.), *Constraints on language acquisition: Studies of atypical children* (pp. 141-152). Hillsdale, NJ: Erlbaum.

Crosby, F, & Nyquist, L. (1977). The female register: An empirical study of Lakoff's hypotheses. *Language in Society*, 6, 3 13-322.

Crystal, D. (1987). *The Cambridge encyclopedia of language*. Cambridge, U. K.: Cambridge University Press.

Crystal, D., & Crystal, H. (2000). *Words on words: Quotations about language and languages*. Chicago: University of Chicago Press.

Cummins, J. (1978). Bilingualism and the development of metalinguistic awareness. *Journal of Cross-Cultural nicative competence in educational perspective. In Psychology, 9*, 131-149.

Curran, C. E., Kintsch, E., & Hedberg, N. (1996). Learning-disabled adolescents' comprehension of naturalistic narratives. *Journal of Educational Psychology, 88*, 494-507.

Curtiss, S. (1977). *Genie: A psycholinguistic study of a modern-day "wild child."* New York: Academic Press.

Curtiss, S. (1981). Dissociations between language and cognition: Cases and implications. *Journal of Autism and Developmental Disorders, 11*, 15-30.

Curtiss, S., Fromkin, V, Krashen, S., Rigler, D., & Rigler, M. (1974). The linguistic development of Genie. *Language, 50*, 528-554.

Cutler, A., Klein, W, & Levinson, S. C. (2005). The cornerstones of twenty-first century psycholinguistics. In A. Cutler (Ed.), *Twenty-first century psycholinguistics*: Four cornerstones. Mahwah, NJ: Erlbaum.

Dale, P. S. (1976). *Language development: Structure and function* (2nd ed). New York: Holt, Rinehart & Winston.

Dale, P S., Bates, E., Reznick, J. S., & Morisset, C. (1989). The validity of a parent report instrument of child language at 20 months. *Journal of Child Language*, 16, 239-249.

Dale, P S., Crain-Thoreson, C., & Robinson, N. M. (1995). Linguistic precocity and the development of reading: The role of extralinguistic factors. *Applied Psycholinguistics, 16*, 173-187.

Damasio, H., & Damasio, A. R. (1989). *Neuroanatomy and neuropsychological disorders: Neuroimaging procedures and problems*. New York: Oxford University Press.

Daneman, M., & Carpenter, P. A. (1980). Individual differences in working memory and reading. *Journal of Verbal Learning and Verbal Behavior, 19*, 450-466.

Daneman, M., & Tardif, T. (1987). Working memory and reading skill re-examined. In M. Coltheart (Ed.), *Attention and performance: Vol. XII. The psychology of reading* (pp. 492-508). Hillsdale, NJ: Erlbaum.

Danks,J. H. (1977). Producing ideas and sentences. In S. Rosenberg (Ed.), *Sentence production: Developments in research and theory* (pp. 229-258). Hillsdale, NJ: Erlbaum.

Darwin, C. (1871). *The descent of man and*

selection in relation to sex. New York: Appleton.

Darwin, C. J. (1973). Ear differences and hemispheric specialization. In F O. Schmidt & F. G. Worden (Eds.), *The neurosciences: Third study program* (pp. 57-63). Cambridge, MA: MIT Press.

Dawkins, R. (1986). *The blind watchmaker: Why the evidence of evolution reveals a universe without design*. New York: Norton.

DeCasper, A. J., & Fifer, W. P. (1980). Of human bonding: Newborns prefer their mothers' voices. *Science*, *208*, 1174-1176.

DeCasper, A. J., & Spence, M. J. (1986). Prenatal maternal speech influences newborns' perception of speech sounds. *Infant Behavior and Development*, *9*,133-150.

De Houwer, A. (1990). *Acquisition of two languages from birth: A case study*. Cambridge, U. K.: Cambridge University Press.

De Houwer, A. (1995). Bilingual language acquisition. In P Fletcher & B. MacWhinney (Eds.), *Handbook of child language* (pp. 219-250). Cambridge, MA: Blackwell.

Dell, G. S. (1985). Positive feedback in hierarchical connectionist models: Applications to language production. *Cognitive Science*, *9*, 3-23.

Dell, G. S. (1986). A spreading-activation theory of retrieval in sentence production. *Psychological Review*, *93*, 283-321.

Dell, G. S. (1988). The retrieval of phonological forms in production: Tests of predictions from a connectionist model. *Journal of Memory and Language*, *27*, 124-142.

Dell, G. S., & Reich, P. A. (1981). Stages in sentence production: An analysis of speech error data. *Journal of Verbal Learning and Verbal Behavior*, *20*, 611-629.

Dell, G. S., Schwartz, M. F, Martin, N., Saffran, E. M., & Gagnon, D. A. (1997). Lexical access in normal and aphasic speakers. *Psychological Review*, *104*, 801-838.

Della Corte, M., Benedict, H., & Klein, D. (1983). The relationship of pragmatic dimensions of mother's speech to the referential-expressive distinction. *Journal of Child Language*, *10*, 35-43.

Dempster, F. N. (1981). Memory span: Sources of individual and developmental differences. *Psychological Bulletin*, *89*, 63-100.

Demuth, K. (1990). Subject, topic, and Sesotho passive. *Journal of Child Language*, *17*, 67-84.

Denes, P. B., & Pinson, E. N. (1963). *The speech chain: The physics and biology of spoken language*. Baltimore, MD: Bell Telephone Laboratories.

Dennis, M., & Whitaker, H. A. (1976). Language acquisition following hemidecortication: Linguistic superiority of the left over the right hemisphere. *Brain and Language*, *3*, 403-433.

DePaulo, B. M., & Bonvillian,J. D. (1978). The effect on language development of the special characteristics of speech addressed to children. *Journal of Psycholinguistic Research*, *7*, 189-211.

DeStefano,J. S., Pepinsky, H. B., & Sanders, T. S. (1982). Discourse rules for literacy learning in a classroom. In L. C. Wilkinson (Ed.), *Communicating in the classroom* (pp. 101-129). New York: Academic Press.

de Villiers, J. G., & de Villiers, P A. (1973). A cross- sectional study of the acquisition of grammatical morphemes in child speech. *Journal of Psycholinguistic Research*, *2*, 267-278.

de Villiers, J. C., & de Villiers, P. A. (1978). *Language acquisition*. Cambridge, MA: Harvard UniversityPress.

de Villiers, J. C., & de Villiers, P. A. (1985). The acquisition of English. In D. I. Slobin (Ed.), *The crosslinguistic study of language acquisi-*

tion: Vol. 1. The data (pp. 27-139). Hillsdale, NJ: Erlbaum.

de Waal, F.B. M. (2002). Evolutionary psychology: The wheat and the chaff. *Current Directions in Psychological Science*, *11*, 187-191.

Diamond, A. (1985). Development of the ability to use recall to guide action, as indicated by infants' performance on AB. *Child Development*, *56*, 868-883.

Diehl, R. L., Souther, A. F, & Convis, C. L. (1980). Conditions on rate normalization in speech perception. *Perception & Psychophysics*, *27*, 435-443.

Dooling, D. J., & Lachman, R. (1971). Effects of comprehension on retention of prose. Journal of Experimental Psychology, 88, 216-222.

Dore, J. (1975). Holophrases, speech acts and language universals. *Journal of Child Language*, *2*, 2 1-40.

Dosher, B. A., & Corbett, A. T. (1982). Instrument inferences and verb schemata. *Memory & Cognition*, *10*, 531-539.

Drew, P, & Heritage, J. (1992). Analyzing talk at work: An introduction. In P. Drew & J. Heritage (Eds.), *Talk at work: Interaction in institutional settings* (pp. 3-65). Cambridge, U. K.: Cambridge University Press.

Du Bois, J. W. (1974). *Syntax in mid-sentence* (Berkeley Studies in Syntax and Semantics Vol. 1:•≤. 1-•≤. 23). Berkeley: University of California, Institute of Human Learning and Department of Linguistics.

Duffy, S. A., Morris, R. K., & Rayner, K. (1988). Lexical ambiguity and fixation times in reading. *Journal of Memory and Language*, *27*, 429-446.

Dulay, H., & Burt, M. (1974). A new perspective on the creative construction process in children. *Language Learning*, 24, 253-278.

Dunbar, R. (1996). *Grooming, gossip, and the evolution of language*. London: Faber & Faber.

Dunbar, R. (1998). Theory of mind and the evolution of language. In J. R. Hurford, M. Studdert-Kennedy, & C. Knight (Eds.), *Approaches to the evolution of language* (pp. 92-110). Cambridge, U. K.: Cambridge University Press.

Dunbar, R. I. M. (1992). Neocortex size as a constraint on group size in primates. *Journal of Human Evolution*, *20*, 469-493.

Dunbar, R. I. M. (1993). Coevolution of neocortical size, group size, and language in humans. *Behavioral and Brain Sciences*, *16*, 68 1-735.

Duncan, S., Jr. (1972). Some signals and rules for taking speaking turns in conversations. *Journal of Personality and Social Psychology*, *23*, 283-292.

Durgunoğlu, A. Y. (1998). Acquiring literacy in English and Spanish in the United States. In A. Y. Durgunoğlu & L. Verhoeven (Eds.), *Literacy development in a multilingual context: Crosscultural perspectives* (pp. 135-145). Mahwah, NJ: Erlbaum.

Durgunoğlu, A. Y., Nagy, W. E., & Hancin-Bhatt, B. J. (1993). Cross-language transfer of phonological awareness. *Journal of Educational Psychology*, *85*, 453-465.

Ebbinghaus, H. (1913). *Memory: A contribution to experimental psychology*. (Henry A. Ruger & Clara E. Bussenius, Trans.). New York: Teachers College Press. (Original work published 1885)

Eberhard, K. M., Cutting, J. C., & Bock, K. (2005). Making syntax of sense: Number agreement in sentence production. *Psychological Review*, *112*, 53 1-559.

Edelsky, C. (1981). Who's got the floor? *Language in Society*, *10*, 383-421.

Edwards, D., & Christopherson, H. (1988). Bilingualism, literacy, and metalinguistic awareness in preschool children. *British Journal of Developmental Psychology*, *6*,

235-244.

Eimas, P. D., Miller, J. L., & Jusczyk, P. W. (1987). On infant speech perception and the acquisition of language. In S. Hamad (Ed.), *Categorical perception: The groundwork of cognition* (pp. 161-195). Cambridge, U. K.: Cambridge University Press.

Eimas, P. D., Siqueland, E. R., Jusczyk, P, & Vigorito, J. (1971). Speech perception in infants. *Science, 171*, 303-306.

Elgin, S. H. (2000). *The language imperative: How learning languages can enrich your life and expand your mind*. Cambridge, MA: Perseus Books.

Ellis, A. W. (1980). On the Freudian theory of speech errors. In V A. Fromkin (Ed.), *Errors in linguistic performance* (pp. 123-131). New York: Academic Press.

Ellis, N. C., & Hennelly, R. A. (1980). A bilingual word-length effect: Implications for intelligence testing and the relative ease of mental calculation in Welsh and English. *British Journal of Psychology, 71*, 43-51.

Elman, J. L., Bates, E. A., Johnson, M. H., Karmiloff-Smith, A., Parisi, D., & Plunkett, K. (1996). *Rethinking innateness: A connectionist perspective on development*. Cambridge, MA: MIT Press.

Elman, J. L., & McClelland, J. L. (1988). Cognitive penetration of the mechanisms of perception: Compensation for coarticulation of lexically restored phonemes. *Journal of Memory and Language, 27*, 143-165.

Engelhardt, P. E., Bailey, K. G. D., & Ferreira, F. (2006). Do speakers and listeners observe the Gricean Maxim of Quantity? *Journal of Memory and Language, 54*, 554-573.

Engle, R. W, & Bukstel, L. H. (1978). Memory processes among bridge players of differing expertise. *American Journal of Psychology, 91*, 673-689.

Erbaugh, M. S. (1992). The acquisition of Mandarin. In D. I. Slobin (Ed.), *The crosslinguistic study of language acquisition: Vol. 3* (pp. 373-455). Hillsdale, NJ: Erlbaum.

Erickson, T. D., & Mattson, M. E. (1981). From words to meaning: A semantic illusion. *Journal of Verbal Learning and Verbal Behavior, 20*, 540-551.

Ericsson, K. A., & Kintsch, W. (1995). Long-term working memory. *Psychological Review, 102*, 211-245.

Ervin, S. M. (1964). Imitation and structural change in children's language. In E. H. Lenneberg (Ed.), *New directions in the study of language* (pp. 163-189). Cambridge, MA: MIT Press.

Fedorenko, E., Gibson, E., & Rohde, D. (2006). The nature of working memory capacity in sentence comprehension: Evidence against domain-specific working memory resources. *Journal of Memory and Language, 54*, 541-553.

Feldman, C. F, & Wertsch, J. V. (1976). Context dependent properties of teachers' speech. *Youth and Society, 7*, 227-258.

Feldman, H., Goldin-Meadow, S., & Gleitman, L. (1978). Beyond Herodotus: The creation of langusge by linguistically deprived deaf children. In A. Lock (Ed.), *Action, symbol, and gesture: The emergence of language* (pp. 351-414). New York: Academic Press.

Fernald, A., & Kuhl, P. (1987). Acoustic determinants of infant preference for motherese speech. *Infant Behavior and Development, 10*, 279-293.

Ferreira, F. (2003). Prosody. In L. Nadel (Ed.), *Encyclopedia of cognitive science* (pp. 762-768). London: Macmillan Reference.

Ferreira, F (2003). The misinterpretation of noncanonical sentences. *Cognitive Psychology*. London: Macmillan.

Ferreira, F., & Anes, M. (1994). Why study spoken language? In M. A. Gernsbacher (Ed.),

Handbook of psycholinguistics (pp. 33-56). San Diego, CA: Academic Press.

Ferreira, F, Bailey, K. G. D., & Ferraro, V. (2002). Good-enough representations in language comprehension. *Current Directions in Psychological Science, 11*, 11-15.

Ferreira, F, & Clifton, C., Jr. (1986). The independence of syntactic processing. *Journal of Memory and Language, 25*, 348-368.

Ferreira, V, & Pashler, H. (2002). Central bottleneck influences on the processing stages of word production. *Journal of Experimental Psychology: Learning, Memory, and Cognition, 28*, 1187-1199.

Fillenbaum, S. (1966). Memory for gist: Some relevant variables. *Language and Speech, 9*, 217-227.

Fillmore, C. J. (1981). Pragmatics and the description of discourse. In P. Cole (Ed.), *Radical pragmatics* (pp. 143-166). New York: Academic Press.

Fischer, S. D., Delhorne, L. A., & Reed, C. M. (1999). Effects of rate of presentation on the reception of American Sign Language. *Journal of Speech and Hearing Research, 42*, 568-582.

Fisher, C., & Tokura, H. (1995). The given-new contract in speech to infants. *Journal of Memory and Language, 34*, 287-310.

Fisher, S. E., Vargha-Khadem, F, Watkins, K. E., Monaco, A. P, & Pembrey, M. E. (1998). Localisation of a gene implicated in a severe speech and language disorder. *Nature Genetics, 18*, 168-170.

Fishman, P (1978). Interaction: The work women do. *Social Problems, 25*, 397-406.

Flege, J. E. (1987). A critical period for learning to pronounce foreign languages? *Applied Linguistics, 8*, 162-177.

Flege, J. E. (1991). The interlingual identification of Spanish and English vowels: Orthographic evidence. *Quarterly Journal of Experimental Psychology, 43*, 701-731.

Fletcher, C. R. (1994). Levels of representation in memory for discourse. In M. A. Gernsbacher (Ed.), *Handbook of psycholinguistics* (pp. 589-607). San Diego, CA: Academic Press.

Fletcher, C. R., & Chrysler, S. T. (1990). Surface forms, textbases and situational models: Recognition memory for three types of textual information. *Discourse Processes, 13*, 175-190.

Fletcher, C. R., Hummel, J. E., & Marsolek, C. J. (1990). Causality and the allocation of attention during comprehension. *Journal of Experimental Psychology: Learning, Memory, and Cognition, 16*, 233-240.

Fodor, J. A. (1975). *The language of thought*. New York: Crowell.

Fodor, J. A. (1983). *The modularity of mind: An essay on faculty psychology*. Cambridge, MA: MIT Press.

Fodor, J. A., Bever, T. C., & Garrett, M. F. (1974). *The psychology of language: An introduction to psycholinguistics and generative grammar*. New York: McGrawHill.

Foertsch, J., & Gernsbacher, M. A. (1994). In search of complete comprehension: Getting "minimalists" to work. *Discourse Processes, 18*, 271-296.

Folven, R. J., & Bonvillian, J. D. (1991). The transition from nonreferential to referential language in children acquiring American Sign Language. *Developmental Psychology, 27*, 806-816.

Foorman, B. R., Francis, D. J., Fletcher, J. M., Schatschneider, C., & Mehta, P (1998). The role of instruction in learning to read: Preventing reading failure in at-risk children. *Journal of Educational Psychology, 90*, 37-55.

Forster, K. I. (1976). Accessing the mental lexicon. In R. J. Wales & E. Walker (Eds.), *New approaches to language mechanisms* (pp. 257-287). Amsterdam: North-Holland.

Forster, K. I. (1979). Levels of processing and the structure of the language processor. In W. E. Cooper & E. C. T. Walker (Eds.), *Sentence processing* (pp. 27-85). Hillsdale, NJ: Erlbaum.

Forster, K. I. (1987). Form-priming with masked primes: The best-match hypothesis. In M. Coltheart (Ed.), *Attention and performance: Vol. XII. The psychology of reading*. Hillsdale, NJ: Erlbaum.

Forster, K. I. (1989). Basic issues in lexical processing. In W. Marslen-Wilson (Ed.), *Lexical representation and process* (pp. 75-107). Cambridge, MA: MIT Press.

Foss, D. J. (1969). Decision processes during sentence comprehension: Effects of lexical item difficulty and position upon decision times. *Journal of Verbal Learning and Verbal Behavior*, *8*, 457-462.

Foss, D. J. (1970). Some effects of ambiguity upon sentence comprehension. *Journal of Verbal Learning and Verbal Behavior*, *9*, 699-706.

Foss, D. J., & Hakes, D. T. (1978). *Psycholinguistics: An introduction to the psychology of language*. Englewood Cliffs, NJ: Prentice Hall.

Foss, D. J., & Jenkins, C. M. (1973). Some effects of context on the comprehension of ambiguous sentences. *Journal of Verbal Learning and Verbal Behavior*, *12*, 577-589.

Fouts, R. S., Fouts, D. H., & Van Cantfort, T. E. (1989). The infant Loulis learns signs from cross-fostered chimpanzees. In R. A. Gardner, B. T. Gardner, & T. E. Van Cantfort (Eds.), *Teaching sign language to chimpanzees* (pp. 280-292). Albany: State University of New York Press.

Fox Tree, J. E., & Clark, H. H. (1997). Pronouncing "the" as "thee" to signal problems in speaking. *Cognition*, 62, 151-167.

Fox Tree, J. E., & Schrock, J. C. (1999). Discourse markers in spontaneous speech: Oh what a differanence an oh makes. *Journal of Memory and Language*, *40*, 280-295.

Franco, L., & Sperry, R. W (1977). Hemisphere lateralization for cognitive processing of geometry. *Neuropsychologia*, 15, 107-113.

Frazier, L. (1987). Sentence processing: Review. In M. Coltheart (Ed.), *Attention and performance: Vol. XII. The psychology of reading* (pp. 559-586). Hillsdale, NJ: Erlbaum.

Frazier, L. (1995). Constraint satisfaction as a theory of sentence processing. *Journal of Psycholinguistic Research*, *24*, 437-468.

Frazier, L., & Fodor, J. D. (1978). The sausage machine: A new two-stage parsing model. *Cognition*, *6*, 29 1-325.

Frazier, L., & Rayner, K. (1982). Making and correcting errors during sentence comprehension: Eye movements in the analysis of structurally ambiguous sentences. *Cognitive Psychology*, *14*, 178-210.

Freed, A. F, & Greenwood, A. (1996). Women, men, and type of talk: What makes the difference? *Language in Society*, *25*, 1-26.

Frege, G. (1952). On sense and reference. In P. Geach & M. Black (Eds.), *Philosophical writings of Gottlob Frege* (pp. 56-78). Oxford, U. K.: Blackwell. (Original work published 1892)

Freud, S. (1963). *Introductory lectures on psycho-analysis* (Parts I and II) (J. Strachey, Trans.). London: Hogarth. (Original work published 1916-1917)

Frishberg, N. (1975). Arbitrariness and iconicity: Historical change in American Sign Language. *Language*, *51*, 696-719.

Fromkin, V, & Rodman, R. (1974). *An introduction to language*. New York: Holt, Rinehart & Winston.

Fromkin, V A. (1971). The non-anomalous

nature of anomalous utterances. *Language*, *47*, 27-52.

Fromkin, V A. (Ed.). (1973). *Speech errors as linguistic evidence*. The Hague: Mouton.

Fromkin, V A. (Ed.). (1980). *Errors in linguistic performance*. New York: Academic Press.

Fry, D. B., Abramson, A. S., Eimas, P D., & Liberman, A. M. (1962). The identification and discrimination of synthetic vowels. *Language and Speech*, *5*, 171-189.

Furrow, D., Nelson, K., & Benedict, H. (1979). Mothers'speech to children and syntactic development: Some simple relationships. *Journal of Child Language*, *6*, 423-442.

Fuson, K. C., Smith, S. T., & Lo Cicero, A. M. (1997). Supporting Latino first graders' ten-structured thinking in urban classrooms. *Journal for Research in Mathematics Education*, *28*, 738-766.

Galambos, S. J., & Hakuta, K. (1988). Subject-specific and task-specific characteristics of metalinguistic awareness in bilingual children. *Applied Psycholinguistics*, *9*, 141-162.

Gale, J., Odell,M., & Nagireddy, C. S. (1995). Marital therapy and self-reflexive research: Research and/as intervention. In G. H. Morris & R. J. Chenail (Eds.), *The talk of the clinic: Explorations in the analysis of medical and therapeutic discourse* (pp. 105-129). Hillsdale, NJ: Erlbaum.

Galton, F. (1879). Psychometric experiments. *Brain*, *2*, 149-162.

Gardner, B. T., & Gardner, R. A. (1975). Evidence for sentence constituents in the early utterances of child and chimpanzee. *Journal of Experimental Psychology: General*, *104*, 244-267.

Gardner, R. A., & Gardner, B. T. (1969). Teaching sign language to a chimpanzee. *Science*, *165*, 664-672.

Gardner, R. A., Gardner, B. T., & Van Cantfort, T. E. (Eds.). (1989). *Teaching sign language to chimpanzees*. Albany: State University of New York Press.

Garrett, M. F. (1975). The analysis of sentence production. In G. H. Bower (Ed.), *The psychology of learning and memory: Advances in research and theory* (Vol. 9, pp. 133-177). New York: Academic Press.

Garrett, M. F. (1980). The limits of accommodation. In V. A. Fromkin (Ed.), *Errors in linguistic performance* (pp. 263-271). New York: Academic Press.

Garrett, M. F (1988). Processes in language production. In F J. Newmeyer (Ed.), *Linguistics: The Cambridge Survey: Vol. III. Language: Psychological and biological aspects* (pp. 69-96). Cambridge, U. K.: Cambridge University Press.

Garvey, C. (1975). Requests and responses in children's speech. *Journal of Child Language*, *2*, 41-63.

Gass, S. M., & Selinker, L. (2001). *Second language acquisition: An introductory course* (2nd ed). Mahwah, NJ: Erlbaum.

Gathercole, S., E., Willis, C., Emslie, H., & Baddeley, A. D. (1992). Phonological memory and vocabulary development during the early school years: A longitudinal study. *Developmental Psychology*, *28*, 887-898.

Gathercole, S. E., Pickering, S. J., Ambridge, B., & Wearing, H. (2004). The structure of working memory from 4 to 15 years of age. *Developmental Psychology*, *40*, 177-190.

Gathercole, V. C. M. (2002a). Command of the mass/ countdistinction in bilingual and monolingual children: An English morphosyntactic distinction. In D. K. Oller & R. E. Eilers (Eds.), *Language and literacy in bilingual children* (pp. 175-206). Clevedon, U. K.: Multilingual Matters.

Gathercole, V. C. M. (2002b). Grammatical gender in bilingual and monolingual children: A Spanish morphosyntactic distinction. In D. K.

Ollcr & R. E. Eilers (Eds.), *Language and literacy in bilingual children* (pp. 207-219). Clevedon, U. K.: Multilingual Matters.

Gazzaniga, M. S., & Hillyard, S. A. (1971). Language and speech capacity of the right hemisphere. *Neuropsychologia*, *9*, 273-280.

Gazzaniga, M. S., & LeDoux, J. E. (1978). *The integrated mind*. New York: Plenum.

Gazzaniga, M. S., & Sperry, R. W. (1967). Language after section of the cerebral commissures. *Brain*, *90*, 131-148.

Geary, D. C., & Huffman, K. J. (2002). Brain and cognitive evolution: Forms of modularity and functions of mind. *Psychological Bulletin*, *128*, 667-698.

Gee,J. P (1989). Two styles of narrative construction and their linguistic and educational implications. *Discourse Processes*, *12*, 287-307.

Genesee, F (1989). Early bilingual development: One language or two? *Journal of Child Language*, *16*, 161-179.

Gentner, D., & Boroditsky, L. (2001). Individuation, relativity, and early word learning. In M. Bowerman & S. C. Levinson (Eds.), *Language acquisition and conceptual development* (pp. 215-256). Cambridge, U. K.: Cambridge University Press.

Gernsbacher, M. A., & Faust, M. E. (1991). The mechanism of suppression: A component of general comprehension skill. *Journal of Experimental Psychology: Learning, Memory, and Cognition*, *17*, 245-262.

Gernsbacher, M. A., Goldsmith, H. H., & Robertson, R. R. W. (1992). Do readers mentally represent characters' emotional states? *Cognition and Emotion*, *6*, 89-111.

Gernsbacher, M. A., & Kaschak, M. P (2003). Neuroimaging studies of language production and comprehension. *Annual Review of Psychology*, *54*, 91-1 14.

Gernsbacher, M. A., Varner, K. R., & Faust, M. E. (1990). Investigating differences in general comprehension skill. *Journal of Experimental Psychology: Learning, Memory, and Cognition*, *16*, 430-445.

Gerrig, R. J. (1989). Suspense in the absence of uncertainty. *Journal of Memory and Language*, *28*, 633-648.

Gerrig, R. J. (1993). *Experiencing narrative worlds: On the psychological activities of reading*. New Haven, CT: Yale University Press.

Geschwind, N. (1965). Disconnexion syndromes in animals and man. *Brain*, *88*, 237-294, 585-644.

Geschwind, N. (1972, April). Language and the brain. *Scientific American*, pp. 76-83.

Geschwind, N., & Levitsky, W (1968). Human brain: Left-right asymmetries in temporal speech regions. *Science*, *161*, 186-187.

Gibb, C., & Randall, P. E. (1988). Metalinguistic abilities and learning to read. *Educational Research*, *30*, 135-141.

Gibbs, R. W. (1979). Contextual effects in understanding indirect requests. *Discourse Processes*, *2*, 1-10.

Gibbs, R. W (1984). Literal meaning and psychological theory. *Cognitive Science*, *8*, 275-304.

Gibbs, R. W. (1989). Understanding and literal meaning. *Cognitive Science*, *13*, 243-251.

Gibbs, R. W. (1992a). Categorization and metaphor understanding. *Psychological Review*, *99*, 572-577.

Gibbs, R. W. (1992b). What do idioms really mean? *Journal of Memory and Language*, *31*, 485-506.

Gibbs, R. W. (1994). Figurative thought and figurative language. In M. A. Gernsbacher (Ed.), *Handbook of psycholinguistics* (pp. 411-446). San Diego, CA: Academic Press.

Gibbs, R. W., & Gerrig, R. (1989). How context makes metaphor comprehension seem special. *Metaphor and Symbolic Activity*, *3*, 145-158.

Gibbs, R. W., & O'Brien, J. (1990). Idioms and mental imagery: The metaphorical motivation for idiomatic meaning. *Cognition*, *36*, 35-68.

Gildea, P, & Glucksberg, S. (1983). On understanding metaphor: The role of context. *Journal of Verbal Learning and Verbal Behavior*, *22*, 577-590.

Giora, R. (1993). On the function of analogies in informative texts. *Discourse Processes*, *16*, 591-611.

Gleason, J. B., & Greif, E. B. (1983). Men's speech to young children. In B. Thorne, C. Kramarae, & N. Henley (Eds.), *Language, gender, and society* (pp. 140-150). Rowley, MA: Newbury House.

Gleitman, L. R., Gleitman, H., & Shipley, E. F (1972). The emergence of the child as grammarian. *Cognition*, *1*, 137-164.

Gleitman, L. R., Newport, E. L., & Gleitman, H. (1984). The current status of the motherese hypothesis. *Journal of Child Language*, *11*, 43-79.

Gleitman, L. R., & Rozin, P. (1977). The structure and acquisition of reading I: Relations between orthographies and the structure of language. In A. S. Reber & D. L. Scarborough (Eds.), *Toward a psychology of reading: The proceedings of the CUNY conference*(pp. 1-53). Hillsdale, NJ: Erlbaum.

Glenn, C. G. (1978). The role of episodic structure and of story length in children's recall of simple stories. *Journal of Verbal Learning and Verbal Behavior*, *17*, 229-247.

Glucksberg, S. (1998). Understanding metaphors. *Current Directions in Psychological Science*, *7*, 39-43.

Glucksberg, S. (2001). *Understanding figurative language: From metaphors to idioms*. New York: Oxford University Press.

Glucksberg, S., & Danks, J. H. (1975). *Experimental psycholinguistics: An introduction*. Hillsdale, NJ: Erlbaum.

Glucksberg, S., Gildea, P, & Bookin, H. B. (1982). On understanding nonliteral speech: Can people ignore metaphors? *Journal of Verbal Learning and Verbal Behavior*, *21*, 85-98.

Glucksberg, S., & Keysar, B. (1990). Understanding metaphorical comparisons: Beyond similarity. *Psychological Review*, *97*, 3-18.

Glucksberg, S., Keysar, B., & McGlone, M. S. (1992). Metaphor understanding and accessing conceptual schema: Reply to Gibbs (1992). *Psychological Review*, *99*, 578-581.

Glucksberg, S., Krauss, R. M., & Weisberg, R. (1966). Referential communication in nursery school children: Method and some preliminary findings. *Journal of Experimental Child Psychology*, *3*, 333-342.

Glucksberg, S., Manfredi, D. A., & McGlone, M. S. (1997). Metaphor comprehension: How metaphors create new categories. In T. B. Ward, S. M. Smith, &J. Vaid (Eds.), *Creative thought: An investigation of conceptual structures and processes* (pp. 327-350). Washington, DC: American Psychological Association.

Gold, E. (1967). Language identification in the limit. *Information and Control*, *10*, 447-474.

Goldfield, B. A. (1987). The contributions of child and caregiver to referential and expressive language. *Applied Psycholinguistics*, *8*, 267-280.

Goldiamond, I., & Dryud, J. E. (1968). Some applications and implications of behavioral analysis for psychotherapy. In J. M. Shlien (Ed.), *Research in psychotherapy* (Vol. 3, pp. 54-89). Washington, DC: American Psychological Association.

Goldin-Meadow S. (1982). The resilience of recursion: A study of a communication system developed without a conventional language model. In E. Wanner & L. R. Gleitman (Eds.), *Language acquisition: The state of the art* (pp. 5 1-77). Cambridge, U. K.: Cambridge University Press.

Goldin-Meadow, S., & Mylander, C. (1990). Beyond the input given: The child's role in the acquisition of language. *Language*, *66*, 323-355.

Goldman, S. R., & Varnhagen, C. K. (1986). Memory for embedded and sequential story structures. *Journal of Memory and Language*, *25*, 401-418.

Golinkoff, R. M., Hirsh-Pasek, K., Cauley, K. M., & Gordon, L. (1987). The eyes have it: Lexical and syntactic comprehension in a new paradigm. *Journal of Child Language*, *14*, 23-45.

Gomez, C., & Reason, R. (2002). Cross-linguistic transfer of phonological skills: A Malaysian perspective. *Dyslexia*, *8*, 22-33.

Goodglass, H. (1993). *Understanding aphasia*. San Diego, CA: Academic Press.

Goodglass, H., & Geschwind, N. (1976). Language disorders (aphasia). In E. C. Carterette & M. P. Friedman (Eds.), *Handbook of perception: Vol. 7. Language and speech* (pp. 389-428). New York: Academic Press.

Goodglass, H., Klein, B., Carey, P, & Jones, K. (1966). Specific semantic word categories in aphasia. *Cortex*, *2*, 74-89.

Goodluck, H., & Tavakolian, S. (1982). Competence and processing in children's grammar of relative clauses. *Cognition*, II, 1-27.

Gopnik, A. (1984). The acquisition of gone and the development of the object concept. *Journal of Child Language*, *11*, 273-292.

Gopnik, A. (2001). Theories, language, and culture: Whorf without wincing. In M. Bowerman & S. C. Levinson (Eds.), *Language acquisition and conceptual development* (pp. 45-69). Cambridge, U. K.: Cambridge University Press.

Gopnik, A., & Choi, S. (1990). Do linguistic differences lead to cognitive differences? A crosslinguistic study of semantic and cognitive development. *First Language*, *10*, 199-215.

Gopnik, A., & Choi, S. (1995). Names, relational words, and cognitive development in English and Korean speakers: Nouns are not always learned before verbs. In M. Tomasello & W E. Merriman (Eds.), *Beyond names for things: Young children's acquisition of verbs* (pp. 63-80). Hillsdale, NJ: Erlbaum.

Gopnik, A., Choi, S., & Baumberger, T. (1996). Cross-linguistic differences in early semantic and cognitive development. *Cognitive Development*, *11*, 197-227.

Gopnik, A., & Meltzoffi A. (1986). Relations between semantic and cognitive development in the one-word stage: The specificity hypothesis. *Child Development*, *57*, 1040-1053.

Gopnik, A., & Meltzoff, A. (1987). The development of categorization in the second year and its relation to other cognitive and linguistic developments. *Child Development*, *58*, 1523-1531.

Gopnik, M. (1990). Feature-blind grammar and dysphasia. *Nature*, *344*, 715.

Gopnik, M., & Crago, M. B. (1991). Familial aggregation of a developmental language disorder. *Cognition*, *39*, 1-50.

Gordon, P. C., Hendrick, R., & Levine, W. H. (2002). Memory-load interference in syntactic processing. *Psychological Science*, *13*, 425-430.

Gott, P. S. (1973). Language after dominant hemispherectomy. *Journal of Neurology, Neurosurgery, and Psychiatry*, *36*, 1082-1088.

Gould, S. J. (1980). *The pand's thumb*. New York: Norton.

Gould, S. J., & Lewontin, R. C. (1979). The spandrels of San Marco and the Panglossian paradigm: A critique of the adaptationist programme. *Proceedings of the Royal Society of London, 205,* 581-598.

Gouls, S. J., Vrba, E. S(1982). Exaptation-A missing term in the science of form. *Paleobiology, 8,* 4-15.

Graesser, A. C., Hoffman, N. L., & Clark, L. F (1980). Structural components of reading time. *Journal of Verbal Learning and Verbal Behavior, 19,* 135-151.

Graesser, A. C., Mio, J., & Millis, K. K. (1989). Metaphors in persuasive conimunication. In D. Meutsch & R. Viehoff (Eds.), *Comprehension of literary disResults and problems of interdisciplinary approaches* (pp. 131-154). Berlin: Walter de Gruyter.

Greenberg, J. H. (1966). Some universals of grammar with particular reference to the order of meaningful elements. In J. H. Greenberg (Ed.), *Universals of language* (2nd ed., pp. 73-113). Cambridge, MA: MIT Press.

Greene, J. (1972). *Psycholinguistics: Chomsky and psychology.* Harmondsworth, U. K.: Penguin.

Greenfield, P M. (1982). The role of perceived variability in the transition to language. *Journal of Child Language, 9,* 1-12.

Greenfield, P. M., & Savage-Rumbaugh, E. S. (1991). Imitation, grammatical development, and the invention of protogrammar by an ape. In N. A. Krasnegor, D. M. Rumbaugh, R. L. Schiefelbusch, & M. Studdert-Kennedy (Eds.), *Biological and behavioral determinants of language development* (pp. 235-258). Hillsdale, NJ: Erlbaum.

Greenfield, P M., & Smith, J. H. (1976). *The structure of communication in early language development.* New York: Academic Press.

Grice, H. P. (1975). Logic and conversation. In P. Cole & J. L. Morgan (Eds.), *Syntax and semantics: Vol. 3. Speech acts* (pp. 41-58). New York: Seminar.

Griffin, Z. M. (2001). Gaze durations during speech reflect word selection and phonological encoding. *Cognition, 82,* B1-B14.

Griffin, Z. M. (2003). A reversed word length effect in coordinating the preparation and articulation of words in speaking. Psychonomic Bulletin and Review, 10, 603-609.

Griffin, Z. M., & Bock, K. (2000). What the eyes say about speaking. *Psychological Science, 11,* 274-279.

Griffin, Z. M., & Ferreira, V. S. (2006). Properties of spoken language production. In M. J. Traxler & M. A. Gernsbacher (Eds.), *Handbook of psycliolin guistics* (2nd ed., pp. 21-59). London, England: Elsevier.

Grodzinsky, Y. (1990). *Theoretical perspectives on language deficits.* Cambridge, MA: MIT Press.

Grosjean, F. (1979). A study in timing in a manual and a spoken language: American Sign Language and English. *Journal of Psycholinguistic Research, 8,* 379-405.

Grosjean, F. (1982). *Life with two languages: An introduction to bilingualism.* Cambridge, MA: Harvard University Press.

Grosjean, F., & Lane, H. (1981). Temporal variables in the perception and production of spoken and sign languages. In P. D. Eimas & J. L. Miller (Eds.), *Perspectives on the study of speech* (pp. 207-237). Hillsdale, NJ: Erlbaum.

Grossen, M., & Apothéloz, D. (1996). Communicating about communication in a therapeutic interview. *Journal of Language and Social Psychology, 15,* 101-132.

Guiora, A. Z., Beit-Hallahmi, B., Fried, R., & Yoder, C. (1982). Language environment and gender identity attainment. *Language Learning, 32,* 289-304.

Haber, R. N., & Hershenson, M. (1973). *The psychology of visual perception.* New York:

Holt, Rinehart & Winston.

Haberlandt, K., Berian, C., & Sandson, J. (1980). The episode schema in story processing. *Journal of Verbal Learninq and Verbal Behavior, 19*, 635-650.

Hagoort, P, Hald, L., Bastiannsen, M., Petersson, K. M. (2004). Integration of word meaning and world knowledge in language comprehension. *Science, 304*, 438-441.

Hakuta, K. (1986). *Mirror of language: The debate on bilingualism*. New York: Basic Books.

Hakuta, K., Bialystok, E., & Wiley, E. (2003). Critical evidence: A test of the critical-period hypothesis for second-language acquisition. *Psychological Science, 14*, 31-38.

Hakuta, K., & Diaz, R. M. (1985). The relationship between degree of bilingualism and cognitive ability: A critical discussion and some new longitudinal data. In K. E. Nelson (Ed.), *Children's language* (Vol. 5, pp. 319-344). Hillsdale, NJ: Erlbaum.

Halliday, M. A. K., & Hasan, R. (1976). *Cohesion in English*. London: Longman.

Hanson, V. L., & Bellugi, U. (1982). On the role of sign order and morphological structure in memory for Anierican Sign Language sentences. *Journal of Verbal Learning and Verbal Behavior, 21*, 621-633.

Hardin, C., & Banaji, M. R. (1993). The influence of language on thought. *Social Cognition, 11*, 277-308.

Harding, C. G. (1982). Development of the intention to communicate. *Human Development, 25*, 140-151.

Hart, J., Berndt, R. S., & Caramazza, A. (1985). Category-specific naming deficit following cerebral infarction. *Nature, 316*, 439-440.

Hartsuiker, R. J., Corley, M., & Martensen, H. (2005). The lexical bias effect is modulated by context, but the standard monitoring account doesn't fly: Related beply to Baars et al. (1975). *Journal of Memory and Language, 52*, 58-70.

Hasher, L., & Zacks R. T. (1979). Automatic and effortful processes in memory. *Journal of Experimental Psychology: General, 108*, 356-388.

Haugen, E. (1972). *First grammatical treatise: The earliest Germanic phonology* (2nd ed). London: Longman.

Hauser, M. D., Chomsky, N., & Fitch, W. T. (2002). The faculty of language: What is it, who has it, and how did it evolve? *Science, 298*, 1569-1579.

Haviland, S. E., & Clark, H. H. (1974). What's new? Acquiring new information as a process in comprehension. *Journal of Verbal Learning and Verbal Behavior, 13*, 512-521.

Hayes, K. J., & Hayes, C. (1952). Imitation in a home-raised chimpanzee. *Journal of Comparative and Physiological Psychology, 45*, 450-459.

He, A. W. (1994). Withholding academic advice: Institutional context and discourse practice. *Discourse Processes, 18*, 297-316.

Healy, A. F. (1976). Detection errors on the word the: Evidence for reading units larger than letters. *Journal of Experimental Psychology: Human Perception and Performance, 2*, 235-242.

Healy, A. F, Oliver, W. L., & McNamara, T. P. (1987). Detecting letters in continuous text: Effects of display size. *Journal of Experimental Psychology: Human Perception and Performance, 13*, 279-290.

Heath, C. (1992). The delivery and reception of diagnosis in the general-practice consultation. In P. Drew &J. Heritage (Eds.), *Talk at work: Interaction in institutional settings* (pp. 235-267). Cambridge, U. K.: Cambridge University Press.

Heider, E. R. (1972). Universals in color naming and memory. *Journal of Experimental Psy-*

chology, 93, 10-20.

Hellige, J. B. (1993). *Hemisphere asymmetry: What's right and what's left*. Cambridge, MA: Harvard University Press.

Henderson, A., Goldman-Eisler, F., & Skarbek, A. (1966). Sequential temporal patterns in spontaneous speech. *Language and Speech, 9*, 207-216.

Hespos, S. J., & Spelke, E. S. (2004). Conceptual precursors to language. *Nature, 430*, 453-456.

Hewes, G. W. (1973). An explicit formulation of the relationship between tool-using, tool-making, and the emergence of language. *Visible Language, 7*, 101-127.

Hickock, G., Love-Geffen, T., & Klima, E. S. (2002). Role of the left hemisphere in sign language comprehension. *Brain and Language, 82*, 167-178.

Hicks, D. (1990). Narrative skills and genre knowledge: Ways of telling in the primary school grades. *Applied Psycholinguistics, 11*, 83-104.

Hicks, D. (1991). Kinds of narrative: Genre skills among first graders from two communities. In A. McCabe & C. Peterson (Eds.), *Developing narrative structure* (pp. 55-87). Hillsdale, NJ: Erlbaum.

Hill, J. H. (1974). Possible continuity theories of language. *Language, 50*, 134-150.

Hirsh-Pasek, K., Reeves, L. M., & Golinkoff, R. (1993). Words and meaning: From primitives to complex organization. In J. B. Gleason & N. B. Ratner (Eds.), *Psycholinguistics* (pp. 133-197). Orlando, FL: Harcourt Brace Jovanovich.

Hirsh-Pasek, K., Treiman, R., & Schneiderman, M. (1984). Brown and Hanlon revisited: Mothers' sensitivity to ungrammatical forms. *Journal of Child Language, 11*, 81-88.

Hockett, C. F. (1954). Chinese versus English: An exploration of the Whorfian theses. In H. Hoijer (Ed.), *Language in culture* (pp. 106-123). Chicago: University of Chicago Press.

Hockett, C. F (1966). The problem of universals in language. In J. H. Greenberg (Ed.), *Universals of language* (2nd ed., pp. 1-29). Cambridge, MA: MIT Press.

Hoff, E. (2001). *Language development* (2nd ed). Bemont.lCA: Wadsworth.

Hoff-Ginsburg, E., & Shatz, M. (1982). Linguistic input and the child's acquisition of language. *Psychological Bulletin, 92*, 3-26.

Hoffman, R., & Kemper,S. (1987). What could reaction time studies be telling us about metaphor comprehension? *Metaphor and Symbolic Activity, 2*, 149-186.

Hogaboam, T. W., & Perfetti, C. A. (1975). Lexical ambiguity and sentence comprehension. *Journal of Verbal Learning and Verbal Behavior, 14*, 265-274.

Holmes, J. (1984). "Women's language": A functional approach. *General Linguistics, 24*, 149-178.

Holtgraves, T. (1997). Politeness and memory for the wording of remarks. *Memory & Cognition, 25*, 106-116.

Honeck, R. P (1997). *A proverb in mind: The cognitive science of proverbial wit and wisdom. Mahwah*, NJ: Erlbaum.

Honeck, R. P, & Temple, J. G. (1994). Proverbs: The extended conceptual base and great chain metaphor theories. *Metaphor and Symbolic Activity, 9*, 85-112.

Hoosain, R. (1986). Language, orthography, and cognitive processes: Chinese perspectives for the Sapir- Whorf hypothesis. *International Journal of Behavioral Development, 9*, 507-525.

Hoosain, R. (1991). *Psycholinguistic implications for linguistic relativity: A case study of Chinese*. Hillsdale, NJ: Erlbaum.

Hoosain, R., & Salili, F. (1987). Language differences in pronunciation speed for numbers, digit span, and mathematical ability. *Psy-*

chologia, 30, 34-38.

Hornstein, G. A. (1985). Intimacy in conversational style as a function of the degree of closeness between members of a dyad. *Journal of Personality and Social Psychology, 49*, 671-681.

Howe, M. L., & Courage, M. L. (1993). On resolving the enigma of infantile amnesia. *Psychological Bulletin, 113*, 305-326.

Howe, M. L., Courage, M. L., & Peterson, C. (1994). How can I remember when "I" wasn't there: Long-term retention of traumatic experiences and emergence of the cognitive self. *Consciousness and Cognition, 3*, 327-355.

Hubel, D. H., & Wiesel, T. N. (1965). Receptive fields and functional architecture in two nonstriate visual areas (18 and 19) of the cat. *Journal of Neurophysioogy, l28*, 229-289.

Huey, E. B. (1968). *The psychology and pedagogy of reading*. Cambridge, MA: MIT Press. (Original work published1908)

Hunt, E., & Agnoli, F. (1991). The Whorfian hypothesis: A cognitive psychology perspective. *Psychological Review, 98*, 377-389.

Hurford, J. R. (1987). *Language and number*. Cambridge, U. K.: Cambridge University Press.

Huttenlocher, J., Haight, W, Bryk, A., Seltzer, M., & Lyons, T. (1991). Early vocabulary growth: Relation to language input and gender. *Developmental Psychology, 27*, 236-248.

Huxley, A. (1937). *The olive tree*. Freeport, NY: Books for Libraries Press.

Hyams, N. M. (1986). *Language acquisition and the theory of parameters*. Dordrecht, Holland: Reidel.

Ianco-Worrall, A. D. (1972). Bilingualism and cognitive development. *Child Development, 43*, 1390-1400.

Imai, M., & Gentner, D. (1997). A cross-linguistic study of early word meaning: Universal ontology and linguistic influence. *Cognition, 62*, 169-200.

Inhoff A., Limas, S. D., & Carroll, P. J. (1984). Contextual effects on metaphor comprehension in reading. *Memory & Cognition, 12*, 558-567.

Iverson, J. M., & Goldin-Meadow, S. (2005). Gesture paves the way for language development. *Psychological Science, 16*, 367-371.

Jackendoff R. (2002). *Foundations of language: Brain, meaning, grammar, Evolution*. Oxford: Oxford UniPress.

Jaffe, J., & Feldstein, S. (1970). *Rhythms of dialogue*. New York: Academic Press.

Jakobson, R., Fant, C. G. M., & Halle, M. (1969). *Preliminaries to speech analysis*. Cambridge, MA: MIT Press. (Original work published 1951)

James, D. (1972). Some aspects of the syntax and semantics of interjections. In P. Peranteau, J. N. Levi, & G. C. Phares (Eds.), *Papers from the Erghth Regional Meeting of the Chicago Linguistic Society* (pp. 162-172). Chicago: Chicago Linguistics Society.

James, D.,larke, S. (1993). Women, men, and interruptions: A critical review. In D. Tannen (Ed.), *Gender and conversational interaction* (pp. 23 1-280). New York: Oxford University Press.

James, D., & Drakich, J. (1993). Understanding gender differences in amount of talk: A critical review of research. In D. Tannen (Ed.), *Gender and conversational interaction* (pp. 281-312). New York: Oxford University Press.

James, W. (1950). *The principles of psychology* (Vol. 1). New York: Holt. (Original work published 1890)

Jarvella, R. J. (1971). Syntactic processing of connected speech. *Journal of Verbal Learning and Verbal Behavior, 10*, 409-416.

Jastrow, J. (1906). *The subconscious*. Boston:

Houghton Mifflin.

Jefferson, G. (1972). Side sequences. In D. Sudnow (Ed.), *Studies in social interaction* (pp. 294-338). New York: Free Press.

Jenkins, J. J., Strange, W., & Edman, T. R. (1983). Identification of vowels in "vowelless" syllables. *Perception and Psychophysics*, *34*, 441-450.

Jesperson, O. (1922). *Language: Its nature, development, and origin*. London: Allen & Unwin.

Ji, L-J., Zhang, Z., & Nisbett, R. E. (2004). Is it culture or is it language? Examination of language effects in cross-cultural research on categorization. *Journal of Personality and Social Psychology*, *87*, 57-65.

Johnson, J. S., & Newport, E. L. (1989). Critical period effects in second language learning: The influence of maturational state on the acquisition of English as a second language. *Cognitive Psychology*, *21*, 60-99.

Johnson, M. K., Bransford, J. D., & Solomon, S. K. (1973). Memory for tacit implications of sentences. *Journal of Experimental Psychology*, *98*, 203-205.

Johnson-Laird, P. N. (1983). *Mental models*. Cambridge, MA: Harvard University Press.

Johnson-Laird, P N. (1988). How is meaning mentally represented? In U. Eco, M. Santambrogio, & P. Violi (Eds.), *Meaning and mental representations* (pp. 99-118). Bloomington: Indiana University Press.

Johnson-Laird, P. N., Herrmann, D. J., & Chaffin, R. (1984). Only connections: A critique of semantic networks. *Psychological Bulletin*, *96*, 292-315.

Johnston, J. R., & Slobin, D. I. (1979). The development of locative expressions in English, Italian, Serbo- Croatian, and Turkish. *Journal of Child Language*, *6*, 529-545.

Jones, C. M., & Beach, W. A. (1995). Therapists' techniques for responding to unsolicited contributions by family members. In G. H. Morris & R. J. Chenail (Eds.), *The talk of the clinic: Explorations in the analysis of medical and therapeutic discourse* (pp. 49-69). Hillsdale, NJ: Erlbaum.

Juhasz, B. J. (2005). Age-of-acquisition effects in word and picture identification. *Psychological Bulletin*, *131*, 684-712.

Jung-Beeman, M. (2005). Bilateral brain processes for comprehending natural language. *Trends in Cognitive Science*, *9*, 512-518.

Jusczyk, P W., & Aslin, R. N. (1995). Infants' detection of the sound patterns of words in fluent speech. *Cognitive Psychology*, *29*, 1-23.

Jusczyk, P W, Luce, P A., & Charles-Luce, J. (1994). Infants' sensitivity to phonotactic patterns in the native language. *Journal of Memory and Language*, *33*, 630-645.

Just, M. A., & Carpenter, P. A. (1976). Eye fixations and cognitive processes. *Cognitive Psychology*, *8*, 441-480.

Just, M. A., & Carpenter, P. A. (1980). A theory of reading: From eye fixations to comprehension. *Psychological Review*, *87*, 329-354.

Just, M. A., & Carpenter, P. A. (1987). *The psychology of reading and language comprehension*. Boston: Allyn & Bacon.

Just, M. A., & Carpenter, P. A. (1992). A capacity theory of comprehension: Individual differences in working memory. *Psychological Review*, *99*, 122-149.

Kane, M. J. ' Bleckley, M. K., Conway, A. R. A., & Engle, R. W. (2001). A controlled-attention view of working-memory capacity. *Journal of Experimental Psychology: General*, *130*, 169-183.

Kane, M. J., & Engle, R. W. (2003). Working-memory capacity and the control of attention: The contributions of goal neglect, response competition, and task set to Stroop interference. *Journal of ExperiPsychology: General, 132*, 47-70.

Kaplan, J. A., Brownell, H. H., Jacobs, J. R., & Gardner, H. (1990). The effects of right hemisphere damage on the pragmatic interpretation of conversational remarks. *Brain and Language, 38*, 315-333.

Karmiloff, K., & Karmiloff-Smith, A. (2001). *Pathways to language: From fetus to adolescent*. Cambridge, MA: Harvard University Press.

Karmiloff-Smith, A., Grant, J., Berthoud, I., Davies, M., Howlin, P, & Udwin, O. (1997). Language and Williams syndrome: How intact is "intact"? *Child Development, 68*, 246-262.

Kay, P, & Kempton, W. (1984). What is the Sapir-Whorf hypothesis? *American Anthropologist, 86*, 65-79.

Kay, P, & Regier, T. (2003). Resolving the question of color naming universals. *Proceedings of the National Academy of Science, 100*, 9085-9089.

Kay, P, & Regier, T. (2006). Language, thought, and color: Recent developments. *Trends in Cognitive Sciences, 10*, 51-54.

Keenan, E. O. (1974). Conversational competence in children. *Journal of Child Language, 1*, 163-183.

Keenan, J. M., MacWhinney, B., & Mayhew, D. (1977). Pragmatics in memory: A study of natural conversation. *Journal of Verbal Learning and Verbal Behavior, 16*, 549-560.

Kegl, J., Senghas, A., & Coppola, M. (1999). Creation through contact: Sign language emergence and sign language change in Nicaragua. In M. DeGraff (Ed.), *Language creation and language change: Creolization diachrony and development* (pp. 179-237). Cambridge, MA: MIT Press.

Keillor, G. (1987). *Leaving home*. New York: Viking Penguin.

Kellogg, W. N., & Kellogg, L. A. (1933). *The ape and the child: A study of environmental influence upon early behavior*. New York: Whittlesey House.

Kempen, G., & Hoenkamp, E. (1987). An incremental procedural grammar for sentence formulation. *Cognitive Science, 11*, 201-258.

Kennedy, C. W., & Camden, C. T. (1983). A new look at interruptions. *Western Journal of Speech Communication, 47*, 45-58.

Kent, G. H., & Rosanoff, A. J. (1910). A study of association in insanity. *American Journal of Insanity, 67*, 37-96.

Kess, J. F. (1991). On the developing history of psycholingustincs. *Language Sciences, 13*, 1-20.

Kidd, E., & Bavin, E. L. (2002). English-speaking children's comprehension of relative clauses: Evidence for general-cognitive and language-specific constraints on development. *Journal of Psycholinguistic Research, 31*, 599-617.

Kimball, J. (1973). Seven principles of surface structure parsing in natural language. *Cognition, 2*, 15-47.

Kimura, D. (1961). Cerebral dominance and the perception of verbal stimuli. *Canadian Journal of Psychology, 15*, 166-171.

Kimura, D. (1963). Speech lateralization in young children as determined by an auditory test. *Journal of Comparative and Physiological Psychology, 56*, 899-902.

Kimura, D. (1964). Left-right differences in the perception of melodies. *Quarterly Journal of Experimental Psychology, 16*, 355-358.

Kingstone, A., Enns, J. T., Mangun, G. R., & Gazzaniga, M. S. (1995). Guided visual search is a left-hemisphere process in split-brain patients. *Psychological Science, 6*,118-121.

Kinsbourne, M. (1976). The ontogeny of cerebral dominance. In R. W Rieber (Ed.), *The neuropsychology of language* (pp. 181-191). New York: Plenum.

Kintsch, E. (1990). Macroprocesses and microprocesses in the development of summarization skill. *Cognition and Instruction*, *7*, 161-195.

Kintsch, W., (1974). *The representation of meaning in memory*. Hillsdale, NJ: Erlbaum.

Kintsch, W., & Bates, E. (1977). Recognition memory for statements from a classroom lecture. *Journal of Experimental Psychology: Human Learning and Memory*, *3*, 150-159.

Kintsch, W, & Keenan, J. (1973). Reading rate and retention as a function of the number of propositions in the base structure of sentences. *Cognitive Psychology*, *5*, 257-274.

Kintsch, W., Welsh, D., Schmalhoffer, F., & Zimny, S. (1990). Sentence memory: A theoretical analysis. *Journal of Memory and Language*, *29*, 133-159.

Kitchener, E. G., Hodges,J. R., & McCarthy, R. (1998). Acquisition of post-morbid vocabulary and semantic facts in the absence of episodic memory. *Brain*, *121*, 1313-1327.

Klima, E. S., & Bellugi, U. (1966). Syntactic regularities in the speech of children. In J. Lyons & R. J. Wales (Eds.), *Psycholinguistics papers* (pp. 183-208). Edinburgh: Edinburgh University Press.

Klima, E. S., & Bellugi, U. (1979). *The signs of language*. Cambridge, MA: Harvard University Press.

Kollock, P, Blumstein, P, & Schwartz, P (1985). Sex and power in interaction: Conversational privileges and duties. *American Sociological Review*, *50*, 34-46.

Kozminsky, E. (1977). Altering comprehension: The effects of biasing titles on text comprehension. *Memory & Cognition*, *5*, 482-490.

Krauss, R. M. (1998). Why do we gesture when we speak? *Current Directions in Psychological Science*, *7*, 54-59.

Kuczaj, S. A., II, & Brannick, N. (1979). Children's use of the *wh*-question modal auxiliary placement rule. *Journal of Experimental Child Psychology*, *28*, 43-67.

Kuhl, P K. (1985). Categorization of speech by infants. In J. Mehler (Ed.), *Neonate cognition: Beyond the blooming buzzing confusion*. Hillsdale, NJ: Erlbaum.

Kuhl, P. K. (1987). The special-mechanisms debate in speech research: Categorization tests on animals and infants. In S. Hamad (Ed.), *Categorical perception: The groundwork of cognition* (pp. 355-386). Cambridge, U. K.: Cambridge University Press.

Kuhl, P K., & Meltzoff, A. N. (1997). Evolution, nativism, and learning in the development of language and speech. In M. Gopnik (Ed.), *The inheritance and innateness of grammars* (pp. 7-44). New York: Oxford University Press.

Labov, W, & Fanshel, D. (1977). *Therapeutic discourse: Psychotherapy as conversation*. New York: Academic Press.

Lakoff, G. (1986). A figure of thought. *Metaphor and Symbolic Activity*, *1*, 215-225.

Lakff. G. (1987). *Women, fire, and dangerous things: What categories reveal about the mind*. Chicago: University of Chicago Press.

Lakff. G., & Johnson, M. (1980). *Metaphors we live by*. Chicago: University of Chicago Press.

Lakoff, R., (1975). *Language and woman's place*. New York: Harper & Row.

Lambert, W. E. (1990). Persistent issues in bilingualism. In B. Harley, P. Allen, J. Cummins, & M. Swain (Eds.), *The development of second language proficiency* (pp. 201-218). Cambridge, U. K.: Cambridge University Press.

Landauer, T. K., & Meyer, D. E. (1972). Category size and semantic-memory retrieval. *Jour-*

nal of Verbal Learning and Verbal Behavior, *11*, 539-549.

Lane, H. (1976). *The wild boy of Aveyron*. Cambridge, MA: Harvard University Press.

Lane, H., Boyes-Braem, P, & Bellugi, U. (1976). Preliminaries to a distinctive feature analysis of handshapes in American Sign Language. *Cognitive Psychology*, *8*, 263-289.

Lane, L. W, Groisman, M., & Ferreira, V. S. (2006). Don't talk about pink elephants! Speakers' control over leaking private information during language production. *Psychological Science*, *17*, 273-277.

Lashley, K. S. (1951). The problem of serial order in behavior. In L. A. Jeffress (Ed.), *Cerebral mechanisms in behavior* (pp. 112-136). New York: Wiley.

Lasky, R. E., Syrdal-Lasky, A., & Klein, R. E. (1975). VOT discrimination by four to six and a half month old infants from Spanish environments. *Journal of Experimental Child Psychology*, *20*, 215-225.

Lasnik, H. (1990). Syntax. In D. N. Osherson & H. Lasnik (Eds.), *An invitation to cognitive science: Vol. 1. Language* (pp. 5-21). Cambridge, MA: MIT Press.

Lee, D. (1987). Linguistic reflection of Wintu thought. In D. Lee, *Freedom and culture* (pp. 121-130). Prospect Heights, IL: Waveland. (Original work pub1944)

Lehrer, A. (1994). Understanding classroom lectures. *Discourse Processes*, *17*, 259-281.

Lemmon, C. R., & Goggin, J. R. (1989). The measurement of bilingualism and its relationship to cognitive ability. *Applied Psycholinguistics*, *10*, 133-155.

Lenneberg, E. H. (1953). Cognition in ethnolinguistics. *Language*, *29*, 463-471.

Lenneberg, E. H. (1964). A biological perspective of language. In E. H. Lenneberg (Ed.), *New directions in the study of language* (pp. 65-88). Cambridge, MA: MIT Press.

Lenneberg, E. H. (1967). *Biological foundations of language*. New York: Wiley.

Leopold, W. F. (1961). Patterning in children's language learning. In S. Saporta (Ed.), *Psycholinguistics: A book of readings* (pp. 35 1-358). New York: Holt.

Lesgold, A. M., Roth, S. F, & Curtis, M. E. (1979). Foregrounding effects in discourse comprehension. *Journal of Verbal Learning and Verbal Behavior*, *18*, 29 1-308.

Levelt, W. J. M. (1983). Monitoring and self-repair in speech. *Cognition*, *14*, 41-104.

Levelt, W. J. M. (1989). *Speaking: From intention to articulation*. Cambridge, MA: MIT Press.

Levinson, S. C. (1996). Frames of reference and Molyneux's question: Crosslinguistic evidence. In P. Bloom, M. A. Peterson, L. Nadel, & M. F. Garrett (Eds.), *Language and space* (pp. 109-169). Cambridge, MA: MIT Press.

Levinson, S. C. (2001). Covariation between spatial language and cognition, and its implications for language learning. In M. Bowerman & S. C. Levinson (Eds.), *Language acquisition and conceptual development* (pp. 566-588). Cambridge, U. K.: Cambridge University Press.

Levy, J. (1974). Cerebral asymmetries as manifested in split-brain man. In M. Kinsbourne & W. L. Smith (Eds.), *Hemispheric disconnection and cerebral function*. Springfield, IL: Thomas.

Levy, Y. (1996). Modularity of language reconsidered. *Brain and Language*, *55*, 240-263.

Lewis, M., & Brooks-Gunn,J. (1979). *Social cognition and the acquisition of seif*. New York: Plenum.

Liberman, A. M. (1970). The grammars of speech and language. *Cognitive Psychology* 1, 301-323.

Liberman, A. M. (1973). The speech code. In G. A. Miller (Ed.), *Communication, language, and meaning* (pp. 129-140). New York: Basic Books.

Liberman, A. M. (1982). On finding that speech is special. *American Psychologist, 37*, 148-167.

Liberman, A. M., Cooper, F S., Shankweiler, D. P, & Studdert-Kennedy, M. (1967). Perception of the speech code. *Psychological Review, 74*, 431-461.

Liberman, A. M., Harris, K. S., Hoffman, H. S., & Griffith, B. C. (1957). The discrimination of speech sounds within and across phoneme boundaries. *Journal of Experimental Psychology, 54*, 358-368.

Liberman, A. M., & Mattingly, I. G. (1985). The motor theory of speech perception revised. *Cognition, 21*, 1-36.

Liberman, I. Y, Shankweiler, D., Fischer, F. W., & Carter, B. (1974). Explicit syllable and phoneme segmentation in the young child. *Journal of Experimental Child Psychology, 18*, 201-212.

Lieberman, P. (1965). On the acoustic basis of the perception of intonation by linguists. *Word, 21*, 40-54.

Lieberman, P. (1967). *Intonation, perception, and language*. Cambridge, MA: MIT Press.

Lieberman P. (1973). On the evolution of language: A unified view. *Cognition, 2*, 59-94.

Lieberman, P. (1991). *Uniquely human: The evolution of speech, thought, and selfless behavior*. Cambridge, MA: Harvard University Press.

Lieberman, P (1998). *Eve spoke: Human language and human evolution*. New York: Norton.

Lieven, E. M., Pine, J. M., & Barnes, H. D. (1992). Individual differences in early vocabulary development: Redefining the referential-expressive distinction. *Journal of Child Language, 19*, 287-3 10.

Liittschwager, J. C., & Markman, E. M. (1994). Sixteen-and 24-month-olds' use of mutual exclusivity as a default assumption in second-label learning. *Developmental Psychology, 30*, 955-968.

Lima, S. D. (1987). Morphological analysis in sentence reading. *Journal of Memory and Language, 26*, 84-99.

Limber, J. (1973). The genesis of complex sentences. In T. E. Moore (Ed.), *Cognitive development and the acquisition of language* (pp. 169-185). New York: Academic Press.

Linden, E. (1974). *Apes, men, and language*. New York: Dutton.

Lindsley,J. R. (1975). Producing simple utterances: How far ahead do we plan? *Cognitive Psychology, 7*, 1-19.

Linebarger, M. C., Schwartz, M. F, & Saffran, E. M. (1983). Sensitivity to grammatical structure in so- called agrammatic aphasics. *Cognition, 13*, 361-392.

Liu, L. G. (1985). Reasoning counterfactually in Chinese: Are there any obstacles? *Cognition, 21*, 239-270.

Lively, S. E., Pisoni, D. B., & Goldinger, S. D. (1994). Spoken word recognition: Research and theory. In M. A. Gernsbacher (Ed.), *Handbook of psycholingustics*(pp. 265-301). San Diego, CA: Academic Press.

Lorch, R. F, Jr., & Chen, A. H. (1986). Effects of number signals on reading and recall. *Journal of Educational Psychology, 78*, 263-270.

Lounsbury, F. G. (1965). Transitional probability, linguistic structure, and systems of habit family hierarchies. In C. E. Osgood & T. Sebeok (Eds.), *Psycholinguistics: A survey of theory and research problcnis* (pp. 93-101). Bloomington: Indiana University Press. (Original work published 1954)

Lu, C-H., & Proctor, R. W. (1995). The influence of irrelevant location information on performance: A review of the Simon and spatial Stroop effects. *Psychonomic Bulletin &*

Review, *2*, 174-207.

Lucy, J. A. (l992a). *Grammatical categories and cognition: A case study of the linguistic relativity hypothesis*. Cambridge, U. K.: Cambridge University Press.

Lucy, J. A. (1992b). *Language diversity and thought: A r?formulation of the linguistic relativity hypothesis*. Cambridge, U. K.: Cambridge University Press.

Lucy, J. A., & Shweder, R. A. (1979). Whorf and his critics: Linguistic and nonhinguistic influences on color memory. *American Anthropologist*, *81*, 58 1-6 15.

Lundberg, I., Frost, J., & Petersen, O-P (1988). Effects of an extensive program for stimulating phonological awareness in preschool children. *Reading Research Quarterly*, *23*, 263-284.

Lyons, J. (1968). *Introduction to theoretical linguistics*. Cambridge, U. K.: Cambridge University Press.

MacDonald, J., & McGurk, H. (1978). Visual influences on speech perception processes. *Perception & Psychophysics*. *24*, 253-257.

MacDonald, M. C., & Christiansen, M. H. (2002). Reassessing working memory: Comment on Just and Carpenter (1992) and Waters and Caplan (1996). *Psychological Review*, *109*, 35-54.

MacDonald, M. C., Pearlmutter, N. J., & Seidenberg, M. S. (1994). Lexical nature of syntactic ambiguity resolution. *Psychological Review*, *101*, 676-703.

MacKay D. G. (1978). Derivational rules and the intenal rlexicon. *Journal of Verbal Learning and Verbal Behavior*, *17*, 61-71.

MacKay D. G. (1982). The problems of flexibility, fluäay and speed-accuracy trade-off in skilled behavior. *Psychological Review*, *89*, 483-506.

MacKay D. G. (1987). *The organization of perception and action: A theory for language and other cognitive skills*. New York: Springer.

Macnamara, J. (1966). *Bilingualism and primary education*. Edinburgh: Edinburgh University Press.

Macnamara, J. (1972). Cognitive basis of language learning in infants. *Psychological Review*, *79*, 1-13.

MacNeilage, P. F. (1970). Motor control of serial ordering of speech. *Psychological Review*, *77*, 182-196.

MacNeilage, P. (1991). Comment: The gesture as a unit in speech perception theories. In I. G. Mattingly & M. Studdert-Kennedy (Eds.), *Modularity and the motor theory of speech perception* (pp. 6 1-67). Hillsdale, NJ: Erlbaum.

MacNeilage, P. F. (1998). Evolution of the mechanisms of language output: Comparative neurobiology of vocal and manual communication. InJ. R. Hurford, M. Studdert-Kennedy & C. Knight (Eds.), *Approaches to the evolution of language* (pp. 222-241). Cambridge, U. K.: Cambridge University Press.

MacNeilage, P, & Ladefoged, P. (1976). The production of speech and language. In E. C. Carterette & M. P Friedman (Eds.), *Handbook of perception: Vol. 7. Language and speech* (pp. 75-120). New York: Academic Press.

MacWhinney B., Bates, E., & Kliegl, R. (1984). Cue validity and sentence interpretation in English, German, and Italian. *Journal of Verbal Learning and Verbal Behavior*, *23*, 127-150.

Maltz, D. N., & Borker, R. A. (1983). A cultural approach to male-female miscommunication. In J. J. Cumperz (Ed.), *Language and social identity* (pp. 196-216). Cambridge, U. K.: Cambridge University Press.

Mandel, D. R., Jusczyk, P. W, & Pisoni, D. B. (1995). Infants'recognition of the sound patterns of their own names. *Psychological Science*, *6*, 314-317.

Mandler, J. M. (1984). *Stories, scripts, and scenes: Aspects of schema theory*. Hillsdale, NJ: Erlbaum.

Mandler, J. M. (1987). On the psychological reality of story structure. *Discourse Processes*, *10*, 1-29.

Mandler, J. M., & Johnson, N. S. (1977). Remembrance of things parsed: Story structure and recall. *Cognitive Psychology*, *9*, 111-151.

Mandler, J. M., Scribner, S., Cole, M., & DeForest, M. (1980). Cross-cultural invariance in story recall. *Child Development*, *51*, 19-26.

Mann, V. A., & Repp, B. H. (1981). Influence of preceding fricative on stop consonant perception. *Journal of the Acoustical Society of America*, *69*, 548-558.

Mannes, S. M., & Kintsch, W. (1987). Knowledge organization and text organization. *Cognition and Instruction*, *4*, 91-115.

Maratsos, M. (1982). The child's construction of grammatical categories. In E. Wanner & L. R. Cleitman (Eds.), *Language acquisition: The state of the art* (pp. 240-266). Cambridge, U. K.: Cambridge University Press.

Maratsos, M. P. (1973). Nonegocentric communication abilities in preschool children. *Child Development*, *44*, 697-700.

Maratsos, M. P. (1974). Children who get worse at understanding the passive: A replication of Bever. *Journal of Psycholinguistic Research*, *3*, 65-74.

Maratsos, M. P, & Chalkley M. A. (1980). The internal language of children's syntax: The ontogenesis and representation of syntactic categories. In K. E. Nelson (Ed.), *Childrenc language* (Vol. 2, pp. 127-214). New York: Gardner.

Marcel, A. J. (1983). Conscious and unconscious perception: Experiments on visual masking and word recognition. *Cognitive Psychology*, *15*, 197-237.

Marcus, G. F (1996). Why do children say "breaked"? *Current Directions in Psychological Science*, *5*, 81-85.

Marcus, G. F (2001). *The algebraic mind: Integrating connectionism and cognitive science*. Cambridge, MA: MIT Press.

Marcus, G. F, Pinker, S., Ullman, M., Hollander, M., Rosen, T. J., & Xu, F. (1992). Overregularizations in language acquisition. *Monographs of the Society for Research in Child Development*, *57* (4, Serial No. 228).

Marcus, G. F, Vijayan, S., Bandi Rao, S., & Vishton, P. M. (1999). Rule learning in sevenmnonth-old infants. *Science*, *283*, 77-80.

Markman, E. M. (1989). *Categorization and naming in children*. Cambridge, MA: MIT Press.

Markman, E. M., & Hutchinson,J. E. (1984). Children's sensitivity to constraints on word meaning: Taxnomic oversus thematic relations. *Cagnitive Psychology*, *16*, 1-27.

Markman, E. M., & Wachtel, G. E. (1988). Children's use of mutual exclusivity to constrain the meanings of words. *Cognitive Psychology*, *20*, 121-157.

Markson, L., & Bloom, P. (1997). Evidence against a dedicated system for word learning in children. *Nature*, *385*, 813-815.

Marshall, J. C. (1980). On the biology of language acquisition. In D. Caplan (Ed.), *Biological studies of mental processes* (pp. 106-148). Cambridge, MA: MIT Press.

Marslen-Wilson, W. (1987). Functional parallelism in spoken word-recognition. *Cognition*, *25*, 71-102.

Marslen-Wilson, W. (1990). Activation, competition, and frequency in lexical access. In G. T. M. Altmann (Ed.), *Cognitive models of speech processing: Psychiohinand computational perspectives*. Cambridge, MA: MIT

Press.

Marslen-Wilson, W, & Tyler, L. K. (1980). The temlpora structure of spoken language understanding. *Cognition*, *8*, 1-71.

Marslen-Wilson, W, Tyler, L. K., Waksler, R., & Older, L. (1994). Morphology and meaning in the English mental lexicon. *Psychological Review*, 101, 3-33.

Marslen-Wilson, W. D., & Welsh, A. (1978). Processing interactions and lexical access during word recognition in continuous speech. *Cognitive Psychology*, *10*, 29-63.

Martin, J. G. (1972). Rhythmic (hierarchical) versus serial structure in speech and other behavior. *Psychological Review*, *79*, 487-509.

Martin, L. (1986). "Eskimo words for snow": A case study in the genesis and decay of an anthropological example. *American Anthropologist*, *88*, 41 8-423.

Martinez, I. M., & Shatz, M. (1996). Linguistic influences on categorization in preschool children: A crosslinguistic study. *Journal of Child Language*, *23*, 529-545.

Mason, R. A., Just, M. A., Keller, T. A., & Carpenter, P. A. (2003). Ambiguity in the brain: What brain imaging reveals about the processing of syntactically ambiguous sentences. *Journal of Experimental PsyLearning, Memory and Cognition*, *29*, 1319-1338.

Masur, E. F (1982). Mothers' responses to infants' object-related gestures: Influence on lexical development. *Journal of Child Language*, *9*, 23-30.

Mateer, C., & Kimura, D. (1977). Impairment of nonverbal oral movements in aphasia. *Brain and Language*, *4*, 262-276.

Mathis, T., & Yule, G. (1994). *Zero quotatives. Discourse Processes*, *18*, 63-76.

Matlin, M. W. (2002). *Cognition* (5th ed). Fort Worth, TX: Harcourt.

Mattingly, I. G. (1972). Reading, the linguistic process, and linguistic awareness. In J. F Kavanaugh & I. G. Mattingly (Eds.), *Language by ear and by eye: The relationships between speech and reading* (pp. 133-147). Cambridge, MA: MIT Press.

Mattingly, I. G., Liberman, A. M., Syrdal, A. K., & Halwes, T. (1971). Discrimination in speech and nonspeech modes. *Cognitive Psychology*, *2*, 131-157.

Mayer, R. E., Cook, L. K., & Dyck, J. L. (1984). Techniques that help readers build mental models from scientific texts: Definition pretraining and signaling. *Journal of Educational Psychology*, *76*, 1089-1105.

McCabe, A., & Peterson, C. (1991). Getting the story: A longitudinal study of parental styles in eliciting narratives and developing narrative skill. In A. McCabe & C. Peterson (Eds.), *Developing narrative structure* (pp. 217-253). Hillsdale, NJ: Erlbaum.

McCauley, R. N. (1987). The not so happy story of the marriage of linguistics and psychology, or why marriage of linguistics has discouraged psychology's recent advances. *Synthese*, *72*, 341-353.

McClelland, J. L. (1987). The case for interactionism in language processing. In M. Coltheart (Ed.), *Attention and performance: Vol. XII. The psychology of reading* (pp. 3-36). Hillsdale, NJ: Erlbaum.

McClelland, J. L., & Elman, J. L. (1986). Interactive processes in speech perception: The TRACE model. InJ. L. McClelland, D. E. Rumelhart, & the PDP Research Group (Eds.), *Parallel distributed processing: Vol. 2. Psychological and biological models* (pp. 58-121). Cambridge, MA: MIT Press.

McClelland, J. L., & Rumelhart, D. E. (1981). An interactive activation model of context effects in letter perception: Part 1. An account of basic findings. *Psychological Review*, *88*, 375-407.

McClelland, J. L., Rumelhart, D. E., & the PDP

Research Group. (1986). *Parallel distributed processing: Explorations in the microstructure of cognition: Vol. 2. Psychological and biological models*. Cambridge, MA: MIT Press.

McDermott, K. B., Watson, J. M., & Ojemann, J. G. (2005). Presurgical language mapping. *Current Directions in Psychological Science, 14*, 29 1-295.

McClone, M. S. (2001). Concepts as metaphors. In S. Glucksberg, *Understanding figurative language: From metaphors to idioms* (pp. 90-107). New York: Oxford University Press.

McGurk, H., & MacDonald, J. (1976). Hearing lips and seeing voices. *Nature, 264*, 746-748.

McKoon, G., Gerrig, R. J., & Greene, S. B. (1996). Pronoun resolution without pronouns: Some consequences of memory-based text processing. *Journal of Experimental Psychology: Learning, Memory and Cognition, 22*, 9 19-932.

McKoon, G., & Ratcliff, R. (1980). Priming in item recognition: The organization of propositions in memory for text. *Journal of Verbal Learning and Verbal Behavior, 19*, 369-386.

McKoon, G., & Ratcliff, R. (1981). The comprehension processes and memory structures involved in instrumental inference. *Journal of Verbal Learning and Verbal Behavior, 20*, 671-682.

McKoon, G., & Ratcliff R. (1992). Inference during reading. *Psychological Review, 99*, 440-466.

McLaughlin, B. (1984). *Second language acquisition in childhood: Vol. 1. Preschool children* (2nd ed). Hillsdale, NJ: Erlbaum.

McMillan, J. R., Clifton, A. K., McGrath, D., & Gale, W S. (1977). Women's language: Uncertainty or interpersonal sensitivity and emotionality? *Sex Roles, 3*, 545-559.

McMullen, L. M., Vernon, A. E., & Murton, T. (1995). Division of labor in conversations: Are Fishman's results replicable and generalizable? *Journal of Psycholinguistic Research, 24*, 255-268.

McNamara, D. S. (2004). SFRT: Self-explanation reading training. *Discourse Processes, 38*, 1-30.

McNamara, D. S., & Kintsch, W. (1996). Learning from text: Effects of prior knowledge and text coherence. *Discourse Processes, 22*, 247-287.

McNamara, D. S., & McDaniel, M. A. (2004). Suppressing irrelevant information: Knowledge activation or inhibition? *Journal of Experimental Psychology: Learning, Memory and Cognition, 30*, 465-482.

McNeill, D. (1966). Developmental psycholinguistics. In F. Smith & G. A. Miller (Eds.), *The genesis of language: A psycholinguistic approach* (pp. 15-84). Cambridge, MA: MIT Press.

McNeill, D. (1970). *The acquisition of language: The study of developmental psycholinguistics*. New York: Harper & Row.

McNeill, D. (1985). So you think gestures are nonverbal? *Psychological Review, 92*, 350-371.

Meadow, K. P. (1980). *Deafness and child development*. Berkeley: University of California Press.

Mehan, H. (1979). *Learning lessons: Social organization in the classroom*. Cambridge, MA: Harvard University Press.

Mehler, J., Jusczyk, P, Lambertz, G., Halsted, N., Bertoncini, J., & Amiel-Tison, C. (1988). A precursor of language acquisition in young infants. *Cognition, 29*, 143-178.

Meier, R. P, & Newport, E. L. (1990). Out of the hands of babes: On a possible sign advantage in language acquisition. *Language, 66*, 1-23.

Meisel, J. M. (1993). Simultaneous first language acquisition: A window on early grammatical development *D.E.L.T.A.*, *9*, 353-385.

Meltzoff, A. M. (1988). Infant imitation and memory: Nine-month-olds in immediate and deferred tests. *Child Development*, *59*, 217-225.

Meltzoff, A. N. (1995). What infant memory tells us about infantile amnesia: Long-term recall and deferred imitation. *Journal of Experimental Child Psychology*, *59*, 497-515.

Merriman, W. F., & Bowman, L. L. (1989). The mutual exclusivity bias in children's word learning. *Monographs of the Society for Research in Child Development*, *54* (3-4, Serial No. 220).

Merritt, M. (1982). Distributing and directing attention in primary classrooms. In L. C. Wilkinson (Ed.), *Communicating in the classroom* (pp. 223-244). New York: Academic Press.

Mervis, C. B., & Bertrand, J. (1994). Acquisition of the novel name-nameless category (N3C) *principle*. *Child Development*, *65*, 1646-1662.

Mervis, C. B., & Mervis, C. A. (1982). Leopards are kitty-cats: Object labeling by mothers for their thirteen-month-olds. *Child Development*, *53*, 267-273.

Meyer, B. J. F, Brandt, D. M., & Bluth, G. J. (1980). Use of top-level structure in text: Key for reading comprehension of ninth-grade students. *Reading Research Quarterly*, *16*, 72-103.

Meyer, B. J. F, & Poon, L. W (2001). Effects of structure strategy training and signaling on recall of text. *Journal of Educational Psychology*, *93*, 141-159.

Meyer, D. E., & Schvaneveldt, R. W. (1971). Facilitation in recognizing pairs of words: Evidence of a dependence between retrieval operations. *Journal of Experimental Psychology*, *90*, 227-234.

Michaels, S. (1981). "Sharing time": Children's narrative styles and differential access to literacy. *Language in Society*, *10*, 423-442.

Michaels, S. (1991). Thedismantling of narrative. In A. McCabe & C. Peterson (Eds.), *Developing narstructure* (pp. 303-35 1). Hillsdale, NJ: Erlbaum.

Milberg, W.V, & Blumstein, S. E. (1981). Lexical decision and aphasia: Evidence for semantic processing. *Brain and Language*, *14*, 371-385.

Miller, G. A. (1956). The magical number seven, plus or minus two: Some limits on our capacity for processing information. *Psychological Review*, *63*, 8 1-97.

Miller, G. A. (1990). Linguists, psychologists, and the cognitive sciences. *Language*, *66*, 317-322.

Miller, G. A. (1991). *The science of words*. New York: Scientific American.

Miller, G. A. (1999). On knowing a word. *Annual Review of Psychology*, *50*, 1-19.

Miller, G. A. (2003). The cognitive revolution: A historical perspective. *Trends in Cognitive Sciences*, *7*, 141-144.

Miller, G. A., & Chomsky, N. (1963). Finitary models of language users. In R. D. Luce, R. R. Bush, & F. Galanter (Eds.), *Handbook of mathematical psychology* (Vol. 2, pp. 419-491). New York: Wiley.

Miller, G. A., Heise, G. A., & Lichten, W. (1951). The intelligibility of speech as a function of the context of the test materials. *Journal of Experimental Psychology*, *41*, 329-335.

Miller, G. A., & Isard, S. (1963). Some perceptual consequences of linguistic rules. *Journal of Verbal Learning and Verbal Behaviob*, *2*, 217-228.

Miller, G. A., & Nicely, P. A. (1955). An analysis of perceptual confusions among some English consonants. *Journal of the Acoustical Society of America*, *27*, 338-352.

Miller, J. F, & Chapman, R. S. (1981). The relation between age and mean length of utterance in morphemes. *Journal of Speech and Hearing Research*, *24*, 154-161.

Miller, J. L. (1981). Effects of speaking rate on segmental distinctions. In P D. Fimas & J. L. Miller (Eds.), *Perspectives on the study of speech* (pp. 39-74). Hillsdale, NJ: Frlbaum.

Miller, K. F, Smith, C. M., Zhu,J., & Zhang, H. (1995). Preschool origins of cross-national differences in mathematical competence: The role of number naming systems. *Psychological Science*, *6*, 56-60.

Miller, W. (1964). The acquisition of formal features of language. *American Journal of Orthopsychiatry*, *34*, 862-867.

Miller, W, & Ervin, S. (1964). The development of grammar in child language. In U. Bellugi & R. Brown (Eds.), The acquisition of language (pp. 9-34). *Monographs of the Society for Research in Child Development*, *29* (1, Serial No. 92).

Miozzo, M., & Caramazza, A. (1997). Retrieval of lexical-syntactic features in tip-of-the-tongue states. *Journal of Experimental Psychology: Learning, Memory and Cognition*, *23*, 1410-1423.

Miura, I. T. (1987). Mathematics achievement as a function of language. *Journal of Educational Psychology*, *79*, 79-82.

Miura, I. T., Kim, C. C., Chang, C-M., & Okamoto, Y (1988). Effects of language characteristics on children's cognitive representation of number: Cross- national comparisons. *Child Development*, *59*, 1445-1450.

Miura, I. T., & Okamoto, Y (1989). Comparisons of U. S. and Japanese first graders' cognitive representation of number and understanding of place value. *Journal of Educational Psychology*, *81*, 109-113.

Moerk, E. L. (1980). Relationships between parental input frequencies and children's language acquisition: A reanalysis of Brown's data. *Journal of Child Language*, *7*, 105-118.

Moerk, E. L. (1981). To attend or not to attend to unwelcome reanalyses? A reply to Pinker. *Journal of Child Language*, *8*, 627-631.

Molfese, D., & Betz, J. C. (1988). Electrophysiological indices of the early development of lateralization for language and cognition and their implications for predicting later development. In D. L. Molfese & S. J. Segalowitz (Eds.), *Brain lateralization in children: Developmental implications* (pp. 171-190). New York: Guilford.

Moors, A., & De Houwer, J. (2006). Automaticity: A theoretical and conceptual analysis. *Psychological Bulletin*, *132*, 297-326.

Morford, J. P, & Goldin-Meadow, S. (1997). From here and now to there and then: The development of displaced reference in homesign and English. *Child Development*, *68*, 420-435.

Morroxw D. G., Bower, G. H., & Greenspan, S. L. (1989). Updating situational models during narrative comprehension. *Journal of Memory and Language*, *28*, 292-312.

Morton, J. (1969). Interaction of information in word recognition. *Psychological Review*, *76*, 165-178.

Morton, J. (1979). Word recognition. In J. Morton & J. C. Marshall (Eds.), *Psycholinguistics 2: Structure and processes* (pp. 108-156). Cambridge, MA: MIT Press.

Motley, M. T. (1980). Verification of "Freudian slips" and semantic prearticulatory editing via laboratory-induced spoonerisms. In V. A. Fromkin (Ed.), *Errors in linguistic performance* (pp. 33-147). New York: Academic Press.

Motley, M. T. (1987, February). What I meant to say. *Psychology Today*, pp. 24-28.

Motley, M. T., Baars, B. J., & Camden, C. T. (1983). Experimental verbal slip studies: A review and an editing model of language encoding. *Communication Monographs*, *50*,

79-101.

Moulin, C. J. A., Conway, M. A., Thompson, R. G., James, N., & Jones, R. W. (2005). Disordered memory awareness: Recollective confabulation in two cases of persistent déjá vecu. *Neuropsychologia*, *43*, 1362-1378.

Murphy, C. M. (1978). Pointing in the context of a shared activity. *Child Development*, *49*, 371-380.

Murray, W. S., & Forster, K. I. (2004). Serial mechanisms in lexical access: The rank hypothesis. *Psychological Review*, *111*, 721-756.

Naeser, M. A., Palumbo, C. L., Helm-Estabrooks, N., Stiassny-Eder, D., & Albert, M. L. (1989). Severe nonfluency in aphasia: Role of the medial subcallosal fasciculus and other white matter pathways in recovery of spontaneous speech. *Brain*, *112*, 1-38.

Nagy, W. E., & Anderson, R. C. (1984). How many words are there in printed school English? *Reading Research Quarterly*, *19*, 304-330.

Nakazima, S. (1975). Phonemicization and symbolization in language development. In E. H. Lenneberg & E. Lenneberg (Eds.), *Foundations of language development* (Vol. 1, pp. 181-187). New York: Academic Press.

Navarra, J., Sebastian-Galles, N., & Soto-Faraco, S. (2005). The perception of second language sounds in early bilinguals: New evidence from an implicit measure. *Journal of Experimental Psychology: Human Perception and Performance*, *31*, 912-918.

Nayak, N. P., & Gibbs, R. W. (1990). Conceptual knowledge in the interpretation of idioms. *Journal of Experimental Psychology: General*, *119*, 3 15-330.

Nazzi, T., Bertoncini, J., & Mehler, J. (1998). Language discrimination by newborns: Toward an understanding of the role of rhythm. *Journal of Experimental Psychology: Human Perception and Performance*, *24*, 756-766.

Nebes, R. D. (1972). Dominance of the minor hemisphere in commissurotomized man on a test of figural unification. *Brain*, *95*, 633-638.

Neely, J. H. (1977). Semantic priming and retrieval from lexical memory: Role of inhibitionless spreading activation and limited-capacity attention. *Journal of Experimental Psychology: General*, *106*, 226-254.

Neely, J. H. (1991). Semantic priming effects in visual word recognition: A selective review of current findings and theories. In D. Besner & G. Humphreys (Eds.), *Basic processes in reading: Visual word recognition* (pp. 264-336). Hillsdale, NJ: Erlbaum.

Neisser, U. (1964, June). Visual search. *Scientific American*, pp. 94-102.

Nelson, K. (1973). Structure and strategy in learning to talk. *Monographs of the Society for Research in Child Development*, *38* (1-2, Serial No. 149).

Nelson, K. (1975). The nominal shift in semantic syntactic development. *Cognitive Psychology*, *7*, 46 1-479.

Nelson,K. (1981). Individual differences in language development: Implications for development and language. *Developmental Psychology*, *17*, 170-187.

Nelson, K. (1988). Constraints on word learning? *Cognitive Development*, *3*, 22 1-246.

Nelson, K. E. (1976). Facilitating children's syntax acquisition. *Developmental Psychology*, *13*, 101-107.

Nelson, K. E., Carskaddon, G., & Bonvillian, J. D. (1973). Syntax acquisition: Impact of experimental variation in adult verbal interaction with the child. *Child Development*, *44*, 497-504.

Newkirk, D., Klima, E. S., Pedersen, C. C., & Bellugi, U. (1980). Linguistic evidence from slips of the hand. In V A. Fromkin (Ed.),

Errors in linguistic performance (pp. 165-197). New York: Academic Press.

Newmeyer, F. J. (1986). *Linguistic theory in America* (2nd ed.). Orlando, FL: Academic Press.

Newmeyer, F. J. (1991). Functional explanation in linguistics and the origins of language. *Language & Communication*, *11*, 3-28.

Newmeyer, F. J. (1998). On the supposed "counterfunctionality" of Universal Grammar: Some evolutionary implications. In J. R. Hurford, M. Studdertkennedy & C. Knight (Eds.), *Approaches to the evolution of language* (pp. 305-319). Cambridge, U. K.: Cambridge University Press.

Newport, E. L., & Ashbrook, E. F (1977). The emergence of semantic relations in ASL. *Papers and Reports on Child Language Development*, *13*, 16-21. Newport, E. L., Gleitman, H., & Gleitman, L. R. (1977). Mother, I'd rather do it myself Some effects and non-effects of maternal speech style. In C. E. Snow & C. A. Ferguson (Eds.), Talking to children: Language input and language acquisition (pp. 109-149). Cambridge, U. K.: Cambridge University Press.

Newport, E. L., & Meier, R. P. (1985). The acquisition of American Sign Language. In D. I. Slobin (Ed.), *The crosslinguistic study of language acquisition: Vol. 1. The data* (pp. 881-938). Hillsdale, NJ: Erlbaum. Newsweek. (1992, November 2). Perspectives, p. 43. Nielsen, J. M. (1958). *Memory and amnesia*. Los Angeles: San Lucas.

Ninio, A. (1980). Ostensive definition in vocabulary teaching. *Journal of Child Language*, *7*, 565-573.

Ninio, A., & Bruner, J. (1978). The achievement and antecedents of labelling. *Journal of Child Language*, *5*, 1-15.

Noble, C. E., & McNeely, D. A. (1957). The role of meaningfulness (in) in paired-associate learning. *Journal of Experimental Psychology*, *53*, 16-22.

Nooteboom, S. (1980). Speaking and unspeaking: Detection and correction of phonological and lexical errors in spontaneous speech. In V. A. Fromkin (Ed.), *Errors in linguistic performance*(pp. 87-95). New York: Academic Press.

Norman, D. A., Rumelhart, D. E., & the LNR Research Group. (1975). *Explorations in cognition*. San Francisco: W H. Freeman.

Nottebohm, F. (1970). Ontogeny of bird song. *Science*, *167*, 950-956.

Ojemann, G. A. (1983). Brain organization for language from the perspective of electrical stimulation mapping. *The Behavioral and Brain Sciences*, *2*, 189-230.

Oller, D. K. (1974). Simplification as the goal of phonological processes in child speech. *Language Learning*, *24*, 299-303.

Oller, D. K. (1980). The emergence of the sounds of speech in infancy. In G. H. Yeni-Komshian, J. F Kavanaugh, & C. A. Ferguson (Eds.), *Child phonology Vol. 1. Production* (pp. 93-112). New York: Academic Press.

Oller, D. K., & Eilers, R. E. (2002). Balancing interpretations regarding effects of bilingualism: Empirical outcomes and theoretical possibilities. In D. K. 011cr & R. E. Eilers (Eds.), *Language and literacy in bilingual children* (pp. 28 1-292). Clevedon, U. K.: Multilingual Matters.

Onifer, W, & Swinney, D. A. (1981). Accessing lexical ambiguities during sentence comprehension: Effects of frequency of meaning and contextual bias. *Memory & Cognition*, *9*, 225-236.

Orlansky, M. D., & Bonvillian, J. D. (1984). The role of iconicity in early sign language acquisition. *Journal of Speech and Hearing Disorders*, *49*, 287-292.

Ortony, A. (1975). Why metaphors are necessary and not just nice. *Educational Theory*, *25*, 45-53.

Ortony, A., Schallert, D. L., Reynolds, R. E., & Amos, S. J. (1978). Interpreting metaphors and idioms: Some effects of context on comprehension. *Journal of Verbal Learning and Verbal Behavior*, *17*, 465-477.

Osgood, C. E. (1971). Where do sentences come from? In D. D. Steinberg & L. A. Jakobovits (Eds.), *Semantics: An interdisciplinary reader in philosophy, linguistics and psychology* (pp. 497-529). Cambridge, U. K.: Cambridge University Press.

Osgood, C. E., & Bock, J. K. (1977). Salience and sentencing: Some production principles. In S. Rosenberg (Ed.), *Sentence production: Developments in research and theory* (pp. 89-140). Hillsdale, NJ: Erlbaum.

Osgood, C. E., & Sebeok, T. A. (Eds.). (1965). Psycholinguistics: *A survey of theory and research problems*. Bloomington: Indiana University Press. (Original work published 1954)

Osgood, C. E., Suci, G. I., & Tannenbaum, P H. (1957). *The measurement of meaning*. Urbana: University of Illinois Press.

Osherson, D. N.,& Markman, E. (1975). Language and the ability to evaluate contradictions and tautologies. *Cognition*, *3*, 213-226.

Osterhout, L., & Swinney, D. A. (1993). On the temporal course of gap-filling during comprehension of verbal passives. *Journal of Psycholinguistic Research*, *22*, 273-286.

O'Sullivan, C., & Yeager, C. P. (1989). Communicative context and linguistic competence: The effects of social setting on a chimpanzee's conversational skill. In R. A. Gardner, B. T. Gardner, & T E. Van Cantfort (Eds.), *Teaching sign language to chimpanzees* (pp. 269-279). Albany: State University of New York Press.

Palincsar, A. S., & Brown, A. L. (1984). Reciprocal teaching of comprehension-fostering and comprehension monitoring activities. *Cognition and Instruction*, *1*, 117-175.

Pardo, J. S., & Remez, R. E. (2006). The perception of speech. In M. J. Traxler & M. A. Gernsbacher (Eds.), *Handbook of psycholinguistics* (2nd ed). London, England: Elsevier.

Parsons, T. (1975). The sick role and the role of the physician reconsidered. *Milbank Memorial Fund Quarterly*, *53*, 257-278.

Pashler, H. (1992). Attentional limitations in doing two tasks at the same time. *Current Directions in Psychological Science*, *1*, 44-48.

Pavel, T. G. (1986). *Fictional words*. Cambridge, MA: Harvard University Press.

Peal, E., & Lambert, W. E. (1962). The relation of bilingualism to intelligence. *Psychological Monographs*, *76*(27, Whole No. 546).

Pearson, B. Z., & Fernández, S. C. (1994). Patterns of interaction in the lexical growth in two languages of bilingual infants and toddlers. *Language Learning*, *44*, 617-653.

Pearson, B. Z., Fernández, S. C., Lewedeg, V, & Oller, D. K. (1997). The relation of input factors to lexical learning in bilingual infants. *Applied Psycholinguistics*, *18*, 41-58.

Pearson, B. Z., Fernández, S. C., & Oller, D. K. (1993). Lexical development in bilingual infants and toddlers: Comparison to monolingual norms. *Language Learning*, *43*, 93-120.

Pederson, E., Danziger, E., Wilkins, D., Levinson, S., Kita, S., & Senft, G. (1998). Semantic typology and spatial conceptualization. *Language*, *74*, 557-589.

Peña, M., Bonatti, L. L., Nespor, M., & Mehler, J. (2002). Signal-driven computations in speech processing. *Science*, *298*, 604-607.

Perner, J., & Ruffman, T. (1995). Episodic memory and autonoetic consciousness: Developmental evidence and a theory of childhood amnesia. *Journal of Experimental Child Psychology*, *59*, 5 16-548.

Perrig, W., & Kintsch, W. (1985). Propositional and situational representations of text. *Journal of Memory and Language*, *24*, 503-5 18.

Peters, A. M. (1977). Language learning strategies: Does the whole equal the sum of the parts? *Language*, *53*, 560-573.

Petersen, M. R., Beecher, M. D., Zoloth, S. R., Moody, D. B., & Stebbins, W. C. (1978). Neural lateralization of species-specific vocalizations by Japanese macaques (Macaca fuscata). *Science*, *202*, 324-327.

Peterson, C. (1993). Identifying referents and linking sentences cohesively in narration. *Discourse Processes*, *16*, 507-524.

Peterson, C., Grant, V. V, & Boland, L. D. (2005). Childhood amnesia in children and adolescents: Their earliest memories. *Memory*, *13*, 622-637.

Peterson, C., & Dodsworth, P. (1991). A longitudinal analysis of young children's cohesion and noun specification in narratives. *Journal of Child Language*, *18*, 397-415.

Peterson, C., & McCabe, A. (1983). *Developmental psyThree ways of looking at a child's narrative*. New York: Plenum.

Petitto, L. A. (1988). "Language" in the prelinguistic child. In F. S. Kessel (Ed.), *The development of language and language researchers: Essays in honor of Roger Brown* (pp. 187-221). Hillsdale, NJ: Erlbaum.

Pettito, L. A. (1993). The ontogenetic requirements for early language acquisition. In B. de Boysson Bardies, S. de Schonen, P. Jusczyk, P. MacNeilage, & J. Morton (Eds.). *Developmental neurocognition: Speech and face processing in the first year of life* (pp. 365-383). Dordrecht, the Netherlands: Kluwer Academic.

Petitto, L. A., Holowka, S., Serigo, L. E., Levy, B., & Ostry, D. J. (2004). Baby hands that move to the rhythm of language: Hearing babies acquiring sign languages babble silently on the hands. *Cognition*, *93*, 43-73.

Petitto, L. A., Katerelos, M., Levy, B. C., Gauna, K., Tétrault, K., & Ferraro, V. (2001). Bilingual signed and spoken language acquisition from birth: Implications for the mechanisms underlying bilingual language acquisition. *Journal of Child Language*, *28*, 453-496.

Petitto, L. A., & Marentette, P. F. (1991). Babbling in the manual mode: Evidence for the ontogeny of language. *Science*, *251*, 1493-1496.

Petitto, L. A., Zatorre, R. J., Gauna, K., Nikelski, E. J., Dostie, D., & Evans, A. C. (2000). Speech-like cerebral activity in profoundly deaf people processing signed languages: Implications for the neural basis of human language. *Proceedings of the National Academy of Sciences*, *97*, 13961-13966.

Piaget, J. (1952). *The origins of intelligence in children* (M. Cook, Trans.). New York: International Universities Press.

Piaget, J. (1962). *Play, dreams, and imitation in childhood* (C. Gattegno & F. M. Hodgson, Trans.). New York: Norton.

Piaget, J., & Inhelder, B. (1967). *The child's conception of space* (F J. Langdon & J. L. Lunzer, Trans.). New York: Norton. (Original work published 1948)

Piaget, J., & Inhelder, B. (1973). *Memory and intelligence*. New York: Basic Books.

Pichert, J. W, & Anderson, R. C. (1977). Taking different perspectives on a story. *Journal of Educational Psychohgy*, *69*, 309-315.

Pinker, S. (1981). On the acquisition of grammatical morphemes. *Journal of Child Language*, *8*, 477-484.

Pinker, S. (1984). *Languaige learnability and language development*. Cambridge, MA: Harvard UniversityPress.

Pinker, S. (1987). The bootstrapping problem in language acquisition. In B. MacWhinney (Ed.), *Mechanisms of language acquisition* (pp. 399-441). Hillsdale, NJ: Erlbaum.

Pinker, S. (1990). Language acquisition. In D. N. Osherson & H. Lasnik (Eds.), *An invitation to cognitive science: Vol. 1. Language* (pp. 199-241). Cambridge, MA: MIT Press.

Pinker, S. (1994). *The language instinct: How the mind creates language*. New York: HarperPerennial.

Pinker, S. (1999). *Words and rules: The ingredients of language*. New York: Basic Books.

Pinker, S., & Bloom, P. (1990). Natural language and natural selection. *Behavioral and Brain Sciences, 13*, 707-784.

Pinker, S., & Jackendoff, R. (2005). The faculty of language: What's special about it? *Cognition, 95*, 201-236.

Pinker, S., & Prince, A. (1988). On language and connectionisrn: Analysis of a parallel distributed processing model of language acquisition. In S. Pinker & J. Mehler (Eds.), *Connections and symbols* (pp. 73-1 93). Cambridge, MA: MIT Press.

Pisoni, D. B. (1973). Auditory and phonetic memory codes in the discrimination of consonants and vowels. *Perception & Psychophysics, 13*, 253-260.

Pizzuto, E., & Volterra, V. (2000). Iconicity and transparency in sign languages: A cross-linguistic cross- cultural view In K. Emmorey & H. Lane (Eds.), *The signs of language revisited* (pp. 26 1-286). Mahwah, NJ: Erlbaum.

Planalp, S. (1993). Friends' and acquaintances' conversationg II: Coded differences. *Journal of Social and Personal Relationships, 10*, 339-354.

Plomin, R., & Dale, P. (2000). Genetics and early language development: A UK study of twins. In D. V M. Bishop & L. B. Leonard (Eds.), *Speech and language impairments in children: Causes, characteristics, intervention, and outcome* (pp. 35-51). Hove, U. K.: Psychology Press.

Plunkett, K., & Stromqvist, S. (1992). The acquisition of Scandinavian. In D. I. Slobin (Ed.), *The crosslinguistic study of language acquisition* (Vol. 3, pp. 457-556). Hillsdale, NJ: Erlbaum.

Poizner, H., Klima, E. S., & Bellugi, U. (1987). *What the hands reveal about the brain*. Cambridge, MA: MIT Press.

Polanyi, L. (1989). *Telling the American story: A structural and cultural analysis of conversational storytelling*. Cambridge , MA: MIT Press.

Pollack, I., & Pickett, J. M. (1964). Intelligibility of excerpts from fluent speech: Auditory vs. structural context. *Journal of Verbal Learning and Verbal Behavior, 3*, 79-84.

Pollatsek, A., Bolozky, S., Well, A. D., & Rayner, K. (1981). Asymmetries in the perceptual span for Israeli readers. *Brain and Language, 14*, 174-180.

Pollio, H. (1974). *The psychology of symbolic activity*. Reading, MA: Addison-Wesley.

Polio, H., Barlow, J., Fine, H., & Pollio, M. (1977). *Psychology the poetics of growth: Figurative language in psychology psychotherapy and education*. Hillsdale, NJ: Erlbaum.

Posner, M. I., & Raichle, M. E. (1994). *Images of mind*. New York: Scientific American.

Posner, M. I., & Snyder, C. R. R. (1975). Facilitation and inhibition in the processing of signals. In P. M. A. Rabbitt & S. Dornic (Eds.), *Attention and performance V* (pp. 669-682). New York: Academic Press.

Potter, J. M. (1980). What was the matter with Dr. Spooner? In V A. Fromkin (Ed.), *Errors in linguistic performance* (pp. 13-34). New York: Academic Press.

Power, C. (1998). Old wives' tales: The gossip

hypothesis and the reliability of cheap signals. InJ. R. Hurford, M. Studdert-Kennedy, & C. Knight (Eds.), *Approaches to the evolution of language* (pp. 111-129). Cambridge, U. K.: Cambridge University Press.

Prather, P, Zurif, E., Stern, C., & Rosen, T. J. (1992). Slowed lexical access in nonfluent aphasia: A case study. *Brain and Language*, *43*, 336-348.

Pratt, M. W., & MacKenzie-Keating, 5. (1985). Organizing stories: Effects of development and task difficulty on referential cohesion in narrative. *Developmental Psychology*, *21*, 350-356.

Pratt, M. W., Scribner, S., & Cole, M. (1977). Children as teachers: Developmental studies of instructional communication. *Child Development*, *48*, 1475-1481.

Premack, D. (1971). Language in chimpanzee? *Science*, *172*, 808-822.

Premack, D. (1986). *Gavagail*. Cambridge, MA: MIT Press.

Prinz, P M., & Prinz, E. A. (1979). Simultaneous acquisition of ASL and spoken English (In a hearing child of a deaf mother and hearing father): Phase 1. Early lexical development. *Sign Language Studies*, *25*, 283-296.

Pullum, G. K. (1991). *The great Eskimo vocabulary hoax and other irreverent essays on the study of language*. Chicago: University of ChicagoPress.

Pylyshyn, Z. W. (1972). Competence and psychological reality. *American Psychologist*, *27*, 546-552.

Pylyshyn, Z. W. (1973). The role of competence theories in cognitive psychology. *Journal of Psycholinguistic Research*, *2*, 21-50.

Quigley, S. P, & King, C. M. (1982). The language development of deaf children and youth. In S. Rosenberg (Ed.), *Handbook of applied psycholinguistics* (pp. 429-475). Hillsdale, NJ: Erlbaum.

Quine, W. V. O. (1960). *Word and object*. Cambridge, MA: MIT Press.

Ragan, S. L., Beck, C. S., & White, M. D. (1995). Educating the patient: Interactive learning in an OB-GYN context. In G. H. Morris & R. J. Chenail (Eds.), *The talk of the clinic: Explorations in the analysis of medical and therapeutic discourse* (pp. 185-207). Hillsdale, NJ: Erlbaum.

Rapp, D. N., & Gerrig, R. J. (2006). Predilections for narrative outcomes: The impact of story contexts and reader preferences. *Journal of Memory and Language*, *54*, 54-67.

Ratliff, D. A., & Morris, G. H. (1995). Telling how to say it: A way of giving suggestions in family therapy supervision. In G. H. Morris & R. J. Chenail (Eds.), *The talk of the clinic: Explorations in the analysis of medical and therapeutic discourse* (pp. 131-147). Hillsdale, NJ: Erlbaum.

Ratliff, E. (2006, July 2). Déjá vu, again and again. *New York Times Magazine*.

Rauscher, F. H., Krauss, R. M., & Chen, Y (1996). Gesture, speech, and lexical access: The role of lexical movements in speech production. *Psychological Science*, *7*, 226-231.

Rayner, K. (1975). The perceptual span and peripheral cues in reading. *Cognitive Psychology*, *7*, 65-81.

Rayner, K. (1978). Eye movements in reading and information processing. *Psychological Bulletin*, *85*, 618-660.

Rayner, K. (1998). Eye movements in reading and information processing: 20 years of research. *Psychological Bulletin*, *124*, 372-422.

Rayner, K., Carlson, M., & Frazier, L. (1983). The interaction of syntax and semantics during sentence processing: Eye movements in the analysis of semantically biased sentences. *Journal of Verbal Learning and Verbal Behavior*, *22*, 358-374.

Rayner, K., & Duffy, S. A. (1986). Lexical complexity and fixation times in reading: Effects of word frequency, verb complexity, and lexical ambiguity. *Memory & Cognition*, *14*, 191-201.

Rayner, K., Foorman, B. R., Perfetti, C. A., Pesetsky, D., & Seidenberg, M. S. (2001). How psychological science informs the teaching of reading. *Psychological Science in the Public Interest*, *2*, 3 1-74.

Rayner, K., & Frazier, L. (1989). Selection mechanisms in reading lexically ambiguous words. *Journal of Experimental Psychology: Learning, Memory and Cognition*, *15*, 779-790.

Reber, A. S. (1987). The rise and (surprisingly rapid) fall of psycholinguistics. *Synthese*, *72*, 325-339.

Reder, L. M., & Anderson, J. R. (1980). A comparison of texts and their summaries: Memorial consequences. *Journal of Verbal Learning and Verbal Behavior*, *19*, 121-134.

Redlinger, W. E., & Park, T. Z. (1980). Language mixing in young bilinguals. *Journal of Child Language*, *3*, 449-455.

Reich, P. A. (1986). *Language development*. Englewood Cliffs, NJ: Prentice Hall.

Reicher, G. M. (1969). Perceptual recognition as a function of meaningfulness of stimulus material. *Journal of Experimental Psychology*, *81*, 275-280.

Reisberg, D. (2006). *Cognition: Exploring the science of the mind* (3rd ed). New York: Norton.

Rescorla, L. A. (1980). Overextension in early language development. *Journal of Child Language*, *7*, 32 1-335.

Ricciardelli, L. A. (1992). Bilingualism and cognitive development in relation to threshold theory. *Journal of Psycholinguistic Research*, *21*, 301-316.

Rinck, M., & Bower, G. H. (1995). Anaphora resolution and the focus of attention in situation models. *Journal of Memory and Language*, *34*, 110-131.

Roberson, D., Davidoff J., Davies, I. R. L., & Shapiro, L. R. (2005). Color categories: Evidence for the cultural relativity hypothesis. *Cognitive Psychology*, *50*, 378-411.

Roberson, D., Davies, I. R. L., & Davidoff, J. (2000). Colour categories are not universal: Replications and new evidence from a Stone-Age culture. *Journal of Experimental Psychology: General*, *129*, 369-398.

Roberts, S. J. (1998). The role of diffusion in the genesis of Hawaiian creole. *Language*, *74*, 1-39.

Rochat, P, Querido, J. G., & Striano, T. (1999). Emerging sensitivity to the timing and structure of protoconversation in early infancy. *Developmental Psychology*, *35*, 950-957.

Rochester, S., & Martin,J. R. (1979). *Crazy talk: A study in the discourse of schizophrenic speakers*. New York: Plenum.

Rodgon, M. M. (1976). *Single-word usage, cognitive development, and the beginnings of combinatorial speech*. Cambridge, U. K.: Cambridge University Press.

Rogers, T. B., Kuipers, N. A., & Kirker, W. S. (1977). Self-reference and the encoding of personal information. *Journal of Personality and Social Psychology*, *35*, 677-688.

Rondal, J. A. (1993). Exceptional cases of language development in mental retardation: The relative autonomy of language as a cognitive system. In H. Tager-Flusberg (Ed.), *Constraints on language acquisition: Studies of atypical children* (pp. 155-174). Hillsdale, NJ: Erlbaum.

Rosch, E., Mervis, C. B., Cray, W. D., Johnson, D. M., & Boyes-Braem, P. (1976). Basic objects in natural categories. *Cognitive Psychology*, *8*, 382-439.

Rosch, E. H. (1973). On the internal structure of

perceptual and semantic categories. In T. E. Moore (Ed.), *Cognitive development and the acquisition of language* (pp. 111-144). New York: Academic Press.

Rosenberg, S. (1982). The language of the mentally retarded: Development, processes, and intervention. In S. Rosenberg (Ed.), *Handbook of applied psycholinguistics* (pp. 329-392). Hillsdale, NJ: Erlbaum.

Rosenblum, T., & Pinker, S. A. (1983). Word magic revisited: Monolingual and bilingual children's understanding of the word-object relationship. *Child Development*, *54*, 773-780.

Rozin, P., Bressman, B., & Taft, M. (1974). Do children understand the basic relationship between speech and writing? The mow-motorcycle test. *Journal of Reading Behavior*, *6*, 327-334.

Rozin, P, & Cleitman, L. R. (1977). The structure and acquisition of reading II: The reading process and the acquisition of the alphabetic principle. In A. S. Reber & D. L. Scarborough (Eds.), *Toward a psychology of reading: The proceedings of the CUNY confernce* (pp. 55-141). Hillsdale, NJ: Erlbaum.

Rubenstein, H., Garfield, L., & Milliken, J. A. (1970). Homographic entries in the internal lexicon. *Journal of Verbal Learning and Verbal Behavior*, *9*, 487-494.

Rubin, G. S., Becker, C. A., & Freeman, R. H. (1979). Morphological structure and its effect on visual word recognition. *Journal of Verbal Learning and Verbal Behavior*, *18*, 757-767.

Rumbaugh, D. M. (Ed.). (1977). *Language learning by a chimpanzee: The Lana project*. New York: Academic Press.

Rumelhart, D. E. (1970). A multicomponent theory of the perception of briefly exposed visual displays. *Journal of Mathematical Psychology*, *7*, 191-218.

Rumelhart, D. E. (1975). Notes on a schema for stories. In D. G. Bobrow & A. M. Collins (Eds.), *Representation and understanding* (pp. 211-236). New York: Academic Press.

Rumelhart, D. E. (1977). Understanding and summarizing brief stories. In D. LaBerge & S. J. Samuels (Eds.), *Basic processes in reading: Perception and comprehension* (pp. 265-303). Hillsdale, NJ: Erlbaum.

Rumelhart, D. E., & McClelland, J. L. (1986). On learning the past tenses of English verbs. In J. L. McClelland, D. E. Rumelhart, & the PDP Research Group (Eds.), *Parallel distributed processing: Vol. 2. Psychological and biological models* (pp. 216-271). Cambridge, MA: MIT Press. .

Rumelhart, D. E., McClelland, J. L., & the PDP Research Group. (1986). Parallel distributed processing: Explorations in the microstructure of cognition: *Vol. 1. Foundations*. Cambridge, MA: MIT Press.

Russell, B. (1948). *Human knowledge: Its scope and limits*. New York: Simon & Schuster.

Rymer, R. (1993). *Genie: An abused child's flight from silence*. New York: HarperCollins.

Sachs, J. (1976). The development of speech. In E. C. Carterette & M. P Friedman (Eds.), *Handbook of perception: Vol. 7. Language and speech* (pp. 145-172). New York: Academic Press.

Sachs, J. (1997). Communication development in infancy. In J. B. Gleason (Ed.), *The development of language* (4th ed., pp. 40-68). Boston: Allyn & Bacon.

Sachs, J. S. (1967). Recognition memory for syntactic and semantic aspects of connected discourse. *Perception& Psychophysics*, *2*, 437-442.

Sachs, J. S. (1974). Memory in reading and listening to discourse. *Memory & Cognition*, *2*, 95-100.

Sacks, H. (1974). An analysis of the course of a joke's telling in conversation. In R. Bauman

& J. Sherzer (Eds.), *Explorations in the ethnography of speaking* (pp. 337-353). Cambridge, U. K.: Cambridge University Press.

Sacks, H., Schegloff, E. A., & Jefferson, G. (1974). A simplest systematics for the organization of turn-taking in conversation. *Language*, *50*, 696-735.

Saffran, J. R. (2002). Constraints on statistical language learning. *Journal of Memory and Language*, *47*, 172-196.

Saffran, J. R., Aslin, R. N., & Newport, E. L. (1996). Statistical learning by 8-month-old infants. *Science*, *274*, 1926-1928.

Samuel, A. G. (1981). Phonemic restoration: Insights from a new methodology. *Journal of Experimental Psychology: General*, *110*, 474-494.

Sapir, E. (1921). *Language: An introduction to the study of speech*. New York: Harcourt, Brace.

Savage-Rumbaugh, E. S., McDonald, K., Sevcik, R. A., Hopkins, W. D., & Rubert, E. (1986). Spontaneous symbol acquisition and communicative use by pygmy chimpanzees (*Pan paniscus*). *Journal of Experimental Psychology: General*, *115*, 211-235.

Savage-Rumbaugh, S., Shanker, S. G., & Taylor, T. J. (1998). *Apes, language, and the human mind*. New York: Oxford University Press.

Schacter, D. L., Curran, T., Galluccio, L., Milberg, W. P, & Bates, J. F. (1996). False recognition and the right frontal lobe: A case study. *Neuropsychologia*, *34*, 793-808.

Schacter, S., Christenfeld, N., Ravina, B., & Bilous, F. (1991). Speech disfluency and the structure of knowledge. *Journal of Personality and Social Psychology*, *60*, 362-367.

Schacter, S., Rauscher, F., Christenfeld, N., & Crone, K. T. (1994). The vocabularies of academia. *Psychological Science*, *5*, 37-41

Schaller, S. (1991). *A man without words*. London: Ebury.

Schank, R. C. (1977). Rules and topics in conversation. *Cognitive Science*, *1*, 421-441.

Schegloff E. A. (1972). Sequencing in conversational openings. In J. J. Gumperz & D. Hymes (Eds.), *Directions in sociolinguistics: The ethnography of comwunication* (pp. 346-380). New York: Holt, Rinehart & Winston.

Schegloff, E. A., & Sacks, H. (1973). Opening up closings. *Semiotica*, *7*, 289-327.

Schober, M. F, & Brennan, S. E. (2003). Processes of interactive spoken discourse: The role of the partner. In A. C. Graesser, M. A. Gernsbacher, & S. R. Goldman (Eds.), *Handbook of discourse processes* (pp. 123-164). Mahwah, NJ: Erlbaum.

Schwanenflugel, P J., Blount,B. G., & Lin, P-J. (1991). Cross-cultural aspects of word meanings. In P J. Schwanenflugel (Ed.), *The psychology of word meanings* (pp. 71-90). Hillsdale, NJ: Erlbaum.

Searle, J. R. (1969). *Speech acts: An essay in the philosophy of language*. Cambridge, U. K.: Cambridge Univer Press.

Searle, J. R. (1975). Indirect speech acts. In P Cole & J. L. Morgan (Eds.), *Syntax and semantics: Vol. 3. Speech acts* (pp. 59-82). New York: Seminar.

Seidenberg, M. S. (2005). Connectionist models of word naming. Current *Directions in Psychological Science*, *14*, 238-242.

Seidenberg, M. S., Elman, J. L., Negishi, M., Eimas, P. D., & Marcus, G. F (1999). Do infants learn grammar with algebra or statistics? *Science*, *284*, 434-437.

Seidenberg, M. S., MacDonald, M. C., & Sal-Fran, J. R. (2002). Does grammar start where statistics stop? *Science*, *298*, 553-554.

Seidenberg, M. S., & McClelland, J. L. (1989). A distributed, developmental model of word recognition and naming. *Psychological Review*, *96*, 523-568.

Seidenberg, M. S., & Petitto,L. A. (1979). Signing behavior in apes: A critical review. *Cognition*, *7*,177-215.

Seidenberg, M. S., Tanenhaus, M. K., Leiman, J. M., & Bienkowski, M. (1982). Automatic access of the meanings of ambiguous words in context: Some limitations of knowledge based processing. *Cognitive. Psychology*, *14*, 489-537.

Selinker, L., Swain, M., & Dumas, E. (1975). The interlanguage hypothesis extended to children. *Language Learning*, *25*, 139-152.

Sera, M. D., Berge, C. A. H., & del Castillo Pintado, J. (1994). Grammatical and conceptual forces in the attribution of gender by English and Spanish speakers. *Cognitive Development*, *9*, 26 1-292.

Sera, M. D., Elieff, C., Forbes, J., Burch, M. C., Rodriguez, W, & Dubois, D. P (2002). When language affects cognition and when it does not: An analysis of grammatical gender and classification. *Journal of Experimental Psychology: General*, *131*, 377-397.

Seyfarth, R. M., & Cheney, D. L. (2003). Signalers and receivers in animal communication. *Annual Review of Psychology*, *54*, 145-173.

Shankweiler, D., & Studdert-Kennedy, M. (1967). Identification of consonants and vowels presented to left and right ears. *Quarterly Journal of Experimental Psychology*, *19*, 59-63.

Shattuck-Hufnagel, S. (1979). Speech errors as evidence for a serial-ordering mechanism in sentence production. In W E. Cooper & E. C. T. Walker (Eds.), *Sentence processing: Psycholinguistic studies presented to Merrill Garrett* (pp. 295-342). Hillsdale, NJ: Erlbaum.

Shattuck-Hufnagel, S., & Klatt, D. H. (1979). The limited use of distinctive features and markedness in speech production: Evidence from speech error data. *Journal of Verbal Learning and Verbal Behavior*, *18*, 41-55.

Shatz, M. (1978). On the development of communicative understandings: An early strategy for interpreting and responding to messages. *Cognitive Psychology*, *10*, 271-301.

Shatz, M., & Gelman, R. (1973). The development of communication skills: Modifications in the speech of young children as a function of listener. *Monographs of the Society for Research in Child Development*, *38*(5, Serial No. 152).

Shibatani, M. (1987). Japanese. In B. Comrie (Ed.), *The world's major languages* (pp. 855-880). New York: Oxford University Press.

Shields, J. L., McHugh, A., & Martin, J. G. (1974). Reaction time to phoneme targets as a function of rhythmic cues in continuous speech. *Journal of Experimental Psychology*, *102*, 250-255.

Shiffrin, R. W, & Schneider, W. (1977). Controlled and automatic human information processing: II. Perce ptual learning, automatic attending, and a general theory. *Psychological Review*, *84*, 127-190.

Shipley, E. F, Smith, C. S., & Gleitman, L. R. (1969). A study in the acquisition of language: Free responses to commands. *Language*, *45*, 322-342.

Simkins-Bullock, J. A., & Wildman, B. G. (1991). An investigation into the relationships between gender and language. *Sex Roles*, *24*, 149-160.

Simpson, G. B. (1994). Context and the processing of ambiguous words. In M. A. Gernsbacher (Ed.), *Handbook of psycholinguistics* (pp. 359-374). San Diego, CA: Academic Press.

Simpson, G. B., & Krueger, M. A. (1991). Selective access of homograph meanings in sentence context. *Journal of Memory and Language*, *30*, 627-643.

Sinclair, A. (1982). Some recent trends in the

study of language development. *International Journal of Behavioral Development*, *5*, 413-431.

Singer, M. (1990). *Psychology of language: An introduction to sentence and discourse processes*. Hillsdale, NJ: Erlbaum.

Singer, M., Andrusiak, P., Reisdorf P, & Black, N. L. (1992). Individual differences in bridging inference processes. *Memory & Cognition*, *20*, 539-548.

Skinner, B. F (1957). *Verbal behavior*. New York: Appleton-Century-Crofts.

Skutnabb-Kangas, T. (1981). *Bilingualism or not*. (L. Malmberg & D. Crane, Trans.). Clevedon and Adon, U. K.: Multilingual Matters.

Slobin, D. I. (1970). Universals of grammatical development in children. In G. B. Flores D'Arcais & W. J. M. Levelt (Eds.), *Advances in psycholinguistics* (pp. 174-186). Amsterdam: North-Holland.

Slobin, D. I. (1971). *Psycholinguistics*. Glenview IL: Scott, Foresman.

Slobin, D. I. (1973). Cognitive prerequisites for the development of grammar. In C. A. Ferguson & D. I. Slobin (Eds.), *Studies of child language development* (pp. 175-208). New York: Holt, Rinehart & Winston.

Slobin, D. I. (1982). Universal and particular in the acquisition of language. In E. Wanner & L. R. Gleitman (Eds.), *Language acquisition: The state of the art* (pp. 128-170). Cambridge, U. K.: Cambridge University Press.

Slobin, D. I. (1985a). Crosslinguistic evidence for the language-making capacity. In D. 1. Slobin (Ed.), *The crosslinguistic study of language acquisition: Vol. 2. Theoretical issues* (pp. 1157-1256). Hillsdale, NJ: Erlbaum.

Slobin, D. I. (Ed.). (1985b). *The crosslinguistic study of language acquisition: Vol. 1. The data*. Hillsdale, NJ: Erlbaum.

Slobin, D. I. (1985c). Introduction: Why study acquisition crosslinguistically? In D. I. Slobin (Ed.), *The crosslinguistic study of language acquisition: Vol. 1. The data* (pp. 3-24). Hillsdale, NJ: Erlbaum.

Slobin, D. I. (Ed.). (1992). *The crosslinguistic study of language acquisition: Vol. 3*. Hillsdale, NJ: Erlbaum.

Slobin, D. I. (Ed.). (1997a). *The crosslinguistic study of language acquisition: Vol. 4*. Mahwah, NJ: Erlbaum.

Slobin, D. I. (Ed.). (1997b). *The crosslinguistic study of language acquisition: Vol. 5*. Mahwah, NJ: Erlbaum.

Smith, C. L., & Tager-Flusberg, H. (1982). Metalinaguistic wareness and language development. *Journal of Experimental Child Psychology*, *34*, 449-468.

Smith, E. E. (1978). Theories of semantic memory. In W. K. Estes (Ed.), *Handbook of learning and cognitive processes: Vol. 6. Linguistic functions in cognitive theory* (pp. 1-56). Hillsdale, NJ: Erlbaum.

Smith, E. E., Shoben, E. J., & Rips, L. J. (1974). Structure and process in semantic memory: A featural model for semantic decisions. *Psychological Review*, *81*, 214-241.

Smith, L. B. (2001). How domain-general processes may create domain-specific biases. In M. Bowerman & S. C. Levinson (Eds.), *Language acquisition and conceptual development* (pp. 101-131). Cambridge, U. K.: Cambridge University Press.

Smith, N. V. (1973). *The acquisition of phonology: A case study*. Cambridge, U. K.: Cambridge University Press.

Smoczytsska, M. (1985). The acquisition of Polish. In D. I. Slobin (Ed.), *The crosslinguistic study of language acquisition: Vol. 1. The data* (pp. 595-686). Hillsdale, NJ: Erlbaum.

Snodgrass, J. G., &Jarvella, R. J. (1972). Some linguistic determinants of word classification times. *Psychonomic Science*, *27*, 220-222.

Snow, C. E. (1977). The development of conversation between mothers and babies. *Journal of Child Language*, *4*, 1-22.

Snow, C. E. (1979). The role of social interaction in language acquisition. In W. A. Collins (Ed.), *Minnesota symposium on child psychology* (Vol. 12, pp. 157-182). Hillsdale, NJ: Erlbaum.

Snow, C. E. (1998). Bilingualism and second language acquisition. In J. Berko Gleason & N. Bernstein Ratner (Eds.), *Psycholinguistics* (2nd ed., pp. 453-481). Fort Worth, TX: Harcourt.

Snow, C. E., Barnes, W. S., Chandler, J., Goodman, I. F, & Hemphill, L. (1991). *Unfulfilled expectations: Home and school influences on literacy*. Cambridge, MA: Harvard University Press.

Snow, C. E., & Hoefnagel-Hohle, M. (1978). The critical period for language acquisition. *Child Development*, *4*, 1114-1128.

Soja, N. N., Carey, S., & Spelke, E. S. (1991). Onto-logical categories guide young children's inductions of word meaning: Object terms and substance terms. *Cognition*, *38*, 179-211.

Sperling, G. (1960). The information available in brief visual presentations. *Psychological Monographs*, *74* (11, Whole No. 48).

Sperry, R. W. (1968). Hemisphere deconnection and unity in conscious awareness. *American Psychologist*, *23*, 723-733.

Springer, S. P, & Deutsch, G. (1998). *Left brain, right brain: Perspectives from cognitive neuroscience* (5th ed). New York: Freeman.

Spyridakis, J. H., & Standal, T. C. (1987). Signals in expository prose: Effects on reading comprehension. *Reading Research Quarterly*, *22*, 285-298.

Sridhar, S. N. (1989). Cognitive structures in language production: A crosslinguistic study. In B. Macwhinney & E. Bates (Eds.), *The crosslinguistic study of sentence processing* (pp. 209-224). Cambridge, U. K.: Cambridge University Press.

Stanovich, K. E. (1980). Toward an interactive compensatory model of individual differences in the development of reading fluency. *Reading Research Quarterly*, *16*, 32-71.

Stanovich, K. E., Cunningham, A. E., & Cramer, B. B. (1984). Assessing phonological awareness in kindergarten children: Issues of task comparability. *Journal of Experimental Child Psychology*, *38*, 175-190.

Stanovich, K. E., & West, R. F. (1989). Exposure to print and orthographic processing. *Reading Research Quarterly*, *24*, 402-433.

Stark, R. E. (1980). Stages of speech development in the first year of life. In G. H. Yeni-Komshian, J. F Kavanaugh, & C. A. Ferguson (Eds.), *Child phonology Vol. 1. Production* (pp. 73-92). New York: Academic Press.

Stark, R. E., Bleile, K., Brandt, J., Freeman, J., & Vining, E. P. G. (1995). Speech-language outcomes of hemispherectomy in children and young adults. *Brain and Language*, *51*, 406-42 1.

Stein, N. L., & Glenn, C. G. (1979). An analysis of story comprehension in elementary school children. In R. O. Freedle (Ed.), *New directions in discourse processing* (pp. 53-120). Norwood, NJ: Ablex.

Stemberger, J. P. (1985). An interactive activation model of language production. In A. W. Ellis (Ed.), *Progress in the psychology of language* (Vol. 1, pp. 143-186). Hillsdale, NJ: Erlbaum.

Stevenson, H. W, Lee, S-Y, & Stigler, J. W. (1986). Mathematics achievement of Chinese, Japanese, and American children. *Science*, *231*, 693-699.

Stillings, N. A., Weisler, S. E., Chase, C. H., Feinstein, M. H., Garfield, J. L., & Rissland, F. L. (1995). *Cognitive science: An introduc-*

tion (2nd ed.). Cambridge, MA: MIT Press.

Stokoe, W. C., Casterline, D. C., & Croneberg, C. G. (1976). *A dictionary of American Sign Language on linguistic principles*. Silver Spring, MD: Linstok.

Streeter, L. A. (1976). Language perception of two-month-old infants shows effects of both innate mechanisms and experience. *Nature*, *259*, 39-41.

Stromswold, K. (2001). The heritability of language: A review and metaanalysis of twin, adoption, and linkage studies. *Language*, *77*, 647-723.

Stromswold, K. (2005). Genetic specificity of linguistic heritability. In A. Cutler (Ed.), *Twenty-first century psycholinguistics: Four cornerstones* (pp. 121-140). Mahwah, NJ: Erlbaum.

Studdert-Kennedy, M. (1974). The perception of speech. In T. A. Sebeok (Ed.), *Current trends in linguistics* (Vol. 12, pp. 2349-2385). The Hague: Mouton.

Studdert-Kennedy, M. (1975). The nature and function of phonetic categories. In F Restle, R. M. Shiffrin, J. Castellan, & D. B. Pisoni (Eds.), *Cognitive theory* (Vol. 1, pp. 5-22). Potomac, MD: Erlbaum.

Studdert-Kennedy, M. (1976). Speech perception. In N. J. Lass (Ed.), *Contemporary issues in experimental phonetics* (pp. 243-293). New York: Academic Press.

Sulin, R. A., & Dooling, D. J. (1974). Intrusion of a thematic idea in retention of prose. *Journal of Experimental Psychology*, *103*, 255-262.

Sussman, H. M., & MacNeilage, P. F. (1975). Hemispheric specialization for speech production and perception in stutterers. *Neuropsychologia*, *13*, 19-26.

Sussman, H. M., & Westbury,J. R. (1981). The effects of antagonistic gestures on temporal and amplitude parameters of anticipatory labial coarticulation. *Journal of Speech and Hearing Research*, *24*, 16-24.

Sutton-Smith, B. (1981). *The folkstories of children*. Philadelphia : University of Philadelphia Press.

Swinney, D. A. (1979). Lexical access during sentence comprehension: (Re)consideration of context effects. *Journal of Verbal Learning and Verbal Behavior*, *18*, 645-659.

Symons, C. S., &Johnson, B. T. (1997). The self-reference effect in memory: A meta-analysis. *Psychological Bulletin*, *121*, 371-394.

Tabossi, P (1988). Accessing lexical ambiguity in different types of sentential contexts. *Journal of Memory and Language*, *27*, 324-340.

Taft, M. (1981). Prefix stripping revisited. *Journal of Verbal Learning and Verbal Behavior*, *20*, 289-297.

Taft, M., & Forster, K. I. (1975). Lexical storage and retrieval of prefixed words. *Journal of Verbal Learning and Verbal Behavior*, *14*, 638-647.

Tager-Flusberg, H. (1993). Putting words together: Morphology and syntax in the preschool years. In J. B. Gleason (Ed.), *The development of language* (3rd ed., pp. 15 1-193). New York: Macmillan.

Tallal, P. (1988). Developmental language disorders. In J. F. Kavanagh & T. J. Truss, Jr. (Eds.), *Learning disabilities: Proceedings of the National Conference* (pp. 181-272). Parkton, MD: York.

Tallal, P, Miller, S. L., Bedi, G., Jenkins, W. M., Wang, X., Nagarajan, S. S., & Merzenich, M. M. (1995). Training with temporarily modified speech results in dramatic improvements in speech perception. *Society for Neuroscience Abstracts*, *21*, 173.

Tanenhaus, M. K. (1988). Psycholinguistics: An overview. In F J. Newmeyer (Ed.), *Linguistics: The Cambridge survey: Vol. III. Language: Psychological and biological aspects* (pp. 1-37). Cambridge, U. K.: Cambridge University Press.

Tanenhaus, M. K., Spivey-Knowlton, M. J., Eberhard, K. M., & Sedivy, J. C. (1995). Integration of visual and linguistic information in spoken language comprehension. *Science*, *268*, 1632-1634.

Tannen, D. (1990). *You just don't understand: Women and men in conversation*. New York: Ballantine.

Tannen, D. (1993). The relativity of linguistic strategies: Rethinking power and solidarity in gender and dominance. In D. Tannen (Ed.), *Gender and conversational interaction* (pp. 165-188). New York: Oxford University Press.

Tao, L., & Healy, A. F. (1998). Anaphora in language processing: Transfer of cognitive strategies by native Chinese, Dutch, English, and Japanese speakers. In A. F. Healy & L. F. Bourne, Jr. (Eds.), *Foreign language learning: Psycholinguistic studies of training and retention* (pp. 193-211). Mahwah, NJ: Erlbaum.

Taraban, R., & McClelland, J. L. (1988). Constituent attachment and thematic role assignment in sentence processing: Influences of content-based expectations. *Journal of Memory and Language*, *27*, 597-632.

Tartter, V C. (1998). *Language processing in atypical populations*. Thousand Oaks, CA: Sage.

Terrace, H. S., Petitto, L. A., Sanders, R. J., & Bever, T. G. (1979). Can an ape create a sentence? *Science*, *206*, 891-902.

Thiel, A., Habedank, B., Herholz, K., Kessler, J., Winhuisen, L., Haupt, W F, & Heiss, W-D. (2006). From the left to the right: How the brain compensates progressive loss of language function. *Brain and Language*, *98*, 57-65.

Thompson, R., Emmorey, K., & Gollan, T. H. (2005). "Tip of the fingers" experiences by deaf signers. *Psychological Science*, *16*, 856-860.

Thorndike, E. L. (1921). *The teacher's word book*. New York: Columbia University Press.

Thorndyke, P. W. (1977). Cognitive structures in comprehension and memory of narrative discourse. *Cognitive Psychology*, *9*, 77-110.

Todd, A. D. (1984). The prescription of contraception: Negotiations between doctors and patients. *Discourse Processes*, *7*, 171-200.

Tomasello, M. (1999). *The cultural origins of human cognition*. Cambridge, MA: Harvard University Press.

Tomasello, M. (2001). Perceiving intentions and learning words in the second year of life. In M. Bowerman & S. C. Levinson (Eds.), *Language acquisition and conceptual development* (pp. 132-158). Cambridge, U. K.: Cambridge University Press.

Tomasello, M., & Farrar, M. J. (1984). Cognitive bases of lexical development: Object permanence and relational words. *Journal of Child Language*, *11*, 477-493.

Trueswell, J. C., Tanenhaus, M. K., & Garnsey, S. M. (1994). Semantic influences on parsing: Use of thematic role information in syntactic ambiguity resolution. *Journal of Memory and Language*, *33*, 285-318.

Trueswell, J. C., Tanenhaus, M. K., & Kello, C. (1993). Verb-specific constraints in sentence processing: Separate effects of lexical preference from garden-paths. *Journal of Experimental Psychology: Learning, Memory and Cognition*, *19*, 528-553.

Tulving, E. (1972). Episodic and semantic memory. In F. Tulving & W. Donaldson (Eds.), *Organization in memory* (pp. 381-403). New York: Academic Press.

Tulving, E., Mandler, G., & Baumal, R. (1964). Interaction of two sources of information in tachistoscopic word recognition. *Canadian*

Journal of Psychology, *18*, 62-71.

Tulving, E., Schacter, D. L., McLachlan, D. R., & Moskovitch, M. (1988). Priming of semantic autobiographical knowledge: A case study of retrograde amnesia. *Brain and Cognition*, *8*, 3-20.

Tulving, E., & Thomson, D. M. (1973). Encoding specificity and retrieval processes in episodic memory. *Psychological Review*, *80*, 352-373.

Tyler, L. K., & Marslen-Wilson, W. D. (1977). The online effects of semantic context on syntactic processing. *Journal of Verbal Learning and Verbal Behavior*, *16*, 683-692.

Ullman, M. T., & Gopnik, M. (1999). Inflectional morphology in a family with inherited specific language impairment. *Applied Psycholinguistics*, *20*, 51-117.

Umiker-Sebeok, D. J. (1979). Preschool children's intraconversational narratives. *Journal of Child Language*, *6*, 91-109.

Underwood, B. J. (1966). *Experimental psychology* (2nd ed). New York: Appleton-Century-Crofts.

Valian, V. (1990). Null subjects: A problem for parametersetting models of language acquisition. *Cognition*, *35*, 105-122.

van Dijk, I. A., & Kintsch, W. (1983). *Strategies of discourse comprehension*. New York: Academic Press.

Vargha-Khadem, F, Carr, L. J., Isaacs, E., Brett, E., Adams, C., & Mishkin, M. (1997). Onset of speech after left hemispherectomy in a nine-year old boy. *Brain*, *120*, 159-182.

Vargha-Khadem, Gadian, D. G., Watkins, K. E., Connelly, A., Van Paesschen, W, & Mishkin, M. (1997). Differential effects of early hippocampal pathology on episodic and semantic memory. *Science*, *277*, 376-380.

Vargha-Khadem, F., Watkins, K., Alcock, K., Fletcher, P, & Passingham (1995). Praxic and nonverbal cognitive deficits in a large family with a genetically transmitted speech and language disorder. *Proceedings of the National Academy of Sciences USA*, *92*, 930-933.

Varley, R. A., Klessinger, N. J. C., Romanowski, C. A. J., & Siegal, M. (2005). Agrammatic but numerate. *Proceedings of the National Academy of Science*, *102*, 3519-3524.

Verbrugge, R. R., & McCarrell, N. S. (1977). Metaphoric comprehension: Studies in reminding and resembling. *Cognitive Psychology*, *9*, 494-533.

Viaro, M., & Lombardi, P. (1983). Getting and giving information: Analysis of a family interview strategy. *Family Process*, *22*, 27-42.

Vigliocco, G., & Hartsuiker, R. J. (2005). Maximal input and feedback in production and comprehension. In A. Cutler (Ed.), *Twenty-first century psycholinguistics: Four cornerstones* (pp. 209-228). Mahwah, NJ: Erlbaum.

Vihman, M. M. (1985). Language differentiation by the bilingual infant. *Journal of Child Language*, *12*, 297-324.

Volterra, V, & Taescher, T. (1978). The acquisition and development of language by bilingual children. *Journal of Child Language*, *5*, 311-326.

Vygotsky, L. S. (1986). *Thought and language* (rev. ed). Cambridge, MA: MIT Press. (Original work pub1934)

Wada, J. A., Clarke, R., & Hamm, A. (1975). Cerebral hemispheric asymmetry in humans. *Archives of Neurology*, *32*, 239-246.

Wade-Woolley, L., & Geva, E. (2000). Processing novel phonemic contrasts in the acquisition of L2 word reading. Scientific Studies of Reading, 4, 295-311.

Wanner, E. (1974). *On remembering, forgetting, and understanding sentences*. The Hague: Mouton.

Warren, R. M. (1970). Perceptual restoration of missing speech sounds. *Science*, *167*, 392-393.

Warren, R. M., & Warren, R. P (1970, December). Auditory illusions and confusions. *Scientgic American*, pp. 30-36.

Watt, W. C. (1970). On two hypotheses concerning psycholinguistics. InJ. R. Hayes (Ed.), *Cognition and the development of language* (pp. 137-220). New York: Wiley.

Wegner, D. M. (1994). Ironic processes of mental control. *Psychological Revieuew*, *101*, 34-52.

Werker, J. F, Gilbert, J. H. V, Humphrey, K., & Tees, R. C. (1981). Developmental aspects of crosslanguage speech perception. *Child Development*, *52*, 349-355.

Werker, J. F., & Pegg, J. E. (1992). Infant speech perception and phonological acquisition. In C. A. Ferguson, L. Menn, & C. Stoel-Gammon (Eds.), *Phonological development: Models, research, and implications* (pp. 285-311). Timonium, MD: York.

Werker, J. F, & Tees, R. C. (1984). Cross-language speech perception: Evidence for perceptual reorganization during the first year of life. *Infant Behavior and Development*, *7*, 49-63.

Wessells, M. G. (1982). *Cognitive psychology*. New York: Harper & Row

West, C., & Zimmerman, D. H. (1977). Women's place in everyday talk: Reflections on parent-child interaction. *Social Problems*, *24*, 52 1-529.

Whaley, C. P. (1978). Word non-word classification time. *Journal of Verbal Learning and Verbal Behavior*, *17*, 143-154.

Wheeler, M. A., Stuss, D. T., & Tulving, E. (1997). Toward a theory of episodic memory: The frontal lobes and autonoetic consciousness. *Psychological Bulletin*, *121*, 331-354.

Whitmore, J. M., Shore, W. J., & Smith, P H. (2004). Partial knowledge of word meanings: Thematic and taxonomic representations. *Journal of Psycholinguistic Research*, *33*, 137-164.

Whitney, P, Ritchie, B. G., & Clark, M. B. (1991). Working-memory capacity and the use of elaborative inferences in text comprehension. *Discourse Processes*, *14*, 133-145.

Wilkinson, L. C. (Ed.). (1982). *Communicating in the classroom*. New York: Academic Press.

Wilkinson, L. C., & Calculator, S. (1982). Effective speakers: Students'use of language to request and obtain information and action in the classroom. In L. C. Wilkinson (Ed.), *Communicating in the classroom* (pp. 85-99). New York: Academic Press.

Wilkinson, L. C., Clevenger, M., & Dollaghan, C. (1981). Communication in small instructional groups: A sociolinguistic approach. In W. P Dickson (Ed.), *Children's oral communication skills* (pp. 207-240). New York: Academic Press.

Williams, L. (1980). Phonetic variation as a function of second-language learning. In G. H. Yeni-Komshian, J. F Kavanagh, & C. A. Ferguson (Eds.), *Child phonology: Vol. 2: Perception* (pp. 185-215). New York: Academic Press.

Witelson, S. F. (1987). Neurobiological aspects of language. *Child Development*, *58*, 653-688.

Wittgenstein, L. (1961). *Tracatus logico-philosophicus* (D. F Pears & B. F McGuinness, Trans.). London: Routledge & Kegan Paul. (Original work published 1921)

Wood, B., & Collard, M. (1999). The human genus. *Science*, *284*, 65-71.

Wood, C. C. (1975). Auditory and phonetic levels of processing in speech perception: Neurophysiologiand information-processing analyses. *Journal of Experimental Psychology: Human Perception and Performance*, *104*, 3-20.

Woodworth, R. S. (1938). *Experimental psychology*. New York: Holt.

Yekovich, F. R., & Walker, C. H. (1978). Identifying and using referents in sentence comprehension. *Journal of Verbal Learning and Verbal Behavior*, *17*, 265-277.

Yelland, G. W, Pollard, J., & Mercuri, A. (1993). The metalinguistic benefits of limited contact with a second language. *Applied Psycholinguistics*, *14*, 423-444.

Zaidel, E. (1978). Lexical organization in the right hemisphere. In P. A. Buser & A. Rougeul-Buser (Eds.), *Cerebral correlates of conscious experience* (pp. 177-197). Amsterdam: North-Holland.

Zevin, J. D., & Seidenberg, M. S. (2006). Simulating consistency effects and individual differences in nonword naming: A comparison of current models. *Journal of Memory and Language*, *54*, 145-160.

Zhurova, L. Y (1973). The development of analysis of words into their sounds by preschool children. In C. A. Ferguson & D. I. Slobin (Eds.), *Studies of child language development* (pp. 141-154). New York: Holt, Rinehart & Winston.

Zimmerman, D. H., & West, C. (1975). Sex roles, interruptions, and silences in conversation. In B. Thorne & N. Henley (Eds.), *Language and sex: Drfferences and dominance* (pp. 105-129). Rowley, MA: Newbury House.

Zipf, G. K. (1935). *The psycho-biology of language: An introduction to dynamic philology*. Boston: Houghton Mifflin.

Zurif, E. B. (1995). Brain regions of relevance to syntactic processing. In L. R. Gleitman & M. Liberman (Eds.), *An invitation to cognitive science: Vol. 2. Language* (2nd ed., pp. 381-397). Cambridge, MA: MIT Press.

Zurif, E. B., & Sait, P. E. (1970). The role of syntax in dichotic listening. *Neuropsychologia*, *8*, 239-244.

Zurif, E., & Swinney, D. (1994). The neuropsychology of language. In M. A. Gernsbacher (Ed.), *Handbook of psycholinguistics* (pp. 1055-1074). San Diego, CA: Academic Press.

Zurif, F., Swinney, D., Prather, P, Solomon, J., & Bushell, C. (1993). An on-line analysis of syntactic processing in Broca's and Wernicke's aphasia. *Brain and Language*, *45*, 448-464.

Zwann, R. A., & Radvansky, G. A. (1998). Situation models in language comprehension and memory. *Psychological Bulletin*, *123*, 162-185.

찾아보기

ㄱ

ㅂ

ㅈ

ㅊ

| 역자 소개 |

이광오 영남대학교 심리학과 교수
박현수 고려대학교 심리학과 연구교수

언어심리학

인 쇄 | 2009년 9월 1일 초판 1쇄 인쇄
발 행 | 2018년 8월 20일 초판 2쇄 발행
저 자 | David W. Carroll
역 자 | 이광오 · 박현수
발행인 | 구본하
발행처 | 도서출판 **박학사**
주 소 | 서울시 마포구 서교동 460-26 동아빌딩 2층
등 록 | 제10-2230호
전 화 | (02)3142-3764~5
팩 스 | (02)3142-3766
정 가 | 27,000원

웹사이트 www.pakhaksa.co.kr
ISBN 978-89-91633-67-4